職安法 教育訓練 設施規則 重體力 有機 監作業環境測定 機械設備 檢危機設備查 審危險場所查

職安法 教育訓練 設施規則 重體力 有機 監作業環境測定 機械設備 檢危機設備查 審危險場所查

細職安法則 氧 精密 特化 暴作業環境露 起升則 勞動檢查 評製程安全估

細職安法則 氧 精密 特化 暴作業環境露 起升則 勞動檢查 評製程安全估

U0142381

管理辦法 女性勞工 高溫 通識規則 粉塵 管制性 鍋壓則 細勞動檢查則 營標

管理辦法 女性勞工 高溫 通識規則 粉塵 管制性 鍋壓則 細勞動檢查則 營標

注意管理辦法 妊娠 高架 分級管理 鉛 優先管 高壓則 立即危險標準

注意管理辦法 妊娠 高架 分級管理 鉛 優先管 高壓則 立即危險標準

職業安全衛生
法規輯要

游淳淼 著

| 一本就夠用 | 逐條關鍵字 |

五南圖書出版公司 印行

序　Preface

　　作者從事職業安全衛生勞動檢查已逾 15 年，參酌檢查實務經驗編撰便於查閱之職業安全與衛生相關法規工具書，使從業人員易於使用。本書特色如下：

易理解：彙整表格

法條	摘要法規內容（部分適用）	甲	乙	丙1	丙2	丙3	丁
32	（乙、丙、丁－標示禁止進入） 禁止與作業無關人員進入下列作業場所，並標示於顯明易見之處。		✓	✓	✓	✓	✓
35	（乙、丙、休息室） 作業場所外設置休息室。粉狀物另設墊席、衣褥用局、真空吸塵、水洗、每日1次		✓	✓	✓	✓	
20	（丙1、丁固定設備－漏洩、密接） 設備使用不易腐蝕之材料或施以內襯，接合部分需密接。						✓
21	（丙1、丁固定設備－標示開關、耐久材、雙重開關） 設備之間、旋塞或操作此等之開關，按鈕等，應則顯標示開關方向，並使用耐久性材料製造及必須頻繁開啓或拆卸之過濾器等設置雙重開關。或設置有可確認首層關閉之裝置者，不在此限。				✓		
22	（丙1、丁固定設備－避難梯） 作業場所有二處以上直接通達地面之避難梯、斜坡道，或於室外以避難用具取代。				✓		
23	（丙1、丁、警報、除卻危害） 處置在一百公升以上時，應備需物質等漏洩時能迅速告知有關人員之警報用具及除卻危害之必要藥劑、器具等設施。				✓		

易查閱：逐條加註關鍵字

第 23 條（管理計畫、組織人員、自動檢查、管理系統）
①雇主應依其事業單位之規模、性質，訂定職業安全衛生管理計畫；並設置安全衛生組織、人員，實施安全衛生管理及自動檢查。
②前項之事業單位合一定規模以上或有第十五條第一項所定之工作場所者，應建置職業安全衛生管理系統。
③中央主管機關對前項職業安全衛生管理系統得實施訪查，其管理績效良好並經認可者，得公開表揚之。
④前三項之事業單位規模、性質、安全衛生組織、人員、管理、自動檢查、職業安全衛生管理系統建置、績效認可、表揚及其他應遵行事項之辦法，由中央主管機關定之。

第 24 條（危機械操作）
經中央主管機關指定具有危險性機械或設備之操作人員，雇主應僱用經中央主管機關認可之訓練或經技能檢定之合格人員充任之。

第 25 條（原事業單位、連帶責任）
①事業單位以其事業招人承攬時，其承攬之就承攬部分本法所定雇主之責任；原事業單位就職業災害補償仍應與承攬人負連帶責任。再承攬者亦同。
②原事業單位違反本法或有關安全衛生規定，致承攬人所僱勞工發生職業災害時，與承攬人負連帶賠償責任。再承攬者亦同。

第 26 條（原事業單位－危害告知）
①事業單位以其事業之全部或一部分交付承攬時，應於事前告知該承攬人有關其事業工作環境、危害因素暨本法及有關安全衛生規定應

實用性：收錄重要公告與解釋

勞動部　公告

發文日期：中華民國109年10月14日
發文字號：勞職授字第1090204063號

主旨：公告勞工人數在30人以上之事業單位，設職業安全衛生管理單位或置職業安全衛生人員時，應辦理登錄之內容及方式，並自即日生效。

依據：職業安全衛生管理辦法第86條。

公告事項：
一、登錄內容及方式：勞工人數在30人以上之事業單位，於設職業安全衛生管理單位或置職業安全衛生人員時，應至勞動部職業安全衛生署網站（https://www.osha.gov.tw/），「勞動檢查/職業安全衛生管理單位及人員設置報備系統」網頁，依據上表格式填報資料，並依該系統所定程序報當地勞動檢查機構完成備查。

易搜尋：目錄編到節

職業安全衛生相關法規繁多，作者以多年勞動檢查經驗，收錄常用法令並刪除少用之附表等，將篇幅限於一本內，使從業人員僅使用本工具書查閱已足矣，為本書編撰理念。

　　另本書亦涵蓋了職業安全衛生業務主管、職業安全衛生管理員（師）、有害（營造、高壓）作業主管等相關法規內容，亦可使用於教學與考試準備。

　　本書雖經多次校閱，疏漏仍在所難免，盼各界先進不吝指正，若您發現內容有錯誤，請與我聯繫，爾後若有更新版本將優先通知您並給予折扣。

　　若仍需參酌法令完整附表內容，可自下列網站搜尋：

1. 全國法規資料庫：https://law.moj.gov.tw/

2. 勞動法令查詢系統：http://laws.mol.gov.tw/index.aspx

　　　　游淳淼（yuchunmiao@gmail.com）113 年 6 月 1 日

CONTENTS

壹、一般行業通用法令

目 錄

CONTENTS

目　錄

CONTENTS

貳、危害物相關法令

目 錄

參、職業安全相關法令

CONTENTS

目 錄

CONTENTS

肆、勞動檢查、營造業相關法令

目錄

壹 一般行業通
用法令

職業安全衛生法（108.5.15）

第一章｜總則

第 1 條（意旨）

為防止職業災害，保障工作者安全及健康，特制定本法；其他法律有特別規定者，從其規定。

第 2 條（定義）

本法用詞，定義如下：

一、工作者：指勞工、自營作業者及其他受工作場所負責人指揮或監督從事勞動之人員。

二、勞工：指受僱從事工作獲致工資者。

三、雇主：指事業主或事業之經營負責人。

四、事業單位：指本法適用範圍內僱用勞工從事工作之機構。

五、職業災害：指因勞動場所之建築物、機械、設備、原料、材料、化學品、氣體、蒸氣、粉塵等或作業活動及其他職業上原因引起之工作者疾病、傷害、失能或死亡。

第 3 條（主管機關）

①本法所稱主管機關：在中央為勞動部；在直轄市為直轄市政府；在縣（市）為縣（市）政府。

②本法有關衛生事項，中央主管機關應會商中央衛生主管機關辦理。

第 4 條（適用各業）

本法適用於各業。但因事業規模、性質及風險等因素，中央主管機關得指定公告其適用本法之部分規定。

第 5 條（合理可行）

①雇主使勞工從事工作，應在合理可行範圍內，採取必要之預防設備

或措施，使勞工免於發生職業災害。

②機械、設備、器具、原料、材料等物件之設計、製造或輸入者及工程之設計或施工者，應於設計、製造、輸入或施工規劃階段實施風險評估，致力防止此等物件於使用或工程施工時，發生職業災害。

第二章 | 安全衛生設施

第6條（必要設備、措施）

①雇主對下列事項應有符合規定之必要安全衛生設備及措施：

一、防止機械、設備或器具等引起之危害。

二、防止爆炸性或發火性等物質引起之危害。

三、防止電、熱或其他之能引起之危害。

四、防止採石、採掘、裝卸、搬運、堆積或採伐等作業中引起之危害。

五、防止有墜落、物體飛落或崩塌等之虞之作業場所引起之危害。

六、防止高壓氣體引起之危害。

七、防止原料、材料、氣體、蒸氣、粉塵、溶劑、化學品、含毒性物質或缺氧空氣等引起之危害。

八、防止輻射、高溫、低溫、超音波、噪音、振動或異常氣壓等引起之危害。

九、防止監視儀表或精密作業等引起之危害。

十、防止廢氣、廢液或殘渣等廢棄物引起之危害。

十一、防止水患、風災或火災等引起之危害。

十二、防止動物、植物或微生物等引起之危害。

十三、防止通道、地板或階梯等引起之危害。

十四、防止未採取充足通風、採光、照明、保溫或防濕等引起之危害。

②雇主對下列事項，應妥為規劃及採取必要之安全衛生措施：

一、重複性作業等促發肌肉骨骼疾病之預防。

二、輪班、夜間工作、長時間工作等異常工作負荷促發疾病之預防。

三、執行職務因他人行爲遭受身體或精神不法侵害之預防。

四、避難、急救、休息或其他爲保護勞工身心健康之事項。

③前二項必要之安全衛生設備與措施之標準及規則，由中央主管機關定之。

第 7 條（安全標準、安全標示）

①製造者、輸入者、供應者或雇主，對於中央主管機關指定之機械、設備或器具，其構造、性能及防護非符合安全標準者，不得產製運出廠場、輸入、租賃、供應或設置。

②前項之安全標準，由中央主管機關定之。

③製造者或輸入者對於第一項指定之機械、設備或器具，符合前項安全標準者，應於中央主管機關指定之資訊申報網站登錄，並於其產製或輸入之產品明顯處張貼安全標示，以供識別。但屬於公告列入型式驗證之產品，應依第八條及第九條規定辦理。

④前項資訊登錄方式、標示及其他應遵行事項之辦法，由中央主管機關定之。

第 8 條（型式驗證、合格標章）

①製造者或輸入者對於中央主管機關公告列入型式驗證之機械、設備或器具，非經中央主管機關認可之驗證機構實施型式驗證合格及張貼合格標章，不得產製運出廠場或輸入。

②前項應實施型式驗證之機械、設備或器具，有下列情形之一者，得免驗證，不受前項規定之限制：

一、依第十六條或其他法律規定實施檢查、檢驗、驗證或認可。

二、供國防軍事用途使用，並有國防部或其直屬機關出具證明。

三、限量製造或輸入僅供科技研發、測試用途之專用機型，並經中央主管機關核准。

四、非供實際使用或作業用途之商業樣品或展覽品，並經中央主管機關核准。

五、其他特殊情形，有免驗證之必要，並經中央主管機關核准。

③第一項之驗證，因產品構造規格特殊致驗證有困難者，報驗義務人得檢附產品安全評估報告，向中央主管機關申請核准採用適當檢驗方式為之。

④輸入者對於第一項之驗證，因驗證之需求，得向中央主管機關申請先行放行，經核准後，於產品之設置地點實施驗證。

⑤前四項之型式驗證實施程序、項目、標準、報驗義務人、驗證機構資格條件、認可、撤銷與廢止、合格標章、標示方法、先行放行條件、申請免驗、安全評估報告、監督管理及其他應遵行事項之辦法，由中央主管機關定之。

第 9 條（合格標章）

①製造者、輸入者、供應者或雇主，對於未經型式驗證合格之產品或型式驗證逾期者，不得使用驗證合格標章或易生混淆之類似標章揭示於產品。

②中央主管機關或勞動檢查機構，得對公告列入應實施型式驗證之產品，進行抽驗及市場查驗，業者不得規避、妨礙或拒絕。

第 10 條（通識措施）

①雇主對於具有危害性之化學品，應予標示、製備清單及揭示安全資料表，並採取必要之通識措施。

②製造者、輸入者或供應者，提供前項化學品與事業單位或自營作業者前，應予標示及提供安全資料表；資料異動時，亦同。

③前二項化學品之範圍、標示、清單格式、安全資料表、揭示、通識措施及其他應遵行事項之規則，由中央主管機關定之。

第 11 條（分級管理）

①雇主對於前條之化學品，應依其健康危害、散布狀況及使用量等情形，評估風險等級，並採取分級管理措施。

②前項之評估方法、分級管理程序與採行措施及其他應遵行事項之辦法，由中央主管機關定之。

第 12 條（環境監測）

①雇主對於中央主管機關定有容許暴露標準之作業場所，應確保勞工之危害暴露低於標準值。

②前項之容許暴露標準，由中央主管機關定之。

③雇主對於經中央主管機關指定之作業場所，應訂定作業環境監測計畫，並設置或委託由中央主管機關認可之作業環境監測機構實施監測。但中央主管機關指定免經監測機構分析之監測項目，得僱用合格監測人員辦理之。

④雇主對於前項監測計畫及監測結果，應公開揭示，並通報中央主管機關。中央主管機關或勞動檢查機構得實施查核。

⑤前二項之作業場所指定、監測計畫與監測結果揭示、通報、監測機構與監測人員資格條件、認可、撤銷與廢止、查核方式及其他應遵行事項之辦法，由中央主管機關定之。

第 13 條（新化物登記）

①製造者或輸入者對於中央主管機關公告之化學物質清單以外之新化學物質，未向中央主管機關繳交化學物質安全評估報告，並經核准登記前，不得製造或輸入含有該物質之化學品。但其他法律已規定或經中央主管機關公告不適用者，不在此限。

②前項評估報告，中央主管機關為防止危害工作者安全及健康，於審查後得予公開。

③前二項化學物質清單之公告、新化學物質之登記、評估報告內容、審查程序、資訊公開及其他應遵行事項之辦法，由中央主管機關定之。

第 14 條（管制許可、優管備查）

①製造者、輸入者、供應者或雇主，對於經中央主管機關指定之管制性化學品，不得製造、輸入、供應或供工作者處置、使用。但經中

央主管機關許可者，不在此限。

②製造者、輸入者、供應者或雇主，對於中央主管機關指定之優先管理化學品，應將相關運作資料報請中央主管機關備查。

③前二項化學品之指定、許可條件、期間、廢止或撤銷許可、運作資料內容及其他應遵行事項之辦法，由中央主管機關定之。

第 15 條（製程安全評估）

①有下列情事之一之工作場所，事業單位應依中央主管機關規定之期限，定期實施製程安全評估，並製作製程安全評估報告及採取必要之預防措施；製程修改時，亦同：

一、從事石油裂解之石化工業。

二、從事製造、處置或使用危害性之化學品數量達中央主管機關規定量以上。

②前項製程安全評估報告，事業單位應報請勞動檢查機構備查。

③前二項危害性之化學品數量、製程安全評估方法、評估報告內容要項、報請備查之期限、項目、方式及其他應遵行事項之辦法，由中央主管機關定之。

第 16 條（危機設檢查）

①雇主對於經中央主管機關指定具有危險性之機械或設備，非經勞動檢查機構或中央主管機關指定之代行檢查機構檢查合格，不得使用；其使用超過規定期間者，非經再檢查合格，不得繼續使用。

②代行檢查機構應依本法及本法所發布之命令執行職務。

③檢查費收費標準及代行檢查機構之資格條件與所負責任，由中央主管機關定之。

④第一項所稱危險性機械或設備之種類、應具之容量與其製程、竣工、使用、變更或其他檢查之程序、項目、標準及檢查合格許可有效使用期限等事項之規則，由中央主管機關定之。

第 17 條（建築法規）

勞工工作場所之建築物，應由依法登記開業之建築師依建築法規及本

法有關安全衛生之規定設計。

第 18 條（退避）

①工作場所有立即發生危險之虞時，雇主或工作場所負責人應即令停止作業，並使勞工退避至安全場所。

②勞工執行職務發現有立即發生危險之虞時，得在不危及其他工作者安全情形下，自行停止作業及退避至安全場所，並立即向直屬主管報告。

③雇主不得對前項勞工予以解僱、調職、不給付停止作業期間工資或其他不利之處分。但雇主證明勞工濫用停止作業權，經報主管機關認定，並符合勞動法令規定者，不在此限。

第 19 條（特殊作業）

①在高溫場所工作之勞工，雇主不得使其每日工作時間超過六小時；異常氣壓作業、高架作業、精密作業、重體力勞動或其他對於勞工具有特殊危害之作業，亦應規定減少勞工工作時間，並在工作時間中予以適當之休息。

②前項高溫度、異常氣壓、高架、精密、重體力勞動及對於勞工具有特殊危害等作業之減少工作時間與休息時間之標準，由中央主管機關會同有關機關定之。

第 20 條（僱用體格、在職健康檢查）

①雇主於僱用勞工時，應施行體格檢查；對在職勞工應施行下列健康檢查：

一、一般健康檢查。

二、從事特別危害健康作業者之特殊健康檢查。

三、經中央主管機關指定為特定對象及特定項目之健康檢查。

②前項檢查應由中央主管機關會商中央衛生主管機關認可之醫療機構之醫師為之；檢查紀錄雇主應予保存，並負擔健康檢查費用；實施特殊健康檢查時，雇主應提供勞工作業內容及暴露情形等作業經歷資料予醫療機構。

③前二項檢查之對象及其作業經歷、項目、期間、健康管理分級、檢查紀錄與保存期限及其他應遵行事項之規則,由中央主管機關定之。

④醫療機構對於健康檢查之結果,應通報中央主管機關備查,以作為工作相關疾病預防之必要應用。但一般健康檢查結果之通報,以指定項目發現異常者為限。

⑤第二項醫療機構之認可條件、管理、檢查醫師資格與前項檢查結果之通報內容、方式、期限及其他應遵行事項之辦法,由中央主管機關定之。

⑥勞工對於第一項之檢查,有接受之義務。

第 21 條 (健康管理)

①雇主依前條體格檢查發現應僱勞工不適於從事某種工作,不得僱用其從事該項工作。健康檢查發現勞工有異常情形者,應由醫護人員提供其健康指導;其經醫師健康評估結果,不能適應原有工作者,應參採醫師之建議,變更其作業場所、更換工作或縮短工作時間,並採取健康管理措施。

②雇主應依前條檢查結果及個人健康注意事項,彙編成健康檢查手冊,發給勞工,並不得作為健康管理目的以外之用途。

③前二項有關健康管理措施、檢查手冊內容及其他應遵行事項之規則,由中央主管機關定之。

第 22 條 (醫護設置)

①事業單位勞工人數在五十人以上者,應僱用或特約醫護人員,辦理健康管理、職業病預防及健康促進等勞工健康保護事項。

②前項職業病預防事項應配合第二十三條之安全衛生人員辦理之。

③第一項事業單位之適用日期,中央主管機關得依規模、性質分階段公告。

④第一項有關從事勞工健康服務之醫護人員資格、勞工健康保護及其他應遵行事項之規則,由中央主管機關定之。

第三章｜安全衛生管理

第 23 條（管理計畫、組織人員、自動檢查、管理系統）

①雇主應依其事業單位之規模、性質，訂定職業安全衛生管理計畫；並設置安全衛生組織、人員，實施安全衛生管理及自動檢查。

②前項之事業單位達一定規模以上或有第十五條第一項所定之工作場所者，應建置職業安全衛生管理系統。

③中央主管機關對前項職業安全衛生管理系統得實施訪查，其管理績效良好並經認可者，得公開表揚之。

④前三項之事業單位規模、性質、安全衛生組織、人員、管理、自動檢查、職業安全衛生管理系統建置、績效認可、表揚及其他應遵行事項之辦法，由中央主管機關定之。

第 24 條（危機設操作）

經中央主管機關指定具有危險性機械或設備之操作人員，雇主應僱用經中央主管機關認可之訓練或經技能檢定之合格人員充任之。

第 25 條（原事業單位 - 連帶責任）

①事業單位以其事業招人承攬時，其承攬人就承攬部分負本法所定雇主之責任；原事業單位就職業災害補償仍應與承攬人負連帶責任。再承攬者亦同。

②原事業單位違反本法或有關安全衛生規定，致承攬人所僱勞工發生職業災害時，與承攬人負連帶賠償責任。再承攬者亦同。

第 26 條（原事業單位 - 危害告知）

①事業單位以其事業之全部或一部分交付承攬時，應於事前告知該承攬人有關其事業工作環境、危害因素暨本法及有關安全衛生規定應採取之措施。

②承攬人就其承攬之全部或一部分交付再承攬時，承攬人亦應依前項規定告知再承攬人。

第 27 條（原事業單位 - 共同作業）

①事業單位與承攬人、再承攬人分別僱用勞工共同作業時，爲防止職業災害，原事業單位應採取下列必要措施：

一、設置協議組織，並指定工作場所負責人，擔任指揮、監督及協調之工作。

二、工作之連繫與調整。

三、工作場所之巡視。

四、相關承攬事業間之安全衛生教育之指導及協助。

五、其他爲防止職業災害之必要事項。

②事業單位分別交付二個以上承攬人共同作業而未參與共同作業時，應指定承攬人之一負前項原事業單位之責任。

第 28 條（共同承攬）

二個以上之事業單位分別出資共同承攬工程時，應互推一人爲代表人；該代表人視爲該工程之事業雇主，負本法雇主防止職業災害之責任。

第 29 條（未滿 18）

①雇主不得使未滿十八歲者從事下列危險性或有害性工作：

一、坑內工作。

二、處理爆炸性、易燃性等物質之工作。

三、鉛、汞、鉻、砷、黃磷、氯氣、氰化氫、苯胺等有害物散布場所之工作。

四、有害輻射散布場所之工作。

五、有害粉塵散布場所之工作。

六、運轉中機器或動力傳導裝置危險部分之掃除、上油、檢查、修理或上卸皮帶、繩索等工作。

七、超過二百二十伏特電力線之銜接。

八、已熔礦物或礦渣之處理。

九、鍋爐之燒火及操作。

十、鑿岩機及其他有顯著振動之工作。

十一、一定重量以上之重物處理工作。

十二、起重機、人字臂起重桿之運轉工作。

十三、動力捲揚機、動力運搬機及索道之運轉工作。

十四、橡膠化合物及合成樹脂之滾輾工作。

十五、其他經中央主管機關規定之危險性或有害性之工作。

②前項危險性或有害性工作之認定標準，由中央主管機關定之。

③未滿十八歲者從事第一項以外之工作，經第二十條或第二十二條之醫師評估結果，不能適應原有工作者，雇主應參採醫師之建議，變更其作業場所、更換工作或縮短工作時間，並採取健康管理措施。

第 30 條（母性保護）

①雇主不得使妊娠中之女性勞工從事下列危險性或有害性工作：

一、礦坑工作。

二、鉛及其化合物散布場所之工作。

三、異常氣壓之工作。

四、處理或暴露於弓形蟲、德國麻疹等影響胎兒健康之工作。

五、處理或暴露於二硫化碳、三氯乙烯、環氧乙烷、丙烯醯胺、次乙亞胺、砷及其化合物、汞及其無機化合物等經中央主管機關規定之危害性化學品之工作。

六、鑿岩機及其他有顯著振動之工作。

七、一定重量以上之重物處理工作。

八、有害輻射散布場所之工作。

九、已熔礦物或礦渣之處理工作。

十、起重機、人字臂起重桿之運轉工作。

十一、動力捲揚機、動力運搬機及索道之運轉工作。

十二、橡膠化合物及合成樹脂之滾輾工作。

十三、處理或暴露於經中央主管機關規定具有致病或致死之微生物感染風險之工作。

十四、其他經中央主管機關規定之危險性或有害性之工作。

②雇主不得使分娩後未滿一年之女性勞工從事下列危險性或有害性工作：

一、礦坑工作。

二、鉛及其化合物散布場所之工作。

三、鑿岩機及其他有顯著振動之工作。

四、一定重量以上之重物處理工作。

五、其他經中央主管機關規定之危險性或有害性之工作。

③第一項第五款至第十四款及前項第三款至第五款所定之工作，雇主依第三十一條採取母性健康保護措施，經當事人書面同意者，不在此限。

④第一項及第二項危險性或有害性工作之認定標準，由中央主管機關定之。

⑤雇主未經當事人告知妊娠或分娩事實而違反第一項或第二項規定者，得免予處罰。但雇主明知或可得而知者，不在此限。

第 31 條（母性保護）

①中央主管機關指定之事業，雇主應對有母性健康危害之虞之工作，採取危害評估、控制及分級管理措施；對於妊娠中或分娩後未滿一年之女性勞工，應依醫師適性評估建議，採取工作調整或更換等健康保護措施，並留存紀錄。

②前項勞工於保護期間，因工作條件、作業程序變更、當事人健康異常或有不適反應，經醫師評估確認不適原有工作者，雇主應依前項規定重新辦理之。

③第一項事業之指定、有母性健康危害之虞之工作項目、危害評估程序與控制、分級管理方法、適性評估原則、工作調整或更換、醫師資格與評估報告之文件格式、紀錄保存及其他應遵行事項之辦法，由中央主管機關定之。

④雇主未經當事人告知妊娠或分娩事實而違反第一項或第二項規定

者，得免予處罰。但雇主明知或可得而知者，不在此限。

第 32 條（教育訓練）

①雇主對勞工應施以從事工作與預防災變所必要之安全衛生教育及訓練。

②前項必要之教育及訓練事項、訓練單位之資格條件與管理及其他應遵行事項之規則，由中央主管機關定之。

③勞工對於第一項之安全衛生教育及訓練，有接受之義務。

第 33 條（宣導）

雇主應負責宣導本法及有關安全衛生之規定，使勞工周知。

第 34 條（工作守則）

①雇主應依本法及有關規定會同勞工代表訂定適合其需要之安全衛生工作守則，報經勞動檢查機構備查後，公告實施。

②勞工對於前項安全衛生工作守則，應切實遵行。

第四章｜監督與檢查

第 35 條（諮詢會）

中央主管機關得聘請勞方、資方、政府機關代表、學者專家及職業災害勞工團體，召開職業安全衛生諮詢會，研議國家職業安全衛生政策，並提出建議；其成員之任一性別不得少於三分之一。

第 36 條（通知改善、停工）

①中央主管機關及勞動檢查機構對於各事業單位勞動場所得實施檢查。其有不合規定者，應告知違反法令條款，並通知限期改善；屆期未改善或已發生職業災害，或有發生職業災害之虞時，得通知其部分或全部停工。勞工於停工期間應由雇主照給工資。

②事業單位對於前項之改善，於必要時，得請中央主管機關協助或洽請認可之顧問服務機構提供專業技術輔導。

③前項顧問服務機構之種類、條件、服務範圍、顧問人員之資格與職

責、認可程序、撤銷、廢止、管理及其他應遵行事項之規則，由中央主管機關定之。

第 37 條（職災調查、8 小時通報、破壞現場）

①事業單位工作場所發生職業災害，雇主應即採取必要之急救、搶救等措施，並會同勞工代表實施調查、分析及作成紀錄。

②事業單位勞動場所發生下列職業災害之一者，雇主應於八小時內通報勞動檢查機構：

一、發生死亡災害。

二、發生災害之罹災人數在三人以上。

三、發生災害之罹災人數在一人以上，且需住院治療。

四、其他經中央主管機關指定公告之災害。

③勞動檢查機構接獲前項報告後，應就工作場所發生死亡或重傷之災害派員檢查。

④事業單位發生第二項之災害，除必要之急救、搶救外，雇主非經司法機關或勞動檢查機構許可，不得移動或破壞現場。

第 38 條（職災月報）

中央主管機關指定之事業，雇主應依規定填載職業災害內容及統計，按月報請勞動檢查機構備查，並公布於工作場所。

第 39 條（申訴）

①工作者發現下列情形之一者，得向雇主、主管機關或勞動檢查機構申訴：

一、事業單位違反本法或有關安全衛生之規定。

二、疑似罹患職業病。

三、身體或精神遭受侵害。

②主管機關或勞動檢查機構為確認前項雇主所採取之預防及處置措施，得實施調查。

③前項之調查，必要時得通知當事人或有關人員參與。

④雇主不得對第一項申訴之工作者予以解僱、調職或其他不利之處分。

第五章｜罰則

第 40 條（罰金 - 死亡，必要設備、危機設檢查）

①違反第六條第一項或第十六條第一項之規定，致發生第三十七條第二項第一款之災害者，處三年以下有期徒刑、拘役或科或併科新臺幣三十萬元以下罰金。

②法人犯前項之罪者，除處罰其負責人外，對該法人亦科以前項之罰金。

第 41 條（罰金 -3 人罹災，必要設備、危機設檢查，退避、未滿 18、母性保護、停工、破壞現場，停工）

①有下列情形之一者，處一年以下有期徒刑、拘役或科或併科新臺幣十八萬元以下罰金：

一、違反第六條第一項或第十六條第一項之規定，致發生第三十七條第二項第二款之災害。

二、違反第十八條第一項、第二十九條第一項、第三十條第一項、第二項或第三十七條第四項之規定。

三、違反中央主管機關或勞動檢查機構依第三十六條第一項所發停工之通知。

②法人犯前項之罪者，除處罰其負責人外，對該法人亦科以前項之罰金。

第 42 條（罰鍰 - 製程安全評估、環境監測）

①違反第十五條第一項、第二項之規定，其危害性化學品洩漏或引起火災、爆炸致發生第三十七條第二項之職業災害者，處新臺幣三十萬元以上三百萬元以下罰鍰；經通知限期改善，屆期未改善，並得按次處罰。

②雇主依第十二條第四項規定通報之監測資料，經中央主管機關查核有虛偽不實者，處新臺幣三十萬元以上一百萬元以下罰鍰。

第 43 條（罰鍰 - 通識措施、分級管理、管理系統，必要設施、環境監測、優管備查、危機設檢查、特殊作業、危機設操作、母性保護、職災調查、通報、職業病，製程安全評估，規避）

有下列情形之一者，處新臺幣三萬元以上三十萬元以下罰鍰：

一、違反第十條第一項、第十一條第一項、第二十三條第二項之規定，經通知限期改善，屆期未改善。

二、違反第六條第一項、第十二條第一項、第三項、第十四條第二項、第十六條第一項、第十九條第一項、第二十四條、第三十一條第一項、第二項或第三十七條第一項、第二項之規定；違反第六條第二項致發生職業病。

三、違反第十五條第一項、第二項之規定，並得按次處罰。

四、規避、妨礙或拒絕本法規定之檢查、調查、抽驗、市場查驗或查核。

第 44 條（罰鍰 - 安全標準、安全資料表，型式驗證、新化物登記、管制許可，安全標示、合格標章）

①未依第七條第三項規定登錄或違反第十條第二項之規定者，處新臺幣三萬元以上十五萬元以下罰鍰；經通知限期改善，屆期未改善者，並得按次處罰。

②違反第七條第一項、第八條第一項、第十三條第一項或第十四條第一項規定者，處新臺幣二十萬元以上二百萬元以下罰鍰，並得限期停止輸入、產製、製造或供應；屆期不停止者，並得按次處罰。

③未依第七條第三項規定標示或違反第九條第一項之規定者，處新臺幣三萬元以上三十萬元以下罰鍰，並得令限期回收或改正。

④未依前項規定限期回收或改正者，處新臺幣十萬元以上一百萬元以下罰鍰，並得按次處罰。

⑤違反第七條第一項、第八條第一項、第九條第一項規定之產品，或第十四條第一項規定之化學品者，得沒入、銷燬或採取其他必要措施，其執行所需之費用，由行為人負擔。

第 45 條（罰鍰 - 必要措施、環境監測、健康檢查、健康管理、醫護設置、管理計畫、組織人員、教育訓練、工作守則、職災月報，建築法規、退避、危害告知、共同作業、共同承攬、未滿 18、宣導、申訴，停工工資）

有下列情形之一者，處新臺幣三萬元以上十五萬元以下罰鍰：

一、違反第六條第二項、第十二條第四項、第二十條第一項、第二項、第二十一條第一項、第二項、第二十二條第一項、第二十三條第一項、第三十二條第一項、第三十四條第一項或第三十八條之規定，經通知限期改善，屆期未改善。

二、違反第十七條、第十八條第三項、第二十六條至第二十八條、第二十九條第三項、第三十三條或第三十九條第四項之規定。

三、依第三十六條第一項之規定，應給付工資而不給付。

第 46 條（勞工罰鍰 - 健康檢查、教育訓練、工作守則）

違反第二十條第六項、第三十二條第三項或第三十四條第二項之規定者，處新臺幣三千元以下罰鍰。

第 47 條（罰鍰 - 代檢）

代行檢查機構執行職務，違反本法或依本法所發布之命令者，處新臺幣六萬元以上三十萬元以下罰鍰；其情節重大者，中央主管機關並得予以暫停代行檢查職務或撤銷指定代行檢查職務之處分。

第 48 條（罰鍰 - 機構）

有下列情形之一者，予以警告或處新臺幣六萬元以上三十萬元以下罰鍰，並得限期令其改正；屆期未改正或情節重大者，得撤銷或廢止其認可，或定期停止其業務之全部或一部：

一、驗證機構違反中央主管機關依第八條第五項規定所定之辦法。

二、監測機構違反中央主管機關依第十二條第五項規定所定之辦法。

三、醫療機構違反第二十條第四項及中央主管機關依第二十條第五項規定所定之辦法。

四、訓練單位違反中央主管機關依第三十二條第二項規定所定之規則。

職業安全衛生法（108.5.15）

五、顧問服務機構違反中央主管機關依第三十六條第三項規定所定之
　　規則。

第 49 條（公布名稱姓名）

有下列情形之一者，得公布其事業單位、雇主、代行檢查機構、驗證
機構、監測機構、醫療機構、訓練單位或顧問服務機構之名稱、負責
人姓名：

一、發生第三十七條第二項之災害。

二、有第四十條至第四十五條、第四十七條或第四十八條之情形。

三、發生職業病。

第六章｜附則

第 50 條（獎勵）

①為提升雇主及工作者之職業安全衛生知識，促進職業安全衛生文化
　之發展，中央主管機關得訂定獎勵或補助辦法，鼓勵事業單位及有
　關團體辦理之。

②直轄市與縣（市）主管機關及各目的事業主管機關應積極推動職業
　安全衛生業務；中央主管機關得訂定績效評核及獎勵辦法。

第 51 條（自營作業者準用、工作者比照）

①自營作業者準用第五條至第七條、第九條、第十條、第十四條、第
　十六條、第二十四條有關雇主之義務及罰則之規定。

②第二條第一款所定受工作場所負責人指揮或監督從事勞動之人
　員，於事業單位工作場所從事勞動，比照該事業單位之勞工，適
　用本法之規定。但第二十條之體格檢查及在職勞工健康檢查之規
　定，不在此限。

第 52 條（委託團體）

中央主管機關得將第八條驗證機構管理、第九條抽驗與市場查驗、第
十二條作業環境監測機構之管理、查核與監測結果之通報、第十三條

新化學物質之登記與報告之審查、第十四條管制性化學品之許可與優先管理化學品之運作資料之備查、第二十條認可之醫療機構管理及健康檢查結果之通報、第二十三條第三項職業安全衛生管理系統之訪查與績效認可、第三十二條第二項訓練單位之管理及第三十九條第二項疑似職業病調查等業務，委託相關專業團體辦理。

第 53 條（規費）

主管機關辦理本法所定之認可、審查、許可、驗證、檢查及指定等業務，應收規費；其收費標準由中央主管機關定之。

第 54 條（細則）

本法施行細則，由中央主管機關定之。

第 55 條（施行日）

本法施行日期，由行政院定之。

職業安全衛生法（108.5.15）

職業安全衛生法施行細則（109.2.27）

第一章｜總則

第1條（法源）

本細則依職業安全衛生法（以下簡稱本法）第五十四條規定訂定之。

第2條（自營作業者、工作者）

①本法第二條第一款、第十條第二項及第五十一條第一項所稱自營作業者，指獨立從事勞動或技藝工作，獲致報酬，且未僱用有酬人員幫同工作者。

②本法第二條第一款所稱其他受工作場所負責人指揮或監督從事勞動之人員，指與事業單位無僱傭關係，於其工作場所從事勞動或以學習技能、接受職業訓練爲目的從事勞動之工作者。

第3條（工作場所負責人）

本法第二條第一款、第十八條第一項、第二十七條第一項第一款及第五十一條第二項所稱工作場所負責人，指雇主或於該工作場所代表雇主從事管理、指揮或監督工作者從事勞動之人。

第4條（工資）

本法第二條第二款、第十八條第三項及第三十六條第一項所稱工資，指勞工因工作而獲得之報酬，包括工資、薪金及按計時、計日、計月、計件以現金或實物等方式給付之獎金、津貼及其他任何名義之經常性給與均屬之。

第5條（勞動場所、工作場所、作業場所）

①本法第二條第五款、第三十六條第一項及第三十七條第二項所稱勞動場所，包括下列場所：

一、於勞動契約存續中，由雇主所提示，使勞工履行契約提供勞務

　　之場所。

二、自營作業者實際從事勞動之場所。

三、其他受工作場所負責人指揮或監督從事勞動之人員，實際從事
　　勞動之場所。

②本法第十五條第一項、第十七條、第十八條第一項、第二十三條第
　二項、第二十七條第一項、第三十七條第一項、第三項、第三十八
　條及第五十一條第二項所稱工作場所，指勞動場所中，接受雇主或
　代理雇主指示處理有關勞工事務之人所能支配、管理之場所。

③本法第六條第一項第五款、第十二條第一項、第三項、第五項、第
　二十一條第一項及第二十九條第三項所稱作業場所，指工作場所
　中，從事特定工作目的之場所。

第6條（職業原因）

本法第二條第五款所稱職業上原因，指隨作業活動所衍生，於勞動上
一切必要行為及其附隨行為而具有相當因果關係者。

第7條（各業）

本法第四條所稱各業，適用中華民國行業標準分類之規定。

第8條（合理可行、風險評估）

①本法第五條第一項所稱合理可行範圍，指依本法及有關安全衛生法
　令、指引、實務規範或一般社會通念，雇主明知或可得而知勞工所
　從事之工作，有致其生命、身體及健康受危害之虞，並可採取必要
　之預防設備或措施者。

②本法第五條第二項所稱風險評估，指辨識、分析及評量風險之程
　序。

第二章｜安全衛生設施

第9條

刪除

第 10 條

刪除

第 11 條（不法侵害）

①本法第六條第二項第三款所定執行職務因他人行為遭受身體或精神不法侵害之預防，為雇主避免勞工因執行職務，於勞動場所遭受他人之不法侵害行為，造成身體或精神之傷害，所採取預防之必要措施。

②前項不法之侵害，由各該管主管機關或司法機關依規定調查或認定。

第 12 條（指定機械、設備、器具）

本法第七條第一項所稱中央主管機關指定之機械、設備或器具如下：

一、動力衝剪機械。

二、手推刨床。

三、木材加工用圓盤鋸。

四、動力堆高機。

五、研磨機。

六、研磨輪。

七、防爆電氣設備。

八、動力衝剪機械之光電式安全裝置。

九、手推刨床之刀部接觸預防裝置。

十、木材加工用圓盤鋸之反撥預防裝置及鋸齒接觸預防裝置。

十一、其他經中央主管機關指定公告者。

第 13 條（型式驗證）

本法第七條至第九條所稱型式驗證，指由驗證機構對某一型式之機械、設備或器具等產品，審驗符合安全標準之程序。

第 14 條（危害物）

本法第十條第一項所稱具有危害性之化學品，指下列之危險物或有害物：

一、危險物：符合國家標準 CNS 15030 分類，具有物理性危害者。

二、有害物：符合國家標準 CNS 15030 分類，具有健康危害者。

第 15 條（危害物清單）

本法第十條第一項所稱危害性化學品之清單，指記載化學品名稱、製造商或供應商基本資料、使用及貯存量等項目之清冊或表單。

第 16 條（安全資料表）

本法第十條第一項所稱危害性化學品之安全資料表，指記載化學品名稱、製造商或供應商基本資料、危害特性、緊急處理及危害預防措施等項目之表單。

第 17 條（環境監測）

①本法第十二條第三項所稱作業環境監測，指為掌握勞工作業環境實態與評估勞工暴露狀況，所採取之規劃、採樣、測定、分析及評估。

②本法第十二條第三項規定應訂定作業環境監測計畫及實施監測之作業場所如下：

一、設置有中央管理方式之空氣調節設備之建築物室內作業場所。

二、坑內作業場所。

三、顯著發生噪音之作業場所。

四、下列作業場所，經中央主管機關指定者：

（一）高溫作業場所。

（二）粉塵作業場所。

（三）鉛作業場所。

（四）四烷基鉛作業場所。

（五）有機溶劑作業場所。

（六）特定化學物質作業場所。

五、其他經中央主管機關指定公告之作業場所。

第 18 條（新化學物公開）

①中央主管機關依本法第十三條第二項，審查化學物質安全評估報告

後，得予公開之資訊如下：

一、新化學物質編碼。

二、危害分類及標示。

三、物理及化學特性資訊。

四、毒理資訊。

五、安全使用資訊。

六、為因應緊急措施或維護工作者安全健康，有必要揭露予特定人員之資訊。

②前項第六款之資訊範圍如下：

一、新化學物質名稱及基本辨識資訊。

二、製造或輸入新化學物質之數量。

三、新化學物質於混合物之組成。

四、新化學物質之製造、用途及暴露資訊。

第 19 條（管制性化學品）

本法第十四條第一項所稱管制性化學品如下：

一、第二十條之優先管理化學品中，經中央主管機關評估具高度暴露風險者。

二、其他經中央主管機關指定公告者。

第 20 條（優先管理化學品）

本法第十四條第二項所稱優先管理化學品如下：

一、本法第二十九條第一項第三款及第三十條第一項第五款規定所列之危害性化學品。

二、依國家標準 CNS 15030 分類，屬致癌物質第一級、生殖細胞致突變性物質第一級或生殖毒性物質第一級者。

三、依國家標準 CNS 15030 分類，具有物理性危害或健康危害，其化學品運作量達中央主管機關規定者。

四、其他經中央主管機關指定公告者。

第 21 條（石化工業、處置危害物數量）

①本法第十五條第一項第一款所稱從事石油裂解之石化工業，指勞動檢查法第二十六條第一項第一款所定從事石油產品之裂解反應，以製造石化基本原料者。

②本法第十五條第一項第二款所稱從事製造、處置或使用危害性之化學品，數量達中央主管機關規定量以上者，指勞動檢查法第二十六條第一項第五款所定之製造、處置或使用危險物及有害物，達中央主管機關規定之數量。

第 22 條（危險性機械）

本法第十六條第一項所稱具有危險性之機械，指符合中央主管機關所定一定容量以上之下列機械：

一、固定式起重機。

二、移動式起重機。

三、人字臂起重桿。

四、營建用升降機。

五、營建用提升機。

六、吊籠。

七、其他經中央主管機關指定公告具有危險性之機械。

第 23 條（危險性設備）

本法第十六條第一項所稱具有危險性之設備，指符合中央主管機關所定一定容量以上之下列設備：

一、鍋爐。

二、壓力容器。

三、高壓氣體特定設備。

四、高壓氣體容器。

五、其他經中央主管機關指定公告具有危險性之設備。

第 24 條（危機設檢查）

本法第十六條第一項規定之檢查，由中央主管機關依機械、設備之種

類、特性，就下列檢查項目分別定之：

一、熔接檢查。

二、構造檢查。

三、竣工檢查。

四、定期檢查。

五、重新檢查。

六、型式檢查。

七、使用檢查。

八、變更檢查。

第 25 條（立即危險）

本法第十八條第一項及第二項所稱有立即發生危險之虞時，指勞工處
於需採取緊急應變或立即避難之下列情形之一：

一、自設備洩漏大量危害性化學品，致有發生爆炸、火災或中毒等危
　　險之虞時。

二、從事河川工程、河堤、海堤或圍堰等作業，因強風、大雨或地
　　震，致有發生危險之虞時。

三、從事隧道等營建工程或管溝、沉箱、沉筒、井筒等之開挖作業，
　　因落磐、出水、崩塌或流砂侵入等，致有發生危險之虞時。

四、於作業場所有易燃液體之蒸氣或可燃性氣體滯留，達爆炸下限值
　　之百分之三十以上，致有發生爆炸、火災危險之虞時。

五、於儲槽等內部或通風不充分之室內作業場所，致有發生中毒或窒
　　息危險之虞時。

六、從事缺氧危險作業，致有發生缺氧危險之虞時。

七、於高度二公尺以上作業，未設置防墜設施及未使勞工使用適當之
　　個人防護具，致有發生墜落危險之虞時。

八、於道路或鄰接道路從事作業，未採取管制措施及未設置安全防護
　　設施，致有發生危險之虞時。

九、其他經中央主管機關指定公告有發生危險之虞時之情形。

第 26 條（退避、申訴）

本法第十八條第三項及第三十九條第四項所稱其他不利之處分，指直接或間接損害勞工依法令、契約或習慣上所應享有權益之措施。

第 27 條（僱用體格、在職健康檢查）

① 本法第二十條第一項所稱體格檢查，指於僱用勞工時，爲識別勞工工作適性，考量其是否有不適合作業之疾病所實施之身體檢查。

② 本法第二十條第一項所稱在職勞工應施行之健康檢查如下：

  一、一般健康檢查：指雇主對在職勞工，爲發現健康有無異常，以提供適當健康指導、適性配工等健康管理措施，依其年齡於一定期間或變更其工作時所實施者。

  二、特殊健康檢查：指對從事特別危害健康作業之勞工，爲發現健康有無異常，以提供適當健康指導、適性配工及實施分級管理等健康管理措施，依其作業危害性，於一定期間或變更其工作時所實施者。

  三、特定對象及特定項目之健康檢查：指對可能爲罹患職業病之高風險群勞工，或基於疑似職業病及本土流行病學調查之需要，經中央主管機關指定公告，要求其雇主對特定勞工施行必要項目之臨時性檢查。

第 28 條（特別危害健康作業）

本法第二十條第一項第二款所稱特別危害健康作業，指下列作業：

一、高溫作業。

二、噪音作業。

三、游離輻射作業。

四、異常氣壓作業。

五、鉛作業。

六、四烷基鉛作業。

七、粉塵作業。

八、有機溶劑作業，經中央主管機關指定者。

九、製造、處置或使用特定化學物質之作業，經中央主管機關指定者。

十、黃磷之製造、處置或使用作業。

十一、聯啶或巴拉刈之製造作業。

十二、其他經中央主管機關指定公告之作業。

第 29 條（接受健康檢查）

①本法第二十條第六項所稱勞工有接受檢查之義務，指勞工應依雇主安排於符合本法規定之醫療機構接受體格及健康檢查。

②勞工自行於其他符合規定之醫療機構接受相當種類及項目之檢查，並將檢查結果提供予雇主者，視為已接受本法第二十條第一項之檢查。

第 30 條（健康管理資料保存）

①事業單位依本法第二十二條規定僱用或特約醫護人員者，雇主應使其保存與管理勞工體格及健康檢查、健康指導、健康管理措施及健康服務等資料。

②雇主、醫護人員於保存及管理勞工醫療之個人資料時，應遵守本法及個人資料保護法等相關規定。

第三章｜安全衛生管理

第 31 條（管理計畫）

本法第二十三條第一項所定職業安全衛生管理計畫，包括下列事項：

一、工作環境或作業危害之辨識、評估及控制。

二、機械、設備或器具之管理。

三、危害性化學品之分類、標示、通識及管理。

四、有害作業環境之採樣策略規劃及監測。

五、危險性工作場所之製程或施工安全評估。

六、採購管理、承攬管理及變更管理。

七、安全衛生作業標準。

八、定期檢查、重點檢查、作業檢點及現場巡視。

九、安全衛生教育訓練。

十、個人防護具之管理。

十一、健康檢查、管理及促進。

十二、安全衛生資訊之蒐集、分享及運用。

十三、緊急應變措施。

十四、職業災害、虛驚事故、影響身心健康事件之調查處理及統計分析。

十五、安全衛生管理紀錄及績效評估措施。

十六、其他安全衛生管理措施。

第 32 條（安衛組織）

本法第二十三條第一項所定安全衛生組織，包括下列組織：

一、職業安全衛生管理單位：為事業單位內擬訂、規劃、推動及督導職業安全衛生有關業務之組織。

二、職業安全衛生委員會：為事業單位內審議、協調及建議職業安全衛生有關業務之組織。

第 33 條（安衛人員）

本法第二十三條第一項所稱安全衛生人員，指事業單位內擬訂、規劃及推動安全衛生管理業務者，包括下列人員：

一、職業安全衛生業務主管。

二、職業安全管理師。

三、職業衛生管理師。

四、職業安全衛生管理員。

第 34 條（安衛管理）

本法第二十三條第一項所定安全衛生管理，由雇主或對事業具管理權限之雇主代理人綜理，並由事業單位內各級主管依職權指揮、監督所屬人員執行。

第 35 條（管理系統）

本法第二十三條第二項所稱職業安全衛生管理系統，指事業單位依其規模、性質，建立包括規劃、實施、評估及改善措施之系統化管理體制。

第 36 條（危害告知）

本法第二十六條第一項規定之事前告知，應以書面爲之，或召開協商會議並作成紀錄。

第 37 條（共同作業）

本法第二十七條所稱共同作業，指事業單位與承攬人、再承攬人所僱用之勞工於同一期間、同一工作場所從事工作。

第 38 條（共同作業協議事項）

本法第二十七條第一項第一款規定之協議組織，應由原事業單位召集之，並定期或不定期進行協議下列事項：

一、安全衛生管理之實施及配合。

二、勞工作業安全衛生及健康管理規範。

三、從事動火、高架、開挖、爆破、高壓電活線等危險作業之管制。

四、對進入局限空間、危險物及有害物作業等作業環境之作業管制。

五、機械、設備及器具等入場管制。

六、作業人員進場管制。

七、變更管理。

八、劃一危險性機械之操作信號、工作場所標識（示）、有害物空容器放置、警報、緊急避難方法及訓練等。

九、使用打樁機、拔樁機、電動機械、電動器具、軌道裝置、乙炔熔接裝置、氧乙炔熔接裝置、電弧熔接裝置、換氣裝置及沉箱、架設通道、上下設備、施工架、工作架台等機械、設備或構造物時，應協調使用 上之安全措施。

十、其他認有必要之協調事項。

第 39 條（母性健康危害工作）

本法第三十一條第一項所稱有母性健康危害之虞之工作，指其從事可能影響胚胎發育、妊娠或哺乳期間之母體及幼兒健康之下列工作：

一、工作暴露於具有依國家標準 CNS 15030 分類，屬生殖毒性物質、生殖細胞致突變性物質或其他對哺乳功能有不良影響之化學品者。

二、勞工個人工作型態易造成妊娠或分娩後哺乳期間，產生健康危害影響之工作，包括勞工作業姿勢、人力提舉、搬運、推拉重物、輪班及工作負荷等工作型態，致產生健康危害影響者。

三、其他經中央主管機關指定公告者。

第 40 條（宣導）

雇主依本法第三十三條規定宣導本法及有關安全衛生規定時，得以教育、公告、分發印刷品、集會報告、電子郵件、網際網路或其他足使勞工周知之方式為之。

第 41 條（工作守則內容）

本法第三十四條第一項所定安全衛生工作守則之內容，依下列事項定之：

一、事業之安全衛生管理及各級之權責。

二、機械、設備或器具之維護及檢查。

三、工作安全及衛生標準。

四、教育及訓練。

五、健康指導及管理措施。

六、急救及搶救。

七、防護設備之準備、維持及使用。

八、事故通報及報告。

九、其他有關安全衛生事項。

第 42 條（工作守則備查）

①前條之安全衛生工作守則，得依事業單位之實際需要，訂定適用於

全部或一部分事業，並得依工作性質、規模分別訂定，報請勞動檢
查機構備查。

②事業單位訂定之安全衛生工作守則，其適用區域跨二以上勞動檢查
機構轄區時，應報請中央主管機關指定之勞動檢查機構備查。

第43條（勞工代表）

本法第三十四條第一項、第三十七條第一項所定之勞工代表，事業單
位設有工會者，由工會推派之；無工會組織而有勞資會議者，由勞方
代表推選之；無工會組織且無勞資會議者，由勞工共同推選之。

第四章 | 監督及檢查

第44條（代檢督導）

中央主管機關或勞動檢查機構為執行職業安全衛生監督及檢查，於必
要時，得要求代行檢查機構或代行檢查人員，提出相關報告、紀錄、
帳冊、文件或說明。

第45條（諮詢會）

本法第三十五條所定職業安全衛生諮詢會，置委員九人至十五人，任
期二年，由中央主管機關就勞工團體、雇主團體、職業災害勞工團
體、有關機關代表及安全衛生學者專家遴聘之。

第46條（通知改善、停工）

勞動檢查機構依本法第三十六條第一項規定實施安全衛生檢查、通知
限期改善或停工之程序，應依勞動檢查法相關規定辦理。

第46-1條（急救、搶救）

本法第三十七條第一項所定雇主應即採取必要之急救、搶救等措施，
包含下列事項：

一、緊急應變措施，並確認工作場所所有勞工之安全。

二、使有立即發生危險之虞之勞工，退避至安全場所。

第 47 條（職災通報合理得知起算 8 小時）

①本法第三十七條第二項規定雇主應於八小時內通報勞動檢查機構，所稱雇主，指罹災勞工之雇主或受工作場所負責人指揮監督從事勞動之罹災工作者工作場所之雇主；所稱應於八小時內通報勞動檢查機構，指事業單位明知或可得而知已發生規定之職業災害事實起八小時內，應向其事業單位所在轄區之勞動檢查機構通報。

②雇主因緊急應變或災害搶救而委託其他雇主或自然人，依規定向其所在轄區之勞動檢查機構通報者，視為已依本法第三十七條第二項規定通報。

第 48 條（職災通報）

①本法第三十七條第二項第二款所稱發生災害之罹災人數在三人以上者，指於勞動場所同一災害發生工作者永久全失能、永久部分失能及暫時全失能之總人數達三人以上者。

②本法第三十七條第二項第三款所稱發生災害之罹災人數在一人以上，且需住院治療者，指於勞動場所發生工作者罹災在一人以上，且經醫療機構診斷需住院治療者。

第 49 條（職災調查）

①勞動檢查機構應依本法第三十七條第三項規定，派員對事業單位工作場所發生死亡或重傷之災害，實施檢查，並調查災害原因及責任歸屬。但其他法律已有火災、爆炸、礦災、空難、海難、震災、毒性化學物質災害、輻射事故及陸上交通事故之相關檢查、調查或鑑定機制者，不在此限。

②前項所稱重傷之災害，指造成罹災者肢體或器官嚴重受損，危及生命或造成其身體機能嚴重喪失，且須住院治療連續達二十四小時以上之災害者。

第 50 條（職災雇主、現場）

本法第三十七條第四項所稱雇主，指災害發生現場所有事業單位之雇主；所稱現場，指造成災害之機械、設備、器具、原料、材料等相關

物件及其作業場所。

第 51 條（職災月報）

①本法第三十八條所稱中央主管機關指定之事業如下：

一、勞工人數在五十人以上之事業。

二、勞工人數未滿五十人之事業，經中央主管機關指定，並由勞動檢查機構函知者。

②前項第二款之指定，中央主管機關得委任或委託勞動檢查機構為之。

③雇主依本法第三十八條規定填載職業災害內容及統計之格式，由中央主管機關定之。

第 52 條（訴訟補助）

①勞工因雇主違反本法規定致發生職業災害所提起之訴訟，得向中央主管機關申請扶助。

②前項扶助業務，中央主管機關得委託民間團體辦理。

第 53 條（機關業務）

本法第五十條第二項所定直轄市與縣（市）主管機關及各目的事業主管機關應依有關法令規定，配合國家職業安全衛生政策，積極推動包括下列事項之職業安全衛生業務：

一、策略及規劃。

二、法制。

三、執行。

四、督導。

五、檢討分析。

六、其他安全衛生促進活動。

第五章｜附則

第 54 條（施行日）

①本細則自中華民國一百零三年七月三日施行。

②本細則修正條文，自中華民國一百零九年三月一日施行。

職業安全衛生管理辦法（111.1.5）

第一章｜總則

第 1 條（法源）
本辦法依職業安全衛生法（以下簡稱本法）第二十三條第四項規定訂定之。

第 1-1 條（提升水準）
雇主應依其事業之規模、性質，設置安全衛生組織及人員，建立職業安全衛生管理系統，透過規劃、實施、評估及改善措施等管理功能，實現安全衛生管理目標，提升安全衛生管理水準。

第 2 條（風險種類）
①本辦法之事業，依危害風險之不同區分如下：
　一、第一類事業：具顯著風險者。
　二、第二類事業：具中度風險者。
　三、第三類事業：具低度風險者。
②前項各款事業之例示，如附表一。

第二章｜職業安全衛生組織及人員

第 2-1 條（管理單位）
①事業單位應依下列規定設職業安全衛生管理單位（以下簡稱管理單位）：
　一、第一類事業之事業單位勞工人數在一百人以上者，應設直接隸屬雇主之專責一級管理單位。
　二、第二類事業勞工人數在三百人以上者，應設直接隸屬雇主之一

　　級管理單位。

②前項第一款專責一級管理單位之設置，於勞工人數在三百人以上者，自中華民國九十九年一月九日施行；勞工人數在二百人至二百九十九人者，自一百年一月九日施行；勞工人數在一百人至一百九十九人者，自一百零一年一月九日施行。

第3條（管理人員、專職）

①第二條所定事業之雇主應依附表二之規模，置職業安全衛生業務主管及管理人員（以下簡稱管理人員）。

②第一類事業之事業單位勞工人數在一百人以上者，所置管理人員應爲專職；第二類事業之事業單位勞工人數在三百人以上者，所置管理人員應至少一人爲專職。

③依前項規定所置專職管理人員，應常駐廠場執行業務，不得兼任其他法令所定專責（任）人員或從事其他與職業安全衛生無關之工作。

第3-1條（製造一級、長距離工程）

①前條第一類事業之事業單位對於所屬從事製造之一級單位，勞工人數在一百人以上未滿三百人者，應另置甲種職業安全衛生業務主管一人，勞工人數三百人以上者，應再至少增置專職職業安全衛生管理員一人。

②營造業之事業單位對於橋樑、道路、隧道或輸配電等距離較長之工程，應於每十公里內增置營造業丙種職業安全衛生業務主管一人。

第3-2條（人數計算）

①事業單位勞工人數之計算，包含原事業單位及其承攬人、再承攬人之勞工及其他受工作場所負責人指揮或監督從事勞動之人員，於同一期間、同一工作場所作業時之總人數。

②事業設有總機構者，其勞工人數之計算，包含所屬各地區事業單位作業勞工之人數。

第 4 條（雇主擔任、丁種主管）

事業單位勞工人數未滿三十人者，雇主或其代理人經職業安全衛生業務主管安全衛生教育訓練合格，得擔任該事業單位職業安全衛生業務主管。但屬第二類及第三類事業之事業單位，且勞工人數在五人以下者，得由經職業安全衛生教育訓練規則第三條附表一所列丁種職業安全衛生業務主管教育訓練合格之雇主或其代理人擔任。

第 5 條

（刪除）

第 5-1 條（職責）

①職業安全衛生組織、人員、工作場所負責人及各級主管之職責如下：

一、職業安全衛生管理單位：擬訂、規劃、督導及推動安全衛生管理事項，並指導有關部門實施。

二、職業安全衛生委員會：對雇主擬訂之安全衛生政策提出建議，並審議、協調及建議安全衛生相關事項。

三、未置有職業安全（衛生）管理師、職業安全衛生管理員事業單位之職業安全衛生業務主管：擬訂、規劃及推動安全衛生管理事項。

四、置有職業安全（衛生）管理師、職業安全衛生管理員事業單位之職業安全衛生業務主管：主管及督導安全衛生管理事項。

五、職業安全（衛生）管理師、職業安全衛生管理員：擬訂、規劃及推動安全衛生管理事項，並指導有關部門實施。

六、工作場所負責人及各級主管：依職權指揮、監督所屬執行安全衛生管理事項，並協調及指導有關人員實施。

七、一級單位之職業安全衛生人員：協助一級單位主管擬訂、規劃及推動所屬部門安全衛生管理事項，並指導有關人員實施。

②前項人員，雇主應使其接受安全衛生教育訓練。

③前二項安全衛生管理、教育訓練之執行，應作成紀錄備查。

第 6 條（地區事業單位設置）

①事業分散於不同地區者，應於各該地區之事業單位依第二條至第三條之二規定，設管理單位及置管理人員。事業單位勞工人數之計算，以各該地區事業單位作業勞工之總人數爲準。

②事業設有總機構者，除各該地區事業單位之管理單位及管理人員外，應依下列規定另於總機構或其地區事業單位設綜理全事業之職業安全衛生事務之管理單位，及依附表二之一之規模置管理人員，並依第五條之一規定辦理安全衛生管理事項：

一、第一類事業勞工人數在五百人以上者，應設直接隸屬雇主之專責一級管理單位。

二、第二類事業勞工人數在五百人以上者，應設直接隸屬雇主之一級管理單位。

三、第三類事業勞工人數在三千人以上者，應設管理單位。

③前項規定所置管理人員，應爲專職。但第二類及第三類事業之職業安全衛生業務主管，不在此限。

④第二項第一款專責一級單位之設置，於勞工人數在三千人以上者，自中華民國九十九年一月九日施行；勞工人數在一千人至二千九百九十九人者，自一百年一月九日施行；勞工人數在五百人至九百九十九人者，自一百零一年一月九日施行。

第 6-1 條（免專責、專職）

第一類事業單位或其總機構已實施第十二條之二職業安全衛生管理系統相關管理制度，管理績效並經中央主管機關審查通過者，得不受第二條之一、第三條及前條有關一級管理單位應爲專責及職業安全衛生業務主管應爲專職之限制。

第 7 條（管理人員資格）

①職業安全衛生業務主管除第四條規定者外，雇主應自該事業之相關主管或辦理職業安全衛生事務者選任之。但營造業之事業單位，應由曾受營造業職業安全衛生業務主管教育訓練者選任之。

②下列職業安全衛生人員，雇主應自事業單位勞工中具備下列資格者選任之：

一、職業安全管理師：

（一）高等考試職業安全衛生類科錄取或具有工業安全技師資格。

（二）領有職業安全管理甲級技術士證照。

（三）曾任勞動檢查員，具有職業安全檢查工作經驗三年以上。

（四）修畢工業安全相關科目十八學分以上，並具有國內外大專以上校院工業安全相關類科碩士以上學位。

二、職業衛生管理師：

（一）高等考試職業安全衛生類科錄取或具有職業衛生技師資格。

（二）領有職業衛生管理甲級技術士證照。

（三）曾任勞動檢查員，具有職業衛生檢查工作經驗三年以上。

（四）修畢工業衛生相關科目十八學分以上，並具有國內外大專以上校院工業衛生相關類科碩士以上學位。

三、職業安全衛生管理員：

（一）具有職業安全管理師或職業衛生管理師資格。

（二）領有職業安全衛生管理乙級技術士證照。

（三）曾任勞動檢查員，具有職業安全衛生檢查工作經驗二年以上。

（四）修畢工業安全衛生相關科目十八學分以上，並具有國內外大專以上校院工業安全衛生相關科系畢業。

（五）普通考試職業安全衛生類科錄取。

③前項大專以上校院工業安全相關類科碩士、工業衛生相關類科碩士、工業安全衛生相關科系與工業安全、工業衛生及工業安全衛生相關科目由中央主管機關定之。地方主管機關依中央主管機關公告之科系及科目辦理。

④第二項第一款第四目及第二款第四目，自中華民國一百零一年七月一日起不再適用；第二項第三款第四目，自一百零三年七月一日起

不再適用。

第 8 條（代理、備查）

①職業安全衛生人員因故未能執行職務時，雇主應即指定適當代理人。其代理期間不得超過三個月。

②勞工人數在三十人以上之事業單位，其職業安全衛生人員離職時，應即報當地勞動檢查機構備查。

第 9 條

（刪除）

第 10 條（委員會）

適用第二條之一及第六條第二項規定之事業單位，應設職業安全衛生委員會（以下簡稱委員會）。

第 11 條（委員會成員）

①委員會置委員七人以上，除雇主為當然委員及第五款規定者外，由雇主視該事業單位之實際需要指定下列人員組成：

一、職業安全衛生人員。

二、事業內各部門之主管、監督、指揮人員。

三、與職業安全衛生有關之工程技術人員。

四、從事勞工健康服務之醫護人員。

五、勞工代表。

②委員任期為二年，並以雇主為主任委員，綜理會務。

③委員會由主任委員指定一人為秘書，輔助其綜理會務。

④第一項第五款之勞工代表，應佔委員人數三分之一以上；事業單位設有工會者，由工會推派之；無工會組織而有勞資會議者，由勞方代表推選之；無工會組織且無勞資會議者，由勞工共同推選之。

第 12 條（委員會會議）

①委員會應每三個月至少開會一次，辦理下列事項：

一、對雇主擬訂之職業安全衛生政策提出建議。

二、協調、建議職業安全衛生管理計畫。

三、審議安全、衛生教育訓練實施計畫。

四、審議作業環境監測計畫、監測結果及採行措施。

五、審議健康管理、職業病預防及健康促進事項。

六、審議各項安全衛生提案。

七、審議事業單位自動檢查及安全衛生稽核事項。

八、審議機械、設備或原料、材料危害之預防措施。

九、審議職業災害調查報告。

十、考核現場安全衛生管理績效。

十一、審議承攬業務安全衛生管理事項。

十二、其他有關職業安全衛生管理事項。

②前項委員會審議、協調及建議安全衛生相關事項，應作成紀錄，並保存三年。

③第一項委員會議由主任委員擔任主席，必要時得召開臨時會議。

第三章｜職業安全衛生管理措施

第 12-1 條（管理計畫、規章）

①雇主應依其事業單位之規模、性質，訂定職業安全衛生管理計畫，要求各級主管及負責指揮、監督之有關人員執行；勞工人數在三十人以下之事業單位，得以安全衛生管理執行紀錄或文件代替職業安全衛生管理計畫。

②勞工人數在一百人以上之事業單位，應另訂定職業安全衛生管理規章。

③第一項職業安全衛生管理事項之執行，應作成紀錄，並保存三年。

第 12-2 條（管理系統）

①下列事業單位，雇主應依國家標準 CNS 45001 同等以上規定，建置適合該事業單位之職業安全衛生管理系統，並據以執行：

一、第一類事業勞工數在二百人以上者。

二、第二類事業勞工人數在五百人以上者。

三、有從事石油裂解之石化工業工作場所者。

四、有從事製造、處置或使用危害性之化學品，數量達中央主管機關規定量以上之工作場所者。

②前項安全衛生管理之執行，應作成紀錄，並保存三年。

第 12-3 條（變更管理）

①第十二條之二第一項之事業單位，於引進或修改製程、作業程序、材料及設備前，應評估其職業災害之風險，並採取適當之預防措施。

②前項變更，雇主應使勞工充分知悉並接受相關教育訓練。

③前二項執行紀錄，應保存三年。

第 12-4 條（採購管理）

①第十二條之二第一項之事業單位，關於機械、設備、器具、物料、原料及個人防護具等之採購、租賃，其契約內容應有符合法令及實際需要之職業安全衛生具體規範，並於驗收、使用前確認其符合規定。

②前項事業單位將營繕工程之規劃、設計、施工及監造等交付承攬或委託者，其契約內容應有防止職業災害之具體規範，並列為履約要件。

③前二項執行紀錄，應保存三年。

第 12-5 條（承攬管理）

①第十二條之二第一項之事業單位，以其事業之全部或一部分交付承攬或與承攬人分別僱用勞工於同一期間、同一工作場所共同作業時，除應依本法第二十六條或第二十七條規定辦理外，應就承攬人之安全衛生管理能力、職業災害通報、危險作業管制、教育訓練、緊急應變及安全衛生績效評估等事項，訂定承攬管理計畫，並促使承攬人及其勞工，遵守職業安全衛生法令及原事業單位所定之職業安全衛生管理事項。

②前項執行紀錄，應保存三年。

第 12-6 條（應變計畫）

①第十二條之二第一項之事業單位，應依事業單位之潛在風險，訂定緊急狀況預防、準備及應變之計畫，並定期實施演練。

②前項執行紀錄，應保存三年。

第 12-7 條（表揚）

①事業單位已實施第十二條之二職業安全衛生管理系統相關管理制度，且管理績效良好並經認可者，中央主管機關得分級公開表揚之。

②前項管理績效良好之認可，中央主管機關得委託相關專業團體辦理之。

第四章｜自動檢查

第一節　機械之定期檢查

第 13 條（機車 -3 年、年、月）

①雇主對電氣機車、蓄電池機車、電車、蓄電池電車、內燃機車、內燃動力車及蒸汽機車等（以下於本條中稱電氣機車等），應每三年就整體定期實施檢查一次。

②雇主對前項之電氣機車等應每年依下列規定定期實施檢查一次：

一、電氣機車、蓄電池機車、電車及蓄電池電車應檢查電動機、控制裝置、制動器、自動遮斷器、車架、連結裝置、蓄電池、避雷器、配線、接觸器具及各種儀表之有無異常。

二、內燃機車及內燃動力車應檢查引擎、動力傳動裝置、制動器、車架、連結裝置及各種儀表之有無異常。

三、蒸汽機車應檢查氣缸、閥、蒸氣管、調壓閥、安全閥及各種儀表之有無異常。

③雇主對電氣機車等應每月依下列規定就其車體所裝置項目定期實施檢查一次：

一、電氣機車、蓄電池機車、電車及蓄電池電車應檢查電路、制動器及連結裝置之有無異常。

二、內燃機車或內燃動力車應檢查制動器及連結裝置之有無異常。

三、蒸汽機車應檢查火室、易熔栓、水位計、給水裝置、制動器及連結裝置之有無異常。

第 14 條（車輛 -3 月）

雇主對一般車輛，應每三個月就車輛各項安全性能定期實施檢查一次。

第 15 條（頂高機 -3 月）

車輛頂高機應每三個月檢查一次以上，維持其安全性能。

第 15-1 條（高空工作車 - 年）

雇主對高空工作車，應每年就下列事項實施檢查一次：

一、壓縮壓力、閥間隙及其他原動機有無異常。

二、離合器、變速箱、差速齒輪、傳動軸及其他動力傳動裝置有無異常。

三、主動輪、從動輪、上下轉輪、履帶、輪胎、車輪軸承及其他走行裝置有無異常。

四、轉向器之左右回轉角度、肘節、軸、臂及其他操作裝置有無異常。

五、制動能力、制動鼓、制動塊及其他制動裝置有無異常。

六、伸臂、升降裝置、屈折裝置、平衡裝置、工作台及其他作業裝置有無異常。

七、油壓泵、油壓馬達、汽缸、安全閥及其他油壓裝置有無異常。

八、電壓、電流及其他電氣系統有無異常。

九、車體、操作裝置、安全裝置、連鎖裝置、警報裝置、方向指示器、燈號裝置及儀表有無異常。

第 15-2 條（高空工作車 - 月）

雇主對高空工作車，應每月依下列規定定期實施檢查一次：

一、制動裝置、離合器及操作裝置有無異常。

二、作業裝置及油壓裝置有無異常。

三、安全裝置有無異常。

第 16 條（車輛營建 - 年、月）

①雇主對車輛系營建機械，應每年就該機械之整體定期實施檢查一次。

②雇主對前項之車輛系營建機械，應每月依下列規定定期實施檢查一次：

一、制動器、離合器、操作裝置及作業裝置之有無異常。

二、鋼索及鏈等之有無損傷。

三、吊斗及鏟斗之有無損傷。

四、倒車或旋轉警示燈及蜂鳴器之有無異常。

第 17 條（堆高機 - 每年、每月）

①雇主對堆高機，應每年就該機械之整體定期實施檢查一次。

②雇主對前項之堆高機，應每月就下列規定定期實施檢查一次：

一、制動裝置、離合器及方向裝置。

二、積載裝置及油壓裝置。

三、貨叉、鍊條、頂蓬及桅桿。

第 18 條（離心機 - 年）

雇主對以動力驅動之離心機械，應每年就下列規定機械之一部分，定期實施檢查一次：

一、回轉體。

二、主軸軸承。

三、制動器。

四、外殼。

五、配線、接地線、電源開關。

六、設備之附屬螺栓。

第 19 條（固定起重 - 年、月）

①雇主對固定式起重機，應每年就該機械之整體定期實施檢查一次。

②雇主對前項之固定式起重機，應每月依下列規定定期實施檢查一次。

　　一、過捲預防裝置、警報裝置、制動器、離合器及其他安全裝置有
　　　　無異常。

　　二、鋼索及吊鏈有無損傷。

　　三、吊鉤、抓斗等吊具有無損傷。

　　四、配線、集電裝置、配電盤、開關及控制裝置有無異常。

　　五、對於纜索固定式起重機之鋼纜等及絞車裝置有無異常。

③前項檢查於輻射區及高溫區，停用超過一個月者得免實施。惟再度
　使用時，仍應為之。

第 20 條（移動起重 - 年、月）

①雇主對移動式起重機，應每年依下列規定定期實施檢查一次：

　　一、伸臂、迴轉裝置（含螺栓、螺帽等）、外伸撐座、動力傳導裝
　　　　置及其他結構項目有無損傷。

　　二、過捲預防裝置、警報裝置、制動器、離合器及其他安全裝置有
　　　　無異常。

　　三、鋼索、吊鏈及吊具有無損傷。

　　四、配線、集電裝置、配電盤、開關及其他機械電氣項目有無異
　　　　常。

②雇主對前項移動式起重機、應每月依下列規定定期實施檢查一次：

　　一、過捲預防裝置、警報裝置、制動器、離合器及其他安全裝置有
　　　　無異常。

　　二、鋼索及吊鏈有無損傷。

　　三、吊鉤、抓斗等吊具有無損傷。

　　四、配線、集電裝置、配電盤、開關及控制裝置有無異常。

第 21 條（人字臂 - 年、月）

①雇主對人字臂起重桿應每年就該機械之整體定期實施檢查一次。

②雇主對前項人字臂起重桿，應每月依下列規定定期實施檢查一次：

一、過捲預防裝置、制動器、離合器及其他安全裝置有無異常。

二、捲揚機之安置狀況。

三、鋼索有無損傷。

四、導索之結頭部分有無異常。

五、吊鉤、抓斗等吊具有無損傷。

六、配線、開關及控制裝置有無異常。

第 22 條（升降機 - 年、月）

①雇主對升降機，應每年就該機械之整體定期實施檢查一次。

②雇主對前項之升降機，應每月依下列規定定期實施檢查一次：

一、終點極限開關、緊急停止裝置、制動器、控制裝置及其他安全裝置有無異常。

二、鋼索或吊鏈有無損傷。

三、導軌之狀況。

四、設置於室外之升降機者，為導索結頭部分有無異常。

第 23 條（營建提升機 - 月）

雇主對營建用提升機，應每月依下列規定定期實施檢查一次：

一、制動器及離合器有無異常。

二、捲揚機之安裝狀況。

三、鋼索有無損傷。

四、導索之固定部位有無異常。

第 24 條（吊籠 - 月）

雇主對吊籠應每月依下列規定定期實施檢查一次：

一、過捲預防裝置、制動器、控制裝置及其他安全裝置有無異常。

二、吊臂、伸臂及工作台有無損傷。

三、升降裝置、配線、配電盤有無異常。

第 25 條（簡易提升機 - 年、月）

①雇主對簡易提升機，應每年定期實施檢查一次。

②雇主對前項之簡易提升機，應每月依下列規定定期實施檢查一次：

　一、過捲預防裝置、制動器、控制裝置及其他安全裝置有無異常。

　二、鋼索及吊鏈有無損傷。

　三、導軌狀況。

第 26 條（衝剪機械 - 年）

雇主對以動力驅動之衝剪機械，應每年依下列規定機械之一部分，定期實施檢查一次：

一、離合器及制動裝置。

二、曲柄軸、飛輪、滑塊、連結螺栓及連桿。

三、一行程一停止機構及緊急制動器。

四、電磁閥、減壓閥及壓力表。

五、配線及開關。

第二節　設備之定期檢查

第 27 條（乾燥 - 年）

雇主對乾燥設備及其附屬設備（含排氣裝置、排風導管等），應每年依下列規定定期實施檢查一次：

一、內面、外面及外部之棚櫃等有無損傷、變形或腐蝕。

二、危險物之乾燥設備中，排出因乾燥產生之氣體、蒸氣或粉塵等之設備有無異常。

三、使用液體燃料或可燃性液體為熱源之乾燥設備，燃燒室或點火處之換氣設備有無異常。

四、窺視孔、出入孔、排氣孔等開口部有無異常。

五、內部溫度測定裝置及調整裝置有無異常。

六、設置於內部之電氣機械器具或配線有無異常。

職業安全衛生管理辦法（111.1.5）

第 28 條（乙炔熔接 - 年）

雇主對乙炔熔接裝置（除此等裝置之配管埋設於地下之部分外）應每年就裝置之損傷、變形、腐蝕等及其性能定期實施檢查一次。

第 29 條（氣體熔接 - 年）

雇主對氣體集合熔接裝置（除此等裝置之配管埋設於地下之部分外）應每年就裝置之損傷、變形、腐蝕等及其性能定期實施檢查一次。

第 30 條（高壓電氣 - 年）

雇主對高壓電氣設備，應於每年依下列規定定期實施檢查一次：

一、高壓受電盤及分電盤（含各種電驛、儀表及其切換開關等）之動作試驗。

二、高壓用電設備絕緣情形、接地電阻及其他安全設備狀況。

三、自備屋外高壓配電線路情況。

第 31 條（低壓電氣 - 年）

雇主對於低壓電氣設備，應每年依下列規定定期實施檢查一次：

一、低壓受電盤及分電盤（含各種電驛、儀表及其切換開關等）之動作試驗。

二、低壓用電設備絕緣情形，接地電阻及其他安全設備狀況。

三、自備屋外低壓配電線路情況。

第 31-1 條（防爆電氣 - 月）

雇主對於防爆電氣設備，應每月依下列規定定期實施檢查一次：

一、本體有無損傷、變形。

二、配管、配線等有無損傷、變形及異常狀況。

三、其他保持防爆性能之必要事項。

第 32 條（鍋爐 - 月）

雇主對鍋爐應每月依下列規定定期實施檢查一次：

一、鍋爐本體有無損傷。

二、燃燒裝置：

（一）油加熱器及燃料輸送裝置有無損傷。

（二）噴燃器有無損傷及污髒。

（三）過濾器有無堵塞或損傷。

（四）燃燒器瓷質部及爐壁有無污髒及損傷。

（五）加煤機及爐篦有無損傷。

（六）煙道有無洩漏、損傷及風壓異常。

三、自動控制裝置：

（一）自動起動停止裝置、火焰檢出裝置、燃料切斷裝置、水位調節
裝置、壓力調節裝置機能有無異常。

（二）電氣配線端子有無異常。

四、附屬裝置及附屬品：

（一）給水裝置有無損傷及作動狀態。

（二）蒸汽管及停止閥有無損傷及保溫狀態。

（三）空氣預熱器有無損傷。

（四）水處理裝置機能有無異常。

第 33 條（高壓特、高壓容、一壓 - 月）

①雇主對高壓氣體特定設備、高壓氣體容器及第一種壓力容器應每月
依下列規定定期實施檢查一次：

一、本體有無損傷、變形。

二、蓋板螺栓有無損耗。

三、管、凸緣、閥及旋塞等有無損傷、洩漏。

四、壓力表及溫度計及其他安全裝置有無損傷。

五、平台支架有無嚴重腐蝕。

②對於有保溫部分或有高游離輻射污染之虞之場所，得免實施。

第 34 條（小鍋 - 年）

雇主對小型鍋爐應每年依下列規定定期實施檢查一次：

一、鍋爐本體有無損傷。

二、燃燒裝置有無異常。

三、自動控制裝置有無異常。

四、附屬裝置及附屬品性能是否正常。

五、其他保持性能之必要事項。

第 35 條（二壓 - 年）

雇主對第二種壓力容器應每年依下列規定定期實施檢查一次：

一、內面及外面有無顯著損傷、裂痕、變形及腐蝕。

二、蓋、凸緣、閥、旋塞等有無異常。

三、安全閥、壓力表與其他安全裝置之性能有無異常。

四、其他保持性能之必要事項。

第 36 條（小壓 - 年）

雇主對小型壓力容器應每年依下列規定定期實施檢查一次：

一、本體有無損傷。

二、蓋板螺旋有無異常。

三、管及閥等有無異常。

四、其他保持性能之必要事項。

第 37 條（高壓儲槽 - 年）

雇主對高壓氣體儲存能力在一百立方公尺或一公噸以上之儲槽應注意有無沈陷現象，並應每年定期測定其沈陷狀況一次。

第 38 條（特化設備 -2 年）

雇主對特定化學設備或其附屬設備，應每二年依下列規定定期實施檢查一次：

一、特定化學設備或其附屬設備（不含配管）：

（一）內部有無足以形成其損壞原因之物質存在。

（二）內面及外面有無顯著損傷、變形及腐蝕。

（三）蓋、凸緣、閥、旋塞等之狀態。

（四）安全閥、緊急遮斷裝置與其他安全裝置及自動警報裝置之性能。

（五）冷卻、攪拌、壓縮、計測及控制等性能。

（六）備用動力源之性能。

（七）其他爲防止丙類第一種物質或丁類物質之漏洩之必要事項。

二、配管

（一）熔接接頭有無損傷、變形及腐蝕。

（二）凸緣、閥、旋塞等之狀態。

（三）接於配管之供爲保溫之蒸氣管接頭有無損傷、變形或腐蝕。

第 39 條（化學設備 -2 年）

雇主對化學設備及其附屬設備，應就下列事項，每二年定期實施檢查一次：

一、內部是否有造成爆炸或火災之虞。

二、內部與外部是否有顯著之損傷、變形及腐蝕。

三、蓋板、凸緣、閥、旋塞等之狀態。

四、安全閥或其他安全裝置、壓縮裝置、計測裝置之性能。

五、冷卻裝置、攪拌裝置、壓縮裝置、計測裝置及控制裝置之性能。

六、預備電源或其代用裝置之性能。

七、其他防止爆炸或火災之必要事項。

第 40 條（局排 - 年）

雇主對局部排氣裝置、空氣清淨裝置及吹吸型換氣裝置應每年依下列規定定期實施檢查一次：

一、氣罩、導管及排氣機之磨損、腐蝕、凹凸及其他損害之狀況及程度。

二、導管或排氣機之塵埃聚積狀況。

三、排氣機之注油潤滑狀況。

四、導管接觸部分之狀況。

五、連接電動機與排氣機之皮帶之鬆弛狀況。

六、吸氣及排氣之能力。

七、設置於排放導管上之採樣設施是否牢固、鏽蝕、損壞、崩塌或其他妨礙作業安全事項。

八、其他保持性能之必要事項。

第 41 條（空氣清淨 - 年）

雇主對設置於局部排氣裝置內之空氣清淨裝置，應每年依下列規定定期實施檢查一次：

一、構造部分之磨損、腐蝕及其他損壞之狀況及程度。

二、除塵裝置內部塵埃堆積之狀況。

三、濾布式除塵裝置者，有濾布之破損及安裝部分鬆弛之狀況。

四、其他保持性能之必要措施。

第 42 條（減壓艙 - 月）

雇主對異常氣壓之再壓室或減壓艙，應就下列事項，每個月依下列規定定期實施檢查一次：

一、輸氣設備及排氣設備之運作狀況。

二、通話設備及警報裝置之運作狀況。

三、電路有無漏電。

四、電器、機械器具及配線有無損傷。

第 43 條（施工架 - 周、次）

①雇主對施工架及施工構台，應就下列事項，每週定期實施檢查一次：

　　一、架材之損傷、安裝狀況。

　　二、立柱、橫檔、踏腳桁等之固定部分，接觸部分及安裝部分之鬆弛狀況。

　　三、固定材料與固定金屬配件之損傷及腐蝕狀況。

　　四、扶手、護欄等之拆卸及脫落狀況。

　　五、基腳之下沈及滑動狀況。

　　六、斜撐材、索條、橫檔等補強材之狀況。

　　七、立柱、踏腳桁、橫檔等之損傷狀況。

　　八、懸臂樑與吊索之安裝狀況及懸吊裝置與阻擋裝置之性能。

②強風大雨等惡劣氣候、四級以上之地震襲擊後及每次停工之復工前，亦應實施前項檢查。

職業安全衛生管理辦法（111.1.5）

第 44 條（模板 - 周、次）

①雇主對營造工程之模板支撐架，應每週依下列規定實施檢查：

一、架材之損傷、安裝狀況。

二、支柱等之固定部分、接觸部分及搭接重疊部分之鬆弛狀況。

三、固定材料與固定金屬配件之損傷及腐蝕狀況。

四、基腳（礎）之沉陷及滑動狀況。

五、斜撐材、水平繫條等補強材之狀況。

②強風大雨等惡劣氣候、四級以上之地震襲擊後及每次停工之復工前，亦應實施前項檢查。

第 44-1 條（縮短期限）

雇主對於機械、設備，應依本章第一節及第二節規定，實施定期檢查。但雇主發現有腐蝕、劣化、損傷或堪用性之虞，應實施安全評估，並縮短其檢查期限。

第三節　機械、設備之重點檢查

第 45 條（二壓、減壓艙 - 初次）

雇主對第二種壓力容器及減壓艙，應於初次使用前依下列規定實施重點檢查：

一、確認胴體、端板之厚度是否與製造廠所附資料符合。

二、確認安全閥吹洩量是否足夠。

三、各項尺寸、附屬品與附屬裝置是否與容器明細表符合。

四、經實施耐壓試驗無局部性之膨出、伸長或洩漏之缺陷。

五、其他保持性能之必要事項。

第 46 條（捲揚 - 使用、修理）

雇主對捲揚裝置於開始使用、拆卸、改裝或修理時，應依下列規定實施重點檢查：

一、確認捲揚裝置安裝部位之強度，是否符合捲揚裝置之性能需求。

二、確認安裝之結合元件是否結合良好，其強度是否合乎需求。

三、其他保持性能之必要事項。

第 47 條（局排 - 使用、修理）

雇主對局部排氣裝置或除塵裝置，於開始使用、拆卸、改裝或修理時，應依下列規定實施重點檢查：

一、導管或排氣機粉塵之聚積狀況。

二、導管接合部分之狀況。

三、吸氣及排氣之能力。

四、其他保持性能之必要事項。

第 48 條（輸氣設備 - 使用、異常）

雇主對異常氣壓之輸氣設備應依下列規定實施重點檢查：

一、對輸氣設備初次使用或予分解後加以改造、修理或停用一個月以上擬再度使用時，應對該設備實施重點檢查。

二、於輸氣設備發生故障或因出水或發生其他異常，致高壓室內作業勞工有遭受危險之虞時，應迅即使勞工自沈箱、壓氣潛盾等撤離，避免危難，應即檢點輸氣設備之有無異常，沈箱等之有無異常沈降或傾斜及其他必要事項。

第 49 條（特化設備 - 使用、修理）

雇主對特定化學設備或其附屬設備，於開始使用、改造、修理時，應依下列規定實施重點檢查一次：

一、特定化學設備或其附屬設備（不含配管）：

（一）內部有無足以形成其損壞原因之物質存在。

（二）內面及外面有無顯著損傷、變形及腐蝕。

（三）蓋、凸緣、閥、旋塞等之狀態。

（四）安全閥、緊急遮斷裝置與其他安全裝置及自動警報裝置之性能。

（五）冷卻、攪拌、壓縮、計測及控制等性能。

（六）備用動力源之性能。

（七）其他為防止丙類第一種物質或丁類物質之漏洩之必要事項。

職業安全衛生管理辦法（111.1.5）

二、配管：

（一）熔接接頭有無損傷、變形及腐蝕。

（二）凸緣、閥、旋塞等之狀態。

（三）接於配管之蒸氣管接頭有無損傷、變形或腐蝕。

第四節　機械、設備之作業檢點

第 50 條（車輛機械 - 日）

雇主對車輛機械，應每日作業前依下列各項實施檢點：

一、制動器、連結裝置、各種儀器之有無異常。

二、蓄電池、配線、控制裝置之有無異常。

第 50-1 條（高空工作車 - 日）

雇主對高空工作車，應於每日作業前就其制動裝置、操作裝置及作業裝置之性能實施檢點。

第 51 條（捲揚 - 日）

雇主對捲揚裝置應於每日作業前就其制動裝置、安全裝置、控制裝置及鋼索通過部分狀況實施檢點。

第 52 條（固定起重 - 日）

雇主對固定式起重機，應於每日作業前依下列規定實施檢點，對置於瞬間風速可能超過每秒三十公尺或四級以上地震後之固定式起重機，應實施各部安全狀況之檢點：

一、過捲預防裝置、制動器、離合器及控制裝置性能。

二、直行軌道及吊運車橫行之導軌狀況。

三、鋼索運行狀況。

第 53 條（移動起重 - 日）

雇主對移動式起重機，應於每日作業前對過捲預防裝置、過負荷警報裝置、制動器、離合器 、控制裝置及其他警報裝置之性能實施檢點。

第 54 條（人字臂 - 日）

雇主對人字臂起重桿，應於每日作業前依下列規定實施檢點，對置於

瞬間風速可能超過每秒三十公尺（以設於室外者為限）或四級以上地震後之人字臂起重桿，應就其安全狀況實施檢點：

一、過捲預防裝置、制動器、離合器及控制裝置之性能。

二、鋼索通過部分狀況。

第 54-1 條（升降機 - 日）

雇主對營建用或載貨用之升降機，應於每日作業前對搬器及升降路所有出入口門扉之連鎖裝置之性能實施檢點。

第 55 條（營建提升機 - 日）

雇主對營建用提升機，應於每日作業前，依下列規定實施檢點：

一、制動器及離合器性能。

二、鋼索通過部分狀況。

第 56 條（吊籠 - 日）

雇主對吊籠，應於每日作業前依下列規定實施檢點，如遇強風、大雨、大雪等惡劣氣候後，應實施第三款至第五款之檢點：

一、鋼索及其緊結狀態有無異常。

二、扶手等有無脫離。

三、過捲預防裝置、制動器、控制裝置及其他安全裝置之機能有無異常。

四、升降裝置之擋齒機能。

五、鋼索通過部分狀況。

第 57 條（簡易提升機 - 日）

雇主對簡易提升機，應於每日作業前對制動性能實施檢點。

第 58 條（吊具 - 日）

雇主對第十六條、第十九條至第二十五條及第五十二條至前條規定之起重機械使用之吊掛用鋼索、吊鏈、纖維索、吊鉤、吊索、鏈環等用具，應於每日作業前實施檢點。

第 59 條（衝剪機械 - 日）

雇主對第二十六條之衝剪機械，應於每日作業前依下列規定，實施檢

點：

一、離合器及制動器之機能。

二、曲柄軸、飛輪、滑塊、連桿、連接螺栓之有無鬆懈狀況。

三、一行程一停止機構及緊急制動裝置之機能。

四、安全裝置之性能。

五、電氣、儀表。

第 60 條（機器人 - 日）

雇主對工業用機器人應於每日作業前依下列規定實施檢點；檢點時應盡可能在可動範圍外為之：

一、制動裝置之機能。

二、緊急停止裝置之機能。

三、接觸防止設施之狀況及該設施與機器人間連鎖裝置之機能。

四、相連機器與機器人間連鎖裝置之機能。

五、外部電線、配管等有無損傷。

六、供輸電壓、油壓及空氣壓有無異常。

七、動作有無異常。

八、有無異常之聲音或振動。

第 61 條（高壓製造設備 - 日）

雇主對高壓氣體製造設備，應於使用開始前及使用終了後，檢點該設備有無異常，且應依所製造之高壓氣體種類及製造設備狀況，一日一次以上就該設備之動作狀況實施檢點。

第 62 條（高壓消費設備 - 日）

雇主對高壓氣體消費設備，應於使用開始前及使用終了後，檢點該設備有無異常，一日一次以上就該設備之動作狀況實施檢點。

第 63 條（營建設備 - 日）

雇主對營建工程施工架設備、施工構台、支撐架設備、露天開挖擋土支撐設備、隧道或坑道開挖支撐設備、沉箱、圍堰及壓氣施工設備、打樁設備等，應於每日作業前及使用終了後，檢點該設備有無異常或

變形。

第五節　作業檢點

第 64 條（危險性設備）

雇主使勞工從事下列危險性設備作業時，應使該勞工就其作業有關事項實施檢點：

一、鍋爐之操作作業。

二、第一種壓力容器之操作作業。

三、高壓氣體特定設備之操作作業。

四、高壓氣體容器之操作作業。

第 65 條（高壓氣體）

雇主使勞工從事下列高壓氣體作業時，應使該勞工就其作業有關事項實施檢點：

一、高壓氣體之灌裝作業。

二、高壓氣體容器儲存作業。

三、高壓氣體之運輸作業。

四、高壓氣體之廢棄作業。

第 66 條（機器人）

雇主使勞工從事工業用機器人之教導及操作作業時，應使該勞工就其作業有關事項實施檢點。

第 67 條（營造作業）

雇主使勞工從事營造作業時，應就下列事項，使該勞工就其作業有關事項實施檢點：

一、打樁設備之組立及操作作業。

二、擋土支撐之組立及拆除作業。

三、露天開挖之作業。

四、隧道、坑道開挖作業。

五、混凝土作業。

六、鋼架施工作業。

七、施工構台之組立及拆除作業。

八、建築物之拆除作業。

九、施工架之組立及拆除作業。

十、模板支撐之組立及拆除作業。

十一、其他營建作業。

第 68 條（缺氧、局限）

雇主使勞工從事缺氧危險或局限空間作業時，應使該勞工就其作業有關事項實施檢點。

第 69 條（有害物）

雇主使勞工從事下列有害物作業時，應使該勞工就其作業有關事項實施檢點：

一、有機溶劑作業。

二、鉛作業。

三、四烷基鉛作業。

四、特定化學物質作業。

五、粉塵作業。

第 70 條（異常氣壓）

雇主使勞工從事下列異常氣壓作業時，應使該勞工就其作業有關事項實施檢點：

一、潛水作業。

二、高壓室內作業。

三、沈箱作業。

四、氣壓沈箱、沈筒、潛盾施工等作業。

第 71 條（金屬熔接）

雇主使勞工從事金屬之熔接、熔斷或加熱作業時，應就下列事項，使該勞工就其作業有關事項實施檢點：

一、乙炔熔接裝置。

二、氣體集合熔接裝置。

第 72 條（危害物處置）
雇主使勞工從事危害性化學品之製造、處置及使用作業時，應使該勞工就其作業有關事項實施檢點。

第 73 條（林場）
雇主使勞工從事林場作業時，應使該勞工就其作業有關事項實施檢點。

第 74 條（船舶）
雇主使勞工從事船舶清艙解體作業時，應使該勞工就其作業有關事項實施檢點。

第 75 條（碼頭）
雇主使勞工從事碼頭裝卸作業時，應使該勞工就其作業有關事項實施檢點。

第 76 條
（刪除）

第 77 條（其他）
雇主使勞工對其作業中之纖維纜索、乾燥室、防護用具、電氣機械器具及自設道路等實施檢點。

第 78 條（手冊、檢點表）
雇主依第五十條至第五十六條及第五十八條至第七十七條實施之檢點，其檢點對象、內容，應依實際需要訂定，以檢點手冊或檢點表等為之。

第六節　自動檢查紀錄及必要措施

第 79 條（自動檢查計畫）
雇主依第十三條至第六十三條規定實施之自動檢查，應訂定自動檢查計畫。

第 80 條（定期、重點檢查紀錄）

雇主依第十三條至第四十九條規定實施之定期檢查、重點檢查應就下列事項記錄，並保存三年：

一、檢查年月日。

二、檢查方法。

三、檢查部分。

四、檢查結果。

五、實施檢查者之姓名。

六、依檢查結果應採取改善措施之內容。

第 81 條（異常檢修）

①勞工、主管人員及職業安全衛生管理人員實施檢查、檢點時，發現對勞工有危害之虞者，應即報告上級主管。

②雇主依第十三條至第七十七條規定實施自動檢查，發現有異常時，應立即檢修及採取必要措施。

第 82 條（從其規定）

雇主依第十三條至第七十七條規定實施之自動檢查，於其他法令另有規定者外，應依該規定為之。

第 83 條（人員資格）

雇主依第十三條至第七十七條規定之自動檢查，除依本法所定之其他法令另有規定者外，應指定具專業知能或操作資格之適當人員為之。

第 84 條（原事業單位檢查）

①事業單位以其事業之全部或部分交付承攬或再承攬時，如該承攬人使用之機械、設備或器具係由原事業單位提供者，該機械、設備或器具應由原事業單位實施定期檢查及重點檢查。

②前項定期檢查及重點檢查於有必要時得由承攬人或再承攬人會同實施。

③第一項之定期檢查及重點檢查如承攬人或再承攬人具有實施之能力時，得以書面約定由承攬人或再承攬人為之。

第 85 條（承租者自動檢查）

①事業單位承租、承借機械、設備或器具供勞工使用者，應對該機械、設備或器具實施自動檢查。

②前項自動檢查之定期檢查及重點檢查，於事業單位承租、承借機械、設備或器具時，得以書面約定由出租、出借人為之。

第五章｜報告

第 86 條（管理單位、人員備查）

勞工人數在三十人以上之事業單位，依第二條之一至第三條之一、第六條規定設管理單位或置管理人員時，應依中央主管機關公告之內容及方式登錄，陳報勞動檢查機構備查。

第 87 條（委員會名冊）

雇主依第十條規定設委員會時，應製作委員會名冊（如附表三）留存備查。

第六章｜附則

第 88 條（人員資格）

於本辦法發布日前，依已廢止之工廠安全衛生管理人員設置辦法、勞工安全衛生組織及管理人員設置辦法及修正前之勞工安全衛生組織管理及自動檢查辦法規定，取得勞工安全衛生管理人員資格者，於本辦法施行後，其資格不受影響。

第 89 條

（刪除）

第 89-1 條（政府替代）

政府機關（構），對於第二條之一、第三條及第六條之規定，因其他法規限制，得於組織修編完成前，以報經中央主管機關核定之職業安

全衛生管理規章或職業安全衛生管理計畫替代之。

第 89-2 條（紀錄保存）

雇主依第五條之一、第十二條至第十二條之六及第八十條規定所作之紀錄，應以紙本保存。但以電子紀錄形式保存，並能隨時調閱查對者，不在此限。

第 90 條（施行日）

①本辦法自發布日施行。但除中華民國九十七年一月九日修正發布之第二條之一第一項第一款、第六條第二項第一款已另定施行日期者外，第二條、第二條之一、第三條、第三條之一、第三條之二、第五條之一、第六條、第七條、第十條、第十二條之一至第十二條之六規定，自發布後六個月施行。

②本辦法中華民國一百零三年六月二十六日修正發布之條文，自一百零三年七月三日施行。

③本辦法中華民國一百零五年二月十九日修正發布之條文，除第六條之一及第十二條之七規定，自一百零五年七月一日施行外，自一百零六年一月一日施行。

④本辦法中華民國一百零九年九月二十四日修正發布之第四條規定，自發布後六個月施行。

⑤本辦法中華民國一百十一年一月五日修正發布之第四條規定，自一百十一年一月七日施行。

附表一　事業之分類

一、第一類事業

（一）礦業及土石採取業。

　　1. 煤礦業。

　　2. 石油、天然氣及地熱礦業。

　　3. 金屬礦業。

　　4. 土礦及石礦業。

　　5. 化學與肥料礦業。

　　6. 其他礦業。

　　7. 土石採取業。

（二）製造業中之下列事業：

　　1. 紡織業。

　　2. 木竹製品及非金屬家具製造業。

　　3. 造紙、紙製品製造業。

　　4. 化學材料製造業。

　　5. 化學品製造業。

　　6. 石油及煤製品製造業。

　　7. 橡膠製品製造業。

　　8. 塑膠製品製造業。

　　9. 水泥及水泥製品製造業。

　　10. 金屬基本工業。

　　11. 金屬製品製造業。

　　12. 機械設備製造修配業。

　　13. 電力及電子機械器材製造修配業中之電力機械器材製造修配業。

　　14. 運輸工具製造修配業。

　　15. 電力及電子機械器材製造修配業中之電子機械器材製造業及電池製造業。

　　16. 食品製造業。

　　17. 飲料及菸草製造業。

　　18. 皮革、毛皮及其製品製造業。

　　19. 電腦、電子產品及光學製品製造業。

　　20. 電子零組件製造業。

　　21. 其他非金屬礦物製品製造業。

（三）營造業：

　　1. 土木工程業。

　　2. 建築工程業。

　　3. 電路及管道工程業。

　　4. 油漆、粉刷、裱蓆業。

　　5. 其他營造業。

（四）水電燃氣業中之下列事業：

　　1. 電力供應業。

　　2. 氣體燃料供應業。

　　3. 暖氣及熱水供應業。

（五）運輸、倉儲及通信業之下列事業：

　　1. 運輸業中之水上運輸業及航空運輸業。

　　2. 運輸業中之陸上運輸業及運輸服務業。

　　3. 倉儲業。

（六）機械設備租賃業中之生產性機械設備租賃業。

（七）環境衛生服務業。

（八）洗染業。

（九）批發零售業中之下列事業：

　　1. 建材批發業。

　　2. 建材零售業。

　　3. 燃料批發業。

　　4. 燃料零售業。

（十）其他服務業中之下列事業：

　　1. 建築物清潔服務業。

　　2. 病媒防治業。

　　3. 環境衛生及污染防治服務業。

（十一）公共行政業中之下列事業：

　　1. 從事營造作業之事業。

　　2. 從事廢棄物清除、處理、廢（污）水處理事業之工作場所。

（十二）國防事業中之生產機構。

（十三）中央主管機關指定達一定規模之事業。

二、第二類事業

（一）農、林、漁、牧業：

　　1. 農藝及園藝業。

　　2. 農事服務業。

　　3. 畜牧業。

　　4. 林業及伐木業。

　　5. 漁業。

（二）礦業及土石採取業中之鹽業。

（三）製造業中之下列事業：

　　1. 普通及特殊陶瓷製造業。

　　2. 玻璃及玻璃製品製造業。

　　3 精密器械製造業。

　　4. 雜項工業製品製造業。

　　5. 成衣及服飾品製造業。

　　6. 印刷、出版及有關事業。

　　7. 藥品製造業。

　　8. 其它製造業。

（四）水電燃氣業中之自來水供應業。

（五）運輸、倉儲及通信業中之下列事業：

　　1. 電信業。

　　2. 郵政業。

（六）餐旅業：

　　1. 飲食業。

　　2. 旅館業。

（七）機械設備租賃業中之下列事業：

　　1. 事務性機器設備租賃業。

　　2. 其他機械設備租賃業。

（八）醫療保健服務業：

　　1. 醫院。

　　2. 診所。

　　3. 衛生所及保健站。

　　4. 醫事技術業。

　　5. 助產業。

　　6. 獸醫業。

　　7. 其他醫療保健服務業。

（九）修理服務業：

　　1. 鞋、傘、皮革品修理業。

　　2. 電器修理業。

　　3. 汽車及機踏車修理業。

　　4. 鐘錶及首飾修理業。

　　5. 家具修理業。

　　6. 其他器物修理業。

（十）批發零售業中之下列事業：

　　1. 家庭電器批發業。

　　2. 機械器具批發業。

　　3. 回收物料批發業。

　　4. 家庭電器零售業。

　　5. 機械器具零售業。

　　6. 綜合商品零售業。

（十一）不動產及租賃業中之下列事業：

　　1. 不動產投資業。

　　2. 不動產管理業。

（十二）輸入、輸出或批發化學原料及其製品之事業。

（十三）運輸工具設備租賃業中之下列事業：

　　1. 汽車租賃業。

　　2. 船舶租賃業。

　　3. 貨櫃租賃業。

　　4. 其他運輸工具設備租賃業。

（十四）專業、科學及技術服務業中之下列事業：

　　1. 建築及工程技術服務業。

　　2. 廣告業。

　　3. 環境檢測服務業。

（十五）其他服務業中之下列事業：

　　1. 保全服務業。

　　2. 汽車美容業。

　　3. 浴室業。

（十六）個人服務業中之停車場業。

（十七）政府機關（構）、職業訓練事業、顧問服務業、學術研究及服務業、教育訓練服務業之大專院校、高級中學、高級職業學校等之實驗室、試驗室、實習工場或試驗工場（含試驗船、訓練船）。

（十八）公共行政業組織條例或組織規程明定組織任務為從事工程規劃、設計、施工、品質管制、進度管控及竣工驗收等之工務機關（構）。

（十九）工程顧問業從事非破壞性檢測之工作場所。

（二十）零售化學原料之事業，使勞工裝卸、搬運、分裝、保管上述物質之工作場所。

（二十一）批發業、零售業中具有冷凍（藏）設備、使勞工從事荷重一公噸以上之堆高機操作及儲存貨物高度三公尺以上之工作場所者。

（二十二）休閒服務業。

（二十三）動物園業。

（二十四）國防事業中之軍醫院、研究機構。

（二十五）零售車用燃料油（氣）、化學原料之事業，使勞工裝卸、搬運、分裝、保管上述物質之工作場所。

（二十六）教育訓練服務業之大專校院有從事工程施工、品質管制、進度管控及竣工驗收等之工作場所。

（二十七）國防部軍備局有從事工程施工、品質管制、進度管控及竣工驗收等之工作場所。

（二十八）中央主管機關指定達一定規模之事業。

三、第三類事業

上述指定之第一類及第二類事業以外之事業。

附表二　各類事業之事業單位應置職業安全衛生人員表

事　　業		規模（勞工人數）	應置之管理人員
壹、第一類事業之事業單位（顯著風險事業）	營造業之事業單位	一、未滿三十人者	丙種職業安全衛生業務主管。
		二、三十人以上未滿一百人者	乙種職業安全衛生業務主管及職業安全衛生管理員各一人。
		三、一百人以上未滿三百人者	甲種職業安全衛生業務主管及職業安全衛生管理員各一人。
		四、三百人以上未滿五百人者	甲種職業安全衛生業務主管一人、職業安全（衛生）管理師一人及職業安全衛生管理員二人以上。
		五、五百人以上者	甲種職業安全衛生業務主管一人、職業安全（衛生）管理師及職業安全衛生管理員各二人以上。
	營造業以外之事業單位	一、未滿三十人者	丙種職業安全衛生業務主管。
		二、三十人以上未滿一百人者	乙種職業安全衛生業務主管。
		三、一百人以上未滿三百人者	甲種職業安全衛生業務主管及職業安全衛生管理員各一人。
		四、三百人以上未滿五百人者	甲種職業安全衛生業務主管一人、職業安全（衛生）管理師及職業安全衛生管理員各一人以上。
		五、五百人以上未滿一千人者	甲種職業安全衛生業務主管一人、職業安全（衛生）管理師一人及職業安全衛生管理員二人以上。

事　業		規模（勞工人數）	應置之管理人員
		六、一千人以上者	甲種職業安全衛生業務主管一人、職業安全（衛生）管理師及職業安全衛生管理員各二人以上。
貳、第二類事業之事業單位（中度風險事業）		一、未滿三十人者	丙種職業安全衛生業務主管。
		二、三十人以上未滿一百人者	乙種職業安全衛生業務主管。
		三、一百人以上未滿三百人者	甲種職業安全衛生業務主管。
		四、三百人以上未滿五百人者	甲種職業安全衛生業務主管及職業安全衛生管理員各一人。
		五、五百人以上者	甲種職業安全衛生業務主管、職業安全（衛生）管理師及職業安全衛生管理員各一人以上。
參、第三類事業之事業單位（低度風險事業）		一、未滿三十人者	丙種職業安全衛生業務主管。
		二、三十人以上未滿一百人者	乙種職業安全衛生業務主管。
		三、一百人以上未滿五百人者	甲種職業安全衛生業務主管。
		四、五百人以上者	甲種職業安全衛生業務主管及職業安全衛生管理員各一人以上。

附註：
1. 依上述規定置職業安全（衛生）管理師二人以上者，其中至少一人應為職業衛生管理師。但於中華民國一百零三年七月三日前，已置有職業安全衛生人員者，不在此限。
2. 本表為至少應置之管理人員人數，事業單位仍應依其事業規模及危害風險，增置管理人員。

職業安全衛生管理辦法（111.1.5）

附表二之一　各類事業之總機構或綜理全事業職業安全衛生業務之事業單位應置職業安全衛生人員表

事業	規模（勞工人數）	應置之管理人員
壹、第一類事業 （高度風險事業）	一、五百人以上 未滿一千人	甲種職業安全衛生業務主管及職業安全衛生管理員各一人。
	二、一千人以上	甲種職業安全衛生業務主管、職業安全（衛生）管理師及職業安全衛生管理員各一人以上。
貳、第二類事業 （中度風險事業）	一、五百人以上 未滿一千人	甲種職業安全衛生業務主管及職業安全衛生管理員各一人。
	二、一千人以上	甲種職業安全衛生業務主管、職業安全（衛生）管理師及職業安全衛生管理員各一人以上。
參、第三類事業 （低度風險事業）	三千人以上	甲種職業安全衛生業務主管及職業安全衛生管理員各一人以上。

附註：

　　本表為至少應置之管理人員人數，事業單位仍應依其事業規模及危害風險，增置管理人員。

附表三　職業安全衛生委員會名冊

☐總機構　☐事業單位

<table>
<tr><td>事業單位
分類號碼</td><td colspan="2"></td><td colspan="2">行業標準
分類號碼</td><td></td></tr>
<tr><td rowspan="6">雇

主</td><td rowspan="2">事　業　主</td><td colspan="2">法人事業（名稱）</td><td colspan="2"></td></tr>
<tr><td colspan="2">非法人事業名稱及（或）姓名</td><td colspan="2"></td></tr>
<tr><td rowspan="4">事業經營
負　責　人</td><td rowspan="2">法人事業</td><td>代表人</td><td>職稱：</td><td>姓名：</td></tr>
<tr><td>或其代
理人</td><td>職稱：</td><td>姓名：</td></tr>
<tr><td rowspan="2">非法人事業</td><td>事業主</td><td colspan="2">姓名：</td></tr>
<tr><td>或其代
理人</td><td>職稱：</td><td>姓名：</td></tr>
<tr><td colspan="2">受僱勞工人數</td><td colspan="4">男　　　人，女　　　人，未滿十八歲　　　人。
（計　　　人）</td></tr>
<tr><td colspan="2">受工作場所負責人指揮或
監督從事勞動之人員人數</td><td colspan="4">男　　　人，女　　　人，未滿十八歲　　　人。
（計　　　人）</td></tr>
<tr><td colspan="6">職業安全衛生委員名冊</td></tr>
<tr><td colspan="2">職稱</td><td>姓名</td><td>現任
職務</td><td>擔任
工作</td><td>委員為勞工代表者
（請打✓）應佔委員
人數三分之一以上</td></tr>
<tr><td colspan="2">主　任　委　員</td><td></td><td></td><td></td><td></td></tr>
<tr><td colspan="2">委員（兼執行秘書）</td><td></td><td></td><td></td><td></td></tr>
<tr><td colspan="2">委　　　　　員</td><td></td><td></td><td></td><td></td></tr>
<tr><td colspan="2">委　　　　　員</td><td></td><td></td><td></td><td></td></tr>
<tr><td colspan="2">委　　　　　員</td><td></td><td></td><td></td><td></td></tr>
<tr><td colspan="2">委　　　　　員</td><td></td><td></td><td></td><td></td></tr>
<tr><td colspan="2">委　　　　　員</td><td></td><td></td><td></td><td></td></tr>
<tr><td colspan="2">委　　　　　員</td><td></td><td></td><td></td><td></td></tr>
<tr><td colspan="2">委　　　　　員</td><td></td><td></td><td></td><td></td></tr>
<tr><td colspan="2"></td><td></td><td></td><td></td><td></td></tr>
</table>

職業安全衛生管理辦法（111.1.5）

檔　號：
保存年限：

勞動部　公告

發文日期：中華民國109年10月14日
發文字號：勞職授字第1090204063號

主旨：公告勞工人數在30人以上之事業單位，設職業安全衛生管理
　　　單位或置職業安全衛生人員時，應辦理登錄之內容及方式，
　　　並自即日生效。

依據：職業安全衛生管理辦法第86條。

公告事項：

一、登錄內容及方式：勞工人數在30人以上之事業單位，於設職
　　業安全衛生管理單位或置職業安全衛生人員時，應至勞動部
　　職業安全衛生署網站（https://www.osha.gov.tw/），「勞
　　動檢查/職業安全衛生管理單位及人員設置報備系統」網頁，
　　依線上表件格式填報資料，並依該系統所定程序報當地勞動
　　檢查機構完成備查。

二、登錄期限：事業單位應於設職業安全衛生管理單位或置職業
　　安全衛生人員後30日內完成登錄及備查，變更時亦同。

部長　許銘春

第1頁　共1頁

78

職業安全衛生管理辦法（111.1.5）

工作者安全衛生履歷智能雲

操作手冊

關貿網路股份有限公司

（Tradevan Information Services Co., Ltd.）

中華民國一百一十年五月

1

檔　號：
保存年限：

勞動部　公告

發文日期：中華民國103年9月26日
發文字號：勞職授字第1030201348號
附件：如文

主旨：「適用職業安全衛生法部分規定之事業範圍」，並自中華民
　　　國一百零三年七月三日生效。

依據：職業安全衛生法第四條但書規定。

公告事項：適用職業安全衛生法部分規定之事業範圍如附表。

部長　陳雄文

適用職業安全衛生法部分規定之事業範圍

類別	事業範圍	適用部分規定	備註
A	政府機關（8311）及民意機關（8312）	第一章：第1條至第5條。第二章：第6條至第18條。第三章：第23條（不含設置安全衛生組織、人員）、第24條至第34條。第四章：第36條、第37條、第39條。第五章：第40條至第49條。第六章：第50條至第55條。	一、本項事業範圍不含前經指定適用勞工安全衛生法之下列事業或工作場所： （一）公共行政業從事營造作業之事業。 （二）公共行政業從事廢棄物清除、處理、廢（污）水處理事業之工作場所。 （三）公共行政業政府機關之實驗室、試驗室、實習工場或試驗工場（含試驗船、訓練船）。 （四）公共行政業組織條例或組織規程明定組織任務為從事工程規劃、設計、施工、品質管制、進度管控及竣工驗收等之工務機關（構）。 二、前款公共行政業之事業或工作場所外之政府機關及民意機關，不含下列人員： （一）公務人員保障法第三條、第一百零二條所定人員。 （二）犯罪矯正機關或其他收容處所之收容人。
	國防事務業（8320）	同上	一、本項事業範圍不含前經指定適用勞工安全衛生法之國防部軍備局從事工程施工、品質管制、進度管控及竣工驗收等之工作場所。 二、前款以外之軍事機關、部隊及軍事訓練機構等國防事務業，不含公務人員保障法第三條、第一百零二條所定人員、公務人員安全及衛生防護辦法第三十二條所定之軍職人員。 三、本項事業範圍之部隊及軍事訓練機構，不適用第十六條及第二十四條規定。
	國際組織及外國機構（8400）	同上	

類別	事業範圍	適用部分規定	備註
B	宗教組織（9410）	第一章：第1條至第5條。第二章：第6條、第7條、第9條、第10條、第14條、第16條。第三章：第24條。第五章：第40條至第49條。第六章：第51條第2項。	不含專職傳教人員。
	政治團體（9491）		
	本法一百零三年七月三日施行後新增適用之各業，其事業規模為勞工人數五人以下者。		
C	政府機關之犯罪矯正機關或其他收容處所之收容人（8311）	第一章：第1條至第5條。	
	職業運動業之運動員。（9311）		
	其他運動服務業之運動裁判（9319）		
	宗教組織之專職傳教人員（9410）		
	家事服務業之家事服務人員（9640）		

職業安全衛生管理辦法（111.1.5）

副　本

發文方式：郵寄

檔　號：

保存年限：

勞動部職業安全衛生署　函

地址：24219新北市新莊區中平路439號南
　　　棟11樓
承辦人：陳永楠
電話：02-89956666#8110
傳真：02-89956665
電子信箱：cyn@osha.gov.tw

24219
新北市新莊區中平路439號南棟12樓

受文者：綜合規劃及職業衛生組）

發文日期：中華民國104年7月24日
發文字號：勞職綜1字第1040008738號
速別：普通件
密等及解密條件或保密期限：
附件：

主旨：有關民眾詢問原適用勞工安全衛生法之政府機關（構）於職
　　　業安全衛生法與其他法律特別規定之適用疑義一案，復如說
　　　明，請查照。

說明：

一、依貴處104年7月3日高市勞檢綜字第10471322200號函轉民眾
　　　陳情函辦理。

二、公共行政業等原已公告適用勞工安全衛生法（以下簡稱勞安
　　　法）之事業單位，其所屬人員不分身分別（含公務人員等），
　　　均適用職業安全衛生法（以下簡稱職安法）；另依職安法第
　　　1條規定，其他法律有特別規定者，從其規定。爰此，新增
　　　適用該法之政府機關，公務人員保障法及公務人員安全及衛
　　　生防護辦法有特別規定者，優先從其規定。惟該機關內未具
　　　公務人員身分者，仍適用職安法。

三、又一般勞工體格檢查部分，該單位如為政府機關（構）前經
　　　指定適用勞安法之事業或工作場所，仍應依職安法規定辦理
　　　健康檢查，檢查項目與頻率應依勞工健康保護規則之規定。

四、至員工同時具公務人員身分者，是否併同依公務人員安全及
　　　衛生防護辦法規定辦理，因該辦法係依公務人員保障法第19
　　　條授權訂定，本署已另函請公務人員保障暨培訓委員會逕行
　　　函復。

職業安全衛生管理辦法檢查注意事項（111.4.7）

一、勞動部（以下簡稱本部）為落實職業安全衛生法（以下簡稱本法）第二十三條及職業安全衛生管理辦法（以下簡稱本辦法）之施行，並齊一本部及全國勞動檢查機構實施監督檢查時之執行標準，特訂定本檢查注意事項。

二、本檢查注意事項主要內容分為「職業安全衛生組織、人員」、「職業安全衛生管理」、「自動檢查」及「其他注意事項」等四部分。

三、職業安全衛生組織、人員之設置應依下列規定：

（一）雇主應依其事業之規模、性質設置之職業安全衛生組織、人員如下：

　1. 職業安全衛生組織，包括職業安全衛生管理單位（以下簡稱管理單位）及職業安全衛生委員會（以下簡稱委員會）。

　2. 職業安全衛生人員（以下簡稱管理人員），包括職業安全衛生業務主管、職業安全管理師、職業衛生管理師及職業安全衛生管理員。

（二）事業單位及其總機構應依事業危害風險之不同設置管理單位（如附表一），負責規劃及辦理職業安全衛生有關業務，包含擬訂、督導及推動職業安全衛生管理事項，並指導有關部門實施等。

（三）「專責一級管理單位」應依訂定之職業安全衛生管理計畫執行職業安全衛生事項，不得兼辦其他與職業安全衛生無關之業務。

（四）依規定須設管理單位之事業單位或總機構，應設委員會，爲事業單位內審議、協調及建議職業安全衛生有關業務之組織。

（五）事業單位及其總機構應依事業危害風險之不同設置**管理人員**（**如附表二**），負責規劃及辦理職業安全衛生有關業務，包含擬訂、督導及推動職業安全衛生管理事項，並指導有關部門實施等。

（六）「**專職管理人員**」應常駐廠場執行業務，**不得兼任**其他法令所定專責（任）人員或從事其他與職業安全衛生無關之工作。

（七）第一類事業單位或其總機構已實施職業安全衛生管理系統相關管理制度，管理績效並經本部審查通過者，管理單位及管理人員依本辦法第六條之一之規定如下：

1. 管理單位，得免爲專責。

2. 職業安全衛生業務主管，得免爲專職。

3. 職業安全管理師、職業衛生管理師及職業安全衛生管理員，應爲專職。

（八）本辦法第三條之一第一項「所屬從事製造之一級單位」之「**製造**」，指凡從事以物理或化學方法，將材料或物質轉變成新產品，不論其使用動力機械或人力，進行產品之大修、改型、改造、產業機械及設備之維修及安裝、組件之組裝等作業，均屬之。

（九）事業單位以其事業交付承攬時，各事業單位均應依規定置管理人員，原事業單位有與承攬人及再承攬人分別僱用勞工共同作業，於設置管理單位、管理人員時，其勞工**人數**之計算方式如下：

1. 事業單位（含承攬人及再承攬人等）：一年期間勞工人數之平均值（含尖峰期、離峰期），以該事業單位陳報勞動檢查機構時回推一年期間勞工人數之平均值（含尖峰期、離峰期）。回推計算實質值有困難者（如營造業新設工程），得

以預估未來一年期間僱用勞工人數之平均值計算，並檢附佐證資料。

2. 原事業單位：包含原事業單位、承攬人、再承攬人分別所僱用之勞工於同一期間、同一工作場所從事工作時之總人數。

（十）總機構設置管理單位、管理人員時，其勞工人數之計算，應包含總機構及所屬各地區事業單位作業勞工之總人數。

（十一）事業分散於不同地區者，應於各該地區之事業單位設管理單位及置管理人員，於設置管理單位、管理人員時，其勞工人數之計算，以各該地區事業單位勞工人數為準。

（十二）職業安全衛生業務主管除事業單位僱用勞工人數未滿三十人者，得由雇主或其代理人擔任者外，由雇主自該事業之相關主管或辦理職業安全衛生事務者選任之。但營造業之事業單位，應由曾受營造業職業安全衛生業務主管教育訓練者選任之，是否符合規定資格，依職業安全衛生教育訓練規則第四條規定認定之。

（十三）爆竹煙火製造業之事業分類屬化學品製造業，該業所屬事業單位設置之管理人員依附表二之規定，至於爆竹煙火製造場所確保公共安全管理及其他應遵行事項，依爆竹煙火管理條例規定。

（十四）事業單位依規定應設管理單位者，其管理單位之主管應由具有職業安全衛生業務主管資格者擔任之。

四、職業安全衛生管理事項，應依下列規定：

（一）所有事業單位雇主均應依其事業之規模、性質，訂定職業安全衛生管理計畫，執行下列職業安全衛生管理事項，並留存紀錄備查：

1. 工作環境或作業危害之辨識、評估及控制。

2. 機械、設備或器具之管理。

3. 危險性化學品之分類、標示、通識及管理。

4. 有害作業環境之採樣策略規劃及監測。

5. 危險性工作場所之製程或施工安全評估。

6. 採購管理、承攬管理及變更管理。

7. 安全衛生作業標準。

8. 定期檢查、重點檢查、作業檢點及現場巡視。

9. 安全衛生教育訓練。

10. 個人防護具之管理。

11. 健康檢查、管理及促進。

12. 安全衛生資訊之蒐集、分享及運用。

13. 緊急應變措施。

14. 職業災害、虛驚事故、影響身心健康事件之調查處理及統計分析。

15. 安全衛生管理紀錄及績效評估措施。

16. 其他安全衛生管理措施。

（二）職業安全衛生管理事項之執行，於僱用勞工人數在一百人以上之事業單位，應另訂定職業安全衛生管理規章，要求各級主管及管理、指揮、監督有關人員執行；於僱用勞工人數在三十人以下之事業單位得以職業安全衛生管理事項之執行紀錄或文件代替，未有規範執行紀錄及文件規定時，仍應以訂定職業安全衛生管理計畫相當內容之計畫及相關職業安全衛生管理事項之執行紀錄認定之，**如附表三**。

（三）「職業安全衛生管理規章」為雇主依其作業及管理需要能有效防止職業災害，促進勞工安全健康所訂定之內部管理規章。

（四）應建置職業安全衛生管理系統之事業單位，未取得臺灣職業安全衛生管理系統（TOSHMS）驗證證書者，應檢視其建置範圍是否涵括全部事業單位，及是否符合本辦法第十二條之二至第十二條之六之規定。

（五）發生重大職災是否追究刑法第二百七十六條過失之責任，依法

令規定及事業單位內部作業規定各人員之職業安全衛生管理之
責任認定：

1. 雇主或對事業具管理權限之雇主代理人：綜理職業安全衛生
   管理業務。
2. 事業各部門主管：負職業安全衛生管理業務執行之責。
3. 職業安全衛生管理單位及人員：規劃及辦理職業安全衛生有
   關業務。

五、自動檢查依下列規定執行及要求：

（一）自動檢查包括機械之定期檢查、設備之定期檢查、機械設備之
重點檢查、機械設備之作業檢點及作業檢點；除作業檢點外，
應訂定自動檢查計畫，據以執行，於危險性工作場所審查及檢
查時，應涵括納入安全評估事項。

（二）機械設備之作業檢點及作業檢點，除本辦法第五十條之車輛
機械、第五十條之一之高空工作車及第五十七條之簡易提升機
等之外，應明定其檢點對象、內容，並以檢點手冊或檢點表爲
之。

（三）執行機械之定期檢查、設備之定期檢查及機械設備之重點檢
查，應就下列事項記錄，並保存三年：

1. 檢查年、月、日。
2. 檢查方法。
3. 檢查部分。
4. 檢查結果。
5. 實施檢查者之姓名。
6. 依檢查結果應採取改善措施之內容。

（四）前款之紀錄應以紙本保存。但以電子紀錄形式保存，業能隨時
調閱查對者，不在此限。

（五）原事業單位提供承攬人或再承攬人使用之機械、設備或器具，
由原事業單位實施定期檢查及重點檢查，或以書面約定由承攬

人或再承攬人為之。

（六）事業單位承租、承借機械、設備或器具供勞工使用，應對該機械、設備或器具實施自動檢查，定期檢查及重點檢查得以書面約定由出租、出借人為之。

六、其他注意事項：

（一）辦法附表一**事業之分類認定**，依中華民國行業統計分類之原則，由事業單位整體實際從事之作業活動認定事業之歸屬，事業之作業活動有多種不同之事業歸屬時，依事業單位從事之整體作業活動認定，無法確定時，依其主要經濟活動認定；仍無法據以認定時，再依各項作業活動之整體事業之營業額多寡作認定。

（二）總機構事業之種類，以其地區事業單位之屬性認定。

（三）公共行政業之事業列本辦法附表一第一類及第二類者，屬上級與下級機關之關係且各具**獨立組織編制**、**預算及獨立行使職權能力時**，認定其上級機關為事業之總機構，下級機關為**地區事業單位**。

（四）政府機關（構）管理單位、管理人員，除已經有報經中央主管機關核定之職業安全衛生管理規章或職業安全衛生管理計畫者外，應依事業種類、施行期程要求之。

（五）本辦法第八十三條所定雇主依第十三條至第七十七條規定之自動檢查，以指定該作業人員為之，惟如該作業人員並無能力或較特殊之機具、項目，得由雇主指定適當人員為之。

（六）勞工人數在三十人以上之事業單位，依規定設管理單位或置管理人員時，應至本部職業安全衛生署建置之資訊系統登錄，陳報勞動檢查機構備查。已依本辦法規定陳報勞動檢查機構備查者，因本辦法修正致不符規定或人員異動時，應重新依本辦法第八十六條規定辦理。

附表一 不同事業事業單位應設置之職業安全衛生管理單位

事業分類	管理單位（勞工人數）		備註
第一類事業	事業單位	專責一級單位 （100 人以上）	實施職業安全衛生管理系統相關管理制度，管理績效符合本辦法第六條之一規定者，所設管理單位得免受應為專責之限制。
	總機構	專責一級單位 （500 人以上）	
第二類事業	事業單位	一級單位 （300 人以上）	
	總機構	一級單位 （500 人以上）	
第三類事業	事業單位	-	
	總機構	管理單位 （3000 人以上）	

附表二　不同事業事業單位應設置之職業安全衛生人員

事業分類		勞工人數	管理人員	專／兼職	備註	
第一類事業	營造業	29以下	丙種主管(1)	-	橋樑、道路、隧道、輪配電等距離較長之工程，應於每10公里內增置丙種主管(1)	
		30-99	乙種主管(1)+管理員(1)	-		
		100-299	甲種主管(1)+管理員(1)	專職		
		300-499	甲種主管(1)+安(衛)師(1)+管理員(2)	專職		
		500以上	甲種主管(1)+安(衛)師(2)+管理員(2)	專職		
	營造業以外之事業單位	29以下	丙種主管(1)	-		
		30-99	乙種主管(1)	-		
		100-299	甲種主管(1)+管理員(1)	專職	所屬從事製造之一級單位	另置甲種主管(1)
		300-499	甲種主管(1)+安(衛)師(1)+管理員(2)	專職		另置甲種主管(1)+增置專職管理員(1)
		500-999	甲種主管(1)+安(衛)師(1)+管理員(2)	專職		
		1000以上	甲種主管(1)+安(衛)師(2)+管理員(2)	專職		
	總機構	500-999	甲種主管(1)+管理員(1)	專職		
		1000以上	甲種主管(1)+安(衛)師(2)+管理員(2)	專職		

事業分類		勞工人數	管理人員	專／兼職	備註
第二類事業	事業單位	29以下	丙種主管(1)	-	丁種主管詳如附註3
		30-99	乙種主管(1)	-	
		100-299	甲種主管(1)	-	
		300-499	丙種主管(1)+管理員(1)	至少1人專職	
		500以上	甲種主管(1)+安(衛)師(1)+管理員(1)		
	總機構	500-999	甲種主管(1)+管理員(1)	管理員專職	
		1000以上	甲種主管(1)+安(衛)師(1)+管理員(1)	安(衛)師及管理員專職	
第三類事業	事業單位	29以下	丙種主管(1)	-	丁種主管詳如附註3
		30-99	乙種主管(1)	-	
		100-499	甲種主管(1)	-	
		500以上	甲種主管(1)+管理員(1)	-	
	總機構	3000以上	甲種主管(1)+管理員(1)	管理員專職	

附註：
1. 依規定置職業安全(衛生)管理師二人以上者，其中至少一人應為職業衛生管理師。但於103年7月3日前，已置有職業安全衛生人員者，不在此限。
2. 本表為至少應置之管理人員人數，事業單位仍應依其事業規模及危害風險，增置管理人員。
3. 第二類及第三類事業單位，勞工人數規模在5人以下者，得由經職業安全衛生教育訓練規則第三條附表一所列丁種職業安全衛生業務主管教育訓練合格之雇主或其代理人擔任職業安全衛生業務主管。

職業安全衛生管理辦法檢查注意事項（111.4.7）

附表三　不同事業種類及規模應執行之職業安全衛生管理事項

30 人以下之事業	31-99 人之事業	100 人以上之事業	200 人以上之第一類事業 500 人以上之第二類事業
			事業單位依 CNS45001 同等以上規定，建立適合該事業單位之職業安全衛生管理系統
		訂定職業安全衛生管理規章	訂定職業安全衛生管理規章
	訂定職業安全衛生管理計畫	訂定職業安全衛生管理計畫	訂定職業安全衛生管理計畫
職業安全衛生管理執行紀錄或文件	職業安全衛生管理執行紀錄或文件	職業安全衛生管理執行紀錄或文件	職業安全衛生管理執行紀錄或文件

職業安全衛生教育訓練規則（110.7.17）

第一章｜總則

第 1 條（法源）

本規則依職業安全衛生法（以下簡稱本法）第三十二條第二項規定訂定之。

第 2 條（分類）

本規則之安全衛生教育訓練分類如下：

一、職業安全衛生業務主管之安全衛生教育訓練。

二、職業安全衛生管理人員之安全衛生教育訓練。

三、勞工作業環境監測人員之安全衛生教育訓練。

四、施工安全評估人員及製程安全評估人員之安全衛生教育訓練。

五、高壓氣體作業主管、營造作業主管及有害作業主管之安全衛生教育訓練。

六、具有危險性之機械或設備操作人員之安全衛生教育訓練。

七、特殊作業人員之安全衛生教育訓練。

八、勞工健康服務護理人員及勞工健康服務相關人員之安全衛生教育訓練。

九、急救人員之安全衛生教育訓練。

十、一般安全衛生教育訓練。

十一、前十款之安全衛生在職教育訓練。

十二、其他經中央主管機關指定之安全衛生教育訓練。

第二章｜必要之教育訓練事項

第 3 條（業務主管）

①雇主對擔任職業安全衛生業務主管之勞工，應於事前使其接受職業安全衛生業務主管之安全衛生教育訓練。雇主或其代理人擔任職業安全衛生業務主管者，亦同。

②前項教育訓練課程及時數，依附表一之規定。

③第一項人員，具備下列資格之一者，得免接受第一項之安全衛生教育訓練：

一、具有職業安全管理師、職業衛生管理師、職業安全衛生管理員資格。

二、經職業安全管理師、職業衛生管理師、職業安全衛生管理員教育訓練合格領有結業證書。

三、接受職業安全管理師、職業衛生管理師、職業安全衛生管理員之教育訓練期滿，並經第二十八條第三項規定之測驗合格，領有職業安全衛生業務主管教育訓練結業證書。

第 4 條（營造業務主管）

①雇主對擔任營造業職業安全衛生業務主管之勞工，應於事前使其接受營造業職業安全衛生業務主管之安全衛生教育訓練。雇主或其代理人擔任營造業職業安全衛生業務主管者，亦同。

②前項教育訓練課程及時數，依附表二之規定。

③第一項人員，於中華民國九十八年一月八日前，具下列資格之一，且有一年以上營造工作經歷者，得免接受第一項之安全衛生教育訓練：

一、勞工安全管理師。

二、勞工衛生管理師。

三、勞工安全衛生管理員。

四、經勞工安全管理師、勞工衛生管理師、勞工安全衛生管理

員、勞工安全衛生業務主管訓練合格領有結業證書者。

第 5 條（管理人員）

①雇主對擔任下列職業安全衛生管理人員之勞工，應於事前使其接受職業安全衛生管理人員之安全衛生教育訓練：

一、職業安全管理師。

二、職業衛生管理師。

三、職業安全衛生管理員。

②前項訓練課程及時數，依附表三之規定。

第 6 條（環境監測）

①雇主對擔任下列作業環境監測人員之勞工，應於事前使其接受作業環境監測人員之安全衛生教育訓練：

一、甲級化學性因子作業環境監測人員。

二、甲級物理性因子作業環境監測人員。

三、乙級化學性因子作業環境監測人員。

四、乙級物理性因子作業環境監測人員。

②前項訓練課程及時數，依附表四之規定。

第 7 條（施工安全評估）

①雇主對擔任施工安全評估之勞工，應於事前使其接受施工安全評估人員之安全衛生教育訓練。

②前項教育訓練課程及時數，依附表五之規定。

第 8 條（製程安全評估）

①雇主對擔任製程安全評估之勞工，應於事前使其接受製程安全評估人員之安全衛生教育訓練。

②前項教育訓練課程及時數，依附表六之規定。

第 9 條（高壓主管）

①雇主對擔任下列作業主管之勞工，應於事前使其接受高壓氣體作業主管之安全衛生教育訓練：

一、高壓氣體製造安全主任。

職業安全衛生教育訓練規則（110.7.17）

二、高壓氣體製造安全作業主管。

三、高壓氣體供應及消費作業主管。

②前項教育訓練課程及時數，依附表七之規定。

第 10 條（營造主管）

①雇主對擔任下列作業主管之勞工，應於事前使其接受營造作業主管之安全衛生教育訓練：

一、擋土支撐作業主管。

二、露天開挖作業主管。

三、模板支撐作業主管。

四、隧道等挖掘作業主管。

五、隧道等襯砌作業主管。

六、施工架組配作業主管。

七、鋼構組配作業主管。

八、屋頂作業主管。

九、其他經中央主管機關指定之人員。

②前項教育訓練課程及時數，依附表八之規定。

第 11 條（有害主管）

①雇主對擔任下列作業主管之勞工，應於事前使其接受有害作業主管之安全衛生教育訓練：

一、有機溶劑作業主管。

二、鉛作業主管。

三、四烷基鉛作業主管。

四、缺氧作業主管。

五、特定化學物質作業主管。

六、粉塵作業主管。

七、高壓室內作業主管。

八、潛水作業主管。

九、其他經中央主管機關指定之人員。

②前項教育訓練課程及時數，依附表九之規定。

第 12 條（危機操作）

①雇主對擔任下列具有危險性之機械操作之勞工，應於事前使其接受具有危險性之機械操作人員之安全衛生教育訓練：

一、吊升荷重在三公噸以上之固定式起重機或吊升荷重在一公噸以上之斯達卡式起重機操作人員。

二、吊升荷重在三公噸以上之移動式起重機操作人員。

三、吊升荷重在三公噸以上之人字臂起重桿操作人員。

四、導軌或升降路之高度在二十公尺以上之營建用提升機操作人員。

五、吊籠操作人員。

六、其他經中央主管機關指定之人員。

②前項人員，係指須經具有危險性之機械操作人員訓練或技能檢定取得資格者。

③自營作業者擔任第一項各款具有危險性之機械操作人員，應於事前接受第一項所定職類之安全衛生教育訓練。

④第一項教育訓練課程及時數，依附表十之規定。

第 13 條（危設操作）

①雇主對擔任下列具有危險性之設備操作之勞工，應於事前使其接受具有危險性之設備操作人員之安全衛生教育訓練：

一、鍋爐操作人員。

二、第一種壓力容器操作人員。

三、高壓氣體特定設備操作人員。

四、高壓氣體容器操作人員。

五、其他經中央主管機關指定之人員。

②前項人員，係指須經具有危險性設備操作人員訓練或技能檢定取得資格者。

③自營作業者擔任第一項各款具有危險性之設備操作人員，應於事前

接受第一項所定職類之安全衛生教育訓練。

④第一項教育訓練課程及時數，依附表十一之規定。

第 14 條（特殊作業）

①雇主對下列勞工，應使其接受特殊作業安全衛生教育訓練：

一、小型鍋爐操作人員。

二、荷重在一公噸以上之堆高機操作人員。

三、吊升荷重在零點五公噸以上未滿三公噸之固定式起重機操作人員或吊升荷重未滿一公噸之斯達卡式起重機操作人員。

四、吊升荷重在零點五公噸以上未滿三公噸之移動式起重機操作人員。

五、吊升荷重在零點五公噸以上未滿三公噸之人字臂起重桿操作人員。

六、高空工作車操作人員。

七、使用起重機具從事吊掛作業人員。

八、以乙炔熔接裝置或氣體集合熔接裝置從事金屬之熔接、切斷或加熱作業人員。

九、火藥爆破作業人員。

十、胸高直徑七十公分以上之伐木作業人員。

十一、機械集材運材作業人員。

十二、高壓室內作業人員。

十三、潛水作業人員。

十四、油輪清艙作業人員。

十五、其他經中央主管機關指定之人員。

②自營作業者擔任前項各款之操作或作業人員，應於事前接受前項所定職類之安全衛生教育訓練。

③第一項第九款火藥爆破作業人員，依事業用爆炸物爆破專業人員訓練及管理辦法規定，參加爆破人員專業訓練，受訓期滿成績及格，並提出結業證書者，得予採認。

④第一項教育訓練課程及時數，依附表十二之規定。

第 15 條（健康服務）

①雇主對從事勞工健康服務之護理人員及勞工健康服務相關人員，應使其接受勞工健康服務之安全衛生教育訓練。

②前項教育訓練課程、時數及講師資格，依勞工健康保護規則之規定。

第 16 條（急救）

①雇主對工作場所急救人員，應使其接受急救人員之安全衛生教育訓練。但醫護人員及緊急醫療救護法所定之救護技術員，不在此限。

②前項教育訓練課程及時數，依附表十三之規定。

第 17 條（一般）

①雇主對新僱勞工或在職勞工於變更工作前，應使其接受適於各該工作必要之一般安全衛生教育訓練。但其工作環境、工作性質與變更前相當者，不在此限。

②無一定雇主之勞工或其他受工作場所負責人指揮或監督從事勞動之人員，應接受前項安全衛生教育訓練。

③前二項教育訓練課程及時數，依附表十四之規定。

④中央主管機關指定之職業安全衛生教育訓練網路教學課程，事業單位之勞工上網學習，取得認證時數後，得採認為一般安全衛生教育訓練時數。但中央主管機關認可之職業安全衛生教育訓練網路教學課程，其時數至多採認二小時。

第 18 條（在職回訓）

①雇主對擔任下列工作之勞工，應依工作性質使其接受安全衛生在職教育訓練：

一、職業安全衛生業務主管。

二、職業安全衛生管理人員。

三、勞工健康服務護理人員及勞工健康服務相關人員。

四、勞工作業環境監測人員。

職業安全衛生教育訓練規則（110.7.17）

五、施工安全評估人員及製程安全評估人員。

六、高壓氣體作業主管、營造作業主管及有害作業主管。

七、具有危險性之機械及設備操作人員。

八、特殊作業人員。

九、急救人員。

十、各級管理、指揮、監督之業務主管。

十一、職業安全衛生委員會成員。

十二、下列作業之人員：

（一）營造作業。

（二）車輛系營建機械作業。

（三）起重機具吊掛搭乘設備作業。

（四）缺氧作業。

（五）局限空間作業。

（六）氧乙炔熔接裝置作業。

（七）製造、處置或使用危害性化學品作業。

十三、前述各款以外之一般勞工。

十四、其他經中央主管機關指定之人員。

②無一定雇主之勞工或其他受工作場所負責人指揮或監督從事勞動之人員，亦應接受前項第十二款及第十三款規定人員之一般安全衛生在職教育訓練。

第 19 條（在職回訓）

①雇主對擔任前條第一項各款工作之勞工，應使其接受下列時數之安全衛生在職教育訓練：

一、第一款之勞工，每二年至少六小時。

二、第二款之勞工，每二年至少十二小時。

三、第三款之勞工，每三年至少十二小時。

四、第四款至第六款之勞工，每三年至少六小時。

五、第七款至第十三款之勞工，每三年至少三小時。

②前項第三款教育訓練之課程及講師資格，依勞工健康保護規則之規定。

③中央主管機關指定之安全衛生在職教育訓練數位學習課程，事業單位之勞工上網學習，取得認證時數後，得採認爲第一項之時數。

第三章｜訓練單位之資格條件及管理

第 20 條（資格）

①安全衛生之教育訓練，得由下列單位（以下簡稱訓練單位）辦理：

一、勞工主管機關、衛生主管機關、勞動檢查機構或目的事業主管機關。

二、依法設立之非營利法人。

三、依法組織之雇主團體。

四、依法組織之勞工團體。

五、中央衛生主管機關醫院評鑑合格者或大專校院設有醫、護科系者。

六、報經中央主管機關核可之非以營利爲目的之急救訓練單位。

七、大專校院設有安全衛生相關科系所或訓練種類相關科系所者。

八、事業單位。

九、其他經中央主管機關核可者。

②前項第二款之非營利法人對外招生辦理教育訓練，應符合下列各款規定，並經中央主管機關認可：

一、依法設立職業訓練機構，並與其設立目的相符。

二、推廣安全衛生之績效良好。

③第一項第三款、第四款之雇主團體、勞工團體及第八款之事業單位，辦理第三條至第十四條、第十六條至第十八條之教育訓練，應依法設立職業訓練機構後，始得對外招訓。但有下列情形之一者，不在此限：

一、雇主團體、勞工團體對所屬會員、員工辦理之非經常性安全衛生教育訓練。

二、事業單位對所屬員工或其承攬人所屬勞工辦理之非經常性安全衛生教育訓練。

三、其他經中央主管機關核可辦理之安全衛生教育訓練。

④中央主管機關所屬機關（構）辦理第三條至第十六條、第十八條之教育訓練，應報請中央主管機關備查，並依第二十三條、第二十五條、第二十六條、第二十九條及第三十條第一項之規定辦理。

第 21 條（制度）

①依法設立職業訓練機構之訓練單位，辦理下列教育訓練，應參照中央主管機關公告之相關指引，建立安全衛生教育訓練自主管理制度，並報請中央主管機關認可：

一、第五條、第十二條第一項第一款、第二款、第十三條第一項第一款、第二款及第十四條第一項第二款之教育訓練。

二、第十八條第一項第二款之在職教育訓練。

三、其他經中央主管機關指定者。

②前項及前條第二項之認可，中央主管機關得委託學術機構或相關團體辦理之。

第 22 條（限制）

①第二十條第一項第五款之訓練單位，以辦理勞工健康服務護理人員、勞工健康服務相關人員及急救人員安全衛生教育訓練爲限；第六款之訓練單位，以辦理急救人員安全衛生教育訓練爲限。

②第二十條第一項第二款至第四款及第七款至第九款之訓練單位，辦理急救訓練時，應與中央衛生福利主管機關醫院評鑑合格或大專校院設有醫、護科系者合辦。

③第二十條第一項第二款至第四款及第六款至第九款之訓練單位，除爲醫護專業團體外，辦理勞工健康服務護理人員及勞工健康服務相關人員訓練時，應與中央衛生福利主管機關醫院評鑑合格者或大專

校院設有醫、護科系者合辦。

第 23 條（場所核定）

①訓練單位辦理第三條至第十六條之教育訓練前，應填具教育訓練場所報備書（格式一），並檢附下列文件，報請直轄市、縣（市）政府（以下簡稱地方主管機關）核定；變更時亦同：

一、符合第二十條第一項第六款、第九款、第二項、第三項及第二十一條規定之資格文件。

二、置備之安全衛生量測設備及個人防護具（格式二、格式三）。

三、使用之術科場地、實習機具及設備（格式四）。

四、教育訓練場所之設施（格式五）。

五、符合各類場所消防安全設備設置標準之文件。

六、建築主管機關核可有關訓練場所符合教學使用之建物用途證明。

②前項第二款應置備之安全衛生量測設備及個人防護具，應為申請訓練場所專用，使用之實習機具及設備，於實習或實作期間，不得做為其他用途使用。

③第一項第三款之實習機具及設備，於實習或實作期間，不得做為其他用途使用。辦理中央主管機關公告之教育訓練職類者，其場地、實習機具及設備，應經技術士技能檢定術科測試場地及機具設備評鑑合格或經中央主管機關認可。

④第一項第六款，有下列情形之一者，不適用之：

一、政府機關（構）、大專校院相關科系所辦理之安全衛生教育訓練。

二、中央衛生福利主管機關醫院評鑑合格者辦理之急救人員安全衛生教育訓練。

三、事業單位對所屬員工或其承攬人所屬勞工辦理之安全衛生教育訓練。

四、雇主團體、勞工團體對所屬會員、員工於其會所或政府機關場

　　　所辦理之安全衛生教育訓練。

五、其他因特殊需要，經地方主管機關許可之安全衛生教育訓練。

第 24 條（核定限制）

前條經核定之訓練單位，應於地方主管機關核定之區域內辦理安全衛生教育訓練。但依第四十一條規定經中央主管機關評鑑職類優等以上者，不在此限。

第 25 條（訓練備查）

①訓練單位辦理第三條至第十六條之教育訓練者，應於十五日前檢附下列文件，報請地方主管機關備查：

一、教育訓練計畫報備書（格式六）。

二、教育訓練課程表（格式七）。

三、講師概況（格式八）。

四、學員名冊（格式九）。

五、負責之專責輔導員名單。

②前項訓練課程，學科、術科每日上課時數，不得逾八小時，術科實習應於日間實施，學科得於夜間辦理。但夜間上課每日以三小時為原則，惟不得超過午後十時。

③第一項第二款至第四款之文件內容有變動者，訓練單位應檢附變更事項之文件，至遲於開訓前一日報請地方主管機關備查，始可開訓。

第 26 條（訓練備查）

①訓練單位辦理第十八條第一項第一款至第九款之安全衛生在職教育訓練，應於十五日前檢附前條第一項第一款至第四款所定之文件，報請地方主管機關備查。

②前項規定，勞工主管機關或勞動檢查機構不適用之。

③中央主管機關得公告安全衛生在職教育訓練課程綱要，供訓練單位辦理。

④第一項檢附之前條第一項第二款至第四款所定之文件內容有變動

者，訓練單位應檢附變更事項之文件，至遲於開訓前一日報請地方主管機關備查，始可開訓。

第 27 條（技能檢定、結訓證明）

①第三條至第十六條之教育訓練技術或管理職類，中央主管機關得就其一部或全部，公告測驗方式爲技術士技能檢定，或依第二十八條第三項規定辦理。

②訓練單位對於接受前項職類教育訓練期滿者，應於結訓後十五日內，發給訓練期滿證明（格式十）。

第 28 條（結訓測驗、結業證書）

①訓練單位對於接受前條以外之第三條至第十六條之教育訓練，應實施結訓測驗；測驗合格者，應於結訓後十五日內，發給結業證書（格式十一）。

②前項測驗文字及語文應爲中文。

③訓練單位辦理前條第一項經中央主管機關公告之教育訓練者，其測驗應於中央主管機關認可之測驗試場辦理；測驗合格者，應發給結業證書（格式十一）。

④前項測驗試務及測驗試場之認可，中央主管機關得委託相關專業團體辦理。

⑤測驗所需費用，由訓練單位所收取之訓練費用支應。

第 29 條（紀錄保存）

訓練單位對於第三條至第十六條之教育訓練，應將第二十五條第一項規定之文件及下列文件，於教育訓練結束後十日內做成電子檔，至少保存十年：

一、學員簽到紀錄（格式十二）。

二、受訓學員點名紀錄（格式十三）。

三、受訓學員成績冊（格式十四）。

四、受訓學員訓練期滿證明核發清冊（格式十五）或結業證書核發清冊（格式十六）。

第 30 條（登錄）

①訓練單位對第二十三條、第二十五條、第二十六條及前條規定之文件，應依中央主管機關公告之內容、期限及方式登錄。

②訓練單位停止辦理安全衛生教育訓練業務，應於十五日前報請地方主管機關備查，並將前條規定建置資料之電子檔移送中央主管機關。

第 31 條（紀錄保存、登錄、回訓格式）

①訓練單位辦理第十七條及第十八條之教育訓練，應將包括訓練教材、課程表相關之訓練計畫、受訓人員名冊、簽到紀錄、課程內容等實施資料保存三年。

②依法設立職業訓練機構對外招訓之訓練單位，於辦理前項教育訓練時，應依中央主管機關公告之內容、期限及方式登錄。

③訓練單位對於接受第十八條教育訓練者，應於其結業證書（格式十一）背面記錄或發給在職教育訓練紀錄（格式十七）。

第 32 條（地方查核、中央抽查）

①地方主管機關對於訓練單位辦理本規則之教育訓練，得予查核；中央主管機關於必要時，得予抽查。

②前項主管機關為查核及監督訓練單位辦理之教育訓練成效，得向其索取教育訓練相關資料。

第 33 條（辦理事項）

①訓練單位辦理安全衛生教育訓練時，應辦理下列事項：

一、指派專責輔導員。

二、查核受訓學員之參訓資格。

三、查核受訓學員簽到紀錄及點名等相關事項。

四、查核受訓學員之上課情形。

五、調課或代課之處理。

六、隨時注意訓練場所各項安全衛生設施。

七、協助學員處理及解決訓練有關問題。

八、其他經中央主管機關認有必要之事項。

②訓練單位對受訓學員缺課時數達課程總時數五分之一以上者，應通知其退訓；受訓學員請假超過三小時或曠課者，應通知其補足全部課程。

③訓練單位對於第一項之專責輔導員，應使其接受中央主管機關指定之講習，每二年至少六小時。

第 34 條（費用支出）

訓練單位辦理安全衛生教育訓練所收取之費用，應用於講師授課酬勞、講師培訓、測驗費、證書費、職員薪津、辦公費、房租、必要教學支出及從事安全衛生活動之用。

第 35 條（講師資格）

訓練單位辦理第三條至第十四條及第十六條之教育訓練時，講師資格應符合附表十五之規定。

第 36 條（教材編制、備查）

①訓練單位對第三條至第十六條之教育訓練教材之編製，應設編輯及審查會，並依法定課程名稱、時數及中央主管機關公告之課程綱要編輯，於審查完成後，將編輯及審查之相關資料連同教材，報請中央主管機關備查；修正時亦同。

②前項教育訓練教材經中央主管機關指定或統一編製者，訓練單位應以其為教材使用，不得自行編製。

第 37 條（教材編撰）

前條教材內容之編撰，應依下列原則辦理：

一、符合勞動法令及著作權法有關規定。

二、使用中文敘述，輔以圖說、實例或職業災害案例等具體說明，如有必要引用國外原文者，加註中文，以為對照。

三、使用公制單位，如有必要使用公制以外之單位者，換算為公制，以為對照。

四、編排以橫式為之，由左至右。

五、載明編輯委員。

第 38 條（警告、限期改正）

訓練單位有下列情事之一者，主管機關得依本法第四十八條規定，予以警告，並令其限期改正：

一、未依第三十三條規定辦理。

二、訓練教材、訓練方式或訓練目標違反勞動法令規定。

三、未依訓練計畫內容實施。

四、經主管機關查核，發現違反本規則之情事。

五、其他違反中央主管機關規定之情事。

第 39 條（罰鍰、限期改正）

訓練單位有下列情事之一者，主管機關得依本法第四十八條規定，處以罰鍰，並令其限期改正：

一、訓練場所、訓練設備、安全衛生設施不良，未能符合核備之條件。

二、招訓廣告或簡章內容有虛偽不實。

三、未於核備之訓練場所實施教育訓練。

四、訓練計畫未依規定報請訓練所在地主管機關備查。

五、未置備第二十五條第一項規定之資料或資料紀錄不實。

六、未依規定辦理結訓測驗。

七、未依規定辦理訓練期滿證明或結業證書之發給。

八、未依公告之規定，登錄指定文件。

九、未核實登載訓練期滿證明或結業證書核發清冊資料。

十、拒絕、規避或阻撓主管機關業務查核或評鑑。

十一、未依訓練計畫內容實施，情節重大。

十二、未依第二十條第二項、第三項規定對外招訓或未依第二十一條第一項規定辦理教育訓練。

十三、停止辦理訓練業務，未依第三十條第二項規定報請地方主管機關備查，或未將教育訓練建置資料之電子檔移送中央主管機關。

十四、經主管機關依前條規定令其限期改正，屆期未改正。

第 40 條（撤銷、廢止）

①訓練單位有前二條之情形，屆期未改正或情節重大者，主管機關得依本法第四十八條規定，撤銷或廢止其認可，或定期停止其訓練業務之一部或全部。

②前項訓練單位相關人員涉及刑責者，應移送司法機關偵辦。

③不具訓練單位資格之團體，經查證確有假冒訓練單位名義，辦理本規則所定安全衛生教育訓練之情事者，除移請原許可之主管機關依規定處理外，其相關人員涉及刑責者，並移送司法機關偵辦。

第 41 條（評鑑、警告、罰鍰、限期改正、停止業務）

①中央主管機關對於第二十條第一項設有職業訓練機構之訓練單位，得會同地方主管機關，就其安全衛生教育訓練之講師、教材、教學、環境、設施、行政、資訊管理及其他中央主管機關認有必要之事項實施評鑑，評鑑結果，得分級公開之。

②前項評鑑結果，訓練單位有第三十八條或第三十九條所列情事之一者，主管機關應依本法第四十八條規定，予以警告或處以罰鍰，並得令其限期改正；屆期未改正或違反法令情節重大者，得定期停止訓練單位訓練業務之全部或一部。

③第一項之評鑑，中央主管機關得委託學術機構或相關團體辦理之。

第四章｜附則

第 42 條（管理人員、危險性機械設備訓練時數抵充）

第五條、第十二條第一項第一款及第二款規定之安全衛生教育訓練課程及時數，於二年內已受相同種類之教育訓練課程及時數相同，且有證明者，得抵充之。

第 43 條（施行日）

本規則除第三條附表一、第四條附表二、第五條附表三、第十三條附

表十一、第十六條附表十三，自發布後六個月施行，及第十四條第一項第六款、第十八條第一項第十二款、第二十條第三項、第二十一條第一項第一款、第十七條附表十四自發布後一年施行外，自發布日施行。

附表一　職業安全衛生業務主管安全衛生教育訓練課程、時數

壹、甲種職業安全衛生業務主管教育訓練課程、時數（42 小時）

貳、乙種職業安全衛生業務主管教育訓練課程、時數（35 小時）

參、丙種職業安全衛生業務主管教育訓練課程及時數（21 小時）

肆、丁種職業安全衛生業務主管教育訓練課程及時數（6 小時）

附註：丁種職業安全衛生業務主管訓練對象為職業安全衛生管理辦法第 2 條所定
　　　第 2 類或第 3 類事業之事業單位，且勞工人數在 5 人以下之雇主或其代理
　　　人。

附表二　營造業職業安全衛生業務主管安全衛生教育訓練課程、時數

壹、營造業甲種職業安全衛生業務主管教育訓練課程及時數（42 小）

貳、營造業乙種職業安全衛生業務主管教育訓練課程及時數（35 小時）

參、營造業種職業安全衛生業務主管教育訓練課程及時數（26 小時）

附表三　職業安全衛生管理人員安全衛生教育訓練課程、時數

壹、職業安全管理師教育訓練課程、時數（130 小時，內含實作 6 小時）

貳、職業衛生管理師教育訓練課程、時數（130 小時，內含實作 6 小時）

參、職業安全衛生管理員教育訓練課程、時數（115 小時，內含實作 6 小時）

附表四　勞工作業環境監測人員安全衛生教育訓練課程、時數

壹、甲級化學性因子作業環境監測人員安全衛生教育訓練課程、時數（98 小時）

貳、甲級物理性因子作業環境監測人員安全衛生教育訓練課程、時數（79 小時）

參、乙級化學性因子作業環境監測人員教育訓練課程、時數（61 小時）

肆、乙級物理性因子作業環境監測人員安全衛生教育訓練課程、時數（56 小時）

附表五　施工安全評估人員安全衛生教育訓練課程、時數（159）（略）

附表六　製程安全評估人員安全衛生教育訓練課程、時數（82 小時）（略）

附表七　高壓氣體作業主管安全衛生教育訓練課程、時數

壹、高壓氣體製造安全主任安全衛生教育訓練課程、時數（22 小時）

貳、高壓氣體製造安全作業主管安全衛生教育訓練課程、時數（21 小時）

參、高壓氣體供應及消費作業主管安全衛生教育訓練課程、時數（21 小時）

職業安全衛生教育訓練規則（110.7.17）

附表八　營造作業主管安全衛生教育訓練課程、時數

壹、擋土支撐作業主管安全衛生教育訓練課程、時數（18 小時）

貳、露天開挖作業主管安全衛生教育訓練課程、時數（18 小時）

參、模板支撐作業主管安全衛生教育訓練課程、時數（18 小時）

肆、隧道等挖掘作業主管安全衛生教育訓練課程、時數（18 小時）

伍、隧道等襯砌作業主管安全衛生教育訓練課程、時數（18 小時）

陸、施工架組配作業主管安全衛生教育訓練課程、時數（18 小時）

柒、鋼構組配作業主管安全衛生教育訓練課程、時數（18 小時）

附表九　有害作業主管安全衛生教育訓練課程、時數

壹、有機溶劑作業主管安全衛生教育訓練課程、時數（18 小時）

貳、鉛作業主管安全衛生教育練課程、時數（18 小時）

參、四烷基鉛作業主管安全衛生教育訓練課程、時數（18 小時）

肆、缺氧作業主管安全衛生教育訓練課程、時數（18 小時）

伍、特定化學物質作業主管安全衛生教育訓練課程、時數（18 小時）

陸、粉塵作業主管安全衛生教育訓練課程、時數（18 小時）

柒、高壓室內作業主管安全衛生教育訓練課程、時數（18 小時）

捌、潛水作業主管安全衛生教育訓練課程、時數（36 小時）

附表十　具有危險性機械操作人員安全衛生教育訓練課程、時數

壹、吊升荷重在 3 公噸以上之固定式起重機及吊升荷重在 1 公噸以上之斯達卡式起重機操作人員安全衛生教育訓練課程、時數（38 小時）

貳、吊升荷重在 3 公噸以上之移動式起重機操作人員安全衛生教育訓練課程、時數（38 小時）

參、吊升荷重在 3 公噸以上之人字臂起重桿操作人員安全衛生教育訓練課程、時數（38 小時）

肆、導軌或升降路之高度在 20 公尺以上之營建用提升機操作人員安全衛生教育訓練課程、時數（21 小時）

伍、吊籠操作人員安全衛生教育訓練課程、時數（26 小時）

附表十一　具有危險性設備操作人員安全衛生教育訓練課程、時數

壹、鍋爐操作人員安全衛生教育訓練課程、時數（甲級 50 小時、乙級 50 小時、丙級 30 小時）

貳、第一種壓力容器操作人員安全衛生教育訓練課程、時數（35 小時）

參、高壓氣體特定設備操作人員安全衛生教育訓練課程、時數（35 小時）

肆、高壓氣體容器操作人員安全衛生教育訓練課程、時數（35 小時）

附表十二　特殊作業安全衛生教育訓練課程、時數

壹、小型鍋爐操作人員特殊安全衛生訓練課程、時數（18 小時）

貳、荷重在 1 公噸以上之堆高機操作人員特殊安全衛生訓練課程、時數（18 小時）

參、吊升荷重在零點 5 公噸以上未滿 3 公噸之固定式起重機、移動式起重機、人字臂起重桿等操作人員特殊安全衛生訓練課程、時數（18 小時）

肆、高空工作車操作人員特殊安全衛生教育訓練課程、時數（16 小時）

伍、使用起重機具從事吊掛作業人員特殊安全衛生訓練課程、時數（18 小時）

陸、以乙炔熔接裝置或氣體集合熔接裝置（簡稱乙炔熔接等作業）從事金屬之熔接、切斷或加熱作業人員特殊安全衛生訓練（18 小時）

柒、火藥爆破作業人員特殊安全衛生訓練課程、時數（18 小時）

捌、胸高直徑 70 公分以上之伐木作業人員特殊安全衛生訓練課程、時數（15 小時）

玖、機械集材運材作業人員特殊安全衛生訓練課程、時數（24 小時）

拾、高壓室內作業人員特殊安全衛生訓練課程、時數（略）

拾壹、潛水作業人員特殊安全衛生訓練課程、時數（18 小時）

拾貳、油輪清艙作業人員特殊安全衛生教育訓練課程、時數（18 小時）

附表十三　急救人員安全衛生教育訓練課程、時數（16 小時）（略）

附表十四　一般安全衛生教育訓練課程、時數

一、課程（以與該勞工作業有關者）：

（一）作業安全衛生有關法規概要

（二）職業安全衛生概念及安全衛生工作守則

（三）作業前、中、後之自動檢查

（四）標準作業程序

（五）緊急事故應變處理

（六）消防及急救常識暨演練

（七）其他與勞工作業有關之安全衛生知識

二、教育訓練時數：

① 新僱勞工或在職勞工於變更工作前依實際需要排定時數，**不得少於三小時。**

職業安全衛生教育訓練規則（110.7.17）

② 但從事使用生產性機械或設備、車輛系營建機械、起重機具吊掛搭乘設備、捲揚機等之操作及營造作業、缺氧作業（含局限空間作業）、電焊作業、氧乙炔熔接裝置作業等應**各增列三小時**；

對製造、處置或使用危害性化學品者應**增列三小時**

③ 各級業務主管人員於新僱或在職於變更工作前，應參照下列課程**增列六小時**

（一）安全衛生管理與執行。

（二）自動檢查。

（三）改善工作方法。

（四）安全作業標準。

附表十五　職業安全衛生教育訓練師資資格：略

格式十　教育訓練期滿證明格式

相片
黏貼處

<h1 style="text-align:center">期　滿　證　明</h1>

＊＊＊證字第○○○號

○○○君（身分證統一編號：S000000000）中華民國○年○月○日出生，

於○年○月○日至○年○月○日參加○○舉辦之○○○○○安全衛生教育訓練

班第○○○期，訓練期滿。

此　　證

訓練單位全銜

本訓練依據○○○主管機關○○字
第○○○○○○○○○○號函辦理

中華民國○○年○○月○○日

附註：訓練單位於核發固定式起重機及移動式起重機操作人員等之訓練期滿證明
　　　時，應註記術科實習操作之機型，例如：吊升荷重在三公噸以上之固定式
　　　起重機（架空型—機上操作）操作人員、吊升荷重在三公噸以上之固定式
　　　起重機（架空型—地面操作）操作人員、吊升荷重在三公噸以上之固定式
　　　起重機（伸臂型）操作人員、吊升荷重在三公噸以上之移動式起重機（伸
　　　臂可伸縮式）操作人員及吊升荷重在三公噸以上之移動式起重機（伸臂不
　　　可伸縮式）操作人員。

格式十一　　　　　　教育訓練結業證書格式

結業證書格式（八‧五公分×五‧五公分）

（正面）　　　　　　　　　　　　　　　　（背面）

職業安全衛生教育訓練結業證書				在職教育訓練紀錄欄			
證書字號		補照次數		年度	訓練名稱（時數）	訓練單位	章戳
姓名		出生日期	三公分　相片黏貼處				
身份證統一編號			二‧六公分				
訓練單位							
訓練種類							
訓練日期		發證日期					
主管機關備查文號							

附註：本結業證書之格式，自中華民國一百零一年一月一日施行。

格式十七　　在職教育訓練紀錄

姓名	身分證統一編號	出生日期	訓練單位	研討會、研習會或訓練名稱	辦理日期	課程時數	認證時數及登記章

（其它附表格式詳 QR Code）

勞工健康保護規則（110.12.22）

第一章｜總則

第1條（法源）

本規則依職業安全衛生法（以下簡稱本法）第六條第三項、第二十條第三項、第二十一條第三項及第二十二條第四項規定訂定之。

第2條（定義）

本規則用詞，定義如下：

一、特別危害健康作業：指本法施行細則第二十八條規定之作業；其作業名稱，如附表一。

二、第一類事業、第二類事業及第三類事業：指職業安全衛生管理辦法第二條及其附表所定之事業。

三、臨時性作業：指正常作業以外之作業，其作業期間不超過三個月，且一年內不再重複者。

第二章｜勞工健康服務醫護人員與相關人員資格及措施

第3條（僱用或特約）

①事業單位勞工人數在三百人以上或從事特別危害健康作業之勞工人數在五十人以上者，應視其規模及性質，分別依附表二與附表三所定之人力配置及臨場服務頻率，僱用或特約從事勞工健康服務之醫師及僱用從事勞工健康服務之護理人員（以下簡稱醫護人員），辦理勞工健康服務。

②前項所定事業單位,經醫護人員評估勞工有心理或肌肉骨骼疾病預防需求者,得僱用勞工健康服務相關人員提供服務;其僱用之人員,於勞工人數在三千人以上者,得納入附表三計算。但僱用從事勞工健康服務護理人員之比例,應達四分之三以上。

第 4 條(特約)

①事業單位勞工人數在五十人以上未達三百人者,應視其規模及性質,依附表四所定特約醫護人員臨場服務頻率,辦理勞工健康服務。

②前項所定事業單位,經醫護人員評估勞工有心理或肌肉骨骼疾病預防需求者,得特約勞工健康服務相關人員提供服務;其服務頻率,得納入附表四計算。但各年度由從事勞工健康服務護理人員之總服務頻率,應達二分之一以上。

第 5 條(特約委託)

①事業單位特約醫護人員或勞工健康服務相關人員辦理勞工健康服務,應委託下列機構之一,由該機構指派其符合第七條所定資格之人員爲之:

一、全民健康保險特約之醫院或診所,且聘僱有符合資格之醫護人員或勞工健康服務相關人員者。

二、中央主管機關認可具勞工健康顧問服務類之職業安全衛生顧問服務機構。

三、其他經中央主管機關指定公告之機構。

②中央主管機關得對前項之機構實施查核,並將查核結果公開之。

③中央主管機關得委託學術機構或相關團體辦理之。

第 6 條(僱用不得兼任、代理、備查)

①第三條或第十三條第三項所定僱用之醫護人員及勞工健康服務相關人員,不得兼任其他法令所定專責(任)人員或從事其他與勞工健康服務無關之工作。

②前項人員因故依勞動相關法令請假超過三十日,未能執行職務

時，雇主得委託前條第一項所定之機構，指派符合第七條規定資格之人員代理之。

③雇主對於依本規則規定僱用或特約之醫護人員或勞工健康服務相關人員，應依中央主管機關公告之方式報請備查；變更時，亦同。

第7條（資格）

①從事勞工健康服務之醫師，應符合下列資格之

一、職業醫學科專科醫師資格。

二、具中央衛生福利主管機關所定之專科醫師資格，並依附表五規定之課程訓練合格。

②從事勞工健康服務之護理人員、勞工健康服務相關人員，應符合下列資格，且具實務工作經驗二年以上，並依附表六規定之課程訓練合格：

一、護理人員：護理師或護士資格。

二、勞工健康服務相關人員：心理師、職能治療師或物理治療師資格。

第8條（在職訓練）

①雇主應使其醫護人員或勞工健康服務相關人員，接受下列課程之在職教育訓練，其訓練時間每三年合計至少十二小時，且每一類課程至少二小時：

一、職業安全衛生相關法規。

二、職場健康風險評估。

三、職場健康管理實務。

②從事勞工健康服務之醫師為職業醫學科專科醫師者，應接受前項第一款所定課程之在職教育訓練，其訓練時間每三年合計至少二小時，不受前項規定之限制。

③第五條第一項所定之機構，應依前二項規定，使其醫護人員或勞工健康服務相關人員，接受在職教育訓練。

④第一項及第二項訓練，得於中央主管機關建置之網路學習，其時數

之採計，不超過六小時。

⑤前條課程訓練、第一項及第二項所定之在職教育訓練，得由各級勞工、衛生主管機關或勞動檢查機構自行辦理，或由中央主管機關認可之機構或訓練單位辦理。

⑥前項辦理訓練之機關（構）或訓練單位，應依中央主管機關公告之內容及方式登錄系統。

第 9 條（臨場服務事項）

雇主應使醫護人員及勞工健康服務相關人員臨場服務辦理下列勞工健康服務事項：

一、勞工體格（健康）檢查結果之分析與評估、健康管理及資料保存。

二、協助雇主選配勞工從事適當之工作。

三、辦理健康檢查結果異常者之追蹤管理及健康指導。

四、辦理未滿十八歲勞工、有母性健康危害之虞之勞工、職業傷病勞工與職業健康相關高風險勞工之評估及個案管理。

五、職業衛生或職業健康之相關研究報告及傷害、疾病紀錄之保存。

六、勞工之健康教育、衛生指導、身心健康保護、健康促進等措施之策劃及實施。

七、工作相關傷病之預防、健康諮詢與急救及緊急處置。

八、定期向雇主報告及勞工健康服務之建議。

九、其他經中央主管機關指定公告者。

第 10 條（工作者比照）

①事業單位對其他受工作場所負責人指揮或監督從事勞動之人員，應比照該事業單位勞工，辦理前條所定勞工健康服務事項。

②前項從事勞動之人員不提供個人健康資料及書面同意者，事業單位仍應辦理前條第五款至第八款規定之事項。

第 11 條（訪視現場）

為辦理前二條所定勞工健康服務，雇主應使醫護人員與勞工健康服務相關人員，配合職業安全衛生、人力資源管理及相關部門人員訪視現

場，辦理下列事項：

一、辨識與評估工作場所環境、作業及組織內部影響勞工身心健康之危害因子，並提出改善措施之建議。

二、提出作業環境安全衛生設施改善規劃之建議。

三、調查勞工健康情形與作業之關連性，並採取必要之預防及健康促進措施。

四、提供復工勞工之職能評估、職務再設計或調整之諮詢及建議。

五、其他經中央主管機關指定公告者。

第 12 條（勞工健康服務計畫）

前三條所定勞工健康服務事項，事業單位依第三條規定僱用勞工健康服務護理人員或勞工健康服務相關人員辦理者，應依勞工作業環境特性及性質，訂定勞工健康服務計畫，據以執行，每年評估成效及檢討；依第四條規定以特約勞工健康服務護理人員或勞工健康服務相關人員辦理者，其勞工健康服務計畫，得以執行紀錄或文件代替。

第 13 條（替代方案）

①屬第二類事業或第三類事業之雇主，使其勞工提供勞務之場所有下列情形之一者，得訂定勞工健康管理方案，據以辦理，不受第三條及第四條有關辦理勞工健康服務規定之限制：

一、工作場所分布不同地區。

二、勞工提供勞務之場所，非於雇主設施內或其可支配管理處。

②前項勞工健康管理方案之內容，包括下列事項，並應每年評估成效及檢討：

一、工作環境危害性質。

二、勞工作業型態及分布。

三、高風險群勞工健康檢查情形評估。

四、依評估結果採行之下列勞工健康服務措施：

（一）安排醫師面談及健康指導。

（二）採取書面或遠端通訊等方式，提供評估、建議或諮詢服務。

③雇主執行前項規定，應僱用勞工健康服務護理人員或委由中央主管
機關認可具勞工健康顧問服務類之職業安全衛生顧問服務機構或其
他機構，指派符合資格之醫護人員為之，並實施必要之臨場健康服
務，其服務頻率依附表七規定辦理。

第 14 條（執行紀錄表）

①雇主執行第九條至第十三條所定相關事項，應依附表八規定項目填
寫紀錄表，並依相關建議事項採取必要措施。

②前項紀錄表及採行措施之文件，應保存三年。

第 15 條（急救藥品、人員）

①事業單位應參照工作場所大小、分布、危險狀況與勞工人數，備置
足夠急救藥品及器材，並置急救人員辦理急救事宜。但已具有急救
功能之醫療保健服務業，不在此限。

②前項急救人員應具下列資格之一，且不得有失聰、兩眼裸視或矯正
視力後均在零點六以下、失能及健康不良等，足以妨礙急救情形：

一、醫護人員。

二、經職業安全衛生教育訓練規則所定急救人員之安全衛生教育訓
練合格。

三、緊急醫療救護法所定救護技術員。

③第一項所定急救藥品與器材，應置於適當固定處所及保持清潔，至
少每六個月定期檢查。對於被污染或失效之物品，應隨時予以更換
及補充。

④第一項急救人員，每一輪班次應至少置一人；其每一輪班次勞工人
數超過五十人者，每增加五十人，應再置一人。但事業單位有下列
情形之一，且已建置緊急連線、通報或監視裝置等措施者，不在此
限：

一、第一類事業，每一輪班次僅一人作業。

二、第二類或第三類事業，每一輪班次勞工人數未達五人。

⑤急救人員因故未能執行職務時，雇主應即指定具第二項資格之人

員，代理其職務。

第三章｜健康檢查及管理

第 16 條（僱用一般、特殊體格檢查）

①雇主僱用勞工時，除應依附表九所定之檢查項目實施一般體格檢查外，另應按其作業類別，依附表十所定之檢查項目實施特殊體格檢查。

②有下列情形之一者，得免實施前項所定一般體格檢查：

一、非繼續性之臨時性或短期性工作，其工作期間在六個月以內。

二、其他法規已有體格或健康檢查之規定。

三、其他經中央主管機關指定公告。

③第一項所定檢查距勞工前次檢查未超過第十七條或第十八條規定之定期檢查期限，經勞工提出證明者，得免實施。

第 17 條（在職一般健康檢查）

①雇主對在職勞工，應依下列規定，定期實施一般健康檢查：

一、年滿六十五歲者，每年檢查一次。

二、四十歲以上未滿六十五歲者，每三年檢查一次。

三、未滿四十歲者，每五年檢查一次。

②前項所定一般健康檢查之項目與檢查紀錄，應依前條附表九及附表十一規定辦理。但經檢查為先天性辨色力異常者，得免再實施辨色力檢查。

第 18 條（在職特殊健康檢查）

①雇主使勞工從事第二條規定之特別危害健康作業，應每年或於變更其作業時，依第十六條附表十所定項目，實施特殊健康檢查。

②雇主使勞工接受定期特殊健康檢查時，應將勞工作業內容、最近一次之作業環境監測紀錄及危害暴露情形等作業經歷資料交予醫師。

③前項作業環境監測紀錄及危害暴露情形等資料，屬游離輻射作業

者，應依游離輻射防護法相關規定辦理。

第 19 條（紀錄保存）

前三條規定之檢查紀錄，應依下列規定辦理：

一、第十六條附表九之檢查結果，應依第十七條附表十一所定格式記錄。檢查紀錄至少保存七年。

二、第十六條附表十之各項特殊體格（健康）檢查結果，應依中央主管機關公告之格式記錄。檢查紀錄至少保存十年。

第 20 條（紀錄保存）

從事下列作業之各項特殊體格（健康）檢查紀錄，應至少保存三十年：

一、游離輻射。

二、粉塵。

三、三氯乙烯及四氯乙烯。

四、聯苯胺與其鹽類、4- 胺基聯苯及其鹽類、4- 硝基聯苯及其鹽類、β- 萘胺及其鹽類、二氯聯苯胺及其鹽類及 α- 萘胺及其鹽類。

五、鈹及其化合物。

六、氯乙烯。

七、苯。

八、鉻酸與其鹽類、重鉻酸及其鹽類。

九、砷及其化合物。

十、鎳及其化合物。

十一、1,3- 丁二烯。

十二、甲醛。

十三、銦及其化合物。

十四、石綿。

十五、鎘及其化合物。

第 21 條（暴露評估、分級管理）

①雇主使勞工從事第二條規定之特別危害健康作業時，應建立其暴露評估及健康管理資料，並將其定期實施之特殊健康檢查，依下列規

定分級實施健康管理：

一、第一級管理：特殊健康檢查或健康追蹤檢查結果，全部項目正常，或部分項目異常，而經醫師綜合判定為無異常者。

二、第二級管理：特殊健康檢查或健康追蹤檢查結果，部分或全部項目異常，經醫師綜合判定為異常，而與工作無關者。

三、第三級管理：特殊健康檢查或健康追蹤檢查結果，部分或全部項目異常，經醫師綜合判定為異常，而無法確定此異常與工作之相關性，應進一步請職業醫學科專科醫師評估者。

四、第四級管理：特殊健康檢查或健康追蹤檢查結果，部分或全部項目異常，經醫師綜合判定為異常，且與工作有關者。

②前項所定健康管理，屬於第二級管理以上者，應由醫師註明其不適宜從事之作業與其他應處理及注意事項；屬於第三級管理或第四級管理者，並應由醫師註明臨床診斷。

③雇主對於第一項所定第二級管理者，應提供勞工個人健康指導；第三級管理者，應請職業醫學科專科醫師實施健康追蹤檢查，必要時應實施疑似工作相關疾病之現場評估，且應依評估結果重新分級，並將分級結果及採行措施依中央主管機關公告之方式通報；屬於第四級管理者，經職業醫學科專科醫師評估現場仍有工作危害因子之暴露者，應採取危害控制及相關管理措施。

④前項健康追蹤檢查紀錄，依前二條規定辦理。

第 22 條（有危害之虞者）

特別危害健康作業之管理、監督人員或相關人員及於各該場所從事其他作業之人員，有受健康危害之虞者，適用第十八條規定。但臨時性作業者，不在此限。

第 23 條（健康管理）

①雇主於勞工經體格檢查、健康檢查或健康追蹤檢查後，應採取下列措施：

一、參採醫師依附表十二規定之建議，告知勞工，並適當配置勞工

　　於工作場所作業。

二、對檢查結果異常之勞工，應由醫護人員提供其健康指導；其
　　經醫師健康評估結果，不能適應原有工作者，應參採醫師之建
　　議，變更其作業場所、更換工作或縮短工作時間，並採取健康
　　管理措施。

三、將檢查結果發給受檢勞工。

四、彙整受檢勞工之歷年健康檢查紀錄。

②前項第二款規定之健康指導及評估建議，應由第三條、第四條或
　第十三條規定之醫護人員爲之。但依規定免僱用或特約醫護人員
　者，得由辦理勞工體格及健康檢查之醫護人員爲之。

③第一項規定之勞工體格及健康檢查紀錄、健康指導與評估等勞工醫
　療資料之保存及管理，應保障勞工隱私權。

第 24 條（特殊作業配工）

①雇主使勞工從事本法第十九條規定之高溫度、異常氣壓、高架、精
　密或重體力勞動作業時，應參採從事勞工健康服務醫師綜合評估勞
　工之體格或健康檢查結果之建議，適當配置勞工之工作及休息時
　間。

②前項醫師之評估，依第三條或第四條規定免僱用或特約醫師者，得
　由辦理勞工體格及健康檢查之醫師爲之。

第 25 條（離職勞工）

離職勞工要求提供其健康檢查有關資料時，雇主不得拒絕。但超過保
存期限者，不在此限。

第 26 條（健檢登錄）

雇主實施勞工特殊健康檢查，應將辦理期程、作業類別與辦理勞工體
格及健康檢查之醫療機構等內容，登錄於中央主管機關公告之系統。

第四章｜附則

第 27 條（癌症防治法）

①依癌症防治法規定，對於符合癌症篩檢條件之勞工，於事業單位實施勞工健康檢查時，得經勞工同意，一併進行口腔癌、大腸癌、女性子宮頸癌及女性乳癌之篩檢。

②前項之檢查結果不列入健康檢查紀錄表。

③前二項所定篩檢之對象、時程、資料申報、經費及其他規定事項，依中央衛生福利主管機關規定辦理。

第 28 條（施行日）

本規則除第四條第一項所定事業單位勞工人數在五十人以上未達一百人辦理勞工健康服務之規定、第十六條附表十編號二十七及三十二，自中華民國一百十一年一月一日施行，及第五條、第七條、第八條第三項自一百十一年七月一日施行外，自發布日施行。

勞工健康保護規則（110.12.22）

附表一　特別危害健康作業

項次	作業名稱
一	高溫作業勞工作息時間標準所稱之高溫作業。
二	勞工噪音暴露工作日八小時日時量平均音壓級在八十五分貝以上之噪音作業。
三	游離輻射防護法所稱之游離輻射作業。
四	異常氣壓危害預防標準所稱之異常氣壓作業。
五	鉛中毒預防規則所稱之鉛作業。
六	四烷基鉛中毒預防規則所稱之四烷基鉛作業。
七	粉塵危害預防標準所稱之粉塵作業。
八	有機溶劑中毒預防規則所稱之下列有機溶劑作業： （一）1,1,2,2-四氯乙烷。 （二）四氯化碳。 （三）二硫化碳。 （四）三氯乙烯。 （五）四氯乙烯。 （六）二甲基甲醯胺。 （七）正己烷。
九	製造、處置或使用下列特定化學物質或其重量比（苯為體積比）超過**百分之一**之混合物之作業： （一）聯苯胺及其鹽類。 （二）4-胺基聯苯及其鹽類。 （三）4-硝基聯苯及其鹽類。 （四）β-萘胺及其鹽類。 （五）二氯聯苯胺及其鹽類。 （六）α-萘胺及其鹽類。 （七）鈹及其化合物（鈹合金時，以鈹之重量比超過百分之三者為限）。 （八）氯乙烯。 （九）2,4-二異氰酸甲苯或2,6-二異氰酸甲苯。 （十）4,4-二異氰酸二苯甲烷。 （十一）二異氰酸異佛爾酮。

項次	作業名稱
	（十二）苯。 （十三）石綿（以處置或使用作業為限）。 （十四）鉻酸與其鹽類或重鉻酸及其鹽類。 （十五）砷及其化合物。 （十六）鎘及其化合物。 （十七）錳及其化合物（一氧化錳及三氧化錳除外）。 （十八）乙基汞化合物。 （十九）汞及其無機化合物。 （二十）鎳及其化合物。 （二十一）甲醛。 （二十二）1,3- 丁二烯。 （二十三）銦及其化合物。
十	黃磷之製造、處置或使用作業。
十一	聯吡啶或巴拉刈之製造作業。
十二	其他經中央主管機關指定公告之作業： 製造、處置或使用下列化學物質或其重量比超過百分之五之混合物之作業：溴丙烷。

附表二　從事勞工健康服務之醫師人力配置及臨場服務頻率表

事業性質分類	勞工人數	人力配置或臨場服務頻率	備註
各類	特別危害健康作業 50-99 人	職業醫學科專科醫師：1 次 /4 個月	一、勞工人數超過 6,000 人者，每增勞工 1,000 人，應依下列標準增加其從事勞工健康服務之醫師臨場服務頻率：
	特別危害健康作業 100 人以上	職業醫學科專科醫師：1 次 / 月	（一）第一類：3 次/月。
第一類	300-999 人	1 次 / 月	（二）第二類：2 次/月。
	1,000-1,999 人	3 次 / 月	（三）第三類：1 次/月。
	2,000-2,999 人	6 次 / 月	
	3,000-3,999 人	9 次 / 月	
	4,000-4,999 人	12 次 / 月	
	5,000-5,999 人	15 次 / 月	二、每次臨場服務之時間，應至少 3 小時以上。
	6,000 人以上	專任職業醫學科專科醫師一人或 18 次 / 月	
第二類	300-999 人	1 次 /2 個月	
	1,000-1,999 人	1 次 / 月	
	2,000-2,999 人	3 次 / 月	
	3,000-3,999 人	5 次 / 月	
	4,000-4,999 人	7 次 / 月	
	5,000-5,999 人	9 次 / 月	
	6,000 人以上	12 次 / 月	
第三類	300-999 人	1 次 /3 個月	
	1,000-1,999 人	1 次 /2 個月	
	2,000-2,999 人	1 次 / 月	
	3,000-3,999 人	2 次 / 月	
	4,000-4,999 人	3 次 / 月	
	5,000-5,999 人	4 次 / 月	
	6,000 人以上	6 次 / 月	

附表三　從事勞工健康服務之護理人員人力配置表

勞工人數	特別危害健康作業勞工人數			備註
	0-99	100-299	300 以上	一、勞工人數超過 6,000
1-299 人		1 人		人以上者，每增加
300-999 人	1 人	1 人	2 人	6,000 人，應增加護
1,000-2,999 人	2 人	2 人	2 人	理人員至少 1 人。
3,000-5,999 人	3 人	3 人	4 人	二、事業單位設置護理人
6,000 人以上	4 人	4 人	4 人	員數達 3 人上者，得
				置護理主管 1 人。

勞工健康保護規則（110.12.22）

附表四　勞工人數 50 人以上未達 300 人之事業單位醫護人員臨場服務頻率表

事業性質分類	勞工人數	臨場服務頻率		備註
		醫師	護理人員	
各類	50-99 人，並具特別危害健康作業 1~49 人	1 次/年	1 次/月	一、雇主應使醫護人員會同事業單位之職業安全衛生人員，每年度至少進行現場訪視 1 次，並共同研訂年度勞工健康服務之重點工作事項。 二、每年或每月安排臨場服務期程之間隔，應依事業單位作業特性及勞工健康需求規劃，每次臨場服務之時間應至少 2 小時以上，且每日不得超過 2 場次。 三、事業單位從事特別危害健康作業之勞工人數在 50 人以上者，應另分別依附表二及附表三所定之人力配置及臨場服務頻率，特約職業醫學科專科醫師及僱用從事勞工健康服務之護理人員，辦理勞工健康服務。
第一類	100-199 人	4 次/年	4 次/月	
	200-299 人	6 次/年	6 次/月	
第二類	100-199 人	3 次/年	3 次/月	
	200-299 人	4 次/年	4 次/月	
第三類	100-199 人	2 次/年	2 次/月	
	200-299 人	3 次/年	3 次/月	

附表五　從事勞工健康服務之醫師訓練課程與時數表

項次	課程名稱	課程時數
1	職業衛生及健康檢查相關法規	2
2	醫療相關法規	1
3	勞工健檢及健檢品質管控概論	2
4	噪音作業及聽力檢查	2
5	職業醫學概論	2
6	特別危害健康作業健康檢查指引及管理分級簡介	3
7	職業性腎臟危害及腎臟功能判讀	2
8	各種常見製造程序之健康危害簡介	2
9	重金屬作業健康危害與其身體檢查及生物偵測	2
10	職業性血液、造血系統危害及血液常規檢查（CBC）結果判讀	2
11	職業性肝危害及肝功能判讀	2
12	職業性神經系統危害及神經身體檢查	2
13	塵肺症及職業性肺部疾病	2
14	職業性皮膚疾病及皮膚身體檢查	2
15	從事勞工健康服務之醫師的角色及功能簡介	1
16	職場健康管理及指導（含母性及中高齡健康保護）	2
17	職業健康服務實務案例分享（含健康服務紀錄實例）	2
18	健康風險評估概論	2
19	台灣職業病鑑定及補償簡介	1
20	肌肉骨骼系統傷病及人因工程	2
21	職場心理健康評估	1
22	職場常見非職業性疾病之健康管理 - 代謝症候群、心血管疾病及肝功能概論	2
23	選配工、復工與失能管理概論及介紹	4
24	工廠訪視及工業衛生概論	3

勞工健康保護規則（110.12.22）

項次	課程名稱	課程時數
25	事業單位之預防醫學及疫情管理	2
	合計	50

備註：

1. 除 50 小時學分課程外，需另與職業醫學科專科醫師至事業單位臨場服務實習 2 次並交付臨場服務報告書，經考試及報告書審核通過，方為訓練合格。

2. 曾接受從事辦理勞工體格及健康檢查業務之醫師訓練課程合格者，可抵免 1 至 14 項次 28 小時學分課程。

附表六　從事勞工健康服務之護理與相關人員訓練課程及時數表

項次	課程名稱	課程時數
1	勞工健康保護相關法規	2
2	職業傷病補償相關法規	2
3	職業安全衛生概論	4
4	工作現場巡查訪視	2
5	工作場所毒性傷害概論	2
6	職業傷病概論	4
7	職業傷病預防策略	2
8	人因性危害預防概論	4
9	職場心理衛生	2
10	勞工健康服務工作	4
11	健康監測及健檢資料之分析運用	4
12	職場健康管理（含實作四小時）	8
13	職場健康促進及衛生教育（含實作三小時）	6
14	勞工健康服務計畫品質管理及稽核	2
15	職場健康危機事件處理	2
16	勞工選工、配工及復工概論	2
合計		52

備註：

1. 實作課程需每人撰寫一份與工作相關疾病預防之計畫或實務作法報告書，並經該授課講師審核通過。
2. 曾接受從事辦理勞工體格及健康檢查業務之護理人員訓練課程合格者，可抵免 11 項次 4 小時學分課程。

附表七 第十三條所定事業單位從事勞工健康服務之醫護人力配置及臨場服務頻率表

勞工人數	醫師臨場服務頻率	護理人員臨場服務頻率	備註
50-299 人	1 次/年	1 次/3 個月	一、勞工人數 3,000 人以上者，應另僱用勞工健康服務之護理人員至少一人，綜理勞工健康服務事務，規劃與推動勞工健康服務之政策及計畫。 二、臨場服務之工作場所，得依實務需求規劃，每次服務時間應至少 2 小時以上。 三、勞工人數 50-99 人，且未具特別危害健康作業者，未適用本表。
300-999 人	1 次/6 個月	1 次/2 個月	
1,000-2,999 人	1 次/3 個月	1 次/1 個月	
3,000 人以上	1 次/2 個月	1 次/1 個月	

附表八　勞工健康服務執行紀錄表

一、作業場所基本資料	
部門名稱：	
作業人員	□行政人員：男＿＿人；女＿＿人； □現場操作人員：男＿＿人；女＿＿人
作業類別與 人數	□一般作業：人數： □特別危害健康作業：類別：＿＿人數：＿＿
二、作業場所與勞動條件概況：工作流程（製程）、工作型態與時間、人員及 　　危害特性概述	
三、臨場健康服務執行情形（本規則第九條至第十三條事項）： （一）辦理事項 （二）發現問題	
四、建議採行措施：（針對發現問題所採行之措施）	
五、對於前次建議改善事項之追蹤辦理情形：	
六、執行人員及日期（僅就當次實際執行者簽章） □勞工健康服務之醫師，簽章＿＿＿＿ □勞工健康服務之護理人員，簽章＿＿＿＿ □勞工健康服務相關人員，簽章＿＿＿＿ □職業安全衛生人員，簽章＿＿＿＿ □人力資源管理人員，簽章＿＿＿＿ 部門名稱＿＿＿＿＿，主管職稱＿＿＿＿＿＿，簽章＿＿＿＿＿＿ 執行日期：＿＿年＿＿月＿＿日 時　間：＿＿時＿＿分迄＿＿時＿＿分	

附表九　一般體格檢查、健康檢查項目表

體格檢查項目	健康檢查項目
(1) 作業經歷、既往病史、生活習慣及自覺症狀之調查。	(1) 作業經歷、既往病史、生活習慣及自覺症狀之調查。
(2) 身高、體重、腰圍、視力、辨色力、聽力、血壓與身體各系統或部位之身體檢查及問診。	(2) 身高、體重、腰圍、視力、辨色力、聽力、血壓與身體各系統或部位之身體檢查及問診。
(3) 胸部X光（大片）攝影檢查。	(3) 胸部X光（大片）攝影檢查。
(4) 尿蛋白及尿潛血之檢查。	(4) 尿蛋白及尿潛血之檢查。
(5) 血色素及白血球數檢查。	(5) 血色素及白血球數檢查。
(6) 血糖、血清丙胺酸轉胺酶（ALT）、肌酸酐（creatinine）、膽固醇、三酸甘油酯、高密度脂蛋白膽固醇之檢查。	(6) 血糖、血清丙胺酸轉胺酶（ALT）、肌酸酐（creatinine）、膽固醇、三酸甘油酯、高密度脂蛋白膽固醇、低密度脂蛋白膽固醇之檢查。
(7) 其他經中央主管機關指定之檢查。	(7) 其他經中央主管機關指定之檢查。

附表十　特殊體格檢查、健康檢查項目表（其他略）

編號	作業類別	特殊體格檢查項目	特殊健康檢查項目
2	噪音作業	(1) 作業經歷、生活習慣及自覺症狀之調查。 (2) 服用傷害聽覺神經藥物（如水楊酸或鏈黴素類）、外傷、耳部感染及遺傳所引起之聽力障礙等既往病史之調查。 (3) 耳道檢查。 (4) 聽力檢查（audiometry）。（測試頻率至少為五百、一千、二千、三千、四千、六千及八千赫之純音，並建立聽力圖）。	(1) 作業經歷、生活習慣及自覺症狀之調查。 (2) 服用傷害聽覺神經藥物（如水楊酸或鏈黴素類）、外傷、耳部感染及遺傳所引起之聽力障礙等既往病史之調查。 (3) 耳道檢查。 (4) 聽力檢查（audiometry）。（測試頻率至少為五百、一千、二千、三千、四千、六千及八千赫之純音，並建立聽力圖）。

勞工健康保護規則（110.12.22）

附表十一 勞工一般體格及健康檢查紀錄

一、基本資料

  1. 姓名：

  2. 性別：□男 　□女

  3. 身分證字號（護照號碼）：

  4. 出生日期 　　年 　　月 　　日

  5. 受僱日期 　　年 　　月 　　日

  6. 檢查日期 　　年 　　月 　　日

  7. 事業單位名稱：

二、作業經歷

  1. 曾經從事，起始日期： 　年 　月，截止日期： 　年 　月，共 　年 　月

  2. 目前從事，起始日期： 　年 　月，截止日期： 　年 　月，共 　年 　月，是否需輪班□是（□兩班制 □三班制 □四班制 □其他： 　　）□否

  3. 過去 1 個月，平均每週工時為： 　　小時（請以檢查日前 1 個月填寫）

  4. 過去 6 個月，平均每週工時為： 　　小時（請以檢查日前 6 個月填寫）

三、檢查時期（原因）：□新進員工（受僱時） □定期檢查

四、既往病史

  您是否曾患有下列慢性疾病：（請在適當項目前打勾）

  □高血壓 □糖尿病 □心臟病 □癌症 □白內障 □中風 □癲癇

  □氣喘 □慢性氣管炎、肺氣腫 □肺結核 □腎臟病 □肝病

  □貧血 □中耳炎 □聽力障礙 □甲狀腺疾病 □消化性潰瘍、胃炎

  □逆流性食道炎 □骨折 □手術開刀 □其他慢性病 □以上皆無

五、生活習慣

  1. 一個月內是否有吸菸？

    □從未吸菸 □偶爾吸（不是天天）

    □（幾乎）每天吸，平均每天吸 　　支，已吸菸 　　年

    □已經戒菸，戒了 　　年 　　個月。

  2. 請問您最近六個月內是否有嚼食檳榔？

    □從未嚼食檳榔 □偶爾嚼（不是天天）

    □（幾乎）每天嚼，平均每天嚼 　　顆，已嚼 　　年

    □已經戒食，戒了 　　年 　　個月。

  3. 請問您過去一個月內是否有喝酒？

    □從未喝酒 □偶爾喝（不是天天）

    □（幾乎）每天喝，平均每週喝 　　次，最常喝酒，每次 　　瓶

    □已經戒酒，戒了 　　年 　　個月。

4. 請問您於工作日期間，平均每天睡眠時間為：　小時。

六、自覺症狀：您最近三個月是否常有下列症狀：

（請在適當項目前打勾）

☐咳嗽　☐咳痰　☐呼吸困難　☐胸痛　☐心悸　☐頭暈　☐頭痛

☐耳鳴　☐倦怠　☐噁心　☐腹痛　☐便秘　☐腹瀉　☐血便

☐上背痛　☐下背痛　☐手腳麻痛　☐關節疼痛　☐排尿不適

☐多尿、頻尿　☐手腳肌肉無力　☐體重減輕 3 公斤以上　☐其他症狀

☐以上皆無

填表說明

1. 請受檢員工於勞工健檢前，填妥基本資料、作業經歷、檢查時期、既往病史、生活習慣及自覺症狀六大項，再交由醫護人員作確認，以有效篩檢出疾病；若事業單位已提供受檢員工基本資料及作業經歷電子檔給認可醫療機構，可不必請受檢員工重複填寫。

2. 自覺症狀乙項，請受檢者依自身實際症狀勾選。

==============【以下由醫護人員填寫】==============

七、檢查項目

1. 身高：　公分

2. 體重：　公斤，腰圍：　公分

3. 血壓：　/　mmHg

4. 視力（矯正）：左　右　；辨色力測試：☐正常　☐辨色力異常

5. 聽力檢查：☐正常　☐異常

6. 各系統或部位身體檢查及問診：

(1) 頭頸部（結膜、淋巴腺、甲狀腺）(2) 呼吸系統 (3) 心臟血管系統（心律、心雜音）(4) 消化系統（黃疸、肝臟、腹部）(5) 神經系統（感覺）(6) 肌肉骨骼（四肢）(7) 皮膚 (8) 問診（自覺症狀與睡眠概況等）

7. 胸部 X 光：

8. 尿液檢查：尿蛋白　尿潛血

9. 血液檢查：血色素　白血球

10. 生化血液檢查：血糖血清丙胺酸轉胺酶（ALT）　肌酸酐（creatinine）　膽固醇　三酸甘油脂　高密度脂蛋白膽固醇　低密度脂蛋白膽固醇

11. 其他經中央主管機關規定之檢查

八、**應處理及注意事項**（可複選）

1. ☐檢查結果大致正常，請定期健康檢查。

2. ☐檢查結果部分異常，宜在（期　限）內至醫療機構　科，實施健康追蹤檢查。

3. □檢查結果異常，建議不適宜從事　　　作業。（請說明原因：　　　）。
4. □檢查結果異常，建議調整工作（可複選）：
　　□縮短工作時間（請說明原因：　　　　）。
　　□更換工作內容（請說明原因：　　　　）。
　　□變更作業場所（請說明原因：　　　　）。
　　□其他：　　　（請說明原因：　　　　）。
5. □其他：　　　。

健檢機構名稱、電話、地址：

健檢醫師姓名（簽章）及證書字號：

備註：
1. 各系統或部位身體檢查，健檢醫師應依各別員工之實際狀況，作詳細檢查。
2. 低密度脂蛋白膽固醇，體格檢查時不需檢測。
3. 先天性辨色力異常者，定期健康檢查時不需檢測。
4. 辦理口腔癌、大腸癌、女性子宮頸癌及女性乳癌之篩檢者，得經勞工同意執行，其檢查結果不列入健康檢查紀錄表，認可醫療機構應依中央衛生福利主管機關規定之篩檢對象、時程、資料申報、經費及其他規定事項辦理檢查與申報資料，篩檢經費由國民健康署支付。

保存年限：

勞動部　公告

發文日期：中華民國111年6月2日
發文字號：勞職授字第1110201184號
附件：如文

主旨：公告勞工健康保護規則第16條附表10所定特殊體格（健康）
　　　檢查之格式，並自即日生效。
依據：勞工健康保護規則（以下簡稱本規則）第19條。
公告事項：
　　一、依本規則第16條第1項及第18條第1項規定略以，雇主僱用勞
　　　　工時，應按其作業類別實施特殊體格檢查；每年或於變更勞
　　　　工作業時，應實施特殊健康檢查；檢查項目，應依本規則第
　　　　16條附表10規定辦理。
　　二、旨揭特殊體格（健康）檢查結果，雇主應依附件格式記錄，
　　　　檢查紀錄至少保存10年；相關電子檔請逕至勞動部職業安全
　　　　衛生署網站（https://www.osha.gov.tw）職業衛生/勞工體
　　　　格及健康檢查區下載。
　　三、本部107年10月9日勞職授字第1070200301號公告，自即日停
　　　　止適用。

部長　許銘春

第1頁　共1頁

特殊體格（健康）檢查記錄格式填寫說明及注意事項

一、事業單位或勞工填寫資料之注意事項如下：

請事業單位於勞工受檢前，就其填妥個人基本資料、作業經歷、檢查時期、既往病史、生活習慣、自覺症狀及作業環境監測資料，其中基本資料之事業單位名稱、地址及作業環境監測資料，並請事業單位協助填寫；若以上資料事業單位已提供電子檔給醫療機構，可不必請受檢勞工重複填寫，相關填寫注意事項重點如下：

（一）基本資料：事業單位名稱請填寫全衛，若有多廠者，需加註廠別及地址。

（二）作業經歷：目前從事內容，請填寫職稱及具體從事作業之內容。

（三）既往病史：請勞工勾選過去或現在所罹患疾病，若有未明列之疾病，請勞工填寫於其他之空白欄位。

（四）自覺症狀：請勞工勾選近三個月實際感受身體不適之症狀，若有未明列之症狀，請勞工填寫於其他之空白欄位。

（五）作業環境監測資料：事業單位依勞工作業環境監測實施辦法或游離輻射防護法應實施作業環境或個人劑量監測者，方需填寫作業環境監測資料，請依實際狀況確實填寫，及載明勞動部職業安全衛生署「勞工作業環境監測及暴露危害管理網路登錄系統」之事業單位編號，共計 12 碼數字，並應依勞工健康保護規則規定，將最近一次之作業環境監測紀錄提供予檢查之醫療機構，俾利醫師瞭解暴露情形及評估健康管理分級。

二、醫療機構就檢查結果，應填寫之注意事項如下：

（一）健康管理分級屬於第二級管理以上者，應於應處理及注意事項註明其不適宜從事之作業與其他應處理及注意事項；屬於第三級管理或第四級管理者，應註明臨床診斷；第三級管理者，應註明請職業醫學科專科醫師實施健康追蹤檢查，必要時應實施疑似工作相關疾病之現場評估，且應依評估結果重新分級；屬於第四級管理者，經職業醫學科專科醫師評估現場仍有工作危害因子之暴露者，應請事業單位採取危害控制及相關管理措施。

（二）健康管理級數之說明：

1. 第一級管理：特殊健康檢查或健康追蹤檢查結果，全部項目正常，或部分項目異常，而經醫師綜合判定為無異常者。

2. 第二級管理：特殊健康檢查或健康追蹤檢查結果，部分或全部項目異常，經醫師綜合判定為異常，而與工作無關者。

3. 第三級管理：特殊健康檢查或健康追蹤檢查結果，部分或全部項目異常，經醫師綜合判定為異常，而無法確定此異常與工作之相關性，應進一步請職業醫學科專科醫師評估者。

4. 第四級管理：特殊健康檢查或健康追蹤檢查結果，部分或全部項目異常，經醫師綜合判定為異常，且與工作有關者。

（三）身體檢查與健康管理分級之醫師不同時，請填寫實際執行醫師之姓名及證書字號。

特殊體格（健康）檢查之格式　目錄

勞工健康保護規則（110.12.22）

編號 2　噪音勞工特殊體格及健康檢查紀錄（其他略）

一、基本資料

　　1. 姓名：　　　　2. 性別：□男　□女　　　3. 身分證字號（護照號碼）：

　　4. 出生日期　　年　　月　　日　　5. 受僱日期　　年　　月　　日

　　6. 檢查日期　　年　　月　　日

　　7. 事業單位名稱（廠別）　　地址

二、作業經歷

　　1. 曾經從事　　　，起始日期：　年　月，截止日期：　年　月，共　年　月

　　2. 目前從事　　　，起始日期：　年　月，截至　　　年　月，共　年　月

　　3. (1) 平均每週工作日數□ 6　□ 5.5　□ 5　□ 4.5　□ 4　□其他　　日

　　　　(2) 平均每日工作總時數□ 12　□ 10　□ 8　□ 6　□ 4　□其他　小時

　　　　(3) 平均每日從事噪音作業時數約□ 12　□ 10　□ 8　□ 6　□ 4

　　　　　　□其他　　小時

　　4. 您於本次聽力檢查前 14 小時內曾於噪音環境嗎？□有　　□無

　　5.1 你曾從事過以下工作嗎？

　　　　□紡織　□開礦　□造船　□重工業　□築路　□砲兵、射擊隊、航空

　　　　地勤　□必須大聲呼叫才能超過噪音量的其他工作　□以上皆無

　　5.2 如果從事上面的任何工作：

　　　　(1) 現場環境有聽力保護設備嗎？□有　　□無

　　　　(2) 個人有戴上聽力防護用具嗎？□有　　□無

　　　　(3) 若有，為何種類型？（多選題）□耳罩　□耳塞　□其他

　　　　(4) 工作佩戴時間？□全時間佩戴　□一半時間佩戴　□都不戴

三、檢查時期（原因）：□新進員工（受僱時）　□變更作業　□定期檢查

　　　　　　　　　　　　□健康追蹤檢查

四、既往病史

　　請勾選

　　1. 您過去是否曾因聽力問題複檢或就醫？　　　　□有　□無

　　2. 您是否曾經遭遇：

　　　　(1) 暴露於巨大的聲音？如爆炸狀況　　　　□有　□無

　　　　(2) 經常性暴露於實際的槍響？　　　　　　□有　□無

　　　　(3) 暴露於經常性的大聲音樂？　　　　　　□有　□無

　　3. 你曾有過以下情況嗎？

　　　　(1) 動過耳朵手術、耳部外傷或鼓膜穿孔　　□有　□無

　　　　(2) 耳部感染　　　　　　　　　　　　　　□有　□無

　　　　上述問題若有，請填寫

☐左耳　　☐右耳

☐不確定　☐雙耳

(3) 遺傳性聽力障礙的家族疾病　　　　　☐有　☐無

(4) 結核病　　　　　　　　　　　　　　☐有　☐無

(5) 使用阿斯匹靈、鏈黴素、或其他可能影響聽力之藥物　☐有　☐無

(6) 腦膜炎、腦震盪或昏迷　　　　　　☐有　☐無

五、生活習慣

　1. 你有以下嗜好嗎？

　　☐去迪斯可舞廳、卡啦 OK 或流行音樂會　☐賽車（競賽或看）

　　☐在銅管樂隊、管弦樂隊或流行樂隊演出

　　☐經常使用電動手工具，如電鋸、電鑽等

　　☐用機械進行庭園維護　☐射擊　☐戴隨身聽或類似的設備聽音樂

　　☐以上皆無

　2. 請問您過去一個月內是否有吸菸？

　　☐從未吸菸　☐偶爾吸（不是天天）

　　☐（幾乎）每天吸，平均每天吸　　　支，已吸菸　　　年

　　☐已經戒菸，戒了　　　年　　　個月

　3. 請問您最近六個月內是否有嚼食檳榔？

　　☐從未嚼食檳榔　☐偶爾嚼（不是天天）

　　☐（幾乎）每天嚼，平均每天嚼　　　顆，已嚼　　　年

　　☐已經戒食，戒了　　　年　　　個月

　4. 請問您過去一個月內是否有喝酒？

　　☐從未喝酒　☐偶爾喝（不是天天）

　　☐（幾乎）每天喝，平均每週喝　　　次，最常喝　　　酒，每次　　　瓶

　　☐已經戒酒，戒了　　　年　　　個月

六、自覺症狀（體格檢查請填寫題號 1；定期健康檢查請填寫題號 2～4）

　1. 您是否有下列症狀？

　　(1) 聽力困難　　　☐有　☐無

　　(2) 耳鳴　　　　　☐有　☐無

　　(3) 眩暈　　　　　☐有　☐無

　　如果有，您知道是什麼原因造成的嗎？請詳細描述

　2. 上次你的聽力檢查後，你的聽力（自覺）是：☐沒改變　☐好轉　☐更差

　3. 自從上次聽力檢查後（去年至今），您是否：

　　(1) 暴露於爆炸狀況？　　　☐有　☐無

　　(2) 暴露於巨大的聲響？　　　☐有　☐無

(3) 暴露於實際的槍響？　　　□有　□無

(4) 暴露於經常性大聲音樂如隨身聽、熱門音樂？　□有　□無

(5) 曾去醫院請專家檢查耳朵或聽力？　□有　□無

(6) 至噪音區工作時大多會使用耳塞或耳罩？

4. 上次聽力檢查後，你有過以下情況嗎？　□有　□無

(1) 耳朵受傷　　　□有　□無

(2) 耳朵手術　　　□有　□無

(3) 耳朵流膿或液狀分泌物／耳部感染　□有　□無

(4) 耳鳴　　　　　□有　□無

(5) 鼓膜穿孔　　　□有　□無

(6) 因爆破引起耳痛 □有　□無

(7) 使用耳毒性藥物 □有　□無

(8) 腦膜炎　　　　□有　□無

(9) 結核病　　　　□有　□無

(10) 腦震盪或昏迷 □有　□無

七、作業環境監測資料

1. 職場有無依勞工作業環境監測實施辦法實施作業環境監測？
□有（請回答下一題）　□無

2. 作業環境監測結果是否已通報至勞動部職業安全衛生署勞工作業環境監測及暴露危害管理網路登錄系統？　□有（請回答下一題）　□無

3. 勞工作業環境監測及暴露危害管理網路登錄系統之事業單位編號

===========【以下由醫療機構醫護人員填寫】============

八、檢查項目

1. 基本項目：
身高　公分；體重　公斤；腰圍　公分；　/　mmHg
視力（矯正）：左　　右　　；辨色力測試：□正常　□辨色力異常

2. 聽力檢查：
（測試頻率至少為五百、一千、二千、三千、四千、六千、八千赫之純音，並建立聽力圖及註明施測時各音頻之背景噪音測定值）

3. 各系統或部位身體檢查：
(1) 耳道

九、健康追蹤檢查

1. 檢查日期　　年　　月　　日

2. 檢查項目
(1) _____ (2) _____ (3) _____ (4) _____ (5)

十、健康管理

　　□第一級管理

　　□第二級管理

　　□第三級管理（應註明臨床診斷）

　　□第四級管理（應註明臨床診斷）

十一、應處理及注意事項（可複選）

　　1.□檢查結果大致正常，請定期健康檢查。

　　2.□檢查結果異常，宜在（期　限）內至醫療機構　　科，實施健康追蹤檢查。

　　3.□檢查結果異常，建議不適宜從事　　作業（請說明原因：　　）。

　　4.□檢查結果異常，應在（期　限）內至聘有職業醫學科專科醫師之門診實施健康追蹤檢查。

　　5.□檢查結果異常，建議調整工作（可複選）：

　　　□縮短工作時間（請說明原因：　　　）。

　　　□更換工作內容（請說明原因：　　　）。

　　　□變更作業場所（請說明原因：　　　）。

　　　□其他：　　（請說明原因：　　　）。

　　6.□其他：　　。

　　健檢機構名稱、電話、地址：

　　健檢醫師姓名（簽章）及證書字號：

　　健康管理分級醫師姓名（簽章）及證書字號

附表十二　選配工時宜考量疾病之建議表

作業名稱	考量之疾病
高溫作業	高血壓、心臟病、呼吸系統疾病、內分泌系統疾病、無汗症、腎臟疾病、廣泛性皮膚疾病。
低溫作業	高血壓、風濕症、支氣管炎、腎臟疾病、心臟病、周邊循環系統疾病、寒冷性蕁麻疹、寒冷血色素尿症、內分泌系統疾病、神經肌肉系統疾病、膠原性疾病。
噪音作業	心血管疾病、聽力異常。
振動作業	周邊神經系統疾病，周邊循環系統疾病、骨骼肌肉系統疾病。
精密作業	矯正後視力零點八以下或其他嚴重之眼睛疾病。
游離輻射作業	血液疾病、內分泌疾病、精神與神經異常、眼睛疾病、惡性腫瘤。
非游離輻射作業	眼睛疾病、內分泌系統疾病。
異常氣壓作業	呼吸系統疾病、高血壓、心血管疾病、精神或神經系統疾病、耳鼻科疾病、過敏性疾病、內分泌系統疾病、肥胖症、疝氣、骨骼肌肉系統疾病、貧血、眼睛疾病、消化道疾病。
高架作業	癲癇、精神或神經系統疾病、高血壓、心血管疾病、貧血、平衡機能失常、呼吸系統疾病、色盲、視力不良、聽力障礙、肢體殘障。
鉛作業	神經系統疾病、貧血等血液疾病、腎臟疾病、消化系統疾病、肝病、內分泌系統疾病、視網膜病變、酒精中毒、高血壓。
四烷基鉛作業	精神或神經系統疾病、酒精中毒、腎臟疾病、肝病、內分泌系統疾病、心臟疾病、貧血等血液疾病、接觸性皮膚疾病。
粉塵作業	心血管疾病、慢性阻塞性肺疾病、慢性氣管炎、氣喘等。
四氯乙烷作業	神經系統疾病、肝臟疾病等。
三氯乙烯、四氯乙烯作業	慢性肝炎患者、酒精性肝炎、腎臟疾病、心血管疾病、神經系統疾病、接觸性皮膚疾病等。
二甲基甲醯胺作業	慢性肝炎患者、酒精性肝炎、腎臟疾病、心血管疾病、神經系統疾病、接觸性皮膚疾病等。

勞動部職業安全衛生署　函

地址：24219 新北市新莊區中平路 439 號南棟 11 樓
承辦人：林涔芯
電話：02-89956666#8126
電子信箱：n81561@osha.gov.tw

受文者：

發文日期：中華民國 109 年 3 月 10 日
發文字號：勞職衛 3 字第 1091012217 號
速別：普通件
密等及解密條件或保密期限：
附件：

主旨：有關事業單位辦理勞工健康保護規則所定在職勞工一般（特殊）健康檢查之期限，詳如說明，請查照。

說明：

一、依職業安全衛生法第 20 條規定，雇主對於在職勞工應實施健康檢查，有關勞工定期一般（特殊）健康檢查之期限，分別明定於勞工健康保護規則第 15 條及第 16 條，上開所定檢查期限，因考量每位勞工受僱時間不同，且事業單位辦理年度健康檢查之實務需求，爰該檢查期限得以「年度」為單位採計，建議事業單位於擇定辦理年度健康檢查日期時，仍宜維持一定之間隔頻率，惟其至遲可於應檢年度 12 月 31 日前完成。

二、有鑑於國內 COVID-19（武漢肺炎）疫情，近期屢接獲事業單位詢問旨揭健康檢查得否延後於下半年辦理，為避免造成事業單位困擾，並配合中央流行疫情指揮中心防疫措施，本署已於官網（https://www.osha.gov.tw/）發布前揭訊息，惠請貴單位協助宣導。

勞工健康保護規則（110.12.22）

檔　　號：
保存年限：

勞動部職業安全衛生署　函

地址：24219 新北市新莊區中平路 439 號南棟 11 樓
承辦人：王貴玉
電話：02-89956666#8129
電子信箱：gywang@osha.gov.tw

受文者：勞動部職業安全衛生署北區職業安全衛生中心

發文日期：中華民國 109 年 3 月 20 日
發文字號：勞職衛 3 字第 1090005453 號
速別：普通件
密等及解密條件或保密期限：
附件：

主旨：有關勞工健康保護規則第 19 條所定健康追蹤檢查及通報疑義一案，復如說明，請查照。

說明：

一、復貴處 109 年 3 月 13 日中市檢製字第 1090002684 號函。

二、查勞工健康保護規則第 19 條及勞動部 107 年 7 月 2 日勞職授字第 1070203046 號公告規定，特殊健檢結果為第三級管理者，應請職業醫學科專科醫師實施健康追蹤檢查，必要時應實施疑似工作相關疾病之現場評估，且應依評估結果重新分級，並將分級結果及採行措施依中央主管機關公告之方式於檢查後 30 日內完成通報，其目的係為落實職場健康分級管理作為，強化職業病預防，保障勞工權益。

三、所詢事業單位第三級管理者之健康追蹤檢查及通報事宜，依前開規定係由職業醫學專科醫師辦理即可，尚無醫療機構之限制，事業單位可請所僱用或特約之職業醫學科專科醫師入廠服務重新分級；另該健康追蹤檢查並無明定辦理期限，得由檢查之醫師依個案狀況提供建議，於建議之期限內，使勞工進行健康追蹤檢查並依規定完成通報。

檔　號：
保存年限：

勞動部　公告

發文日期：中華民國107年6月28日
發文字號：勞職授字第1070203027號
附件：如文

主旨：公告「雇主僱用或特約醫護人員、勞工健康服務相關人員之備查方式」，並自中華民國107年7月1日生效。

依據：勞工健康保護規則第6條第3項。

公告事項：

一、備查方式：至勞動部職業安全衛生署網站(https://www.osha.gov.tw/)主題網站區「勞工健康保護管理報備資訊網」，依線上備查之表件格式填報備查資料。

二、備查期限：雇主應於僱用或特約醫護人員、勞工健康服務相關人員後30日內完成備查，變更時亦同。

三、本部104年5月13日勞職授字第1040201393號公告，自107年7月1日停止適用。

部長　許銘春

【備查作業流程】

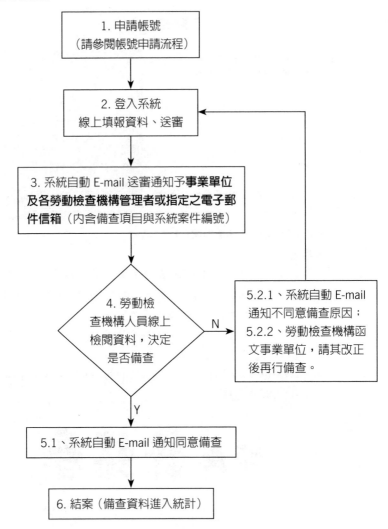

說明：
步驟1、2：為事業單位作業
步驟4、5.2.2：為勞動檢查機構作業
步驟3、5.1、5.2.1、6：為系統作業

【事業單位之系統帳號申請流程】

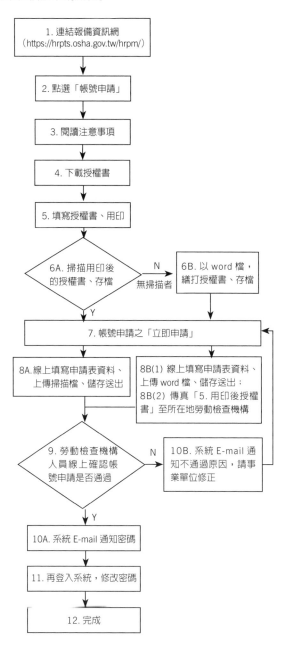

1. 連結報備資訊網
（https://hrpts.osha.gov.tw/hrpm/）

2. 點選「帳號申請」

3. 閱讀注意事項

4. 下載授權書

5. 填寫授權書、用印

6A. 掃描用印後的授權書、存檔 — N 無掃描者 → 6B. 以 word 檔，繕打授權書、存檔

7. 帳號申請之「立即申請」

8A. 線上填寫申請表資料、上傳掃描檔、儲存送出

8B(1) 線上填寫申請表資料、上傳 word 檔、儲存送出；
8B(2) 傳真「5.用印後授權書」至所在地勞動檢查機構

9. 勞動檢查機構人員線上確認帳號申請是否通過 — N → 10B. 系統 E-mail 通知不通過原因，請事業單位修正

10A. 系統 E-mail 通知密碼

11. 再登入系統，修改密碼

12. 完成

檔　號：

保存年限：

勞動部　公告

發文日期：中華民國107年7月2日
發文字號：勞職授字第1070203046號
附件：如文

主旨：公告「雇主對於健康管理為第三級管理之勞工所實施健康追
蹤檢查之分級結果及採行措施之通報方式」，並自中華民國
107年7月1日生效。

依據：勞工健康保護規則第19條第3項。

公告事項：

一、通報方式：至本部職業安全衛生署網站(https://www.osha.
gov.tw/)主題網站區「勞工健康保護管理報備資訊網」，依
線上通報之表件格式填報資料。

二、通報期限：雇主對於健康管理為第三級管理之勞工，應請職
業醫學科專科醫師實施健康追蹤檢查，必要時應實施疑似工
作相關疾病之現場評估，且應依評估結果重新分級，並於健
康追蹤檢查後30日內完成通報。

三、本部105年4月18日勞職授字第1050201139號公告，自107年7
月1日停止適用。

部長　許銘春

檔　號：
保存年限：

勞動部　公告

發文日期：中華民國107年5月17日
發文字號：勞職授字第1070200553號
附件：如文

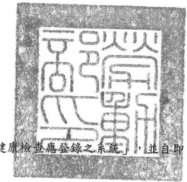

主旨：公告「雇主實施勞工特殊健康檢查應登錄之系統」，並自即日生效。

依據：勞工健康保護規則第24條。

公告事項：

一、登錄內容：辦理期程、作業類別、辦理勞工體格及健康檢查之醫療機構、勞工工作地點與基本資料等。

二、登錄位置：至本部職業安全衛生署網站(https://www.osha.gov.tw/)主題網站區「勞工健康保護管理報備資訊網」，依線上登錄之表件格式填報資料。

三、登錄期限：雇主實施勞工特殊健康檢查，應於實施檢查之次月10日前，完成上月份之檢查資料登錄；雇主採行由認可醫療機構巡迴至事業單位廠場辦理特殊健康檢查者，應另於實施檢查前10日，登錄辦理之期程資料。

四、本部105年12月21日勞職授字第1050204538號公告，自即日停止適用。

部長　許銘春

第1頁　共1頁

（其它附表格式詳 QR Code）

女性勞工母性健康保護實施辦法（113.5.31）

第 1 條（法源）

本辦法依職業安全衛生法（以下簡稱本法）第三十一條第三項規定訂定之。

第 2 條（定義）

本辦法用詞，定義如下：

一、母性健康保護：指對於女性勞工從事有母性健康危害之虞之工作所採取之措施，包括危害評估與控制、醫師面談指導、風險分級管理、工作適性安排及其他相關措施。

二、母性健康保護期間（以下簡稱保護期間）：指雇主於得知女性勞工妊娠之日起至分娩後一年之期間。

第 3 條（母性保護 - 化學品、易危害）

事業單位勞工人數依勞工健康保護規則第三條或第四條規定，應配置醫護人員辦理勞工健康服務者，其勞工於保護期間，從事可能影響胚胎發育、妊娠或哺乳期間之母體及嬰兒健康之下列工作，應實施母性健康保護：

一、工作暴露於具有依國家標準 CNS 15030 分類，屬生殖毒性物質第一級、生殖細胞致突變性物質第一級或其他對哺乳功能有不良影響之化學品。

二、易造成健康危害之工作，包括勞工作業姿勢、人力提舉、搬運、推拉重物、輪班、夜班、單獨工作及工作負荷等。

三、其他經中央主管機關指定公告者。

第 4 條（母性保護 - 鉛作業）

具有鉛作業之事業中，雇主使女性勞工從事鉛及其化合物散布場所之工作者，應實施母性健康保護。

第 5 條（妊娠分娩危害評估、母性保護、保護計畫）

①雇主使保護期間之勞工暴露於本法第三十條第一項或第二項之危險性或有害性工作之作業環境或型態，應實施危害評估。

②雇主使前項之勞工，從事本法第三十條第一項第五款至第十四款及第二項第三款至第五款之工作，應實施母性健康保護。

③前二條及前項之母性健康保護，雇主應參照中央主管機關公告之技術指引辦理之；事業單位勞工人數依勞工健康保護規則第三條或第四條規定，應配置醫護人員辦理勞工健康服務者，雇主另應依勞工作業環境特性、工作型態及身體狀況，訂定母性健康保護計畫，並據以執行。

第 6 條（保護措施 - 表一）

①雇主對於前三條之母性健康保護，應使職業安全衛生人員會同從事勞工健康服務醫護人員，辦理下列事項：

　　一、辨識與評估工作場所環境及作業之危害，包含物理性、化學性、生物性、人因性、工作流程及工作型態等。

　　二、依評估結果區分風險等級，並實施分級管理。

　　三、協助雇主實施工作環境改善與危害之預防及管理。

　　四、其他經中央主管機關指定公告者。

②雇主執行前項業務時，應依附表一填寫作業場所危害評估及採行措施，並使從事勞工健康服務醫護人員告知勞工其評估結果及管理措施。

第 7 條（面談 - 表二）

①勞工於保護期間，雇主應使從事勞工健康服務醫護人員與其面談，並提供健康指導及管理。

②前項之面談，發現勞工健康狀況異常，需進一步評估或追蹤檢查

者，雇主應轉介婦產科專科醫師或其他專科醫師，並請其註明臨床診斷與應處理及注意事項。

③僱勞工於接受第一項之面談時，應依附表二填寫健康情形，並提供孕婦健康手冊予醫護人員。

第 8 條（重新保護）

勞工於保護期間，因工作條件改變、作業程序變更、健康異常或有不適反應，經醫師診斷證明不適原有工作者，雇主應依前二條規定重新辦理。

第 9 條（風險分級）

①雇主使保護期間之勞工從事第三條或第五條第二項之工作，應依下列原則區分風險等級：

一、符合下列條件之一者，屬第一級管理：

（一）作業場所空氣中暴露濃度低於容許暴露標準十分之一。

（二）第三條或第五條第二項之工作或其他情形，經醫師評估無害母體、胎兒或嬰兒健康。

二、符合下列條件之一者，屬第二級管理：

（一）作業場所空氣中暴露濃度在容許暴露標準十分之一以上未達二分之一。

（二）第三條或第五條第二項之工作或其他情形，經醫師評估可能影響母體、胎兒或嬰兒健康。

三、符合下列條件之一者，屬第三級管理：

（一）作業場所空氣中暴露濃度在容許暴露標準二分之一以上。

（二）第三條或第五條第二項之工作或其他情形，經醫師評估有危害母體、胎兒或嬰兒健康。

②前項規定對於有害輻射散布場所之工作，應依游離輻射防護安全標準之規定辦理。

第 10 條（血鉛分級）

雇主便女性勞工從事第四條之鉛及其化合物散布場所之工作，應依下

列血中鉛濃度區分風險等級，但經醫師評估須調整風險等級者，不在此限：

一、第一級管理：血中鉛濃度低於五 $\mu g/dl$ 者。

二、第二級管理：血中鉛濃度在五 $\mu g/dl$ 以上未達十 $\mu g/dl$。

三、第三級管理：血中鉛濃度在十 $\mu g/dl$ 以上者。

第 11 條（分級管理）

①前二條風險等級屬第二級管理者，雇主應使從事勞工健康服務醫師提供勞工個人面談指導，並採取危害預防措施；屬第三級管理者，應即採取工作環境改善及有效控制措施，完成改善後重新評估，並由醫師註明其不適宜從事之作業與其他應處理及注意事項。

②雇主使保護期間之勞工從事第三條或第五條第二項之工作，經採取母性健康保護，風險等級屬第一級或第二級管理者，應經醫師評估可繼續從事原工作，並向當事人說明危害資訊，經當事人書面同意後，始得為之；風險等級屬第三級管理者，應依醫師適性評估建議，採取變更工作條件、調整工時、調換工作等母性健康保護。

第 12 條（適性評估 - 表三）

①對保護期間之勞工為適性評估者，雇主應將第六條、第七條之評估結果與最近一次之健康檢查、作業環境監測紀錄及危害暴露情形等資料，提供予勞工健康服務之醫師或職業醫學科專科醫師，並由醫師依附表三，提供工作適性安排之建議。

②雇主應參照前項醫師之建議，採取必要之母性健康保護，對其建議有疑慮時，應再請職業醫學科專科醫師進行現場訪視，提供綜合之適性評估及變更工作條件、調整工時、調換工作等母性健康保護之建議。

第 13 條（適性評估 - 面談）

①雇主對於前條適性評估之建議，應使從事勞工健康服務之醫師與勞工面談，告知工作調整之建議，並聽取勞工及單位主管意見。

②雇主所採取母性健康保護，應尊重勞工意願，並依勞動基準法、性

別平等工作法及游離輻射防護法之規定辦理。

③勞工對於雇主所採取之母性健康管理措施,有配合之義務。

第 14 條(紀錄保存)

①雇主依本辦法採取之危害評估、控制方法、面談指導、適性評估及相關採行措施之執行情形,均應予記錄,並將相關文件及紀錄至少保存三年。

②前項文件或紀錄等勞工個人資料之蒐集、處理及利用,應遵守本法、本辦法及個人資料保護法等相關規定。

第 15 條(哺乳保護)

女性勞工分娩滿一年後,仍在哺乳者,得請求雇主採取母性健康保護。

第 16 條(施行日)

①本辦法自中華民國一百零四年一月一日施行。

②本辦法修正條文,除中華民國一百零九年九月十六日修正發布之第三條及第五條,自一百十年三月一日施行;一百十三年五月三十一日修正發布之第三條及第五條,自一百十三年七月一日施行外,自發布日施行。

女性勞工母性健康保護實施辦法(113.5.31)

表一　作業場所危害評估及母性健康保護採行措施表

一、作業場所基本資料
部門名稱： 作業型態：□常日班　□輪班　□其他：
二、作業場所危害類型
危害特性評估概況： □物理性危害： □化學性危害： □生物性危害： □人因性危害： □工作壓力／職場暴力： □其他：
三、風險等級
□第一級管理　□第二級管理　□第三級管理
四、改善及管理措施
1.工程控制 　□製程改善，請敘明： 　□設置通風換氣設備，請敘明： 　□其他，請敘明： 2.行政管理 　□工時調整，請敘明： 　□職務或工作調整，請敘明： 　□其他，請敘明： 3.使用防護具，請敘明： 4.其他採行措施，請敘明：
五、執行人員及日期（僅就當次實際執行者簽名）
□職業安全衛生人員，簽名_____ □勞工健康服務醫師，簽名_____ □勞工健康服務護理人員，簽名_____ □人力資源管理人員，簽名_____ □其他，部門名稱_____　職稱_____　簽名_____ 執行日期：_____年_____月_____日

附表二　妊娠及分娩後未滿一年之勞工健康情形自我評估表

一、基本資料

姓名：　　　　　　　　　　　　　　　年齡：

單位／部門名稱：　　　　　　　　　　職務：

目前班別：

☐妊娠週數　　　　　週；預產期　　年　　月　　日
☐本次妊娠有無多胎情形：☐無　☐有（多胞胎）
☐分娩後（分娩日期　　年　　月　　日）
☐哺乳　☐未哺乳

二、過去疾病史

☐無　☐氣喘　☐高血壓　☐糖尿病　☐心血管疾病　☐蠶豆症
☐腎臟或泌尿系統疾病　☐其他：

三、家族病史

☐無　☐氣喘　☐高血壓　☐糖尿病　☐心血管疾病　☐蠶豆症
☐腎臟或泌尿系統疾病　☐其他：

四、婦產科相關病史

1. 免疫狀況（曾接受疫苗注射或具有抗體）：
　☐ B 型肝炎　☐水痘　☐ MMR（痲疹 - 腮腺炎 - 德國麻疹）
2. 生產史：懷孕次數　　次，生產次數　　次，流產次數　　次
3. 生產方式：自然產　　次，剖腹產　　次，併發症：☐否　☐是：
4. 過去懷孕病史：
　☐無　☐先天性子宮異常　☐子宮肌瘤　☐子宮頸手術病史
　☐曾有第 2 孕期（14 週）以上之流產　☐早產（懷孕未滿 37 週之生產)史
5. 其他：

五、妊娠及分娩後風險因子評估

☐無
☐沒有規律產檢
☐抽菸　☐喝酒　☐藥物，請敘明：
☐年齡（未滿 18 歲或大於 40 歲）　☐生活環境因素（例如熱、空氣汙染）
☐孕前體重未滿 45 公斤、身高未滿 150 公分
個人心理狀況：☐焦慮症　☐憂鬱症
睡眠：☐正常　☐失眠　☐需使用藥物　☐其他：

六、自覺徵狀

☐無　☐出血　☐腹痛　☐痙攣　☐其他症狀：

備註：
1. 本表由勞工本人填寫，可參閱孕婦健康手冊。
2. 請於面談時將此表單及孕婦健康手冊交予勞工健康服務醫師或護理人員。

女性勞工母性健康保護實施辦法（113.5.31）

附表三　妊娠及分娩後未滿一年勞工之工作適性安排建議表

一、基本資料

姓名：　　　　　　　　　　　　　　　　年齡：

□妊娠週數　　　　週；預產期　　年　　月　　日
□分娩後（分娩日期　　年　　月　　日）
□哺乳　□未哺乳
□身高：　　公分；體重：　　公斤；BMI：　　；
　血壓：　　　　mmHg
□工作職稱／內容：

二、健康問題及工作適性安排建議

1.健康問題
　□無，大致正常
　□有，請敘明診斷或不適症狀
2.管理分級
　□第一級管理（所從事工作或健康問題，無害母體、胎兒或嬰兒健康）
　□第二級管理（所從事工作或健康問題，可能影響母體、胎兒或嬰兒健康）
　□第三級管理（所從事工作或健康問題，會危害母體、胎兒或嬰兒健康）
3.工作適性安排建議
　□可繼續從事目前工作
　□可繼續從事工作，但須考量下列條件限制：
　　□(1) 變更工作場所：
　　□(2) 變更職務：
　　□(3) 縮減職務量：
　　　　□縮減工作時間：
　　　　□縮減業務量：
　　□(4) 限制加班（不得超過　　小時／天）
　　□(5) 周末或假日之工作限制（每月　　次）
　　□(6) 出差之限制（每月　　次）
　　□(7) 夜班工作之限制（輪班工作者）（每月　　次）
　□不可繼續工作，宜休養（休養期間：敘明時間）
　□不可繼續工作，需住院觀察
　□其他具體之工作調整或生活建議
　（包括工作調整或異動、追蹤或職場對應方法、飲食等詳細之建議內容：　　　　
　　　　　　　　　　　　　　　　　　　　　　　）

醫師(含醫師字號)：　　　　　　　執行日期：　　年　　月　　日

附表三　妊娠及分娩後未滿一年勞工之工作適性安排建議表

一、基本資料
姓名：　　　　　　　　　　　　　　　　年齡：
□妊娠週數　　　　週；預產期　　年　　月　　日
□分娩後（分娩日期　　年　　月　　日）
□哺乳□未哺乳
□身高：　　公分；體重：　　公斤；BMI：　　；
血壓：　　　　　mmHg
□工作職稱／內容：
二、健康問題及工作適性安排建議
1. 健康問題
□無，大致正常
□有，請敘明診斷或不適症狀
2. 管理分級
□第一級管理（所從事工作或健康問題，無害母體、胎兒或嬰兒健康）
□第二級管理（所從事工作或健康問題，可能影響母體、胎兒或嬰兒健康）
□第三級管理（所從事工作或健康問題，會危害母體、胎兒或嬰兒健康）
3. 工作適性安排建議
□可繼續從事目前工作
□可繼續從事工作，但須考量下列條件限制：
□(1) 變更工作場所：
□(2) 變更職務：
□(3) 縮減職務量：
□縮減工作時間：
□縮減業務量：
□(4) 限制加班（不得超過　　小時／天）
□(5) 周末或假日之工作限制（每月　　次）
□(6) 出差之限制（每月　　次）
□(7) 夜班工作之限制（輪班工作者）（每月　　次）
□不可繼續工作，宜休養（休養期間：敘明時間）
□不可繼續工作，需住院觀察
□其他具體之工作調整或生活建議
（包括工作調整或異動、追蹤或職場對應方法、飲食等詳細之建議內容：
）
醫師（含醫師字號）：　　　　　　執行日期：　　年　　月　　日

妊娠與分娩後女性及未滿十八歲勞工禁止從事危險性或有害性工作認定標準（106.8.10）

第 1 條（法源）

本標準依職業安全衛生法（以下簡稱本法）第二十九條第二項及第三十條第四項規定訂定之。

第 2 條（未滿 18 不得從事）

①本法第二十九條第一項所定危險性或有害性工作之認定標準如附表一。

②未滿十五歲者，不得從事本法第二十九條第一項所定危險性或有害性工作。

第 3 條（妊娠中女性不得從事）

本法第三十條第一項所定危險性或有害性工作之認定標準如附表二。

第 4 條（分娩未滿一年不得從事）

本法第三十條第二項所定危險性或有害性工作之認定標準如附表三。

第 5 條（施行日）

①本標準自中華民國一百零三年七月三日施行。

②本標準修正條文自發布日施行。

附表一　雇主不得使未滿十八歲者從事危險性或有害性工作認定表

工作別	危險性或有害性之場所或作業
一、坑內工作。	從事下列場所之工作： 一、地下礦場。 二、隧道掘削之建設工程。 前項第二款之工程已完工或設有與道路同等安全衛生設施之可通行通道者，不在此限。
二、處理爆炸性、易燃性等物質之工作。	從事製造、裝卸、搬運、保管或使用爆炸性、易燃性等物質之作業。但臨時性搬運、使用或於符合相關法令規定之加油站從事加油作業者，不在此限。
三、鉛、汞，鉻、砷、黃磷、氯氣、氰化氫、苯胺等有害物散布場所之工作。	從事下列場所之工作： 一、工作場所空氣中有害物之氣體、蒸氣或粉塵濃度，超過下表之規定值者：

有害物 ＼ 濃度	規定值 ppm	規定值 mg/m³
鉛及其無機化合物（以鉛計）		〇・〇二五
汞及其無機化合物（以汞計）		〇・〇二五
六價鉻化合物（以鉻計）		〇・〇二五
砷及其無機化合物（以砷計）		〇・〇〇五
黃磷		〇・〇五
氯氣	〇・二五	〇・七五
氰化氫	五	五・五
苯胺	一	三・八

二、下列鉛作業場所之作業：
（一）鉛之冶煉、精煉過程中，從事焙燒、燒結、熔融或處理鉛、鉛混存物、燒結礦混存物或清掃之作業。
（二）含鉛重量在百分之三以上之銅或鋅之冶煉、精煉過程中，當轉爐連續熔融作業時，從事熔融及處理煙灰或電解漿泥或清掃之作業。

工作別	危險性或有害性之場所或作業
	（三）鉛蓄電池或鉛蓄電池零件之製造、修理或解體過程中，從事鉛、鉛混存物等之熔融、鑄造、研磨、軋碎、熔接、熔斷、切斷或清掃之作業。 （四）含鉛、鉛塵設備內部之作業。 （五）將粉狀之鉛、鉛混存物或燒結礦混存物等倒入漏斗，有鉛塵溢漏情形之作業。 三、製造、處置或使用汞及其無機化合物、鉻酸及其鹽類、重鉻酸及其鹽類、砷及其無機化合物、黃磷、氯氣、氰化氫及苯胺等之設備，或儲存可生成該物質之儲槽等，因改造、修理或清掃等而拆卸該設備之作業或必須進入該設備等內部作業等，依特定化學物質危害預防標準之規定，應使勞工戴用呼吸用防護具之作業。
四、有害輻射散布場所之工作。	依游離輻射防護法附屬法規「游離輻射防護安全標準」之規定，從事游離輻射作業，其個人年劑量限度在規定值以上者。
五、有害粉塵散布場所之工作。	工作場所空氣中有害粉塵之濃度，超過下表之規定值者：

種類	粉塵	規定值	
		可呼吸性粉塵	總粉塵
第一種粉塵	含結晶型游離二氧化矽一〇％以上之礦物性粉塵	五 mg/m³% SiO₂+2	十五 mg/m³% SiO₂+2
第二種粉塵	未滿一〇％結晶型游離二氧化矽之礦物性粉塵	〇·五 mg/m³	二 mg/m³
第三種粉塵	石綿纖維	〇·〇七五 f/ee	
第四種粉塵	厭惡性粉塵	二·五 mg/m³	五 mg/m³

備註：
一、可呼吸性粉塵係指可透過離心式或水平析出式等分粒裝置所測得之粒徑者。
二、總粉塵係指未使用分粒裝置所測得之粒徑者。

妊娠與分娩後女性及未滿十八歲勞工禁止從事危險性或有害性工作認定標準（106.8.10）

工作別	危險性或有害性之場所或作業
	三、結晶型游離二氧化矽係指石英、方矽石、鱗矽石及矽藻土。 四、石綿粉塵係指纖維長度在五微米以上、長寬比在三以上之粉塵。
六、運轉中機器或動力傳導裝置危險部分之掃除、上油、檢查、修理或上卸皮帶、繩索等工作。	從事運轉中機器或動力傳導裝置危險部分之掃除、上油、檢查、修理或上卸皮帶、繩索等作業。
七、超過二百二十伏特電力線之銜接工作。	從事導線之銜接，其線間電壓或線對地電壓超過二百二十伏特之作業。
八，已熔礦物或礦渣之處理工作。	從事高溫礦物或礦渣之澆注、裝卸、搬運、清除等作業。
九、鍋爐之燒火及操作之工作。	從事鍋爐之燃料加料及運轉作業。
十、鑿岩機及其他有顯著振動之工作。	從事鑿岩機、鏈鋸、鉚釘機（衝程七〇公厘以下、重量二公斤以下者除外）及夯土機等有顯著振動之作業。
十一、一定重量以上之重物處理工作。	從事重物處理作業，其重量為下表之規定值以上者。
十二、起重機、人字臂起重桿之運轉工作。	從事起重機、人字臂起重桿之運轉作業。

重量	規定值（公斤）	
年齡	繼續性作業	持續性作業
十五歲以上未滿十六歲	十二	八
十六歲以上未滿十八歲	二十五	十五

工作別	危險性或有害性之場所或作業
十三、動力捲揚機、動力運搬機及索道之運轉工作。	從事動力捲揚機、動力運搬機及索道之運轉作業。
十四、橡膠化合物及合成樹脂之滾輾工作。	從事橡膠化合物及合成樹脂之滾輾作業。
十五、其他經中央主管機關規定之危險性或有害性之工作。	一、從事製造或處置爆竹煙火類物品之作業。 二、從事帶輪直徑在七十五公分以上之帶鋸或直徑在二十五公分以上之圓盤鋸作業。但屬於橫切圓盤鋸或置有自動輸送裝置及其他不致反撥而危及勞工者，不在此限。 三、以動力衝剪機械、鍛造機械等從事金屬之加工作業者。但以安全衝剪機械操作者，不在此限。 四、從事下列異常氣壓作業： （一）高壓室內作業：係指沈箱施工法或壓氣潛盾施工法及其他壓氣施工法中，於表壓力超過大氣壓之作業室或豎管內部實施之作業。 （二）潛水作業：係指於水深超過十公尺之水中實施之作業。 五、高壓氣體製造之作業。 六、從事製造、處置或使用下列化學物質或其重量比超過百分之一之混合物作業： （一）聯苯胺及其鹽類。 （二）4-胺基聯苯及其鹽類。 （三）β-萘胺及其鹽類。

附表二　雇主不得使妊娠中之女性勞工從事危險性或有害性工作認定表

工作別	危險性或有害性之場所或作業
一、礦坑工作。	從事礦場地下礦物試掘、採掘之作業。
二、鉛及其化合物散布場所之工作。	下列鉛作業場所之作業： 一、鉛之冶煉、精煉過程中，從事焙燒、燒結、熔融或處理鉛、鉛混存物、燒結礦混存物或清掃之作業。 二、含鉛重量在百分之三以上之銅或鋅之冶煉、精煉過程中，當轉爐連續熔融作業時，從事熔融及處理煙灰或電解漿泥或清掃之作業。 三、鉛蓄電池或鉛蓄電池零件之製造、修理或解體過程中，從事鉛、鉛混存物等之熔融、鑄造、研磨、軋碎、熔接、熔斷、切斷或清掃之作業。 四、含鉛、鉛塵設備內部之作業。 五、將粉狀之鉛、鉛混存物或燒結礦混存物等倒入漏斗，有鉛塵溢漏情形之作業。 六、工作場所空氣中鉛及其化合物濃度，超過○‧○二五 mg/m^3 規定值之作業。
三、異常氣壓之工作。	從事下列異常氣壓作業： 一、高壓室內作業：係指沈箱施工法或壓氣潛盾施工法及其他壓氣施工法中，於表壓力超過大氣壓之作業室或豎管內部實施之作業。 二、潛水作業：係指於水深超過十公尺之水中實施之作業。
四、處理或暴露於弓形蟲、德國麻疹等影響胎兒健康之工作。	一、從事處理或暴露於弓形蟲之作業。 二、從事處理或暴露於德國麻疹之作業，但經檢附醫師證明已具免疫者，不在此限。
五、處理或暴露於二硫化碳、三氯乙烯、環氧乙烷、丙烯醯	從事下列場所之工作： 一、工作場所空氣中危害性化學品濃度，超過下表之規定值者：

工作別	危險性或有害性之場所或作業
胺、次乙亞胺、砷及其化合物、汞及其無機化合物等經中央主管機關規定之危害性化學品之工作。	

有害物 \ 濃度	規定值	
	ppm	mg/m³
二硫化碳	五	十五‧五
三氯乙烯	二	一三四‧五
環氧乙烷	○‧五	○‧九
丙烯醯胺		○‧○一五
次乙亞胺	○‧二五	○‧四四
砷及其無機化合物（以砷計）		○‧○○五
汞及其無機化合物（以汞計）		○‧○二五

二、於室內，儲槽或通風不充分之室內作業場所，從事二硫化碳及三氯乙烯作業，依有機溶劑中毒預防規則之規定，應使勞工佩戴輸氣管面罩或適當之有機氣體用防毒面罩之作業。

三、製造、處置或使用丙烯醯胺、次乙亞胺、環氧乙烷、砷及其無機化合物與汞及其無機化合物之設備，或儲存可生成該物質之儲槽等，因改造、修理或清掃等而拆卸該設備之作業或必須進入該設備等內部進行作業等，依特定化學物質危害預防標準之規定，應使勞工佩戴呼吸用防護具之作業。

工作別	危險性或有害性之場所或作業
六、鑿岩機及其他有顯著振動之工作。	從事鑿岩機、鏈鋸、鉚釘機（衝程七○公厘以下、重量二公斤以下者除外）及夯土機等有顯著振動之作業。
七、一定重量以上之重物處理工作。	從事重物處理作業，其重量為下表之規定值以上者：

作業別 \ 重量	規定值（公斤）
斷續性作業	十
持續性作業	六

工作別	危險性或有害性之場所或作業
八、有害輻射散布場所之工作。	依游離輻射防護法附屬法規「游離輻射防護安全標準」之規定，從事游離輻射作業，其職業曝露之年劑量限度在規定值以上者。
九、已熔礦物或礦渣之處理工作。	從事高溫礦物或礦渣之澆注、裝卸、搬運、清除等作業。
十、起重機、人字臂起重桿之運轉工作。	從事起重機、人字臂起重桿之運轉作業。
十一、動力捲揚機、動力運搬機及索道之運轉工作。	從事動力捲揚機、動力運搬機及索道之運轉作業。
十二、橡膠化合物及合成樹脂之滾輾工作。	從事橡膠化合物及合成樹脂之滾輾作業。
十三、處理或暴露於經中央主管機關規定具有致病或致死之微生物感染風險之工作。	從事處理或暴露於下列具有致病或致死之微生物感染風險之作業： 一、處理或暴露於 B 型肝炎或水痘感染風險之作業。但經檢附醫師證明已具免疫者，不在此限。 二、處理或暴露於 C 型肝炎或人類免疫缺乏病毒感染風險之作業。但無執行侵入性治療者，不在此限。 三、處理或暴露於肺結核感染風險之作業。
十四、其他經中央主管機關規定之危險性或有害性之工作。	製造或處置抗細胞分裂劑及具細胞毒性藥物之作業。

附表三　雇主不得使分娩後未滿一年之女性勞工從事危險性或有害性工作認定表

工作別	危險性或有害性之場所或作業
一、礦坑工作。	從事礦場地下礦物試掘、採掘之作業。
二、鉛及其化合物散布場所之工作。	下列鉛作業場所之作業： 一、鉛之冶煉、精煉過程中，從事焙燒、燒結、熔融或處理鉛，鉛混存物、燒結礦混存物或清掃之作業。 二、含鉛重量在百分之三以上之銅或鋅之冶煉、精煉過程中，當轉爐連續熔融作業時，從事熔融及處理煙灰或電解漿泥或清掃之作業。 三、鉛蓄電池或鉛蓄電池零件之製造、修理或解體過程中，從事鉛、鉛混存物等之熔融、鑄造、研磨、軋碎、熔接、熔斷、切斷之作業，及清掃該作業場所之作業。 四、含鉛、鉛塵設備內部之作業。 五、將粉狀之鉛、鉛混存物或燒結礦混存物等倒入漏斗，有鉛塵溢漏情形之作業。 六、工作場所空氣中鉛及其化合物濃度，超過〇‧〇二五 mg/m³ 規定值之作業。
三、鑿岩機及其他有顯著振動之工作。	從事鑿岩機、鏈鋸、鉚釘機（衝程七〇公厘以下、重量二公斤以下者除外）及夯土機等有顯著振動之作業。
四、一定重量以上之重物處理工作。	從事重物處理作業，其重量為下表之規定值以上者。但經醫師評估能負重者，不在此限。 下表如下：
五、其他經中央主管機關規定之危險性或有害性之工作。	

作業別＼重量	規定值（公斤）	
	分娩未滿六個月者	分娩滿六個月但未滿一年者
斷續性作業	十五	三十
持續性作業	十	二十

職業安全衛生設施規則（113.8.1）

第一章｜總則

第 1 條（法源）

本規則依職業安全衛生法（以下簡稱本法）第六條第三項規定訂定之。

第 2 條（最低標）

本規則為雇主使勞工從事工作之安全衛生設備及措施之最低標準。

第 3 條（定義 - 電壓）

本規則所稱特高壓，係指超過二萬二千八百伏特之電壓；高壓，係指超過六百伏特至二萬二千八百伏特之電壓；低壓，係指六百伏特以下之電壓。

第 4 條（定義 - 離心機械）

本規則所稱離心機械，係指離心分離機、離心脫水機、離心鑄造機等之利用迴轉離心力將內裝物分離、脫水及鑄造者。

第 5 條（定義 - 過負荷防止）

本規則所稱過負荷防止裝置，係指起重機中，為防止吊升物不致超越額定負荷之警報、自動停止裝置，不含一般之荷重計。

第 6 條（定義 - 車輛機械、營建機械）

①本規則所稱車輛機械，係指能以動力驅動且自行活動於非特定場所之車輛、車輛系營建機械、堆高機等。

②前項所稱車輛系營建機械，係指推土機、平土機、鏟土機、碎物積裝機、刮運機、鏟刮機等地面搬運、裝卸用營建機械及動力鏟、牽引鏟、拖斗挖泥機、挖土斗、斗式掘削機、挖溝機等掘削用營建機械及打樁機、拔樁機、鑽土機、轉鑽機、鑽孔機、地鑽、夯實機、混凝土泵送車等基礎工程用營建機械。

第 7 條（定義 - 軌道機械）

本規則所稱軌道機械，係指於工作場所軌道上供載運勞工或貨物之藉動力驅動之車輛、動力車、捲揚機等一切裝置。

第 8 條（定義 - 手推車）

本規則所稱手推車，係指藉人力行駛於工作場所，供搬運貨物之車輛。

第 9 條（定義 - 軌道手推車）

本規則所稱軌道手推車，係指藉人力行駛於工作場所之軌道，供搬運貨物之車輛。

第 10 條

（刪除）

第 11 條（定義 - 爆炸性物質）

本規則所稱爆炸性物質，指下列危險物：

一、硝化乙二醇、硝化甘油、硝化纖維及其他具有爆炸性質之硝酸酯類。

二、三硝基苯、三硝基甲苯、三硝基酚及其他具有爆炸性質之硝基化合物。

三、過醋酸、過氧化丁酮、過氧化二苯甲醯及其他過氧化有機物。

第 12 條（定義 - 著火性物質）

本規則所稱著火性物質，指下列危險物：

一、金屬鋰、金屬鈉、金屬鉀。

二、黃磷、赤磷、硫化磷等。

三、賽璐珞類。

四、碳化鈣、磷化鈣。

五、鎂粉、鋁粉。

六、鎂粉及鋁粉以外之金屬粉。

七、二亞硫磺酸鈉。

八、其他易燃固體、自燃物質、禁水性物質。

第 13 條（定義 - 易燃液體）

本規則所稱易燃液體，指下列危險物：

一、乙醚、汽油、乙醛、環氧丙烷、二硫化碳及其他閃火點未滿攝氏零下三十度之物質。

二、正己烷、環氧乙烷、丙酮、苯、丁酮及其他閃火點在攝氏零下三十度以上，未滿攝氏零度之物質。

三、乙醇、甲醇、二甲苯、乙酸戊酯及其他閃火點在攝氏零度以上，未滿攝氏三十度之物質。

四、煤油、輕油、松節油、異戊醇、醋酸及其他閃火點在攝氏三十度以上，未滿攝氏六十五度之物質。

第 14 條（定義 - 氧化性物質）

本規則所稱氧化性物質，指下列危險物：

一、氯酸鉀、氯酸鈉、氯酸銨及其他之氯酸鹽類。

二、過氯酸鉀、過氯酸鈉、過氯酸銨及其他之過氯酸鹽類。

三、過氧化鉀、過氧化鈉、過氧化鋇及其他無機過氧化物。

四、硝酸鉀、硝酸鈉、硝酸銨及其他硝酸鹽類。

五、亞氯酸鈉及其他固體亞氯酸鹽類。

六、次氯酸鈣及其他固體次氯酸鹽類。

第 15 條（定義 - 可燃性氣體）

本規則所稱可燃性氣體，指下列危險物：

一、氫。

二、乙炔、乙烯。

三、甲烷、乙烷、丙烷、丁烷。

四、其他於一大氣壓下、攝氏十五度時，具有可燃性之氣體。

第 16 條（定義 - 乙炔熔接）

本規則所稱乙炔熔接裝置，係指由乙炔發生器、導管、吹管等所構成，使用乙炔（溶解性乙炔除外）及氧氣供金屬之熔接、熔斷或加熱之設備。

第 16-1 條（定義 - 氧乙炔熔接）

本規則所稱氧乙炔熔接裝置，指由乙炔及氧氣容器、導管、吹管等所構成，供金屬之熔接、熔斷或加熱之設備。

第 17 條（定義 - 氣體集合熔接）

①本規則所稱氣體集合熔接裝置，係指由氣體集合裝置、安全器、壓力調整器、導管、吹管等所構成，使用可燃性氣體供金屬之熔接、熔斷或加熱之設備。

②前項之氣體集合裝置，係指由導管連接十個以上之可燃性氣體容器之裝置，或由導管連結九個以下之可燃性氣體容器之裝置中，其容器之容積之合計在氫氣或溶解性乙炔之容器為四百公升以上，其他可燃性氣體之容器為一千公升以上者。

第 18 條（定義 - 高壓氣體）

①本規則所稱高壓氣體，係指下列各款：

一、在常用溫度下，表壓力（以下簡稱壓力）達每平方公分十公斤以上之壓縮氣體或溫度在攝氏三十五度時之壓力可達每平方公分十公斤以上之壓縮氣體。但不含壓縮乙炔氣。

二、在常用溫度下，壓力達每平方公分二公斤以上之壓縮乙炔氣或溫度在攝氏十五度時之壓力可達每平方公分二公斤以上之壓縮乙炔氣。

三、在常用溫度下，壓力達每平方公分二公斤以上之液化氣體或壓力達每平方公分二公斤時之溫度在攝氏三十五度以下之液化氣體。

四、除前款規定者外，溫度在攝氏三十五度時，壓力超過每平方公分零公斤以上之液化氣體中之液化氰化氫、液化溴甲烷、液化環氧乙烷或其他經中央主管機關指定之液化氣體。

②前項高壓氣體不適用於高壓鍋爐及其管內高壓水蒸氣，交通運輸如火車及航空器之高壓氣體、核子反應裝置有關之高壓氣體、及其他經中央主管機關認可不易發生災害之高壓氣體。

第 19 條

（刪除）

第 19-1 條（定義 - 局限空間 - 同時符合條件）

本規則所稱局限空間，指非供勞工在其內部從事經常性作業，勞工進出方法受限制，且無法以自然通風來維持充分、清淨空氣之空間。

第 20 條（依標準）

雇主設置之安全衛生設備及措施，應依職業安全衛生法規及中央主管機關指定公告之國家標準、國際標準或團體標準之全部或部分內容規定辦理。

第二章｜工作場所及通路

第一節　工作場所

第 21 條（通道）

雇主對於勞工工作場所之通道、地板、階梯、坡道、工作台或其他勞工踩踏場所，應保持不致使勞工跌倒、滑倒、踩傷、滾落等之安全狀態，或採取必要之預防措施。

第 21-1 條（交通事故）

①雇主對於有車輛出入、使用道路作業、鄰接道路作業或有導致交通事故之虞之工作場所，應依下列規定設置適當交通號誌、標示或柵欄：

一、交通號誌、標示應能使受警告者清晰獲知。

二、交通號誌、標示或柵欄之控制處，須指定專人負責管理。

三、新設道路或施工道路，應於通車前設置號誌、標示、柵欄、反光器、照明或燈具等設施。

四、道路因受條件限制，永久裝置改為臨時裝置時，應於限制條件終止後即時恢復。

五、使用於夜間之柵欄，應設有照明或反光片等設施。

六、信號燈應樹立在道路之右側，清晰明顯處。

七、號誌、標示或柵欄之支架應有適當強度。

八、設置號誌、標示或柵欄等設施，尚不足以警告防止交通事故時，應置交通引導人員。

②前項交通號誌、標示或柵欄等設施，道路交通主管機關有規定者，從其規定。

第 21-2 條（車輛突入）

①雇主對於使用道路作業之工作場所，為防止車輛突入等引起之危害，應依下列規定辦理：

一、從事公路施工作業，應依所在地直轄市、縣（市）政府審查同意之交通維持計畫或公路主管機關所核定圖說，設置交通管制設施。

二、作業人員應戴有反光帶之安全帽，及穿著顏色鮮明有反光帶之施工背心，以利辨識。

三、與作業無關之車輛禁止停入作業場所。但作業中必須使用之待用車輛，其駕駛常駐作業場所者，不在此限。

四、使用道路作業之工作場所，應於車流方向後面設置車輛出入口。但依周遭狀況設置有困難者，得於平行車流處設置車輛出入口，並置交通引導人員，使一般車輛優先通行，不得造成大眾通行之障礙。

五、於勞工從事道路挖掘、施工、工程材料吊運作業、道路或路樹養護等作業時，應於適當處所設置交通安全防護設施或交通引導人員。

六、前二款及前條第一項第八款所設置之交通引導人員有被撞之虞時，應於該人員前方適當距離，另設置具有顏色鮮明施工背心、安全帽及指揮棒之電動旗手。

七、日間封閉車道、路肩逾二小時或夜間封閉車道、路肩逾一小時

者，應訂定安全防護計畫，並指派專人指揮勞工作業及確認依交通維持圖說之管制設施施作。

②前項所定使用道路作業，不包括公路主管機關會勘、巡查、救災及事故處理。

③第一項第七款安全防護計畫，除依公路主管機關規定訂有交通維持計畫者，得以交通維持計畫替代外，應包括下列事項：

一、交通維持布設圖。

二、使用道路作業可能危害之項目。

三、可能危害之防止措施。

四、提供防護設備、警示設備之檢點及維護方法。

五、緊急應變處置措施。

第 22 條（活動空間、高溫表面）

①雇主應使勞工於機械、器具或設備之操作、修理、調整及其他工作過程中，有足夠之活動空間，不得因機械、器具或設備之原料或產品等置放致對勞工活動、避難、救難有不利因素。

②雇主使勞工從事前項作業，有接觸機械、器具或設備之高溫熱表面引起灼燙傷之虞時，應設置警示標誌、適當之隔熱等必要之安全設施。

第 23 條（建築物 - 穩固）

雇主對於建築構造物及其附置物，應保持安全穩固，以防止崩塌等危害。

第 24 條（建築物 - 強度）

雇主對於建築構造物之基礎及地面，應有足夠之強度，使用時不得超過其設計之荷重，以防止崩塌。

第 25 條（建築物 - 淨高）

①雇主對於建築物之工作室，其樓地板至天花板淨高應在二‧一公尺以上。

②但建築法規另有規定者，從其規定。

第 26 條

（刪除）

第 26-1 條（人獸隔離）

①雇主使勞工於獅、虎、豹、熊及其他具有攻擊性或危險性之動物飼養區從事餵食、誘捕、驅趕、外放，或獸舍打掃維修等作業時，應有適當之人獸隔離設備與措施。但該作業無危害之虞者，不在此限。

②雇主為前項人獸隔離設備與措施時，應依下列規定辦理：

一、勞工打開獸欄時，應於安全處以電動控制為之。但有停電、開關故障、維修保養或其他特殊情況時，經雇主或主管在現場監督者，得以手動為之。

二、從事作業有接近動物之虞時，應有保持人獸間必要之隔離設施或充分之安全距離。

三、從獸舍出入口無法透視內部情況者，應設置監視裝置。

四、勞工與具有攻擊性或危險性動物接近作業時，有導致傷害之虞者，應指定專人監督該作業，並置備電擊棒等適當之防護具，使勞工確實使用。

五、訂定標準作業程序，使勞工遵循。

六、其他必要之防護措施。

第 27 條（安全門梯）

雇主設置之安全門及安全梯於勞工工作期間內不得上鎖，其通道不得堆置物品。

第 28 條

（刪除）

第 29 條（階梯）

雇主對於工作用階梯之設置，應依下列之規定：

一、如在原動機與鍋爐房中，或在機械四周通往工作台之工作用階梯，其寬度不得小於五十六公分。

二、斜度不得大於六十度。

三、梯級面深度不得小於十五公分。

四、應有適當之扶手。

第二節　局限空間

第 29-1 條（確認危害、訂定計畫、依循辦理）

①雇主使勞工於局限空間從事作業前，應先確認該局限空間內有無可能引起勞工缺氧、中毒、感電、塌陷、被夾、被捲及火災、爆炸等危害，有危害之虞者，應訂定危害防止計畫，並使現場作業主管、監視人員、作業勞工及相關承攬人依循辦理。

②前項危害防止計畫，應依作業可能引起之危害訂定下列事項：

一、局限空間內危害之確認。

二、局限空間內氧氣、危險物、有害物濃度之測定。

三、通風換氣實施方式。

四、電能、高溫、低溫與危害物質之隔離措施及缺氧、中毒、感電、塌陷、被夾、被捲等危害防止措施。

五、作業方法及安全管制作法。

六、進入作業許可程序。

七、提供之測定儀器、通風換氣、防護與救援設備之檢點及維護方法。

八、作業控制設施及作業安全檢點方法。

九、緊急應變處置措施。

第 29-2 條（公告）

雇主使勞工於局限空間從事作業，有危害勞工之虞時，應於作業場所入口顯而易見處所公告下列注意事項，使作業勞工周知：

一、作業有可能引起缺氧等危害時，應經許可始得進入之重要性。

二、進入該場所時應採取之措施。

三、事故發生時之緊急措施及緊急聯絡方式。

四、現場監視人員姓名。

五、其他作業安全應注意事項。

第 29-3 條（公告、阻隔）

雇主應禁止作業無關人員進入局限空間之作業場所，並於入口顯而易見處所公告禁止進入之規定；於非作業期間，另採取上鎖或阻隔人員進入等管制措施。

第 29-4 條（測定濃度）

雇主使勞工從事局限空間作業，有缺氧空氣、危害物質致危害勞工之虞者，應置備測定儀器；於作業前確認氧氣及危害物質濃度，並於作業期間採取連續確認之措施。

第 29-5 條（通風換氣）

①雇主使勞工於有危害勞工之虞之局限空間從事作業時，應設置適當通風換氣設備，並確認維持連續有效運轉，與該作業場所無缺氧及危害物質等造成勞工危害。

②前條及前項所定確認，應由專人辦理，其紀錄應保存三年。

第 29-6 條（進入、動火許可）

①雇主使勞工於有危害勞工之虞之局限空間從事作業時，其進入許可應由雇主、工作場所負責人或現場作業主管簽署後，始得使勞工進入作業。對勞工之進出，應予確認、點名登記，並作成紀錄保存三年。

②前項進入許可，應載明下列事項：

一、作業場所。

二、作業種類。

三、作業時間及期限。

四、作業場所氧氣、危害物質濃度測定結果及測定人員簽名。

五、作業場所可能之危害。

六、作業場所之能源或危害隔離措施。

七、作業人員與外部連繫之設備及方法。

八、準備之防護設備、救援設備及使用方法。

九、其他維護作業人員之安全措施。

十、許可進入之人員及其簽名。

十一、現場監視人員及其簽名。

③雇主使勞工進入局限空間從事焊接、切割、燃燒及加熱等動火作業時，除應依第一項規定辦理外，應指定專人確認無發生危害之虞，並由雇主、工作場所負責人或現場作業主管確認安全，簽署動火許可後，始得作業。

第 29-7 條（偵測人員、緊急救援）

雇主使勞工從事局限空間作業，有致其缺氧或中毒之虞者，應依下列規定辦理：

一、作業區域超出監視人員目視範圍者，應使勞工佩戴符合國家標準 CNS 14253-1 同等以上規定之全身背負式安全帶及可偵測人員活動情形之裝置。

二、置備可以動力或機械輔助吊升之緊急救援設備。但現場設置確有困難，已採取其他適當緊急救援設施者，不在此限。

三、從事屬缺氧症預防規則所列之缺氧危險作業者，應指定缺氧作業主管，並依該規則相關規定辦理。

第三節　通路

第 30 條（照明）

雇主對於工作場所出入口、樓梯、通道、安全門、安全梯等，應依第三百一十三條規定設置適當之採光或照明。必要時並應視需要設置平常照明系統失效時使用之緊急照明系統。

第 31 條（通道 - 寬度、標示）

雇主對於室內工作場所，應依下列規定設置足夠勞工使用之通道：

一、應有適應其用途之寬度，其主要人行道不得小於一公尺。

二、各機械間或其他設備間通道不得小於八十公分。

三、自路面起算二公尺高度之範圍內，不得有障礙物。但因工作之必要，經採防護措施者，不在此限。

四、主要人行道及有關安全門、安全梯應有明顯標示。

第 32 條（通道－避免交叉）

雇主對於工作場所之人行道、車行道與鐵道，應儘量避免交叉。但設置天橋或地下道，或派專人看守，或設自動信號器者，不在此限。

第 33 條（通道－車輛寬度）

雇主對車輛通行道寬度，應為最大車輛寬度之二倍再加一公尺，如係單行道則為最大車輛之寬度加一公尺。車輛通行道上，並禁止放置物品。

第 34 條（避難標示）

①雇主對不經常使用之緊急避難用出口、通道或避難器具，應標示其目的，且維持隨時能應用之狀態。

②設置於前項出口或通道之門，應為外開式。

第 35 條（通行設備）

雇主對勞工於橫隔兩地之通行時，應設置扶手、踏板、梯等適當之通行設備。但已置有安全側踏梯者，不在此限。

第 36 條（通道、跨橋）

雇主架設之通道及機械防護跨橋，應依下列規定：

一、具有堅固之構造。

二、傾斜應保持在三十度以下。設置樓梯者或其高度未滿二公尺而設置有扶手者，不在此限。

三、傾斜超過十五度以上者，應設置踏條或採取防止溜滑之措施。

四、有墜落之虞之場所，應置備高度七十五公分以上之堅固扶手。在作業上認有必要時，得在必要之範圍內設置活動扶手。

五、設置於豎坑內之通道，長度超過十五公尺者，每隔十公尺內應設置平台一處。

六、營建使用之高度超過八公尺以上之階梯，應於每隔七公尺內設置

平台一處。

七、通道路用漏空格條製成者，其縫間隙不得超過三公分，超過時，
應裝置鐵絲網防護。

第 37 條（固定梯）

①雇主設置之固定梯，應依下列規定：

一、具有堅固之構造。

二、應等間隔設置踏條。

三、踏條與牆壁間應保持十六點五公分以上之淨距。

四、應有防止梯移位之措施。

五、不得有妨礙工作人員通行之障礙物。

六、平台用漏空格條製成者，其縫間隙不得超過三公分；超過時，
應裝置鐵絲網防護。

七、梯之頂端應突出板面六十公分以上。

八、梯長連續超過六公尺時，應每隔九公尺以下設一平台，並應於
距梯底二公尺以上部分，設置護籠或其他保護裝置。但符合下
列規定之一者，不在此限：

（一）未設置護籠或其它保護裝置，已於每隔六公尺以下設一平台
者。

（二）塔、槽、煙囪及其他高位建築之固定梯已設置符合需要之安
全帶、安全索、磨擦制動裝置、滑動附屬裝置及其他安全裝
置，以防止勞工墜落者。

九、前款平台應有足夠長度及寬度，並應圍以適當之欄柵。

②前項第七款至第八款規定，不適用於沉箱內之固定梯。

第 38 條（傾斜路）

雇主如設置傾斜路代替樓梯時，應依下列規定：

一、傾斜路之斜度不得大於二十度。

二、傾斜路之表面應以粗糙不滑之材料製造。

三、其他準用前條第一款、第五款、第八款之規定。

第 39 條（坑內）

雇主設置於坑內之通道或階梯，爲防止捲揚裝置與勞工有接觸危險之
虞，應於各該場所設置隔板或隔牆等防護措施。

第 40 條（接近軌道）

雇主僱用勞工於軌道上或接近軌道之場所從事作業時，若通行於軌道
上之車輛有觸撞勞工之虞時，應配置監視人員或警告裝置等措施。

第三章 | 機械災害之防止

第一節　一般規定

第 41 條（依安全標準）

雇主對於下列機械、設備或器具，應使其具安全構造，並依機械設備
器具安全標準之規定辦理：

一、動力衝剪機械。

二、手推刨床。

三、木材加工用圓盤鋸。

四、動力堆高機。

五、研磨機。

六、研磨輪。

七、防爆電氣設備。

八、動力衝剪機械之光電式安全裝置。

九、手推刨床之刃部接觸預防裝置。

十、木材加工用圓盤鋸之反撥預防裝置及鋸齒接觸預防裝置。

十一、其他經中央主管機關指定公告者。

第 42 條（廠房負荷）

雇主對於機械之設置，應事先妥爲規劃，不得使其振動力超過廠房設
計安全負荷能力；振動力過大之機械以置於樓下爲原則。

第 43 條（捲入預防）

①雇主對於機械之原動機、轉軸、齒輪、帶輪、飛輪、傳動輪、傳動帶等有危害勞工之虞之部分，應有護罩、護圍、套胴、跨橋等設備。

②雇主對用於前項轉軸、齒輪、帶輪、飛輪等之附屬固定具，應為埋頭型或設置護罩。

③雇主對於傳動帶之接頭，不得使用突出之固定具。但裝有適當防護物，足以避免災害發生者，不在此限。

第 44 條（動力遮斷）

①雇主應於每一具機械分別設置開關、離合器、移帶裝置等動力遮斷裝置。但連成一體之機械，置有共同動力遮斷裝置，且在工作中途無須以人力供應原料、材料及將其取出者，不在此限。

②前項機械如係切斷、引伸、壓縮、打穿、彎曲、扭絞等加工用機械者、雇主應將同項規定之動力遮斷裝置，置於從事作業之勞工無須離開其工作崗位即可操作之場所。

③雇主設置之第一項動力遮斷裝置，應有易於操作且不因接觸、振動等或其他意外原因致使機械驟然開動之性能。

第 45 條（緊急制動）

雇主對於使用動力運轉之機械，具有顯著危險者，應於適當位置設置有明顯標誌之緊急制動裝置，立即遮斷動力並與制動系統連動，能於緊急時快速停止機械之運轉。

第 46 條（軸承潤滑）

雇主對於動力傳動裝置之軸承，應有適當之潤滑，運轉中禁止注油。但有安全注油裝置者，不在此限。

第 47 條（意外開動）

雇主對於原動機或動力傳動裝置，應有防止於停止時，因振動接觸，或其他意外原因驟然開動之裝置。

第 48 條（緊急制動）

雇主對於具有顯著危險之原動機或動力傳動裝置，應於適當位置設置緊急制動裝置，立即遮斷動力並與刹車系統連動，於緊急時能立即停止原動機或動力傳動裝置之轉動。

第 49 條（傳動帶防護）

雇主對於傳動帶，應依下列規定裝設防護物：

一、離地二公尺以內之傳動帶或附近有勞工工作或通行而有接觸危險者，應裝置適當之圍柵或護網。

二、幅寬二十公分以上，速度每分鐘五百五十公尺以上，兩軸間距離三公尺以上之架空傳動帶週邊下方，有勞工工作或通行之各段，應裝設堅固適當之圍柵或護網。

三、穿過樓層之傳動帶，於穿過之洞口應設適當之圍柵或護網。

第 50 條（轉軸防護）

動力傳動裝置之轉軸，應依下列規定裝設防護物：

一、離地二公尺以內之轉軸或附近有勞工工作或通行而有接觸之危險者，應有適當之圍柵、掩蓋護網或套管。

二、因位置關係勞工於通行時必須跨越轉軸者，應於跨越部份裝置適當之跨橋或掩蓋。

第 51 條（動力傳動）

動力傳動裝置有定輪及遊輪者，雇主應依下列規定設置適當之裝置：

一、移帶裝置之把柄不得設於通道上。

二、移帶裝置之把柄，其開關方向應一律向左或向右，並加標示。

三、應有防止傳動帶自行移入定輪之裝置。

第 52 條（動力傳動）

雇主對於動力傳動裝置之未裝遊輪者，應裝置傳動帶上卸桿。

第 53 條（傳動帶懸掛）

雇主對於傳動帶，除應指定在不用時應掛於適當之支架外，並應規定不用時不得掛於動力傳動裝置之轉軸。

第 54 條（信號指揮）

雇主對於機械開始運轉有危害勞工之虞者，應規定固定信號，並指定指揮人員負責指揮。

第 55 條（飛散物）

加工物、切削工具、模具等因截斷、切削、鍛造或本身缺損，於加工時有飛散物致危害勞工之虞者，雇主應於加工機械上設置護罩或護圍。但大尺寸工件等作業，應於適當位置設置護罩或護圍。

第 56 條（不得使用手套）

雇主對於鑽孔機、截角機等旋轉刃具作業，勞工手指有觸及之虞者，應明確告知及標示勞工不得使用手套，並使勞工確實遵守。

第 57 條（停止運轉、上鎖標示、殘壓阻隔、運轉安全）

①雇主對於機械、設備及其相關配件之掃除、上油、檢查、修理或調整有導致危害勞工之虞者，應停止相關機械運轉及送料。為防止他人操作該機械、設備及其相關配件之起動等裝置或誤送料，應採上鎖或設置標示等措施，並設置防止落下物導致危害勞工之安全設備與措施。

②前項機械、設備及其相關配件停止運轉或拆修時，有彈簧等彈性元件、液壓、氣壓或真空蓄能等殘壓引起之危險者，雇主應採釋壓、關斷或阻隔等適當設備或措施。

③第一項工作必須在運轉狀態下施行者，雇主應於危險之部分設置護罩、護圍等安全設施或使用不致危及勞工身體之足夠長度之作業用具。對連續送料生產機組等，其部分單元停機有困難，且危險部分無法設置護罩或護圍者，雇主應設置具有安全機能設計之裝置，或採取必要安全措施及書面確認作業方式之安全性，並指派現場主管在場監督。

第二節　一般工作機械

第58條（護罩護圍）

雇主對於下列機械部分，其作業有危害勞工之虞者，應設置護罩、護圍或具有連鎖性能之安全門等設備。

一、紙、布、鋼纜或其他具有捲入點危險之捲胴作業機械。

二、磨床或龍門刨床之刨盤、牛頭刨床之滑板等之衝程部分。

三、直立式車床、多角車床等之突出旋轉中加工物部分。

四、帶鋸（木材加工用帶鋸除外）之鋸切所需鋸齒以外部分之鋸齒及帶輪。

五、電腦數值控制或其他自動化機械具有危險之部分。

第59條（工作台高度）

雇主對車床、滾齒機械等之高度，超過從事作業勞工之身高時，應設置供勞工能安全使用，且為適當高度之工作台。

第60條（攀登床台）

雇主應禁止勞工攀登運轉中之立式車床、龍門刨床等之床台。但置有緊急制動裝置使搭乘於床台或配置於操作盤之勞工能立即停止機器運轉者，不在此限。

第61條（圓盤鋸）

雇主對於金屬、塑膠等加工用之圓盤鋸，應設置鋸齒接觸預防裝置。

第62條（研磨機）

①雇主對於研磨機之使用，應依下列規定：

一、研磨輪應採用經速率試驗合格且有明確記載最高使用周速度者。

二、規定研磨機之使用不得超過規定最高使用周速度。

三、規定研磨輪使用，除該研磨輪為側用外，不得使用側面。

四、規定研磨機使用，應於每日作業開始前試轉一分鐘以上，研磨輪更換時應先檢驗有無裂痕，並在防護罩下試轉三分鐘以上。

②前項第一款之速率試驗，應按最高使用周速度增加百分之五十爲之。直徑不滿十公分之研磨輪得免予速率試驗。

第 63 條（高速迴轉）

雇主對於棉紡機、絲紡機、手紡式或其他各種機械之高速迴轉部分易發生危險者，應裝置護罩、護蓋或其他適當之安全裝置。

第 63-1 條（高壓水）

雇主對於使用水柱壓力達每平方公分三百五十公斤以上之高壓水切割裝置，從事沖蝕、剝離、切除、疏通及沖擊等作業，應依下列事項辦理：

一、應於事前依作業場所之狀況、高壓水切割裝置種類、容量等訂定安全衛生作業標準，使作業勞工周知，並指定專人指揮監督勞工依安全衛生作業標準從事作業。

二、爲防止高壓水柱危害勞工，作業前應確認其停止操作時，具有立刻停止高壓水柱施放之功能。

三、禁止與作業無關人員進入作業場所。

四、於適當位置設置壓力表及能於緊急時立即遮斷動力之動力遮斷裝置。

五、作業時應緩慢升高系統操作壓力，停止作業時，應將壓力洩除。

六、提供防止高壓水柱危害之個人防護具，並使作業勞工確實使用。

第三節　木材加工機械

第 64 條（帶鋸 - 護罩護圍）

雇主對於木材加工用帶鋸鋸齒（鋸切所需之部分及鋸床除外）及帶輪，應設置護罩或護圍等設備。

第 65 條（帶鋸 - 接觸預防）

雇主對於木材加工用帶鋸之突釘型導送滾輪或鋸齒型導送滾輪，除導送面外，應設接觸預防裝置或護蓋。但設有緊急制動裝置，俾勞工能停止突釘型導送滾輪或鋸齒型導送滾輪轉動者，不在此限。

第 66 條（截角機 - 接觸預防）

雇主對於有自動輸送裝置以外之截角機，應裝置刀部接觸預防裝置。但設置接觸預防裝置有阻礙工作，且勞工使用送料工具時不在此限。

第 67 條（禁止進入）

雇主應禁止勞工進入自動輸材台或帶鋸輸材台與鋸齒之間，並加以標示。

第 68 條（管理人員）

雇主設置固定式圓盤鋸、帶鋸、手推刨床、截角機等合計五台以上時，應指定作業管理人員負責執行下列事項：

一、指揮木材加工用機械之操作。

二、檢查木材加工用機械及其安全裝置。

三、發現木材加工用機械及其安全裝置有異時，應即採取必要之措施。

四、作業中，監視送料工具等之使用情形。

第四節　衝剪機械等

第 69 條（滑塊突降）

①雇主對勞工從事動力衝剪機械金屬模之安裝、拆模、調整及試模時，為防止滑塊等突降之危害應使勞工使用安全塊、安全插梢或安全開關鎖匙等之裝置。

②從事前項規定作業之勞工，應確實使用雇主提供之安全塊、安全插梢或安全開關鎖匙。

第 70 條（寸動調整）

雇主調整衝剪機械之金屬模使滑塊等動作時，對具有寸動機構或滑塊調整裝置者，應採用寸動；未具寸動機構者，應切斷衝剪機械之動力電源，於飛輪等之旋轉停止後，用手旋動飛輪調整之。

第 71 條（應有性能）

雇主對於衝剪機械之下列機件或機構應保持應有之性能：

一、離合器及制動裝置。

二、附屬於離合器、制動之螺絲、彈簧及梢。

三、連結於離合器及制動之連結機構部分。

四、滑塊機構。

五、一行程一停止機構、連動停止機械或緊急停止機構。

第 72 條（管理人員）

雇主設置衝剪機械五台以上時，應指定作業管理人員負責執行下列職務：

一、檢查衝壓機械及其安全裝置。

二、發現衝剪機械及其安全裝置有異狀時，應即採取必要措施。

三、衝剪機械及其安全裝置裝設有鎖式換回開關時，應保管其鎖匙。

四、直接指揮金屬模之裝置、拆卸及調整作業。

第五節　離心機械

第 73 條（覆蓋連鎖）

①雇主對於離心機械，應裝置覆蓋及連鎖裝置。

②前項連鎖裝置，應使覆蓋未完全關閉時無法啟動。

第 74 條（取出停止）

雇主對於自離心機械取出內裝物時，除置有自動取出內裝物之機械外，應規定勞工操作前，應使該機械停止運轉。

第 75 條（最高轉數）

雇主對於離心機械之使用，應規定不得超越該機械之最高使用回轉數。

第六節　粉碎機與混合機

第 76 條（墜落護圍）

①為防止勞工有自粉碎機及混合機之開口部分墜落之虞，雇主應有覆蓋，護圍、高度在九十公分以上之圍柵等必要設備。但設置覆

蓋、護圍或圍柵有阻礙作業，且從事該項作業之勞工佩戴安全帶或安全索以防止墜落者，不在此限。

②為防止由前項開口部份與可動部份之接觸而危害勞工之虞，雇主應有護圍等之設備。

第 77 條（取出停止）

雇主對於自粉碎機或混合機，取出內裝物時，除置有自動取出內裝物之機械外，應規定勞工操作前，應使該機械停止運轉。但基於作業需要該機械不能停止運轉，且使勞工使用工具取出內裝物時不致危及勞工安全時不在此限。

第七節　滾軋機等

第 78 條（捲入護圍）

雇主對於滾軋紙、布、金屬箔等或其他具有捲入點之滾軋機，有危害勞工之虞時，應設護圍、導輪或具有連鎖性能之安全防護裝置等設備。

第 79 條（緊急制動）

雇主對於滾輾橡膠、橡膠化合物、合成樹脂之滾輾機或其他具有危害之滾輾機，應設置於災害發生時，被害者能自己易於操縱之緊急制動裝置。

第 80 條（紗梭織機）

雇主對於置有紗梭之織機，應裝置導梭。

第 81 條（引線、撚線機）

雇主對於引線機之引線滑車或撚線機之籠車，有危害勞工之虞者，應設護罩、護圍等設備。

第 82 條（加壓成型機）

①雇雇主對於射出成型機、鑄鋼造形機、打模機、橡膠加硫成型機、輪胎成型機及其他加壓成型之機械等，有危害勞工之虞者，應設置安全門、雙手操作式安全裝置、感應式安全裝置或其他安全裝

置。但第六十九條至第七十二條規定列舉之機械，不在此限。

②前項安全門，應具有非關閉狀態即無法起動機械之性能。

第 83 條（風扇護圍）

雇主對於扇風機之葉片，有危害勞工之虞者，應設護網或護圍等設備。

第八節　高速回轉體

第 84 條（破裂試驗）

雇主於施行旋轉輪機、離心分離機等週邊速率超越每秒二十五公尺以上之高速回轉體之試驗時，為防止高速回轉體之破裂之危險，應於專用之堅固建築物內或以堅固之隔牆隔離之場所實施。但試驗次條規定之高速回轉體以外者，其試驗設備已有堅固覆罩等足以阻擋該高速回轉體破裂引起之危害設備者，不在此限。

第 85 條（試驗前）

雇主於施行轉軸之重量超越一公噸，且轉軸之週邊速率在每秒一百二十公尺以上之高速回轉體之試驗時，應於事先就與該軸材質、形狀等施行非破壞檢查，確認其無破壞原因存在時始為之。

第 86 條（遙控試驗）

雇主於施行前條規定高速回轉試驗時，應以遙控操作等方法控制；使試驗中即使該高速回轉體破壞時，亦不致傷及勞工。

第四章｜危險性機械、設備及器具

第一節　起重升降機具

第 87 條（依起升則）

雇主對於起重升降機具之設備及有關措施，應依起重升降機具有關安全規則辦理。

第 88 條（運轉信號）

雇主對於起重機具之作業，應規定一定之運轉指揮信號，並指派專人負責辦理。

第 89 條（標示負荷）

雇主對於各種起重機具，應標示最高負荷，並規定使用時不得超過此項限制。

第 90 條（防止脫落）

雇主對於起重機具之吊鉤或吊具，應有防止吊舉中所吊物體脫落之裝置。

第 91 條（過捲預防）

雇主對於起重機具之吊鉤或吊具，為防止與吊架或捲揚胴接觸、碰撞，應有至少保持○‧二五公尺距離之過捲預防裝置，如為直動式過捲預防裝置者，應保持○‧○五公尺以上距離；並於鋼索上作顯著標示或設警報裝置，以防止過度捲揚所引起之損傷。

第 92 條（防止掉落）

①雇主對於起重機具之運轉，應於運轉時採取防止吊掛物通過人員上方及人員進入吊掛物下方之設備或措施。

②從事前項起重機具運轉作業時，為防止吊掛物掉落，應依下列規定辦理：

　　一、吊掛物使用吊耳時，吊耳設置位置及數量，應能確保吊掛物之平衡。

　　二、吊耳與吊掛物之結合方式，應能承受所吊物體之整體重量，使其不致脫落。

　　三、使用吊索（繩）、吊籃等吊掛用具或載具時，應有足夠強度。

第 93 條（升降機 - 門連鎖）

雇主對於升降機之升降路各樓出入口，應裝置構造堅固平滑之門，並應有安全裝置，使升降搬器及升降路出入口之任一門開啟時，升降機不能開動，及升降機在開動中任一門開啟時，能停止上下。

第 94 條（升降機 - 標示）

雇主對於升降機各樓出入口及搬器內，應明顯標示其積載荷重或乘載之最高人數，並規定使用時不得超過限制。

第 95 條（升降機 - 門連鎖）

雇主對於升降機之升降路各樓出入口門，應有連鎖裝置，使搬器地板與樓板相差七‧五公分以上時，升降路出入口門不能開啟之。

第 96 條（升降機 - 極限開關等）

雇主對於升降機，應設置終點極限開關、緊急刹車及其他安全裝置。

第 97 條（吊掛強度）

雇主對於起重機具所使用之吊掛構件，應使其具足夠強度，使用之吊鉤或鉤環及附屬零件，其斷裂荷重與所承受之最大荷重比之安全係數，應在四以上。但相關法規另有規定者，從其規定。

第 98 條（吊鏈）

雇主不得以下列任何一種情況之吊鏈作為起重升降機具之吊掛用具：

一、延伸長度超過百分之五以上者。

二、斷面直徑減少百分之十以上者。

三、有龜裂者。

第 99 條（鋼索）

雇主不得以下列任何一種情況之吊掛之鋼索作為起重升降機具之吊掛用具：

一、鋼索一撚間有百分之十以上素線截斷者。

二、直徑減少達公稱直徑百分之七以上者。

三、有顯著變形或腐蝕者。

四、已扭結者。

第 100 條（變形用具）

雇主不得使用已變形或已龜裂之吊鉤、鉤環、鏈環，作為起重升降機具之吊掛用具。

第 101 條（纖維索）

雇主不得使用下列任何一種情況之纖維索、帶，作爲起重升降機具之吊掛用具：

一、已斷一股子索者。

二、有顯著之損傷或腐蝕者。

第 102 條（編結環首）

雇主對於吊鏈或未設環結之鋼索，其兩端非設有吊鉤、鉤環、鏈環或編結環首、壓縮環首者，不能作爲起重機具之吊掛用具。

第 103 條（依規定）

起重升降機具設備及有關措施，除依本節之規定外，並應依其他相關職業安全衛生法規規定辦理。

第二節　鍋爐及壓力容器

第 104 條（依規則）

雇主對於鍋爐及壓力容器設備及有關措施，應依鍋爐及壓力容器有關安全規則之規定辦理。

第三節　高壓氣體設備及容器

第 105 條（依規則）

雇主對於高壓氣體之製造、儲存、消費等，應依高壓氣體設備及容器有關安全規則之規定辦理。

第 106 條（使用容器）

雇主使用於儲存高壓氣體之容器，不論盛裝或空容器，應依下列規定辦理：

一、確知容器之用途無誤者，方得使用。

二、容器應標明所裝氣體之品名，不得任意灌裝或轉裝。

三、容器外表顏色，不得擅自變更或擦掉。

四、容器使用時應加固定。

五、容器搬動不得粗莽或使之衝擊。

六、焊接時不得在容器上試焊。

七、容器應妥善管理、整理。

第 107 條（搬運容器）

雇主搬運儲存高壓氣體之容器，不論盛裝或空容器，應依下列規定辦理：

一、溫度保持在攝氏四十度以下。

二、場內移動儘量使用專用手推車等，務求安穩直立。

三、以手移動容器，應確知護蓋旋緊後，方直立移動。

四、容器吊起搬運不得直接用電磁鐵、吊鏈、繩子等直接吊運。

五、容器裝車或卸車，應確知護蓋旋緊後才進行，卸車時必須使用緩衝板或輪胎。

六、儘量避免與其他氣體混載，非混載不可時，應將容器之頭尾反方向置放或隔置相當間隔。

七、載運可燃性氣體時，要置備滅火器；載運毒性氣體時，要置備吸收劑、中和劑、防毒面具等。

八、盛裝容器之載運車輛，應有警戒標誌。

九、運送中遇有漏氣，應檢查漏出部位，給予適當處理。

十、搬運中發現溫度異常高昇時，應立即灑水冷卻，必要時，並應通知原製造廠協助處理。

第 108 條（貯存容器）

雇主對於高壓氣體之貯存，應依下列規定辦理：

一、貯存場所應有適當之警戒標示，禁止煙火接近。

二、貯存周圍二公尺內不得放置有煙火及著火性、引火性物品。

三、盛裝容器和空容器應分區放置。

四、可燃性氣體、有毒性氣體及氧氣之鋼瓶，應分開貯存。

五、應安穩置放並加固定及裝妥護蓋。

六、容器應保持在攝氏四十度以下。

七、貯存處應考慮於緊急時便於搬出。

八、通路面積以確保貯存處面積百分之二十以上爲原則。

九、貯存處附近，不得任意放置其他物品。

十、貯存比空氣重之氣體，應注意低窪處之通風。

第 109 條（防爆電氣）

雇主對於高壓可燃性氣體之貯存，除前條規定外，電氣設備應採用防爆型，不得帶用防爆型攜帶式電筒以外之其他燈火，並應有適當之滅火機具。

第 110 條（毒性 - 儲存）

雇主對於毒性高壓氣體之儲存，應依下列規定辦理：

一、貯存處要置備吸收劑、中和劑及適用之防毒面罩或呼吸用防護具。

二、具有腐蝕性之毒性氣體，應充分換氣，保持通風良好。

三、不得在腐蝕化學藥品或煙囪附近貯藏。

四、預防異物之混入。

第 111 條（毒性 - 使用）

雇主對於毒性高壓氣體之使用，應依下列規定辦理：

一、非對該氣體有實地瞭解之人員，不准進入。

二、工作場所空氣中之毒性氣體濃度不得超過容許濃度。

三、工作場所置備充分及適用之防護具。

四、使用毒性氣體場所，應保持通風良好。

第 112 條（廢棄）

雇主對於高壓氣體之廢棄，應防止火災爆炸或中毒之危害。

第 113 條（依規定）

有關高壓氣體設備及必要措施，除本節之規定外，並應依其他相關職業安全衛生法規規定辦理。

第五章｜車輛機械

第一節　一般規定

第 114 條

（刪除）

第 115 條（標示荷重）

雇主對於車輛機械應有足夠之馬力及強度，承受其規定之荷重；並應裝置名牌或相等之標示指出空重、載重、額定荷重等。

第 116 條（一般規定）

雇主對於勞動場所作業之車輛機械，應使駕駛者或有關人員負責執行下列事項：

一、除非所有人員已遠離該機械，否則不得起動。但駕駛者依規定就位者，不在此限。

二、車輛系營建機械及堆高機，除乘坐席位外，於作業時不得搭載勞工。

三、車輛系營建機械作業時，禁止人員進入操作半徑內或附近有危險之虞之場所。但駕駛者依規定就位者或另採安全措施者，不在此限。

四、應注意遠離帶電導體，以免感電。

五、應依製造廠商規定之安全度及最大使用荷重等操作。

六、禁止停放於有滑落危險之虞之斜坡。但已採用其他設備或措施者，不在此限。

七、禁止夜間停放於交通要道。

八、不得使動力系挖掘機械於鏟、鋏、吊斗等，在負載情況下行駛。

九、不得使車輛機械供為主要用途以外之用途。但使用適合該用途之裝置無危害勞工之虞者，不在此限。

十、不得使勞工搭載於堆高機之貨叉所承載貨物之扎板、撬板及其他

堆高機（乘坐席以外）部分。但停止行駛之堆高機，已採取防止勞工墜落設備或措施者，不在此限。

十一、駕駛者離開其位置時，應將吊斗等作業裝置置於地面，並將原動機熄火、制動，並安置煞車等，防止該機械逸走。

十二、堆高機於駕駛者離開其位置時，應採將貨叉等放置於地面，並將原動機熄火、制動。

十三、車輛及堆高機之修理或附屬裝置之安裝、拆卸等作業時，於機臂、突樑、升降台及車台，應使用安全支柱、絞車等防止物體飛落之設施。

十四、使用座式操作之配衡型堆高機及側舉型堆高機，應擔任駕駛之勞工確實使用駕駛座安全帶。但駕駛座配置有車輛傾倒時，防止駕駛者被堆高機壓傷之護欄或其他防護設施者，不在此限。

十五、車輛機械之作業或移動，有撞擊工作者之虞時，應置管制引導人員。

第 117 條（車速）

雇主對於最大速率超過每小時十公里之車輛系營建機械，應於事前依相關作業場所之地質、地形等狀況，規定車輛行駛速率，並使勞工依該速率進行作業。

第二節　道路

第 118 條（自設道路）

雇主對於勞工工作場所之自設道路，應依下列規定辦理：

一、應能承受擬行駛車輛機械之荷重。

二、危險區應設有標誌杆或防禦物。

三、道路，包括橋梁及涵洞等，應定期檢查，如發現有危害車輛機械行駛之情況，應予消除。

四、坡度須適當，不得有使擬行駛車輛機械滑下可能之斜度。

五、應妥予設置行車安全設備並注意其保養。

六、道路之邊緣及開口部分，應設置足以防止車輛機械翻落之設施。

第三節　車輛系營建機械

第 119 條（一般規定）

雇主對使用於作業場所之車輛系營建機械者，應依下列規定辦理：

一、駕駛棚須有良好視線，適當之通風，容易上下車；裝有擋風玻璃及窗戶者，其材料須由透明物質製造，並於破裂時，不致產生尖銳碎片。擋風玻璃上應置有動力雨刮器。

二、裝置前照燈具。但使用於已設置有作業安全所必要照明設備場所者，不在此限。

三、設置堅固頂蓬，以防止物體掉落之危害。

四、設置制動裝置，且維持正常運作，並使駕駛離開駕駛座時，確實使用該裝置制動。

五、裝設倒車或旋轉之警報裝置，或設置可偵測人員進入作業區域範圍內之警示設備。

第 120 條（避免翻落）

雇主對於車輛系營建機械，如作業時有因該機械翻落、表土崩塌等危害勞工之虞者，應於事先調查該作業場所之地質、地形狀況等，適當決定下列事項或採必要措施，並將第二款及第三款事項告知作業勞工：

一、所使用車輛系營建機械之種類及性能。

二、車輛系營建機械之行經路線。

三、車輛系營建機械之作業方法。

四、整理工作場所以預防該等機械之翻倒、翻落。

第 121 條（專人修理）

雇主對於車輛系營建機械之修理或附屬裝置之安裝、拆卸等作業時，應就該作業指定專人負責下列措施：

一、決定作業順序並指揮作業。

二、監視於機臂，突樑下作業之勞工所使用安全支柱、絞車等之狀況。

第122條（運送翻落）

雇主採自行行駛或以牽引拖曳將之裝卸於貨車等方式，運送車輛系營建機械時，如使用道板、填土等方式裝卸於車輛，為防止該車輛系營建機械之翻倒、翻落等危害，應採取下列措施：

一、裝卸時選擇於平坦堅固地點為之。

二、使用道板時，應使用具有足夠長度、寬度及強度之道板，且應穩固固定該道板於適當之斜度。

三、使用填土或臨時架台時，應確認具有足夠寬度、強度，並保持適當之斜度。

第123條

（刪除）

第四節　堆高機

第124條（後扶架）

雇主對於堆高機非置備有後扶架者，不得使用。但將桅桿後傾之際，雖有貨物之掉落亦不致危害勞工者，不在此限。

第125條（托板）

雇主使用堆高機之托板或撬板時，應依下列規定：

一、具有充分能承受積載之貨物重量之強度。

二、無顯著之損傷，變形或腐蝕者。

第126條（操作人員）

雇主對於荷重在一公噸以上之堆高機，應指派經特殊作業安全衛生教育訓練人員操作。

第127條（防止翻倒）

雇主對於堆高機之操作，不得超過該機械所能承受之最大荷重，且其

載運之貨物應保持穩固狀態，防止翻倒。

第 128 條（危險物場所）

雇主於危險物存在場所使用堆高機時，應有必要之安全衛生設備措施。

第五節　高空工作車

第 128-1 條（作業）

雇主對於使用高空工作車之作業，應依下列事項辦理：

一、除行駛於道路上外，應於事前依作業場所之狀況、高空工作車之種類、容量等訂定包括作業方法之作業計畫，使作業勞工周知，並指定專人指揮監督勞工依計畫從事作業。

二、除行駛於道路上外，為防止高空工作車之翻倒或翻落，危害勞工，應將其外伸撐座完全伸出，並採取防止地盤不均勻沉陷、路肩崩塌等必要措施。但具有多段伸出之外伸撐座者，得依原廠設計之允許外伸長度作業。

三、在工作台以外之處所操作工作台時，為使操作者與工作台上之勞工間之連絡正確，應規定統一之指揮信號，並指定人員依該信號從事指揮作業等必要措施。

四、不得搭載勞工。但設有乘坐席位及工作台者，不在此限。

五、不得超過高空工作車之積載荷重及能力。

六、不得使高空工作車為主要用途以外之用途。但無危害勞工之虞者，不在此限。

七、使用高空工作車從事作業時，雇主應使該高空工作車工作台上之勞工佩戴安全帽及符合國家標準 CNS14253-1 同等以上規定之全身背負式安全帶。

第 128-2 條（離開駕駛）

①雇主對於高空工作車之駕駛於離開駕駛座時，應使駕駛採取下列措施。但有勞工在工作台從事作業或將從事作業時，不在此限：

一、將工作台下降至最低位置。

二、採取預防高空工作車逸走之措施,如停止原動機並確實使用制動裝置制動等,以保持於穩定狀態。

②勞工在工作台從事作業或將從事作業時,前項駕駛離開駕駛座,雇主應使駕駛確實使用制動裝置制動等,以保持高空工作車於穩定狀態。

第 128-3 條(運送翻倒)

雇主採自行行駛或以牽引拖曳將之裝卸於貨車等方式,運送高空工作車時,如使用道板或利用填土等方式裝卸於車輛,為防止該高空工作車之翻倒或翻落等危害,應採取下列措施:

一、裝卸時選擇於平坦堅固地點為之。

二、使用道板時,應使用具有足夠長度、寬度及強度之道板,且應穩固固定該道板於適當之斜度。

三、使用填土或臨時架台時,應確認具有足夠寬度、強度,並保持適當之斜度。

第 128-4 條(專人監督)

雇主使勞工從事高空工作車之修理、工作台之裝設或拆卸作業時,應指定專人監督該項作業,並執行下列事項:

一、決定作業步驟並指揮作業。

二、監視作業中安全支柱、安全塊之使用狀況。

第 128-5 條(維修作業)

雇主使勞工於高空工作車升起之伸臂等下方從事修理、檢點等作業時,應使從事該作業勞工使用安全支柱、安全塊等,以防止伸臂等之意外落下致危害勞工。

第 128-6 條(行駛搭載勞工)

高空工作車行駛時,除有工作台可操作行駛構造之高空工作車外,雇主不得使勞工搭載於該高空工作車之工作台上。但使該高空工作車行駛於平坦堅固之場所,並採取下列措施時,不在此限:

一、規定一定之信號，並指定引導人員，依該信號引導高空工作車。

二、於作業前，事先視作業時該高空工作車工作台之高度及伸臂長度等，規定適當之速率，並使駕駛人員依該規定速率行駛。

第 128-7 條（行駛）

高空工作車有工作台可操作行駛之構造者，於平坦堅固之場所以外之場所行駛時，雇主應採取下列措施：

一、規定一定之信號，並指定引導人員，依該信號引導高空工作車。

二、於作業前，事先視作業時該高空工作車工作台之高度及伸臂長度、作業場所之地形及地盤之狀態等，規定適當之速率，並使駕駛人員依該規定速率行駛。

第 128-8 條（構造標準）

①高空工作車之構造，應符合國家標準 CNS 14965、CNS 16368、CNS 16653 系列、CNS 18893、國際標準 ISO 16368、ISO 16653 系列、ISO 18893 或與其同等之標準相關規定。

②前項國家標準 ISO 16368、ISO 16653 系列、ISO 18893 與國際標準 ISO 16368、ISO 16653 系列、ISO 18893 有不一致者，以國際標準 ISO 16368、ISO 16653 系列、ISO 18893 規定為準。

第 128-9 條（教育訓練）

雇主對於高空工作車，應指派經特殊作業安全衛生教育訓練人員操作。

第六章｜軌道機械

第一節　一般規定

第 129 條（信號）

雇主對於軌道機械，應設有適當信號裝置，並於事先通知有關勞工週知。

第 130 條（連結）

雇主對於連結軌道機械車輛時，應使用適當連結裝置。

第二節　軌道

第 131 條（重量）

雇主對於動力車鋼軌之每公尺重量，應依下列規定：

車輛重量	鋼軌每公尺重量	備註
未滿五公噸	九公斤以上	以兩軸車輛為準
五至未滿十公噸	十二公斤以上	
十至未滿十五公噸	十五公斤以上	
十五公噸以上	二十二公斤以上	

第 132 條（舖設）

①雇主對於動力車鋼軌之舖設，應依下列規定：

一、鋼軌接頭，應使用魚尾板或採取熔接固定。

二、舖設鋼軌，應使用道釘、金屬固定具等將鋼軌固定於枕木或水泥路基上。

三、軌道之坡度應保持在千分之五十以下。但動力車備有自動空氣煞車之軌道得放寬至千分之六十五以下。

②前項枕木之大小及其間隔，應考慮車輛重量，路基狀況。

③第一項所使用之枕木，如置於不易更換之場所，應為具有耐腐蝕性者。

第 133 條（路基）

①雇主對於動力車軌道路基，如車輛在五公噸以上者，其除應由礫石、碎石等構成外，並應有充分之保固，與良好排水系統。

②雇主對於前項以外之軌道路基，應注意鋼軌舖設、車輛行駛安全狀況。

第 134 條（曲線）

雇主對於動力車軌道之曲線部分，應依下列規定：

一、曲率半徑應在十公尺以上。

二、保持適度之軌道超高及加寬。

三、裝置適當之護軌。

第 135 條（岔道）

雇主對於動力車軌道岔道部分，應設置具有充分效能之轉轍器及轍鎖；軌道之終端應設置充分效能之擋車裝置。

第 136 條（防止滑走）

雇主對於車輛於軌道上有滑走之虞時，應設置防止滑走之裝置。

第 137 條（淨距）

雇主對於隧道坑井內部裝置軌道時，其側壁與行走之車輛，應保持六十公分以上淨距。但有下列情形之一者，不在此限：

一、於適當之間隔，設置有相當寬度之避車設備並有顯明標示者。

二、設置信號裝置或配置監視人員者。

第 138 條（手推車輛）

雇主對於手推車輛之軌道，應依下列規定：

一、軌道之曲率半徑應在五公尺以上。

二、傾斜應在十五分之一以下。

三、鋼軌每公尺重量應在六公斤以上。

四、置直徑九公分以上之枕木並以適當間隔配置。

五、鋼軌接頭應使用魚尾板或採取熔接等固定。

第 139 條（沿線）

雇主對於軌道沿線，應依下列規定採取措施：

一、軌道兩旁之危險立木，應予清除。

二、軌道之上方及兩旁與鄰近之建築物應留有適當之距離。

三、軌道附近不得任意堆放物品，邊坑上不得有危石。

四、橋梁過長時，應設置平台等。

職業安全衛生設施規則（113.8.1）

五、工作人員經常出入之橋梁，應另行設置行人安全道。

第 140 條（環境）

雇主對於軌道沿線環境，應依下列規定實施保養：

一、清除路肩及橋梁附近之叢草。

二、清除妨害視距之草木。

三、維護橋梁及隧道支架結構之良好。

四、清掃坍方。

五、清掃邊坡危石。

六、維護鋼軌接頭及道釘之完整。

七、維護路線號誌及標示之狀況良好。

八、維護軌距狀況良好。

九、維護排水系統良好。

十、維護枕木狀況良好。

第三節　軌道車輛

第 141 條（動力車）

雇主對行使於軌道之動力車，應依下列規定：

一、設置汽笛、警鈴等信號裝備。

二、於夜間或地下使用者，應設置前照燈及駕駛室之照明設備。

三、使用內燃機者，應設置標示潤滑油壓力之指示器。

四、使用電動機者，應置備自動遮斷器，其為高架式者，並應增置避雷器等。

第 142 條（車輪）

雇主對行駛於軌道之動力車車輪，應依下列規定：

一、車輪之踏面寬度於輪緣最大磨耗狀態下，仍能通過最大軌間。

二、輪緣之厚度於最大磨耗狀態下，仍具有充分強度且不阻礙通過岔道。

三、輪緣應保持不脫軌以上之高度，且不致觸及魚尾板。

第 143 條（載人）

雇主對行駛於軌道之載人車輛，應依下列規定：

一、以設置載人專車為原則。

二、應設置人員能安全乘坐之座位及供站立時扶持之把手等。

三、應設置上下車門及安全門。

四、應有限制乘坐之人員數標示。

五、應有防止人員於乘坐或站立時摔落之防護設施。

六、凡藉捲揚裝置捲揚使用於傾斜軌道之車輛，應設搭乘人員與捲揚機操作者連繫之設備。

七、使用於傾斜度超過三十度之軌道者，應設有預防脫軌之裝置。

八、為防止因鋼索斷裂及超速危險，應設置緊急停車裝置。

九、使用於傾斜軌道者，其車輛間及車輛與鋼索套頭間，除應設置有效之鏈及鏈環外，為防止其斷裂，致車輛脫走之危險，應另設置輔助之鏈及鏈環。

第 144 條（行駛）

雇主對行駛於軌道之車輛，應依下列規定：

一、車輛與車輛之連結，應有確實之連接裝置。

二、凡藉捲揚裝置行駛之車輛，其捲揚鋼索之斷裂荷重之值與所承受最大荷重比之安全係數，載貨者應在六以上，載人者應在十以上。

第 145 條（煞車）

雇主對行駛於軌道之動力車，應設置手煞車，十公噸以上者，應增設動力煞車。

第 146 條（煞車）

雇主對於軌道車輛施予煞車制輪之壓力與制動車輪施予軌道壓力之比，在動力煞車者應為百分之五十以上，百分之七十五以下；手煞車者應為百分之二十以上。

第 147 條（駕駛座）

雇主對行駛於軌道之動力車駕駛座，應依下列規定：

一、應具備使駕駛者能安全駕駛之良好視野之構造。

二、為防止駕駛者之跌落，應設置護圍等。

第 148 條（車速）

雇主對於軌道車輛之行駛，應依鋼軌、軌距、傾斜、曲率半徑等決定速率限制，並規定駕駛者遵守之。

第 149 條（離開駕駛）

雇主對於駕駛動力車者，應規定其離開駕駛位置時，應採取煞車等措施，以防止車輛逸走；對於操作捲揚裝置者，應規定其於操作時，不得離開操作位置。

第四節　軌道手推車

第 150 條（間距）

雇主對於勞工使用軌道手推車輛，應規定其遵守下列事項：

一、車輛於上坡或水平行駛時，應保持六公尺以上之間距，於下坡行駛時，應保持二十公尺以上之間距。

二、車輛速率於下坡時，不得超過每小時十五公里。

第 151 條（煞車）

雇主對於傾斜在千分之十以上之軌道區使用之手推車，應設置有效之煞車。

第七章 | 物料搬運與處置

第一節　一般規定

第 152 條（清除通道）

物料搬運、處置，如以車輛機械作業時，應事先清除其通道、碼頭等

之阻礙物及採取必要措施。

第 153 條（倒崩塌）

雇主對於搬運、堆放或處置物料，爲防止倒塌、崩塌或掉落，應採取繩索捆綁、護網、擋樁、限制高度或變更堆積等必要設施，並禁止與作業無關人員進入該等場所。

第 154 條（進入槽桶）

雇主使勞工進入供儲存大量物料之槽桶時，應依下列規定：

一、應事先測定並確認無爆炸、中毒及缺氧等危險。

二、應使勞工佩掛安全帶及安全索等防護具。

三、應於進口處派人監視，以備發生危險時營救。

四、規定工作人員以由槽桶上方進入爲原則。

第二節　搬運

第 155 條（代替人力）

雇主對於物料之搬運，應儘量利用機械以代替人力，凡四十公斤以上物品，以人力車輛或工具搬運爲原則，五百公斤以上物品，以機動車輛或其他機械搬運爲宜；運輸路線，應妥善規劃，並作標示。

第 155-1 條（捲揚機）

雇主使勞工以捲揚機等吊運物料時，應依下列規定辦理：

一、安裝前須核對並確認設計資料及強度計算書。

二、吊掛之重量不得超過該設備所能承受之最高負荷，並應設有防止超過負荷裝置。但設置有困難者，得以標示代替之。

三、不得供人員搭乘、吊升或降落。但臨時或緊急處理作業經採取足以防止人員墜落，且採專人監督等安全措施者，不在此限。

四、吊鉤或吊具應有防止吊舉中所吊物體脫落之裝置。

五、錨錠及吊掛用之吊鏈、鋼索、掛鉤、纖維索等吊具有異狀時應即修換。

六、吊運作業中應嚴禁人員進入吊掛物下方及吊鏈、鋼索等內側角。

七、捲揚吊索通路有與人員碰觸之虞之場所,應加防護或有其他安全設施。

八、操作處應有適當防護設施,以防物體飛落傷害操作人員,採坐姿操作者應設坐位。

九、應設有防止過捲裝置,設置有困難者,得以標示代替之。

十、吊運作業時,應設置信號指揮聯絡人員,並規定統一之指揮信號。

十一、應避免鄰近電力線作業。

十二、電源開關箱之設置,應有防護裝置。

第 156 條(腐蝕物)

雇主對於強酸、強鹼等有腐蝕性物質之搬運,應使用特別設計之車輛或工具。

第 157 條(行駛搭載勞工)

雇主對搭載勞工於行駛中之貨車、垃圾車或資源回收車,應依下列規定:

一、不得使勞工搭乘於因車輛搖動致有墜落之虞之位置。

二、勞工身體之最高部分不得超過貨車駕駛室之頂部高度;載貨台之物料高度超過駕駛室頂部者,不得超過該物料之高度。

三、其他維護搭載勞工乘坐安全之事項。

第三節　處置

第 158 條(隔離溫控)

雇主對於物料儲存,為防止因氣候變化或自然發火發生危險者,應採取與外界隔離及溫濕控制等適當措施。

第 159 條(物料堆放)

雇主對物料之堆放,應依下列規定:

一、不得超過堆放地最大安全負荷。

二、不得影響照明。

三、不得妨礙機械設備之操作。

四、不得阻礙交通或出入口。

五、不得減少自動灑水器及火警警報器有效功用。

六、不得妨礙消防器具之緊急使用。

七、以不倚靠牆壁或結構支柱堆放為原則。並不得超過其安全負荷。

第 160 條（貨車捆紮）

雇主對於捆紮貨車物料之纖維纜索，如有下列情形之一者，不得使用：

一、已斷一股子索者。

二、有顯著之損傷或腐蝕者。

第 161 條（積垛作業）

雇主對於堆積於倉庫、露存場等之物料集合體之物料積垛作業，應依下列規定：

一、如作業地點高差在一‧五公尺以上時，應設置使從事作業之勞工能安全上下之設備。但如使用該積垛即能安全上下者，不在此限。

二、作業地點高差在二‧五公尺以上時，除前款規定外，並應指定專人採取下列措施：

（一）決定作業方法及順序，並指揮作業。

（二）檢點工具、器具，並除去不良品。

（三）應指示通行於該作業場所之勞工有關安全事項。

（四）從事拆垛時，應確認積垛確無倒塌之危險後，始得指示作業。

（五）其他監督作業情形。

第 162 條（積垛間距）

雇主對於草袋、麻袋、塑膠袋等袋裝容器構成之積垛，高度在二公尺以上者，應規定其積垛與積垛間下端之距離在十公分以上。

第 163 條（積垛拆垛）

雇土對於高度二公尺以上之積垛，使勞工從事拆垛作業時，應依下列

規定：

一、不得自積垛物料中間抽出物料。

二、拆除袋裝容器構成之積垛，應使成階梯狀，除最底階外，其餘各
階之高度應在一‧五公尺以下。

第 164 條（載貨台 - 物料移動）

雇主為防止載貨台物料之移動致有危害勞工之虞，除應提供勞工防止
物料移動之適當設備，並應規定勞工使用。

第 165 條（載貨台 - 驟然下落）

雇主對於掀舉傾卸車之載貨台，使勞工在其下方從事修理或檢點作業
時，除應提供安全擋塊或安全支柱，並應規定勞工使用。但該傾卸車
已設置有防止驟然下落之設備者，不在此限。

第 166 條（載貨台 - 上下設備）

雇主對於勞工從事載貨台裝卸貨物其高差在一‧五公尺以上者，應提
供勞工安全上下之設備。

第 167 條（載貨台 - 指定專人）

雇主使勞工於載貨台從事單一之重量超越一百公斤以上物料裝卸時，
應指定專人採取下列措施：

一、決定作業方法及順序，並指揮作業。

二、檢點工具及器具，並除去不良品。

三、禁止與作業無關人員進入作業場所。

四、從事解纜或拆墊之作業時，應確認載貨台上之貨物無墜落之危
險。

五、監督勞工作業狀況。

第八章｜爆炸、火災及腐蝕、洩漏之防止

第一節　一般規定

第 168 條

（刪除）

第 169 條（高熱隔離）

雇主對於火爐、煙囪、加熱裝置及其他易引起火災之高熱設備，除應有必要之防火構造外，並應於與建築物或可燃性物體間採取必要之隔離。

第 170 條（避雷裝置）

雇主對於高煙囪及高度在三公尺以上並作爲危險物品倉庫使用之建築物，均應裝設適當避雷裝置。

第 171 條（防爆電氣、標示）

雇主對於易引起火災及爆炸危險之場所，應依下列規定：

一、不得設置有火花、電弧或用高溫成爲發火源之虞之機械、器具或設備等。

二、標示嚴禁煙火及禁止無關人員進入，並規定勞工不得使用明火。

第 172 條（緊急發電）

雇主對於工作中遇停電有導致超壓、爆炸或火災等危險之虞者，應裝置足夠容量並能於緊急時供電之發電設備。

第 173 條（明火作業）

雇主對於有危險物或有油類、可燃性粉塵等其他危險物存在之虞之配管、儲槽、油桶等容器，從事熔接、熔斷或使用明火之作業或有發生火花之虞之作業，應事先清除該等物質，並確認無危險之虞。

第 174 條（氧氣通風）

雇主對於從事熔接、熔斷、金屬之加熱及其他須使用明火之作業或有發生火花之虞之作業時，不得以氧氣供爲通風或換氣之用。

第 175 條（去除靜電）

雇主對於下列設備有因靜電引起爆炸或火災之虞者，應採取接地、使用除電劑、加濕、使用不致成為發火源之虞之除電裝置或其他去除靜電之裝置：

一、灌注、卸收危險物於槽車、儲槽、容器等之設備。

二、收存危險物之槽車、儲槽、容器等設備。

三、塗敷含有易燃液體之塗料、黏接劑等之設備。

四、以乾燥設備中，從事加熱乾燥危險物或會生其他危險物之乾燥物及其附屬設備。

五、易燃粉狀固體輸送、篩分等之設備。

六、其他有因靜電引起爆炸、火災之虞之化學設備或其附屬設備。

第 176 條（消防設備）

雇主對於勞工吸菸、使用火爐或其他用火之場所，應設置預防火災所需之設備。

第 177 條（防爆電氣 - 區域劃分）

①雇主對於作業場所有易燃液體之蒸氣、可燃性氣體或爆燃性粉塵以外之可燃性粉塵滯留，而有爆炸、火災之虞者，應依危險特性採取通風、換氣、除塵等措施外，並依下列規定辦理：

一、指定專人對於前述蒸氣、氣體之濃度，於作業前測定之。

二、蒸氣或氣體之濃度達爆炸下限值之百分之三十以上時，應即刻使勞工退避至安全場所，並停止使用煙火及其他為點火源之虞之機具，並應加強通風。

三、使用之電氣機械、器具或設備，應具有適合於其設置場所危險區域劃分使用之防爆性能構造。

②前項第三款所稱電氣機械、器具或設備，係指包括電動機、變壓器、連接裝置、開關、分電盤、配電盤等電流流通之機械、器具或設備及非屬配線或移動電線之其他類似設備。

第 177-1 條（防爆電氣 - 區域劃分）

雇主對於有爆燃性粉塵存在，而有爆炸、火災之虞之場所，使用之電氣機械、器具或設備，應具有適合於其設置場所危險區域劃分使用之防爆性能構造。

第 177-2 條（防爆電氣 - 安全標示）

①雇主對於前二條所定應有防爆性能構造之電氣機械、器具、設備，於中央主管機關公告後新安裝或換裝者，應使用符合中央主管機關指定之國家標準、國際標準或團體標準規定之合格品。

②前項合格品，指符合本法第七條規定，並張貼安全標示者。

第 177-3 條（防爆電氣 - 維修）

雇主對於具防爆性能構造之移動式或攜帶式電氣機械、器具、設備，應於每次使用前檢查外部結構狀況、連接之移動電線情況及防爆結構與移動電線連接狀態等；遇有損壞，應即修復。

第 178 條（輸送腐蝕液 - 軟管）

雇主使用軟管以動力從事輸送硫酸、硝酸、鹽酸、醋酸、甲酚、氯磺酸、氫氧化鈉溶液等對皮膚有腐蝕性之液體時，對該輸送設備，應依下列規定：

一、於操作該設備之人員易見之場所設置壓力表，及於其易於操作之位置安裝動力遮斷裝置。

二、該軟管及連接用具應具耐腐蝕性、耐熱性及耐寒性。

三、該軟管應經水壓試驗確定其安全耐壓力，並標示於該軟管，且使用時不得超過該壓力。

四、為防止軟管內部承受異常壓力，應於輸壓設備安裝回流閥等超壓防止裝置。

五、軟管與軟管或軟管與其他管線之接頭，應以連結用具確實連接。

六、以表壓力每平方公分二公斤以上之壓力輸送時，前款之連結用具應使用旋緊連接或以鉤式結合等方式，並具有不致脫落之構造。

七、指定輸送操作人員操作輸送設備，並監視該設備及其儀表。

八、該連結用具有損傷、鬆脫、腐蝕等缺陷，致腐蝕性液體有飛濺或漏洩之虞時，應即更換。

九、輸送腐蝕性物質管線，應標示該物質之名稱、輸送方向及閥之開閉狀態。

第 179 條（輸送腐蝕液 - 氣體）

雇主使用壓縮氣體為輸送腐蝕性液體之動力，從事輸送作業時，應使用空氣為壓縮氣體。但作業終了時，能將氣體立即排出者，或已採取標示該氣體之存在等措施，勞工進入壓力輸送設備內部，不致發生缺氧、窒息等危險時，得使用二氧化碳或氮。

第二節　熔融高熱物等設備

第 180 條（蒸汽爆炸）

雇主對於建築物中熔融高熱物之處理設備，為避免引起水蒸汽爆炸，該建築物應有地板面不積水及可以防止雨水由屋頂、牆壁、窗戶等滲入之構造。

第 181 條（礦渣）

①雇主對於以水處理高熱礦渣或廢棄高熱礦渣之場所，應依下列規定：

一、應有良好之排水設備及其他足以防止水蒸汽爆炸之必要措施。

二、於廢棄高熱礦渣之場所，應加以標示高熱危險。

②前項規定對於水碎處理作業，不適用之。

第 181-1 條（冷卻系統）

雇主使勞工從事金屬之加熱熔融、熔鑄作業時，對於冷卻系統應配置進出口溫度、壓力、流量監測及警報裝置；於停電或緊急狀況時，應設置緊急排放高熱熔融物之裝置及應急冷卻設施，確保冷卻效果。

第 182 條（金屬投入）

雇主使勞工從事將金屬碎屑或碎片投入金屬熔爐之作業時，為防止爆炸，應事前確定該金屬碎屑或碎片中未雜含水分、火藥類等危險物或

密閉容器等，始得作業。

第 183 條（防護具）

雇主對於鼓風爐、鑄鐵爐或玻璃熔解爐或處置大量高熱物之作業場所，為防止該高熱物之飛散、溢出等引起之灼傷或其他危害，應採取適當之防範措施，並使作業勞工佩戴適當之防護具。

第三節　危險物處置

第 184 條（工作場所）

雇主對於危險物製造、處置之工作場所，為防止爆炸、火災，應依下列規定辦理：

一、爆炸性物質，應遠離煙火、或有發火源之虞之物，並不得加熱、摩擦、衝擊。

二、著火性物質，應遠離煙火、或有發火源之虞之物，並不得加熱、摩擦或衝擊或使其接觸促進氧化之物質或水。

三、氧化性物質，不得使其接觸促進其分解之物質，並不得予以加熱、摩擦或撞擊。

四、易燃液體，應遠離煙火或有發火源之虞之物，未經許可不得灌注、蒸發或加熱。

五、除製造、處置必需之用料外，不得任意放置危險物。

第 184-1 條（確認危害）

①雇主使勞工使用危險物從事作業前，應確認所使用物質之危險性，採取預防之必要措施。

②雇主對於化學製程所使用之原、物料及其反應產物，應分析評估其危害及反應特性，並採取必要措施。

第 185 條（指定專人）

雇主對於從事危險物製造或處置之作業，應指定專人採取下列措施：

一、製造或處置危險物之設備及附屬設備，有異常時應即採取必要措施。

二、於置有製造或處置危險物之設備及附屬設備之場所內，其溫度、濕度、遮光及換氣狀況有異常時，應即採取必要之措施。

第 185-1 條（矽甲烷）

雇主對於常溫下具有自燃性之四氫化矽（矽甲烷）之處理，除依高壓氣體相關法規規定外，應依下列規定辦理：

一、氣體設備應具有氣密之構造及防止氣體洩漏之必要設施，並設置氣體洩漏檢知警報系統。

二、氣體容器之閥門應具有限制最大流率之流率限制孔。

三、氣體應儲存於室外安全處所，如必須於室內儲存者，應置於有效通風換氣之處所，使用時應置於氣瓶櫃內。

四、未使用之氣體容器與供氣中之容器，應分隔放置。

五、提供必要之個人防護具，並使勞工確實使用。

六、避免使勞工單獨操作。

七、設置火災時，提供冷用途之灑水設備。

八、保持逃生路線暢通。

第 186 條（灌注、卸收）

雇主對於從事灌注、卸收或儲藏危險物於化學設備、槽車或槽體等作業，應依下列規定辦理：

一、使用軟管從事易燃液體或可燃性氣體之灌注或卸收時，應事先確定軟管結合部分已確實連接牢固始得作業。作業結束後，應確認管線內已無引起危害之殘留物後，管線始得拆離。

二、從事煤油或輕油灌注於化學設備、槽車或槽體等時，如其內部有汽油殘存者，應於事前採取確實清洗、以惰性氣體置換油氣或其他適當措施，確認安全狀態無虞後，始得作業。

三、從事環氧乙烷、乙醛或 1.2. 環氧丙烷灌注時，應確實將化學設備、槽車或槽體內之氣體，以氮、二氧化碳或氦、氬等惰性氣體置換之。

四、使用槽車從事灌注或卸收作業前，槽車之引擎應熄火，且設置適

當之輪擋，以防止作業時車輛移動。作業結束後，並確認不致因引擎啓動而發生危害後，始得發動。

第 187 條（加油）

雇主對於工作場所實施加油作業，應依下列規定辦理：

一、禁止以汽油爲燃料之內燃機等機械在發動中加油。

二、設置顯著之危險警告標示。

三、備置化學乾粉、泡沫或二氧化碳等適當之油類用滅火器材。

四、油桶、輸油管等應妥爲設置，以避免油料溢濺於機動車輛之引擎、排氣管或電氣設備等。

第 188 條（去除靜電）

①雇主對於存有易燃液體之蒸氣、可燃性氣體或可燃性粉塵，致有引起爆炸、火災之虞之工作場所，應有通風、換氣、除塵、去除靜電等必要設施。

②雇主依前項規定所採設施，不得裝置或使用有發生明火、電弧、火花及其他可能引起爆炸、火災危險之機械、器具或設備。

第 189 條（熔接作業 - 洩漏）

雇主對於通風或換氣不充分之工作場所，使用可燃性氣體及氧氣從事熔接、熔斷或金屬之加熱作業時，爲防止該等氣體之洩漏或排出引起爆炸、火災，應依下列規定辦理：

一、氣體軟管或吹管，應使用不因其損傷、摩擦導致漏氣者。

二、氣體軟管或吹管相互連接處，應以軟管帶、軟管套及其他適當設備等固定確實套牢、連接。

三、擬供氣於氣體軟管時，應事先確定在該軟管裝置之吹管在關閉狀態或將軟管確實止栓後，始得作業。

四、氣體等之軟管供氣口之閥或旋塞，於使用時應設置標示使用者之名牌，以防止操作錯誤引起危害。

五、從事熔斷作業時，爲防止自吹管放出過剩氧氣引起火災，應有充分通風換氣之設施。

六、作業中斷或完工離開作業場所時,氣體供氣口之閥或旋塞應予關閉後,將氣體軟管自氣體供氣口拆下,或將氣體軟管移放於自然通風、換氣良好之場所。

第 190 條(熔接作業 - 容器)

對於雇主為金屬之熔接、熔斷或加熱等作業所須使用可燃性氣體及氧氣之容器,應依下列規定辦理:

一、容器不得設置、使用、儲藏或放置於下列場所:

(一)通風或換氣不充分之場所。

(二)使用煙火之場所或其附近。

(三)製造或處置火藥類、爆炸性物質、著火性物質或多量之易燃性物質之場所或其附近。

二、保持容器之溫度於攝氏四十度以下。

三、容器應直立穩妥放置,防止傾倒危險,並不得撞擊。

四、容器使用時,應留置專用板手於容器閥柄上,以備緊急時遮斷氣源。

五、搬運容器時應裝妥護蓋。

六、容器閥、接頭、調整器、配管口應清除油類及塵埃。

七、應輕緩開閉容器閥。

八、應清楚分開使用中與非使用中之容器。

九、容器、閥及管線等不得接觸電焊器、電路、電源、火源。

十、搬運容器時,應禁止在地面滾動或撞擊。

十一、自車上卸下容器時,應有防止衝擊之裝置。

十二、自容器閥上卸下調整器前,應先關閉容器閥,並釋放調整器之氣體,且操作人員應避開容器閥出口。

第 191 條(不相容物)

雇主對於異類物品接觸有引起爆炸、火災、危險之虞者,應單獨儲放,搬運時應使用專用之運搬機械。但經採取防止接觸之設施者,不在此限。

第 192 條（消防設備）

雇主對於起毛、反毛之操作場所、或將棉、羊毛、碎屑、木棉、稻草、紙屑及其他可燃性物質大量處理之場所，應有防止火災之安全設施。

第 193 條（破布收存）

雇主對於染有油污之破布、紙屑等應蓋藏於不燃性之容器內，或採用其他適當處置。

第四節　化學設備及其附屬設備

第 194 條（防火材料）

雇主對於建築物內設有化學設備，如反應器、蒸餾塔、吸收塔、析出器、混合器、沈澱分離器、熱交換器、計量槽、儲槽等容器本體及其閥、旋塞、配管等附屬設備時，該建築物之牆壁、柱、樓板、樑、樓梯等接近於化學設備周圍部分，為防止因危險物及輻射熱產生火災之虞，應使用不燃性材料構築。

第 195 條（防腐材料）

雇主對於化學設備或其配管存有腐蝕性之危險物或閃火點在 56℃以上之化學物質之部分，為防止爆炸、火災、腐蝕及洩漏之危險，該部分應依危險物、化學物質之種類、溫度、濃度、壓力等，使用不易腐蝕之材料製造或裝設內襯等。

第 196 條（密接、標示）

雇主對於化學設備或其配管，為防止危險物洩漏或操作錯誤而引起爆炸、火災之危險，應依下列規定辦理：

一、化學設備或其配管之蓋板、凸緣、閥、旋塞等接合部分，應使用墊圈等使接合部密接。

二、操作化學設備或其配管之閥、旋塞、控制開關、按鈕等，應保持良好性能，標示其開關方向，必要時並以顏色、形狀等標明其使用狀態。

三、為防止供料錯誤,造成危險,應於勞工易見之位置標示其原料、材料、種類、供料對象及其他必要事項。

第 197 條(確定正常)

雇主對於化學設備或其附屬設備,為防止因爆炸、火災、洩漏等造成勞工之危害,應採取下列措施:

一、確定為輸送原料、材料於化學設備或自該等設備卸收產品之有關閥、旋塞等之正常操作。

二、確定冷卻、加熱、攪拌及壓縮等裝置之正常操作。

三、保持溫度計、壓力計或其他計測裝置於正常操作功能。

四、保持安全閥、緊急遮斷裝置、自動警報裝置或其他安全裝置於異常狀態時之有效運轉。

第 198 條(指定專人)

雇主對於化學設備及其附屬設備之改善、修理、清掃、拆卸等作業,應指定專人,依下列規定辦理:

一、決定作業方法及順序,並事先告知有關作業勞工。

二、為防止危險物、有害物、高溫液體或水蒸汽及其他化學物質洩漏致危害作業勞工,應將閥或旋塞雙重關閉或設置盲板。

三、應將前款之閥、旋塞等加鎖、鉛封或將把手拆離,使其無法擅動;並應設有不准開啟之標示或設置監視人員監視。

四、拆除第二款之盲板有導致危險物等或高溫液體或水蒸汽逸出之虞時,應先確認盲板與其最接近之閥或旋塞間有無第二款物質殘留,並採取必要措施。

第五節　乾燥設備

第 199 條(平房)

雇主對於處理危險物之乾燥室,應為平房。但設置乾燥室建築物之樓層正上方無樓層或為耐火建築者,不在此限。

第 200 條（乾燥設備）

①雇主對於使用之乾燥設備，應依下列規定：

一、不得使用於加熱、乾燥有機過氧化物。

二、乾燥設備之外面，應以不燃性材料構築。

三、乾燥設備之內面及內部之棚、櫃等，應以不燃性材料構築。

四、乾燥設備內部應為易於清掃之構造；連接於乾燥設備附屬之電熱器、電動機、電燈等應設置專用之配線及開關，並不得產生電氣火花。

五、乾燥設備之窺視孔、出入口、排氣孔等之開口部分，應設計於著火時不延燒之位置，且能即刻密閉之構造。

六、乾燥設備之內部，應置有隨時能測定溫度之裝置，及調整內部溫度於安全溫度之裝置或溫度自動調整裝置。

七、危險物乾燥設備之熱源，不得使用明火；其他設備如使用明火，為防止火焰或火星引燃乾燥物，應設置有效之覆罩或隔牆。

八、乾燥設備之側面及底部應有堅固之構造，其上部應以輕質材料構築，或設置有效之爆風門或爆風孔等。

九、危險物之乾燥作業，應有可將乾燥產生之可燃性氣體、蒸氣或粉塵排出安全場所之設備。

十、使用液體燃料或可燃性氣體燃料為熱源之乾燥作業，為防止因燃料氣體、蒸氣之殘留，於點火時引起爆炸、火災，其燃燒室或其他點火之處所，應有換氣設備。

②前項規定對於乾燥物之種類、加熱乾燥之程度、熱源之種類等無虞發生爆炸或火災者，不適用之。

第 201 條（乾燥室操作）

雇主對於乾燥室之操作，應依下列規定辦理：

一、乾燥中適時檢查乾燥室內外及附屬設備，發現有不妥之處，應立即整修。

二、應注意乾燥之溫度與乾燥時間,並經常保持正常狀態。

三、依熱源之種類,經常作必要檢視。

四、乾燥物應放置妥當,使不致脫落。

五、應注意乾燥室之清掃,不得有粉塵堆積。

六、注意乾燥室牆外之溫度,且不得將可燃性物品放置於其鄰近之處。

七、經加溫乾燥之可燃性物品,應冷卻至不致發生自燃危險後,再行收存。

八、經常檢查乾燥室之電氣機械、器具之使用狀況。

第 202 條(指定專人)

雇主對於乾燥作業,應指定專人辦理下列事項:

一、開始使用乾燥設備時,或變更乾燥方法或種類時,應於事先將作業方法告知有關勞工,並直接指揮作業。

二、乾燥設備或其附屬設備有異常時,應即採取必要措施。

三、乾燥設備內部之溫度、換氣狀況及乾燥狀況有異常時,應即採取必要措施。

四、乾燥設備之鄰近場所,不得堆置易於引起火災之物質。

第六節　乙炔熔接裝置及氣體集合熔接裝置

第 203 條(乙炔 -1.3 公斤)

雇主對於使用乙炔熔接裝置或氧乙炔熔接裝置從事金屬之熔接、熔斷或加熱作業時,應規定其產生之乙炔壓力不得超過表壓力每平方公分一點三公斤以上。

第 204 條(乙炔 - 發生器室)

雇主對於乙炔熔接裝置之乙炔發生器,應有專用之發生器室,並以置於屋外為原則,該室之開口部分應與其他建築物保持一‧五公尺以上之距離;如置於屋內,該室之上方不得有樓層構造,並應遠離明火或有火花發生之虞之場所。

第 205 條（乙炔 - 發生器室）

雇主對於乙炔發生器室之構造，應依下列規定：

一、牆壁應以不燃性材料建造，且有相當之強度。

二、室頂應以薄鐵板或不燃性之輕質材料建造。

三、應設置突出於屋頂上之排氣管，其截面積應為地板面積之十六分之一以上，且使排氣良好，並與出入口或其他類似開口保持一・五公尺以上之距離。

四、門應以鐵板或不燃性之堅固材料建造。

五、牆壁與乙炔發生器應有適當距離，以免妨礙發生器裝置之操作及添料作業。

第 206 條（乙炔 - 耐火室）

雇主對於移動式乙炔熔接裝置，於不使用時應置於耐火之安全收藏室。但將氣鐘分離，並將發生器洗淨後分別保管時，不在此限。

第 207 條（乙炔 -0.07 公斤）

雇主對於產生之乙炔在表壓力每平方公分〇・〇七公斤以上者，應依下列規定辦理：

一、氣體內徑未滿六十公分者，應以厚度二・〇公厘以上之鋼板（管）製造；內徑在六十公分以上，未滿一百二十公分者，應以二・五公厘以上之鋼板（管）製造；內徑在一百二十公分以上，未滿二百公分者，應以三・五公厘以上之鋼板（管）製造；內徑在二百公分以上者，應以五・〇公厘以上之鋼板（管）製造。

二、經發生器產生之乙炔，以壓縮裝置加壓後，送至乙炔氣槽，該氣槽除依前款規定外，並應設置適當之安全閥及壓力表。

三、發生器應有支持氣鐘升降之鐵柱及安全排氣管之設置。

四、氣槽、清淨器、配管等之與乙炔接觸之部分，不得使用銅或含銅百分之七十以上銅合金製造者。

第 208 條（乙炔 - 防止回火）

雇主對於乙炔發生器應設置防止逆流或回火之安全裝置，其構造應依

下列規定：

一、主要部分應以厚度二公厘以上之鋼板製造，其構造應能耐內部爆炸。

二、應為水封式，當氣體逆流或回火時，應能確實防止危險。

三、有效水柱應為二十五公厘以上，並具有便於檢查水位之構造。

第 209 條（乙炔 - 防止回火）

雇主對於乙炔熔接裝置及氧乙炔熔接裝置，為防止氧氣背壓過高、氧氣逆流及回火造成危險，應於每一吹管分別設置安全器。但主管及最近吹管之分岐管分別設有安全器者，不在此限。

第 210 條（氣體 - 距離）

雇主對於氣體集合熔接裝置之設置，應選擇於距離用火設備五公尺以上之場所，除供移動使用者外，並應設置於專用氣體裝置室內，其牆壁應與該裝置保持適當距離，以供該裝置之操作或氣體容器之更換。

第 211 條（氣體裝置室）

雇主對於氣體裝置室之設置，應依下列規定：

一、氣體漏洩時，應不致使其滯留於室內。

二、室頂及天花板之材料，應使用輕質之不燃性材料建造。

三、牆壁之材料，應使用不燃性材料建造，且有相當強度。

第 212 條（管線密接、防止回火）

雇主對於乙炔熔接裝置、氧乙炔熔接裝置與氣體集合熔接裝置之導管及管線，應依下列規定：

一、凸緣、旋塞、閥等之接合部分，應使用墊圈使接合面密接。

二、為防止氧氣背壓過高、氧氣逆流及回火造成危險，應於主管及分岐管設置安全器，使每一吹管有兩個以上之安全器。

第 213 條（乙炔 - 銅製品）

雇主對於使用溶解乙炔之氣體集合熔接裝置之配管及其附屬器具，不得使用銅質及含銅百分之七十以上之銅合金製品。

第 214 條（熔接作業）

雇主對於使用乙炔熔接裝置、氣體集合熔接裝置從事金屬之熔接、熔斷或加熱作業時，應依下列規定：

一、應於發生器之發生器室、氣體集合裝置之氣體裝置室之易見場所揭示氣體種類、氣體最大儲存量、每小時氣體平均發生量及一次送入發生器內之電石量等。

二、發生器室及氣體裝置室內，應禁止作業無關人員進入，並加標示。

三、距離乙炔熔接裝置之發生器室三公尺、距離乙炔發生器及氣體集合裝置五公尺範圍內，應禁止吸菸、使用煙火、或從事有發生火花之虞之作業，並加標示。

四、應將閥、旋塞等之操作事項揭示於易見場所。

五、移動式乙炔熔接裝置之發生器，不得設置於高溫、通風或換氣不充分及產生強烈振動之場所。

六、為防止乙炔等氣體用與氧氣用導管或管線之混用，應採用專用色別區分，以資識別。

七、熔接裝置之設置場所，應有適當之消防設備。

八、從事該作業者，應佩載防護眼鏡及防護手套。

第 215 條（電石碴）

雇主對於電石碴之儲存槽坑，應置於安全之場所儲存，並採取防止乙炔發生危險之安全措施。

第 216 條（操作人員）

雇主對於以乙炔熔接裝置或氣體集合熔接裝置從事金屬之熔接、熔斷或加熱之作業，應指派經特殊安全衛生教育、訓練合格人員操作。

第 217 條（乙炔 - 選任專人）

雇主對於使用乙炔熔接裝置從事金屬之熔接、熔斷或加熱作業時，應選任專人辦理下列事項：

一、決定作業方法及指揮作業。

二、對使用中之發生器，禁止使用有發生火花之虞之工具或予以撞擊。

三、使用肥皂水等安全方法，測試乙炔熔接裝置是否漏洩。

四、發生器之氣鐘上禁止置放任何物件。

五、發生器室出入口之門，應注意關閉。

六、再裝電石於移動式乙炔熔接裝置之發生器時，應於屋外之安全場所為之。

七、開啓電石桶或氣鐘時，應禁止撞擊或發生火花。

八、作業時，應將乙炔熔接裝置發生器內存有空氣與乙炔之混合氣體排除。

九、作業中，應查看安全器之水位是否保持安全狀態。

十、應使用溫水或蒸汽等安全之方法加溫或保溫，以防止乙炔熔接裝置內水之凍結。

十一、發生器停止使用時，應保持適當水位，不得使水與殘存之電石接觸。

十二、發生器之修繕、加工、搬運、收藏，或繼續停止使用時，應完全除去乙炔及電石。

十三、監督作業勞工戴用防護眼鏡、防護手套。

第 218 條（氣體 - 選任專人）

雇主對於使用氣體集合熔接裝置從事金屬之熔接、熔斷或加熱作業時，應選任專人辦理下列事項：

一、決定作業方法及指揮作業。

二、清除氣體容器閥、接頭、調整器及配管口之油漬、塵埃等。

三、更換容器時，應將該容器之口及配管口部分之氣體與空氣之混合氣體排除。

四、使用肥皂水等安全方法測試是否漏氣。

五、注意輕緩開閉旋塞或閥。

六、會同作業人員更換氣體容器。

七、作業開始之時，應確認瓶閥、壓力調整器、軟管、吹管、軟管套夾等器具，無損傷、磨耗致漏洩氣體或氧氣。

八、查看安全器，並確保勞工安全使用狀態。

九、監督從事作業勞工佩戴防護眼鏡、防護手套。

第七節　爆破作業

第 219 條（遵守事項）

雇主對於勞工從事火藥爆破之砲孔充填、結線、點火及未爆火藥檢查處理等火藥爆破作業時，應規定其遵守下列事項：

一、不得將凍結之火藥直接接近煙火、蒸汽管或其他高熱物體等危險方法融解火藥。

二、充填火藥或炸藥時，不得使用明火並禁止吸菸。

三、使用銅質、木質、竹質或其他不因摩擦、衝擊、產生靜電等引發爆炸危險之充填具。

四、使用黏土、砂、水袋或其他無著火或不引火之充填物。

五、點火後，充填之火藥類未發生爆炸或難予確認時，應依下列規定處理：

（一）使用電氣雷管時，應自發爆器卸下發爆母線、短結其端部、採取無法再點火之措施、並經五分鐘以上之時間，確認無危險之虞後，始得接近火藥類之充填地點。

（二）使用電氣雷管以外者，點火後應經十五分鐘以上之時間，並確認無危險之虞後，始得接近火藥類之充填地點。

第 220 條（指派人員）

雇主對於從事火藥爆破作業，應指派經火藥爆破特殊安全衛生教育、訓練之人員擔任。

第 221 條（指派專人）

雇主對於使用導火索方式從事爆破作業，應就經火藥爆破特殊安全衛生教育、訓練人員中，指派專人辦理下列事項：

一、指示從事該作業勞工之退避場所及應經路線。

二、發爆前應以信號警告，並確認所有人員均已離開危險區域。

三、一人之點火數在五以上時，應使用爆破時間指示器等能獲知退避時間之儀表。

四、應指示點火之順序及種類。

五、傳達點火信號。

六、對從事點火作業之勞工，傳達退避之信號。

七、確認有無未爆之裝藥或殘藥，並作妥善之處理。

第 222 條（指派專人）

雇主對於使用電氣方式從事爆破作業，應就經火藥爆破特殊安全衛生教育、訓練之人員中，指派專人辦理下列事項：

一、指示從事該作業勞工之退避場所及應經路線。

二、發爆前應以信號警告，並確認所有人員均已離開危險區域。

三、指定發爆者。

四、指示有關發爆場所。

五、傳達點火信號。

六、確認有無未爆之裝藥或殘藥，並作妥善之處理。

第 223 條（避難所）

雇主對於爆破作業，如勞工無法退避至安全之距離時，應設置堅固有效防護之避難所，以防止正面及上方飛石產生之危害。

第九章 | 墜落、飛落災害防止

第一節　人體墜落防止

第 224 條（2 公尺 - 護欄、有困難 - 安全帶）

①雇主對於高度在二公尺以上之工作場所邊緣及開口部分，勞工有遭受墜落危險之虞者，應設有適當強度之護欄、護蓋等防護設備。

②雇主爲前項措施顯有困難，或作業之需要臨時將護欄、護蓋等拆除，應採取使勞工使用安全帶等防止因墜落而致勞工遭受危險之措施。

第 225 條（2 公尺 - 工作台、有困難 - 安全帶、安全網）

①雇主對於在高度二公尺以上之處所進行作業，勞工有墜落之虞者，應以架設施工架或其他方法設置工作台。但工作台之邊緣及開口部分等，不在此限。

②雇主依前項規定設置工作台有困難時，應採取張掛安全網或使勞工使用安全帶等防止勞工因墜落而遭致危險之措施，但無其他安全替代措施者，得採取繩索作業。使用安全帶時，應設置足夠強度之必要裝置或安全母索，供安全帶鉤掛。

③前項繩索作業，應由受過訓練之人員爲之，並於高處採用符合國際標準 ISO22846 系列或與其同等標準之作業規定及設備從事工作。

第 226 條（2 公尺 - 強風大雨）

雇主對於高度在二公尺以上之作業場所，有遇強風、大雨等惡劣氣候致勞工有墜落危險時，應使勞工停止作業。

第 227 條（踏穿）

①雇主對勞工於以石綿板、鐵皮板、瓦、木板、茅草、塑膠等易踏穿材料構築之屋頂及雨遮，或於以礦纖板、石膏板等易踏穿材料構築之夾層天花板從事作業時，爲防止勞工踏穿墜落，應採取下列設施：

一、規劃安全通道，於屋架、雨遮或天花板支架上設置適當強度且寬度在三十公分以上之踏板。

二、於屋架、雨遮或天花板下方可能墜落之範圍，裝設堅固格柵或安全網等防墜設施。

三、指定屋頂作業主管指揮或監督該作業。

②雇主對前項作業已採其他安全工法或設置踏板面積已覆蓋全部易踏穿屋頂、雨遮或天花板，致無墜落之虞者，得不受前項限制。

第 227-1 條（工廠鋼構屋頂）

雇主對於新建、增建、改建或修建工廠之鋼構屋頂，勞工有遭受墜落危險之虞者，應依下列規定辦理：

一、於邊緣及屋頂突出物頂板周圍，設置高度九十公分以上之女兒牆或適當強度欄杆。

二、於易踏穿材料構築之屋頂，應於屋頂頂面設置適當強度且寬度在三十公分以上通道，並於屋頂採光範圍下方裝設堅固格柵。

前項所定工廠，為事業單位從事物品製造或加工之固定場所。

第 228 條（1.5 公尺 - 上下設備）

雇主對勞工於高差超過一‧五公尺以上之場所作業時，應設置能使勞工安全上下之設備。

第 229 條（移動梯）

雇主對於使用之移動梯，應符合下列之規定：

一、具有堅固之構造。

二、其材質不得有顯著之損傷、腐蝕等現象。

三、寬度應在三十公分以上。

四、應採取防止滑溜或其他防止轉動之必要措施。

第 230 條（合梯）

①雇主對於使用之合梯，應符合下列規定：

　一、具有堅固之構造。

　二、其材質不得有顯著之損傷、腐蝕等。

　三、梯腳與地面之角度應在七十五度以內，且兩梯腳間有金屬等硬質繫材扣牢，腳部有防滑絕緣腳座套。

　四、有安全之防滑梯面。

②雇主不得使勞工以合梯當作二工作面之上下設備使用，並應禁止勞工站立於頂板作業。

第 231 條（立木梯子）

雇主對於使用之梯式施工架立木之梯子，應符合下列規定：

一、具有適當之強度。

二、置於座板或墊板之上，並視土壤之性質埋入地下至必要之深度，使每一梯子之二立木平穩落地，並將梯腳適當拴結。

三、以一梯連接另一梯增加其長度時，該二梯至少應疊接一‧五公尺以上，並拴結牢固。

第 232 條（警告標示）

雇主對於勞工有墜落危險之場所，應設置警告標示，並禁止與工作無關之人員進入。

第 233 條（船舶運輸）

雇主對於以船舶運輸勞工前往作業場所時，不得超載，且應備置足夠數量救生衣、救生用具或採取其他方法，以防止勞工落水遭致危害。

第 234 條（水上作業）

雇主對於水上作業勞工有落水之虞時，除應使勞工穿著救生衣，設置監視人員及救生設備外，並應符合下列規定：

一、使用水上動力船隻，應設置滅火器及堵漏設備。

二、使用水上動力船隻於夜間作業時，應依國際慣例懸掛燈號及有足夠照明。

三、水上作業，應備置急救設備。

四、水上作業時，應先查明舖設於水下之電纜管路及其他水下障礙物位置，經妥善處理後，再行施工。

五、有水上、岸上聯合作業情況時，應設置通訊設備或採行具聯絡功能之措施，並選任指揮聯絡人員。

第二節　物體飛落防止

第 235 條（表土崩塌）

雇主對表土之崩塌或土石之崩落，有危害勞工之虞者，應依下列規定：

一、應使表土保持安全之傾斜，對有飛落之虞之土石應予清除或設置

　　堵牆、擋土支撐等。

二、排除可能形成表土崩塌或土石飛落之雨水、地下水等。

第 236 條（坑內崩塌）

雇主為防止坑內落磐、落石或側壁崩塌等對勞工之危害，應設置支撐或清除浮石等。

第 237 條（3 公尺 - 投下物體）

雇主對於自高度在三公尺以上之場所投下物體有危害勞工之虞時，應設置適當之滑槽、承受設備，並指派監視人員。

第 238 條（安全帽）

雇主對於工作場所有物體飛落之虞者，應設置防止物體飛落之設備，並供給安全帽等防護具，使勞工戴用。

第十章 ｜ 電氣危害之防止

第一節　　電氣設備及線路

第 239 條（國家標準）

雇主使用之電氣器材及電線等，應符合國家標準規格。

第 239-1 條（接地）

雇主對於使用之電氣設備，應依用戶用電設備裝置規則規定，於非帶電金屬部分施行接地。

第 240 條（電弧距離）

雇主對於高壓或特高壓用開關、避雷器或類似器具等在動作時，會發生電弧之電氣器具，應與木製之壁、天花板等可燃物質保持相當距離。但使用防火材料隔離者，不在此限。

第 241 條（通行接觸）

雇主對於電氣機具之帶電部分（電熱器之發熱體部分，電焊機之電極部分等，依其使用目的必須露出之帶電部分除外），如勞工於作業中

或通行時，有因接觸（含經由導電體而接觸者，以下同）或接近致發生感電之虞者，應設防止感電之護圍或絕緣被覆。但電氣機具設於配電室、控制室、變電室等被區隔之場所，且禁止電氣作業有關人員以外之人員進入者；或設置於電桿、鐵塔等已隔離之場所，且電氣作業有關人員以外之人員無接近之虞之場所者，不在此限。

第 242 條（移動電燈）

雇主對於連接於移動電線之攜帶型電燈，或連接於臨時配線、移動電線之架空懸垂電燈等，為防止觸及燈座帶電部分而引起感電或燈泡破損而引起之危險，應設置合乎下列規定之護罩：

一、燈座露出帶電部分，應為手指不易接觸之構造。

二、應使用不易變形或破損之材料。

第 243 條（漏電斷路器）

雇主為避免漏電而發生感電危害，應依下列狀況，於各該電動機具設備之連接電路上設置適合其規格，具有高敏感度、高速型，能確實動作之防止感電用漏電斷路器：

一、使用對地電壓在一百五十伏特以上移動式或攜帶式電動機具。

二、於含水或被其他導電度高之液體濕潤之潮濕場所、金屬板上或鋼架上等導電性良好場所使用移動式或攜帶式電動機具。

三、於建築或工程作業使用之臨時用電設備。

第 244 條（漏電斷路器-但書）

電動機具合於下列之一者，不適用前條之規定：

一、連接於非接地方式電路（該電動機具電源側電路所設置之絕緣變壓器之二次側電壓在三百伏特以下，且該絕緣變壓器之負荷側電路不可接地者）中使用之電動機具。

二、在絕緣台上使用之電動機具。

三、雙重絕緣構造之電動機具。

第 245 條（焊接柄）

雇主對電焊作業使用之焊接柄，應有相當之絕緣耐力及耐熱性。

第 246 條 （絕緣保護）

雇主對勞工於作業中或通行時，有接觸絕緣被覆配線或移動電線或電氣機具、設備之虞者，應有防止絕緣被破壞或老化等致引起感電危害之設施。

第 247 條 （特高壓）

雇主對於發電室、變電室、受電室及其類似場所之特高壓電路，其連接狀態應以模擬線或其他方法表示。但連接於特高壓電路之回路數係二回線以下，或特高壓之匯流排係單排者，不在此限。

第 248 條 （標示操作）

雇主對於啓斷馬達或其他電氣機具之裝置，應明顯標示其啓斷操作及用途。但如其配置方式或配置位置，已足顯示其操作及用途者，不在此限。

第 249 條 （手提照明）

雇主對於良導體機器設備內之檢修工作所用之手提式照明燈，其使用電壓不得超過二十四伏特，且導線須爲耐磨損及有良好絕緣，並不得有接頭。

第 250 條 （自動電擊防止裝置）

雇主對勞工於良導體機器設備內之狹小空間，或於鋼架等致有觸及高導電性接地物之虞之場所，作業時所使用之交流電焊機，應有自動電擊防止裝置。但採自動式焊接者，不在此限。

第 251 條 （電氣防塵）

雇主對於易產生非導電性及非燃燒性塵埃之工作場所，其電氣機械器具，應裝於具有防塵效果之箱內，或使用防塵型器具，以免塵垢堆積影響正常散熱，造成用電設備之燒損。

第 252 條 （靜電接地）

雇主對於有發生靜電致傷害勞工之虞之工作機械及其附屬物件，應就其發生靜電之部份施行接地，使用除電劑、或裝設無引火源之除電裝置等適當設備。

第 253 條（通路電線）

雇主不得於通路上使用臨時配線或移動電線。但經妥為防護而車輛或其他物體通過該配線或移動電線時不致損傷其絕緣被覆者，不在此限。

第二節　停電作業

第 254 條（開路作業）

①雇主對於電路開路後從事該電路、該電路支持物、或接近該電路工作物之敷設、建造、檢查、修理、油漆等作業時，應於確認電路開路後，就該電路採取下列設施：

一、開路之開關於作業中，應上鎖或標示「禁止送電」、「停電作業中」或設置監視人員監視之。

二、開路後之電路如含有電力電纜、電力電容器等致電路有殘留電荷引起危害之虞，應以安全方法確實放電。

三、開路後之電路藉放電消除殘留電荷後，應以檢電器具檢查，確認其已停電，且為防止該停電電路與其他電路之混觸、或因其他電路之感應、或其他電源之逆送電引起感電之危害，應使用短路接地器具確實短路，並加接地。

四、前款停電作業範圍如為發電或變電設備或開關場之一部分時，應將該停電作業範圍以藍帶或網加圍，並懸掛「停電作業區」標誌；有電部分則以紅帶或網加圍，並懸掛「有電危險區」標誌，以資警示。

②前項作業終了送電時，應事先確認從事作業等之勞工無感電之虞，並於拆除短路接地器具與紅藍帶或網及標誌後為之。

第 255 條（顯示負載）

雇主對於高壓或特高壓電路，非用於啟斷負載電流之空斷開關及分段開關（隔離開關），為防止操作錯誤，應設置足以顯示該電路為無負載之指示燈或指示器等，使操作勞工易於識別該電路確無負載。但已

設置僅於無負載時方可啓斷之連鎖裝置者,不在此限。

第三節 活線作業及活線接近作業

第 256 條（低壓 - 防護具）

雇主使勞工於低壓電路從事檢查、修理等活線作業時,應使該作業勞工戴用絕緣用防護具,或使用活線作業用器具或其他類似之器具。

第 257 條（低壓 - 電路絕緣）

雇主使勞工於接近低壓電路或其支持物從事敷設、檢查、修理、油漆等作業時,應於該電路裝置絕緣用防護裝備。但勞工戴用絕緣用防護具從事作業而無感電之虞者,不在此限。

第 258 條（高壓 - 防護具、防護設施）

雇主使勞工從事高壓電路之檢查、修理等活線作業時,應有下列設施之一:

一、使作業勞工戴用絕緣用防護具,並於有接觸或接近該電路部分設置絕緣用防護裝備。

二、使作業勞工使用活線作業用器具。

三、使作業勞工使用活線作業用絕緣工作台及其他裝備,並不得使勞工之身體或其使用中之工具、材料等導電體接觸或接近有使勞工感電之虞之電路或帶電體。

第 259 條（高壓 - 電路絕緣）

①雇主使勞工於接近高壓電路或高壓電路支持物從事敷設、檢查、修理、油漆等作業時,為防止勞工接觸高壓電路引起感電之危險,在距離頭上、身側及腳下六十公分以內之高壓電路者,應在該電路設置絕緣用防護裝備。但已使該作業勞工戴用絕緣用防護具而無感電之虞者,不在此限。

第 260 條（特高壓 - 作業距離）

雇主使勞工於特高壓之充電電路或其支持礙子從事檢查、修理、清掃等作業時,應有下列設施之一:

一、使勞工使用活線作業用器具，並對勞工身體或其使用中之金屬工具、材料等導電體，應保持下表所定接近界限距離。

充電電路之使用電壓（千伏特）	接近界限距離（公分）
二二以下	二〇
超過二二，三三以下	三〇
超過三三，六六以下	五〇
超過六六，七七以下	六〇
超過七七，一一〇以下	九〇
超過一一〇，一五四以下	一二〇
超過一五四，一八七以下	一四〇
超過一八七，二二〇以下	一六〇
超過二二〇，三四五以下	二〇〇
超過三四五	三〇〇

二、使作業勞工使用活線作業用裝置，並不得使勞工之身體或其使用中之金屬工具、材料等導電體接觸或接近於有使勞工感電之虞之電路或帶電體。

第 261 條（特高壓－防護設施）

雇主使勞工於接近特高壓電路或特高壓電路支持物從事檢查、修理、油漆、清掃等電氣工程作業時，應有下列設施之一。但接近特高壓電路之支持礙子，不在此限：

一、使勞工使用活線作業用裝置。

二、對勞工身體或其使用中之金屬工具、材料等導電體，保持前條第一款規定之接近界限距離以上，並將接近界限距離標示於易見之場所或設置監視人員從事監視作業。

第 262 條（防護具）

雇主於勞工從事裝設、拆除或接近電路等之絕緣用防護裝備時，應使勞工戴用絕緣用防護具、或使用活線用器具、或其他類似器具。

第 263 條（界限距離）

雇主對勞工於架空電線或電氣機具電路之接近場所從事工作物之裝設、解體、檢查、修理、油漆等作業及其附屬性作業或使用車輛系營建機械、移動式起重機、高空工作車及其他有關作業時，該作業使用之機械、車輛或勞工於作業中或通行之際，有因接觸或接近該電路引起感電之虞者，雇主除應使勞工與帶電體保持規定之接近界限距離外，並應設置護圍、或於該電路四周裝置絕緣用防護裝備等設備或採取移開該電路之措施。但採取前述設施顯有困難者，應置監視人員監視之。

第四節　管理

第 264 條（電氣技術人員）

①雇主對於裝有電力設備之工廠、供公眾使用之建築物及受電電壓屬高壓以上之用電場所，應依下列規定置專任電氣技術人員，或另委託用電設備檢驗維護業，負責維護與電業供電設備分界點以內一般及緊急電力設備之用電安全：

　　一、低壓：六百伏特以下供電，且契約容量達五十瓩以上之工廠或供公眾使用之建築物，應置初級電氣技術人員。

　　二、高壓：超過六百伏特至二萬二千八百伏特供電之用電場所，應置中級電氣技術人員。

　　三、特高壓：超過二萬二千八百伏特供電之用電場所，應置高級電氣技術人員。

②前項專任電氣技術人員之資格，依用電場所及專任電氣技術人員管理規則規定辦理。

第 265 條（高壓 - 監督人員）

雇主對於高壓以上之停電作業、活線作業及活線接近作業，應將作業期間、作業內容、作業之電路及接近於此電路之其他電路系統，告知作業之勞工，並應指定監督人員負責指揮。

第 266 條（照明）

雇主對於發電室、變電室或受電室等場所應有適當之照明設備，以便於監視及確保操作之正確安全。

第 267 條（特高壓 - 絕緣台）

雇主對裝有特高壓用器具及電線之配電盤前面，應設置供操作者用之絕緣台。

第 268 條（工作空間 -600 V 以下）

雇主對於六百伏特以下之電氣設備前方，至少應有八十公分以上之水平工作空間。但於低壓帶電體前方，可能有檢修、調整、維護之活線作業時，不得低於下表規定：

對地電壓（伏特）	最小工作空間（公分）		
	工作環境		
	甲	乙	丙
○至一五○	九○	九○	九○
一五一至六○○	九○	一○五	一二○

第 269 條（工作空間 -600 V 以上）

雇主對於六百伏特以上之電氣設備，如配電盤、控制盤、開關、斷路器、電動機操作器、電驛及其他類似設備之前方工作空間，不得低於下表規定：

對地電壓（伏特）	最小工作空間（公分）		
	工作環境		
	甲	乙	丙
六○一至二五○○	九○	一二○	一五○
二五○一至九○○○	一二○	一五○	一八○
九○○一至二五○○○	一五○	一八○	二七○
二五○○一至七五○○○	一八○	二四○	三○○
七五○○一以上	二四○	三○○	三六○

第 270 條（工作環境）

①前兩條表中所指之「工作環境」，其類型及意義如下：

一、工作環境甲：水平工作空間一邊有露出帶電部分，另一邊無露出帶電部分或亦無露出接地部分者，或兩邊為以合適之木材或絕緣材料隔離之露出帶電部分者。

二、工作環境乙：水平工作空間一邊為露出帶電部分，另一邊為接地部分者。

三、工作環境丙：操作人員所在之水平工作空間，其兩邊皆為露出帶電部分且無隔離之防護者。

②前兩條電氣設備為露出者，其工作空間之水平距離，應自帶電部分算起；如屬封閉型設備，應自封閉體前端或開口算起。

第 271 條（通路）

雇主對於配電盤後面如裝設有高壓器具或電線時，應設適當之通路。

第 272 條（檢點）

雇主對於絕緣用防護裝備、防護具、活線作業用工具等，應每六個月檢驗其性能一次，工作人員應於每次使用前自行檢點，不合格者應予更換。

第 273 條（操作棒）

雇主對於開關操作棒，須保持清潔、乾燥及符合國家標準 CNS 6654 同等以上規定之高度絕緣。

第 274 條（電氣技術人員）

雇主對於電氣技術人員或其他電氣負責人員，除應責成其依電氣有關法規規定辦理，並應責成其工作遵守下列事項：

一、隨時檢修電氣設備，遇有電氣火災或重大電氣故障時，應切斷電源，並即聯絡當地供電機構處理。

二、電線間、直線、分歧接頭及電線與器具間接頭，應確實接牢。

三、拆除或接裝保險絲以前，應先切斷電源。

四、以操作棒操作高壓開關，應使用橡皮手套。

五、熟悉發電室、變電室、受電室等其工作範圍內之各項電氣設備操
　　作方法及操作順序。

第 275 條（電氣設備）

雇主對於電氣設備，平時應注意下列事項：

一、發電室、變電室、或受電室內之電路附近，不得堆放任何與電路
　　無關之物件或放置床、舖、衣架等。

二、與電路無關之任何物件，不得懸掛或放置於電線或電氣器具。

三、不得使用未知或不明規格之工業用電氣器具。

四、電動機械之操作開關，不得設置於工作人員須跨越操作之位置。

五、防止工作人員感電之圍柵、屏障等設備，如發現有損壞，應即修
　　補。

第 276 條（電氣災害）

雇主為防止電氣災害，應依下列規定辦理：

一、對於工廠、供公眾使用之建築物及受電電壓屬高壓以上之用電場
　　所，電力設備之裝設及維護保養，非合格之電氣技術人員不得擔
　　任。

二、為調整電動機械而停電，其開關切斷後，須立即上鎖或掛牌標示
　　並簽章。復電時，應由原掛簽人取下鎖或掛牌後，始可復電，以
　　確保安全。但原掛簽人因故無法執行職務者，雇主應指派適當職
　　務代理人，處理復電、安全控管及聯繫等相關事宜。

三、發電室、變電室或受電室，非工作人員不得任意進入。

四、不得以肩負方式攜帶竹梯、鐵管或塑膠管等過長物體，接近或通
　　過電氣設備。

五、開關之開閉動作應確實，有鎖扣設備者，應於操作後加鎖。

六、拔卸電氣插頭時，應確實自插頭處拉出。

七、切斷開關應迅速確實。

八、不得以濕手或濕操作棒操作開關。

九、非職權範圍，不得擅自操作各項設備。

十、遇電氣設備或電路著火者,應用不導電之滅火設備。

十一、對於廣告、招牌或其他工作物拆掛作業,應事先確認從事作業無感電之虞,始得施作。

十二、對於電氣設備及線路之敷設、建造、掃除、檢查、修理或調整等有導致感電之虞者,應停止送電,並為防止他人誤送電,應採上鎖或設置標示等措施。但採用活線作業及活線接近作業,符合第二百五十六條至第二百六十三條規定者,不在此限。

第十一章 | 防護具

第 277 條(保存、數量)

雇主供給勞工使用之個人防護具或防護器具,應依下列規定辦理:

一、保持清潔,並予必要之消毒。

二、經常檢查,保持其性能,不用時並妥予保存。

三、防護具或防護器具應準備足夠使用之數量,個人使用之防護具應置備與作業勞工人數相同或以上之數量,並以個人專用為原則。

四、對勞工有感染疾病之虞時,應置備個人專用防護器具,或作預防感染疾病之措施。

第 277-1 條(呼吸防護措施、計畫)

①雇主使勞工使用呼吸防護具時,應指派專人採取下列呼吸防護措施,作成執行紀錄,並留存三年:

一、危害辨識及暴露評估。

二、防護具之選擇。

三、防護具之使用。

四、防護具之維護及管理。

五、呼吸防護教育訓練。

六、成效評估及改善。

②前項呼吸防護措施,事業單位勞工人數達二百人以上者,雇主應依

中央主管機關公告之相關指引，訂定呼吸防護計畫，並據以執行；於勞工人數未滿二百人者，得以執行紀錄或文件代替。

第 278 條（適當防護、確實使用）

雇主對於搬運、置放、使用有刺角物、凸出物、腐蝕性物質、毒性物質或劇毒物質時，應置備適當之手套、圍裙、裏腿、安全鞋、安全帽、防護眼鏡、防毒口罩、安全面罩等並使勞工確實使用。

第 279 條（適當衣帽）

雇主對於勞工操作或接近運轉中之原動機、動力傳動裝置、動力滾捲裝置，或動力運轉之機械，勞工之頭髮或衣服有被捲入危險之虞時，應使勞工確實著用適當之衣帽。

第 280 條（物體飛落）

雇主對於作業中有物體飛落或飛散，致危害勞工之虞時，應使勞工確實使用安全帽及其他必要之防護設施。

第 280-1 條（交通事故）

雇主使勞工於有車輛出入或往來之工作場所作業時，有導致勞工遭受交通事故之虞者，除應明顯設置警戒標示外，並應置備反光背心等防護衣，使勞工確實使用。

第 281 條（2 公尺 - 安全帶、安全帽、安全網）

①雇主對於在高度二公尺以上之高處作業，勞工有墜落之虞者，應使勞工確實使用安全帶、安全帽及其他必要之防護具，但經雇主採安全網等措施者，不在此限。

②前項安全帶之使用，應視作業特性，依國家標準規定選用適當型式，對於鋼構懸臂突出物、斜籬、二公尺以上未設護籠等保護裝置之垂直固定梯、局限空間、屋頂或施工架組拆、工作台組拆、管線維修作業等高處或傾斜面移動，應採用符合國家標準 CNS 14253-1 同等以上規定之全身背負式安全帶及捲揚式防墜器。

第 282 條（中毒、缺氧）

雇主對於從事地面下或隧道工程等作業，有物體飛落、有害物中毒、

或缺氧危害之虞者；應使勞工確實使用安全帽，必要時應置備空氣呼吸器、氧氣呼吸器、防毒面具、防塵面具等防護器材。

第 283 條（噪音場所）

雇主爲防止勞工暴露於強烈噪音之工作場所，應置備耳塞、耳罩等防護具，並使勞工確實戴用。

第 284 條（電焊作業）

①雇主對於勞工以電焊、氣焊從事熔接、熔斷等作業時，應置備安全面罩、防護眼鏡及防護手套等，並使勞工確實戴用。

②雇主對於前項電焊熔接、熔斷作業產生電弧，而有散發強烈非游離輻射線致危害勞工之虞之場所，應予適當隔離。但工作場所採隔離措施顯有困難者，不在此限。

第 285 條（高溫場所）

雇主對於熔礦爐、熔鐵爐、玻璃熔解爐、或其他高溫操作場所，爲防止爆炸或高熱物飛出，除應有適當防護裝置及置備適當之防護具外，並使勞工確實使用。

第 286 條（搶救器材）

雇主應依工作場所之危害性，設置必要之職業災害搶救器材。

第 286-1 條（水下作業）

雇主對於勞工從事水下作業，應視作業危害性，使勞工配置必要之呼吸用具、潛水、緊急救生及連絡通訊等設備。

第 286-2 條（停止上班）

雇主使勞工於經地方政府因天然災害宣布停止上班期間從事外勤作業，有危害勞工之虞者，應視作業危害性，置備適當救生衣、安全帽、連絡通訊設備與其他必要之安全防護設施及交通工具。

第 286-3 條（外送作業）

①雇主對於使用機車、自行車等交通工具從事外送作業，應置備安全帽、反光標示、高低氣溫危害預防、緊急用連絡通訊設備等合理及必要之安全衛生防護設施，並使勞工確實使用。

②事業單位從事外送作業勞工人數在三十人以上，雇主應依中央主管機關發布之相關指引，訂定外送作業危害防止計畫，並據以執行；於勞工人數未滿三十人者，得以執行紀錄或文件代替。

③前項所定執行紀錄或文件，應留存三年。

第 287 條（有害物）

雇主對於勞工有暴露於高溫、低溫、非游離輻射線、生物病原體、有害氣體、蒸氣、粉塵或其他有害物之虞者，應置備安全衛生防護具，如安全面罩、防塵口罩、防毒面具、防護眼鏡、防護衣等適當之防護具，並使勞工確實使用。

第 287-1 條（輸氣管面罩）

①雇主使勞工使用輸氣管面罩呼吸防護具時，應確保其供氣及性能維持正常運作，並避免使用純氧供氣。

②前項情形使用空氣壓縮機供氣者，其與面罩連結之輸氣管線及接頭，應明顯標示其種類及用途；相鄰管線之接頭，應以不同規格予以區隔。

第 288 條（皮膚滲透）

雇主對於勞工在作業中使用之物質，有因接觸而傷害皮膚、感染、或經由皮膚滲透吸收而發生中毒等之虞時，應置備不浸透性防護衣、防護手套、防護靴、防護鞋等適當防護具，或提供必要之塗敷用防護膏，並使勞工使用。

第 289 條（腐蝕物質）

雇主對於從事輸送腐蝕性物質之勞工，為防止腐蝕性物質之飛濺、漏洩或溢流致危害勞工，應使勞工使用適當之防護具。

第 290 條（電氣工作）

雇主對於從事電氣工作之勞工，應使其使用電工安全帽、絕緣防護具及其他必要之防護器具。

第 291 條

（刪除）

第十二章 | 衛生

第一節　有害作業環境

第 292 條（容許濃度）

雇主對於有害氣體、蒸氣、粉塵等作業場所，應依下列規定辦理：

一、工作場所內發散有害氣體、蒸氣、粉塵時，應視其性質，採取密閉設備、局部排氣裝置、整體換氣裝置或以其他方法導入新鮮空氣等適當措施，使其不超過勞工作業場所容許暴露標準之規定。勞工有發生中毒之虞者，應停止作業並採取緊急措施。

二、勞工暴露於有害氣體、蒸氣、粉塵等之作業時，其空氣中濃度超過八小時日時量平均容許濃度、短時間時量平均容許濃度或最高容許濃度者，應改善其作業方法、縮短工作時間或採取其他保護措施。

三、有害物工作場所，應依有機溶劑、鉛、四烷基鉛、粉塵及特定化學物質等有害物危害預防法規之規定，設置通風設備，並使其有效運轉。

第 293 條（廢棄物）

①雇主為防止含有有害物之廢氣、廢液、殘渣等廢棄物危害勞工，應採取必要防護措施，排出廢棄之。

②前項廢棄物之排放標準，應依環境保護有關法令規定辦理。

第 294 條（有害物）

雇主使勞工使用有害物從事作業前，應確認所使用物質之危害性，採取預防危害之必要措施。

第 295 條（內燃機）

①雇主對於勞工在坑內、深井、沉箱、儲槽、隧道、船艙或其他自然換氣不充分之場所工作，應依缺氧症預防規則，採取必要措施。

②前項工作場所，不得使用具有內燃機之機械，以免排出之廢氣危害

勞工。

③但另設有效之換氣設施者不在此限。

第 295-1 條（動、植物接觸）

雇主使勞工從事畜牧、動物養殖、農作物耕作、採收、園藝、綠化服務、田野調查、量測或其他易與動、植物接觸之作業，有造成勞工傷害或感染之虞者，應採取危害預防或隔離設施、提供適當之防衛裝備或個人防護器具。

第 296 條（生物病原體）

①雇主對於受生物病原體污染之物品，應予以消毒、殺菌等適當處理，以避免勞工感染疾病。

②前項處理受生物病原體污染之廢棄物時，應採用機械器具處理或提供適當防護具。

第 297 條（污染物儲存）

①雇主對於有害物、生物病原體或受其污染之物品，應妥為儲存，並加警告標示。

②為避免發生污染物品洩漏或遭尖銳物品穿刺，前項生物病原體或受其污染物品，應使用防止洩漏或不易穿透材質之容器盛裝儲存，且其盛裝材料應有足夠強度。

第 297-1 條（生物病原體）

①雇主對於工作場所有生物病原體危害之虞者，應採取下列感染預防措施：

一、危害暴露範圍之確認。

二、相關機械、設備、器具等之管理及檢點。

三、警告傳達及標示。

四、健康管理。

五、感染預防作業標準。

六、感染預防教育訓練。

七、扎傷事故之防治。

八、個人防護具之採購、管理及配戴演練。

九、緊急應變。

十、感染事故之報告、調查、評估、統計、追蹤、隱私權維護及紀錄。

十一、感染預防之績效檢討及修正。

十二、其他經中央主管機關指定者。

②前項預防措施於醫療保健服務業，應增列勞工工作前預防感染之預防注射等事項。

③前二項之預防措施，應依作業環境特性，訂定實施計畫及將執行紀錄留存三年，於僱用勞工人數在三十人以下之事業單位，得以執行紀錄或文件代替。

第 297-2 條（針扎）

雇主對於作業中遭生物病原體污染之針具或尖銳物品扎傷之勞工，應建立扎傷感染災害調查制度及採取下列措施：

一、指定專責單位或專人負責接受報告、調查、處理、追蹤及紀錄等事宜，相關紀錄應留存三年。

二、調查扎傷勞工之針具或尖銳物品之危害性及感染源。但感染源之調查需進行個案之血液檢查者，應經當事人同意後始得為之。

三、前款調查結果勞工有感染之虞者，應使勞工接受特定項目之健康檢查，並依醫師建議，採取對扎傷勞工採血檢驗與保存、預防性投藥及其他必要之防治措施。

第 298 條（有害作業）

雇主對於處理有害物、或勞工暴露於強烈噪音、振動、超音波及紅外線、紫外線、微波、雷射、射頻波等非游離輻射或因生物病原體污染等之有害作業場所，應去除該危害因素，採取使用代替物、改善作業方法或工程控制等有效之設施。

第 299 條（警告標示）

①雇主應於明顯易見之處所設置警告標示牌，並禁止非與從事作業有

關之人員進入下列工作場所：

一、處置大量高熱物體或顯著濕熱之場所。

二、處置大量低溫物體或顯著寒冷之場所。

三、具有強烈微波、射頻波或雷射等非游離輻射之場所。

四、氧氣濃度未達百分之十八之場所。

五、有害物超過勞工作業場所容許暴露標準之場所。

六、處置特殊有害物之場所。

七、遭受生物病原體顯著污染之場所。

②前項禁止進入之規定，對於緊急時並使用有效防護具之有關人員不適用之。

第 300 條（噪音場所）

雇主對於發生噪音之工作場所，應依下列規定辦理：

一、勞工工作場所因機械設備所發生之聲音超過九十分貝時，雇主應採取工程控制、減少勞工噪音暴露時間，使勞工噪音暴露工作日八小時日時量平均不超過（一）表列之規定值或相當之劑量值，且任何時間不得暴露於峰值超過一百四十分貝之衝擊性噪音或一百十五分貝之連續性噪音；對於勞工八小時日時量平均音壓級超過八十五分貝或暴露劑量超過百分之五十時，雇主應使勞工戴用有效之耳塞、耳罩等防音防護具。

（一）勞工暴露之噪音音壓級及其工作日容許暴露時間如下列對照表：

工作日容許暴露時間（小時）	A 權噪音音壓級（dBA）
八	九十
六	九十二
四	九十五
三	九十七
二	一百

工作日容許暴露時間（小時）	A 權噪音音壓級（dBA）
一	一百零五
二分之一	一百一十
四分之一	一百一十五

（二）勞工工作日暴露於二種以上之連續性或間歇性音壓級之噪音時，其暴露劑量之計算方法為：

$$\frac{\text{第一種噪音音壓級之暴露時間}}{\text{該噪音音壓級對應容許暴露時間}} + \frac{\text{第二種噪音音壓級之暴露時間}}{\text{該噪音音壓級對應容許暴露時間}} + \cdots = > < 1$$

其和大於一時，即屬超出容許暴露劑量。

（三）測定勞工八小時日時量平均音壓級時，應將八十分貝以上之噪音以增加五分貝降低容許暴露時間一半之方式納入計算。

二、工作場所之傳動馬達、球磨機、空氣鑽等產生強烈噪音之機械，應予以適當隔離，並與一般工作場所分開為原則。

三、發生強烈振動及噪音之機械應採消音、密閉、振動隔離或使用緩衝阻尼、慣性塊、吸音材料等，以降低噪音之發生。

四、噪音超過九十分貝之工作場所，應標示並公告噪音危害之預防事項，使勞工周知。

第 300-1 條（聽力保護措施）

①雇主對於勞工八小時日時量平均音壓級超過八十五分貝或暴露劑量超過百分之五十之工作場所，應採取下列聽力保護措施，作成執行紀錄並留存三年：

一、噪音監測及暴露評估。

二、噪音危害控制。

三、防音防護具之選用及佩戴。

四、聽力保護教育訓練。

五、健康檢查及管理。

六、成效評估及改善。

②前項聽力保護措施，事業單位勞工人數達一百人以上者，雇主應依作業環境特性，訂定聽力保護計畫據以執行；於勞工人數未滿一百人者，得以執行紀錄或文件代替。

第 301 條（全身振動）

雇主僱用勞工從事振動作業，應使勞工每天全身振動暴露時間不超過下列各款之規定：

一、垂直振動三分之一八音度頻帶中心頻率（單位為赫、HZ）之加速度（單位為每平方秒公尺、M/S²），不得超過表一規定之容許時間。

二、水平振動三分之一八音度頻帶中心頻率之加速度，不得超過表二規定之容許時間。

第 302 條（局部振動）

雇主僱用勞工從事局部振動作業，應使勞工使用防振把手等之防振設備外，並應使勞工每日振動暴露時間不超過下表規定之時間：

局部振動每日容許暴露時間表

每日容許暴露時間	水平及垂直各方向局部振動 最大加速度值公尺／平方秒（m/s²）
四小時以上，未滿八小時	4
二小時以上，未滿四小時	6
一小時以上，未滿二小時	8
未滿一小時	12

第二節　溫度及濕度

第 303 條（空氣調節）

雇主對於顯著濕熱、寒冷之室內作業場所，對勞工健康有危害之虞

者，應設置冷氣、暖氣或採取通風等適當之空氣調節設施。

第 303-1 條（戶外作業）

雇主使勞工從事戶外作業，其熱危害風險等級達表三熱指數對照表第四級以上者，應依下列規定辦理。但勞工作業時間短暫或現場設置確有困難，且已採取第三百二十四條之六所定熱危害預防措施者，不在此限：

一、於作業場所設置遮陽設施，並提供風扇、水霧或其他具降低作業環境溫度效果之設備。

二、於鄰近作業場所設置遮陽及具有冷氣、風扇或自然通風良好等具降溫效果之休息場所，並提供充足飲水或適當飲料。

第 304 條（爐氣排出）

雇主於室內作業場所設置有發散大量熱源之熔融爐、爐灶時，應設置局部排氣或整體換氣裝置，將熱空氣直接排出室外，或採取隔離、屏障或其他防止勞工熱危害之適當措施。

第 305 條（窯爐）

雇主對於已加熱之窯爐，非在適當冷卻後不得使勞工進入其內部從事作業。

第 306 條（人工濕潤）

①雇主對作業上必須實施人工濕潤時，應使用清潔之水源噴霧，並避免噴霧器及其過濾裝置受細菌及其他化學物質之污染。

②人工濕潤工作場所濕球溫度超過攝氏二十七度，或濕球與乾球溫度相差攝氏一‧四度以下時，應立即停止人工濕潤。

第 307 條（中央空調）

對中央空調系統採用噴霧處理時，噴霧器及其過濾裝置，應避免受細菌及其他化學物質之污染。

第 308 條（坑內溫度）

雇主對坑內之溫度，應保持在攝氏三十七度以下；溫度在攝氏三十七度以上時，應使勞工停止作業。但已採取防止高溫危害人體之措施、

從事救護或防止危害之搶救作業者，不在此限。

第三節　通風及換氣

第 309 條（勞工空間）

雇主對於勞工經常作業之室內作業場所，除設備及自地面算起高度超過四公尺以上之空間不計外，每一勞工原則上應有十立方公尺以上之空間。

第 310 條（儲槽通風）

雇主對坑內或儲槽內部作業，應設置適當之機械通風設備。但坑內作業場所以自然換氣能充分供應必要之空氣量者，不在此限。

第 311 條（開口面積）

①雇主對於勞工經常作業之室內作業場所，其窗戶及其他開口部分等可直接與大氣相通之開口部分面積，應為地板面積之二十分之一以上。但設置具有充分換氣能力之機械通風設備者，不在此限。

②雇主對於前項室內作業場所之氣溫在攝氏十度以下換氣時，不得使勞工暴露於每秒一公尺以上之氣流中。

第 312 條（開口不足 - 機械通風）

雇主對於勞工工作場所應使空氣充分流通，必要時，應依下列規定以機械通風設備換氣：

一、應足以調節新鮮空氣、溫度及降低有害物濃度。

二、其換氣標準如下：

工作場所每一勞工所佔立方公尺數	每分鐘每一勞工所需之新鮮空氣之立方公尺數
未滿五‧七	○‧六以上
五‧七以上未滿十四‧二	○‧四以上
十四‧二以上未滿二八‧三	○‧三以上
二八‧三以上	○‧一四以上

第四節　採光及照明

第 313 條（採光照明）

雇主對於勞工工作場所之採光照明，應依下列規定辦理：

一、各工作場所須有充分之光線。但處理感光材料、坑內及其他特殊作業之工作場所不在此限。

二、光線應分佈均勻，明暗比並應適當。

三、應避免光線之刺目、眩耀現象。

四、各工作場所之窗面面積比率不得小於室內地面面積十分之一。但採用人工照明，照度符合第六款規定者，不在此限。

五、採光以自然採光爲原則，但必要時得使用窗簾或遮光物。

六、作業場所面積過大、夜間或氣候因素自然採光不足時，可用人工照明，依下表規定予以補足：

照度表		照明種類
場所或作業別	照明米燭光數	場所別採全面照明，作業別採局部照明
室外走道、及室外一般照明	二〇米燭光以上	全面照明
一、走道、樓梯、倉庫、儲藏室堆置粗大物件處所。 二、搬運粗大物件，如煤炭、泥土等。	五〇米燭光以上	一、全面照明 二、全面照明
一、機械及鍋爐房、升降機、裝箱、精細物件儲藏室、更衣室、盥洗室、廁所等。 二、須粗辨物體如半完成之鋼鐵產品、配件組合、磨粉、粗紡棉布極其他初步整理之工業製造。	一〇〇米燭光以上	一、全面照明 二、局部照明

照度表		照明種類
須細辨物體如零件組合、粗車床工作、普通檢查及產品試驗、淺色紡織及皮革品、製罐、防腐、肉類包裝、木材處理等。	二〇〇米燭光以上	局部照明
一、須精辨物體如細車床、較詳細檢查及精密試驗、分別等級、織布、淺色毛織等 二、一般辦公場所	三〇〇米燭光以上	一、局部照明 二、全面照明
須極細辨物體，而有較佳之對襯，加精密組合、精細車床、精細檢查、玻璃磨光、精細木工、深色毛織等。	五〇〇至一〇〇〇米燭光以上	局部照明
須極精辨物體而對襯不良，如極精細儀器組合、檢查、試驗、鐘錶珠寶之鑲製、菸葉分級、印刷品校對、深色織品、縫製等。	一〇〇〇米燭光以上	局部照明

七、燈盞裝置應採用玻璃燈罩及日光燈為原則，燈泡須完全包蔽於玻璃罩中。

八、窗面及照明器具之透光部份，均須保持清潔。

第 314 條（照明修復）

雇主對於下列場所之照明設備，應保持其適當照明，遇有損壞，應即修復：

一、階梯、升降機及出入口。

二、電氣機械器具操作部份。

三、高壓電氣、配電盤處。

四、高度二公尺以上之勞工作業場所。

五、堆積或拆卸作業場所。

六、修護鋼軌或行於軌道上之車輛更換，連接作業場所。

七、其他易因光線不足引起勞工災害之場所。

第五節 清潔

第 315 條（病媒）

雇主對於勞工工作場所，應經常保持清潔，並防止鼠類、蚊蟲及其他病媒等對勞工健康之危害。

第 316 條（消毒）

雇主對於勞工工作場所之底板、周圍牆壁、容器等有被生物病原體污染之虞者，應予適當消毒。

第 317 條（清洗）

①雇主對於受有害物或具有惡臭物污染之場所，應予適當之清洗。

②前項工作場所之地板及周圍牆壁，應採用排水良好之適當構造，或使用不浸透性材料塗布。

第 318 條（洗滌設備）

雇主對於勞工從事其身體或衣著有被污染之虞之特殊作業時，應置備該勞工洗眼、洗澡、漱口、更衣、洗滌等設備。前項設備，應依下列規定設置：

一、刺激物、腐蝕性物質或毒性物質污染之工作場所，每十五人應設置一個冷熱水沖淋設備。

二、刺激物、腐蝕性物質或毒性物質污染之工作場所，每五人應設置一個冷熱水盥洗設備。

第 319 條（廁所）

雇主應依下列各款規定設置廁所及盥洗設備，但坑內等特殊作業場所置有適當數目之便器者，不在此限：

一、男女廁所以分別設置為原則，並予以明顯標示。

二、男用廁所之大便器數目，以同時作業男工每二十五人以內設置一個以上為原則，最少不得低於六十人一個。

三、男用廁所之小便器數目，應以同時作業男工每十五人以內設置一個以上為原則，最少不得低於三十人一個。

四、女用廁所之大便器數目，應以同時作業女工每十五人以內設置一個以上為原則，最少不得低於二十人一個。

五、女用廁所應設加蓋桶。

六、大便器應為不使污染物浸透於土中之構造。

七、應設置充分供應清潔水質之洗手設備。

八、盥洗室內應備有適當之清潔劑，且不得盛放有機溶劑供勞工清潔皮膚。

九、浴室應男女分別設置。

十、廁所及便器不得與工作場所直接通連，廁所與廚房及食堂應距離三十公尺以上。但衛生沖水式廁所不在此限。

十一、廁所及便器每日至少應清洗一次，並每週消毒一次。

十二、廁所應保持良好通風。

十三、僱有身心障礙者，應設置身心障礙者專用設備，並予以適當標示。

第 320 條（飲用水）

雇主應依下列規定於適當場所充分供應勞工所需之飲用水或其他飲料：

一、飲水處所及盛水容器應保持清潔，盛器須予加蓋，並應有不致於被有害物、污水污染等適當防止措施。

二、不得設置共用之杯具。

三、飲用水應符合飲用水水質衛生標準，其水源非自來水水源者，應定期檢驗合格。

四、非作為飲用水之水源，如工業用水、消防用水等，必須有明顯標誌以資識別。

第 321 條

（刪除）

第 322 條（廚房）

雇主對於廚房及餐廳，應依下列規定辦理：

一、餐廳、廚房應隔離,並有充分之採光、照明,且易於清掃之構造。

二、餐廳面積,應以同時進餐之人數每人一平方公尺以上為原則。

三、餐廳應設有供勞工使用之餐桌、座椅及其他設備。

四、應保持清潔,門窗應裝紗網,並採用以三槽式洗滌暨餐具消毒設備及保存設備為原則。

五、通風窗之面積不得少於總面積百分之十二。

六、應設穩妥有蓋之垃圾容器及適當排水設備。

七、應設有防止蒼蠅等害蟲、鼠類及家禽等侵入之設備。

八、廚房之地板應採用不滲透性材料,且為易於排水及清洗之構造。

九、污水及廢物應置於廚房外並妥予處理。

十、廚房應設機械排氣裝置以排除煙氣及熱。

第 323 條(營養）

雇主對於供應勞工之餐食,應保持清潔並注意營養。

第 324 條

（刪除）

第十二章之一　勞工身心健康保護措施

第 324-1 條(重複作業）

①雇主使勞工從事重複性之作業,為避免勞工因姿勢不良、過度施力及作業頻率過高等原因,促發肌肉骨骼疾病,應採取下列危害預防措施,作成執行紀錄並留存三年:

　　一、分析作業流程、內容及動作。

　　二、確認人因性危害因子。

　　三、評估、選定改善方法及執行。

　　四、執行成效之評估及改善。

　　五、其他有關安全衛生事項。

②前項危害預防措施，事業單位勞工人數達一百人以上者，雇主應依作業特性及風險，參照中央主管機關公告之相關指引，訂定人因性危害預防計畫，並據以執行；於勞工人數未滿一百人者，得以執行紀錄或文件代替。

第 324-2 條（異常負荷）

①雇主使勞工從事輪班、夜間工作、長時間工作等作業，為避免勞工因異常工作負荷促發疾病，應採取下列疾病預防措施，作成執行紀錄並留存三年：

一、辨識及評估高風險群。

二、安排醫師面談及健康指導。

三、調整或縮短工作時間及更換工作內容之措施。

四、實施健康檢查、管理及促進。

五、執行成效之評估及改善。

六、其他有關安全衛生事項。

②前項疾病預防措施，事業單位依規定配置有醫護人員從事勞工健康服務者，雇主應依勞工作業環境特性、工作形態及身體狀況，參照中央主管機關公告之相關指引，訂定異常工作負荷促發疾病預防計畫，並據以執行；依規定免配置醫護人員者，得以執行紀錄或文件代替。

第 324-3 條（不法侵害）

①雇主為預防勞工於執行職務，因他人行為致遭受身體或精神上不法侵害，應採取下列暴力預防措施，作成執行紀錄並留存三年：

一、辨識及評估危害。

二、適當配置作業場所。

三、依工作適性適當調整人力。

四、建構行為規範。

五、辦理危害預防及溝通技巧訓練。

六、建立事件之處理程序。

七、執行成效之評估及改善。

八、其他有關安全衛生事項。

③前項暴力預防措施，事業單位勞工人數達一百人以上者，雇主應依勞工執行職務之風險特性，參照中央主管機關公告之相關指引，訂定執行職務遭受不法侵害預防計畫，並據以執行；於勞工人數未達一百人者，得以執行紀錄或文件代替。

第 324-4 條（休息設備）

雇主對於具有顯著之濕熱、寒冷、多濕暨發散有害氣體、蒸氣、粉塵及其他有害勞工健康之工作場所，應於各該工作場所外，設置供勞工休息、飲食等設備。但坑內等特殊作業場所設置有困難者，不在此限。

第 324-5 條（坐具）

雇主對於連續站立作業之勞工，應設置適當之坐具，以供休息時使用。

第 324-6 條（戶外熱疾病）

雇主使勞工從事戶外作業，為防範環境引起之熱疾病，應視天候狀況採取下列危害預防措施：

一、降低作業場所之溫度。

二、提供陰涼之休息場所。

三、提供適當之飲料或食鹽水。

四、調整作業時間。

五、增加作業場所巡視之頻率。

六、實施健康管理及適當安排工作。

七、採取勞工熱適應相關措施。

八、留意勞工作業前及作業中之健康狀況。

九、實施勞工熱疾病預防相關教育宣導。

十、建立緊急醫療、通報及應變處理機制。

第 324-7 條（外送作業）

雇主使勞工從事外送作業，應評估交通、天候狀況、送達件數、時間及地點等因素，並採取適當措施，合理分派工作，避免造成勞工身心健康危害。

第十三章 | 附則

第 325 條（另規定）

各業特殊環境安全衛生設施標準及特殊危險、有害作業場所安全衛生設施標準，中央主管機關依其性質另行規定之。

第 325-1 條（外送準用）

事業單位交付無僱傭關係之個人親自履行外送作業者，外送作業危害預防及身心健康保護措施準用第二百八十六條之三及第三百二十四條之七之規定。

第 326 條（異常補修）

本規則規定之一切有關安全衛生設施，雇主應切實辦理，並應經常注意維修與保養。如發現有異常時，應即補修或採其他必要措施。如有臨時拆除或使其暫時喪失效能之必要時，應顧及勞工身體及作業狀況，使其暫停工作或採其他必要措施，於其原因消除後，應即恢復原狀。

第 326-1 條（自營作業者準用）

①自營作業者，準用本規則有關雇主義務之規定。

②受工作場所負責人指揮或監督從事勞動之人員，比照該事業單位之勞工，適用本規則之規定。

第 326-2-9 條

（刪除）

第 327 條（勞工遵守）

雇主應規定勞工遵守下列事項，以維護依本規則規定設置之安全衛生設備：

一、不得任意拆卸或使其失去效能。

二、發現被拆卸或喪失效能時，應即報告雇主或主管人員。

第 328 條（施行日）

①本規則自發布日施行。

②本規則中華民國一百零三年七月一日修正發布之條文，自一百零三年七月三日施行；一百零八年四月三十日修正發布之第二百七十七條之一，自一百零九年一月一日施行；一百十一年八月十二日修正發布之第一百二十八條之九，自一百十三年一月一日施行；一百十三年八月一日修正發布之第二百二十七條之一，自一百十四年一月施行。

表三　熱指數表

溫度(℃)	級	40	45	50	55	60	65	70	75	80	85	90	95	100
43.3	第四級	57.8												
42.2		54.4	58.3											
41.1		51.1	54.4	58.3										
40.0	第三級	48.3	51.1	55.0	58.3									
38.9		45.6	48.3	51.1	54.4	58.3								
37.8		42.8	45.6	47.8	51.1	53.9	57.8							
36.7		40.6	42.8	45.0	47.2	50.6	53.3	56.7						
35.6	第二級	38.3	40.0	42.2	44.4	46.7	49.4	52.5	55.6	58.9				
34.4		36.1	37.8	39.4	41.1	43.3	45.6	48.3	51.1	53.9	57.2			
33.3		34.4	35.6	37.2	38.3	40.6	42.2	44.4	46.7	49.4	52.2	55.0	58.3	
32.2		32.8	33.9	35.0	36.1	37.8	39.4	40.6	42.8	45.0	47.2	50.0	52.8	55.6
31.1		31.1	31.7	32.8	33.9	35.0	36.7	37.8	39.4	41.1	43.3	45.0	47.2	49.4
30.0	第一級	29.4	30.6	31.1	31.7	32.8	33.9	35.0	36.1	37.8	38.9	40.6	42.2	44.4
28.9		28.3	28.9	29.4	30.0	31.1	31.7	32.2	33.3	34.4	35.6	36.7	37.8	39.4
27.8		27.2	27.8	28.3	28.9	28.9	29.4	30.0	31.1	31.7	32.2	32.8	33.9	55.0
26.7		26.7	26.7	27.2	27.2	27.8	27.8	28.3	28.9	28.9	29.4	30.0	30.0	30.6
		40	45	50	55	60	65	70	75	80	85	90	95	100
		相對濕度（%）												

（其它附表格式詳 QR Code）

缺氧症預防規則（103.6.26）

第一章｜總則

第 1 條（法源）

本規則依職業安全衛生法第六條第三項規定訂定之。

第 2 條（定義 - 缺氧危險作業）

① 本規則適用於從事缺氧危險作業之有關事業。

② 前項缺氧危險作業，指於下列缺氧危險場所從事之作業：

一、長期間未使用之水井、坑井、豎坑、隧道、沈箱、或類似場所等之內部。

二、貫通或鄰接下列之一之地層之水井、坑井、豎坑、隧道、沈箱、或類似場所等之內部。

（一）上層覆有不透水層之砂礫層中，無含水、無湧水或含水、湧水較少之部分。

（二）含有亞鐵鹽類或亞錳鹽類之地層。

（三）含有甲烷、乙烷或丁烷之地層。

（四）湧出或有湧出碳酸水之虞之地層。

（五）腐泥層。

三、供裝設電纜、瓦斯管或其他地下敷設物使用之暗渠、人孔或坑井之內部。

四、滯留或曾滯留雨水、河水或湧水之槽、暗渠、人孔或坑井之內部。

五、滯留、曾滯留、相當期間置放或曾置放海水之熱交換器、管、槽、暗渠、人孔、溝或坑井之內部。

六、密閉相當期間之鋼製鍋爐、儲槽、反應槽、船艙等內壁易於氧

化之設備之內部。但內壁為不鏽鋼製品或實施防鏽措施者,不在此限。

七、置放煤、褐煤、硫化礦石、鋼材、鐵屑、原木片、木屑、乾性油、魚油或其他易吸收空氣中氧氣之物質等之儲槽、船艙、倉庫、地窖、貯煤器或其他儲存設備之內部。

八、以含有乾性油之油漆塗敷天花板、地板、牆壁或儲具等,在油漆未乾前即予密閉之地下室、倉庫、儲槽、船艙或其他通風不充分之設備之內部。

九、穀物或飼料之儲存、果蔬之燜熟、種子之發芽或蕈類之栽培等使用之倉庫、地窖、船艙或坑井之內部。

十、置放或曾置放醬油、酒類、胚子、酵母或其他發酵物質之儲槽、地窖或其他釀造設備之內部。

十一、置放糞尿、腐泥、污水、紙漿液或其他易腐化或分解之物質之儲槽、船艙、槽、管、暗渠、人孔、溝、或坑井等之內部。

十二、使用乾冰從事冷凍、冷藏或水泥乳之脫鹼等之冷藏庫、冷凍庫、冷凍貨車、船艙或冷凍貨櫃之內部。

十三、置放或曾置放氦、氬、氮、氟氯烷、二氧化碳或其他惰性氣體之鍋爐、儲槽、反應槽、船艙或其他設備之內部。

十四、其他經中央主管機關指定之場所。

第 3 條（定義 - 缺氧）

本規則用詞,定義如下:

一、缺氧:指空氣中氧氣濃度未滿百分之十八之狀態。

二、缺氧症:指因作業場所缺氧引起之症狀。

第二章 | 設施

第 4 條（氣體監測）

雇主使勞工從事缺氧危險作業時，應置備測定空氣中氧氣濃度之必要測定儀器，並採取隨時可確認空氣中氧氣濃度、硫化氫等其他有害氣體濃度之措施。

第 5 條（換氣）

①雇主使勞工從事缺氧危險作業時，應予適當換氣，以保持該作業場所空氣中氧氣濃度在百分之十八以上。但為防止爆炸、氧化或作業上有顯著困難致不能實施換氣者，不在此限。

②雇主依前項規定實施換氣時，不得使用純氧。

第 6 條（開鑿作業）

雇主使勞工從事隧道或坑井之開鑿作業時，為防止甲烷或二氧化碳之突出導致勞工罹患缺氧症，應於事前就該作業場所及其四周，藉由鑽探孔或其他適當方法調查甲烷或二氧化碳之狀況，依調查結果決定甲烷、二氧化碳之處理方法、開鑿時期及程序後實施作業。

第 7 條（惰性氣體）

雇主於地下室、機械房、船艙或其他通風不充分之室內作業場所，置備以二氧化碳等為滅火劑之滅火器或滅火設備時，依下列規定：

一、應有預防因勞工誤觸導致翻倒滅火器或確保把柄不易誤動之設施。

二、禁止勞工不當操作，並將禁止規定公告於顯而易見之處所。

第 8 條（門不閉鎖）

雇主使勞工於冷藏室、冷凍室、地窖及其他密閉使用之設施內部作業時，於該作業期間，應採取該設施出入口之門或蓋等不致閉鎖之措施。但該門或蓋有易自內部開啟之構造或該設施內部設置有通報裝置或警報裝置等得與外部有效聯絡者，不在此限。

第 9 條（熔接作業）

①雇主使勞工於儲槽、鍋爐或反應槽之內部或其他通風不充分之場所，使用氬、二氧化碳或氦等從事熔接作業時，應予適當換氣以保持作業場所空氣中氧氣濃度在百分之十八以上。但為防止爆炸、氧化或作業上有顯著困難致不能實施換氣者，不在此限。

②雇主依前項規定實施換氣時，不得使用純氧。

第 10 條（內部作業）

①雇主使勞工於設置有輸送氦、氬、氮、氟氯烷、二氧化碳及其他惰性氣體等配管之鍋爐、儲槽、反應槽或船艙等內部從事作業時，依下列規定：

一、應關閉輸送配管之閥、旋塞或設置盲板。

二、應於顯而易見之處所標示配管內之惰性氣體名稱及開閉方向，以防誤操作。

②雇主依前項規定關閉閥、旋塞或設置盲板時，應予上鎖外，並將其意旨公布於勞工易見之場所。

第 11 條（惰性氣體）

雇主使勞工於通風不充分之室內作業場所作業時，為防止儲槽、反應槽等容器之安全閥等排出之惰性氣體流入，應設置可使安全閥等所排出之氣體直接排放於外部之設施。

第 12 條（門不閉鎖）

雇主使勞工於銜接有吸引內部空氣之配管之儲槽、反應槽或其他密閉使用之設施內部作業時，於該作業期間，應採取該設施等出入口之門或蓋等不致閉鎖之措施。

第 13 條（壓氣工法）

雇主採用壓氣施工法實施作業之場所，如存有或鄰近第二條第二項第二款第一目或第二目規定之地層時，應調查該作業之井或配管有否空氣之漏洩、漏洩之程度及該作業場所空氣中氧氣之濃度。

第 14 條（缺氧地層）

雇主使勞工於接近第二條第二項第二款第一目或第二目規定之地層或貫通該地層之井或置有配管之地下室、坑等之內部從事作業時，應設置將缺氧空氣直接排出外部之設備或將可能漏洩缺氧空氣之地點予以封閉等預防缺氧空氣流入該作業場所之必要措施。

第 15 條（氣體配管）

雇主使勞工於地下室或溝之內部及其他通風不充分之室內作業場所從事拆卸或安裝輸送主成分為甲烷、乙烷、丙烷、丁烷或此類混入空氣的氣體配管作業時，應採取確實遮斷該氣體之設施，使其不致流入拆卸或安裝作業場所。

第 16 條（氣體監測）

①雇主使勞工從事缺氧危險作業時，於當日作業開始前、所有勞工離開作業場所後再次開始作業前及勞工身體或換氣裝置等有異常時，應確認該作業場所空氣中氧氣濃度、硫化氫等其他有害氣體濃度。

②前項確認結果應予記錄，並保存三年。

第 17 條（進出確認）

雇主使勞工從事缺氧危險作業時，對進出各該場所勞工，應予確認或點名登記。

第 18 條（公告）

①雇主使勞工於缺氧危險場所或其鄰接場所作業時，應將下列注意事項公告於作業場所入口顯而易見之處所，使作業勞工周知：

一、有罹患缺氧症之虞之事項。

二、進入該場所時應採取之措施。

三、事故發生時之緊急措施及緊急聯絡方式。

四、空氣呼吸器等呼吸防護具、安全帶等、測定儀器、換氣設備、聯絡設備等之保管場所。

五、缺氧作業主管姓名。

缺氧症預防規則（103.6.26）

②雇主應禁止非從事缺氧危險作業之勞工，擅自進入缺氧危險場所；
並應將禁止規定公告於勞工顯而易見之處所。

第 19 條（公告）

雇主依第十三條規定之調查結果，發現有缺氧空氣漏洩入作業場所
時，應即通知有關人員及將緊急措施公告於勞工顯而易見之處所，並
禁止與作業無關人員進入。

第 20 條（指定主管）

雇主使勞工從事缺氧危險作業時，應於每一班次指定缺氧作業主管從
事下列監督事項：

一、決定作業方法並指揮勞工作業。

二、第十六條規定事項。

三、當班作業前確認換氣裝置、測定儀器、空氣呼吸器等呼吸防護
　　具、安全帶等及其他防止勞工罹患缺氧症之器具或設備之狀況，
　　並採取必要措施。

四、監督勞工對防護器具或設備之使用狀況。

五、其他預防作業勞工罹患缺氧症之必要措施。

第 21 條（監視人員）

雇主使勞工從事缺氧危險作業時，應指派一人以上之監視人員，隨時
監視作業狀況，發覺有異常時，應即與缺氧作業主管及有關人員聯
繫，並採取緊急措施。

第 22 條（聯繫）

雇主使勞工從事缺氧危險作業，如受鄰接作業場所之影響致有發生缺
氧危險之虞時，應與各該作業場所密切保持聯繫。

第 23 條（停止作業）

①雇主使勞工從事缺氧危險作業，如發現從事該作業之勞工有立即發
生缺氧危險之虞時，雇主或工作場所負責人應即令停止作業，並使
從事該作業之全部勞工即刻退避至安全場所。

②前項作業場所在未確認危險已解除前，雇主不得使指定人員以外之

勞工進入該場所，並將該意旨公告於勞工顯而易見之處所。

第 24 條（教育訓練）

雇主對從事缺氧危險作業之勞工，應依職業安全衛生教育訓練規則規定施予必要之安全衛生教育訓練。

第 25 條（呼吸防護具）

雇主使勞工從事缺氧危險作業，未能依第五條或第九條規定實施換氣時，應置備適當且數量足夠之空氣呼吸器等呼吸防護具，並使勞工確實戴用。

第 26 條（安全帶、救生索）

雇主使勞工從事缺氧危險作業，勞工有因缺氧致墜落之虞時，應供給該勞工使用之梯子、安全帶或救生索，並使勞工確實使用。

第 27 條（緊急救援設備）

雇主使勞工從事缺氧危險作業時，應置備空氣呼吸器等呼吸防護具、梯子、安全帶或救生索等設備，供勞工緊急避難或救援人員使用。

第 28 條（救援人員）

雇主應於缺氧危險作業場所置救援人員，於其擔任救援作業期間，應提供並使其使用空氣呼吸器等呼吸防護具。

第 29 條（確認設備）

雇主使勞工從事缺氧危險作業時，應定期或每次作業開始前確認第二十五條至第二十八條規定防護設備之數量及效能，認有異常時，應立即採取必要之措施。

第 30 條（輸氣管面罩）

雇主使勞工戴用輸氣管面罩之連續作業時間，每次不得超過一小時。

第 31 條（醫師診治）

雇主對從事缺氧危險作業之勞工，發生下列症狀時，應即由醫師診治：

一、顏面蒼白或紅暈、脈搏及呼吸加快、呼吸困難，目眩或頭痛等缺氧症之初期症狀。

二、意識不明、痙攣、呼吸停止或心臟停止跳動等缺氧症之末期症狀。

三、硫化氫、一氧化碳等其他有害物中毒症狀。

第三章｜附則

第 32 條（施行日）

①本規則自發布日施行。

②本規則修正條文，自中華民國一百零三年七月三日施行。

高溫作業勞工作息時間標準（103.7.1）

第 1 條（法源）

本標準依職業安全衛生法第十九條第二項規定訂定之。

第 2 條（適用 - 作業別 +WBGT）

①本標準所定高溫作業，爲勞工工作日時量平均綜合溫度熱指數達第五條連續作業規定值以上之下列作業：

一、於鍋爐房從事之作業。

二、灼熱鋼鐵或其他金屬塊壓軋及鍛造之作業。

三、於鑄造間處理熔融鋼鐵或其他金屬之作業。

四、鋼鐵或其他金屬類物料加熱或熔煉之作業。

五、處理搪瓷、玻璃、電石及熔爐高溫熔料之作業。

六、於蒸汽火車、輪船機房從事之作業。

七、從事蒸汽操作、燒窯等作業。

八、其他經中央主管機關指定之高溫作業。

②前項作業，不包括已採取自動化操作方式且勞工無暴露熱危害之虞者。

第 3 條（WBGT 計算）

①綜合溫度熱指數計算方法如下：

一、戶外有日曬情形者。

綜合溫度熱指數＝ 0.7×（自然濕球溫度）＋ 0.2×（黑球溫度）+0.1×（乾球溫度）

二、戶外無日曬情形者。

綜合溫度熱指數＝ 0.7×（自然濕球溫度）＋ 0.3×（黑球溫度）。

時量平均綜合溫度熱指數計算方法如下：

第一次綜合溫度熱指數 × 第一次工作時間＋第二次綜合溫度熱指數 × 第二次工作時間＋……＋第 n 次綜合溫度熱指數 × 第 n 次工作時間 / 第一次工作時間＋第二次工作時間＋……＋第 n 次工作時間

②依前二項各測得之溫度及綜合溫度熱指數均以攝氏溫度表示之。

第 4 條（輕、中、重工作）

本標準所稱輕工作，指僅以坐姿或立姿進行手臂部動作以操縱機器者。所稱中度工作，指於走動中提舉或推動一般重量物體者。所稱重工作，指鏟、掘、推等全身運動之工作者。

第 5 條（休息時間）

高溫作業勞工如為連續暴露達一小時以上者，以每小時計算其暴露時量平均綜合溫度熱指數，間歇暴露者，以二小時計算其暴露時量平均綜合溫度熱指數，並依下表規定，分配作業及休息時間。

時量平均綜合溫度熱指數值°C	輕工作	30.6	31.4	32.2	33.0
	中度工作	28.0	29.4	31.1	32.6
	重工作	25.9	27.9	30.0	32.1
時間比例每小時作息		連續作業	25% 休息75% 作業	50% 休息50% 作業	75% 休息25% 作業

第 6 條（防護設備）

①勞工於操作中須接近黑球溫度五十度以上高溫灼熱物體者，雇主應供給身體熱防護設備並使勞工確實使用。

②前項黑球溫度之測定位置為勞工工作時之位置。

第 6-1 條（熱適應）

雇主對於首次從事高溫作業之勞工，應規劃適當之熱適應期間，並採取必要措施，以增加其生理機能調適能力。

第 7 條（工資減少）

實施本標準後降低工作時間之勞工，其原有工資不得減少。

第 8 條（從優）

雇主原訂高溫作業勞工之工作條件優於本標準者，從其規定。

第 9 條（飲用水、指導）

雇主使勞工從事高溫作業時，應充分供應飲用水及食鹽，並採取指導勞工避免高溫作業危害之必要措施。

第 10 條（發布日）

①本標準自發布日施行。

②本標準修正條文，自中華民國一百零三年七月三日施行。

高溫作業勞工作息時間標準（103.7.1）

高架作業勞工保護措施標準
（103.6.25）

第 1 條（法源）

本標準依職業安全衛生法第十九條第二項規定訂定之。

第 2 條（適用作業）

本標準適用於從事高架作業之有關事業。

第 3 條（高架作業）

①本標準所稱高架作業，係指雇主使勞工從事之下列作業：

一、未設置平台、護欄等設備而已採取必要安全措施，其高度在二公尺以上者。

二、已依規定設置平台、護欄等設備，並採取防止墜落之必要安全措施，其高度在五公尺以上者。

②前項高度之計算方式依下列規定：

一、露天作業場所，自勞工站立位置，半徑三公尺範圍內最低點之地面或水面起至勞工立足點平面間之垂直距離。

二、室內作業或儲槽等場所，自勞工站立位置與地板間之垂直距離。

第 4 條（休息時間）

雇主使勞工從事高架作業時，應減少工作時間，每連續作業二小時，應給予作業勞工下列休息時間：

一、高度在二公尺以上未滿五公尺者，至少有二十分鐘休息。

二、高度在五公尺以上未滿二十公尺者，至少有二十五分鐘休息。

三、高度在二十公尺以上者，至少有三十五分鐘休息。

第 5 條（時間調整）

前條所定休息時間，雇主因搶修或其他特殊作業需要，經採取相對減少工作時間或其他保護措施，得調整之。

第 6 條（休息處所）

雇主應使作業勞工於安全設施良好之地面或平台等處所休息。

第 7 條（健康檢查）

雇主僱用勞工從事高架作業時，應依勞工健康保護規則之規定，實施勞工健康檢查及管理。

第 8 條（不得作業）

勞工有下列情事之一者，雇主不得使其從事高架作業：

一、酒醉或有酒醉之虞者。

二、身體虛弱，經醫師診斷認為身體狀況不良者。

三、情緒不穩定，有安全顧慮者。

四、勞工自覺不適從事工作者。

五、其他經主管人員認定者。

第 9 條（發布日）

①本標準自發布日施行。

②本標準修正條文，自中華民國一百零三年七月三日施行。

重體力勞動作業勞工保護措施標準（103.6.30）

第 1 條（法源）

本標準依職業安全衛生法第十九條規定訂定之。

第 2 條（適用作業）

本標準所定重體力勞動作業，指下列作業：

一、以人力搬運或揹負重量在四十公斤以上物體之作業。

二、以站立姿勢從事伐木作業。

三、以手工具或動力手工具從事鑽岩、挖掘等作業。

四、坑內人力搬運作業。

五、從事薄板壓延加工，其重量在二十公斤以上之人力搬運作業及壓延後之人力剝離作業。

六、以四點五公斤以上之鎚及動力手工具從事敲擊等作業。

七、站立以鏟或其他器皿裝盛五公斤以上物體做投入與出料或類似之作業。

八、站立以金屬棒從事熔融金屬熔液之攪拌、除渣作業。

九、站立以壓床或氣鎚等從事十公斤以上物體之鍛造加工作業，且鍛造物必須以人力固定搬運者。

十、鑄造時雙人以器皿裝盛熔液其總重量在八十公斤以上或單人掐金屬熔液之澆鑄作業。

十一、以人力拌合混凝土之作業。

十二、以人工拉力達四十公斤以上之纜索拉線作業。

十三、其他中央主管機關指定之作業。

第 3 條（休息時間）

雇主使勞工從事重體力勞動作業時，應考慮勞工之體能負荷情形，減少工作時間給予充分休息，休息時間每小時不得少於二十分鐘。

第 4 條（健康管理）

雇主僱用勞工從事重體力勞動作業時，應依勞工健康保護規則之規定，實施勞工健康檢查及管理。

第 5 條（飲用水）

雇主使勞工從事重體力勞動作業時，應充分供應飲用水及食鹽，

第 6 條（致力改善）

雇主使勞工從事重體力勞動作業時，應致力於作業方法之改善、作業頻率之減低、搬運距離之縮短、搬運物體重量之減少及適當搬運速度之調整，並儘量以機械代替人力。

第 7 條（從優）

雇主原訂重體力勞動作業勞工保護措施標準，優於本標準者，從其規定。

第 8 條（發布日）

①本標準自發布日施行。

②本標準修正條文，自中華民國一百零三年七月三日施行。

精密作業勞工視機能保護設施標準（103.6.30）

第 1 條（法源）

本標準依職業安全衛生法第六條及第十九條規定訂定之。

第 2 條（適用作業）

本標準適用於從事精密作業之有關事業。

第 3 條（精密作業 -2 小時）

本標準所稱精密作業，係指雇主使勞工從事下列凝視作業，且每日凝視作業時間合計在二小時以上者。

一、小型收發機用天線及信號耦合器等之線徑在零點一六毫米以下非自動繞線機之線圈繞線。

二、精密零件之切削、加工、量測、組合、檢試。

三、鐘、錶、珠寶之鑲製、組合、修理。

四、製圖、印刷之繪製及文字、圖案之校對。

五、紡織之穿針。

六、織物之瑕疵檢驗、縫製、刺繡。

七、自動或半自動瓶裝藥品、飲料、酒類等之浮游物檢查。

八、以放大鏡、顯微鏡或外加光源從事記憶盤、半導體、積體電路元件、光纖等之檢驗、判片、製造、組合、熔接。

九、電腦或電視影像顯示器之調整或檢視。

十、以放大鏡或顯微鏡從事組織培養、微生物、細胞、礦物等之檢驗或判片。

十一、記憶盤製造過程中，從事磁蕊之穿線、檢試、修理。

十二、印刷電路板上以人工插件、焊接、檢視、修補。

十三、從事硬式磁碟片（鋁基板）拋光後之檢視。

十四、隱形眼鏡之拋光、切削鏡片後之檢視。

十五、蒸鍍鏡片等物品之檢視。

第 4 條（照明）

雇主使勞工從事精密作業時，應依其作業實際需要施予適當之照明，除從事第三條第八款至第十一款之作業時，其照明得酌減外，其作業台面局部照明不得低於一千米燭光。

第 5 條（反射、對比）

雇主使勞工從事第三條第一款至第三款及第十一款至第十五款規定之作業時，作業台面不得產生反射耀眼光線，其採色並應與處理物件有較佳對比之顏色。

第 6 條（背景均勻）

雇主使勞工從事第三條第六款，第七款規定之作業，如採用發光背景時，應使光度均勻。

第 7 條（照明比率）

雇主使勞工從事精密作業時，其工作台面照明與其半徑一公尺以內接鄰地區照明之比率不得低於一比五分之一，與鄰近地區照明之比率不得低於一比二十分之一。

第 8 條（照明角度）

雇主採用輔助局部照明時，應使勞工眼睛與光源之連線和眼睛與注視工作點之連線所成之角度，在三十度以上。如在三十度以內應設置適當之遮光裝置，不得產生眩目之大面積光源。

第 9 條（休息時間）

雇主使勞工從事精密作業時，應縮短工作時間，於連續作業二小時，給予作業勞工至少十五分鐘之休息。

第 10 條（明視距離）

雇主使勞工從事精密作業時，應注意勞工作業姿態，使其眼球與工作點之距離保持在明視距離約三十公分。但使用放大鏡或顯微鏡等器具

作業者，不在此限。

第 11 條（指導）

雇主應採取指導勞工保護眼睛之必要措施。

第 12 條（發布日）

①本標準自發布日施行。

②本標準中華民國一百零三年六月三十日修正條文，自一百零三年七月三日施行。

貳

危害物相關法令

危害性化學品標示及通識規則（107.11.9）

第一章 ｜ 總則

第 1 條（法源）

本規則依職業安全衛生法（以下簡稱本法）第十條第三項規定訂定之。

第 2 條（定義 - 危害物）

本法第十條所稱具有危害性之化學品（以下簡稱危害性化學品），指下列危險物或有害物：

一、危險物：符合國家標準 CNS 15030 分類，具有物理性危害者。

二、有害物：符合國家標準 CNS 15030 分類，具有健康危害者。

第 3 條（定義 - 用詞）

本規則用詞，定義如下：

一、製成品：指在製造過程中，已形成特定形狀或依特定設計，而其最終用途全部或部分決定於該特定形狀或設計，且在正常使用狀況下不會釋放出危害性化學品之物品。

二、容器：指任何袋、筒、瓶、箱、罐、桶、反應器、儲槽、管路及其他可盛裝危害性化學品者。但不包含交通工具內之引擎、燃料槽或其他操作系統。

三、製造者：指製造危害性化學品供批發、零售、處置或使用之廠商。

四、輸入者：指從國外進口危害性化學品之廠商。

五、供應者：指批發或零售危害性化學品之廠商。

第 4 條（排除條款）

下列物品不適用本規則：

一、事業廢棄物。

二、菸草或菸草製品。

三、食品、飲料、藥物、化粧品。

四、製成品。

五、非工業用途之一般民生消費商品。

六、滅火器。

七、在反應槽或製程中正進行化學反應之中間產物。

八、其他經中央主管機關指定者。

第二章｜標示

第 5 條（容器標示）

①雇主對裝有危害性化學品之容器，應依附表一規定之分類及標示
要項，參照附表二之格式明顯標示下列事項，所用文字以中文為
主，必要時並輔以作業勞工所能瞭解之外文：

一、危害圖式。

二、內容：

（一）名稱。

（二）危害成分。

（三）警示語。

（四）危害警告訊息。

（五）危害防範措施。

（六）製造者、輸入者或供應者之名稱、地址及電話。

②前項容器內之危害性化學品為混合物者，其應標示之危害成分指混
合物之危害性中符合國家標準 CNS 15030 分類，具有物理性危害
或健康危害之所有危害物質成分。

③第一項容器之容積在一百毫升以下者，得僅標示名稱、危害圖式及警示語。

第 6 條（混和物標示）

①雇主對前條第二項之混合物，應依其混合後之危害性予以標示。

②前項危害性之認定方式如下：

一、混合物已作整體測試者，依整體測試結果。

二、混合物未作整體測試者，其健康危害性，除有科學資料佐證外，應依國家標準 CNS 15030 分類之混合物分類標準，對於燃燒、爆炸及反應性等物理性危害，使用有科學根據之資料評估。

第 7 條（標示圖式）

第五條標示之危害圖式形狀為直立四十五度角之正方形，其大小需能辨識清楚。圖式符號應使用黑色，背景為白色，圖式之紅框有足夠警示作用之寬度。

第 8 條（免標示）

雇主對裝有危害性化學品之容器屬下列情形之一者，得免標示：

一、外部容器已標示，僅供內襯且不再取出之內部容器。

二、內部容器已標示，由外部可見到標示之外部容器。

三、勞工使用之可攜帶容器，其危害性化學品取自有標示之容器，且僅供裝入之勞工當班立即使用。

四、危害性化學品取自有標示之容器，並供實驗室自行作實驗、研究之用。

第 9 條（代替標示）

①雇主對裝有危害性化學品之容器有下列情形之一者，得於明顯之處，設置標示有第五條第一項規定事項之公告板，以代替容器標示。但屬於管系者，得掛使用牌或漆有規定識別顏色及記號替代之：

一、裝同一種危害性化學品之數個容器，置放於同一處所。

二、導管或配管系統。

三、反應器、蒸餾塔、吸收塔、析出器、混合器、沈澱分離器、熱
交換器、計量槽或儲槽等化學設備。

四、冷卻裝置、攪拌裝置或壓縮裝置等設備。

五、輸送裝置。

②前項第二款至第五款之容器有公告板者，其內容之製造者、輸入者
或供應者之名稱、地址及電話經常變更，但備有安全資料表者，得
免標示第五條第一項第二款第六目之事項。

第 10 條（運輸標示）

①雇主對裝有危害性化學品之容器，於運輸時已依交通法規有關運輸
之規定設置標示者，該容器於工作場所內運輸時，得免再依附表一
標示。

②勞工從事卸放、搬運、處置或使用危害性化學品作業時，雇主應依
本規則辦理。

第 11 條（製造者標示）

①製造者、輸入者或供應者提供危害性化學品與事業單位或自營作業
者前，應於容器上予以標示。

②前項標示，準用第五條至第九條之規定。

第三章｜安全資料表、清單、揭示及通識措施

第 12 條（資料表 - 雇主提供）

①雇主對含有危害性化學品或符合附表三規定之每一化學品，應依附
表四提供勞工安全資料表。

②前項安全資料表所用文字以中文為主，必要時並輔以作業勞工所能
瞭解之外文。

第 13 條（資料表 - 製造者提供）

①製造者、輸入者或供應者提供前條之化學品與事業單位或自營作業

者前，應提供安全資料表，該化學品為含有二種以上危害成分之混合物時，應依其混合後之危害性，製作安全資料表。

②前項化學品，應列出其危害成分之化學名稱，其危害性之認定方式如下：

一、混合物已作整體測試者，依整體測試結果。

二、混合物未作整體測試者，其健康危害性，除有科學資料佐證外，依國家標準 CNS 15030 分類之混合物分類標準；對於燃燒、爆炸及反應性等物理性危害，使用有科學根據之資料評估。

③第一項所定安全資料表之內容項目、格式及所用文字，適用前條規定。

第 14 條（資料表 - 同份）

前條所定混合物屬同一種類之化學品，其濃度不同而危害成分、用途及危害性相同時，得使用同一份安全資料表，但應註明不同化學品名稱。

第 15 條（資料表 -3 年更新）

①製造者、輸入者、供應者或雇主，應依實際狀況檢討安全資料表內容之正確性，適時更新，並至少每三年檢討一次。

②前項安全資料表更新之內容、日期、版次等更新紀錄，應保存三年。

第 16 條（入場確認）

①雇主對於裝載危害性化學品之車輛進入工作場所後，應指定經相關訓練之人員，確認已有本規則規定之標示及安全資料表，始得進行卸放、搬運、處置或使用之作業。

②前項相關訓練應包括製造、處置或使用危害性化學品之一般安全衛生教育訓練及中央交通主管機關所定危險物品運送人員專業訓練之相關課程。

第 17 條（計畫、清單、資料表、訓練）

①雇主為防止勞工未確實知悉危害性化學品之危害資訊，致引起之職業災害，應採取下列必要措施：

一、依實際狀況訂定危害通識計畫，適時檢討更新，並依計畫確實執行，其執行紀錄保存三年。

二、製作危害性化學品清單，其內容、格式參照附表五。

三、將危害性化學品之安全資料表置於工作場所易取得之處。

四、使勞工接受製造、處置或使用危害性化學品之教育訓練，其課程內容及時數依職業安全衛生教育訓練規則之規定辦理。

五、其他使勞工確實知悉危害性化學品資訊之必要措施。

②前項第一款危害通識計畫，應含危害性化學品清單、安全資料表、標示、危害通識教育訓練等必要項目之擬訂、執行、紀錄及修正措施。

第 18 條（資料表 - 保留）

①製造者、輸入者或供應者為維護國家安全或商品營業秘密之必要，而保留揭示安全資料表中之危害性化學品成分之名稱、化學文摘社登記號碼、含量或製造者、輸入者或供應者名稱時，應檢附下列文件，向中央主管機關申請核定：

一、認定為國家安全或商品營業秘密之證明。

二、為保護國家安全或商品營業秘密所採取之對策。

三、對申請者及其競爭者之經濟利益評估。

四、該商品中危害性化學品成分之危害性分類說明及證明。

②前項申請檢附之文件不齊全者，申請者應於收受中央主管機關補正通知後三十日內補正，補正次數以二次為限；逾期未補正者，不予受理。

③中央主管機關辦理第一項事務，於核定前得聘學者專家提供意見。

④申請者取得第一項安全資料表中之保留揭示核定後，經查核有資料不實或未依核定事項辦理者，中央主管機關得撤銷或廢止其核定。

第 18-1 條（資料表 - 不保留）

①危害性化學品成分屬於下列規定者，不得申請保留安全資料表內容之揭示：

一、勞工作業場所容許暴露標準所列之化學物質。

二、屬於國家標準 CNS 15030 分類之下列級別者：

（一）急毒性物質第一級、第二級或第三級。

（二）腐蝕或刺激皮膚物質第一級。

（三）嚴重損傷或刺激眼睛物質第一級。

（四）呼吸道或皮膚過敏物質。

（五）生殖細胞致突變性物質。

（六）致癌物質。

（七）生殖毒性物質。

（八）特定標的器官系統毒性物質－單一暴露第一級。

（九）特定標的器官系統毒性物質－重複暴露第一級。

三、其他經中央主管機關指定公告者。

②前條及本條有關保留揭示申請範圍、核定後化學品標示、安全資料表之保留揭示，按中央主管機關所定之技術指引及申請工具辦理。

第 19 條（資料表 - 提供保留）

①主管機關、勞動檢查機構為執行業務或醫師、緊急應變人員為緊急醫療及搶救之需要，得要求製造者、輸入者、供應者或事業單位提供安全資料表及其保留揭示之資訊，製造者、輸入者、供應者或事業單位不得拒絕。

②前項取得商品營業秘密者，有保密之義務。

第四章｜附則

第 20 條（依規定）

對裝有危害性化學品之船舶、航空器或運送車輛之標示，應依交通法

規有關運輸之規定辦理。

第 21 條（依規定）

對放射性物質、國家標準 CNS 15030 分類之環境危害性化學品之標示，應依游離輻射及環境保護相關法規規定辦理。

第 22 條（依規定）

對農藥及環境用藥等危害性化學品之標示，應依農藥及環境用藥相關法規規定辦理。

第 23 條（施行日）

①本規則自中華民國一百零三年七月三日施行。

②本規則修正條文，自發布日施行。但第十二條附表四自中華民國一百零九年一月一日施行。

附表一　依國家標準 CNS15030 分類之規定辦理。（各危害性依 CNS 15030-1 至 CNS 1503026 標準分類及標示辦理），其他略。

附表二：標示之格式

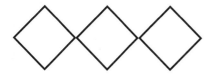

名稱：

危害成分：

警示語：

危害警告訊息：

危害防範措施：

製造者、輸入者或供應者：

(1) 名稱

(2) 地址

(3) 電話

※ 更詳細的資料，請參考安全資料表

註：

1. 危害圖式、警示語、危害警告訊息依附表一之規定。

2. 有二種以上危害圖式時，應全部排列出，其排列以辨識清楚為原則，視容器情況得有不同排列方式。

附表三 健康危害分類之危害成分濃度管制值表

健康危害分類	管制值
急毒性物質	≧ 1.0%
腐蝕／刺激皮膚物質	≧ 1.0%
嚴重損傷／刺激眼睛物質	≧ 1.0%
呼吸道或皮膚過敏物質	≧ 1.0%
生殖細胞致突變性物質：第 1 級	≧ 0.1%
生殖細胞致突變性物質：第 2 級	≧ 1.0%
致癌物質	≧ 0.1%
生殖毒性物質	≧ 0.1%
特定標的器官系統毒性物質—單一暴露	≧ 1.0%
特定標的器官系統毒性物質—重複暴露	≧ 1.0%

附表四　安全資料表應列內容項目及參考格式

一、化學品與廠商資料

化學品名稱：
其他名稱：
建議用途及限制使用：
製造都只、輸入者或供應者名稱、地址及電話：
緊急聯絡電話／傳真電話：

二、危害辨識資料

化學品危害分類：
標示內容：
其他危害：

三、成分辨識資料

純物質：

中英文名稱：
同義名稱：
化學文摘社登記號碼（CAS No.）：
危害成分（成分百分比）：

混合物：

化學性質：		
危害成分之中英文名稱	化學文摘社登記號碼（CAS No.）	濃度或濃度範圍（成分百分比）

四、急救措施

不同暴露途徑之急救方法：
• 吸入   • 皮膚接觸：   • 眼睛接觸：   • 食入：
最重要症狀及危害效應：
對急救人員之防護：
對醫師之提示：

五、滅火措施

適用滅火劑：
滅火時可能遭遇之特殊危害：
特殊滅火程序：
消防人員之特殊防護設備：

六、洩漏處理方法

個人應注意事項：
環境注意事項：
清理方法：

七、安全處置與儲存方法

處置：
儲存：

八、暴露預防措施

工程控制：
控制參數：   • 八小時日時量平均容許濃度／短時間時量平均容許濃度／最高容許濃度：   • 生物指標：

個人防護設備：
- 呼吸防護：
- 手部防護：
- 眼睛防護：
- 皮膚及身體防護：

衛生措施：

九、物理及化學性質

外觀（物質狀態、顏色等）：	氣味：
嗅覺閾值：	熔點：
pH 值：	沸點／沸點範圍：
易燃性（固體、報體）：	閃火點：
分解溫度：	測試方法（開背或閉杯）：
自燃溫度：	爆炸界限：
蒸氣壓：	蒸氣密度：
密度：	溶解度：
辛醇／水分配係數（log Kow）	揮發速率

十、安定性及反應性

安定性：
特殊狀況下可能之危害反應：
應避免之狀況：
應避免之物質：
危害分解物：

十一、毒性資料

暴露途徑：
症狀：
急毒性：
慢毒性或長期毒性

十二、生態資料

生態毒性：
持久性及降解性：
生物蓄積性：
土壤中之流動性：
其他不良效應：

十三、廢棄處置方法

廢棄處置方法：

十四、運送資料

聯合國編號：
聯合國運輸名稱：
運輸危害分類：
包裝類別：
海洋污染物（是／否）：
特殊運送方法及注意事項：

十五、法規資料

適用法規：

十六、其他資料

參考文獻		
製表單位	名稱：	
	地址／電話：	
製表人	職稱：	姓名（簽章）：
製表日期		

安全資料表應列內容項目說明：

一、化學品與廠商資料：
　　化學品名稱、其他名稱、建議用途及限制使用、製造者、輸入者或供應者名稱、地址及電話、緊急聯絡電話／傳真電話。

二、危害辨識資料：
　　化學品危害分類、標示內容、其他危害。

三、成分辨識資料：
　　純物質：中英文名稱、同義名稱、化學文摘社登記號碼（CAS No.）、危害成分（成分百分比）。
　　混合物：化學性質、危害成分之中英文名稱、化學文摘社登記號碼（CAS No.）、濃度或濃度範圍（成分百分比）。
　　註：危害成分確無化學文摘社登記號碼者，得免列之。

四、急救措施：
　　不同暴露途徑之急救方法、最重要症狀及危害效應、對急救人員之防護、對醫師之提示。

五、滅火措施：
　　適用滅火劑、滅火時可能遭遇之特殊危害、特殊滅火程序、消防人員之特殊防護設備。

六、洩漏處理方法：
　　個人應注意事項、環境注意事項、清理方法。

七、安全處置與儲存方法：
　　處置、儲存。

八、暴露預防措施：
　　工程控制、控制參數、個人防護設備、衛生措施。

九、物理及化學性質：
　　外觀（物質狀態、顏色）、氣味、嗅覺閾值、pH值、熔點、沸點／沸點範圍、易燃性（固體、氣體）、分解溫度、閃火點、自燃溫度、爆炸界限、蒸氣壓、蒸氣密度、密度、溶解度、辛醇／水分配係數（log Kow）、揮發速率。

十、安定性及反應性：
　　安定性、特殊狀況下可能之危害反應、應避免之狀況、應避免之物質、危害分解物。

十一、毒性資料：
　　暴露途徑、症狀、急毒性、慢毒性或長期毒性。

十二、生態資料：
　　生態毒性、持久性及降解性、生物蓄積性、土壤中之流動性、其他不良效應。

十三、廢棄處置方法：
　　廢棄處置方法。

十四、運送資料：
　　聯合國編號、聯合國運輸名稱、運輸危害分類、包裝類別、海洋污染物（是／否）、特殊運送方法及注意事項。

十五、法規資料：
　　適用法規。

十六、其他資料：
　　參考文獻、製表單位、製表人、製表日期。

附表五　危害性化學品清單

※※※※※※※※※※※※※※※※※

化學品名稱：＿＿＿＿＿＿＿＿＿＿＿

其他名稱：＿＿＿＿＿＿＿＿＿＿＿＿

安全資料表索引碼：＿＿＿＿＿＿＿＿

※※※※※※※※※※※※※※※※※

製造者、輸入者

或供應者：＿＿＿＿＿＿＿＿＿＿＿

地址：＿＿＿＿＿＿＿＿＿＿＿＿＿＿

電話：＿＿＿＿＿＿＿＿＿＿＿＿＿＿

※※※※※※※※※※※※※※※※※

使用資料

　　　平均　最大

地點　　　　　　　使用者

　　數量　數量

＿＿＿　＿＿＿　＿＿＿　＿＿＿＿

＿＿＿　＿＿＿　＿＿＿　＿＿＿＿

＿＿＿　＿＿＿　＿＿＿　＿＿＿＿

※※※※※※※※※※※※※※※※※

貯存資料

地點　平均數量　最大數量

＿＿＿　＿＿＿＿　＿＿＿＿

＿＿＿　＿＿＿＿　＿＿＿＿

＿＿＿　＿＿＿＿　＿＿＿＿

※※※※※※※※※※※※※※※※※

製單日期：＿＿＿＿＿＿＿＿＿＿＿＿

（作者注：格式不限，具備欄位即可）

（其它附表格式詳 QR Code）

危害性化學品評估及分級管理辦法（103.12.31）

第 1 條（法源）

本辦法依職業安全衛生法第十一條第二項規定訂定之。

第 2 條（定義）

本辦法用詞，定義如下：

一、暴露評估：指以定性、半定量或定量之方法，評量或估算勞工暴露於化學品之健康危害情形。

二、分級管理：指依化學品健康危害及暴露評估結果評定風險等級，並分級採取對應之控制或管理措施。

第 3 條（優先適用）

本辦法所定化學品，優先適用特定化學物質危害預防標準、有機溶劑中毒預防規則、四烷基鉛中毒預防規則、鉛中毒預防規則及粉塵危害預防標準之相關設置危害控制設備或採行措施之規定。但依前開法規所定方法，仍未能降低暴露風險者，雇主應依本辦法設置危害控制設備或採取更有效之危害控制或管理措施。

第 4 條（分級管理）

雇主使勞工製造、處置或使用之化學品，符合國家標準 CNS 15030 化學品分類，具有健康危害者，應評估其危害及暴露程度，劃分風險等級，並採取對應之分級管理措施。

第 5 條（排除條款）

下列情形不適用本辦法：

一、製造、處置或使用下列物品者：

（一）有害事業廢棄物。

（二）菸草或菸草製品。

（三）食品、飲料、藥物、化粧品。

（四）製成品。

（五）非工業用途之一般民生消費商品。

（六）滅火器。

（七）在反應槽或製程中正進行化學反應之中間產物。

二、化學品僅作為貯存用途且勞工不致有暴露危害之虞者。

三、其他經中央主管機關指定者。

第6條（分級管理-3年）

第四條之評估及分級管理，雇主應至少每三年執行一次，因化學品之種類、操作程序或製程條件變更，而有增加暴露風險之虞者，應於變更前或變更後三個月內，重新進行評估與分級。

第7條（分級管理-方法）

雇主辦理前條之評估及分級管理，應參照中央主管機關公告之技術指引，或採取其他具同等科學基礎之評估及管理方法辦理。

第8條（暴露評估-容評標準＋特危100人、勞工500人）

①中央主管機關對於第四條之化學品，定有容許暴露標準，而事業單位從事特別危害健康作業之勞工人數在一百人以上，或總勞工人數五百人以上者，雇主應依有科學根據之之採樣分析方法或運用定量推估模式，實施暴露評估。

②雇主應就前項暴露評估結果，依下列規定，定期實施評估：

一、暴露濃度低於容許暴露標準二分之一之者，至少每三年評估一次。

二、暴露濃度低於容許暴露標準但高於或等於其二分之一者，至少每年評估一次。

三、暴露濃度高於或等於容許暴露標準者，至少每三個月評估一次。

③游離輻射作業不適用前二項規定。

④化學品之種類、操作程序或製程條件變更，有增加暴露風險之虞者，應於變更前或變更後三個月內，重新實施暴露評估。

第 9 條（暴露評估 - 監測期程）

雇主應依勞工作業環境監測實施辦法所定之監測及期程，實施前條化學品之暴露評估，必要時並得輔以其他半定量、定量之評估模式或工具實施之。

第 10 條（分級管理 - 控制措施）

雇主對於前二條化學品之暴露評估結果，應依下列風險等級，分別採取控制或管理措施：

一、第一級管理：暴露濃度低於容許暴露標準二分之一者，除應持續維持原有之控制或管理措施外，製程或作業內容變更時，並採行適當之變更管理措施。

二、第二級管理：暴露濃度低於容許暴露標準但高於或等於其二分之一者，應就製程設備、作業程序或作業方法實施檢點，採取必要之改善措施。

三、第三級管理：暴露濃度高於或等於容許暴露標準者，應即採取有效控制措施，並於完成改善後重新評估，確保暴露濃度低於容許暴露標準。

第 11 條（紀錄保存）

雇主依本辦法採取之評估方法及分級管理措施，應作成紀錄留存備查，至少保存三年。

第 12 條（施行日）

本辦法自中華民國一百零四年一月一日施行。

有機溶劑中毒預防規則（103.6.25）

第一章｜總則

第 1 條（法源）

本規則依職業安全衛生法第六條第三項規定訂定之。

第 2 條（適用作業）

本規則適用於從事下列各款有機溶劑作業之事業：

一、製造有機溶劑或其混存物過程中，從事有機溶劑或其混存物之過濾、混合、攪拌、加熱、輸送、倒注於容器或設備之作業。

二、製造染料、藥物、農藥、化學纖維、合成樹脂、染整助劑、有機塗料、有機顏料、油脂、香料、調味料、火藥、攝影藥品、橡膠或可塑劑及此等物品之中間物過程中，從事有機溶劑或其混存物之過濾、混合、攪拌、加熱、輸送、倒注於容器或設備之作業。

三、使用有機溶劑混存物從事印刷之作業。

四、使用有機溶劑混存物從事書寫、描繪之作業。

五、使用有機溶劑或其混存物從事上光、防水或表面處理之作業。

六、使用有機溶劑或其混存物從事為黏接之塗敷作業。

七、從事已塗敷有機溶劑或其混存物之物品之黏接作業。

八、使用有機溶劑或其混存物從事清洗或擦拭之作業。但不包括第十二款規定作業之清洗作業。

九、使用有機溶劑混存物之塗飾作業。但不包括第十二款規定作業之塗飾作業。

十、從事已附著有機溶劑或其混存物之物品之乾燥作業。

十一、使用有機溶劑或其混存物從事研究或試驗。

十二、從事曾裝儲有機溶劑或其混存物之儲槽之內部作業。但無發散

有機溶劑蒸氣之虞者，不在此限。

十三、於有機溶劑或其混存物之分裝或回收場所，從事有機溶劑或其
混存物之過濾、混合、攪拌、加熱、輸送、倒注於容器或設備
之作業。

十四、其他經中央主管機關指定之作業。

第 3 條（定義）

本規則用詞，定義如下：

一、有機溶劑：本規則所稱之有機溶劑指附表一規定之有機溶劑，其
分類如下：

（一）第一種有機溶劑，指附表一第一款規定之有機溶劑。

（二）第二種有機溶劑，指附表一第二款規定之有機溶劑。

（三）第三種有機溶劑，指附表一第三款規定之有機溶劑。

二、有機溶劑混存物：指有機溶劑與其他物質混合時，所含之有機溶
劑佔其重量百分之五以上者，其分類如下：

（一）第一種有機溶劑混存物：指有機溶劑混存物中，含有第一種有
機溶劑佔該混存物重量百分之五以上者。

（二）第二種有機溶劑混存物：指有機溶劑混存物中，含有第二種有
機溶劑或第一種有機溶劑及第二種有機溶劑之和佔該混存物重
量百分之五以上而不屬於第一種有機溶劑混存物者。

（三）第三種有機溶劑混存物：指第一種有機溶劑混存物及第二種有
機溶劑混存物以外之有機溶劑混存物。

三、密閉設備：指密閉有機溶劑蒸氣之發生源使其蒸氣不致發散之設
備。

四、局部排氣裝置：指藉動力強制吸引並排出已發散有機溶劑蒸氣之
設備。

五、整體換氣裝置：指藉動力稀釋已發散有機溶劑蒸氣之設備。

六、通風不充分之室內作業場所：指室內對外開口面積未達底面積之
二十分之一以上或全面積之百分之三以上者。

七、儲槽等：指下列之一之作業場所：

（一）儲槽之內部。

（二）貨櫃之內部。

（三）船艙之內部。

（四）凹窪之內部。

（五）坑之內部。

（六）隧道之內部。

（七）暗溝或人孔之內部。

（八）涵箱之內部。

（九）導管之內部。

（十）水管之內部。

（十一）其他經中央主管機關指定者。

八、作業時間短暫：指雇主使勞工每日作業時間在一小時以內。

九、臨時性之有機溶劑作業：指正常作業以外之有機溶劑作業，其作業期間不超過三個月且一年內不再重覆者。

第 4 條

（刪除）

第 4-1 條（依規定）

雇主使勞工從事有機溶劑作業者，對於健康管理、作業環境監測、妊娠與分娩後女性勞工及未滿十八歲勞工保護與入槽安全等事項，應依勞工健康保護規則、勞工作業環境監測實施辦法、妊娠與分娩後女性及未滿十八歲勞工禁止從事危險性或有害性工作認定標準、缺氧症預防規則及勞工安全衛生設施規則所定之局限空間作業等相關規定辦理。

第 5 條（低於消費量免除設施、管理、防護）

①雇主使勞工從事第二條第三款至第十一款之作業，合於下列各款規定之一時，得不受第二章、第十八條至第二十四條規定之限制：

一、於室內作業場所（通風不充分之室內作業場所除外），從事有

321

機溶劑或其混存物之作業時，一小時作業時間內有機溶劑或其混存物之消費量不超越容許消費量者。

二、於儲槽等之作業場所或通風不充分之室內作業場所，從事有機溶劑或其混存物之作業時，一日間有機溶劑或其混存物之消費量不超越容許消費量者。

②前項之容許消費量及計算之方式，依附表二之規定。

③下列各款列舉之作業，其第一項第一款規定之一小時及同項第二款規定之一日作業時間內消費之有機溶劑量，分別依下列各該款之規定。但第二條第七款規定之作業，於同一作業場所延續至同條第六款規定之作業或同條第十款規定之作業於同一作業場所延續使用有機溶劑或其混存物黏接擬乾燥之物品時，第二條第七款或第十款規定之作業消費之有機溶劑或其混存物之量，應除外計算之：

一、從事第二條第三款至第六款、第八款、第九款或第十一款規定之一作業者，第一項第一款規定之一小時或同項第二款規定之一日作業時間內消費之有機溶劑或其混存物之量應乘中央主管機關規定之指定值。

二、從事第二條第七款或第十款規定之一之作業者，第一項第一款規定之一小時或同項第二款規定之一日作業時間內已塗敷或附著於乾燥物品之有機溶劑或其混存物之量應乘中央主管機關規定之指定值。

第二章 │ 設施

第 6 條（控制設備 - 密閉、局排、整體）

①雇主使勞工於下列規定之作業場所作業，應依下列規定，設置必要之控制設備：

一、於室內作業場所或儲槽等之作業場所，從事有關第一種有機溶劑或其混存物之作業，應於各該作業場所設置密閉設備或局部

排氣裝置。

二、於室內作業場所或儲槽等之作業場所，從事有關第二種有機溶
　　劑或其混存物之作業，應於各該作業場所設置密閉設備、局部
　　排氣裝置或整體換氣裝置。

三、於儲槽等之作業場所或通風不充分之室內作業場所，從事有關
　　第三種有機溶劑或其混存物之作業，應於各該作業場所設置密
　　閉設備、局部排氣裝置或整體換氣裝置。

②前項控制設備，應依有機溶劑之健康危害分類、散布狀況及使用量
　等情形，評估風險等級，並依風險等級選擇有效之控制設備。

③第一項各款對於從事第二條第十二款及同項第二款、第三款對於以
　噴布方式從事第二條第四款至第六款、第八款或第九款規定之作業
　者，不適用之。

第 7 條（噴布方式）

雇主使勞工以噴布方式於下列各款規定之作業場所，從事各該款有關
之有機溶劑作業時，應於各該作業場所設置密閉設備或局部排氣裝
置：

一、於室內作業場所或儲槽等之作業場所，使用第二種有機溶劑或
　　其混存物從事第二條第四款至第六款、第八款或第九款規定之作
　　業。

二、於儲槽等之作業場所或通風不充分之室內作業場所，使用第三種
　　有機溶劑或其混存物從事第二條第四款至第六款、第八款或第九
　　款規定之作業。

第 8 條（臨時性 - 免控制設備）

雇主使勞工於室內作業場所（通風不充分之室內作業場所除外），從
事臨時性之有機溶劑作業時，不受第六條第一款、第二款及前條第一
款規定之限制，得免除設置各該條規定之設備。

第 9 條（認定後 - 免控制設備）

①雇主使勞工從事下列各款規定之一之作業，經勞動檢查機構認定

有機溶劑中毒預防規則（103.6.25）

後，免除設置下列各款規定之設備：

一、於周壁之二面以上或周壁面積之二分之一以上直接向大氣開放之室內作業場所，從事有機溶劑作業，得免除第六條第一款、第二款或第七條規定之設備。

二、於室內作業場所或儲槽等之作業場所，從事有機溶劑作業，因有機溶劑蒸氣擴散面之廣泛不易設置第六條第一款、第七條之設備時，得免除各該條規定之設備。

②前項雇主應檢具下列各款文件，向勞動檢查機構申請認定之：

一、免設有機溶劑設施申請書。（如格式一，略）

二、可辨識清楚之作業場所略圖。

三、工作計畫書。

③經認定免除設置第一項設備之雇主，於勞工作業環境變更，致不符合第一項各款規定時，應即依法設置符合標準之必要設備，並以書面報請檢查機構備查。

第 10 條（核定後 - 免控制設備）

①雇主使勞工從事有機溶劑作業，如設置第六條或第七條規定之設備有困難，而已採取一定措施時，得報經中央主管機關核定，免除各該條規定之設備。

②前項之申報，準用前條第二項至第四項之規定。

第 11 條（一定措施 - 免控制設備）

雇主使勞工於下列各款規定範圍內從事有機溶劑作業，已採取一定措施時，得免除設置各該款規定之設備：

一、適於下列情形之一而設置整體換氣裝置時，不受第六條第一款或第七條規定之限制，得免除設置密閉設備或局部排氣裝置：

（一）於儲槽等之作業場所或通風不充分之室內作業場所，從事臨時性之有機溶劑作業。

（二）於室內作業場所（通風不充分之室內作業場所除外），從事有機溶劑作業，其作業時間短暫。

（三）於經常置備處理有機溶劑作業之反應槽或其他設施與其他作業場所隔離，且無須勞工常駐室內。

（四）於室內作業場所或儲槽等之作業場所之內壁、地板、頂板從事有機溶劑作業，因有機溶劑蒸氣擴散面之廣泛不易設置第六條第一款或規定之設備。

二、於儲槽等之作業場所或通風不充分之室內作業場所，從事有機溶劑作業，而從事該作業之勞工已使用輸氣管面罩且作業時間短暫時，不受第六條規定之限制，得免除設置密閉設備、局部排氣裝置或整體換氣裝置。

三、適於下列情形之一時，不受第六條規定之限制，得免除設置密閉設備、局部排氣裝置或整體換氣裝置：

（一）從事紅外線乾燥爐或具有溫熱設備等之有機溶劑作業，如設置有利用溫熱上升氣流之排氣煙囪等設備，將有機溶劑蒸氣排出作業場所之外，不致使有機溶劑蒸氣擴散於作業場所內者。

（二）藉水等覆蓋開放槽內之有機溶劑或其混存物，或裝置有效之逆流凝縮機於槽之開口部使有機溶劑蒸氣不致擴散於作業場所內者。

四、於汽車之車體、飛機之機體、船段之組合體或鋼樑、鋼構等大型物件之外表從事有機溶劑作業時，因有機溶劑蒸氣廣泛擴散不易設置第六條或第七條規定之設備，且已設置吹吸型換氣裝置時，不受第六條或第七條規定之限制，得免設密閉設備、局部排氣裝置或整體換氣裝置。

第 12 條（局排 - 氣罩、導管）

雇主設置之局部排氣裝置之氣罩及導管，應依下列之規定：

一、氣罩應設置於每一有機溶劑蒸氣發生源。

二、外裝型氣罩應儘量接近有機溶劑蒸氣發生源。

三、氣罩應視作業方法、有機溶劑蒸氣之擴散狀況及有機溶劑之比重等，選擇適於吸引該有機溶劑蒸氣之型式及大小。

四、應儘量縮短導管長度、減少彎曲數目，且應於適當處所設置易於
　　清掃之清潔口與測定孔。

第 13 條（排氣機 - 位置、開口、排氣口）

①雇主設置有空氣清淨裝置之局部排氣裝置，其排氣機應置於空氣清
　淨裝置後之位置。但不會因所吸引之有機溶劑蒸氣引起爆炸且排氣
　機無腐蝕之虞時，不在此限。

②雇主設置之整體換氣裝置之送風機、排氣機或其導管之開口部，應
　儘量接近有機溶劑蒸氣發生源。

③雇主設置之局部排氣裝置、吹吸型換氣裝置、整體換氣裝置或第
　十一條第三款第一目之排氣煙囪等之排氣口，應直接向大氣開
　放。對未設空氣清淨裝置之局部排氣裝置（限設於室內作業場所
　者）或第十一條第三款第一目之排氣煙囪等設備，應使排出物不致
　回流至作業場所。

第 14 條（局排 - 容許暴露）

雇主設置之局部排氣裝置及吹吸型換氣裝置，應於作業時間內有效運
轉，降低空氣中有機溶劑蒸氣濃度至勞工作業場所容許暴露標準以
下。

第 15 條（整體 - 換氣量）

①雇主設置之整體換氣裝置應依有機溶濟或其混存物之種類，計算其
　每分鐘所需之換氣量，具備規定之換氣能力。

②前項應具備之換氣能力及其計算之方法，依附表四之規定。

③同時使用種類相異之有機溶劑或其混存物時，第一項之每分鐘所需
　之換氣量應分別計算後合計之。

④第一項一小時作業時間內有機溶劑或其混存物之消費量係指下列各
　款規定之一之值：

　一、第二條第一款或第二款規定之一之作業者，為一小時作業時間
　　　內蒸發之有機溶劑量。

　二、第二條第三款至第六款、第八款、第九款或第十一款規定之一

之作業者，爲一小時作業時間內有機溶劑或其混存物之消費量乘中央主管機關規定之指定值。

三、第二條第七款或第十款規定之一之作業者，爲一小時作業時間內已塗敷或附著於乾燥物品之有機溶劑或其混存物之量乘中央主管機關規定之指定值。

⑤第四項之一小時作業時間內有機溶劑或其混存物之消費量準用第五條第三項條文後段之規定。

第 16 條（有效運轉）

①雇主設置之局部排氣裝置、吹吸型換氣裝置或整體換氣裝置，於有機溶劑作業時，不得停止運轉。

②設有前項裝置之處所，不得阻礙其排氣或換氣功能，使之有效運轉。

第三章 | 管理

第 17 條（專人設計）

雇主設置之密閉設備、局部排氣裝置、吹吸型換氣裝置或整體換氣裝置，應由專業人員妥爲設計，並維持其有效性能。

第 18 條（必要措施）

雇主使勞工從事有機溶劑作業時，對有機溶劑作業之室內作業場所及儲槽等之作業場所，實施通風設備運轉狀況、勞工作業情形、空氣流通效果及有機溶劑或其混存物使用情形等，應隨時確認並採取必要措施。

第 19 條（作業主管 - 指定）

雇主使勞工從事有機溶劑作業時，應指定現場主管擔任有機溶劑作業主管，從事監督作業。但從事第二條第十一款規定之作業時，得免設置有機溶劑作業主管。

第 20 條（作業主管 - 監督）

雇主應使有機溶劑作業主管實施下列監督工作：

一、決定作業方法，並指揮勞工作業。

二、實施第十八條規定之事項。但雇主指定有專人負責者，不在此限。

三、監督個人防護具之使用。

四、勞工於儲槽之內部作業時，確認第二十一條規定之措施。

五、其他為維護作業勞工之健康所必要之措施。

第 21 條（儲槽內部）

雇主使勞工於儲槽之內部從事有機溶劑作業時，應依下列規定：

一、派遣有機溶劑作業主管從事監督作業。

二、決定作業方法及順序於事前告知從事作業之勞工。

三、確實將有機溶劑或其混存物自儲槽排出，並應有防止連接於儲槽之配管流入有機溶劑或其混存物之措施。

四、前款所採措施之閥、旋塞應予加鎖或設置盲板。

五、作業開始前應全部開放儲槽之人孔及其他無虞流入有機溶劑或其混存物之開口部。

六、以水、水蒸汽或化學藥品清洗儲槽之內壁，並將清洗後之水、水蒸氣或化學藥品排出儲槽。

七、應送入或吸出三倍於儲槽容積之空氣，或以水灌滿儲槽後予以全部排出。

八、應以測定方法確認儲槽之內部之有機溶劑濃度未超過容許濃度。

九、應置備適當的救難設施。

十、勞工如被有機溶劑或其混存物污染時，應即使其離開儲槽內部，並使該勞工清洗身體除卻污染。

第四章 | 防護措施

第 22 條（輸氣管面罩）

①雇主使勞工從事下列作業時，應供給該作業勞工輸氣管面罩，並使其確實佩戴使用：

一、從事第二條第十二款規定之作業。

二、於依第十一條第二款未設置密閉設備、局部排氣裝置或整體換氣裝置之儲槽等之作業場所或通風不充分之室內作業場所，從事有機溶劑作業，其作業時間短暫。

②前項規定之輸氣管面罩，應具不使勞工吸入有機溶劑蒸氣之性能。

第 23 條（輸氣管面罩、防毒面罩）

①雇主使勞工從事下列作業時，應使該作業勞工佩戴輸氣管面罩或適當之有機氣體用防毒面罩：

一、於依第十一條第一款規定准許以整體換氣裝置代替密閉設備或局部排氣裝置之室內作業場所或儲槽等之作業場所，從事有機溶劑作業。

二、於依第六條第二款、第三款之規定設置整體換氣裝置之儲槽等之作業場所，從事有機溶劑作業。

三、於室內作業場所或儲槽等之作業場所，開啓尚未清除有機溶劑或其混存物之密閉設備。

四、於室內作業場所從事有機溶劑作業設置吹吸型換氣裝置，因貨物台上置有工作物致換氣裝置內氣流有引起擾亂之虞者。

②雇主依前條及本條規定使勞工戴用輸氣管面罩之連續作業時間，每次不得超過一小時，並給予適當之休息時間。

第 24 條（防護具）

雇主對於前二條規定作業期間，應置備與作業勞工人數相同數量以上之必要防護具，保持其性能及清潔，並使勞工確實使用。

第五章 | 儲藏及空容器之處理

第 25 條（容器、儲藏場所）

雇主於室內儲藏有機溶劑或其混存物時，應使用備有栓蓋之堅固容器，以免有機溶劑或其混存物之溢出、漏洩、滲洩或擴散，該儲藏場所應依下列規定：

一、防止與作業無關人員進入之措施。

二、將有機溶劑蒸氣排除於室外。

第 26 條（容器密閉）

雇主對於曾儲存有機溶劑或其混存物之容器而有發散有機溶劑蒸氣之虞者，應將該容器予以密閉或堆積於室外之一定場所。

第六章 | 附則

第 27 條（施行日）

①本規則自發布日施行。

②本規則中華民國一百零三年六月二十五日修正條文，自一百零三年七月三日施行。

附表一　有機溶劑

本規則第三條第一款規定之有機溶劑及其分類如下：

一、第一種有機溶劑

　　1. 三氯甲烷

　　　CHCl$_3$

　　　Trichloromethane

　　2. 1, 1, 2, 2- 四氯乙烷

　　　CHCl$_2$CHCl$_2$

　　　1, 1, 2, 2-Tetrachloroethane

　　3. 四氯化碳

　　　CCl$_4$

　　　Tetrachloromethane

　　4. 1, 2- 二氯乙烯

　　　CHCl＝CHCl

　　　1, 2-Dichloroethylene

　　5. 1, 2- 二氯乙烷

　　　CH$_2$ClCH$_2$Cl

　　　1,2-Dichloroethane

　　6. 二硫化碳

　　　CS$_2$

　　　Carbon disulfide

　　7. 三氯乙烯

　　　CHCl＝CCl$_2$

　　　Trichloroethylene

　　8. 僅由 1. 至 7. 列舉之物質之混合物。

二、第二種有機溶劑

　　1. 丙酮

　　　CH$_3$COCH$_3$

　　　Acetone

　　2. 異戊醇

　　　(CH$_3$)$_2$CHCH$_2$CH$_2$OH

　　　Isoamyl alcohol

　　3. 異丁醇

　　　(CH$_3$)$_2$CHCH$_2$OH

　　　Isobutyl alcohol

　　4. 異丙醇

　　　(CH$_3$)$_2$CHOH

　　　Isopropyl alcohol

Isopropyl acetate

18. 乙酸乙酯

$CH_3CO_2C_2H_5$

Ethyl acetate

19. 乙酸丙酯

$CH_3CO_2C_3H_7$

Propyl acetate

20. 乙酸丁酯

$CH_3CO_2C_4H_9$

Buty l acetate

21. 乙酸甲酯

CH_3COOCH_3

Methyl acetate

22. 苯乙烯

$C_6H_5CH=CH_2$

Styrene

23. 1, 4- 二氧陸圜

$O \diagdown \overset{CH_2CH_2}{\underset{CH_2CH_2}{}} \diagup O$

1, 4-Dioxan

24. 四氯乙烯

$Cl_2C=CCl_2$

Tetrachloroethy lene

25. 環己醇

$C_6H_{11}OH$

Cyclohexanol

26. 環己酮

$C_6H_{10}O$

Cyclohexanone

27. 1- 丁醇

$CH_3(CH_2)_3OH$

1-Buty l alcohol

28. 2- 丁醇

$CH_3CH_2CH(OH)CH_3$

2-Buty l alcohol

29. 甲苯

$C_6H_5CH_3$

Toluene

30. 二氯甲烷

CH_2Cl_2

Dichloromethane

31. 甲醇

CH_3OH

Methyl alcohol

32. 甲基異丁酮

$(CH_3)_2CHCH_2COCH_3$

Methyl isobutyl ketone

33. 甲基環己醇

$CH_3C_6H_{10}OH$

Methyl cyclohexanol

34. 甲基環己酮

$CH_3C_5H_9CO$

Methyl cyclohexanone

35. 甲丁酮

$CH_3OC(CH_2)_3CH_3$

Methyl butyl ketone

36. 1, 1, 1- 三氯乙烷

CH_3CCl_3

1, 1, 1-Trichloroethane

37. 1, 1, 2- 三氯乙烷

$CH_2ClCHCl_2$

1, 1, 2-Trichloroethane

38. 丁酮

$CH_3COC_2H_5$

Methyl ethyl ketone

39. 二甲基甲醯胺

$HCON(CH_3)_2$

N, N-Dimethyl fomamide

40. 四氫呋喃

$$\underset{O}{\underset{CH_2CH_2}{\overset{CH_2-CH_2}{\big|\big|}}}$$

Tetrahydrofuran

41. 正己烷

CH₃CH₂CH₂CH₂CH₂CH₃

n-hexane

42. 僅由 1 至 41 列舉之物質之混合物。

三、第三種有機溶劑

1. 汽油

Gasoline

2. 煤焦油精

Coal tar naphtha

3. 石油精

Petroleum ether

4. 石油精

Petroleum naphtha

5. 輕油精

Petroleum benzin

6. 松節油

Turpentine

7. 礦油精

Mineral spirit

(Mineral thinner petroleum spirit, white spirit)

8. 僅由 1. 至 7. 列舉之物質之混合物

附表二　有機溶劑或其混存物之容許消費量及其計算方式

本規則第五條第二項規定之有機溶劑或其混存物之容許消費量，依次表之規定計算。

有機溶劑或其混存物之種類	有機溶劑或其混存物之容許消費量
第一種有機溶劑或其混存物 第二種有機溶劑或其混存物 第三種有機溶劑或其混存物	容許消費量＝1/15×作業場所之氣積 容許消費量＝2/5×作業場所之氣積 容許消費量＝3/2×作業場所之氣積
(1) 表中所列作業場所之氣積不含超越地面四公尺以上高度之空間。 (2) 容許消費量以公克為單位，氣積以立方公尺為單位計算。 (3) 氣積超過一百五十立方公尺者，概以一百五十立方公尺計算。	

附表四　整體換氣裝置之換氣能力及其計算方法

本規則第十五條第二項之換氣能力及其計算方法如下：

消費之有機溶劑或其混存物之種類	換氣能力
第一種有機溶劑或其混存物	每分鐘換氣量＝作業時間內一小時之有機溶劑或其混存物之消費量×0.3
第二種有機溶劑或其混存物	每分鐘換氣量＝作業時間內一小時之有機溶劑或其混存物之消費量×0.04
第三種有機溶劑或其混存物	每分鐘換氣量＝作業時間內一小時之有機溶劑或其混存物之消費量×0.01

註：表中每分鐘換氣量之單位為立方公尺，作業時間內一小時之有機溶劑或其混存物之消費量之單位為公克。

特定化學物質危害預防標準（110.9.16）

第一章｜總則

第 1 條（法源）

本標準依職業安全衛生法第六條第三項規定訂定之。

第 2 條（定義 - 特化物質）

①本標準所稱特定化學物質如下：

一、甲類物質：指附表一第一款規定之物質。

二、乙類物質：指附表一第二款規定之物質。

三、丙類物質：指下列規定之物質。

（一）丙類第一種物質：指附表一第三款第一目規定之物質。

（二）丙類第二種物質：指附表一第三款第二目規定之物質。

（三）丙類第三種物質：指附表一第三款第三目規定之物質。

四、丁類物質：指附表一第四款規定之物質。

②前項特定化學物質屬危害性化學品標示及通識規則第三條第一款所定之製成品，不適用本標準。

第 3 條（定義 - 特定管理物質）

本標準所稱特定管理物質，指下列規定之物質：

一、二氯聯苯胺及其鹽類、α－萘胺及其鹽類、鄰 - 二甲基聯苯胺及其鹽類、二甲氧基聯苯胺及其鹽類、次乙亞胺、氯乙烯、3,3-二氯 -4,4- 二胺基苯化甲烷、四羰化鎳、對 - 二甲胺基偶氮苯、β－丙內酯、環氧乙烷、奧黃、苯胺紅、石綿（不含青石綿、褐石綿）、鉻酸及其鹽類、砷及其化合物、鎳及其化合物、重鉻酸

及其鹽類、1,3- 丁二烯及甲醛（含各該列舉物佔其重量超過百分之一之混合物）。

二、鈹及其化合物、含鈹及其化合物之重量比超過百分之一或鈹合金含鈹之重量比超過百分之三之混合物（以下簡稱鈹等）。

三、三氯甲苯或其重量比超過百分之零點五之混合物。

四、苯或其體積比超過百分之一之混合物。

五、煤焦油或其重量比超過百分之五之混合物。

第 4 條（定義 - 特化設備）

本標準所稱特定化學設備，指製造或處理、置放（以下簡稱處置）、使用丙類第一種物質、丁類物質之固定式設備。

第 5 條（定義 - 特化管理設備）

本標準所稱特定化學管理設備，指特定化學設備中進行放熱反應之反應槽等，且有因異常化學反應等，致漏洩丙類第一種物質或丁類物質之虞者。

第 6 條（必要措施）

為防止特定化學物質引起職業災害，雇主應致力確認所使用物質之毒性，尋求替代物之使用、建立適當作業方法、改善有關設施與作業環境並採取其他必要措施。

第 6-1 條（依規定）

雇主使勞工從事特定化學物質作業者，對於健康管理、作業環境監測、妊娠與分娩後女性勞工及未滿十八歲勞工保護與入槽安全等事項，應依勞工健康保護規則、勞工作業環境監測實施辦法、妊娠與分娩後女性及未滿十八歲勞工禁止從事危險性或有害性工作認定標準、缺氧症預防規則及職業安全衛生設施規則所定之局限空間作業等相關規定辦理。

第二章 | 設施

第 7 條（甲 - 不得處置、申請許可）

①雇主不得使勞工從事製造、處置或使用甲類物質。但供試驗或研究者，不在此限。

②前項供試驗或研究之甲類物質，雇主應依管制性化學品之指定及運作許可管理辦法規定，向中央主管機關申請許可。

第 8 條（甲 - 研究）

雇主使勞工從事試驗或研究甲類物質時，應依下列規定辦理：

一、製造設備應為密閉設備。但在作業性質上設置該項設備顯有困難，而將其置於氣櫃內者，不在此限。

二、設置製造設備場所之地板及牆壁應以不浸透性材料構築，且應為易於用水清洗之構造。

三、從事製造或使用甲類物質者，應具有預防該物質引起危害健康之必要知識。

四、儲存甲類物質時，應採用不漏洩、不溢出等之堅固容器，並應依危害性化學品標示及通識規則規定予以標示。

五、甲類物質應保管於一定之場所，並將其意旨揭示於顯明易見之處。

六、供給從事製造或使用甲類物質之勞工使用不浸透性防護圍巾及防護手套等個人防護具。

七、製造場所應禁止與該作業無關之人員進入，並將其意旨揭示於顯明易見之處。

第 9 條（乙 - 依規定、申請許可）

雇主使勞工從事製造、處置或使用經中央主管機關指定為管制性化學品之乙類物質，除依管制性化學品之指定及運作許可管理辦法申請許可外，應依本標準規定辦理。

特定化學物質危害預防標準（110.9.16）

第 10 條（乙 - 製造）

雇主使勞工從事製造鈹等以外之乙類物質時，應依下列規定辦理：

一、製造場所應與其他場所隔離，且該場所之地板及牆壁應以不浸透性材料構築，且應爲易於用水清洗之構造。

二、製造設備應爲密閉設備，且原料、材料及其他物質之供輸、移送或搬運，應採用不致使作業勞工之身體與其直接接觸之方法。

三、爲預防反應槽內之放熱反應或加熱反應，自其接合部分漏洩氣體或蒸氣，應使用墊圈等密接。

四、爲預防異常反應引起原料、材料或反應物質之溢出，應在冷凝器內充分注入冷卻水。

五、必須在運轉中檢點內部之篩選機或眞空過濾機，應爲於密閉狀態下即可觀察其內部之構造，且應加鎖；非有必要，不得開啓。

六、處置鈹等以外之乙類物質時，應由作業人員於隔離室遙控操作。但將粉狀鈹等以外之乙類物質充分濕潤成泥狀或溶解於溶劑中者，不在此限。

七、從事鈹等以外之乙類物質之計量、投入容器、自該容器取出或裝袋作業，於採取前款規定之設備顯有困難時，應採用不致使作業勞工之身體與其直接接觸之方法，且該作業場所應設置包圍型氣罩之局部排氣裝置；局部排氣裝置應置除塵裝置。

八、爲預防鈹等以外之乙類物質之漏洩及其暴露對勞工之影響，應就下列事項訂定必要之操作程序，並依該程序實施作業：

（一）閥、旋塞等（製造鈹等以外之乙類物質之設備於輸給原料、材料時，以及自該設備取出製品等時爲限。）之操作。

（二）冷卻裝置、加熱裝置、攪拌裝置及壓縮裝置等之操作。

（三）計測裝置及控制裝置之監視及調整。

（四）安全閥、緊急遮斷裝置與其他安全裝置及自動警報裝置之調整。

（五）蓋板、凸緣、閥、旋塞等接合部分之有否漏洩鈹等以外之乙類

物質之檢點。

（六）試料之採取及其所使用之器具等之處理。

（七）發生異常時之緊急措施。

（八）個人防護具之穿戴、檢點、保養及保管。

（九）其他爲防止漏洩等之必要措施。

九、自製造設備採取試料時，應依下列規定：

（一）使用專用容器。

（二）試料之採取，應於事前指定適當地點，並不得使試料飛散。

（三）經使用於採取試料之容器等，應以溫水充分洗淨，並保管於一定之場所。

十、勞工從事鈹等以外之乙類物質之處置作業時，應使該勞工穿戴工作衣、不浸透性防護手套及防護圍巾等個人防護具。

第 11 條（乙 - 鈹製造）

雇主使勞工從事製造鈹等之乙類物質時，應依下列規定辦理：

一、鈹等之燒結或煆燒設備（自氫氧化鈹製造高純度氧化鈹製程中之設備除外）應設置於與其他場所隔離之室內，且應設置局部排氣裝置。

二、經燒結、煆燒之鈹等，應使用吸出之方式自匣鉢取出。

三、經使用於燒結、煆燒之匣鉢之打碎，應與其他場所隔離之室內實施，且應設置局部排氣裝置。

四、鈹等之製造場所之地板及牆壁，應以不浸透性材料構築，且應爲易於用水清洗之構造。

五、鈹等之製造設備（從事鈹等之燒結或煆燒設備、自電弧爐融出之鈹等製造鈹合金製程中之設備及自氫氧化鈹製造高純度氧化鈹製程中之設備除外）應爲密閉設備或設置覆圍等。

六、必須於運轉中檢點內部之前款設備，應爲於密閉狀態或覆圍狀態下可觀察其內部之構造，且應加鎖；非有必要，不得開啓。

七、以電弧爐融出之鈹等製造鈹合金製程中實施下列作業之場所，應

設置局部排氣裝置。

（一）於電弧爐上之作業。

（二）自電弧爐泄漿之作業。

（三）熔融鈹等之抽氣作業。

（四）熔融鈹等之浮碴之清除作業。

（五）熔融鈹等之澆注作業。

八、為減少電弧爐插入電極部分之間隙，應使用砂封。

九、自氫氧化鈹製造高純度氧化鈹製程中之設備，應依下列規定：

（一）熱分解爐應設置於與其他場所隔離之室內場所。

（二）其他設備應為密閉設備、設置覆圍或加蓋形式之構造。

十、鈹等之供輸、移送或搬運，應採用不致使作業勞工之身體與其直接接觸之方法。

十一、處置粉狀之鈹等時（除供輸、移送或搬運外），應由作業人員於隔離室遙控操作。

十二、從事粉狀之鈹等之計量、投入容器、自該容器取出或裝袋作業，於採取前款規定之設施顯有困難時，應採用不致使作業勞工之身體與其直接接觸之方法，且該作業場所應設置包圍型氣罩之局部排氣裝置。

十三、為預防鈹等之粉塵、燻煙、霧滴之飛散致勞工遭受污染，應就下列事項訂定必要之操作程序，並依該程序實施作業。

（一）將鈹等投入容器或自該容器取出。

（二）儲存鈹等之容器之搬運。

（三）鈹等之空氣輸送裝置之檢點。

（四）過濾集塵方式之集塵裝置（含過濾除塵方式之除塵裝置）之濾材之更換。

（五）試料之採取及其所使用之器具等之處理。

（六）發生異常時之緊急措施。

（七）個人防護具之穿戴、檢點、保養及保管。

（八）其他爲防止鈹等之粉塵、燻煙、霧滴之飛散之必要措施。

十四、勞工從事鈹等之處置作業時，應使該勞工穿戴工作衣及防護手套（供處置濕潤狀態之鈹等之勞工應著不浸透性之防護手套）等個人防護具。

第 12 條（乙 - 研究）

雇主爲試驗或研究使勞工從事製造乙類物質時，應依下列規定：

一、製造設備應爲密閉設備。但在作業性質上設置該項設備顯有困難，而將其置於氣櫃內者，不在此限。

二、製造場所應與其他場所隔離，且該場所之地板及牆壁應以不浸透性材料構築，且應爲易於用水清洗之構造。

三、使從事製造乙類物質之勞工，具有預防該物質引起危害健康之必要知識。

第 13 條（乙 - 投入）

雇主使勞工處置、使用乙類物質，將乙類物質投入容器、自容器取出或投入反應槽等之作業時，應於該作業場所設置可密閉各該物質之氣體、蒸氣或粉塵發生源之密閉設備或使用包圍型氣罩之局部排氣裝置。

第 14 條（乙 - 鈹加工）

雇主使勞工從事鈹等之加工作業（將鈹等投入容器、自容器取出或投入反應槽等之作業除外。）時，應於該作業場所設置可密閉鈹等之粉塵發生源之密閉設備或局部排氣裝置。

第 15 條（丙 1、丙 2- 製造）

①雇主使勞工從事製造丙類第一種物質或丙類第二種物質時，製造設備應採用密閉型，由作業人員於隔離室遙控操作。但將各該粉狀物質充分濕潤成泥狀或溶解於溶劑中者，不在此限。

②因計量、投入容器、自該容器取出或裝袋作業等，於採取前項設施顯有困難時，應採用不致使勞工之身體與其直接接觸之方法，且於各該作業場所設置包圍型氣罩之局部排氣裝置。

第 16 條（丙 - 散布）

①雇主對散布有丙類物質之氣體、蒸氣或粉塵之室內作業場所，應於各該發生源設置密閉設備或局部排氣裝置。但設置該項設備顯有困難或為臨時性作業者，不在此限。

②依前項但書規定未設密閉設備或局部排氣裝置時，仍應設整體換氣裝置或將各該物質充分濕潤成泥狀或溶解於溶劑中，使不致危害勞工健康。

③第一項規定之室內作業場所不包括散布有丙類第一種物質之氣體、蒸氣或粉塵之下列室內作業場所：

一、於丙類第一種物質製造場所，處置該物質時。

二、於燻蒸作業場所處置氰化氫、溴甲烷或含各該物質佔其重量超過百分之一之混合物（以下簡稱溴甲烷等）時。

三、將苯或含有苯佔其體積比超過百分之一之混合物（以下簡稱苯等）供為溶劑（含稀釋劑）使用時。

第 16-1 條（乙、丙 - 分級管理）

第十三條、第十四條及前條應設置之控制設備，應依特定化學物質之健康危害分類、散布狀況及使用量等情形，評估風險等級，並依風險等級選擇有效之控制設備。

第 17 條（局排）

①雇主依本標準規定設置之局部排氣裝置，應依下列規定：

一、氣罩應置於每一氣體、蒸氣或粉塵發生源；如為外裝型或接受型之氣罩，則應儘量接近各該發生源設置。

二、應儘量縮短導管長度、減少彎曲數目，且應於適當處所設置易於清掃之清潔口與測定孔。

三、設置有除塵裝置或廢氣處理裝置者，其排氣機應置於該裝置之後。但所吸引之氣體、蒸氣或粉塵無爆炸之虞且不致腐蝕該排氣機者，不在此限。

四、排氣口應置於室外。

　　五、於製造或處置特定化學物質之作業時間內有效運轉，降低空氣中有害物濃度。

②雇主依第三十八條第二項規定設置之局部排氣裝置，應於氣罩連接導管適當處所，設置監測靜壓、流速或其他足以顯示該設備正常運轉之裝置。

第 18 條（廢液混和）

雇主對排水系統、坑或槽桶等，有因含有鹽酸、硝酸或硫酸等之酸性廢液與含有氰化物、硫化物或多硫化物等之廢液接觸或混合，致生成氰化氫或硫化氫之虞時，不得使此等廢液接觸或混合。

第 19 條（污染物收存）

雇主對受特定化學物質污染之破布、紙屑等，為防止勞工遭受危害，應收存於不浸透性容器，並加栓、蓋等措施。

第 20 條（丙 1、丁固定設備 - 防腐、密接）

①雇主對其設置之特定化學設備（不含設備之閥或旋塞）有丙類第一種物質或丁類物質之接觸部分，為防止其腐蝕致使該物質等之漏洩，應對各該物質之種類、溫度、濃度等，採用不易腐蝕之材料構築或施以內襯等必要措施。

②雇主對特定化學設備之蓋板、凸緣、閥或旋塞等之接合部分，應使用足以防止前項物質自該部分漏洩之墊圈密接等必要措施。

第 21 條（丙 1、丁固定設備 - 開關標示、耐久材、雙重）

①雇主對特定化學設備之閥、旋塞或操作此等之開關、按鈕等，為防止誤操作致丙類第一種物質或丁類物質之漏洩，應明顯標示開閉方向。

②前項之閥或旋塞，除依前項規定外，應依下列規定：

　　一、因應開閉頻率及所製造之丙類第一種物質或丁類物質之種類、溫度、濃度等，應使用耐久性材料製造。

　　二、特定化學設備使用必須頻繁開啟或拆卸之過濾器等及與此最近之特定化學設備（不含配管；以下於次條至第三十六條均同。）之間設置雙重開關。但設置有可確認該過濾器等與該特

定化學設備間設置之閥或旋塞確實關閉之裝置者，不在此限。

第 22 條（丙 1、丁固定設備 - 避難梯）

①雇主對於設置特定化學設備之室內作業場所及其建築物，應有二處以上直接通達地面之避難梯、斜坡道；僅能設置一處避難梯者，其另一部分得以滑梯、避難用梯、避難橋、救助袋或避難用升降梯等避難用具代替。

②前項規定之避難梯或斜坡道之一應置於室外，但設置前項後段規定者，不在此限。

第 23 條（丙 1、丁 - 警報、除卻危害）

雇主使勞工處置、使用丙類第一種物質或丁類物質之合計在一百公升（氣體以其容積一立方公尺換算爲二公升。以下均同。）以上時，應置備該物質等漏洩時能迅速告知有關人員之警報用器具及除卻危害之必要藥劑、器具等設施。

第 24 條（乙、丙、丁 - 易清洗）

①雇主對處置、使用乙類物質之作業場所或製造、處置、使用丙類物質之作業場所及設置特定化學設備之室內作業場所之地板及牆壁，應以不浸透性材料構築，且應爲易於用水清洗之構造。

②前項處置乙類物質之作業場所，不包括乙類物質製造場所。

第 25 條（丙 1、丁固定設備 - 標示種類、對象）

雇主爲防止供輸原料、材料及其他物料於特定化學設備之勞工因誤操作致丙類第一種物質或丁類物質之漏洩，應於該勞工易見之處，標示該原料、材料及其他物料之種類、輸送對象設備及其他必要事項。

第 26 條（丙 1、丁放熱 - 計測裝置）

雇主對特定化學管理設備，爲早期掌握其異常化學反應等之發生，應設適當之溫度計、流量計及壓力計等計測裝置。

第 27 條（丙 1、丁放熱 - 自動警報）

①雇主對製造、處置或使用丙類第一種物質或丁類物質之合計在一百公升以上之特定化學管理設備，爲早期掌握其異常化學反應等之發

生，應設置適當之溫度、壓力、流量等發生異常之自動警報裝置。

②雇主對設置前項自動警報裝置有顯著困難時，應置監視人於設備之運轉中從事監視工作。

第 28 條（丙 1、丁放熱 - 遮斷裝置）

①雇主對特定化學管理設備，為防止異常化學反應等導致大量丙類第一種物質或丁類物質之漏洩，應設置遮斷原料、材料、物料之供輸或卸放製品等之裝置，或供輸惰性氣體、冷卻用水等之裝置，以因應異常化學反應等之必要措施。

②設置於前項裝置之閥或旋塞，應依下列規定：

一、具有確實動作之機能。

二、保持於可圓潤動作之狀態。

三、可安全且正確操作者。

③第一項卸放製品等之裝置應為密閉式構造或可將卸出之特定化學物質等導引至安全處所或具有可安全處置之構造。

第 29 條（丙 1、丁類放熱 - 動力源、標示）

雇主對特定化學管理設備及其配管或其附屬設備之動力源，應依下列規定：

一、為防止動力源之異常導致丙類第一種物質或丁類物質之漏洩，應置備可迅速使用之備用動力源。

二、為防止對閥、旋塞或開關等之誤操作，應明顯標示開閉方向。在安全上有重大影響且不經常使用者，應予加鎖、鉛封或採取其他同等有效之措施、但供緊急使用者，不在此限。

第 30 條（乙、丙、丁 - 內部維修）

①雇主對製造、處置或使用乙類物質、丙類物質或丁類物質之設備，或儲存可生成該物質之儲槽等，因改造、修理或清掃等而拆卸該設備之作業或必須進入該設備等內部作業時，應依下列規定：

一、派遣特定化學物質作業主管從事監督作業。

二、決定作業方法及順序，於事前告知從事作業之勞工。

三、確實將該物質自該作業設備排出。

四、為使該設備連接之所有配管不致流入該物質,應將該閥、旋塞等設計為雙重開關構造或設置盲板等。

五、依前款規定設置之閥、旋塞應予加鎖或設置盲板,並將「不得開啟」之標示揭示於顯明易見之處。

六、作業設備之開口部,不致流入該物質至該設備者,均應予開放。

七、使用換氣裝置將設備內部充分換氣。

八、以測定方法確認作業設備內之該物質濃度未超過容許濃度。

九、拆卸第四款規定設置之盲板等時,有該物質流出之虞者,應於事前確認在該盲板與其最接近之閥或旋塞間有否該物質之滯留,並採取適當措施。

十、在設備內部應置發生意外時能使勞工立即避難之設備或其他具有同等性能以上之設備。

十一、供給從事該作業之勞工穿著不浸透性防護衣、防護手套、防護長鞋、呼吸用防護具等個人防護具。

②雇主在未依前項第八款規定確認該設備適於作業前,應將「不得將頭部伸入設備內」之意旨,告知從事該作業之勞工。

第 31 條(丙 1、丁 - 標示退避)

雇主對丙類第一種物質或丁類物質發生漏洩致有危害勞工之虞時,應立即使勞工自作業場所避難。在未確認不危害勞工之前,雇主應於顯明易見之處,揭示「禁止進入」之標示。但在使用防護具及特定化學物質作業主管指導下搶救人命及處理現場之必要作業者,不在此限。

第 32 條(乙、丙、丁 - 標示禁止進入)

雇主應禁止與作業無關人員進入下列作業場所,並標示於顯明易見之處。

一、製造、處置或使用乙類物質或丙類物質之作業場所。

二、設置特定化學設備之作業場所或設置特定化學設備之場所以外之

場所中，處置或使用丙類第一種物質或丁類物質之合計在一百公升以上者。

第 33 條（搬運、儲存）

①雇主使勞工從事特定化學物質之搬運或儲存時，為防止該物質之漏洩、溢出，應使用適當之容器或確實包裝，並保管該物質於一定之場所。

②雇主對曾使用於特定化學物質之搬運、儲存之容器或包裝，應採取不致使該物質飛散之措施；保管時應堆置於一定之場所。

第 34 條（丙 1、丁固定設備 - 搶救組織、訓練）

雇主對設置特定化學設備之作業場所，為因應丙類第一種物質及丁類物質之漏洩，應設搶救組織，並每年對有關人員實施急救、避難知識等訓練；其相關執行紀錄，應保存三年。

第 35 條（乙、丙 - 休息室）

①雇主應於製造、處置或使用乙類物質或丙類物質之作業場所以外之場所設置休息室。

②前項物質為粉狀時，其休息室應依下列規定：

一、應於入口附近設置清潔用水或充分濕潤之墊席等，以清除附著於鞋底之附著物。

二、入口處應置有衣服用刷。

三、地面應為易於使用真空吸塵機吸塵或水洗之構造，並每日清掃一次以上。

③雇主於勞工進入前項規定之休息室之前，應使其將附著物清除。

第 36 條（洗濯設備；丙 1、丁、鉻酸 - 洗眼及沖淋設備）

①雇主使勞工從事製造、處置或使用特定化學物質時，其身體或衣著有被污染之虞時，應設置洗眼、洗澡、漱口、更衣及洗濯等設備。

②前項特定化學物質為丙類第一種物質、丁類物質、鉻酸及其鹽類，或重鉻酸及其鹽類者，其作業場所，應另設置緊急洗眼及沖淋設備。

第三章 | 管理

第 37 條（現場主管擔任特化主管）

①雇主使勞工從事特定化學物質之作業時，應指定現場主管擔任特定化學物質作業主管，實際從事監督作業。

②雇主應使前項作業主管執行下列規定事項：

一、預防從事作業之勞工遭受污染或吸入該物質。

二、決定作業方法並指揮勞工作業。

三、保存每月檢點局部排氣裝置及其他預防勞工健康危害之裝置一次以上之紀錄。

四、監督勞工確實使用防護具。

第 38 條（專人設計）

①雇主設置之密閉設備、局部排氣裝置或整體換氣裝置，應由專業人員妥為設計，並維持其性能。

②雇主設置局部排氣裝置時，應指派或委託經中央主管機關訓練合格之專業人員設計，並依附表二內容製作局部排氣裝置設計報告書。

③前項局部排氣裝置設置完成後，應實施原始性能測試，並依測試結果製作附表三內容之原始性能測試報告書；其相關文件、紀錄應保存十年。

④雇主依第二項規定設置之局部排氣裝置，於改裝時，應依前二項規定辦理。但對其性能未有顯著影響者，不在此限。

第 38 條之 1（專人設計資格）

①前條從事局部排氣裝置設計之專業人員，應具備附表四之資格，並依附表五規定之課程訓練合格。

②前項從事局部排氣裝置設計之專業人員，應接受在職教育訓練，其訓練時數每三年不得低於十二小時。

③前二項訓練，得由中央主管機關或勞動檢查機構自行辦理，或由中央主管機關認可之專業團體、機構或訓練單位辦理。

第 39 條（丙 1、丁 - 操作程序）

雇主使用特定化學設備或其附屬設備實施作業時，爲防止丙類第一種物質或丁類物質之漏洩，應就下列事項訂定操作程序，並依該程序實施作業：

一、供輸原料、材料予特定化學設備或自該設備取出製品等時，使用之閥或旋塞等之操作。

二、冷卻裝置、加熱裝置、攪拌裝置或壓縮裝置等之操作。

三、計測裝置、控制裝置等之監視及調整。

四、安全閥、緊急遮斷裝置與其他安全裝置及自動警報裝置之調整。

五、檢點蓋板、凸緣、閥或旋塞等之接合部分有否漏洩丙類第一種物質或丁類物質。

六、試料之採取。

七、特定化學管理設備，其運轉暫時或部分中斷時，於其運轉中斷或再行運轉時之緊急措施。

八、發生異常時之緊急措施。

九、除前列各款規定者外，爲防止丙類第一種物質或丁類物質之漏洩所必要之措施。

第 40 條（標示禁止吸菸飲食）

雇主應禁止勞工在特定化學物質作業場所吸菸或飲食，且應將其意旨揭示於該作業場所之顯明易見之處。

第 41 條（記錄）

雇主對製造、處置或使用特定管理物質之作業，應就下列事項記錄，並自該作業勞工從事作業之日起保存三十年：

一、勞工之姓名。

二、從事之作業概況及作業期間。

三、勞工顯著遭受特定管理物質污染時，其經過概況及雇主所採取之緊急措施。

第四章｜特殊作業管理

第 42 條（多氯聯苯）

雇主使勞工從事處置多氯聯苯等之作業，應依下列規定：

一、於作業當日開始前，檢點儲存多氯聯苯等之容器狀況及放置該容器之場所有否遭受該物質等之污染。

二、實施前款檢點而發現異常時，應將該容器加以整修，並擦拭清除漏洩之多氯聯苯等之必要措施。

三、將多氯聯苯等投入容器或自該容器取出時，應使用可與該容器投入口或卸放口直接緊密連結之器具，以防止該多氯聯苯等之漏洩。

四、對曾供為搬運或儲存多氯聯苯等之容器而附著有該物質等者，應於顯明易見之處標示該容器曾受污染。

第 43 條（石綿）

雇主不得使勞工使用石綿或含有石綿佔其重量超過百分之一之混合物（以下簡稱石綿等。）從事吹噴作業。但為建築物隔熱防火需要採取下列措施從事樑柱等鋼架之石綿吹噴作業者，不在此限。

一、將吹噴用石綿等投入容器或自該容器取出或從事混合石綿等之作業場所應於與吹噴作業場所隔離之作業室內實施。

二、使從事吹噴作業勞工使用輸氣管面罩或空氣呼吸器及防護衣。

第 44 條（石綿）

①雇主使勞工從事下列之一作業時，應將石綿等加以濕潤。但濕潤石綿等有顯著困難者，不在此限。

一、石綿等之截斷、鑽孔或研磨等作業。

二、塗敷、注入或襯貼有石綿等之物之破碎、解體等作業。

三、將粉狀石綿等投入容器或自該容器取出之作業。

四、粉狀石綿等之混合作業。

②雇主應於前項作業場所設置收容石綿等之切屑所必要之有蓋容器。

第 45 條（煉焦）

雇主使勞工從事煉焦作業必須使勞工於煉焦爐上方或接近該爐作業時，應依下列規定：

一、煉焦爐用輸煤裝置、卸焦裝置、消熱車用導軌裝置或消熱車等之駕駛室內部，應具有可防止煉焦爐生成之特定化學物質之氣體、蒸氣或粉塵（以下簡稱煉焦爐生成物）流入之構造。

二、煉焦爐之投煤口及卸焦口等場所，應設置可密煉焦爐生成物之密閉設備或局部排氣裝置。

三、依前款規定設置之局部排氣裝置或供焦煤驟冷之消熱設備，應設濕式或過濾除塵裝置或具有同等性能以上之除塵裝置。

四、爲煤碳等之輸入而需使煉焦爐內減壓，應在上升管部分採取適當之裝置。

五、爲防止上升管與上升管蓋接合部分漏洩煉焦爐生成物，應將該接合部分緊密連接。

六、爲防止勞工輸煤於煉焦爐致遭受煉焦爐生成物之污染，輸煤口蓋之開閉，應由作業人員於隔離室遙控操作。

七、從事煉焦作業，應依下列事項訂定操作程序，並依該程序作業。

（一）輸煤裝置之操作。

（二）設置於上升管部之設備之操作。

（三）關閉輸煤口時，其與蓋間及上升管與上升管蓋板間漏洩煉焦爐生成物時之檢點方法。

（四）附著於輸煤口蓋附著物之除卻方法。

（五）附著於上升管內附著物之除卻方法。

（六）防護具之檢點及管理。

（七）其他爲防止勞工遭受煉焦爐生成物污染之必要措施。

第 46 條（氰化氫、溴甲烷）

①雇主僱用勞工使用氰化氫或溴甲烷（以下簡稱溴甲烷等）等從事燻蒸作業時，應依下列規定：

一、供燻蒸之倉庫、貨櫃、船艙等場所（以下簡稱燻蒸作業場所。）空氣中溴甲烷等濃度之測定，應可於各該場所外操作者。

二、投藥應於燻蒸作業場所外實施。但從事燻蒸作業之勞工佩戴適當之輸氣管面罩、空氣呼吸器或隔離式防毒面罩（以下簡稱輸氣防護具）者，不在此限。

三、應檢點有否自燻蒸作業場所溴甲烷等之漏洩。

四、實施前款檢點發現異常時，應即糊縫或採取必要措施。

五、應禁止勞工進入燻蒸作業場所，並將其意旨揭示於顯明易見之處。但為確認燻蒸效果，使勞工佩戴輸氣防護具且配置監視人監視時，得使作業勞工進入燻蒸作業場所。

六、必須開啟燻蒸作業場所之門扉或艙蓋等時，為防止自該場所流出之溴甲烷等致勞工遭受污染，應確認風向等必要措施。

七、倉庫燻蒸作業或貨櫃燻蒸作業，應依下列規定：

（一）倉庫或貨櫃燻蒸場所應予糊縫，以防止溴甲烷等之漏洩。

（二）投藥開始前應確認糊縫已完整，且勞工均已自燻蒸場所退出。

（三）在倉庫內實施局部性燻蒸作業時，同倉庫內之非燻蒸場所亦應禁止非從事作業勞工進入，且將其意旨揭示於顯明易見之處。

（四）倉庫或貨櫃等燻蒸場所於燻蒸終止開啟門扉等之後，使勞工進入該場所或使勞工進入同一倉庫未曾實施局部性燻蒸之場所時，應在事前測定該倉庫或貨櫃之燻蒸場所或未曾燻蒸之場所空氣中氰化氫或溴甲烷之濃度；未曾燻蒸場所之測定，應於該場所外操作。

八、帳幕燻蒸作業，應依下列規定：

（一）供燻蒸用帳幕，應使用網、索等確實固定，其裙部應以土、砂等填埋，以防止溴甲烷等之漏洩。

（二）投藥前應檢點帳幕有否破損。

（三）實施前款檢點發現異常時應即採取修補或其他必要措施。

九、穀倉燻蒸作業，應依下列規定：

（一）應將供燻蒸倉開口部等全予關閉，以防止溴甲烷等之漏洩。但在作業上關閉開口部顯有困難者，不在此限。

（二）投藥前應確認穀倉均已封閉。

（三）燻蒸後非經確認勞工無被溴甲烷等污染之虞前，應禁止勞工進入穀倉，並將意旨揭示於顯明易見之處。

十、駁船燻蒸作業，應依下列規定：

（一）燻蒸場所應以帳幕覆蓋，以防止溴甲烷等之漏洩。

（二）鄰接於燻蒸場所之居住室，應為可防止溴甲烷等滲入之構造或採取不致使溴化甲烷等滲入之糊縫措施。

（三）投藥前應檢點帳幕有否破損。

（四）實施前款檢點發現異常時，應即修補或採取其他必要措施。

（五）為防止溴甲烷等之滲入居住室，應於投藥前確認已確實糊縫及勞工已自燻蒸場所退離。

（六）拆除帳幕後，使勞工進入燻蒸場所或鄰近於該場所之居住室等時，應測定各該場所空氣中氰化氫或溴甲烷之濃度，測定人員應於各該場所外操作。

十一、輪船燻蒸作業，應依下列規定：

（一）擬燻蒸之船艙，為防止溴甲烷等之漏洩，應以塑膠遮布等遮蔽開口部等。

（二）投藥前應確認已實施前款規定及勞工已自該船艙退離。

（三）拆除遮布後，使勞工進入燻蒸場所或鄰近於該場所之居住室等時，應測定各該場所空氣中氰化氫或溴甲烷之濃度；測定時應使測定人員佩戴輸氣防護具，並於各該場所外操作。

十二、依第七款第四目、第十款第六目或前款第三目測定結果，各該場所空氣中氰化氫或溴甲烷之濃度，超過次表下欄規定值時，應禁止勞工進入各該場所。

物質名稱	規定值	
	ppn	mg/m^3
氰化氫	十	十一
溴甲烷	十五	六〇

備註：表中之值，係於溫度攝氏二十五度、一氣壓下每立方公尺空氣中該物質所佔有之重量或容積。

②雇主使從事燻蒸作業以外之勞工於燻蒸作業場所或鄰近該場所之居住室等作業時，應依下列規定。但可明確確定該勞工等不致遭受溴甲烷等污染時，不在此限。

　一、應測定各該場所空氣中氰化氫或溴甲烷之濃度。

　二、實施前款測定結果，各該場所空氣中氰化氫或溴甲烷之濃度超過規定時，應即禁止勞工進入各該場所。

第 47 條（苯）

雇主不得使勞工從事以苯等為溶劑之作業。但作業設備為密閉設備或採用不使勞工直接與苯等接觸並設置包圍型局部排氣裝置者，不在此限。

第五章｜健康管理及防護措施

第 48 條

（刪除）

第 49 條（治療）

雇主因特定化學物質之漏洩，致勞工吸入或遭受其污染時，應迅即使其接受醫師之診察及治療。

第 50 條（防護具）

雇主對製造、處置或使用特定化學物質之作業場所，應依下列規定置備與同一工作時間作業勞工人數相同數量以上之適當必要防護具，並

保持其性能及清潔，使勞工於有暴露危害之虞時，確實使用：

一、為防止勞工於該作業場所吸入該物質之氣體、蒸氣或粉塵引起之健康危害，應置備必要之呼吸用防護具。

二、為防止勞工於該作業場所接觸該物質等引起皮膚障害或由皮膚吸收引起健康危害，應置備必要之不浸透性防護衣、防護手套、防護鞋及塗敷劑等。

三、為防止特定化學物質對視機能之影響，應置備必要之防護眼鏡。

第六章｜附則

第 51 條（施行日）

①本標準自發布日施行。

②本標準中華民國一百零三年六月二十五日修正發布之條文，自一百零三年七月三日施行；一百十年九月十六日修正發布之第二條附表一第三款第一目之 22 至 24、第三目之 13 至 15、第十七條第二項、第三十八條第二項至第四項、第三十八條之一，自一百十二年七月一日施行。

特定化學物質危害預防標準（110.9.16）

附表一　特定化學物質

一、甲類物質：

	中文名稱		英文名稱
1	黃磷火柴	P	Yellow phosphorus match
2	聯苯胺及其鹽類	$(C_6H_4NH_2)_2$	Benzidine and its salts
3	4- 胺基聯苯及其鹽類	$C_{12}H_9NH_2$	4-Aminodiphenyl and its salts
4	4- 硝基聯苯及其鹽類	$C_{12}H_9NO_2$	4-Nitrodiphenyl and its salts
5	β- 萘胺及其鹽類	$C_{10}H_7NH_2$	β-Naphthylamine and its salts
6	二氯甲基醚	$ClCH_2OCH_2Cl$	bis-Chloromethyl ether
7	多氯聯苯	$C_{12}H_nCl_{(10-n)}$ $(0 \leqq n \leqq 9)$	Polychlorinated biphenyls
8	氯甲基甲基醚	$ClCH_2OCH_3$	Chloromethyl methyl ether
9	青石綿、褐石綿	$3MgO \cdot 2SiO_2 \cdot 2H_2O$、$(FeO \cdot MgO) SiO_2$	Crocidolite、Amosite
10	甲基汞化合物	CH_3HgX, $(CH_3)_2Hg$ $(X:H_2PO_4,Cl$ 等)	Methyl mercury compounds
11	五氯酚及其鈉鹽	C_6Cl_5OH	Pentachlorophenol and its sodium salts
12	含苯膠糊〔含苯容量占該膠糊之溶劑（含稀釋劑）超過百分之五者。〕		
13	含有 2 至 11 列舉物占其重量超過百分之一之混合物。		

二、乙類物質：

	中文名稱		英文名稱
1	二氯聯苯胺及其鹽類	$(C_6H_3ClNH_2)_2$	Dichlorobenzidine and its salts
2	α- 萘胺及其鹽類	$C_{10}H_7NH_2$	α-Naphthylamine and its salts
3	鄰－二甲基聯苯胺及其鹽類	$(C_6H_3(CH_3)NH_2)_2$	o -Tolidine and its salts

	中文名稱		英文名稱
4	二甲氧基聯苯胺及其鹽類	$(C_6H_3(NH_2)OCH_3)_2$	Dianisidine and its salts
5	鈹及其化合物	Be	Beryllium and its compounds
6	三氯甲苯	$C_6H_5CCl_3$	Benzotrichloride
7	含有 1 至 5 列舉物占其重量超過百分之一或鈹合金含鈹占其重量超過百分之三之混合物；含有 6 列舉物占其重量超過百分之○‧五之混合物		

三、丙類物質（一）丙類第一種物質

	中文名稱		英文名稱
1	次乙亞胺	C_2H_5N	Ethyleneimine
2	氯乙烯	CH_2CHCl	Vinyl chloride
3	3,3'－二氯－4,4'－二胺基苯化甲烷	$C_{13}H_{12}Cl_2N_2$	3,3'-Dichloro-4,4'-diaminodiphenylmethane
4	四羰化鎳	$Ni(CO)_4$	Nickel carbonyl
5	對－二甲胺基偶氮苯	$C_6H_5N_2C_6H_4N(CH_3)_2$	p-Dimethylaminoazobenzene
6	β－丙內酯	$(CH_2)_2CO_2$	β-Propiolactone
7	丙烯醯胺	$CH_2CHCONH_2$	Acrylamide
8	丙烯腈	CH_2CHCN	Acrylonitrile
9	氯	Cl_2	Chlorine
10	氰化氫	HCN	Hydrogen cyanide
11	溴甲烷	CH_3Br	Methyl bromide
12	2,4－二異氰酸甲苯或 2,6－二異氰酸甲苯	$C_6H_3CH_3(NCO)_2$	Toluene 2,4-diisocyanate or Toluene 2,6-diisocyanate
13	4,4'－二異氰酸二苯甲烷	$CH_2(C_6H_4NCO)_2$	4,4'-Methylene bisphenyl diisocyanate

	中文名稱		英文名稱
14	二異氰酸異佛爾	$(CH_3)C_6H_7(CH_3)$ (NCO) CH_2 (NCO)	Isophorone diisocyanate
15	異氰酸甲酯	CH_3NCO	Methyl isocyanate
16	碘甲烷	CH_3I	Methyl iodide
17	硫化氫	H_2S	Hydrogen sulfide
18	硫酸二甲酯	$(CH_3)_2SO_4$	Dimethyl sulfate
19	四氯化鈦	$TiCl_4$	Titanium tetrachloride
20	氧氯化磷	$POCl_3$	Phosphorus oxychloride
21	環氧乙烷	C_2H_4O	Ethylene oxide
22	甲醛	HCHO	Formaldehyde
23	1,3- 丁二烯	C_4H_6	1,3-Butadiene
24	1,2- 環氧丙烷	C_3H_6O	1,2-Epoxypropane
25	苯	C_6H_6	Benzene
26	氫氧化四甲銨	$(CH_3)_4NOH$	Tetramethylammonium hydroxide
27	溴化氫	HBr	Hydrogen bromide
28	三氟化氯	ClF_3	Chlorine trifluoride
29	對 - 硝基氯苯	$C_6H_4ClNO_2$	p-Nitrochlorobenzene
30	氟化氫	HF	Hydrogen fluoride
31	含有 1 至 24 列舉物佔其重量超過百分之一之混合物；含有 25 列舉物體積比超過百分之一之混合物；含有 26 列舉物佔其重量超過百分之二點三八之混合物；含有 27、28 列舉物佔其重量超過百分之四之混合物。含有 29、30 列舉物佔其重量超過百分之五之混合物。		

（二）丙類第二種物質

	中文名稱		英文名稱
1	奧黃	$[(CH_3)_2NC_6H_4]_2CNH$	Auramine
2	苯胺紅	$C_{20}H_{19}N_3$	Magenta
3	含有 1 及 2 列舉物占其重量超過百分之一之混合物		

（三）丙類第三種物質

	中文名稱		英文名稱
1	石綿（不含青石綿、褐石綿）	$3MgO \cdot 2SiO_2 \cdot 2H_2O$ $(FeO \cdot MgO)SiO_2$	Asbestos (not including Crocidolite and Amosite)
2	鉻酸及其鹽類	CrO_3	Chromic acid and chromates
3	砷及其化合物	As	Arsenic and its compounds
4	重鉻酸及其鹽類	$H_2Cr_2O_7$	Dichromic acid and its salts
5	乙基汞化合物	C_2H_5HgX、$(C_2H_5)_2Hg$ （X:H_2PO_4,Cl 等）	Ethyl mercury compounds
6	鄰 - 二腈苯	$C_6H_4(CN)_2$	o-Phthalonitrile
7	鎘及其化合物	Cd	Cadmium and its compounds
8	五氧化二釩	V_2O_5	Vanadium pentaoxide
9	汞及其無機化合物（硫化汞除外）	Hg	Mercury and its inorganic compounds (Except mercury sulfide)
10	硝基乙二醇	$(CH_2ONO_2)_2$	Nitroglycol
11	錳及其化合物（一氧化錳及三氧化錳除外）	Mn	Manganese and its compounds (Except manganese monoxide, manganese trioxide)
12	鎳及其化合物（四羰化鎳除外）	Ni	Nickel and its compounds (except nickel carbonyl)
13	銦及其化合物	In	Indium and its compounds

	中文名稱		英文名稱
14	鈷及其無機化合物	Co	Cobalt and its inorganic compounds
15	萘	$C_{10}H_8$	Naphthalene
16	煤焦油		Coal tar
17	氰化鉀	KCN	Potassium cya
18	氰化鈉	NaCN	Sodium cyanide nide
19	含有 1 至 15 列舉物占其重量超過百分之一之混合物；含有 16 至 18 列舉物占其重量超過百分之五之混合物。		

丁類物質

	中文名稱		英文名稱
1	氨	NH_3	Ammonia
2	一氧化碳	CO	Carbon monoxide
3	氯化氫	HCl	Hydrogen chloride
4	硝酸	HNO_3	Nitric acid
5	二氧化硫	SO_2	Sulfur dioxide
6	光氣	$COCl_2$	Phosgene
7	硫酸	H_2SO_4	Sulfuric acid
8	酚	C_6H_5OH	Phenol
9	含有 1 至 7 列舉物占其重量超過百分之一之混合物；含有 8 列舉物占其重量超過百分之五之混合物。		

附表二　局部排氣裝置設計報告書設計報告書內容包含下列事項

一、場所基本資料
（一）事業單位基本資料
（二）工作場所平面配置圖
（三）製程流程圖
（四）局部排氣裝置設置系統略圖（應標示特定化學物質作業範圍、作業位置、氣罩與排氣機之位置及其與發生源等之關係，比例尺以能辨識其標示內容為度）
（五）特定化學物質之種類及其危害資訊
（六）特定化學物質作業方式
（七）作業勞工人數及暴露途徑
二、局部排氣裝置設計之說明
（一）環境干擾氣流及降低方式
（二）補氣系統設計及措施
（三）氣罩設計資料及其規格
（四）導管系統設計資料及其規格
（五）空氣清淨裝置設計及其規格
（六）排氣機設計及其規格
（七）局部排氣裝置壓力損失計算
（八）其他設計資料（含清潔口及測定孔或其他監測裝置）
三、設計人員資格證號及簽名

附表三　局部排氣裝置原始性能測試報告書原始性能測試報告書內容包含下列事項：

一、場所基本資料

（一）事業單位基本資料

（二）設計單位／人員

（三）測試單位／人員

二、局部排氣裝置原始性能測試結果與設計報告比較

（一）環境干擾氣流測試

（二）補氣效能測試（室內外壓力差）

（三）氣罩測試結果

　　1. 氣罩幾何形狀與尺寸

　　2. 入口風速

　　3. 吸氣口與特定化學物質發生源之相對位置與距離

（四）管道系統重要檢測點（氣罩、節點、空氣清淨裝置、排氣機）上下游靜壓、檢測孔靜壓測試結果

（五）其他檢測資料

（六）測試人員簽名及測試完成日期

附表四 局部排氣裝置設計專業人員資格、條件

局部排氣裝置設計專業人員應具下列資格之一，並經附表五所定課程訓練合格：

一、下列執業技師之一：水利工程技師、化學工程技師、職業衛生技師、機械工程技師、工業安全技師、冷凍空調技師、環境工程技師、航空工程技師或造船工程技師。

二、工程技術顧問公司僱用之前款所定技師之一。

三、事業單位僱用領有第一款所定技師之證書，並具工業通風、冷凍空調、環境工程、風管工程、職業衛生或工業生產等相關實務經驗三年以上，且有證明文件。

四、公立或立案之私立專科以上學校或經教育部承認之國外專科以上學校之理、工科系畢業，並具五年以上工業通風、冷凍空調、環境工程、風管工程之設計實務工作經驗，且有證明文件。

附表五　局部排氣裝置設計專業人員訓練課程及時數

項次	課程名稱	時數（小時）
1	有害物危害預防法規	2
2	暴露評估	4
3	工業通風原理	5
4	整體通風系統（原理、案例說明）	5
5	局部通風系統設計（含氣罩設計與案例說明）	15
6	管道系統設計與排氣機匹配（含案例說明及計算練習）	15
7	空氣清淨裝置	3
8	局部通風系統安裝施工、檢測、維修保養之方法及技術	3
9	局部排氣裝置設計報告書與原始性能測試報告書之製作及練習	8
10	工廠實習（含案例設計演練）	12
	合計	72

備註1：工廠實習之場地可為工廠、實習工廠或試驗工廠。

備註2：除72小時課程外，需配合工廠實習完成並提交2廠次局部排氣裝置設計報告書，且危害類別涵蓋氣態及粒狀有害物，經考試及報告書審核通過，方為訓練合格。

編輯者註：法規檢點（摘要內容，僅供參考，仍請詳閱標準全文）

法條	摘要法規內容（全部適用）
6	（必要措施） 致力確認使用物質毒性，尋求替代物、建立適當作業方法、改善有關設施與作業環境並採取其他必要措施。
17	（局排） 氣罩置於每一發生源、儘量縮短導管長度、減少彎曲數目、設置易清潔口與測定孔、其排氣機置於清淨裝置之後、排氣口置於室外、作業時間內有效運轉。
18	（廢液混和） 酸性廢液與含有氰（硫）化物等廢液不得混合。
19	（污染物收存） 污染之破布、紙屑等，收存於不浸透性容器，並加栓、蓋等措施。
33	（搬運、儲存） 使用適當之容器或確實包裝避免漏洩，並保管該物質於一定之場所。
36	（洗濯設備） 設置洗眼、洗澡、漱口、更衣及洗濯等設備。
37	（現場主管擔任特化主管） 指定特化主管，實際監督並執行事項：預防勞工遭受污染、決定作業方法並指揮勞工作業、保存每月檢點紀錄、監督勞工確實使用防護具。
38、 38-1	（專人設計） 局部排氣裝置應專人員設計，製作局部排氣裝置設計報告書、原始性能測試報告書。專人應具備資格。在職教育訓練時數每三年不得低於十二小時。
40	（標示禁止吸菸飲食） 禁止吸菸或飲食，揭示於該作業場所之顯明易見之處
41	（記錄）記錄勞工姓名、作業概況，保存 30 年。
49	（治療）勞工吸入或遭受其污染時，應迅即治療。
50	（防護具） 置備與同一工作時間作業勞工人數相同數量以上之適當必要防護具（呼吸用防護具、防護眼鏡、不浸透性防護衣、防護手套、防護鞋及塗敷劑等），並保持其性能及清潔。使勞工確實使用。

特定化學物質危害預防標準（110.9.16）

法條	摘要法規內容（部分適用）	甲	乙	丙1	丙2	丙3	丁
7	（不得處置、許可） 供試驗或研究者以外不得使勞工從事製造、處置或使用。申請管制許可	✓					
9	（依規定、許可）申請管制許可。		✓				
12	（乙 - 研究） 製造設備應為密閉並與其他場所隔離，且地板及牆壁應以不浸透性材料構築，並易於用水清洗構造。		✓				
13 16-1	（乙 - 投入） 投入容器、自容器取出或投入反應槽等之作業設置密閉設備或使用包圍型氣罩。並依風險等級選擇有效之控制設備。		✓				
15	（丙1、丙2- 製造） 製造設備應採用密閉型，由作業人員於隔離室遙控操作、有困難使用包圍型氣罩。			✓	✓		
16	（丙 - 散布） 散布有氣體、蒸氣、粉塵之室內作業場所，於發生源設置密閉設備或局部排氣裝置。設置有困難或為臨時性作業者，應設整體換氣裝置或將各該物質充分濕潤。			✓	✓	✓	
24	（乙、丙、丁 - 易清洗） 室內作業場所之地板及牆壁，應以不浸透性材料構築，且應為易於用水清洗構造。		✓	✓	✓	✓	✓
30	（乙、丙、丁 - 內部維修） 進入內部：作業主管從事監督、告知作業方法及順序、排出危害物質、雙重開關或設置盲版（上鎖、標示）、開口開放、充分換氣、測定容許濃度、拆卸前確定無滯留、立即避難設備、個人防護具、標示不得將頭部深入。		✓	✓	✓	✓	✓

法條	摘要法規內容（部分適用）	甲	乙	丙1	丙2	丙3	丁
32	（乙、丙、丁 - 標示禁止進入） 禁止與作業無關人員進入下列作業場所，並標示於顯明易見之處。		✓	✓	✓	✓	✓
35	（乙、丙 - 休息室） 作業場所外設置休息室。粉狀物另設墊席、衣服用刷、真空吸塵、水洗、每日1次		✓	✓	✓	✓	
20	（丙1、丁固定設備 - 漏洩、密接） 設備使用不易腐蝕之材料或施以內襯，接合部分需密接。				✓		✓
21	（丙1、丁固定設備 - 標示開關、耐久材、雙重開關） 設備之閥、旋塞或操作此等之開關、按鈕等，應明顯標示開閉方向，並使用耐久性材料製造及必須頻繁開啟或拆卸之過濾器等設置雙重開關。或設置有可確認確實關閉之裝置者，不在此限。				✓		✓
22	（丙1、丁固定設備 - 避難梯） 作業場所有二處以上直接通達地面之避難梯、斜坡道，或於室外以避難用具取代。				✓		✓
23	（丙1、丁 - 警報、除卻危害） 處置在一百公升以上時，應置備該物質等漏洩時能迅速告知有關人員之警報用器具及除卻危害之必要藥劑、器具等設施。				✓		✓
25	（丙1、丁固定設備 - 標示種類、對象） 固定設備於易見之處，標示該原料、材料及其他物料之種類、輸送對象設備及其他必要事項。				✓		✓
26	（丙1、丁放熱 - 計測裝置） 放熱之反應槽等，設適當之溫度計、流量計及壓力計等計測裝置。				✓		✓

特定化學物質危害預防標準（110.9.16）

法條	摘要法規內容（部分適用）	甲	乙	丙1	丙2	丙3	丁
27	（丙1、丁放熱 - 自動警報） 處置在一百公升以上之放熱反應槽之固定設備，設置適當之溫度、壓力、流量等發生異常之自動警報裝置。			✓			✓
28	（丙1、丁放熱 - 遮斷裝置） 放熱之反應槽等，設置遮斷供輸或卸放製品等之裝置，或供輸惰性氣體、冷卻用水等之裝置，以因應異常反應等措施。			✓			✓
29	（丙1、丁類放熱 - 動力源） 放熱之反應槽等，置備備用動力源。開關明顯標示方向。在安全上有重大影響且不經常使用者，應予加鎖鉛封等有效措施。			✓			✓
31	（丙1、丁 - 標示退避） 漏洩時，立即使勞工避難並標示「禁止進入」。			✓			✓
34	（丙1、丁固定設備 - 搶救組織、訓練） 設搶救組織，每年對有關人員實施急救、避難知識等訓練，記錄保存3年。			✓			✓
36	（丙1、丁、鉻酸 - 洗眼及沖淋設備） 設置緊急洗眼及沖淋設備。			✓			✓
39	（丙1、丁 - 操作程序） 訂定操作程序據以實施作業。			✓			✓

粉塵危害預防標準（103.6.25）

第 1 條（法源）

本標準依職業安全衛生法第六條第三項規定訂定之。

第 2 條（適用作業）

本標準適用於附表一甲欄所列粉塵作業之有關事業。

第 3 條（定義）

本標準用詞，定義如下：

一、粉塵作業：指附表一甲欄所列之作業。

二、特定粉塵發生源：指附表一乙欄所列作業之處所。

三、特定粉塵作業：指粉塵作業中，其粉塵發生源為特定粉塵發生源
者。

四、礦物等：指下列之一之物質。

（一）存在於地殼中之土石、岩石或礦物。

（二）化學及物理性質與前款相同且均一之人工固體物質者。

五、密閉設備：指密閉粉塵之發生源，使其不致散布之設備。

六、局部排氣裝置：指藉動力強制吸引並排出已發散粉塵之設備。

七、整體換氣裝置：指藉動力稀釋已發散之粉塵之設備。

八、臨時性作業：指正常作業以外之作業，其作業期間不超過三個月
且一年內不再重覆者。

九、作業時間短暫：指同一特定粉塵發生源之特定粉塵作業，其每日
作業不超過一小時者。

十、作業期間短暫：指同一特定粉塵發生源之特定粉塵作業，其作業
期間不超過一個月，且確知自該作業終了日起六個月以內，不再
實施該作業者。

第 4 條

（刪除）

第 5 條（注水免除措施）

下列各款粉塵作業之設備如以連續注水或注油操作時，該作業得免適用第六條至第二十四條之規定。

一、粉塵作業（三）所列作業中，從事礦物等之篩選作業。

二、粉塵作業（六）所列之作業。

三、粉塵作業（七）所列作業中，以研磨材料吹噴研磨或用研磨材以動力研磨岩石、礦物或從事金屬或削除毛邊或切斷金屬之作業場所之作業。

四、粉塵作業（八）所列作業中，以動力從事篩選土石、岩石、礦物或碳原料之作業。

五、粉塵作業（八）所列作業中，在室外以動力從事搗碎或粉碎土石、岩石、礦物或碳原料之作業。

六、粉塵作業（十五）所列之砂再生作業。

第 6 條（乙欄 - 密閉、局部排氣、濕潤）

雇主為防止特定粉塵發生源之粉塵之發散，應依附表一乙欄所列之每一特定粉塵發生源，分別設置對應同表該欄所列設備之任何之一種或具同等以上性能之設備。

第 7 條（乙欄 - 氣罩型式）

雇主依前條規定設置之局部排氣裝置（在特定粉塵發生源設置有磨床、鼓式砂磨機等除外），應就附表二所列之特定粉塵發生源，設置同表所列型式以外之氣罩。

第 8 條

（刪除）

第 9 條（乙欄 - 氣罩型式 - 回轉機械）

雇主就第六條或第二十三條但書設置局部排氣裝置之特定粉塵發生源，設置有磨床、鼓式砂磨機等回轉機械時，應依下列之一設置氣

罩：

一、可將回轉體機械裝置等全部包圍之方式。

二、設置之氣罩可在氣罩開口面覆蓋粉塵之擴散方向。

三、僅將回轉體部分包圍之方式。

第 10 條（乙欄 - 以外整體換氣）

雇主對從事特定粉塵作業以外之粉塵作業之室內作業場所，爲防止粉塵之發散，應設置整體換氣裝置或具同等以上性能之設備。但臨時性作業、作業時間短暫或作業期間短暫，且供給勞工使用適當之呼吸防護具時，不在此限。

第 11 條（坑內作業）

①雇主對於從事特定粉塵作業以外之粉塵作業之坑內作業場所（平水坑除外），爲防止粉塵之擴散，應設置換氣裝置或同等以上性能之設備。但臨時性作業、作業時間短暫或作業期間短暫，且供給勞工使用適當之呼吸防護具時，不在此限。

②前項換氣裝置應具動力輸入外氣置換坑內空氣之設備。

第 11-1 條（專人設計）

雇主設置之密閉設備、局部排氣裝置或整體換氣裝置，應由專業人員妥爲設計，並維持其性能。

第 12 條（乙欄免除 - 臨時性）

適於下列各款之一者，雇主已供給從事特定粉塵作業之勞工使用適當之呼吸防護具時，不適用第六條之規定。

一、從事臨時性作業時。

二、從事同一特定粉塵發生源之作業時間短暫或作業期間短暫時。

第 13 條（乙欄免除 - 小型）

適於下列各款之一之特定粉塵作業，雇主除於室內作業場所設置整體換氣裝置及於坑內作業場所設置第十一條第二項之換氣裝置外，並使各該作業勞工使用適當之呼吸防護具時，得不適用第六條之規定。

一、於使用前直徑小於三十公分之研磨輪從事作業時。

二、使用搗碎或粉碎之最大能力每小時小於二十公斤之搗碎機或粉碎機從事作業時。

三、使用篩選面積小於七百平方公分之篩選機從事作業時。

四、使用內容積小於十八公升之混合機從事作業時。

第 14 條（乙欄免除 - 申請）

①從事第六條規定之特定粉塵作業時，依作業場所之構造、作業性質等設置同條規定之設施顯有困難者，得由雇主填具下列各款規定之書面文件，向勞動檢查機構申請免除同條規定之設施。

一、免適用設施許可申請書（如格式）。

二、比例在百分之一以上之作業場所略圖。

三、工作計畫書。

②取得許可之雇主，其所從事之作業不適於原許可時，應以書面報告勞動檢查機構。

③勞動檢查機構接獲前項雇主之報告，或認為雇主之作業不適於原許可時，應即取銷該許可。

第 15 條（局部排氣）

雇主設置之局部排氣裝置，應依下列之規定：

一、氣罩宜設置於每一粉塵發生源，如採外裝型氣罩者，應儘量接近發生源。

二、導管長度宜儘量縮短，肘管數應儘量減少，並於適當位置開啟易於清掃及測定之清潔口及測定孔。

三、局部排氣裝置之排氣機，應置於空氣清淨裝置後之位置。

四、排氣口應設於室外。但移動式局部排氣裝置或設置於附表一乙欄（七）所列之特定粉塵發生源之局部排氣裝置設置過濾除塵方式或靜電除塵方式者，不在此限。

五、其他經中央主管機關指定者。

第 16 條（局部排氣、整體換氣 - 有效運轉）

①局部排氣裝置或整體換氣裝置，於粉塵作業時間內，應不得停止運

轉。

②局部排氣裝置或整體換氣裝置，應置於使排氣或換氣不受阻礙之處，使之有效運轉。

第 17 條（鑿岩機）

雇主依第六條規定設置之濕式衝擊式鑿岩機於實施特定粉塵作業時，應使之有效給水。

第 18 條（濕潤設備）

雇主依第六條或第二十三條但書規定設置維持粉塵發生源之濕潤狀態之設備，於粉塵作業時，對該粉塵發生處所應保持濕潤狀態。

第 19 條（公告、確認）

雇主使勞工從事粉塵作業時，應依下列規定辦理：

一、對粉塵作業場所實施通風設備運轉狀況、勞工作業情形、空氣流通效果及粉塵狀況等隨時確認，並採取必要措施。

二、預防粉塵危害之必要注意事項，應通告全體有關勞工。

第 20 條（指定主管）

雇主僱用勞工從事粉塵作業時，應指定粉塵作業主管，從事監督作業。

第 21 條（公告）

雇主應公告粉塵作業場所禁止飲食或吸菸，並揭示於明顯易見之處所。

第 22 條（每日、每月清掃）

①雇主對室內粉塵作業場所至少每日應清掃一次以上。

②雇主至少每月應定期使用真空吸塵器或以水沖洗等不致發生粉塵飛揚之方法，清除室內作業場所之地面、設備。但使用不致發生粉塵飛揚之清掃方法顯有困難，並已供給勞工使用適當之呼吸防護具時，不在此限。

第 23 條（丙欄 - 呼吸防護具）

雇主使勞工從事附表一丙欄所列之作業時，應提供並令該作業勞工使

用適當之呼吸防護具。但該作業場所粉塵發生源設置有效之密閉設備、局部排氣裝置或對該粉塵發生源維持濕潤狀態者,不在此限。

第 24 條(輸氣管作業)

雇主使勞工戴用輸氣管面罩之連續作業時間,每次不得超過一小時。

第 25 條(施行日)

①本標準自發布日施行。

②本標準中華民國一百零三年六月二十五日修正條文,自一百零三年七月三日施行。

附表一

甲欄		乙欄	丙欄
粉塵作業	特定粉塵發生源及應採措施		應著用呼吸防護具之作業
（一）採掘礦物等（不包括濕潤土石）場所之作業。但於坑外以濕式採掘之作業及於室外非以動力或非以爆破採掘之作業除外。	（一）於坑內以動力採掘礦物等之處所。	（一）之處所： 1.使用衝擊式鑿岩機採掘之處所應使用濕式供水源目供勞工著用經查確無水源目供勞工著有效之呼吸用防護具者不在此限。 2.使用衝擊式鑿岩機之處所應維持濕潤狀態。	（一）於坑外以衝擊式鑿岩機採掘礦物等之作業。
（二）積載有礦物等（不包括濕潤物）車荷台以翻覆或傾斜方式卸礦場所之作業，但（三）、（九）或（十八）所列之作業除外。			（二）於室內或坑內之裝載礦物等之車荷台以翻覆或傾斜方式卸礦之作業。
（三）於坑內礦物等之搗碎、粉碎、篩選或以車輛系營建機械裝卸場所之作業。但濕潤礦物等之裝卸作業除外。	（二）以動力搗碎、粉碎或篩選之處所。 （三）以車輛系營建機械裝卸之處所。	（二）之處所： 1.設置密閉設備。 2.維持濕潤狀態。	

375

甲欄	乙欄	丙欄
反於水中實施搗碎、粉碎或篩選之作業除外。	(四) 以輸送機（移動式輸送機除外）裝卸之處所（不包括（二）所列之處所）。 (三)、(四) 之處所：維持濕潤狀態。	
(四) 於坑內搬運礦物等（不包括濕潤礦物）場所之作業。但駕駛裝載礦物等之牽引車輛之作業除外。		
(五) 於坑內從事礦物等（不包括濕潤礦物）之充填或散布石粉之場所作業。		(三) 於坑內礦物等（不包括濕潤礦物）之充填或散布石粉之作業。
(六) 岩石或礦物之切斷、雕刻或修飾場所之作業（不包括（十三）所列作業）。但使用火焰切斷、修飾之作業除外。	(五) 於室內以動力（手提式或可搬動式動力工具除外）切斷、雕刻或修飾之處所。	(四) 於室內或坑內以手提式或可搬動式動力工具切斷、礦物或修飾及修飾之作業。
(六) 於室內以研磨材噴射、研磨或岩石、礦物之雕刻之處所之作業。	(六) 於室內以研磨材噴射、研磨或岩石、礦物之雕刻之處所。 (五) 之處所：1. 設置局部排氣裝置。2. 維持濕潤狀態。 (六) 之處所：1. 設置密閉設備。2. 設置局部排氣裝置。	(五) 於室外以研磨材噴射、研磨或岩石、礦物之雕刻之場所之作業。

甲欄	乙欄		丙欄
（七）以研磨材吹噴研磨或用研磨材以動力研磨岩石、礦物或從事金屬或削除毛邊或切斷金屬場所之作業。但（六）所列之作業除外。	（七）於室內利用研磨材以動力（手提式除外）研磨岩石、礦物或削除毛邊或切斷金屬之處所作業。	（七）之處所： 1.設置密閉設備。 2.設置局部排氣裝置。 3.維持濕潤狀態。	（六）於室外以研磨材噴射研磨岩石、礦物之研磨或雕刻場所之作業。 （七）於室內、坑內、儲槽、船舶、管道、車輛等之內部以手提式或可搬式動力工具（限使用研磨材者）研磨岩石、礦物或金屬或削除毛邊或切斷金屬之作業。
（八）以動力從事搗碎、粉碎或篩選土石、岩石、礦物、碳原料或鋁箔場所之作業（不包括（三）、（十五）或（十九）所列之作業）。但於水中或油中以動力搗碎、粉碎或修篩之作業除外。	（八）於室內以動力（手提式動力工具除外）搗碎、粉碎或篩選土石、岩石、礦物、碳原料或鋁箔之處所。	（八）之處所： 1.設置密閉設備。 2.設置局部排氣裝置。 3.維持濕潤狀態（但鋁箔之搗碎、粉碎或篩選之處所除外）。	（八）於室內或坑內以手提式動力工具搗碎、粉碎土石、岩石、礦物、碳原料或鋁箔之作業。

甲欄	乙欄		丙欄
(九)、飛灰或將粉狀之礦石、碳原料或粉狀碳製品之乾燥、袋裝或裝卸場所之作業。但(三)、(十六)或(十八)所列之作業除外。	(九) 於室內將水泥、飛灰或粉狀礦原料、鋁或二氧化鈦裝之處所。	(九) 之處所：設置局部排氣裝置。	(九) 將乾燥水泥、飛灰或粉狀礦石、碳原料或碳製品裝入乾燥設備內部之作業或室內從事此等物質之裝卸作業。
(十) 粉狀鋁或二氧化鈦之袋裝場所之作業。			
(十一) 以粉狀之礦物等或碳原料為原料或材料物品之製造或加工過程中，將粉狀之礦物等、碳原料之礦石、碳原料或含有此等之混合物之混入、混合或散布場所之作業。但(十二)、(十三)或(十四)所列之作業除外。	(十) 於室內混合粉狀之礦物等或碳原料及含有此等物質之混入或散布之處所。	(十) 之處所： 1.設置密閉設備。 2.設置局部排氣裝置。 3.維持濕潤狀態。	

甲欄	乙欄		丙欄
（十二）於製造玻璃或琺瑯過程中從事將原料混合場所之作業或將原料或調合物投入熔化爐之作業。但於水中從事混合原料之作業除外。	（十一）於室內混合原料之處所。	（十一）之處所： 1.設置密閉設備。 2.設置局部排氣裝置。 3.維持濕潤狀態。	
（十三）陶瓷器、耐火物、矽藻土製品或研磨材製造過程中，從事製造混合或成形、原料或半製品之乾燥、半製品裝載於車台，或半製品自車台卸品或製品自車台卸車、修飾或打包作業、或空內之作業。但於陶磁器製品過程中原料灌注成形、半製品之修飾或製品打包之作業	（十二）於室內混合原料之處所。	（十二）之處所： 1.設置密閉設備。 2.設置局部排氣裝置。 3.維持濕潤狀態。	（十）將乾燥原料或半製品裝入乾燥設備內部之作業或裝入爐內之作業。
	（十三）製造耐火磚、磁磚過程中，於室內以動力將原料（潤濕物除外）成形之處所。	（十三）之處所： 1.設置局部排氣裝置。	
	（十四）於室內將半製品或製品以動力（手提式動力工具除外）修飾之處所。	（十四）之處所： 1.設置局部排氣裝置。 2.維持濕潤狀態。	

379

甲欄		乙欄	丙欄
	業及於水中混合原料之作業除外。		
（十四）於製造碳製品過程中，從事碳原料混合成形、半成品或成品出窯或修飾場所之作業。但於水中混合原料之作業除外。		（十五）於室內混合原料之處所。 （十六）於室內將半製品或製品以動力（手提式動力工具除外）修飾之處所。	（十五）之處所： 1.設置密閉設備。 2.設置局部排氣裝置。 3.維持濕潤狀態。 （十六）之處所： 1.設置局部排氣裝置。 2.維持濕潤狀態。	（十一）將半製品或製品出窯或裝入窯內之作業。
（十五）從事使用砂模、製造鑄件過程中拆除砂模或除砂、將砂、除砂、再生砂、將砂混鍊或再生、除鑄毛邊場所之作業（不包括（七）所列之作業）。但於水中將砂再生之作業除外。		（十七）於室內以拆模裝置從事拆除砂模或除砂或以動力（手提式動力工具除外）將砂再生砂或將砂混鍊或削除鑄毛邊之處所。	（十七）之處所： 1.設置密閉設備。 2.設置局部排氣裝置。	（十二）非以拆模裝置實施拆除砂模或除砂或非以動力再生砂或以手提式動力工具削除鑄毛邊之作業。

甲欄	乙欄	丙欄
（十六）從事泊礦石專用碼頭之礦石專用船艙內將礦物等（不包括濕潤物）擾落或攪集之作業。		（十三）從事泊礦石專用碼頭之礦石專用船艙內將礦物等（不包括濕潤物）擾落或攪集之作業。
（十七）在金屬、其他無機物鍊製或融解過程中，將土石或礦物投入開放爐、熔結出漿或翻砂場所之作業。但自轉爐出漿或以金屬模翻砂場所之作業除外。		
（十八）燃燒粉狀之鑄物過程中或鍊製、融解金屬、其他無機物過程中將附著於爐、煙道、煙囪等或堆積之礦渣、灰之清渣、清除之作業。		（十四）將附著、堆積於爐、煙道、煙囪等之礦渣、灰之清渣、清除、裝卸或投入於容器之作業。

381

甲欄	乙欄	丙欄
除、裝卸或投入於容器場所之作業。		
(十九) 使用耐火物構築爐或修築爐或以耐火物製成爐之解體或搗碎之作業。		(十五) 使用耐火物構築爐或修築爐或以耐火物製成爐之解體或搗碎之作業。
(二十) 在室內、坑內或儲槽、船舶、管道、車輛等內部實施金屬熔斷、電焊熔接之作業。但在室內以自動熔斷或自動熔接之作業除外。		(十六) 在室內、坑內或儲槽、船舶、管道、車輛等內部實施金屬熔斷、電焊熔接之作業。
(二十一) 於金屬熔射場所之作業。	(十八) 之處所： 1.設置密閉設備。 2.設置局部排氣裝置。	(十七) 以手提式熔射機熔射金屬之作業。
(二十二) 將附有粉塵之蘭草等植物纖維之入庫、出庫、選別調整或編織場所之作業。	(二十) 於室內非以手提式熔射機熔射金屬之處所。	(十八) 將附有粉塵之蘭草之入庫或出庫之作業。

附件二

特定粉塵發生源		氣罩型式
附表一乙欄（五）所列從岩石或礦石切斷之處所		外裝型氣罩上方吸引式
附表一乙欄（六）所列之處所		外裝型氣罩
附表一乙欄（八）所列之處所	土石、岩石、礦物、碳原料或鋁箔之搗碎、粉碎處所	外裝型氣罩下方吸引式
	土石、岩石、礦物、碳原料或鋁箔之修飾處所	外裝型氣罩
附表一乙欄（十四）所列使用壓縮空氣除塵之處所		外裝型氣罩上方吸引式
附表一乙欄（七）所列之處所	砂模拆除或除砂之處所	外裝型氣罩上方吸引式
	砂再生之處所	外裝型氣罩

格式　免適用設施許可申請書

行業種類		事業名稱	事業單位地址及電話
行業標準分類			
許可申請作業	附表一乙欄別區分	作業內容	從事作業勞工人數
特定粉塵發生源設置機械或設備之概要			
設置設備等有困難之理由			
使用呼吸防護具之種類			

此致　　　　　　　　（勞動檢查機構全銜）

　　　　　　　　事業主：

　　　　　　　　事業經營負責人：

中華民國　　　　年　　　　月　　　　日

鉛中毒預防規則（113.6.13）

第一章｜總則

第 1 條（法源）

本規則依職業安全衛生法第六條第三項規定訂定之。

第 2 條（適用作業）

①本規則適用於從事鉛作業之有關事業。

②前項鉛作業，指下列之作業：

一、鉛之冶煉、精煉過程中，從事焙燒、燒結、熔融或處理鉛、鉛混存物、燒結礦混存物之作業。

二、含鉛重量在百分之三以上之銅或鋅之冶煉、精煉過程中，當轉爐連續熔融作業時，從事熔融及處理煙灰或電解漿泥之作業。

三、鉛蓄電池或鉛蓄電池零件之製造、修理或解體過程中，從事鉛、鉛混存物等之熔融、鑄造、研磨、軋碎、製粉、混合、篩選、捏合、充填、乾燥、加工、組配、熔接、熔斷、切斷、搬運或將粉狀之鉛、鉛混存物倒入容器或取出之作業。

四、前款以外之鉛合金之製造，鉛製品或鉛合金製品之製造、修理、解體過程中，從事鉛或鉛合金之熔融、被覆、鑄造、熔鉛噴布、熔接、熔斷、切斷、加工之作業。

五、電線、電纜製造過程中，從事鉛之熔融、被覆、剝除或被覆電線、電纜予以加硫處理、加工之作業。

六、鉛快削鋼之製造過程中，從事注鉛之作業。

七、鉛化合物、鉛混合物製造過程中，從事鉛、鉛混存物之熔融、鑄造、研磨、混合、冷卻、攪拌、篩選、焊燒、烘燒、乾燥、搬運倒入容器或取出之作業。

八、從事鉛之襯墊及表面上光作業。

九、橡膠、合成樹脂之製品、含鉛塗料及鉛化合物之繪料、釉藥、農藥、玻璃、黏著劑等製造過程中，鉛、鉛混存物等之熔融、鑄注、研磨、軋碎、混合、篩選、被覆、剝除或加工之作業。

十、於通風不充分之場所從事鉛合金軟焊之作業。

十一、使用含鉛化合物之釉藥從事施釉或該施釉物之烘燒作業。

十二、使用含鉛化合物之繪料從事繪畫或該繪畫物之烘燒作業。

十三、使用熔融之鉛從事金屬之淬火、退火或該淬火、退火金屬之砂浴作業。

十四、含鉛設備、襯墊物或已塗布含鉛塗料物品之軋碎、壓延、熔接、熔斷、切斷、加熱、熱鉚接或剝除含鉛塗料等作業。

十五、含鉛、鉛塵設備內部之作業。

十六、轉印紙之製造過程中，從事粉狀鉛、鉛混存物之散布、上粉之作業。

十七、機器印刷作業中，鉛字之檢字、排版或解版之作業。

十八、從事前述各款清掃之作業。

第 3 條（定義）

本規則用詞，定義如下：

一、鉛合金：指鉛與鉛以外金屬之合金中，鉛佔該合金重量百分之十以上者。

二、鉛化合物：指氧化鉛類、氫氧化鉛、氯化鉛、碳酸鉛、矽酸鉛、硫酸鉛、鉻酸鉛、鈦酸鉛、硼酸鉛、砷酸鉛、硝酸鉛、醋酸鉛及硬脂酸鉛。

三、鉛混合物：指燒結礦、煙灰、電解漿泥及礦渣以外之鉛、鉛合金或鉛化合物與其他物質之混合物。

四、鉛混存物：指鉛合金、鉛化合物、鉛混合物。

五、燒結礦：指鉛之冶煉、精煉過程中生成之燒結物。

六、礦渣：指鉛之冶煉、精煉過程中生成之殘渣。

七、煙灰：指鉛、銅或鋅之冶煉、精煉過程中生成之灰狀物。

八、電解漿泥：指鉛、銅或鋅之冶煉、精煉過程中電解生成之漿泥狀物。

九、燒結礦混存物：指燒結礦、礦渣、煙灰及電解漿泥。

十、含鉛塗料：指含有鉛化合物之塗料。

十一、鉛塵：指加工、研磨、加熱等產生之固體粒狀物及其氧化物如燻煙等。

十二、密閉設備：指密閉鉛塵之發生源，使鉛塵不致散布之設備。

十三、局部排氣裝置：指藉動力強制吸引並排出已發散鉛塵之設備。

十四、整體換氣裝置：指藉動力稀釋已發散鉛塵之設備。

十五、作業時間短暫：指雇主使勞工每日作業時間在一小時以內之作業。

十六、臨時性作業：指正常作業以外之作業，其作業期間不超過三個月且一年內不再重覆者。

十七、通風不充分之場所：指室內對外開口面積未達底面積二十分之一以上或全面積百分之三以上者。

第 4 條

（刪除）

第 4-1 條（依規定）

雇主使勞工從事本規則所定之鉛作業者，對於健康管理、作業環境監測、妊娠與分娩後女性勞工及未滿十八歲勞工保護與入槽安全等事項，應依勞工健康保護規則、勞工作業環境監測實施辦法、妊娠與分娩後女性及未滿十八歲勞工禁止從事危險性或有害性工作認定標準、缺氧症預防規則及職業安全衛生設施規則所定之局限空間作業等相關規定辦理。

第二章 | 設施

第 5 條（鉛冶煉）

雇主使勞工從事第二條第二項第一款之作業時，依下列規定：

一、鉛之冶煉、精煉過程中，從事焙燒、燒結、熔融及鉛、鉛混存物、燒結礦混存物等之熔融、鑄造、烘燒等作業場所，應設置局部排氣裝置。

二、非以濕式作業方式從事鉛、鉛混存物、燒結礦混存物等之軋碎、研磨、混合或篩選之室內作業場所，應設置密閉設備或局部排氣裝置。

三、非以濕式作業方式將粉狀之鉛、鉛混存物、燒結礦混存物等倒入漏斗、容器、軋碎機或自其取出時，應於各該作業場所設置局部排氣裝置及承受溢流之設備。

四、臨時儲存燒結礦混存物時，應設置儲存場所或容器。

五、鉛、鉛混存物、燒結礦混存物等之熔融、鑄造作業場所，應設置儲存浮渣之容器。

第 6 條（銅鋅冶煉）

雇主使勞工從事第二條第二項第二款之作業時，依下列規定：

一、以鼓風爐或電解漿泥熔融爐從事冶煉、熔融或煙灰之段燒作業場所，應設置局部排氣裝置。

二、非以濕式作業方法從事煙灰、電解漿泥之研磨、混合或篩選之室內作業場所，應設置密閉設備或局部排氣裝置。

三、非以濕式作業方式將煙灰、電解漿泥倒入漏斗、容器、軋碎機等或自其中取出之作業，應於各該室內作業場所設置局部排氣裝置及承受溢流之設備。

四、臨時儲存煙灰、電解漿泥時，應設置儲存場所或容器。

五、以電解漿泥熔融爐從事熔融之作業場所，應有儲存浮渣之容器。

第 7 條（電池製造）

雇主使勞工從事第二條第二項第三款之作業時，依下列規定：

一、從事鉛、鉛混存物之熔融、鑄造、加工、組配、熔接、熔斷或極板切斷之室內作業場所，應設置局部排氣裝置。

二、非以濕式作業方法從事鉛、鉛混存物之研磨、製粉、混合、篩選、捏合之室內作業場所，應設置密閉設備或局部排氣裝置。

三、非以濕式作業方法將粉狀之鉛、鉛混存物倒入容器或取出之作業，應於各該室內作業場所設置局部排氣裝置及承受溢流之設備。

四、從事鉛、鉛混存物之解體、軋碎作業場所，應與其他之室內作業場所隔離。但鉛、鉛混存物之熔融、鑄造作業場所或軋碎作業採密閉形式者，不在此限。

五、鑄造過程中，如有熔融之鉛或鉛合金從自動鑄造機中飛散之虞，應設置防止其飛散之設備。

六、從事充填黏狀之鉛、鉛混存物之工作台或吊運已充填有上述物質之極板時，為避免黏狀之鉛掉落地面，應設置承受容器承受之。

七、以人工搬運裝有粉狀之鉛、鉛混存物之容器，為避免搬運之勞工被上述物質所污染，應於該容器上裝設把手或車輪或置備有專門運送該容器之車輛。

八、室內作業場所之地面，應為易於使用真空除塵機或以水清除之構造。

九、從事鉛、鉛混存物之熔融、鑄造作業場所，應設置儲存浮渣之容器。

第 8 條（鉛合金、快削鋼製造）

雇主使勞工從事第二條第二項第四款或第六款之作業時，依下列規定：

一、從事鉛或鉛合金之熔融、被覆、鑄造、熔鉛噴布、熔接、熔斷及以動力從事切斷、加工或鉛快削鋼注鉛之室內作業場所，應設置

局部排氣裝置。

二、暫時儲存鉛或鉛合金之切屑時，應設置儲存切屑之容器。

三、從事鉛或鉛合金之熔融、鑄造作業場所，應設置儲存浮渣之容器。

四、鑄造過程中，如有熔融之鉛或鉛合金從自動鑄造機中飛散之虞，應設置防止其飛散之設備。

五、室內作業場所之地面，應爲易於使用眞空除塵機或以水清除之構造。

第 9 條（電線製造）

雇主使勞工從事第二條第二項第五款之作業時，依下列規定：

一、從事鉛之熔融室內作業場所，應設置局部排氣裝置及儲存浮渣之容器。

二、室內作業場所之地面，應爲易於使用眞空除塵機或以水清除之構造。

第 10 條（鉛化合物製造）

雇主使勞工從事第二條第二項第七款之作業時，依下列規定：

一、從事鉛、鉛混存物之熔融、鑄造段燒及烘燒之室內作業場所，應設置局部排氣裝置。

二、從事鉛或鉛混存物冷卻攪拌之室內作業場所，應設置密閉設備或局部排氣裝置。

三、從事鉛、鉛混存物之熔融、鑄造作業場所，應設置儲存浮渣之容器。

四、非以濕式作業方法事鉛、鉛混存物之研磨、混合、篩選之室內作業場所，應設置密閉設備或局部排氣裝置。

五、非以濕式作業方法將粉狀之鉛、鉛混存物倒入容器或取出之作業，應於各該室內作業場所設置局部排氣裝置及承受溢流之設備。

六、以人工搬運裝有粉狀之鉛、鉛混存物之容器爲避免搬運之勞工被

上述物質所污染，應於該容器上裝設把手或車輪或置備有專門運送該容器之車輛。

七、室內作業場所之地面，應為易於使用真空除塵機或以水清除之構造。

第 11 條（襯墊上光）

雇主使勞工從事第二條第二項第八款之作業時，依下列規定：

一、從事鉛、鉛混存物之熔融、熔接、熔斷、熔鉛噴布或真空作業等塗布及表面上光之室內作業場所，應設置局部排氣裝置。

二、從事鉛、鉛混存物之熔融作業場所，應設置儲存浮渣之容器。

第 12 條（鉛混存物製造）

雇主使勞工從事第二條第二項第九款之作業時，依下列規定：

一、從事鉛、鉛混存物熔融或鑄注之室內作業場所，應設置局部排氣裝置及儲存浮渣之容器。

二、從事鉛、鉛混存物軋碎之作業場所，應與其他作業場所隔離。

三、非以濕式作業從事鉛、鉛混存物之研磨、混合、篩選之室內作業場所，應設置密閉設備或局部排氣裝置。

第 13 條（鉛合金軟焊）

雇主使勞工從事第二條第二項第十款之作業時，應於該作業場所設置局部排氣裝置或整體換氣裝置。

第 14 條（施釉）

雇主使勞工於室內作業場所以散布或噴布方式從事第二條第二項第十一款之施釉作業時，應於該作業場所設置局部排氣裝置。

第 15 條（繪畫）

雇主使勞工於室內作業場所以噴布從事第二條第二項第十二款之繪畫作業時，應於該作業場所設置局部排氣裝置。

第 16 條（淬火）

雇主使勞工從事第二條第二項第十三款規定之淬火或退火作業時，應設置局部排氣裝置及儲存浮渣之容器。

第 17 條（設備、塗料）

雇主使勞工從事第二條第二項第十四款之作業時，依下列規定：

一、從事鉛之襯墊或已塗布含鉛塗料物品之壓延、熔接、熔斷、加熱、熱鉚接之室內作業場所，應設置局部排氣裝置。

二、非以濕式作業方式從事鉛之襯墊或已塗布含鉛塗料物品軋碎之室內作業場所，應設置密閉設備或局部排氣裝置。

第 18 條（塗料）

雇主使勞工從事第二條第二項第十四款之剝除含鉛塗料時，依下列規定：

一、應採取濕式作業，但有顯著困難者，不在此限。

二、應將剝除之含鉛塗料立即清除。

第 19 條（轉印紙）

雇主使勞工從事第二條第二項第十六款之作業時，應於該作業場所設置局部排氣裝置。

第 20 條（包圍型氣罩）

本規則第五條第二款及第三款、第六條第二款及第三款、第七條第二款及第三款、第十條第二款、第四款、第五款及第十二條第三款規定設置之局部排氣裝置之氣罩，應採用包圍型。但作業方法上設置此種型式之氣罩困難時，不在此限。

第 21 條（粉狀鉛搬運）

雇主使勞工於室內作業場所搬運粉狀之鉛、鉛混存物、燒結礦混存物之輸送機，依下列規定：

一、供料場所及轉運場所，應設置密閉設備或局部排氣裝置。

二、斗式輸送機，應設置有效防止鉛塵飛揚之設備。

第 22 條（粉狀鉛乾燥）

雇主使勞工從事乾燥粉狀之鉛、鉛混存物作業之場所，依下列規定：

一、應防止鉛、鉛混存物之鉛塵溢出於室內。

二、乾燥室之地面、牆壁或棚架之構造，應易於使用真空除塵機或以

水清除者。

第 23 條（集塵裝置）

雇主使用粉狀之鉛、鉛混存物、燒結礦混存物等之過濾式集塵裝置，依下列規定：

一、濾布應設有護圍。

二、固定式排氣口應設於室外，應避免迴流至室內作業場所。

三、應易於將附著於濾材上之鉛塵移除。

四、集塵裝置應與勞工經常作業場所適當隔離。

第 24 條（免設局排、整體換氣）

雇主使勞工從事下列各款規定之作業時，得免設置局部排氣裝置或整體換氣裝置。但第一款至第三款勞工有遭鉛污染之虞時，應提供防護具：

一、與其他作業場所有效隔離而勞工不必經常出入之室內作業場所。

二、作業時間短暫或臨時性作業。

三、從事鉛、鉛混存物、燒結礦混存物等之熔融、鑄造或第二條第二項第二款規定使用轉爐從事熔融之作業場所等，其牆壁面積一半以上為開放，而鄰近四公尺無障礙物者。

四、於熔融作業場所設置利用溫熱上升氣流之排氣煙囪，且以石灰覆蓋熔融之鉛或鉛合金之表面者。

第 25 條（局排 - 氣罩）

雇主設置之局部排氣裝置之氣罩，依下列規定：

一、應設置於每一鉛、鉛混存物、燒結礦混存物等之鉛塵發生源。

二、應視作業方法及鉛塵散布之狀況，選擇適於吸引該鉛塵之型式及大小。

三、外裝型或接受型氣罩之開口，應儘量接近於鉛塵發生源。

第 26 條（局排 - 導管）

①雇主設置之局部排氣裝置之導管其內部之構造，應易於清掃及測定，並於適當位置開設清潔口及測定孔。

②雇主依第三十一條第二項規定設置之局部排氣裝置,應於氣罩連接導管適當處所,設置監測靜壓、流速或其他足以顯示該設備正常運轉之裝置。

第 27 條(集塵設備)

①雇主使勞工從事下列鉛作業而設置下列之設備時,應設置有效污染防制過濾式集塵設備或同等性能以上之集塵設備:

一、第二條第二項第一款規定之鉛作業,而具下列設備之一者:

（一）直接連接於焙燒爐、燒結爐、熔解爐或烘燒爐,將各該爐之鉛塵排出之密閉設備。

（二）第五條第一款至第三款之局部排氣裝置。

二、第二條第二項第二款規定之鉛作業,而具下列設備之一者:

（一）直接連接於焙燒爐、燒結爐、熔解爐或烘燒爐,將各該爐之鉛塵排出之密閉設備。

（二）第六條第一款至第三款之局部排氣裝置。

三、第二條第二項第三款規定之鉛作業,而具下列設備之一者:

（一）設置於第七條第一款之製造過程中,鉛、鉛混存物之熔融或鑄造之局部排氣裝置。

（二）第七條第二款及第三款之局部排氣裝置。

四、第二條第二項第四款規定之鉛作業,於第八條第一款製造過程中,其鉛或鉛合金之熔融或鑄造作業設置之局部排氣裝置者。

五、第二條第二項第七款規定之鉛作業,而具下列設備之一者:

（一）直接連接於段燒爐或烘燒爐,將各該爐之鉛塵排出之密閉設備。

（二）依第十條規定設置之局部排氣裝置。

六、第二條第二項第八款規定之鉛作業於第十一條第一款製造過程中,具鉛襯墊物之表面上光作業場所設置之局部排氣裝置者。

七、第二條第二項第九款規定之鉛作業,而具下列設備之一者:

（一）直接連接於製造混有氧化鉛之玻璃熔解爐,將該爐之鉛塵排

　　　　出之密閉設備。

（二）第十二條第一款混有氧化鉛之玻璃製造過程中，熔融鉛、鉛
　　　混存物之熔融場所設置之局部排氣裝置。

（三）依第十二條第三款規定設置之局部排氣裝置。

八、第二條第二項第十三款規定之鉛作業，依第十六條規定設置之
　　局部排氣裝置者。

②雇主使勞工從事鉛或鉛合金之熔融或鑄造作業，而該熔爐或坩堝等
　之總容量未滿五十公升者，得免設集塵裝置。

第 28 條（局排 - 排氣機位置、整體換氣開口）

①雇主設置局部排氣裝置之排氣機，應置於空氣清淨裝置後之位
　置。但無累積鉛塵之虞者，不在此限。

②雇主設置整體換氣裝置之排氣機或設置導管之開口部，應接近鉛塵
　發生源，務使污染空氣有效換氣。

第 29 條（排氣口於室外）

雇主設置局部排氣裝置或整體換氣裝置之排氣口，應設置於室外。但
設有移動式集塵裝置者，不在此限。

第 30 條（局排 - 有效運轉）

雇主設置之局部排氣裝置，應於鉛作業時間內有效運轉，並降低空氣
中鉛塵濃度至勞工作業場所容許暴露標準以下。

第 31 條（專人設計、性能測試）

①雇主設置密閉設備、局部排氣裝置或整體換氣裝置者，應由專業人
　員妥為設計，並維持其有效性能。

②雇主設置局部排氣裝置時，應指派或委託經中央主管機關訓練合格
　之專業人員設計，並製作局部排氣裝置設計報告書。

③前項局部排氣裝置設置完成後，應實施原始性能測試，並依測試結
　果製作原始性能測試報告書；其相關文件、紀錄應保存十年。

④雇主設置局部排氣裝置屬化學排氣櫃型式者，不受前二項規定之限
　制。

⑤雇主依第二項規定設置之局部排氣裝置，於改裝時，應依第二項及第三項規定辦理。但對其性能未有顯著影響者，不在此限。

第 31 條 -1（專人設計、性能測試）

前條第二項及第三項所定從事局部排氣裝置設計專業人員應具備之資格、訓練課程與時數、訓練單位、局部排氣裝置設計報告書及原始性能測試報告書之內容，準用特定化學物質危害預防標準第三十八條及第三十八條之一之規定。

第 32 條（軟焊 - 換氣量 1.67）

雇主使勞工從事第二條第二項第十款規定之作業，其設置整體換氣裝置之換氣量，應為每一從事鉛作業勞工平均每分鐘一‧六七立方公尺以上。

第 33 條（停止運轉、阻礙氣流）

①雇主設置之局部排氣裝置或整體換氣裝置，於鉛作業時不得停止運轉。但裝置內部清掃作業，不在此限。

②雇主設置之局部排氣裝置或整體換氣裝置之處所，不得阻礙其排氣或換氣功能。

第 34 條（休息室）

①雇主使勞工從事鉛作業時，應於作業場所外設置合於下列規定之休息室：

一、休息室之出入口，應設置沖洗用水管或充分濕潤之墊蓆，以清除附著於勞工足部之鉛塵，並於入口設置清除鉛塵用毛刷或真空除塵機。

二、休息室之地面構造應易於使用真空除塵機或以水清洗者。

②雇主應使勞工於進入休息室前，將附著於工作衣上之鉛塵適當清除。

③前項規定，雇主應揭示於勞工顯而易見之處所。

④第一項與第二項之規定，於鉛作業場所勞工無附著鉛塵之虞者，不適用之。

第 35 條（淋浴設備）

雇主使勞工從事粉狀之鉛、鉛混存物或燒結礦混存物之處理作業者，應設置淋浴設備。

第 36 條（每日清掃）

雇主為防止鉛、鉛混存物或燒結礦混存物等之鉛塵污染，應每日以水沖洗或以真空除塵機、適當溶液清潔作業場所、休息室、餐廳等一次以上。但無鉛塵污染之虞者，不在此限。

第 37 條（盥洗設備）

雇主使勞工從事鉛作業時，應於作業場所備置指甲刷、肥皂或適當溶液等洗手、漱口用之盥洗設備，供給作業勞工洗滌，以避免鉛塵之污染。

第 38 條（設備內部）

雇主使勞工從事第二條第二項第十五款之作業時，依下列規定：

一、設置淋浴及更衣設備，以供勞工使用。

二、使勞工將污染之衣服置於密閉容器內。

第 39 條（洗衣設備）

雇主使勞工從事鉛作業時，應設置專用洗衣設備，供勞工於必要時，洗滌附著於工作衣上之鉛塵。

第 40 條（指派主管）

雇主使勞工從事鉛作業時，應指派現場作業主管擔任鉛作業主管，並執行下列規定事項：

一、採取必要措施預防從事作業之勞工遭受鉛污染。

二、決定作業方法並指揮勞工作業。

三、保存每月檢點局部排氣裝置及其他預防勞工健康危害之裝置一次以上之紀錄。

四、監督勞工確實使用防護具。

第 41 條（漏斗溢漏）

雇主使勞工將粉狀之鉛、鉛混存物或燒結礦混存物等倒入漏斗時，如

有鉛塵溢漏情形，應令勞工立即停止作業。但如係臨時性作業，且勞工確實已戴用有效呼吸防護具者，不在此限。

第 42 條（焙燒爐取出）

①雇主使勞工從事第二條第二項第一款、第二款自焙燒爐中取出鉛混存物、燒結礦混存物之作業時，依下列規定：

一、應於烘燒爐口設置承接容器，以儲存鉛混存物、燒結礦混存物。

二、應設置長柄工具或採取機械取出方式。

②前項設備之使用，應公告使作業勞工周知。

第 43 條（設備內部）

雇主使勞工從事第二條第二項第十五款之作業時，依下列規定：

一、作業開始前，應確實隔離該設備與其他設備間之連結部分，並將該設備給予充分換氣。

二、應將附著或堆積該設備內部之鉛、鉛混存物或燒結礦混存物等之鉛塵充分濕潤以防止其飛揚。

第 44 條（公告）

雇主應公告鉛作業場所禁止飲食或吸菸，並揭示於明顯易見之處所。

第 45 條（呼吸防護具、防護衣）

①雇主使勞工從事下列作業時，應置備適當之呼吸防護具，並訂定計畫，使勞工確實遵守：

一、第二條第二項第一款、第二款或第七款之作業或清掃該作業場所。

二、第二條第二項第十三款砂浴作業之攪砂或換砂。

三、非以濕式作業方法從事第二條第二項第十四款之作業中，剝除含鉛塗料。

四、第二條第二項第十五款之作業。

五、第二十二條之乾燥作業。

六、第二十三條集塵裝置濾布之更換作業。

七、從事鉛、鉛混存物之軋碎、熔接、熔斷或熔鉛噴布之作業。

八、於船舶、儲槽內部及其他通風不充分之作業場所從事鉛作業。

②前項第四款作業，並應置備適當防護衣著，使勞工確實使用。

③第一項第七款及第八款作業情形，已有局部排氣裝置或整體換氣裝置之設備，且有效運轉者不在此限。

④第一項及第二項規定之呼吸防護具、防護衣著，應設置專用保管設備並於使用後與其他衣物隔離保管且禁止攜入鉛作業場所以外之處所。

第 46 條（輸氣管面罩）

雇主使勞工戴用輸氣管面罩之連續作業時間，每次不得超過一小時。

第 47 條（輸氣管面罩）

雇主依第四十一條、第四十五條規定使勞工佩戴輸氣管面罩時，其面罩之入氣口，應置於新鮮空氣之位置，並保持有效運轉。

第 48 條（儲存）

雇主儲存、使用鉛、鉛混存物時，依下列規定：

一、應使用不致漏洩之密閉容器，將粉狀之鉛、鉛混存物適當儲存。

二、粉狀之鉛、鉛混存物漏洩時，應即以真空除塵或以水清除之。

三、塊狀之鉛、鉛混存物，應適當儲存，避免鉛塵污染。

第 49 條（適用部分）

雇主使勞工從事下列各款作業時，僅適用第一章及本章第四十一條、第四十五條、第四十七條及第四十八條之規定：

一、作業場所熔融鉛或鉛合金之坩堝、爐等之容量，總計不滿五十公升，且於攝氏四百五十度以下之溫度從事鉛或鉛合金之熔融或鑄造。

二、臨時從事第二條第二項第十款至第十三款規定之作業或從事該作業場所清掃之作業。

三、於隔離室以遙控方式從事鉛作業。

第三章 ｜ 附則

第 50 條（施行日）

①本規則自發布日施行。

②本規則中華民國一百零三年六月三十日修正發布之條文，自一百零三年七月三日施行；一百十三年六月十三日修正發布之第二十六條第二項、第三十一條第二項至第五項、第三十一條之一，自一百十四年七月一日施行。

勞工作業環境監測實施辦法 （105.11.2）

第一章｜總則

第 1 條（法源）

本辦法依職業安全衛生法（以下簡稱本法）第十二條第五項規定訂定之。

第 2 條（定義）

本辦法用詞，定義如下：

一、作業環境監測：指爲掌握勞工作業環境實態與評估勞工暴露狀況，所採取之規劃、採樣、測定及分析之行爲。

二、作業環境監測機構：指依本辦法規定申請，並經中央主管機關認可，執行作業環境監測業務之機構（以下簡稱監測機構）。

三、臨時性作業：指正常作業以外之作業，其作業期間不超過三個月，且一年內不再重複者。

四、作業時間短暫：指雇主使勞工每日作業時間在一小時以內者。

五、作業期間短暫：指作業期間不超過一個月，且確知自該作業終了日起六個月，不再實施該作業者。

六、第三者認證機構：指取得國際實驗室認證聯盟相互認可協議，並經中央主管機關公告之認證機構。

七、認證實驗室：指經第三者認證機構認證合格，於有效限期內，辦理作業環境監測樣本化驗分析之機構。

第 3 條（分類）

本辦法之作業環境監測，分類如下：

一、化學性因子作業環境監測：指第七條第一款、第二款、第八條第
二款至第七款及其他經中央主管機關指定者。

二、物理性因子作業環境監測：指第七條第三款、第八條第一款及其
他經中央主管機關指定者。

第 4 條（人員資格）

①本辦法之作業環境監測人員（以下簡稱監測人員），其分類及資格
如下：

一、甲級化學性因子監測人員，為領有下列證照之一者：

（一）工礦衛生技師證書。

（二）化學性因子作業環境監測甲級技術士證照。

（三）中央主管機關發給之作業環境測定服務人員證明並經講習。

二、甲級物理性因子監測人員，為領有下列證照之一者：

（一）工礦衛生技師證書。

（二）物理性因子作業環境監測甲級技術士證照。

（三）中央主管機關發給之作業環境測定服務人員證明並經講習。

三、乙級化學性因子監測人員，為領有化學性因子作業環境監測乙
級技術士證照者。

四、乙級物理性因子監測人員，為領有物理性因子作業環境監測乙
級技術士證照者。

②本辦法施行前，已領有作業環境測定技術士證照者，可繼續從事作
業環境監測業務。

第 5 條（實驗室）

第二條第七款之認證實驗室，其化驗分析類別如下：

一、有機化合物分析。

二、無機化合物分析。

三、石綿等礦物性纖維分析。

四、游離二氧化矽等礦物性粉塵分析。

五、粉塵重量分析。

六、其他經中央主管機關指定者。

第 6 條（監測方法）

作業環境監測之採樣、分析及儀器測量之方法，應參照中央主管機關公告之建議方法辦理。

第二章｜監測作業場所及監測頻率

第 7 條（二氧化碳、坑內、噪音）

本法施行細則第十七條第二項第一款至第三款規定之作業場所，雇主應依下列規定，實施作業環境監測。但臨時性作業、作業時間短暫或作業期間短暫之作業場所，不在此限：

一、設有中央管理方式之空氣調節設備之建築物室內作業場所，應每六個月監測二氧化碳濃度一次以上。

二、下列坑內作業場所應每六個月監測粉塵、二氧化碳之濃度一次以上：

（一）礦場地下礦物之試掘、採掘場所。

（二）隧道掘削之建設工程之場所。

（三）前二目已完工可通行之地下通道。

三、勞工噪音暴露工作日八小時日時量平均音壓級八十五分貝以上之作業場所，應每六個月監測噪音一次以上。

第 8 條（WBGT、粉塵、有機、特化、煉焦、鉛）

①本法施行細則第十七條第二項第四款規定之作業場所，雇主應依下列規定，實施作業環境監測：

一、下列作業場所，其勞工工作日時量平均綜合溫度熱指數在中央主管機關規定值以上者，應每三個月監測綜合溫度熱指數一次以上：

（　）於鍋爐房從事工作之作業場所。

（二）處理灼熱鋼鐵或其他金屬塊之壓軋及鍛造之作業場所。

（三）鑄造間內處理熔融鋼鐵或其他金屬之作業場所。

（四）處理鋼鐵或其他金屬類物料之加熱或熔煉之作業場所。

（五）處理搪瓷、玻璃及高溫熔料或操作電石熔爐之作業場所。

（六）於蒸汽機車、輪船機房從事工作之作業場所。

（七）從事蒸汽操作、燒窯等之作業場所。

二、粉塵危害預防標準所稱之特定粉塵作業場所，應每六個月監測粉塵濃度一次以上。

三、製造、處置或使用附表一所列有機溶劑之作業場所，應每六個月監測其濃度一次以上。

四、製造、處置或使用附表二所列特定化學物質之作業場所，應每六個月監測其濃度一次以上。

五、接近煉焦爐或於其上方從事煉焦作業之場所，應每六個月監測溶於苯之煉焦爐生成物之濃度一次以上。

六、鉛中毒預防規則所稱鉛作業之作業場所，應每年監測鉛濃度一次以上。

七、四烷基鉛中毒預防規則所稱四烷基鉛作業之作業場所，應每年監測四烷基鉛濃度一次以上。

②前項作業場所之作業，屬臨時性作業、作業時間短暫或作業期間短暫，且勞工不致暴露於超出勞工作業場所容許暴露標準所列有害物之短時間時量平均容許濃度，或最高容許濃度之虞者，得不受前項規定之限制。

第9條（風險增加即監測）

前二條作業場所，雇主於引進或修改製程、作業程序、材料及設備時，應評估其勞工暴露之風險，有增加暴露風險之虞者，應即實施作業環境監測。

第三章｜監測實施及監測結果處理

第 10 條（監測計畫、公告、通報）

①雇主實施作業環境監測前，應就作業環境危害特性、監測目的及中央主管機關公告之相關指引，規劃採樣策略，並訂定含採樣策略之作業環境監測計畫（以下簡稱監測計畫），確實執行，並依實際需要檢討更新。

②前項監測計畫，雇主應於作業勞工顯而易見之場所公告或以其他公開方式揭示之，必要時應向勞工代表說明。

③雇主於實施監測十五日前，應將監測計畫依中央主管機關公告之網路登錄系統及格式，實施通報。但依前條規定辦理之作業環境監測者，得於實施後七日內通報。

第 10 條之 1（監測計畫）

前條監測計畫，應包括下列事項：

一、危害辨 及資料收集。

二、相似 族群之建立。

三、採樣策 之規劃及執行。

四、樣本分析。

五、數據分析及評估。

第 10 條之 2（評估小組）

①事業單位從事特別危害健康作業之勞工人數在一百人以上，或依本辦法規定應實施化學性因子作業環境監測，且勞工人數五百人以上者，監測計畫應由下列人員組成監測評估小組研訂之：

一、工作場所負責人。

二、依職業安全衛生管理辦法設置之職業安全衛生人員。

三、受委託之執業工礦衛生技師。

四、工作場所作業 管。

②游離輻射作業或化學性因子作業環境監測依第十一條規定得以直

式儀器監測方式爲之者，不適用前項規定。

③第一項監測計畫，雇主應使監測評估小組成員共同簽名及作成紀錄，留存備查，並保存三年。

④第一項第三款之技師不得爲監測機構之人員，且以經附表二之一所定課程訓練合格者爲限。

⑤前項訓練得由中央主管機關自行辦理，或由中央主管機關認可之專業團體辦理。

第 11 條（委託監測機構）

雇主實施作業環境監測時，應設置或委託監測機構辦理。但監測項目屬物理性因子或得以直讀式儀器有效監測之下列化學性因子者，得僱用乙級以上之監測人員或委由執業之工礦衛生技師辦理：

一、二氧化碳。

二、二硫化碳。

三、二氯聯苯胺及其鹽類。

四、次乙亞胺。

五、二異氰酸甲苯。

六、硫化氫。

七、汞及其無機化合物。

八、其他經中央主管機關指定公告者。

第 12 條（代表會同、結果紀錄、公告、通報）

①雇主依前二條訂定監測計畫，實施作業環境監測時，應會同職業安全衛生人員及勞工代表實施。

②前項監測結果應依附表三記錄，並保存三年。但屬附表四所列化學物質者，應保存三十年；粉塵之監測紀錄應保存十年。

③第一項之監測結果，雇主應於作業勞工顯而易見之場所公告或以其他公開方式揭示之，必要時應向勞工代表說明。

④雇主應於採樣或測定後四十五日內完成監測結果報告，通報至中央主管機關指定之資訊系統。所通報之資料，主管機關得作爲研究及

分析之用。

第 12-1 條（免通報）

雇主依第十一條規定以直讀式儀器方式監測二氧化碳濃度者，其監測計畫及監測結果報告，免依第十條及前條規定辦理通報。

第 13 條（委託通報）

①雇主得委由監測機構辦理監測計畫及監測結果之通報。

②前項委託方式，應以書面方式為之。

③監測機構受託辦理第一項通報，準用第十條及前條之規定。

第四章｜監測機構與監測人員資格及條件

第 14 條（機構資格）

監測機構應具備下列資格條件：

一、必要之採樣及測定儀器設備（附表五）。

二、三人以上甲級監測人員或一人以上執業工礦衛生技師。

三、專屬之認證實驗室。

四、二年內未經撤銷或廢止認可。

第 14 條之 1（申請認可）

具備前條資格條件者，得向中央主管機關檢具下列資料，申請認可：

一、申請書（附表六）及機構設立登記或執業證明文件影本。

二、採樣及測定儀器設備清單。

三、監測人員名冊及資格證明影本。

四、認證實驗室及化驗分析類別之合格證明文件影本。

五、委託或設置實驗室之證明文件影本（協議書如附表六之一）。

六、具結符合第十四條第四款之情事。

七、其他經中央主管機關指定公告者。

第 14 條之 2（認可類別）

監測機構應依中央主管機關認可之類別，辦理勞工作業環境監測業

務。

第 15 條 (變更備查)

①監測機構就下列事項有變更者，應依附表七填具變更事項申報表，並檢附相關資料，於十五日內報請中央主管機關備查：

一、負責人、地址及聯絡方式。

二、監測人員。

三、必要之採樣及測定儀器設備。

四、認證實驗室有效期限及化驗分析類別。

五、其他經中央主管機關指定者。

②前項第二款之報備，得於變更後三十日內為之。

第 16 條 (實驗室認證)

認證實驗室應符合國家標準 CNS 17025 或國際標準 ISO／IEC 17025 及中央主管機關公告之實驗室認證規範。

第 17 條 (親自執行、行程登錄)

①監測機構之監測人員應親自執行作業環境監測業務。

②監測機構於執行作業環境監測二十四小時前，應將預定辦理作業環境監測之行程，依中央主管機關公告之網路申報系統辦理登錄。

第 18 條 (管理手冊)

①監測機構應訂定作業環境監測之管理手冊，並依管理手冊所定內容，記載執行業務及實施管理，相關紀錄及文件應保存三年。

②前項管理手冊內容及記載事項，由中央主管機關公告之。

第 19 條 (教育訓練)

監測機構之監測人員及第十條之二之執業工礦衛生技師，應參加中央主管機關認可之各種勞工作業環境監測相關講習會、研討會或訓練，每年不得低於十二小時。

第五章｜查核及管理

第 20 條（查核、改正）

①中央主管機關或勞動檢查機構對雇主設置或委託監測機構執行作業環境監測相關業務，得實施查核。

②前項查核結果，有應改善事項，經限期令其改正者，雇主或監測機構應於限期內完成改正，並提出改善之書面報告。

③第一項之查核，中央主管機關得委託相關專業團體辦理，並將查核結果公開之。

第 21 條（警告、改正）

監測機構有下列情事之一者，得依本法第四十八條規定，予以警告，並限期令其改正：

一、採樣、分析及儀器測量之方法未依第六條規定辦理。

二、變更事項未依第十五條規定辦理。

三、監測人員違反第十七條第一項、第十九條之規定。

四、未依第十七條第二項規定，登錄預定監測行程。

五、違反第十八條第一項規定。

第 22 條（罰鍰、改正）

監測機構有下列情事之一者，得依本法第四十八條規定，處以罰鍰，並限期令其改正：

一、申請認可文件及監測紀錄有虛偽不實。

二、監測計畫及監測結果，未依第十三條第三項規定辦理。

三、資格條件未符合第十四條之規定。

四、未依第十四條之二認可之類別辦理。

五、經查核有應改善事項，未依第二十條第二項規定辦理。

六、拒絕、規避或妨礙主管機關業務查核。

七、未依監測計畫內容實施，情節重大。

八、未依前條規定改正。

第 23 條（撤銷、認可）

①監測機構違反前二條規定，屆期未改正或情節重大者，得撤銷或廢止其認可，並得依本法第四十八條規定，定期停止執行監測業務之一部或全部。

②前項機構人員涉及刑責者，應移送司法機關偵辦。

③工礦衛生技師違反本辦法有關規定時，得移請中央技師主管機關依技師法予以懲處。

第六章｜附則

第 24 條（重新認可）

本辦法中華民國一百零三年七月三日施行前，原經中央主管機關認可之作業環境測定機構或實驗室，應於本辦法施行後一年內重新申請認可。

第 25 條（施行日）

①本辦法自中華民國一百零三年七月三日施行。

②本辦法修正發布之條文，除第十條之二之規定，自中華民國一百零四年七月一日施行外，自中華民國一百零四年一月一日施行。

③本辦法中華民國一百零五年十一月二日修正發布之條文，自發布日施行。

附表一　製造、處置或使用有機溶劑之作業場所應實施作業環境監測之項目一覽表

分類	有機溶劑名稱
第一種有機溶劑	1. 三氯甲烷 2. 1,1,2,2,- 四氯乙烷 3. 四氯化碳 4. 1,2,- 二氯乙烷 5. 1,2,- 二氯乙烷 6. 二硫化碳 7. 三氯乙烯
第二種有機溶劑	1. 丙酮 2. 異戊醇 3. 異丁醇 4. 異丙醇 5. 乙醚 6. 乙二醇乙醚 7. 乙二醇乙醚醋酸酯 8. 乙二醇丁醚 9. 乙二醇甲醚 10. 鄰 - 二氯苯 11. 二甲苯 12. 甲酚 13. 氯苯 14. 乙酸戊酯 15. 乙酸異戊酯 16. 乙酸異丁酯 17. 乙酸異丙酯 18. 乙酸乙酯 19. 乙酸丙酯 20. 乙酸丁酯 21. 乙酸甲酯 22. 苯乙烯 23. 1,4, 二氧陸圜 24. 四氯乙烯 25. 環己醇

分類	有機溶劑名稱
	26. 環己酮
	27. 1,- 丁醇
	28. 2,- 丁醇
	29. 甲苯
	30. 二氯甲烷
	3]. 甲醇
	32. 甲基異丁酮
	33. 甲基環己醇
	34. 甲基環己酮
	35. 甲丁酮
	36. 1,1,1,- 三氯乙烷
	37. 1,1,2,- 三氯乙烷
	38. 丁酮
	39. 二甲基甲醯胺
	40. 四氫呋喃
	41. 正己烷

附表二　製造、處置或使用特定化學物質之作業場所應實施作業環境監測之項目
一覽表

分類	特定化學物質名稱
甲類物質	1. 聯苯胺及其鹽類 2. 4- 胺基聯苯及其鹽類 3. β- 萘胺及其鹽類 4. 多氯聯苯 5. 五氯酚及其鈉鹽
乙類物質	1. 二氯聯苯胺及其鹽類 2. α- 萘胺及其鹽類 3. 鄰 - 二甲基聯苯胺及其鹽類 4. 二甲氧基聯苯胺及其鹽類 5. 鈹及其化合物
丙類第一種物質	1. 次乙亞胺 2. 氯乙烯 3. 丙烯腈 4. 氯 5. 氰化氫 6. 溴甲烷 7. 二異氰酸甲苯 8. 碘甲烷 9. 硫化氫 10. 硫酸二甲酯 11. 苯 12. 對 - 硝基氯苯 13. 氟化氫
丙類第三種物質	1. 石綿 2. 鉻酸及其鹽類 3. 砷及其化合物 4. 重鉻酸及其鹽類 5. 鎘及其化合物 6. 汞及其無機化合物 7. 錳及其化合物 8. 煤焦油 9. 氰化鉀 10. 氰化鈉 11. 鎳及其化合物
丁類物質	硫酸

附表三　勞工作業環境監測結果紀錄表

一、作業環境監測基本資料：

事業單位名稱		行業別		
事業單位地址		負責部門及聯絡人	部門	
			姓名	
監測日期	年　月　日		電話	
監測機構名稱、監測人員姓名及資格文號		監測人員簽名		
會同監測之勞工安全衛生人員及勞工代表職稱、姓名		會同監測人員簽名		

二、作業環境監測紀錄（註1）

監測編號	監測方法	監測處所（註2）	監測項目	採樣幫浦編號	採樣介質種類	監測條件				監測（採樣）起訖時間（時、分）	總計時間	採樣體積（m³）	校正後採樣體積（m³）	監測結果（註3）	認證實驗室名稱
						現場溫度（℃）	現場壓力（mmHg）	採樣流速（ml/min）							
								前	後	平均					

附註：

註1：監測紀錄格式得由事業單位自行設計，惟內容應包含本表所列項目；另物理性因子監測得僅記錄監測編號，監測方法，監測處所，監測項目、監測起訖時間及結果。

註2：監測處所應檢附全部監測點之位置圖。

註3：監測結果應檢附認證實驗室之化驗分析報告（物理性因子之監測結果或經中央主管機關指定得以直讀式方式測定之物質除外）。

附表四 作業環境監測紀錄應保存三十年之化學物質一覽表

分類	化學物質名稱
特定化學物質甲類物質	1. 聯苯胺及其鹽類 2. 4, 胺基聯苯及其鹽類 3. β- 萘胺及其鹽類
特定化學物質乙類物質	1. 二氯聯苯胺及其鹽類 2. α- 萘胺及其鹽類 3. 鄰 - 二甲基聯苯胺及其鹽類 4. 二甲氧基聯苯胺及其鹽類 5. 鈹及其化合物
特定化學物質丙類第一種物質	1. 次乙亞胺 2. 氯乙烯 3. 苯
特定化學物質丙類第三種物質	1. 石綿 2. 鉻酸及其鹽類 3. 砷及其化合物 4. 重鉻酸及其鹽類 5. 煤焦油 6. 鎳及其化合物
特定化學物質丁類物質	硫酸
第一種有機溶劑	三氯乙烯
第二種有機溶劑	四氯乙烯

附表五　作業環境監測必要之採樣及測定儀器設備

申請類別	儀器設備名稱	相關配件	備註
化學性因子監測	二氧化碳測定器		應有校正紀錄及感知器效期內
	高流量個人採樣幫浦（5～5000 ml/min）（可採粉塵或氣狀物）	含濾紙匣及其套夾、電池及充電器	
	個人低流量空氣採樣組（500 ml/min 以下）（限氣狀物）	含採樣管連接套夾、電池及充電器	
	定體積皂泡計（1 級校正）或電子式流量計		
	氣壓計（刻度至 1 mmHg）		
	玻璃溫度計（刻度至 1℃）		
	風速計		
	濕度計		
物理性因子監測	噪音劑量計（個人採樣用，Type2 以上）		噪音計及校正器應經經濟部標準檢驗局及度量衡法規定校正
	噪音測試校正器		
	普通型或精密型噪音計（Type2 以上）		
	1.黑球溫度計（6吋） 2.自然濕球溫度計 3.乾球溫度計		

（其它附表格式詳 QR Code）

勞工作業場所容許暴露標準（107.3.14）

第 1 條（法源）

本標準依職業安全衛生法第十二條第二項規定訂定之。

第 2 條（容許濃度）

雇主應確保勞工作業場所之危害暴露低於附表一或附表二之規定。附表一中未列有容許濃度值之有害物經測出者，視為超過標準。

第 3 條（濃度種類）

本標準所稱容許濃度如下：

一、八小時日時量平均容許濃度：除附表一符號欄註有「高」字外之濃度，為勞工每天工作八小時，一般勞工重複暴露此濃度以下，不致有不良反應者。

二、短時間時量平均容許濃度：附表一符號欄未註有「高」字及附表二之容許濃度乘以下表變量係數所得之濃度，為一般勞工連續暴露在此濃度以下任何十五分鐘，不致有不可忍受之刺激、慢性或不可逆之組織病變、麻醉昏暈作用、事故增加之傾向或工作效率之降低者。

容許濃度	變量係數	備註
未滿 1	3	氣狀物之容許濃度以 ppm、粒狀物以 mg/m^3 為主。
1 以上，未滿 10	2	
10 以上，未滿 100	1.5	
100 以上，未滿 1000	1.25	
1000 以上	1	

三、最高容許濃度：附表一符號欄註有「高」字之濃度，為不得使一
　　般勞工有任何時間超過此濃度之暴露，以防勞工不可忍受之刺激
　　或生理病變者。

第 4 條（時量平均濃度）

本標準所稱時量平均濃度，其計算方式如下：

$$\frac{\text{第一次某有害物空氣中濃度} \times \text{工作時間} + \text{第二次某有害物空氣中濃度} \times \text{工作時間} + \cdots + \text{第 n 次某有害物空氣中濃度} \times \text{工作時間}}{\text{總工作時間}} = \text{時量平均濃度}$$

第 5 條（ppm）

本標準所稱 ppm 為百萬分之一單位，指溫度在攝氏二十五度、一大
氣壓條件下，每立方公尺空氣中氣狀有害物之立方公分數。

第 6 條（mg/m^3）

本標準所稱 mg/m^3 為每立方公尺毫克數，指溫度在攝氏二十五度、
一大氣壓條件下，每立方公尺空氣中粒狀或氣狀有害物之毫克數。

第 7 條（f/cc）

本標準所稱 f/cc 為每立方公分根數，指溫度在攝氏二十五度、一大氣
壓條件下，每立方公分纖維根數。

第 8 條（容許濃度）

勞工作業環境空氣中有害物之濃度應符合下列規定：

一、全程工作日之時量平均濃度不得超過相當八小時日時量平均容許
　　濃度。

二、任何一次連續十五分鐘內之時量平均濃度不得超過短時間時量平
　　均容許濃度。

三、任何時間均不得超過最高容許濃度。

第 9 條（相加效應）

作業環境空氣中有二種以上有害物存在而其相互間效應非屬於相乘效

應或獨立效應時，應視為相加效應，並依下列規定計算，其總和大於一時，即屬超出容許濃度。

總和＝

$$\frac{甲有害物成分之濃度}{甲有害物成分之容許濃度}+\frac{乙有害物成分之濃度}{乙有害物成分之容許濃度}+$$

$$\frac{丙有害物成分之濃度}{丙有害物成分之容許濃度}+\cdots$$

第 10 條（不適用）

本標準不適用於下列事項之判斷：

一、以二種不同有害物之容許濃度比作為毒性之相關指標。

二、工作場所以外之空氣污染指標。

三、職業疾病鑑定之唯一依據。

第 11 條（施行日）

①本標準自中華民國一百零三年七月三日施行。

②本標準修正條文，除第二條附表一編號四、四十三、二百三十一、四百七十七自中華民國一百零七年七月一日施行外，自發布日施行。

附表一　空氣中有害物容許濃度

編號	中文名稱	英文名稱	化學式	符號	容許濃度		化學文摘社號碼（CAS No.）	備註
					ppm	mg/m³		
1	乙醛	Acetaldehyde	CH_3CHO		100	180	75-07-0	
2	醋酸	Acetic acid	CH_3COOH		10	25	64-19-7	
3	乙酸酐	Acetic anhydride	$(CH_3CO)_2O$		5	21	108-24-7	
4	丙酮	Acetone	$(CH_3)_2CO$		200	475	67-64-1	第二種有機溶劑

附表二　空氣中粉塵容許濃度

種類	粉塵	容許濃度		符號	化學文摘社號碼（CAS No.）
		可呼吸性粉塵	總粉塵		
第一種粉塵	含結晶型游離二氧化矽一〇%以上之礦物性粉塵	$\dfrac{10 \text{ mg/m}^3}{\%SiO_2+2}$	$\dfrac{30 \text{ mg/m}^3}{\%SiO_2+2}$		14808-60-7; 15468-32-3; 14464-46-1; 1317-95-9
第二種粉塵	含結晶型游離二氧化矽未滿一〇%之礦物性粉塵	1 mg/m^3	4 mg/m^3		
第三種粉塵	石綿纖維	0.15 f/cc		瘤	1332-21-4; 12001-28-4; 12172-73-5; 77536-66-4; 77536-67-5; 77536-68-6; 132207-32-0
第四種粉塵	厭惡性粉塵	可呼吸性粉塵	總粉塵		
		5 mg/m^3	10 mg/m^3		

說明：一、本表內所規定之容許濃度均為八小時日時量平均容許濃度。
　　　二、可呼吸性粉塵係指可透過離心式等分粒裝置所測得之粒徑者。
　　　三、總粉塵係指未使用分粒裝置所測得之粒徑者。
　　　四、結晶型游離二氧化矽係指石英、方矽石、鱗矽石及矽藻土。
　　　五、石綿粉塵係指纖維長度在五微米以上，長寬比在三以上之粉塵。

（其它附表格式詳 QR Code）

管制性化學品之指定及運作許可管理辦法（103.12.31）

第一章｜總則

第 1 條（法源）

本辦法依職業安全衛生法（以下簡稱本法）第十四條第三項規定訂定之。

第 2 條（適用化學品）

本辦法所定管制性化學品，指本法施行細則第十九條規定之化學品，如附表一。

第 3 條（定義 - 運作、運作者）

①本辦法所稱運作，指對於管制性化學品之製造、輸入、供應或供工作者處置、使用之行為。

②本辦法所稱運作者，指從事前項行為之製造者、輸入者、供應者或雇主。

第 4 條（排除條款）

下列物品不適用本辦法：

一、有害事業廢棄物。

二、菸草或菸草製品。

三、食品、飲料、藥物、化粧品。

四、製成品。

五、非工業用途之一般民生消費商品。

六、滅火器。

七、在反應槽或製程中正進行化學反應之中間產物。

八、其他經中央主管機關指定者。

第5條（技術諮議）

中央主管機關得邀請專家學者組成技術諮議會，辦理下列事項之諮詢或建議：

一、管制性化學品之篩選及指定。

二、管制性化學品申請許可之審查。

三、其他管制性化學品管理事項之研議。

第二章｜申請許可條件及程序

第6條（申請）

① 運作者於運作管制性化學品前，應向中央主管機關申請許可，非經許可者，不得運作。

② 本辦法施行前，已於國內運作第二條之管制性化學品者，運作者應於本辦法施行後一年內取得許可文件，附表一有變更者，亦同。

第7條（檢附資料）

① 運作者申請前條管制性化學品運作許可，應檢附下列資料：

　　一、運作者基本資料，如附表二。

　　二、管制性化學品運作資料，如附表三。

② 前項之申請，應依中央主管機關公告之方法，登錄於指定之資訊網站，並依中央主管機關公告之收費標準繳納費用。

③ 第一項申請之管制性化學品為混合物者，其成分相同而濃度不同，但用途、危害分類及暴露控制措施相同時，得合併申請。

第8條（審查）

中央主管機關受理前條申請案之審查，必要時得至運作場所進行現場查核。

第9條（結果通知）

中央主管機關處理前條申請案，應自受理日起三十個工作日內，將申

請許可結果通知運作者，必要時得延長三十個工作日。但因可歸責於運作者之事由，而未能於期限內處理完成者，不在此限。

第 10 條（不予受理）

運作者申請許可案件，有下列情形之一者，中央主管機關得不予受理：

一、未依第七條規定登錄資料。

二、未依申請收費標準繳費。

三、經通知限期補正資料，屆期未補正。

第 11 條（不予許可）

運作者申請許可案件，有下列情形之一者，中央主管機關得不予許可：

一、經技術諮議會認有重大風險。

二、二年內曾因違反本法或本辦法，而由中央主管機關撤銷或廢止同一管制性化學品許可。

第三章｜許可期間及查核管理

第 12 條（許可記載）

管制性化學品之許可文件，應記載下列事項：

一、許可編號、核發日期及有效期限。

二、運作者名稱及登記地址。

三、運作場所名稱及地址。

四、許可運作事項：

（一）管制性化學品名稱。

（二）運作行為及用途。

五、其他備註事項。

第 13 條（許可期限）

①前條許可文件之有效期限為五年，中央主管機關認有必要時，得依

化學品之危害性或運作行為，縮短有效期限為三年。

②運作者於前項期限屆滿仍有運作需要者，應於期滿前三個月至六個月期間，依第七條規定，重新提出申請。

第 14 條（定期登錄）

運作者取得許可文件後，應依下列規定辦理：

一、每年四月至九月期間，定期更新附表三之實際運作資料，並登錄於第七條規定之資訊網站。

二、依前條核發之許可文件與相關申請資料，至少留存五年備查。

三、就下列事項建立工作者之暴露資料，至少留存十年備查：

（一）工作者姓名。

（二）從事之作業概況及作業期間。

（三）工作者暴露情形。

（四）其他經中央主管機關指定之事項。

第 15 條（異動變更）

①運作者於許可有效期限內，有下列異動情形之一者，應於異動後三十日內，依附表四於指定之資訊網站申請變更：

一、運作者名稱或負責人。

二、運作場所名稱或地址。

②運作者於許可有效期限內，有下列情形之一者，應依第七條規定重新提出申請：

一、運作行為或用途變更。

二、前項第一款之異動涉及運作者主體變更。

三、前項第二款之地址異動，經技術諮議會認有風險。

第 16 條（文件補發）

許可文件遺失或毀損者，得依附表五於指定之資訊網站提出補發之申請。

第 17 條（運作查核）

中央主管機關及勞動檢查機構得就運作者之運作及管理情形實施查

核，有下列情形之一者，經限期令其改正，屆期未改正或情節重大者，得撤銷或廢止其許可，並得限期停止其運作行為之全部或一部：

一、違反第十四條或第十五條之規定。

二、運作事項與許可文件不符。

三、規避、妨礙或拒絕中央主管機關或勞動檢查機構之查核。

第 18 條（歇業通報）

①運作者歇業，或經目的事業主管機關撤銷、廢止其工商登記等證明文件時，應通報中央主管機關。

②中央主管機關於知悉前項情形時，應廢止其許可。

第四章｜附則

第 19 條（施行日）

本辦法自中華民國一百零四年一月一日施行。

附表一　管制性化學品

化學品名稱
1. 黃磷火柴
2. 聯苯胺及其鹽類
3. 4- 胺基聯苯及其鹽類
4. 4- 硝基聯苯及其鹽類
5. β- 萘胺及其鹽類
6. 二氯甲基醚
7. 多氯聯苯
8. 氯甲基甲基醚
9. 青石綿、褐石綿
10. 甲基汞化合物
11. 五氯酚及其鈉鹽
12. 二氯聯苯胺及其鹽類
13. α- 萘胺及其鹽類
14. 鄰 - 二甲基聯苯胺及其鹽類
15. 二甲氧基聯苯胺及其鹽類
16. 鈹及其化合物
17. 三氯甲苯
18. 含苯膠糊〔含苯容量占該膠糊之溶劑（含稀釋劑）超過百分之五者。〕
19. 含有 2 至 16 列舉物占其重量超過百分之一之混合物（鈹合金時，含有鈹占其重量超過百分之三為限）；含有 17 列舉物占其重量超過百分之○‧五之混合物。
20. 其他經中央主管機關指定公告者。

管制性化學品名單

附表一名稱	CAS. Number	中文名稱	英文名稱
黃磷火柴	–	黃磷火柴	Yellow phosphorus match
聯苯胺及其鹽類	92-87-5	聯苯胺	Benzidine
4- 胺基聯苯及其鹽類	92-67-1	4- 胺基聯苯	4-Aminodiphenyl
4- 硝基聯苯及其鹽類	92-93-3	4- 硝基聯苯	4-Nitrodiphenyl
β- 萘胺及其鹽類	91-59-8	β- 萘胺	β-Naphthylamine
二氯甲基醚	542-88-1	二氯甲基醚	bis-Chloromethyl ether
多氯聯苯	1336-36-3	多氯聯苯	Polychlorinated biphenyls
氯甲基甲基醚	107-30-2	氯甲基甲基醚	Chloromethyl methyl ether
青石綿	12001-28-4	青石綿	Crocidolite
褐石綿	12172-73-5	褐石綿	Amosite
甲基汞化合物	22967-92-6	甲基汞	Methyl mercury
五氯酚及其鈉鹽	87-86-5	五氯酚	Pentachlorophenol
二氯聯苯胺及其鹽類	91-94-1	二氯聯苯胺	3,3'-Dichlorobenzidine
	612-83-9	二氯聯苯胺二鹽酸鹽	3,3'-Dichlorobenzidine dihydrochloride
α- 萘胺及其鹽類	134-32-7	α- 萘胺	α-Naphthylamine
鄰 - 二甲基聯苯胺及其鹽類	119-93-7	鄰 - 二甲基聯苯胺	3,3'-Dimethyl-[1,1'-biphenyl]-4,4'-diamine
	612-82-8	鄰 - 二甲基聯苯胺二鹽酸鹽	o-Tolidine dihydrochloride

附表一名稱	CAS. Number	中文名稱	英文名稱
二甲氧基聯苯胺及其鹽類	119-90-4	二甲氧基聯苯胺	3,3'-Dimethoxybenzidine
	20325-40-0	二甲氧基聯苯胺二鹽酸鹽	3,3'-Dimethoxybenzidine dihydrochloride
鈹及其化合物	7440-41-7	鈹	Beryllium
	7787-56-6	硫酸鈹四水合物	Sulfuric acid, beryllium salt (1:1), tetrahydrate
三氯甲苯	98-07-7	三氯甲苯	Benzotrichloride
含苯膠糊	—	含苯膠糊	Glue that contains benzene

註：

1. 含苯膠糊〔含苯容量占該膠糊之溶劑（含稀釋劑）超過 5% 者〕。
2. 含有 2 至 21 列舉物占其重量超過 1% 之混合物（鈹合金時，含有鈹占其重量超過 3% 為限）；含有 22 列舉物占其重量超過 0.5% 之混合物。

（其它附表格式詳 QR Code）

優先管理化學品之指定及運作管理辦法（113.6.6）

第 1 條（法源）

本辦法依職業安全衛生法（以下簡稱本法）第十四條第三項規定訂定之。

第 2 條（適用化學品）

本辦法所定優先管理化學品如下：

一、本法第二十九條第一項第三款及第三十條第一項第五款規定之危害性化學品，如附表一。

二、依國家標準 CNS15030 分類，屬下列化學品之一，並經中央主管機關指定公告者：

（一）致癌物質、生殖細胞致突變性物質、生殖毒性物質。

（二）呼吸道過敏物質第一級。

（三）嚴重損傷或刺激眼睛物質第一級。

（四）特定標的器官系統毒性物質屬重複暴露第一級。

三、依國家標準 CNS15030 分類，具物理性危害或健康危害之化學品，並經中央主管機關指定公告。

四、其他經中央主管機關指定公告者。

第 3 條（定義 - 運作、運作者、處置、最大運作總量）

本辦法用詞，定義如下：

一、運作：指對於化學品之製造、輸入、供應或供工作者處置、使用之行為。

二、運作者：指從事前款行為之製造者、輸入者、供應者或雇主。

三、處置：指對於化學品之處理、置放或貯存之行為。

四、最大運作總量：指化學品於同一年度任一時間存在於運作場所之最大數量。

第 4 條（排除條款）

下列物品不適用本辦法：

一、事業廢棄物。

二、菸草或菸草製品。

三、食品、飲料、藥物、化粧品。

四、製成品。

五、非工業用途之一般民生消費商品。

六、滅火器。

七、在反應槽或製程中正進行化學反應之中間產物。

八、其他經中央主管機關指定公告者。

第 5 條（依規定）

優先管理化學品經中央主管機關指定公告為管制性化學品者，運作者應依管制性化學品之指定及運作許可管理辦法之規定辦理。

第 6 條（備查化學品）

①運作者依本法第十四條第二項規定，應報請備查之優先管理化學品如下：

一、運作第二條第一款所定之優先管理化學品。

二、運作第二條第二款所定之優先管理化學品，其濃度及任一運作行為之年運作總量，達附表二規定者。

三、運作第二條第三款所定之優先管理化學品，其最大運作總量達附表三規定之臨界量。該運作場所中，其他最大運作總量未達附表三所定臨界量之化學品，應一併報請備查。

四、運作二種以上屬於第二條第三款之優先管理化學品，其個別之最大運作總量均未達附表三之臨界量，但依下列計算方式，其總和達一以上者：

$$\frac{甲化學品最大運作總量}{甲化學品危害分類之臨界量} +$$

$$\frac{乙化學品最大運作總量}{乙化學品危害分類之臨界量} + \cdots\cdots$$

五、其他經中央主管機關指定公告者。

②前項各款之優先管理化學品濃度不同，而危害成分、用途及危害性相同時，應合併計算其最大運作總量及年運作總量。

③第一項第三款及第四款化學品之計算，應依下列規定辦理：

一、化學品最大運作總量等於或小於其臨界量百分之二時，得免報請備查，並免納入總和計算。

二、化學品危害性包含二個以上之危害分類時，其臨界量以最低者為準。

第 7 條（首次備查）

①運作者對於前條之優先管理化學品，應檢附下列資料報請中央主管機關首次備查：

一、運作者基本資料，如附表四。

二、優先管理化學品運作資料，如附表五。

三、其他中央主管機關指定公告之資料。

②前項報請首次備查之期限如下：

一、運作者勞工人數達一百人以上者：應於中央主管機關公告生效日起六個月內報請備查。

二、運作者勞工人數未滿一百人者：應於中央主管機關公告生效日起十二個月內報請備查。

第 8 條（備查網站）

運作者辦理前條資料之報請備查，應依中央主管機關公告之方法，登錄於指定之資訊網站。

第 9 條（備查時間）

①運作者於第七條第二項規定之報請備查期限後，始於運作場所發生

優先管理化學品之運作事實，應於該事實發生之日起三十日內，依第七條第一項規定報請備查；運作者於完成備查之次年起，另應依第七條第三項規定辦理。

②前項報請備查之資料，得不包括第七條附表五所列實際運作資料。

第 8 條（定期備查 - 年）

運作者於完成前條首次備查後，應依下列規定期限，再行檢附前條第一項所定資料，報請中央主管機關定期備查：

一、依第六條第一項第一款或第二款規定完成首次備查者，應於該備查之次年起，每年四月至九月期間辦理。

二、依第六條第一項第三款或第四款規定完成首次備查者，應於該備查後，每年一月及七月分別辦理。

第 9 條（動態備查 -30 日）

運作者依第六條第一項第三款或第四款規定完成首次備查或定期備查後，其運作之最大運作總量超過該備查數量，且超過部分之數量達第六條附表三臨界量以上者，應於超過事實發生之日起三十日內，檢附第七條第一項所定資料再行報請中央主管機關動態備查。

第 10 條（備查網站）

運作者辦理第七條至第九條之備查時，應依中央主管機關公告之方法，登錄於指定之資訊網站。

第 11 條（備查時間 -30 日）

①運作者於第七條第二項規定之報請備查期限後，始於運作場所發生優先管理化學品之運作事實，應於該事實發生之日起三十日內，依第七條第一項規定報請中央主管機關首次備查，並按第八條及第九條規定辦理。

②前項報請首次備查之資料，得不包括第七條附表五所列實際運作資料。

第 12 條（補充資料）

中央主管機關為評估優先管理化學品之暴露風險，認有必要補充其他

相關運作資料時，得要求運作者於指定期限內，依附表六填具附加運作資料，並登錄於指定之資訊網站。

第 13 條（備查變更）

運作者報請備查之資料，有下列情形之一者，應於變更後三十日內依附表七辦理變更，並將更新資料登錄於指定之資訊網站：

一、運作者名稱、負責人、運作場所名稱或地址變更。

二、其他經中央主管機關指定之情形。

第 14 條（罰鍰）

運作者報請備查之事項，有下列情形之一者，由中央主管機關依本法第四十三條規定，處以罰鍰：

一、資料有虛偽不實。

二、未依第六條至第十三條規定辦理。

三、資料有誤寫、誤算、缺漏或其他類此之顯然錯誤，經通知限期補正，屆期未補正。

第 15 條（施行日）

本辦法自發布日施行。

附表一　對於未滿十八歲及妊娠或分娩後未滿一年女性勞工具危害性之化學品

化學品名稱
1. 黃磷
2. 氯氣
3. 氰化氫
4. 苯胺
5. 鉛及其無機化合物
6. 六價鉻化合物
7. 汞及其無機化合物
8. 砷及其無機化合物
9. 二硫化碳
10. 三氯乙烯
11. 環氧乙烷
12. 丙烯醯胺
13. 次乙亞胺
14. 含有 1 至 13 列舉物占其重量超過百分之一之混合物。
15. 其他經中央主管機關指定公告者。

附表一　屬未滿十八歲及妊娠或分娩後未滿一年女性勞工具危害性之優先管理化學品

附表一名稱	CAS. Number	英文名稱	中文名稱
黃磷	7723-14-0	Phosphorus (yellow)	黃磷
氯氣	7782-50-5	Chlorine	氯氣
氰化氫	74-90-8	Hydrogen cyanide	氰化氫
苯胺	62-53-3	Aniline	苯胺
二硫化碳	75-15-0	Carbon disulfide	二硫化碳
三氯乙烯	79-01-6	Trichloroethylene	三氯乙烯
環氧乙烷	75-21-8	Ethylene oxide	環氧乙烷
丙烯醯胺	79-06-1	Acrylamide	丙烯醯胺
次乙亞胺	151-56-4	Ethylenimine	次乙亞胺
鉛及其無機化學物	7439-92-1	Lead	鉛
	6080-56-4	Lead acetate	乙酸鉛
	301-08-6	Lead bis(2-ethylhexanoate)	2- 乙基己酸鉛
	598-63-0	Lead carbonate	碳酸鉛
	7758-95-4	Lead chloride	氯化鉛
	7758-97-6	Lead chromate	鉻酸鉛
	7783-46-2	Lead fluoride	氟化鉛
	10101-63-0	Lead iodide	碘化鉛
	1317-36-8	Lead monoxide	一氧化鉛
	61790-14-5	Lead naphthenate	環烷酸鉛
	1314-41-6	Lead oxide	四氧化三鉛
	1344-40-7	Lead phosphite, dibasic	二鹼式亞磷酸鉛
鉛及其無機化學物	7446-14-2	Lead sulfate	硫酸鉛
	1314-87-0	Lead sulfide	硫化鉛
	1344-37-2	Lead sulfochromate	硫酸鉻酸鉛
	1319-46-6	Lead(II) carbonate basic	鹼式碳酸鉛

附表一名稱	CAS. Number	英文名稱	中文名稱
	17570-76-2	Lead(II) methanesulfonate	甲基磺酸鉛
	13424-46-9	Lead azide	疊氮化鉛
	1309-60-0	Lead dioxide	二氧化鉛
	10099-74-8	Lead nitrate	硝酸鉛
	13637-76-8	Lead perchlorate	過氯酸鉛
	63918-97-8	Lead styphnate	史蒂芬酸鉛
	69011-06-9	Dibasic lead phthalate	二鹼式鄰苯二甲酸鉛
	56189-09-4	Dioxobis(stearato)dilead	二鹽基性硬脂酸鉛
	51404-69-4	Lead acetate, basic	鹼式醋酸鉛
	301-04-2	Lead acetate,anhydrous	醋酸鉛 , 無水
	13510-89-9	Lead antimonate	銻酸鉛
	18454-12-1	Lead chromate oxide	鉻酸氧鉛
	20837-86-9	Lead cyanamidate	氰胺化鉛
	13814-96-5	Lead fluoborate	氟硼酸鉛
	19783-14-3	Lead hydroxide	氫氧化鉛
	12069-00-0	Lead selenide	硒化鉛
	10099-76-0	Lead silicate	偏矽酸鉛（II）
	12578-12-0	Lead stearate tribasic	三鹼式十八酸鉛
鉛及其無機化學物	1335-32-6	Lead subacetate	次醋酸鉛
	546-67-8	Lead tetraacetate	四乙酸鉛
	12626-81-2	Lead titanium zirconium oxide	鉛鈦鋯氧化物
	12060-01-4	Lead zirconium oxide	鉛鋯氧化物
	11113-70-5	Lead silicochromate, basic	鹼式矽鉻酸鉛
	10031-22-8	Lead(II) bromide	溴化鉛（II）
	10190-55-3	Lead(II) molybdate	鉬酸鉛（II）

附表一名稱	CAS. Number	英文名稱	中文名稱
	1072-35-1	Lead(II) stearate	十八酸鉛（II）
	12060-00-3	Lead(II) titanate	鈦酸鉛（II）
	12202-17-4	Tribasic lead sulfate	三鹼式硫酸鉛
六價鉻化合物	13007-92-6	Chromium carbonyl	［六］羰鉻
	10294-40-3	Barium chromate	鉻酸鋇
	13765-19-0	Calcium chromate	鉻酸鈣
	24613-89-6	Chromium chromate	鉻酸鉻
	14977-61-8	Chromium oxychloride	氧氯化鉻
	14307-35-8	Lithium chromate	鉻酸鋰
	7789-00-6	Potassium chromate	鉻酸鉀
	7775-11-3	Sodium chromate	鉻酸鈉
	7789-06-2	Strontium chromate	鉻酸鍶
	13530-65-9	Zine chromate	鉻酸鋅
	1333-82-0	Chromic acid	鉻酸
	13548-38-4	Chromium nitrate	硝酸鉻
	7784-01-2	Silver chromate	鉻酸銀
六價鉻化合物	7788-98-9	Ammonium chromate	鉻酸銨
	7778-50-9	Potassium dichromate	重鉻酸鉀
	7789-12-0	Sodium dichromate	重鉻酸鈉
	7789-09-5	Ammonium dichromate	重鉻酸銨
汞及其無機化合物	7439-97-6	Mercury	汞
	7487-94-7	Mercuric chloride	氯化汞
	7783-35-9	Mercuric sulfate	硫酸汞
	10112-91-1	Mercurous chloride	氯化亞汞
	1600-27-7	Mercury acetate	乙酸汞
	7789-47-1	Mercury bromide	溴化汞

優先管理化學品之指定及運作管理辦法（113.6.6）

437

附表一名稱	CAS. Number	英文名稱	中文名稱
	592-04-1	Mercury cyanide	氰化汞
	7774-29-0	Mercury iodide	碘化汞
	592-85-8	Mercury thiocyanate	硫氰化汞
	628-86-4	Mercury fulminate	雷汞
	7783-33-7	Dipotassium tetraiodomercurate	四碘汞酸二鉀
	10045-94-0	Mercuric nitrate	硝酸汞（II）
	7783-34-8	Mercuric nitrate, monohydrate	硝酸汞一水合物
	10415-75-5	Mercurous nitrate	硝酸亞汞
	100-56-1	Phenylmercury chloride	氯化苯汞
砷及其無機化合物	7778-39-4	Arsenic acid	砷酸
	1303-28-2	Arsenic pentoxide	五氧化二砷
砷及其無機化合物	1303-33-9	Arsenic trisulfide	三硫化二砷
	10048-95-0	Sodium acid arsenate heptahydrate	砷酸氫二鈉七水合物
	7784-46-5	Sodium arsenite	亞砷酸鈉
	7440-38-2	Arsenic	砷
	1327-53-3	Arsenic trioxide	三氧化二砷
	7784-42-1	Arsine	砷化氫
	7778-44-1	Calcium arsenate	砷酸鈣
	1303-00-0	Gallium arsenide	砷化鎵
	29935-35-1	Lithium hexafluoroarsenate	六氟砷酸鋰
	7784-41-0	Potassium dihydrogenarsenate	砷酸二氫鉀
	15606-95-8	Triethyl arsenate	砷酸三乙酯

註：含上述列舉物占其重量超過百分之一之混合物

附表二　第二條第二款所定優先管理化學品應報請備查之濃度及任一運作行為年
運作總量

健康危害分類	濃度 （重量百分比）	任一運作行為年 運作總量
致癌物質第一級	≧ 1%	-
生殖細胞致突變性物質第一級	≧ 1%	-
生殖毒性物質第一級	≧ 1%	-
致癌物質第二級	≧ 1%	1 公噸
生殖細胞致突變性物質第二級	≧ 1%	1 公噸
生殖毒性物質第二級	≧ 1%	1 公噸
呼吸道過敏物質第一級	≧ 1%	1 公噸
嚴重損傷／刺激眼睛物質第一級	≧ 1%	1 公噸
特定標的器官系統毒性物質－重複暴露 第一級	≧ 1%	1 公噸

優先管理化學品之指定及運作管理辦法（113.6.6）

附表三　第二條第三款所定優先管理化學品應報請備查之危害分類及臨界量規定

化學品危害分類		臨界量（公噸）
健康危害	急毒性物質 －第 1 級（吞食、皮膚接觸、吸入）	5
	急毒性物質 －第 2 級（吞食、皮膚接觸、吸入） －第 3 級（吞食、皮膚接觸、吸入）	50
	特定標的器官系統毒性物質－單一暴露－第 1 級	50
物理性危害	爆炸物 －不穩定爆炸物 －1.1 組、1.2 組、1.3 組、1.5 組、1.6 組	10
	爆炸物－1.4 組	50
	易燃氣體 －第 1 級或第 2 級	10
	易燃氣膠 －第 1 級或第 2 級 （含易燃氣體第 1、2 級或易燃液體第 1 級）	150
	易燃氣膠 －第 1 級或第 2 級 （不含易燃氣體第 1、2 級或易燃液體第 1 級）	5000
	氧化性氣體 －第 1 級	50
物理性危害	易燃液體 －第 1 級 －第 2 級或第 3 級，儲存溫度超過其沸點者	10
	易燃液體 －第 2 級或第 3 級，儲存溫度低於其沸點，在特定製程條件下（如高溫或高壓），可能發生重大危害事故者	50

化學品危害分類	臨界量（公噸）
易燃液體 －第 2 級或第 3 級，非屬上述兩種特殊狀況者	5000
自反應物質及有機過氧化物 －自反應物質 A 型或 B 型 －有機過氧化物 A 型或 B 型	10
自反應物質及有機過氧化物 －自反應物質 C 型、D 型、E 型或 F 型 －有機過氧化物 C 型、D 型、E 型或 F 型	50
發火性液體及固體 －發火性液體第 1 級 －發火性固體第 1 級	50
氧化性液體及固體 －氧化性液體第 1、第 2 或第 3 級 －氧化性固體第 1、第 2 或第 3 級	50
禁水性物質 －第 1 級	100

優先管理化學品之指定及運作管理辦法（113.6.6）

附表四　優先管理化學品運作者基本資料內容及參考格式

一、運作者登記資料			
運作者名稱（全銜）		負責人姓名	
公司（營利事業）統一編號		工廠登記編輯	（非工廠者免填）
行業統計分類代碼	（參考中華民國行業統計分類並填寫至細分類）		
運作者登記地址	□□□		
二、運作場所資料			
運作場所名稱（全銜）			
運作場所地址	□□□		
	二度分帶座標：		
	所屬工業區／科學園區（若無則免填）：		
三、聯絡人資料			
聯絡人姓名		聯絡電話	（　　　）
任職單位名稱		傳真電話	（　　　）
職稱		E-mail 信箱	＠

聲明

　　運作者＿＿＿＿＿＿＿負責人＿＿＿＿＿＿＿，今負責人代表運作者依優先管理化學品之指定及運作管理辦法之規定，據實提出＿＿＿＿處運作場所之優先管理化學品相關運作資料，報請中央主管機關備查。日後運作者如經查核證實資料有虛偽不實者，願擔負職業安全衛生法之相關責任。

　　此證

運作者＿＿＿＿＿（蓋章）

負責人＿＿＿＿＿（簽名或蓋章）

　　　　　　　　　　　　　　備查日期：＿＿年＿＿月＿＿日

　　　　　　　　　　　　　　聯絡人＿＿＿＿＿＿＿（簽名或蓋章）

備註：

1. 運作者有二個以上或分散不同地區之運作場所者，由各運作場所分別辦理報請備查，將各運作場所之運作資料（附表五）登錄至指定之資訊網站。
2. 本表聲明經運作者簽名蓋章後，應併同公司登記證明文件、商業登記證明文件、工廠登記證明文件或其他政府登記資料，登錄至指定之資訊網站。
3. 本表聲明蓋章為運作者章及其負責人章。

附表五　優先管理化學品運作資料內容及參考格式

一、化學品辨識資料（備註1）			
化學品名稱			
化學品危害分類（備註2）			
危害成分辨識			
危害成分 中文名稱	危害成分 英文名稱	化學文摘社登記 號碼（CAS No.）	濃度／ 成分百分比

二、實際運作資料			
化學品物理狀態	□固體　　□液體　　□氣體　　□其它		
運作用途說明			
最大運作總量 （備註2）	數量（備註4）	運作行為	
		□製造　　□輸入　　□供應 □供工作者處置、使用	
年運作總量 （備註3）	數量（備註4）	運作行為	
		□製造　　□輸入　　□供應 □供工作者處置、使用	
暴露工作者人數	＿＿＿＿人	左欄暴露工作者人數中具有： □女性工作者 □未滿十八歲者（備註5）	

備註：

1. 化學品辨識資料之危害成分，得以指定適用本辦法第二條規定之列舉物為限。
2. 每年一月份以前一年度七月至十二月間之最大運作總量進行填報；每年七月份以當年度一月至六月間之最大運作總量進行填報。非屬本辦法第二條第三款規定之優先管理化學品者，得免填本欄位。
3. 屬本辦法第二條第一款及第二款規定之優先管理化學品者，應填本欄位，並以前一年度任一運作行為之最大值進行填報。
4. 最大運作總量及年運作總量之數量單位，以重量計算，可為公克、公斤、公噸。
5. 非屬本辦法第二條第一款（附表一）規定之優先管理化學品者，得免填本欄位。

附表六　優先管理化學品報請備查經認有必要時須補充之附加運作資料內容

一、運作者資料：

運作者名稱、聯絡人姓名及職稱、聯絡電話、E-mail 信箱。

二、化學品資料：

化學品名稱、危害成分、濃度（成分百分比）、最大運作總量、化學品危害分類、安全資料表。

三、運作及暴露資料：

製程、用途、化學品物理狀態、製程使用之危害成分濃度、粉塵度／揮發度、平均每日作業時間、設置通風設備情形、呼吸防護具使用情形、皮膚防護裝備／手套使用情形、以定性、半定量或定量等方法評估化學品暴露之結果。

四、其他經中央主管機關指定之運作資料。

附表七　優先管理化學品報請備查之資料變更內容及參考格式

（原）運作者名稱	
公司（營利事業）統一編號	
工廠登記編號	（非工廠者免填）
變更事由	□運作者基本資料異動 □其他（請說明：　　　　）
聲明 　　本運作者已依優先管理化學品之指定及運作管理辦法之規定辦理優先管理化學品運作資料變更，相關變更資料已依規定辦理並登錄於指定之資訊網站。 　　此證 運作者　　　　　（蓋章） 負責人　　　　　（簽名或蓋章） 　　　　　　　　　　　　變更日期：　　年　　月　　日 　　　　　　　　　　　　聯絡人　　　　　（簽名或蓋章）	

備註：

1. 運作者辦理報請備查之資料變更，屬運作者基本資料（包括運作者名稱、負責人、運作場所名稱及地址）異動者，應填具本表，並登錄更新後之資料及相關佐證文件。
2. 運作者有二個以上或分散不同地區之運作場所者，由各運作場所分別辦理報請備查，將本表之運作者資料登錄至指定之資訊網站。
3. 本表聲明蓋章為運作者章及其負責人章。

優先管理化學品之指定及運作管理辦法（113.6.6）

檔　號：
保存年限：

勞動部 函

地址：24219新北市新莊區中平路439號南
棟11樓
承辦人：簡祥霖
電話：02-8995-6666#8379
電子信箱：k3180@osha.gov.tw

受文者：

發文日期：中華民國111年2月14日
發文字號：勞職授字第11102000402號
速別：普通件
密等及解密條件或保密期限：
附件：yuchunmiao

主旨：檢送本部111年2月14日以勞職授字第1110200040號公告修
　　　正「優先管理化學品之指定及運作管理辦法第2條指定之
　　　化學品名單」，後續報請本部備查之相關事項，詳如說
　　　明，請查照轉知。

說明：

一、旨揭修正優先管理化學品名單之公告，係將本部104年11月
　　5日勞職授字第10402033851號公告及107年12月27日勞職授
　　字第10702056381號公告之化學品，重新分類，並未新增指
　　定化學品。本次公告修正化學品名單，仍沿用前開二公告
　　適用之報請備查期限規定，已依規定完成備查之運作者，
　　請依該辦法第7條第3項規定，於每年4月至9月期間內，再
　　行報請中央主管機關備查即可。

二、依優先管理化學品之指定及運作管理辦法第8條規定，運作
　　者對於優先管理化學品，應依本部103年12月31日勞職授字
　　第10302023611號公告事項（如附件），將運作資料報請中
　　央主管機關備查（登錄優先管理化學品之資訊網站網址：
　　https://prochem.osha.gov.tw/）。

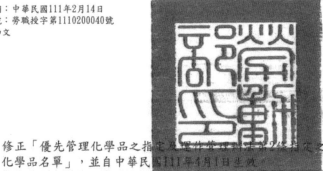

檔　　號：
保存年限：

勞動部　公告

發文日期：中華民國111年2月14日
發文字號：勞職授字第1110200040號
附件：如文

主旨：修正「優先管理化學品之指定及運作管理辦法第2條指定之
　　　化學品名單」，並自中華民國111年4月1日生效。

依據：優先管理化學品之指定及運作管理辦法（以下簡稱本辦法）
　　　第2條第2款及第3款。

公告事項：

　　一、修正本辦法第2條指定之化學品名單如下：

　　　　(一)附件1：屬致癌物質、生殖細胞致突變性物質、生殖毒性
　　　　　　物質、呼吸道過敏物質第一級、嚴重損傷／刺激眼睛物質
　　　　　　第一級或特定標的器官系統毒性物質－重複暴露第一級之
　　　　　　化學品共889種；包括列舉物占其重量百分之一以上之混
　　　　　　合物。

　　　　(二)附件2：具物理性或健康危害之化學品共163種；包括危害
　　　　　　成分具列舉物之混合物。

　　二、本次修正係配合本部110年11月5日修正發布之本辦法第2條
　　　　規定，爰將本部104年11月5日勞職授字第10402033851號公
　　　　告及107年12月27日勞職授字第10702056381號公告之化學品，
　　　　重新分類，並未新增指定化學品。

部長　許銘春

第1頁　共1頁

優先管理化學品之指定及運作管理辦法（113.6.6）

檔　號：

保存年限：

勞動部　公告

發文日期：中華民國103年12月31日
發文字號：勞職授字第10302023611號
附件：如文

主旨：指定運作者登錄優先管理化學品之方法及資訊網站，並自中
　　　華民國104年1月1日生效。

依據：優先管理化學品之指定及運作管理辦法第7條、第8條及第10
　　　條。

公告事項：

　一、運作者登錄優先管理化學品之方法，應依本公告事項二網站
　　　所公布之資料格式及網路傳輸方式辦理。

　二、登錄優先管理化學品之資訊網站網址：http://prochem.
　　　osha.gov.tw/。

部長 陳雄文

第1頁　共1頁

（**編輯者註**）廠商應依指定之方法將相關資料登錄至指定之資訊網站，故建置「**化學品報備與許可平台**」。欲進行優先管理化學品報備或管制性化學品許可申請之業者，需先申請事業單位單一帳號，而後登入化學品報備與許可平台繳交報備／許可申請資料。首次登入 PRoChem 平台需詳細填寫運作者基本資料。

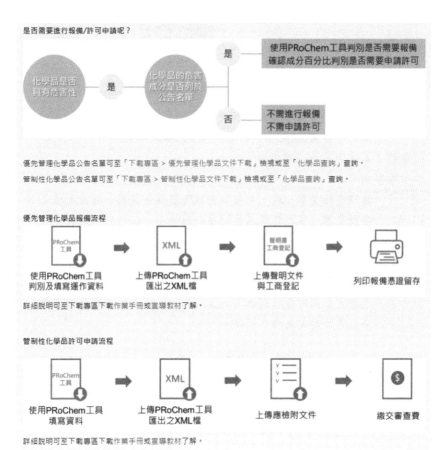

執行單位：財團法人安全衛生技術中心

聯絡電話：(06) 2937-770

檔　號：
保存年限：

勞動部　公告

發文日期：中華民國104年11月5日
發文字號：勞職授字第10402033851號
附件：如文

主旨：指定優先管理化學品之指定及運作管理辦法(以下簡稱本辦
　　　法)第2條第2款之化學品名單，並自即日生效。

依據：本辦法第2條第2款。

公告事項：

一、屬致癌物質第一級、生殖細胞致突變性物質第一級或生殖毒
　　性物質第一級之化學品共83種如附件一，含所列舉物占其重
　　量超過百分之一之混合物。

二、具物理性危害或健康危害之化學品，且其最大運作總量達本
　　辦法附表二規定之臨界量之化學品共420種如附件二，及含
　　危害成分具附件二列舉物之混合物，其最大運作總量達本辦
　　法附表二規定之臨界量者。

部長 陳雄文

第1頁　共1頁

450

檔　號：
保存年限：

勞動部　公告

發文日期：中華民國107年12月27日
發文字號：勞職授字第10702056381號
附件：如文

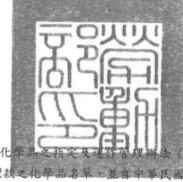

主旨：指定第2階段適用優先管理化學品之指定及運作管理辦法（以下簡稱本辦法）第2條第2款之化學品名單，並自中華民國108年4月1日生效。

依據：本辦法第2條第2款。

公告事項：

一、屬致癌物質第一級、生殖細胞致突變性物質第一級或生殖毒性物質第一級之化學品共90種如附件一，其化學品包含附件一列舉物占其重量超過百分之一之混合物。

二、具物理性危害或健康危害，且最大運作總量達本辦法附表二規定臨界量之化學品共482種如附件二，其化學品包含危害成分具附件二列舉物之混合物，且最大運作總量達本辦法附表二規定之臨界量者。

部長　許銘春

附件 1　優先管理化學品之指定及運作管理辦法第 2 條第 2 款指定之化學品（英文名稱略）

序號	CAS No.	中文名稱	序號	CAS No.	中文名稱
1	56-55-3	1,2- 苯幷蒽	445	75-78-5	二甲基二氯矽烷
2	107-06-2	1,2- 二氯乙烷	446	111-92-2	二正丁胺
3	75-56-9	1,2- 環氧丙烷	447	1323-65-5	二壬基苯酚
4	96-23-1	1,3- 二氯 -2- 丙醇	448	577-11-7	磺基丁二酸二辛酯鈉鹽
5	106-94-5	1- 溴丙烷	449	1313-59-3	氧化鈉
6	556-52-5	2,3- 環氧丙醇	450	124-22-1	十二胺
7	3033-77-0	氯化 2,3- 環氧丙基三甲基銨	451	27176-87-0	十二烷基苯磺酸
8	75-26-3	2- 溴丙烷	452	69669-44-9	十二烷基苯磺酸鈉
9	70657-70-4	乙酸 2- 甲氧基 -1- 丙酯	453	97-64-3	乳酸乙酯
10	101-14-4	3,3- 二氯 -4,4- 二胺基苯化甲烷	454	563-43-9	二氯化乙基鋁
11	96-24-2	3- 氯 -1,2- 丙二醇	455	112-25-4	乙二醇單己醚
12	101-80-4	4,4'- 氧二苯胺	456	7705-08-0	無水氯化鐵
13	497-76-7	對苯二酚 -beta-D- 葡萄糖苷	457	7758-94-3	氯化亞鐵
14	17804-35-2	苯菌靈	458	16872-11-0	氟硼酸
15	117-61-3	2,2'- 聯苯胺二磺酸	459	64-18-6	甲酸
16	1303-86-2	氧化硼	460	999-97-3	六甲基二矽氮烷
17	12007-56-6	硼鈣氧化物	461	7647-01-0	氯化氫
18	10605-21-7	貝芬替	462	2809-21-4	羥基亞乙基二膦酸
19	8007-45-2	煤焦油	463	7803-49-8	羥胺
20	10124-43-3	硫酸鈷	464	6303-21-5	次磷酸
21	111-96-6	二乙二醇二甲醚	465	78-83-1	異丁醇
22	127-19-5	二甲基乙醯胺	466	2855-13-2	異佛酮二胺
23	756-79-6	甲基膦酸二甲酯	467	78-96-6	異丙醇胺
24	51-79-6	胺甲酸乙酯	468	75-31-0	異丙胺
25	62-50-0	甲磺酸乙酯	469	55965-84-9	異噻唑啉
26	110-71-4	乙二醇二甲醚	470	50-21-5	乳酸
27	111-15-9	乙二醇乙醚醋酸	471	112-18-5	月桂基二甲基胺

序號	CAS No.	中文名稱	序號	CAS No.	中文名稱
28	110-49-6	乙二醇甲醚醋酸酯	472	7439-93-2	鋰
29	96-45-7	伸乙硫脲	473	1310-65-2	氫氧化鋰
30	93-15-2	甲基丁香酚	474	75-75-2	甲基磺酸
31	13927-77-0	雙（二丁基二硫胺甲酸）鎳	475	79-22-1	氯甲酸甲酯
32	79-16-3	N- 甲基乙醯胺	476	1338-23-4	過氧化丁酮
33	123-39-7	N- 甲基甲醯胺	477	74-89-5	甲胺
34	872-50-4	N- 甲基吡咯烷酮	478	6317-18-6	亞甲基雙硫氰酸酯
35	15305-07-4	N- 亞硝基 -N- 苯基羥胺鋁鹽	479	4253-34-3	甲基矽三醇三乙酸酯
36	58-36-6	氧雙【口咢】砷	480	110-91-8	嗎啉
37	68511-62-6	顏料黃 150	481	1477-55-0	間二甲苯二胺
38	12045-78-2	四硼酸鉀四水合物	482	109-55-7	N,N- 二甲基 -1,3- 二胺基丙烷
39	11103-86-9	氫氧化鉻酸鋅鉀	483	101-96-2	N,N'- 貳二級丁基對苯二胺
40	14464-46-1	晶性矽	484	3069-29-2	N-[3-（二甲氧基甲基矽基）丙基] 乙二胺
41	1330-43-4	四硼酸鈉	485	140-31-8	N- 胺乙基哌
42	112-49-2	三甘醇二甲醚	486	111-36-4	異氰酸正丁酯
43	66-81-9	放線菌酮	487	7697-37-2	硝酸
44	446-86-6	氮硫唑嘌呤	488	941-69-5	N- 苯基順丁烯二醯亞胺
45	992-59-6	苯紅紫 4B	489	95-48-7	鄰甲酚
46	10043-35-3	硼酸	490	124-07-2	辛酸
47	106-99-0	1.3- 丁二烯	491	106-44-5	對甲酚
48	12219-02-2	C.I. 酸性黑 132	492	112-05-0	壬酸
49	12217-14-0	C.I. 酸性黑 29	493	4067-16-7	五伸乙六胺
50	12220-27-8	C.I. 酸性紅 279	494	79-21-0	過醋酸
51	5858-39-9	C.I. 酸性紅 4	495	98-13-5	苯基三氯矽烷
52	2610-05-1	C.I. 直接藍 1	496	7664-38-2	磷酸
53	4198-19-0	C.I. 直接藍 10	497	10026-13-8	五氯化磷
54	16071-86-6	C.I. 直接棕 95	498	1314-56-3	五氧化二磷
55	3564-27-0	C.I. 媒染橙 6	499	7646-93-7	硫酸氫鉀

序號	CAS No.	中文名稱	序號	CAS No.	中文名稱
56	58339-34-7	C.I. 顏料紅 108	500	1310-58-3	氫氧化鉀
57	37300-23-5	C.I. 顏料黃 36	501	865-33-8	甲氧鉀
58	627-42-9	2- 氯乙基甲基醚	502	12136-45-7	氧化鉀
59	12126-59-9	共軛雌激素	503	7722-64-7	過錳酸鉀
60	838-88-0	4,4'- 二胺基 -3,3'- 二甲基二苯甲烷	504	79-09-4	丙酸
61	1476-11-5	順 1,4- 二氯 -2- 丁烯	505	89-32-7	焦蜜石酸二酐
62	2050-68-2	4,4'- 二氯聯苯	506	123-75-1	吡咯啶
63	12007-60-2	四硼酸二鋰	507	10026-04-7	四氯化矽
64	2602-46-2	直接藍 6	508	7440-23-5	鈉
65	4335-09-5	4- 胺基 -5- 羥基 -6-[[4'-[（4- 羥苯基）偶氮][1,1'- 聯苯]-4- 基] 偶氮]-3-[（4- 硝苯基）偶氮] 萘 -2,7- 二磺酸二鈉	509	68411-30-3	烷基苯磺酸鈉
66	12008-41-2	八硼酸二鈉	510	7681-38-1	硫酸氫鈉
67	12280-03-4	八硼酸二鈉四水合物	511	7758-19-2	亞氯酸鈉
68	6106-24-7	二水合酒石酸二鈉	512	16721-80-5	硫氫化鈉
69	3388-04-3	2-（3,4- 環氧環己基）乙基三甲氧基矽烷	513	1310-73-2	氫氧化鈉
70	629-14-1	乙二醇二乙醚	514	7681-52-9	次氯酸鈉
71	68603-83-8	鹼性 C6-19 支鏈脂肪酸鉛鹽	515	7681-57-4	偏二亞硫酸鈉
72	85509-19-9	護矽得	516	6834-92-0	偏矽酸鈉
73	128794-94-5	（4E）-6-（1,3- 二氫 -4- 羥基 -6- 甲氧基 -7- 甲基 -3- 側氧基 -5- 異苯并呋喃基）-4- 甲基 -4- 己烯酸 -2-（4- 嗎福林基）乙酯	517	124-41-4	甲醇鈉
74	68411-78-9	氧化鉛	518	137-20-2	N- 甲基 -N- 油醯基牛磺酸鈉
75	91671-83-9	鹼性異辛酸鉛鹽（II）	519	15630-89-4	過碳酸鈉
76	330-55-2	理有龍	520	10101-50-5	過錳酸鈉
77	10377-51-2	碘化鋰	521	1313-82-2	硫化鈉

序號	CAS No.	中文名稱	序號	CAS No.	中文名稱
78	82640-04-8	[6- 羥基 -2-（4- 羥基苯基）苯 [b] 噻吩 -3- 基][4-[2-（1- 哌 啶基] 乙氧基] 苯基] 甲酮鹽 酸鹽（1:1）	522	5329-14-6	磺胺酸
79	24280-93-1	黴酚酸	523	7446-09-5	二氧化硫
80	83968-31-4	（Z）-9- 十八烯酸與氧化 N,N- 二甲基苯胺 - 甲醛 -N- 甲 基苯胺反應產物的化合物	524	7446-11-9	三氧化硫
81	13840-56-7	硼酸鈉鹽	525	7664-93-9	硫酸
82	13709-94-9	偏硼酸鉀	526	61791-26-2	乙氧化牛脂胺
83	34183-22-7	鹽酸普羅帕酮	527	5593-70-4	鈦酸四丁酯
84	119738-06-6	快伏草	528	112-57-2	四伸乙五胺
85	11130-12-4	五水合硼酸鈉	529	68-11-1	乙硫醇酸
86	1303-96-4	四硼酸鈉十水合物	530	7772-99-8	氯化錫（II）
87	12179-04-3	四硼酸鈉五水合物	531	53408-94-9	甲磺酸錫（II）
88	632-22-4	四甲基脲	532	7550-45-0	四氯化鈦
89	76-25-5	丙酮特安皮質醇	533	64665-57-2	甲基苯并三唑鈉
90	24602-86-6	三得芬	534	10025-78-2	三氯矽烷
91	738-70-5	曲美普林	535	97-93-8	三乙基鋁
92	512-56-1	磷酸三甲酯	536	143-22-6	三甘醇單丁醚
93	140-08-9	亞磷酸三（2- 氯乙基）酯	537	112-24-3	三伸乙四胺
94	50471-44-8	免克寧	538	1115-99-7	三乙鎵
95	149-30-4	2- 氫硫基苯并噻唑	539	76-05-1	三氟乙酸
96	75-09-2	二氯甲烷	540	75-24-1	三甲基鋁
97	78-79-5	異戊二烯	541	75-50-3	三甲胺
98	8032-32-4	輕油精	542	112-02-7	氯化十六烷基三甲基銨
99	8030-30-6	石油精	543	7778-53-2	磷酸三鉀
100	100-42-5	苯乙烯	544	7783-82-6	六氟化鎢
101	137-26-8	得恩地	545	7646-85-7	氯化鋅
102	3121-61-7	丙烯酸甲氧基乙酯	546	7733-02-0	硫酸鋅

序號	CAS No.	中文名稱	序號	CAS No.	中文名稱
103	122-60-1	苯基縮水甘油醚	547	1341-49-7	二氟氫化銨
104	77-09-8	酚酞	548	96-49-1	碳酸伸乙酯
105	51481-61-9	西咪替汀	549	68002-97-1	乙氧化 C10-16 醇
106	7646-79-9	氯化鈷	550	68439-50-9	乙氧化 C12-14 醇
107	10026-22-9	硝酸鈷六水合物	551	84133-50-6	乙氧化 C12-14 二級醇
108	513-79-1	碳酸鈷（II）	552	74499-34-6	丙氧化 C12-15 醇
109	10141-05-6	硝酸鈷	553	68213-23-0	乙氧化 C12-18 醇
110	1405-10-3	硫酸新絲菌素	554	68603-25-8	乙氧化丙氧化 C8-10 醇
111	13463-39-3	四羰化鎳	555	68439-46-3	乙氧化 C9-11 醇
112	71-48-7	乙酸鈷	556	68037-49-0	C10-18 烷基磺酸鈉鹽
113	7789-43-7	溴化鈷	557	90194-26-6	4-（C10-14）- 烷基苯磺酸鈣鹽
114	60459-08-7	水合硫酸鈷（II）	558	70592-80-2	C10-16- 烷基二甲基胺氧化物
115	111-41-1	胺乙基乙醇胺	559	1745-81-9	2- 烯丙基苯酚
116	111-40-0	二次乙基三胺	560	10043-01-3	硫酸鋁
117	624-83-9	異氰酸甲酯	561	12005-57-1	鋁鈣氧化物
118	7791-13-1	氯化鈷（II）六水合物	562	39290-78-3	氯化羥基鋁硫酸鹽
119	13138-45-9	硝酸鎳	563	13530-50-2	磷酸二氫鋁
120	13478-00-7	硝酸鎳（II）六水合物	564	24304-00-5	氮化鋁
121	6147-53-1	乙酸鈷（II）四水合物	565	11138-49-1	鋁鈉氧化物
122	7718-54-9	氯化鎳	566	68439-72-5	乙氧化 C8-18 與 C18 不飽和烷基胺
123	7786-81-4	硫酸鎳	567	61791-14-8	乙氧化椰脂烷基胺
124	7791-20-0	氯化鎳（II）六水合物	568	68153-95-7	二 -C12-18- 烷基胺
125	13770-89-3	胺磺酸鎳（II）	569	68131-73-7	聚亞乙基聚胺
126	373-02-4	乙酸鎳（II）	570	117-62-4	2- 胺基 -1,5- 萘二磺酸
127	15699-18-0	硫酸鎳（II）銨	571	5856-62-2	（+）-2- 胺基 -1- 丁醇
128	13462-88-9	溴化鎳（II）	572	96-20-8	2- 胺基 -1- 丁醇
129	3333-67-3	碳酸鎳（II）	573	81-16-3	2- 胺基 -1- 萘磺酸
130	6018-89-9	四水合醋酸鎳	574	88-21-1	2- 胺基苯磺酸

序號	CAS No.	中文名稱	序號	CAS No.	中文名稱
131	12607-70-4	鹼式碳酸鎳	575	616-30-8	3- 胺基 -1,2- 丙二醇
132	10028-18-9	二氟化鎳	576	13822-56-5	（3- 胺基丙基）三甲氧基矽烷
133	3349-06-2	甲酸鎳（II）	577	919-30-2	3- 胺丙基三乙氧基矽烷
134	12054-48-7	氫氧化鎳	578	4418-61-5	5- 胺基四唑
135	14220-17-8	氰化鎳（II）鉀	579	2235-54-3	硫酸單十二酯銨鹽
136	4454-16-4	雙（2- 乙基己酸）鎳	580	1336-21-6	氫氧化銨
137	50-00-0	甲醛	581	22326-55-2	氫氧化銣一水合物
138	20039-37-6	鉻酸吡啶鹽	582	98-11-3	苯磺酸
139	2451-62-9	異三聚氰酸三縮水甘油酯	583	139-07-1	氯化十二烷基二甲基苄銨
140	68391-11-7	烷基吡啶	584	68424-85-1	苄基 -C12-16- 烷基二甲基銨氯化物
141	13360-57-1	二甲基胺磺醯基氯	585	68391-01-5	苄基 -C12-18- 烷基二甲基銨氯化物
142	143860-04-2	3- 乙基 -2- 甲基 -2-（3- 甲丁基）-1,3-【口咢】唑啶	586	102561-46-6	4- 羥基 -1- 萘磺酸 N,N,N,- 三丁基苯甲銨鹽
143	625-45-6	甲氧基乙酸	587	52829-07-9	泌脂酸雙（2,2,6,6- 四甲基 -4- 哌啶）酯
144	99-66-1	2- 丙基戊酸	588	10563-26-5	1,2- 雙（3- 胺基丙胺基）乙烷
145	10486-00-7	過硼酸鈉四水合物	589	143-23-7	雙（六亞甲基）三胺
146	109-72-8	丁基鋰	590	61788-63-4	二（氫化牛脂烷基）甲基胺
147	16940-66-2	硼氫化鈉	591	82985-35-1	雙（3- 三甲氧矽基丙基）胺
148	106-91-2	甲基丙烯酸縮水甘油酯	592	52-51-7	2- 溴 -2- 硝基 -1,3- 丙二醇
149	10294-34-5	三氯化硼	593	16079-88-2	1- 溴 -5- 氯 -5,5- 二甲基海因
150	5625-90-1	N,N'- 亞甲基雙【口末】啉	594	110-60-1	1,4- 丁二胺
151	616-45-5	2- 吡咯啶酮	595	12788-93-1	酸式磷酸丁酯
152	7378-99-6	N,N- 二甲基 -1- 辛胺	596	1623-15-0	磷酸單丁酯
153	13762-51-1	硼氫化鉀	597	2372-21-6	O,O- 過氧碳酸三級丁酯異丙酯
154	1589-47-5	2- 甲氧基 -1- 丙醇	598	2409-55-4	2- 三級丨基 -4- 甲酚

序號	CAS No.	中文名稱	序號	CAS No.	中文名稱
155	135-20-6	銅鐵靈	599	109-73-9	丁胺
156	77-78-1	硫酸二甲酯	600	69739-34-0	三氟甲磺酸三級丁基二甲矽基酯
157	55566-30-8	肆羥甲基鏻硫酸鹽	601	594-19-4	三級丁基鋰
158	13464-80-7	硫酸二肼	602	88-60-8	6-三級丁基鄰甲酚
159	67939-65-5	N-[4-[二(4-二甲胺基)苯基]亞甲基]-2,5-環己二烯-1-亞基]-N-甲基甲銨	603	89-72-5	鄰-第二丁酚
		乙酸鹽	604	110-65-6	1,4-丁炔二醇
160	112-00-5	氯化十二烷基三甲基銨	605	96-48-0	γ-丁內酯
161	116-14-3	四氟乙烯	606	54060-92-3	C.I. 鹼性黃 28
162	108-91-8	環己胺	607	7758-23-8	磷酸二氫鈣
163	302-17-0	水合氯醛	608	7789-79-9	次磷酸鈣
164	10217-52-4	聯胺水合物	609	10124-37-5	硝酸鈣
165	1067-33-0	二乙酸二丁錫	610	353-50-4	二氟化羰基
166	78-04-6	順丁烯二酸二丁基錫	611	5994-61-6	N-(羧甲基)-N-(膦醯甲基)甘胺酸
167	683-18-1	二氯化二丁錫	612	12014-56-1	氫氧化鈰
168	107-13-1	丙烯腈	613	12336-95-7	硫酸羥鉻
169	1309-64-4	三氧化二銻	614	68140-01-2	胺基丙基二甲基椰脂醯胺
170	71-43-2	苯	615	61789-71-7	椰脂烷基二甲基苄基銨氯化物
171	630-08-0	一氧化碳	616	3251-23-8	硝酸銅
172	56-75-7	氯黴素	617	372-09-8	氰乙酸
173	77-58-7	二月桂酸二丁錫	618	2579-20-6	1,3-環己二甲胺
174	110-80-5	乙二醇乙醚	619	12262-58-7	環己酮過氧化物
175	109-86-4	乙二醇甲醚	620	91-17-8	十氫萘
176	68-12-2	二甲基甲醯胺	621	298-07-7	二(2-乙基己基)磷酸
177	127-18-4	四氯乙烯	622	124-02-7	二烯丙胺
178	75-01-4	氯乙烯	623	6674-22-2	1,8-二氮雙環 [5.4.0] 十一碳-7-烯

序號	CAS No.	中文名稱	序號	CAS No.	中文名稱
179	11113-75-0	硫化鎳	624	3001-72-7	1,5- 重氮雙環 [4.3.0] 壬 -5- 烯
180	14177-55-0	鉬酸鎳（II）	625	10222-01-2	2,2- 二溴 -3- 氮基丙醯胺
181	2795-39-3	十七氟 -1- 辛磺酸鉀	626	68937-72-4	C4-11 二羧酸
182	1069-66-5	丙戊酸鈉	627	68603-87-2	C4-6 二羧酸
183	1332-21-4	石綿	628	64359-81-5	4,5- 二氯 -2- 正辛基 -4- 異噻唑啉 -3- 酮
184	7440-43-9	鎘及其化合物	629	61789-77-3	二椰脂二甲基銨氯化物
185	98-73-7	對三級丁基苯甲酸	630	538-75-0	二（環己亞胺）甲烷
186	25155-23-1	磷酸三（二甲苯）基酯	631	7173-51-5	氯化二癸二甲基銨
187	150-39-0	N -（2- 羥乙基）乙二氮基 -N,N',N'- 三乙酸	632	3179-76-8	3-（二乙氧基）甲基矽基丙胺
188	501-30-4	5- 羥基 -2- 羥甲基 -4- 哌【口弄】	633	2524-04-1	O,O- 二乙基硫代磷醯氯
189	79-34-5	1,1,2,2- 四氯乙烷	634	96-10-6	氯化二乙基鋁
190	688-84-6	甲基丙烯酸 2- 乙基 -1- 己基酯	635	120570-77-6	二乙二醇二甲酸酯
191	149-57-5	2- 乙基己酸	636	557-20-0	二乙鋅
192	627-44-1	烷基汞化物（烷基以甲基或乙基為限）	637	593-85-1	碳酸胍
193	107-05-1	氯丙烯	638	92-44-4	2,3- 二羥基萘
194	2465-27-2	奧黃	639	1779-25-5	氯化二異丁基鋁
195	25013-16-5	丁基化羥苯苯基甲基醚	640	108-18-9	二異丙胺
196	1345-16-0	C.I. 顏料藍 28	641	26762-93-6	過氧化二異丙苯
197	63449-39-8	氯化石蠟	642	120-20-7	2-（3,4- 二甲氧基苯基）乙胺
198	111-77-3	二甘醇單甲醚	643	2524-03-0	二甲基硫代磷醯氯
199	121-14-2	二硝基甲苯	644	80-73-9	1,3- 二甲基 -2- 咪唑啶酮
200	75980-60-8	二苯基（2,4,6- 三甲基苯甲醯基）膦氧化物	645	2680-03-7	N,N- 二甲基丙烯醯胺
201	140-88-5	丙烯酸乙酯	646	1704-62-7	2-[2-（二甲基胺基）乙氧基] 乙醇
202	111-76-2	乙二醇丁醚	647	7651-02-7	N-[3-（二甲胺基）丙基] 十八醯胺

序號	CAS No.	中文名稱	序號	CAS No.	中文名稱
203	98-00-0	2- 呋喃甲醇	648	61788-93-0	二甲基椰脂胺
204	107-22-2	乙二醛	649	98-94-2	二甲基環己胺
205	108-80-5	異三聚氰酸	650	1120-24-7	N,N- 二甲基癸 -1- 胺
206	632-99-5	苯胺紅	651	112-69-6	N,N- 二甲基 -1- 十六胺
207	74-83-9	溴甲烷	652	1118-92-9	N,N- 二甲基辛醯胺
208	74-88-4	碘甲烷	653	105-67-9	2,4- 二甲酚
209	91-20-3	萘	654	126-30-7	2,2- 二甲基 -1,3- 丙二醇
210	110-54-3	正己烷	655	112-75-4	二甲基十四胺
211	54-11-5	菸鹼	656	4712-55-4	亞磷酸二苯酯
212	75-52-5	硝基甲烷	657	80-10-4	二苯二氯矽烷
213	556-67-2	八甲基環四矽氧烷	658	142-84-7	二正丙胺
214	120-80-9	鄰苯二酚	659	13870-28-5	二矽酸二鈉
215	88-73-3	鄰氯硝基苯	660	10213-79-3	矽酸二鈉五水合物
216	106-46-7	對二氯苯	661	61789-80-8	二牛脂二甲基銨氯化物
217	60-11-7	對二甲胺基偶氮苯	662	96-76-4	2,4- 貳三級丁基苯酚
218	100-00-5	對 - 硝基氯苯	663	120-95-6	2,4- 貳三級戊基苯酚
219	3926-62-3	氯乙酸鈉	664	1643-20-5	十二烷基二甲基胺氧化物
220	100-21-0	對苯二甲酸	665	9002-92-0	α- 十二基 -ω- 羥基聚氧乙烯
221	109-99-9	四氫呋喃	666	37203-76-2	磷酸乙酯
222	108-88-3	甲苯	667	94-96-2	2- 乙基 -1,3- 己二醇
223	67-66-3	三氯甲烷	668	3586-55-8	（伸乙二氧基）二甲醇
224	5064-31-3	氮基三乙酸三鈉鹽	669	12645-31-7	磷酸 2- 乙基己酯
225	57-57-8	β- 丙內酯	670	10421-48-4	硝酸鐵
226	95-51-2	2- 氯苯胺	671	13478-10-9	氯化亞鐵四水合物
227	103-90-2	對乙醯胺基苯酚	672	13453-07-1	三氯化金
228	15972-60-8	拉草	673	21652-27-7	（Z）-2-（8- 十七烯基）-4,5- 二氫 -1H- 咪唑 -1- 乙醇
229	1758-73-2	胺基亞胺基甲亞磺酸	674	111-14-8	庚酸
230	119-61-9	二苯基酮	675	3031-66-1	3- 己炔 -2,5- 二醇

序號	CAS No.	中文名稱	序號	CAS No.	中文名稱
231	16432-81-8	丙烯酸 2-（4- 苯甲醯 -3- 羥苯氧基）乙酯	676	10034-85-2	氫碘酸
232	103-23-1	己二酸雙（2- 乙基己基）酯	677	1115-20-4	3- 羥基 -2,2- 二甲基丙酸 3- 羥基 -2,2- 二甲基丙酯
233	13676-54-5	4,4'- 雙（順丁烯二醯亞胺苯基）甲烷	678	583-91-5	2- 羥基 -4- 甲硫基丁酸
234	2475-44-7	C.I. 分散藍 14	679	4065-45-6	2- 羥基 -4- 甲氧二苯基酮 -5- 磺酸
235	6408-72-6	C.I. 分散紫 26	680	1333-39-7	羥基苯磺酸
236	3327-22-8	氯化 3- 氯 -2- 羥丙基三甲基銨	681	107-75-5	7- 羥香茅醛
237	68457-13-6	硼酸新癸酸鈷	682	542-59-6	乙酸 2- 羥乙酯
238	1333-88-6	鋁酸鈷	683	68140-00-1	N-（羥乙基）椰脂醯胺
239	818-08-6	氧化二丁錫	684	61791-39-7	1-（2- 羥乙基）-2-（松油烷基）-2- 咪唑啉
240	36734-19-7	貝芬同	685	111-57-9	N-（2- 羥乙基）硬脂醯胺
241	92-88-6	4,4'- 二羥基聯苯	686	10025-77-1	氯化鐵六水合物
242	868-85-9	磷酸二甲酯	687	79-30-1	異丁醯氯
243	99-97-8	N,N- 二甲基對甲苯胺	688	26896-18-4	異壬酸
244	110-05-4	過氧化二（三級丁基）	689	1745-89-7	4,4'- 亞異丙基雙 [2- 烯丙基酚]
245	26761-45-5	新癸酸 2,3- 環氧丙酯	690	1310-66-3	氫氧化鋰一水合物
246	7328-17-8	丙烯酸乙氧基乙氧基乙酯	691	865-34-9	甲氧鋰
247	2224-15-9	乙二醇二環氧丙基醚	692	12057-24-8	氧化鋰
248	98-01-1	呋喃甲醛	693	12031-80-0	過氧化鋰
249	55919-77-2	丙烯酸 3- 羥基 -2,2- 雙（羥基甲基）丙酯	694	141-82-2	丙二酸
250	92-70-6	3- 羥基 -2- 萘甲酸	695	107-96-0	3- 氫硫丙酸
251	142-73-4	亞胺基二乙酸	696	5332-73-0	3- 甲氧丙胺
252	7447-41-8	氯化鋰	697	80-47-7	1- 甲基 -1-（4- 甲基環己基）乙基過氧化氫
253	88-19-7	2- 甲苯磺醯胺	698	88477-37-6	2,2'-[[（甲基 -1H- 苯并三唑 -1- 基）甲基] 亞胺基] 雙乙醇

序號	CAS No.	中文名稱	序號	CAS No.	中文名稱
254	119-47-1	2,2'- 亞甲基雙（4- 甲基 -6- 三級丁基苯酚）	699	107-86-8	3- 甲基 -2- 丁烯醛
255	88-74-4	2- 硝基苯胺	700	760-93-0	2- 甲基 -2- 丙烯酸酸酐
256	2646-15-3	油藍 N	701	104-15-4	對甲苯磺酸
257	80-51-3	4,4'- 氧雙（苯磺醯肼）	702	6192-52-5	4- 甲基苯磺酸一水合物
258	2657-87-6	3,4'- 氧二苯胺	703	95-71-6	甲基氫醌
259	57-33-0	戊巴比妥鈉	704	616-47-7	1- 甲基咪唑
260	534-85-0	N- 苯基 -1,2- 苯二胺	705	917-54-4	甲基鋰
261	135-88-6	N- 苯基 -β- 萘胺	706	676-58-4	氯化甲基鎂
262	108-45-2	間伸苯二胺	707	109-02-4	甲基嗎福林
263	95-54-5	鄰伸苯二胺	708	15520-10-2	2- 甲基戊二胺
264	134-03-2	抗壞血酸鈉	709	1070-03-7	磷酸單（2- 乙基己基）酯
265	7789-38-0	溴酸鈉	710	571-60-8	1,4- 萘二醇
266	110-61-2	丁二腈	711	112-03-8	氯化十八烷基三甲基銨
267	630-20-6	1,1,1,2- 四氯乙烷	712	28805-58-5	辛烯基丁二酸
268	28768-32-3	N,N,N',N'- 肆環氧丙基 -4,4'- 亞甲基二苯胺	713	26530-20-1	2- 正辛基 -4- 異噻唑啉 -3- 酮
269	75-74-1	四甲基鉛	714	2687-94-7	N- 正辛基 -2- 吡咯啶酮
270	85954-11-6	2,2'-[（3,3',5,5'- 四甲基 [1,1'- 聯苯]-4,4'- 二基）雙（氧亞甲基）] 雙環氧乙烷	715	1806-26-4	對辛基苯酚
271	7328-97-4	四酚乙烷 - 環氧氯丙烷樹脂	716	112-90-3	油胺
272	23564-05-8	甲基硫菌靈	717	5117-12-4	4-（1- 側氧 -2- 丙烯基）【口末】啉
273	1576-35-8	對甲苯磺醯肼	718	57472-68-1	二丙烯酸氧代雙（甲基 -2,1- 乙二基）酯
274	87-66-1	1,2,3- 三羥基苯	719	73807-15-5	棕櫚仁油二乙醇醯胺
275	471-01-2	3,5,5- 三甲基環己 -3- 烯 -1- 酮	720	2403-89-6	1,2,2,6,6- 五甲基 -4- 哌啶醇
276	13674-87-8	磷酸參 [2- 氯 -1-（氯甲基）乙基] 酯	721	3030-47-5	五甲基二伸乙三胺
277	87-59-2	2,3- 二甲苯胺	722	7601-90-3	過氯酸

序號	CAS No.	中文名稱	序號	CAS No.	中文名稱
278	1300-73-8	二甲苯胺	723	936-49-2	2- 苯基咪唑啉
279	1058-92-0	C.I. 媒染藍 13	724	1571-33-1	苯膦酸
280	6598-63-6	C.I. 直接橙 102	725	68954-77-8	二（C8-18 烷基）磷酸酯
281	389-08-2	萘利啶酸	726	1623-24-1	磷酸單（1- 甲基乙基）酯
282	7440-48-4	鈷	727	13598-36-2	亞磷酸
283	1307-96-6	氧化鈷	728	1314-85-8	三硫化四磷
284	101-68-8	4,4- 二異氰酸二苯甲烷	729	88-95-9	1,2- 苯二甲醯二氯
285	7440-02-0	鎳	730	103-76-4	2-（1- 哌【口井】基）乙醇
286	123-30-8	對胺基酚	731	110-89-4	哌啶
287	584-84-9	2,4- 二異氰酸甲苯	732	58253-49-9	α,α'-[（9- 十八烯基亞胺）二 -2,1- 亞乙基]- 雙 -（ω- 羥基）聚氧乙烯
288	91-08-7	甲苯 -2,6- 二異氰酸酯	733	39423-51-3	聚醚胺 T403
289	7440-47-3	鉻	734	7440-09-7	鉀
290	5873-54-1	1- 異氰酸基 -2-（4- 異氰酸基苯甲基）苯	735	13967-50-5	氰金酸鉀
291	2536-05-2	1,1'- 亞甲基雙（2- 異氰酸基苯）	736	7789-23-3	氟化鉀
292	110-85-0	哌【口井】	737	7789-29-9	二氟氫化鉀
293	477-73-6	鹼性紅 2	738	31795-24-1	甲基矽三醇鉀鹽
294	693-98-1	2- 甲基咪唑	739	70693-62-8	過氧單硫酸鉀
295	98-54-4	4- 三級丁酚	740	10058-23-8	過氧化單硫酸鉀鹽
296	7446-70-0	無水氯化鋁	741	1312-76-1	矽酸鉀
297	7447-39-4	氯化銅（Ⅱ）	742	13463-41-7	吡硫鋅
298	123-31-9	苯二酚	743	63449-41-2	苄基 C8-18 烷基二甲基四級銨氯化物
299	79-14-1	羥基乙酸	744	61790-47-4	松香胺
300	6153-56-6	草酸二水合物	745	85536-14-7	4-C10-13- 二級烷基苯磺酸
301	7632-04-4	過硼酸鈉	746	506-61-6	氰化鉀銀
302	75-91-2	過氧化三級丁醇	747	10294-26-5	硫酸銀
303	13473-90-0	硝酸鋁	748	126-92-1	硫酸 2- 乙基己酯鈉

序號	CAS No.	中文名稱	序號	CAS No.	中文名稱
304	68155-06-6	N,N- 雙（羥乙基）C12-18 醯胺	749	1302-42-7	鋁酸鈉
305	32718-18-6	溴氯 -5,5- 二甲基咪唑啶 -2,4- 二酮	750	141-52-6	乙氧鈉
306	57018-52-7	1- 三級丁氧基 -2- 丙醇	751	6362-79-4	5- 磺酸間苯二甲酸單鈉鹽
307	7397-62-8	羥乙酸丁酯	752	1333-83-1	二氟氫化鈉
308	56-18-8	3,3'- 二胺基二丙基胺	753	629-25-4	月桂酸鈉
309	78-88-6	2,3- 二氯丙烯	754	68585-47-7	十二烷基硫酸鈉
310	136434-34-9	杜洛西丁鹽酸鹽	755	13517-24-3	偏矽酸鈉九水合物
311	288-32-4	咪唑	756	5188-07-8	甲硫醇鈉
312	60-12-8	2- 苯乙醇	757	73296-89-6	硫酸單 -C12-16- 烷基酯鈉
313	6152-33-6	2- 羥基聯苯鈉四水合物	758	137-16-6	N- 月桂醯肌胺酸鈉
314	71-23-8	1- 丙醇	759	10101-89-0	十二水合磷酸鈉
315	68603-42-9	椰子油酸二乙醇醯胺	760	1344-09-8	矽酸鈉
316	88-12-0	N- 乙烯基 -2- 吡咯酮	761	865-48-5	三級丁氧化鈉
317	1897-45-6	四氯異苯腈	762	7646-78-8	氯化錫
318	123-73-9	巴豆醛	763	10025-69-1	氯化亞錫二水合物
319	28519-02-0	十二基（磺苯氧基）- 苯磺酸二鈉鹽	764	10476-85-4	氯化鍶
320	2312-35-8	毆蟎多	765	10042-76-9	硝酸鍶
321	132-27-4	2- 苯基苯酚鈉	766	1314-11-0	氧化鍶
322	52234-82-9	三羥甲基丙烷 - 三（3- 吖丙啶基丙酸酯）	767	68608-15-1	磺酸烷烴鈉鹽
323	7758-98-7	硫酸銅	768	85711-69-9	C13-17- 二級烷磺酸鈉鹽
324	7803-57-8	水合肼	769	5965-83-3	5- 磺基水楊酸二水合物
325	96-29-7	甲基乙基酮肟	770	5138-18-1	磺丁二酸
326	144-62-7	草酸	771	7791-25-5	硫醯二氯
327	108-95-2	酚	772	8011-76-5	過磷酸
328	10034-93-2	硫酸肼	773	61790-33-8	牛脂胺
329	79-00-5	1,1,2- 三氯乙烷	774	61788-45-2	氫化牛脂烷基胺

序號	CAS No.	中文名稱	序號	CAS No.	中文名稱
330	108-90-7	氯苯	775	61791-53-5	N- 牛脂烷基 -1,3- 丙二胺二油酸鹽
331	108-94-1	環己酮	776	68955-53-3	（C12-14）三級烷基胺
332	950-37-8	滅大松	777	169896-41-7	三級丁基亞胺基參（二乙胺基）鉭
333	96-33-3	丙烯酸甲酯	778	12004-88-5	四鋁鈣七氧化物
334	67-56-1	甲醇	779	1643-19-2	溴化四丁基銨
335	591-78-6	甲丁酮	780	7691-02-3	1,1,3,3- 四甲基 -1,3- 二乙烯基二矽氮
336	108-10-1	甲基異丁酮	781	2403-88-5	2,2,6,6- 四甲基 -4- 哌啶醇
337	10028-15-6	臭氧	782	36768-62-4	2,2,6,6- 四甲基 -4- 哌啶胺
338	108-98-5	苯硫醇	783	140-66-9	4-（1,1,3,3- 四甲基丁基）苯酚
339	298-02-2	福瑞松	784	111-18-2	N,N,N',N'- 四甲基 -1,6- 己二胺
340	7757-79-1	硝酸鉀	785	64-02-8	伸乙二胺四乙酸四鈉
341	7631-99-4	硝酸鈉	786	2664-63-3	4,4'- 硫二苯酚
342	56-23-5	四氯化碳	787	60-24-2	硫甘醇
343	1314-62-1	五氧化二釩	788	7719-09-7	氯化亞硫醯
344	71751-41-2	阿巴汀	789	3982-91-0	三氯化硫磷醯
345	99-55-8	2- 胺基 -4- 硝基甲苯	790	89-83-8	瑞香酚
346	7803-55-6	偏釩酸銨	791	7488-55-3	硫酸錫（II）
347	7758-99-8	硫酸銅（II）五水合物	792	7705-07-9	三氯化鈦
348	15307-79-6	二氯芬酸鈉鹽	793	93-69-6	鄰甲苯縮二胍
349	3542-36-7	二辛基錫二氯化物	794	17689-77-9	三乙醯氧基乙基矽烷
350	122-14-5	撲滅松	795	102-70-5	三烯丙胺
351	55-63-0	硝化甘油	796	1116-70-7	三丁基鋁
352	1461-25-2	正丁基錫	797	12075-68-2	三氯化三乙基二鋁
353	78-00-2	四乙基鉛	798	280-57-9	三伸乙二胺
354	123-77-3	1,1'- 偶氮雙甲醯胺	799	100-99-2	三（異丁基）鋁
355	7727-54-0	過硫酸銨	800	2768-02-7	三甲氧基乙烯基矽烷

序號	CAS No.	中文名稱	序號	CAS No.	中文名稱
356	17095-24-8	活性黑 5	801	3282-30-2	三甲基乙醯氯
357	822-06-0	六亞甲二異氰酸酯	802	75-77-4	三甲基氯矽烷
358	100-97-0	六亞甲四胺	803	25620-58-0	三甲基六亞甲基二胺
359	4098-71-9	二異氰酸異佛爾酮	804	3302-10-1	3,5,5- 三甲基己酸
360	5124-30-1	亞甲基雙（4- 環己異氰酸酯）	805	2416-94-6	2,3,6- 三甲基苯酚
361	28182-81-2	聚六亞甲基二異氰酸酯	806	90-72-2	2,4,6- 參 [（二甲胺基）甲基] 苯酚
362	7727-21-1	過硫酸鉀	807	7601-54-9	磷酸三鈉
363	8050-09-7	松香	808	75-94-5	乙烯基三氯矽烷
364	7775-27-1	過硫酸鈉	809	25321-41-9	二甲苯磺酸
365	122-57-6	亞苄丙酮	810	95-87-4	2,5- 二甲苯酚
366	25854-16-4	1,2- 雙（異氰酸基甲基）苯	811	576-26-1	2,6- 二甲苯酚
367	1934-21-0	C.I. 酸性黃 23	812	1300-71-6	二甲苯酚
368	71872-76-9	C.I. 活性藍 160	813	68457-79-4	二硫代磷酸二烷基鋅
369	20262-58-2	C.I. 活性橙 16	814	10139-47-6	碘化鋅
370	12225-83-1	C.I. 活性橙 7	815	7446-20-0	硫酸鋅七水合物
371	27164-46-1	頭孢唑啉鈉	816	7446-19-7	硫酸鋅一水合物
372	93107-08-5	環丙沙星鹽酸鹽	817	123-91-1	1,4- 二氧陸圜
373	5026-74-4	4-（二環氧丙胺基）苯基環氧丙基醚	818	107-07-3	2- 氯乙醇
374	97-53-0	丁香酚	819	6484-52-2	硝酸銨
375	1795-48-8	異氰酸異丙酯	820	628-63-7	乙酸戊酯
376	137330-13-3	替米考星磷酸鹽	821	105-60-2	己內醯胺
377	79-33-4	（S）-（+）-2- 羥基丙酸	822	1563-66-2	加保扶
378	107-45-9	1,1,3,3- 四甲基丁胺	823	1333-86-4	碳黑
379	2634-33-5	1,2- 苯并異噻唑 -3- 酮	824	91465-08-6	三氟氯氰菊酯
380	124-09-4	1,6- 己二胺	825	141-66-2	雙特松
381	71-36-3	1- 丁醇	826	2238-07-5	縮水甘油醚
382	97-00-7	1- 氯 -2,4- 二硝基苯	827	123-92-2	乙酸異戊酯
383	112-55-0	十二硫醇	828	10377-60-3	硝酸鎂

序號	CAS No.	中文名稱	序號	CAS No.	中文名稱
384	102-81-8	2-（二丁胺基）乙醇	829	95-50-1	鄰 - 二氯苯
385	2439-35-2	丙烯酸 2-（二甲基胺基）乙酯	830	23135-22-0	歐殺滅
386	15214-89-8	2- 丙烯醯胺 -2- 甲基丙磺酸	831	140-29-4	苯乙腈
387	929-06-6	2- 胺基乙氧基乙醇	832	7786-34-7	美文松
388	100-37-8	2- 二乙胺基乙醇	833	151-50-8	氰化鉀
389	108-01-0	2- 二甲基氨基乙醇	834	143-33-9	氰化鈉
390	2867-47-2	甲基丙烯酸 2- 二甲基胺基乙酯	835	16893-85-9	氟矽酸鈉
391	931-36-2	2- 乙基 -4- 甲基咪唑	836	1330-20-7	二甲苯
392	999-61-1	丙烯酸 2- 羥基丙酯	837	60304-36-1	氟化鉀鋁
393	2682-20-4	2- 甲基異噻唑啉 -3- 酮	838	15096-52-3	氟鋁化鈉
394	109-83-1	2- 甲胺乙醇	839	2778-42-9	1,3- 雙（1- 異氰酸基 -1- 甲基乙基）苯
395	97-65-4	亞甲基丁二酸	840	91788-83-9	1，2，3，4 - 丁 四 甲 酸 四（1,2,2,6,6- 五甲基 -4- 哌啶基）酯
396	37971-36-1	2- 膦醯丁烷 -1,2,4- 三羧酸	841	13477-34-4	四水合硝酸鈣
397	88-18-6	2- 三級丁基苯酚	842	2921-88-2	陶斯松
398	100-69-6	2- 乙烯基吡啶	843	7440-74-6	銦
399	6864-37-5	3,3'- 二甲基 -4,4'- 二胺基二環己基甲烷	844	7553-56-2	碘
400	108-68-9	3,5- 二甲酚	845	2235-00-9	N- 乙烯基己内醯胺
401	108-99-6	3- 甲基吡啶	846	8052-41-3	斯陶大溶劑
402	90-93-7	4,4'- 雙（N,N- 二乙胺基）二苯基酮	847	13775-53-6	六氟鋁酸鈉
403	1761-71-3	4,4'- 亞甲基雙環己胺	848	11070-44-3	甲基四氫鄰苯二甲酸酐
404	1122-58-3	4- 二甲胺基吡啶	849	107-15-3	乙二胺
405	371-41-5	4- 氟苯酚	850	111-30-8	戊二醛
406	2226-96-2	4- 羥基 -2,2,6,6- 四甲基哌啶氮氧自由基	851	25550-51-0	甲基六氫酞酸酐
407	98-67-9	4- 羥基苯磺酸	852	85-43-8	四氫酞酸酐
408	104-40-5	4- 壬基酚	853	552-30-7	1,2,4- 苯三甲酸酐

序號	CAS No.	中文名稱	序號	CAS No.	中文名稱
409	98-29-3	4- 三級丁基鄰苯二酚	854	8001-54-5	氯化苄二鉀烴銨
410	26172-55-4	5- 氯 -2- 甲基 -4- 異噻唑啉 -3- 酮	855	109-76-2	1,3- 二胺基丙烷
411	90-51-7	7- 胺基 -1- 萘酚 -3- 磺酸	856	19438-60-9	甲基六氫酞酐
412	87-02-5	7- 胺基 -4- 萘酚 -2- 磺酸	857	78-90-0	1,2- 丙二胺
413	64-19-7	醋酸	858	30674-80-7	甲基丙烯酸異氰酸基乙酯
414	108-24-7	乙酐	859	1760-24-3	3-（2- 胺乙基）- 胺丙基三甲氧基矽烷
415	79-10-7	丙烯酸	860	85-42-7	六氫酞酸酐
416	7784-30-7	磷酸鋁	861	23996-25-0	2- 乙基 -4- 甲基 -1H- 咪唑 -1- 丙腈
417	61788-46-3	椰油烷基胺	862	15396-00-6	3- 異氰酸基丙基三甲氧基矽烷
418	6419-19-8	胺基參亞甲基膦酸	863	26590-20-5	1,2,3,6- 四氫甲基酞酸酐
419	7664-41-7	氨			anhydride
420	17194-00-2	氫氧化鋇	864	24801-88-5	三乙氧基（3- 異氰酸丙基）矽烷
421	98-88-4	苯醯氯	865	108-31-6	順 - 丁烯二酐
422	103-83-3	苯甲基二甲胺	866	3634-83-1	1,3- 雙（異氰酸基甲基）苯
423	5538-94-3	氯化雙辛基二甲基銨	867	141-43-5	乙醇胺
424	7726-95-6	溴	868	74091-64-8	2,5（或 2,6）- 雙（異氰酸根甲基）雙環 [2.2.1] 庚烷
425	68584-22-5	C10-16- 烷基苯磺酸	869	1308-38-9	氧化鉻（III）
426	7440-70-2	鈣	870	106-50-3	對 - 苯二胺
427	75-20-7	碳化鈣	871	7790-91-2	三氟化氯
428	1305-62-0	氫氧化鈣	872	108-77-0	三聚氯化氰
429	7778-54-3	次氯酸鈣	873	124-40-3	二甲胺
430	1305-78-8	氧化鈣	874	7664-39-3	氟化氫
431	142-62-1	己酸	875	818-61-1	丙烯酸羥乙酯
432	16774-21-3	硝酸銨鈰	876	25584-83-2	丙烯酸羥丙酯
433	10049-04-4	二氧化氯	877	79-41-4	甲基丙烯酸

序號	CAS No.	中文名稱	序號	CAS No.	中文名稱
434	7790-94-5	氯磺酸	878	4685-14-7	巴拉刈
435	123-41-1	氫氧化膽鹼	879	75-59-2	氫氧化四甲銨
436	1319-77-3	甲酚	880	55406-53-6	丁胺甲酸 3- 碘 -2- 丙炔酯
437	80-15-9	艾氯過氧化物	881	21324-40-3	六氟磷酸鋰
438	4109-96-0	二氯矽烷	882	7681-49-4	氟化鈉
439	101-83-7	二環己胺	883	79-04-9	氯乙醯氯
440	61791-31-9	椰子油脂肪酸二乙醯胺	884	75-04-7	乙胺
441	109-89-7	二乙胺	885	10035-10-6	溴化氫
442	104-78-9	二乙胺基丙胺	886	7722-84-1	過氧化氫
443	1191-15-7	二異丁基鋁氫化物	887	75-44-5	光氣
444	74-94-2	二甲胺基甲硼烷	888	10025-87-3	氧氯化磷
			889	7761-88-8	硝酸銀

註1：本辦法附表2屬致癌物質或生殖細胞致突變性物質或生殖毒性物質第1級
　　　者，該等物質或占其重量百分之一以上之混合物，不論其年運作總量多
　　　寡，均應向中央主管機關報請備查，爰另載明於備註欄。

註2：依本辦法第2條第2款指定之化學品，含上述列舉物占其重量百分之一以
　　　上之混和物。（編輯者註）

序1-186爲致癌物質或生殖細胞致突變性物質或生殖毒性物質第1級。

優先管理化學品之指定及運作管理辦法（113.6.6）

469

附件 2　優先管理化學品之指定及運作管理辦法第 2 條第 3 款指定之化學品（英文名稱略）

序號	CAS No.	中文名稱	序號	CAS No.	中文名稱
1	685-63-2	1,1,2,3,4,4- 六氟 -1,3- 丁二烯	82	3006-82-4	過氧 -2- 乙基己酸三級丁酯
2	3006-86-8	1,1- 貳（三級丁基過氧）環己烷	83	26748-41-4	過氧新癸酸三級丁酯
3	6731-36-8	1,1- 貳（三級丁基過氧）-3,3,5- 三甲基環己烷	84	614-45-9	過氧苯甲酸三級丁酯
4	75-37-6	1,1- 二氟乙烷	85	75-76-3	四甲基矽烷
5	75-38-7	1,1- 二氟乙烯	86	624-64-6	反 2- 丁烯
6	540-59-0	1,2- 二氯乙烯	87	87-90-1	三氯異三聚氰酸
7	25155-25-3	1,4- 貳（2- 三級丁基過氧異丙基）苯	88	1445-79-0	三甲基鎵
8	25167-67-3	1- 丁烯	89	3385-78-2	三甲基銦
9	109-67-1	1- 戊烯	90	8006-64-2	松節油
10	616-23-9	2,3- 二氯 -1- 丙醇	91	7440-66-6	鋅粉
11	118-79-6	2,4,6- 三溴酚	92	13361-32-5	氰乙酸烯丙酯
12	1879-09-0	2,4- 二甲基 -6- 三級丁基苯酚	93	13963-57-0	乙醯丙酮鋁
13	123-54-6	2,4- 戊二酮	94	15545-97-8	2,2′- 偶氮雙（4- 甲氧基 -2,4- 二甲基戊腈）
14	78-92-2	2- 丁醇	95	10326-27-9	氯化鋇二水合物
15	75-29-6	2- 氯丙烷	96	12069-69-1	鹼式碳酸銅
16	557-98-2	2- 氯丙烯	97	366-18-7	聯吡啶
17	75-86-5	2- 羥基異丁腈	98	553-26-4	4,4′- 聯吡啶
18	583-39-1	2- 巰苯并咪唑	99	895-85-2	雙（4- 甲基苯甲醯基）過氧化物
19	16219-75-3	5- 亞乙基 -2- 降冰片烯	100	13122-18-4	3,5,5- 三甲基過氧己酸三級丁基酯
20	67-64-1	丙酮	101	97-88-1	甲基丙烯酸丁酯
21	74-86-2	乙炔	102	107-71-1	過氧乙酸三級丁酯
22	107-11-9	烯丙胺	103	63-25-2	加保利
23	96-05-9	甲基丙烯酸烯丙酯	104	55285-14-8	丁基加保扶

序號	CAS No.	中文名稱	序號	CAS No.	中文名稱
24	12125-01-8	氟化銨	105	15263-52-2	培丹
25	78-67-1	偶氮二異丁腈	106	6283-25-6	2-氯-5-硝基苯胺
26	10361-37-2	氯化鋇	107	69-09-0	氯丙啡噻肼鹽酸鹽
27	100-47-0	苯甲腈	108	10380-28-6	快得寧
28	94-36-0	過氧化二苯甲醯	109	56-72-4	蠅毒磷
29	106-97-8	丁烷	110	294-93-9	12-冠醚-4
30	123-86-4	乙酸丁酯	111	10031-43-3	硝酸銅
31	590-18-1	順2-丁烯	112	110-82-7	環己烷
32	91-64-5	香豆素	113	52315-07-8	賽滅寧
33	108-93-0	環己醇	114	24424-99-5	貳（三級丁基）碳酸酯
34	68479-98-1	二乙基甲苯二胺	115	999-21-3	順丁烯二酸二烯丙基酯
35	75-10-5	二氟甲烷	116	131-17-9	鄰苯二甲酸二烯丙酯
36	624-92-0	二硫二甲烷	117	19287-45-7	二硼烷
37	115-10-6	二甲醚	118	608-33-3	2,6-二溴苯酚
38	628-96-6	二硝基乙二醇	119	34893-92-0	1,3-二氯-5-異氰酸基苯
39	74-84-0	乙烷	120	2893-78-9	二氯異三聚氰酸鈉鹽
40	141-78-6	乙酸乙酯	121	91-66-7	N,N-二乙基苯胺
41	60-29-7	乙醚	122	627-54-3	二乙基碲
42	75-08-1	乙硫醇	123	4074-88-8	二甘醇二丙烯酸酯
43	74-85-1	乙烯	124	624-48-6	順丁烯二酸二甲酯
44	2807-30-9	乙二醇丙基醚	125	78-63-7	2,5-二甲基-2,5-貳（三級丁基過氧）己烷
45	1333-74-0	氫氣	126	71750-79-3	3-[2-（胺乙基）胺基]丙基甲基二甲矽氧烷
46	7783-06-4	硫化氫	127	106842-44-8	3-[2-（胺乙基）胺基]-2-異丁基甲基二甲矽氧烷
47	7782-61-8	硝酸鐵九水合物	128	1590-87-0	二矽烷
48	123-51-3	異戊醇	129	563-12-2	愛殺松
49	75-28-5	異丁烷	130	78-27-3	1-乙炔基環己醇
50	110-19-0	乙酸異丁酯	131	7782-65-2	四氫化鍺
51	115-11-7	異丁烯	132	465-73-6	異艾劑

序號	CAS No.	中文名稱	序號	CAS No.	中文名稱
52	78-78-4	異戊烷	133	12108-13-3	三羰基 2- 甲基環戊二烯基錳
53	108-21-4	乙酸異丙酯	134	2032-65-7	滅賜克
54	67-63-0	異丙醇	135	2935-90-2	3- 巰基丙酸甲酯
55	7439-95-4	鎂粉	136	74-99-7	甲基乙炔
56	10265-92-6	甲胺磷	137	80-62-6	甲基丙烯酸甲酯
57	74-82-8	甲烷	138	563-45-1	3- 甲基 -1- 丁烯
58	16752-77-5	滅多威	139	2820-51-1	菸鹼鹽酸鹽
59	79-20-9	乙酸甲酯	140	1113-02-6	毆滅松
60	78-93-3	丁酮	141	301-12-2	滅多松
61	107-31-3	甲酸甲酯	142	591-93-5	1,4- 戊二烯
62	126-98-7	甲基丙烯腈	143	109-66-0	戊烷
63	25639-42-3	甲基環己醇	144	51630-58-1	芬化利
64	583-60-8	甲基環己酮	145	92-43-3	1- 苯基 -3- 吡唑啉酮
65	64475-85-0	礦油精	146	7758-05-6	碘酸鉀
66	3710-84-7	N,N- 二乙基羥胺	147	7758-09-0	亞硝酸鉀
67	7783-54-2	三氟化氮	148	107-98-2	丙二醇甲醚
68	10024-97-2	一氧化二氮	149	108-65-6	丙二醇甲醚乙酸酯
69	91-15-6	鄰 - 二腈苯	150	130-86-9	原阿片鹼
70	7782-44-7	氧氣	151	7601-89-0	過氯酸鈉
71	1910-42-5	二氧百草枯	152	3689-24-5	硫特普
72	100-02-7	對硝基酚	153	13071-79-9	托福松
73	74-98-6	丙烷	154	21564-17-0	2-（氰硫基甲硫基）苯并噻唑
74	109-60-4	乙酸丙酯	155	545-06-2	三氯乙腈
75	115-07-1	丙烯	156	41814-78-2	三環唑
76	4080-31-3	四級銨鹽 -15	157	420-46-2	1,1,1- 三氟乙烷
77	106-51-4	醌	158	603-36-1	三苯基銻
78	7803-62-5	四氫化矽	159	557-75-5	乙烯醇
79	7775-09-9	氯酸鈉	160	107-25-5	乙烯基甲基醚
80	7775-14-6	二亞硫磺酸鈉	161	95-47-6	鄰二甲苯

序號	CAS No.	中文名稱	序號	CAS No.	中文名稱
81	7632-00-0	亞硝酸鈉	162	108-38-3	間二甲苯
			163	106-42-3	對 - 二甲苯

註：依本辦法第 2 條第 3 款指定之化學品，含危害成分具上述列舉物之混合物。

優先管理化學品之指定及運作管理辦法（113.6.6）

職業安全相關法令

機械設備器具安全標準（111.5.11）

第一章｜總則

第 1 條（法源）

本標準依職業安全衛生法（以下簡稱本法）第六條第三項、第七條第二項及第八條第五項規定訂定之。

第 2 條（適用）

①本標準適用之機械、設備或器具如下：

　一、本法施行細則第十二條規定者。

　二、中央主管機關依本法第八條第一項規定公告者。

②前項機械、設備或器具之構造、性能及安全防護，不得低於本標準之規定。

第 3 條（定義）

本標準用詞，定義如下：

一、快速停止機構：指衝剪機械檢出危險或異常時，能自動停止滑塊、刀具或撞錘（以下簡稱滑塊等）動作之機構。

二、緊急停止裝置：指衝剪機械發生危險或異常時，以人為操作而使滑塊等動作緊急停止之裝置。

三、可動式接觸預防裝置：指手推刨床之覆蓋可隨加工材之進給而自動開閉之刃部接觸預防裝置。

第二章｜動力衝剪機械

第一節　安全護圍

第 4 條（適當防護）

①以動力驅動之衝壓機械及剪斷機械（以下簡稱衝剪機械），應具有安全護圍、安全模、特定用途之專用衝剪機械或自動衝剪機械（以下簡稱安全護圍等）。但具有防止滑塊等引起危害之機構者，不在此限。

②因作業性質致設置前項安全護圍等有困難者，應至少設有第六條所定安全裝置一種以上。

③第一項衝剪機械之原動機、齒輪、轉軸、傳動輪、傳動帶及其他構件，有引起危害之虞者，應設置護罩、護圍、套胴、圍柵、護網、遮板或其他防止接觸危險點之適當防護物。

第 5 條（性能）

前條安全護圍等，應具有防止身體之一部介入滑塊等動作範圍之危險界限之性能，並符合下列規定：

一、安全護圍：具有使手指不致通過該護圍或自外側觸及危險界限之構造。

二、安全模：下列各構件間之間隙應在八毫米以下：

（一）上死點之上模與下模之間。

（二）使用脫料板者，上死點之上模與下模脫料板之間。

（三）導柱與軸襯之間。

三、特定用途之專用衝剪機械：具有不致使身體介入危險界限之構造。

四、自動衝剪機械：具有可自動輸送材料、加工及排出成品之構造。

第二節　安全裝置

第 6 條（種類）

①衝剪機械之安全裝置，應具有下列機能之一：

一、連鎖防護式安全裝置：滑塊等在閉合動作中，能使身體之一部無介入危險界限之虞。

二、雙手操作式安全裝置：

（一）安全一行程式安全裝置：在手指按下起動按鈕、操作控制桿或操作其他控制裝置（以下簡稱操作部），脫手後至該手達到危險界限前，能使滑塊等停止動作。

（二）雙手起動式安全裝置：以雙手作動操作部，於滑塊等閉合動作中，手離開操作部時使手無法達到危險界限。

三、感應式安全裝置：滑塊等在閉合動作中，遇身體之一部接近危險界限時，能使滑塊等停止動作。

四、拉開式或掃除式安全裝置：滑塊等在閉合動作中，遇身體之一部介入危險界限時，能隨滑塊等之動作使其脫離危險界限。

②前項各款之安全裝置，應具有安全機能不易減損及變更之構造。

第 7 條（性能）

衝剪機械之安全裝置，應符合下列規定：

一、具有適應各該衝剪機械之種類、衝剪能力、每分鐘行程數、行程長度及作業方法之性能。

二、雙手操作式安全裝置及感應式安全裝置，具有適應各該衝剪機械之停止性能。

第 8 條（雙手操作、感應式）

前條第二款所定雙手操作式安全裝置或感應式安全裝置之停止性能，其作動滑塊等之操作部至危險界限間，或其感應域至危險界限間之距離，應分別超過下列計算之值：

一、安全一行程雙手操作式安全裝置：

D = 1.6 (TI + Ts) 式中

D：安全距離，以毫米表示。

TI：手指離開安全一行程雙手操作式安全裝置之操作部至快速停止機構開始動作之時間，以毫秒表示。

Ts：快速停止機構開始動作至滑塊等停止之時間，以毫秒表示。

二、雙手起動式安全裝置：

D = 1.6Tm 式中

D：安全距離，以毫米表示。

Tm：手指離開操作部至滑塊等抵達下死點之最大時間，以毫秒表示，並以下列公式計算：

Tm = (1/2 + 1 / 離合器之嚙合處之數目）× 曲柄軸旋轉一周所需時間）

三、光電式安全裝置：

D = 1.6 (TI + Ts) + C

D：安全距離，以毫米表示。

TI：手指介入光電式安全裝置之感應域至快速停止機構開始動作之時間，以毫秒表示。

Ts：快速停止機構開始動作至滑塊等停止之時間，以毫秒表示。

C：追加距離，以毫米表示，並採下表所列數值：

連續遮光幅：毫米追加距離	C：毫米
30 以下	0
超過 30，35 以下	200
超過 35，45 以下	300
超過 45，50 以下	400

第 9 條（連鎖防護式）

連鎖防護式安全裝置應符合下列規定：

一、除寸動時外，具有防護裝置未閉合前，滑塊等無法閉合動作之構

造及於滑塊等閉合動作中，防護裝置無法開啟之構造。

二、滑塊等之動作用極限開關，具有防止身體、材料及其他防護裝置以外物件接觸之措置。

第 10 條（雙手操作式）

雙手操作式安全裝置應符合下列規定：

一、具有安全一行程式安全裝置。但具有一行程一停止機構之衝剪機械，使用雙手起動式安全裝置者，不在此限。

二、安全一行程式安全裝置在滑塊等閉合動作中，當手離開操作部，有達到危險界限之虞時，具有使滑塊等停止動作之構造。

三、雙手起動式安全裝置在手指自離開該安全裝置之操作部時至該手抵達危險界限前，具有該滑塊等可達下死點之構造。

四、以雙手操控作動滑塊等之操作部，具有其左右手之動作時間差非在零點五秒以內，滑塊等無法動作之構造。

五、具有雙手未離開一行程操作部時，備有無法再起動操作之構造。

六、其一按鈕之外側與其他按鈕之外側，至少距離三百毫米以上。但按鈕設有護蓋、擋板或障礙物等，具有防止以單手及人體其他部位操作之同等安全性能者，其距離得酌減之。

七、按鈕採用按鈕盒安裝者，該按鈕不得凸出按鈕盒表面。

八、按鈕內建於衝剪機械本體者，該按鈕不得凸出衝剪機械表面。

第 11 條（感應式）

感應式安全裝置，應為光電式安全裝置、具起動控制功能之光電式安全裝置、雷射感應式安全裝置或其他具有同等感應性能以上之安全裝置。

第 11-1 條（感應式 - 光電式）

光電式安全裝置之構造及性能，應符合國際標準 IEC 61496 系列或中央主管機關指定與其同等標準之相關規定。

第 12 條（光電式 - 構造）

光電式安全裝置應符合下列規定：

一、衝剪機械之光電式安全裝置，應具有身體之一部將光線遮斷時能檢出，並使滑塊等停止動作之構造。

二、衝壓機械之光電式安全裝置，其投光器及受光器須有在滑塊等動作中防止危險之必要長度範圍有效作動，且須能跨越在滑塊等調節量及行程長度之合計長度（以下簡稱防護高度）。

三、投光器及受光器之光軸數須具二個以上，且將遮光棒放在前款之防護高度範圍內之任意位置時，檢出機構能感應遮光棒之最小直徑（以下簡稱連續遮光幅）在五十毫米以下。但具啟動控制功能之光電式安全裝置，其連續遮光幅為三十毫米以下。

四、剪斷機械之光電式安全裝置，其投光器及受光器之光軸，從剪斷機械之桌面起算之高度，應為該光軸所含鉛直面和危險界限之水平距離之零點六七倍以下。但其值超過一百八十毫米時，視為一百八十毫米。

五、前款之投光器及受光器，其光軸所含鉛直面與危險界限之水平距離超過二百七十毫米時，該光軸及刀具間須設有一個以上之光軸。

六、衝剪機械之光電式安全裝置之構造，自投光器照射之光線，僅能達到其對應之受光器或反射器，且受光器不受其對應之投光器或反射器以外之其他光線感應。但具有感應其他光線時亦不影響滑塊等之停止動作之構造者，不在此限。

第 12-1 條（光電式 - 身體侵入）

具有光電式安全裝置之衝剪機械，其檢出機構之光軸與台盤前端之距離，有足使身體之一部侵入之虞者，應設置防止侵入之安全圍柵或中間光軸等設施。

第 12-2 條（光電式 - 材料送給）

置有材料送給裝置之衝壓機械，安裝之光電式安全裝置，其投光器及受光器符合下列各款規定者，得具使該送料裝置之檢知機能無效化之構造，不受第十二條第二款規定之限制：

一、檢知機能無效化之切換，須使用鑰匙或軟體等其他方式，且設定於每一光軸。

二、送料裝置變更時，具有非再操作前款檢知機能無效化之設定，滑塊等無法動作之構造。

三、使檢知機能無效化之送料裝置拆除時，具有立即恢復投光器及受光器在防止滑塊等作動致生危險所必要長度範圍內有效作動之構造。

第 12-3 條（光電式 - 起動控制）

①具起動控制功能之光電式安全裝置，應具有身體之一部將光線遮斷時能檢出，並使滑塊等停止動作之構造。

②衝剪機械使用具起動控制功能之光電式安全裝置者，應符合下列規定：

一、台盤之水平面須距離地面七百五十毫米以上。但台盤面至投光器及受光器下端間設有安全圍柵者，不在此限。

二、台盤深度須在一千毫米以下。

三、衝程在六百毫米以下。但衝剪機械已設安全圍柵等，且投光器及受光器之防護高度在六百毫米下以者，不在此限。

四、曲軸衝床之過定點停止監視裝置之停止點設定，須在十五度以內。

③具起動控制功能之光電式安全裝置，其投光器及受光器，應具不易拆卸或變更安裝位置之構造。

④使用具起動控制功能之光電式安全裝置，應能防止滑塊等意外動作，且應符合下列規定：

一、具起動控制功能之光電式安全裝置之構造，須使用鑰匙選擇其危險防止之機能。

二、使滑塊等作動前，須具起動準備必要操作之構造。

三、在二十秒內未完成滑塊等作動者，須具重新執行前款所定起動之準備作業之構造。

⑤具起動控制功能之光電式安全裝置準用第八條及第十二條之規定。但第八條所定光電式安全裝置安全距離之追加距離之值，縮減如下表：

連續遮光幅：毫米	追加距離 C：毫米
14 以下	0
超過 14，20 以下	80
超過 20，30 以下	130

第 12-4 條（雷射感應式）

①摺床用雷射感應式安全裝置，應具有下列性能：

一、具有檢出機構，且於身體有被夾之虞者，遇身體之一部將光線遮斷時能檢出，並使滑塊等停止作動之構造。

二、滑塊等在閉合動作中，檢知身體之一部或加工物遮斷光線，或滑塊等到達設定位置仍須使滑塊等繼續動作者，具有能將滑塊等之移動速度降為每秒十毫米以下（以下簡稱低閉合速度）之構造。

②雷射感應式安全裝置，適用於符合下列規定之摺床：

一、滑塊等在閉合動作時，具有可將滑塊等之速度調至低閉合速度之構造。

二、使滑塊等在低閉合速度動作時，具有非在操作部操控，無法作動滑塊等之構造。

③摺床用雷射感應式安全裝置之檢出機構，應具有下列性能：

一、投光器及受光器須設置在能檢知身體之一部可能受滑塊等夾壓之位置；摺床採滑塊等下降動作者，其檢出機構具有與滑塊等動作連動之構造。

二、滑塊等在閉合動作中，且在低閉合速度時，具有得使檢知機能無效化之構造。

第 13 條（拉開式）

拉開式安全裝置應符合下列規定：

一、設有牽引帶者，其牽引量須能調節，且牽引量為盤床深度二分之一以上。

二、牽引帶之材料為合成纖維；其直徑為四毫米以上；已安裝調節配件者，其切斷荷重為一百五十公斤以上。

三、肘節傳送帶之材料為皮革或其他同等材質之材料；且其牽引帶之連接部能耐五十公斤以上之靜荷重。

第 14 條（掃除式）

掃除式安全裝置應符合下列規定：

一、具有掃臂長度及振幅能調節之構造。

二、掃臂設置當滑塊等動作中能確保手部安全之防護板。

三、前款防護板之尺寸如下：

（一）寬度：在金屬模寬度二分之一以上。但金屬模寬度在二百毫米以下者，其防護板寬度為一百毫米。

（二）高度：在行程長度以上。但行程長度超過三百毫米者，其防護板高度為三百毫米。

（三）掃臂振幅：在金屬模寬度以上。

四、掃臂及防護板具有與手部或人體其他部位接觸時能緩和衝擊之性能。

第 14-1 條（掃除式）

①衝壓機械非符合下列所定規格者，不得設置掃除式安全裝置：

一、構造屬使用確動式離合器者，且操作滑塊等起動之操作部，須用雙手為之。

二、行程長度須在四十毫米以上，且在防護板寬度以下。

三、每分鐘行程數須在一百二十以下。

②衝壓機械採腳踏式快速停止機構者，不得使用掃除式安全裝置。但併用第六條第一款至第三款所定安全裝置之一者，不在此限。

第 15 條（零配件）

衝剪機械之安全裝置，其機械零件、電氣零件、鋼索、切換開關及其他零配件，應符合下列規定：

一、本體、連接環、構材、控制桿及其他主要機械零件，具有充分之強度。

二、承受作用力之金屬零配件：

（一）材料符合國家標準 CNS 3828「機械構造用碳鋼鋼料」規定之S45C 規格之鋼材或具有同等以上之機械性能。

（二）金屬零配件承受作用力之部分，其表面實施淬火或回火，且其硬度值爲洛氏 C 硬度值四十五以上五十以下。

三、鋼索：

（一）符合國家標準 CNS 10000「機械控制用鋼纜」規定之規格或具有同等以上之機械性能。

（二）滑塊、控制桿及其他類似機件使用之鋼索，須以線夾、夾鉗等緊結具確實安裝。

四、安全裝置使用之螺栓、螺帽等，有因鬆弛致該安全裝置發生誤動作或零配件脫落之虞者，具有防止鬆脫之性能；對絞鏈部所用之銷等，具有防止脫落之性能。

五、繼電器、極限開關及其他主要電氣零件，具有充分之強度及耐久性，以確保安全裝置之機能。

六、具有電氣回路者，設置能顯示該安全裝置之動作、繼電器開閉不良及其他電氣回路故障之指示燈。

七、繼電器、電晶體、電容器、電阻等電氣零件安裝部分，具有防振性能。

八、電氣回路於該安全裝置之繼電器、極限開關等電氣零件故障，或停電時，具有使滑塊等不致發生意外動作之性能。

九、操作用電氣回路之電壓，在一百六十伏特以下。

十、外部電線符合國家標準 CNS 6556「600V 聚氯乙烯絕緣及被覆

輕便電纜」規格或具有同等以上之絕緣效力、耐油性、強度及耐久性。

十一、切換開關：

（一）以按鍵切換者，具有使該按鍵分別選取切換位置之裝置。

（二）具有確實保持各自切換位置之裝置。

（三）於各自切換位置，具有安全裝置狀態之明顯標示。

第三節　機構及裝置

第 16 條（切換開關）

衝剪機械具有下列切換開關之一者，在任何切換狀態，均應有符合第四條所定之安全機能：

一、具有連續行程、一行程、安全一行程或寸動行程等之行程切換開關。

二、雙手操作更換為單手操作，或將雙手操作更換為腳踏式操作之操作切換開關。

三、將複數操作台更換為單數操作台之操作台數切換開關。

四、安全裝置之動作置於「開」、「關」用之安全裝置切換開關。

第 17 條（切換開關）

衝壓機械之行程切換開關及操作切換開關，應符合下列規定：

一、須以鑰匙進行切換者，鑰匙在任何切換位置均可拔出。但有下列情形之一者，不在此限：

（一）衝壓機械在任何切換狀態，具有第六條第一款至第三款所定安全機能之一。

（二）切換開關之操作，採密碼設定。

（三）切換開關具有其他同等安全管制之功能。

二、能確實保持在各自切換位置。

三、明顯標示所有行程種類及操作方法。

第 18 條（一行程一停止）

衝壓機械應具有一行程一停止機構。

第 18-1 條（伺服系統）

①伺服衝壓機械使用伺服系統為滑塊等之減速或停止者，其伺服系統之機能故障時，應具有可停止滑塊等作動之制動裝置之構造。

②伺服衝壓機械遇前項之制動發生異常時，滑塊等應停止動作，且具有操控再起動操作亦無法使滑塊等起動之構造。

③伺服衝壓機械使用皮帶或鏈條驅動滑塊等作動者，具有可防止皮帶或鏈條破損引發危險之構造。

第 19 條（快速停止）

①衝壓機械應具有快速停止機構。但有下列情形之一者，不在此限：

一、使用確動式離合器。

二、具有不致使身體介入危險界限之構造。

三、具有滑塊等在動作中，能使身體之一部不致介入危險界限之虞之構造。

②衝壓機械應具有在快速停止機構作動後，未再起動操作時，無法使滑塊等動作之構造。

第 20 條（快速停止 - 緊急停止）

①具有快速停止機構之衝壓機械，應備有緊急情況發生時，能由人為操作而使滑塊等立即停止動作之緊急停止裝置。

②衝壓機械應具有在緊急停止裝置作動後，未使滑塊等返回最初起動狀態之位置時，無法使滑塊等動作之構造。

第 21 條（緊急停止 - 操作部）

衝壓機械緊急停止裝置之操作部，應符合下列規定：

一、紅色之凸出型按鈕或其他簡易操作、可明顯辨識及迅速有效之人為操作裝置。

二、設置於各操作區。

三、有側壁之直壁式衝壓機械及其他類似機型，其台身兩側之最大距

離超過一千八百毫米者，分別設置於該側壁之正面及背面處。

第 22 條（快速停止 - 寸動）

①具有快速停止機構之衝壓機械，應備有寸動機構。

②前項寸動機構，應具有下列可限制滑塊動作構造之一：

　　一、限制滑塊移動速度，在每秒十毫米以下者。

　　二、限制每段滑塊移動行程，不得超過六毫米，且未離開操作
　　　　部，無法再起動操作者。

③第一項之衝壓機械，具有防止身體介入危險界限之安全裝置者，其
　寸動機構不受前項之限制。

第 23 條（安全擋塊）

①衝壓機械，應具有防止滑塊等意外下降之安全擋塊或固定滑塊之裝
　置，且備有在使用安全擋塊或固定裝置時，滑塊等無法動作之連鎖
　機構。但下列衝壓機械使用安全擋塊或固定裝置有因難者，得使用
　安全插栓、安全鎖或其他具有同等安全功能之裝置：

　　一、摺床。

　　二、摺床以外之機械衝床，其台盤各邊長度未滿一千五百毫米或模
　　　　高未滿七百毫米。

②前項但書規定之安全插栓及安全鎖，應符合下列規定：

　　一、安全插栓：配置於衝壓機械之每一操作區。

　　二、安全鎖：具有能遮斷衝壓機械主電動機電源之性能。

③第一項安全擋塊或滑塊固定裝置，應具有支持滑塊及上模重量之強
　度。

第 24 條（操作部）

①衝剪機械之操作部，應具有下列之構造：

　　一、防止誤觸致滑塊等非預期起動者。

　　二、未進行操作，無法使滑塊等動作者。

②前項衝剪機械具模式切換及連續行程者，應具有防止因模式切換操
　作錯誤致滑塊等動作之機制或構造。

第 25 條（電氣系統）

衝壓機械之電氣系統，應符合下列規定：

一、設置能顯示運轉狀態之指示燈或其他具有同等指示功能之裝置。

二、繼電器、電晶體、電容器、電阻等電氣零件之安裝部分，或控制盤、操作盤與衝壓機械本體之安裝部分，具有防振性能。

三、主電動機之驅動用電氣回路，具有停電後恢復供電時，未重新起動操作，主電動機無法驅動之回路。但具有不致使身體介入危險界限之構造者，不在此限。

四、控制用電氣回路及操作用電氣回路，具有繼電器、極限開關等電氣零件故障、電壓下降或停電時，不致發生滑塊等意外動作之性能。但具有不致使身體介入危險界限之構造者，不在此限。

五、操作用電氣回路之電壓，在一百六十伏特以下。

六、外部電線具有符合國家標準 CNS6556 之 600 V 聚氯乙烯絕緣及被覆輕便電纜規定之規格或具有同等以上之絕緣效力、耐油性、強度及耐久性。

七、控制用電氣回路及操作用電氣回路之繼電器、極限開關及其他主要電氣零件，具有充分之強度及耐久性。

第 26 條（插銷等）

衝壓機械之機械系統使用之彈簧、螺栓、螺帽、襯套及插銷等，應符合下列規定：

一、彈簧有因破損、脫落而導致滑塊等意外動作之虞者，採用壓縮型彈簧，並採用桿、管等引導之。

二、螺栓、螺帽、襯套或其他零件有因鬆動而導致滑塊等意外動作或零件脫落之虞者，具有防止鬆脫之性能。

三、插銷有因脫落而導致滑塊等意外動作或零件脫落之虞者，具有防止脫落之性能。

第四節　機械系統

第 27 條（離合器）

機械衝床之離合器，應具有在嚙合狀態而滑塊等停止時，其主電動機無法驅動之構造。但機械衝床具有不致使身體介入危險界限之構造者，不在此限。

第 28 條（離合器 - 行程數）

置有滑動銷或滾動鍵之離合器之機械衝床，其行程數不得超過附表一所定之數值。

第 29 條（離合器 - 材料）

置有滑動銷或滾動鍵之離合器之機械衝床，其離合器之材料，應符合附表二所定國家標準之規格或具有同等以上之機械性質。

第 30 條（離合器 - 熱處理）

置有滑動銷或滾動鍵之離合器之機械衝床，其離合器之熱處理方法及表面硬度值，依機械衝床種類及離合器構成部分，應符合附表三之規定。

第 31 條（離合器 - 氣動）

機械衝床之離合器藉由氣壓作動者，應具有彈簧脫離式構造或具同等以上安全功能之構造。

第 32 條（離合器 - 滑動銷）

①置有滑動銷之離合器之機械衝床，其離合器應具有在離合器作動用凸輪未超過壓回離合器滑動銷範圍前，能停止曲軸旋轉之擋塊。

②前項離合器使用之托架，應具有固定位置用之定位銷。

③離合器之作動用凸輪，應具有不作動即無法壓回之構造。

④離合器之作動用凸輪之安裝部，應具有足以承受該凸輪所生衝擊之強度。

第 33 條（離合器 - 摩擦式）

機械式摺床之離合器，應使用摩擦式離合器。

第 34 條（曲軸衝床 - 制動油侵）

置有曲軸等偏心機構之機械衝床（以下稱曲軸衝床），其制動裝置應具有制動面不受油脂類侵入之構造。但採濕式制動者，不在此限。

第 35 條（曲軸衝床 - 氣動離合）

①曲軸衝床之制動裝置藉由氣壓作動離合器者，應具有彈簧緊固型構造或具有同等以上之安全功能。

②前項衝床以外之曲軸衝床，其制動裝置應爲帶式制動以外之型式。但機械式摺床以外之曲軸衝床且壓力能力在一百噸以下者，不在此限。

第 36 條（曲軸衝床 - 角度指示）

曲軸衝床應於明顯部位，設置能顯示曲軸等旋轉角度之指示計或其他同等指示功能之裝置。但具有不致使身體介入危險界限之構造者，不在此限。

第 37 條（離合器 - 滑動銷）

①置有滑動銷或滾動鍵之離合器之機械衝床，曲軸偏心軸之停止角度應在十度以內。但具有不致使身體介入危險界限之構造者，不在此限。

②前項停止角度，指由曲軸偏心軸之設定停止點與實際停止點所形成之曲軸中心角度。

第 38 條（曲軸衝床 - 超限運轉）

①曲軸等之轉速在每分鐘三百轉以下之曲軸衝床，應具有超限運轉監視裝置。但依規定無須設置快速停止機構之曲軸衝床及具有不致使身體介入危險界限之構造者，不在此限。

②前項所稱超限運轉監視裝置，指當曲軸偏心軸等無法停止在其設定停止點時，能發出曲軸等停止轉動之指令，使快速停止機構作動者。

③前項設定停止點，從設定停止位置起算，其停止角度，應在二十五度以內。

第 39 條（氣壓或液壓控制）

機械衝床以氣壓或液壓控制離合器或制動裝置者，應設置下列電磁閥：

一、複動式電磁閥。但機械衝床具有不致使身體介入危險界限之構造者，不在此限。

二、常閉型電磁閥。

三、以氣壓控制者，其電磁閥採壓力回復型。

四、以液壓控制者，其電磁閥採彈簧回復型。

第 40 條（超壓安全）

前條機械衝床，應具有防止離合器或制動裝置之氣壓或液壓超壓之安全裝置，並具有在氣壓或液壓低於設定壓力時，自動停止滑塊等動作之機構。但超壓時，其伺服系統可防止誤動作者，不在此限。

第 41 條（滑塊調整）

機械衝床以電動機進行滑塊等調整者，應具有防止滑塊等超出其調整量上限及下限之裝置。

第 42 條（滑塊平衡器）

機械衝床滑塊等之平衡器，應符合下列規定：

一、彈簧式平衡器：具有當彈簧等零件發生破損時，防止其零件飛散之構造。

二、氣壓式平衡器：

（一）具有當活塞等零件發生破損時，防止其零件飛散之構造。

（二）在制動裝置未動作時，滑塊等及其附屬品須維持在行程之任何位置，並具有在氣壓低於設定壓力時，自動停止滑塊等動作之構造。

第 43 條（快速停止機構）

使用確動式離合器之機械衝床，其每分鐘行程數在一百五十以下，且壓力能力在一百五十噸以下，置有操作用腳踏開關或腳踏板者，應具有在滑塊等動作中防止身體之一部介入危險界限之構造或具有快速停

止機構。

第 44 條（快速停止機構）

使用確動式離合器之機械衝床，其每分鐘行程數超過一百五十或壓力能力超過一百五十噸者，不得置有快速停止機構。

第五節　液壓系統

第 45 條（起動操作）

液壓衝床應具有液壓泵起動後，未進行該液壓衝床之起動操作，無法使滑塊等動作之構造。

第 46 條（快速停止）

液壓衝床之快速停止機構，當滑塊等以最大速度下降時，使其作動，滑塊等之慣性下降值，不得超過附表四所定之值。

第 47 條（安全擋塊）

液壓衝床應具有足以支撐滑塊等及其上模重量之安全擋塊。

第 48 條（電磁閥）

液壓衝剪機械之電磁閥，應為常閉型，並具有彈簧回復型之構造。

第 49 條（液壓超壓）

液壓衝剪機械，應具有防止液壓超壓之安全裝置。

第三章｜手推刨床

第 50 條（接觸預防）

①攜帶用以外之手推刨床，應具有符合下列規定之刃部接觸預防裝置。但經檢查機構認可具有同等以上性能者，得免適用其之一部或全部：

一、覆蓋應遮蓋刨削工材以外部分。

二、具有不致產生撓曲、扭曲等變形之強度。

三、可動式接觸預防裝置之鉸鏈部分，其螺栓、插銷等，具有防止

　　鬆脫之性能。

四、除將多數加工材料固定其刨削寬度從事刨削者外，所使用之刃
　　部接觸預防裝置，應使用可動式接觸預防裝置。但直角刨削用
　　手推刨床型刀軸之刃部接觸預防裝置，不在此限。

②手推刨床之刃部接觸預防裝置，其覆蓋之安裝，應使覆蓋下方與加
　工材之進給側平台面間之間隙在八毫米以下。

第 51 條（制動）

手推刨床應設置遮斷動力時，可使旋轉中刀軸停止之制動裝置。但遮
斷動力時，可使其於十秒內停止刀軸旋轉者，或使用單相線繞轉子型
串激電動機之攜帶用手推刨床，不在此限。

第 52 條（更換刨刀）

手推刨床，應具有防止更換刨刀時發生危害之構造。

第 53 條（動力遮斷）

①手推刨床應設置不離開作業位置即可操作之動力遮斷裝置。

②前項動力遮斷裝置應易於操作，且具有不因意外接觸、振動等，致
　手推刨床有意外起動之虞之構造。

第 54 條（進料平台）

攜帶用以外之手推刨床，其加工材進給側平台，應具有可調整與刃部
前端之間隙在三毫米以下之構造。

第 55 條（旋轉覆蓋）

手推刨床之刀軸，其帶輪、皮帶及其他旋轉部分，於旋轉中有接觸致
生危險之虞者，應設置覆蓋。但刀軸為刨削所必要之部分者，不在此
限。

第 56 條（刃部材料）

手推刨床之刃部，其材料應符合下列規定之規格或具有同等以上之機
械性質：

一、刀刃：符合國家標準 CNS 2904「高速工具鋼鋼料」規定之
　　SKH2 規格之鋼料。

機械設備器具安全標準（111.5.11）

二、刀身：符合國家標準 CNS 2473「一般結構用軋鋼料」或國家標準 CNS 3828「機械構造用碳鋼鋼料」規定之鋼料。

第 57 條（刃部安裝）

手推刨床之刃部，應依下列方法安裝於刀軸：

一、國家標準 CNS 4813「木工機械用平刨刀」規定之 A 型（厚刀）刃部，並至少取其安裝孔之一個承窩孔之方法。

二、國家標準 CNS 4813「木工機械用平刨刀」規定之 B 型（薄刀）刃部，其分軸之安裝隙槽或壓刃板之斷面，使其成為尖劈形或與其類似之方法。

第 58 條（圓胴）

手推刨床之刀軸，應採用圓胴。

第四章 ｜ 木材加工用圓盤鋸

第 59 條（材料、安裝、緣盤）

木材加工用圓盤鋸（以下簡稱圓盤鋸）之材料、安裝方法及緣盤，應符合下列規定：

一、材料：依圓鋸片種類及圓鋸片構成部分，符合附表五規定之材料規格或具有同等以上之機械性質。

二、安裝方法：

（一）使用第三款規定之緣盤。但多片圓盤鋸或複式圓盤鋸等圓盤鋸於使用專用裝配具者，不在此限。

（二）固定側或移動側緣盤以收縮配合、壓入等方法，或使用銷、螺栓等方式固定於圓鋸軸。

（三）圓鋸軸之夾緊螺栓，具有不可任意旋動之性能。

（四）使用於緣盤之固定用螺栓、螺帽等，具有防止鬆脫之性能，以防止制動裝置制動時引起鬆脫。

三、圓盤鋸之緣盤：

（一）使用具有國家標準 CNS2472 灰口鐵鑄件規定之 FC150 鑄鐵
　　　品之抗拉強度之材料，且不致變形者。

（二）緣盤直徑在固定側與移動側均應等值。

第 60 條（反撥、接觸預防）

圓盤鋸應設置下列安全裝置：

一、圓盤鋸之反撥預防裝置（以下簡稱反撥預防裝置）。但橫鋸用圓
　　盤鋸或因反撥不致引起危害者，不在此限。

二、圓盤鋸之鋸齒接觸預防裝置（以下簡稱鋸齒接觸預防裝置）。但
　　製材用圓盤鋸及設有自動輸送裝置者，不在此限。

第 61 條（撐縫片）

反撥預防裝置之撐縫片（以下簡稱撐縫片）及鋸齒接觸預防裝置之安
裝，應符合下列規定：

一、撐縫片及鋸齒接觸預防裝置經常使包含其縱斷面之縱向中心線而
　　和其側面平行之面，與包含圓鋸片縱斷面之縱向中心線而和其側
　　面平行之面，位於同一平面上。

二、木材加工用圓盤鋸，使撐縫片與其面對之圓鋸片鋸齒前端之間隙
　　在十二毫米以下。

第 62 條（制動裝置）

圓盤鋸應設置遮斷動力時可使旋轉中圓鋸軸停止之制動裝置。但下列
圓盤鋸，不在此限：

一、圓盤鋸於遮斷動力時，可於十秒內停止圓鋸軸旋轉者。

二、攜帶用圓盤鋸使用單相串激電動機者。

三、設有自動輸送裝置之圓盤鋸，其本體內藏圓鋸片或其他不因接觸
　　致引起危險之虞者。

四、製榫機及多軸製榫機。

第 63 條（固定圓鋸軸）

圓盤鋸應設置可固定圓鋸軸之裝置，以防止更換圓鋸片時，因圓鋸軸
之旋轉引起之危害。

機械設備器具安全標準（111.5.11）

第 64 條 （動力遮斷）

圓盤鋸之動力遮斷裝置，應符合下列規定：

一、設置於操作者不離開作業位置即可操作之處。

二、須易於操作，且具有不因意外接觸、振動等致圓盤鋸有意外起動
之虞之構造。

第 65 條 （旋轉覆蓋）

圓盤鋸之圓鋸片、齒輪、帶輪、皮帶及其他旋轉部分，於旋轉中有接
觸致生危險之虞者，應設置覆蓋。但圓鋸片之鋸切所必要部分者，不
在此限。

第 66 條 （傾斜式）

傾斜式萬能圓盤鋸之鋸台傾斜裝置，應為螺旋式或不致使鋸台意外傾
斜之構造。

第 67 條 （攜帶式）

①攜帶式圓盤鋸應設置平板。

②前項加工材鋸切側平板之外側端與圓鋸片鋸齒之距離，應在十二毫
米以上。

第 68 條 （撐縫片）

撐縫片應符合下列規定：

一、材料：符合國家標準 CNS 2964「碳工具鋼鋼料」規定之 SK5
規格或具有同等以上之機械性質。

二、形狀：

（一）使其符合依第一百十六條規定所標示之標準鋸台位置沿圓鋸片
斜齒三分之二以上部分與圓鋸片鋸齒前端之間隙在十二毫米以
內之形狀。

（二）撐縫片橫剖面之刀形，具有輸送加工材時阻力較少之形狀。

三、一端固定之撐縫片（以下簡稱鐮刀式撐縫片），依第一百十六條
規定所標示之標準鋸台位置之寬度值應依圓鋸片直徑，不得低於
附表六所定之值。

四、所列標準鋸台位置沿圓鋸片斜齒三分之二之位置處之鐮刀式撐縫片寬度，不得低於附表六所定之值之三分之一。

五、兩端固定之撐縫片（以下簡稱懸垂式撐縫片），其寬度值應依圓鋸片直徑，不得低於附表七所定之值。

六、厚度為圓鋸片厚度之一點一倍以上。

七、安裝部具有可調整圓鋸片鋸齒與撐縫片間之間隙之構造。

八、安裝用螺栓：

（一）安裝用螺栓之材料為鋼材，其螺栓直徑應依其撐縫片種類及圓鋸片直徑，不得低於附表八所定之值。

（二）安裝螺栓數在二個以上。

（三）安裝螺栓具有盤形簧墊圈等防止鬆脫之性能。

九、支持配件之材料為鋼材或鑄鐵件，且具有充分支撐撐縫片之強度。

十、圓鋸片直徑超過六百一十毫米者，該圓盤鋸所使用之撐縫片為懸垂式者。

第 69 條（反撥防止爪）

供反撥預防裝置所設之反撥防止爪（以下簡稱反撥防止爪）及反撥防止輥（以下簡稱反撥防止輥），應符合下列規定：

一、材料：符合國家標準 CNS 2473「一般結構用軋鋼料」規定 SS400 規格或具有同等以上機械性質之鋼料。

二、構造：

（一）反撥防止爪及反撥防止輥，應依加工材厚度，具有可防止加工材於圓鋸片斜齒側撥升之機能及充分強度。但具有自動輸送裝置之圓盤鋸之反撥防止爪，不在此限。

（二）具有自動輸送裝置之圓盤鋸反撥防止爪，應依加工材厚度，具有防止加工材反彈之機能及充分強度。

三、反撥防止爪及反撥防止輥之支撐部，具有可充分承受加工材反彈時之強度。

四、除自動輸送裝置之圓盤鋸外，圓鋸片直徑超過四百五十毫米之圓盤鋸，使用反撥防止爪及反撥防止輥等以外型式之反撥預防裝置。

第 70 條（鋸齒接觸預防）

圓盤鋸之鋸齒接觸預防裝置，應符合下列規定：

一、構造：

（一）鋸齒接觸預防裝置使用於攜帶式圓盤鋸以外者，其覆蓋下端與輸送加工材可經常接觸之方式者（以下簡稱可動式），覆蓋須具有可將相對於鋸齒撐縫片部分與加工材鋸切中部分以外之其他部分充分圍護之構造。

（二）可動式鋸齒接觸預防裝置以外之鋸齒接觸預防裝置，其使用之覆蓋具有將相對於鋸齒撐縫片部分與輸送中之加工材頂面八毫米以外之其他部分充分圍護，且無法自其下端鋸台面調整升高二十五毫米以上之構造。

（三）前二目之覆蓋，具有使輸送加工材之操作者視線可見鋸齒鋸斷部分之構造。

二、前款覆蓋之鉸鏈部螺栓、銷等，具有防止鬆脫之性能。

三、支撐部分具有可調整覆蓋位置之構造；其強度可充分支撐覆蓋；支撐有關之軸及螺栓具有防止鬆脫之性能。

四、攜帶式圓盤鋸之鋸齒接觸預防裝置：

（一）覆蓋：可充分將鋸齒鋸切所需部分以外之部分圍護之構造。且鋸齒於鋸切所需部分之尺寸，具有將平板調整至圓鋸片最大切入深度之位置，圓鋸片與平板所成角度置於九十度時，其值不得超過附圖一所定之值。

（二）固定覆蓋：具有使操作者視線可見鋸齒鋸斷部分之構造。

（三）可動式覆蓋：

1. 鋸斷作業終了，可自動回復至閉止點之型式。

2. 可動範圍內之任何位置無法固定之型式。

（四）支撐部：具有充分支撐覆蓋之強度。

（五）支撐部之螺栓及可動覆蓋自動回復機構用彈簧之固定配件用螺栓等，具有防止鬆脫之性能。

第五章｜動力堆高機

第 71 條（安定度 - 坡度）

以動力驅動、行駛之堆高機（以下簡稱堆高機），應依堆高機負荷狀態，具有在附表九規定之坡度地面而不致翻覆之前後安定度及左右安定度。但屬配衡型堆高機以外型式之堆高機者，不在此限。

第 72 條（安定度 - 側舉型）

側舉型堆高機應依堆高機負荷狀態，具有在附表十規定之坡度地面而不致翻覆之前後安定度及左右安定度。

第 73 條（安定度 - 伸縮型）

伸縮型堆高機及跨提型堆高機，應依堆高機負荷狀態，具有在附表十一規定之坡度地面而不致翻覆之前後安定度及左右安定度。

第 74 條（安定度 - 窄道式）

窄道式堆高機應依堆高機負荷狀態，具有在附表十二規定之坡度地面而不致翻覆之前後安定度及左右安定度。

第 75 條（制動裝置）

①堆高機應具有制止運行及保持停止之制動裝置。

②前項制止運行之制動裝置，應依堆高機負荷狀態及制動初速度，具有在附表十三規定之停止距離內，使堆高機停止之性能。

③第一項保持停止狀態之制動裝置，應依堆高機負荷狀態，具有在附表十四規定之坡度地面，使堆高機停止之性能。但依堆高機性能，可爬坡之最大坡度低於同表所列坡度者，以該堆高機可爬坡之最大坡度為準。

第 76 條（方向燈）

堆高機應於其左右各設一個方向指示器。但最高時速未達二十公里之堆高機，其操控方向盤之中心至堆高機最外側未達六十五公分，且機內無駕駛座者，得免設方向指示器。

第 77 條（警報）

堆高機應設置警報裝置。

第 78 條（照燈）

堆高機應設置前照燈及後照燈。但堆高機已註明限照度良好場所使用者，不在此限。

第 79 條（頂蓬）

堆高機應設置符合下列規定之頂蓬。但堆高機已註明限使用於裝載貨物掉落時無危害駕駛者之虞者，不在此限：

一、頂蓬強度足以承受堆高機最大荷重之二倍之值等分布靜荷重。其值逾四公噸者為四公噸。

二、上框各開口之寬度或長度不得超過十六公分。

三、駕駛者以座式操作之堆高機，自駕駛座上面至頂蓬下端之距離，在九十五公分以上。

四、駕駛者以立式操作之堆高機，自駕駛座底板至頂蓬上框下端之距離，在一點八公尺以上。

第 80 條（後扶架）

堆高機應設置後扶架。但堆高機已註明限使用於將桅桿後傾之際貨物掉落時無引起危害之虞者，不在此限。

第 81 條（超壓閥）

堆高機之液壓裝置，應設置防止液壓超壓之安全閥。

第 82 條（貨叉等）

①堆高機之貨叉、柱棒等裝載貨物之裝置（以下簡稱貨叉等），應符合下列規定：

一、材料為鋼材，且無顯著損傷、變形及腐蝕者。

二、在貨叉之基準承重中心加以最大荷重之重物時，貨叉所生應力值在該貨叉鋼材降伏強度值之三分之一以下。

②產製或輸入堆高機，非屬新製品，且其既有貨叉符合國際標準 ISO 5057 規定者，得不受前項第二款之限制。

第 83 條（鍊條）

①堆高機裝卸裝置使用之鏈條，其安全係數應在五以上。

②前項安全係數為鏈條之斷裂荷重值除以加諸於鏈條荷重之最大值所得之值。

第 84 條（扶手、安全帶）

①駕駛座採用升降方式之堆高機，應於其駕駛座設置扶手及防止墜落危險之設備。

②使用座式操作之堆高機，應符合下列規定：

一、駕駛座應使用緩衝材料，使其於走行時，具有不致造成駕駛者身體顯著振動之構造。

二、配衡型堆高機及側舉型堆高機之駕駛座，應配置防止車輛傾倒時，駕駛者被堆高機壓傷之安全帶、護欄或其他防護措施。

第六章 ｜ 研磨機、研磨輪

第 85 條（性能）

研磨機之研磨輪，應具有下列性能：

一、平直形研磨輪、盤形研磨輪、彈性研磨輪及切割研磨輪，其最高使用周速度，以製成該研磨輪之結合劑製成之樣品，經由研磨輪破壞旋轉試驗定之。

二、研磨輪樣品之研磨砂粒，為鋁氧（礬土）質系。

三、平直形研磨輪及盤形研磨輪之尺寸，依附表十五所定之值。

四、第一款之破壞旋轉試驗，採抽取試樣三個以上或採同一製造條件依附表十五所定尺寸製成之研磨輪樣品為之。以各該破壞旋轉周

速度值之最低值，為該研磨輪樣品之破壞旋轉周速度值。

五、使用於粗磨之平直形研磨輪以外之研磨輪，以附表十六所定普通使用周速度限度以內之速度（以下簡稱普通速度），供機械研磨使用者，其最高使用周速度值，應在前款破壞旋轉周速度值除以一點八所得之值以下。但超過附表十六表所列普通速度之限度值者，為該限度值。

六、除第五款所列研磨輪外，第一款研磨輪最高使用周速度值，應在第四款破壞旋轉周速度值除以二所得之值以下。但於普通速度下使用者，其值超過附表十六所定普通速度之限度值時，為該限度值。

七、研磨輪之最高使用周速度值，應依附表十七所列之研磨輪種類及結合劑種類，依前二款規定之平直形研磨輪所得之最高使用周速度值乘以附表十七所定數值所得之值以下。但環片式研磨輪者，得由中央主管機關另定之。

第 86 條（旋轉試驗）

①直徑在一百毫米以上之研磨輪，每批製品應具有就該研磨輪以最高使用周速度值乘以一點五倍之速度實施旋轉試驗合格之性能。

②前項試驗用研磨輪，應取其製品數之百分之十以上；其值未滿五個時，為五個：實施前項旋轉試驗，試驗之研磨輪全數無異常時，該批製品為合格；異常率在百分之五以下時，除異常之研磨輪外，該批其他製品視為合格。但顯有異常之製品，得不列入研磨輪試驗數。

③研磨輪應於不超過一個月之一定期間，實施第四項之定期破壞旋轉試驗，經試驗合格之研磨輪，得免除第一項之旋轉試驗；經定期破壞旋轉試驗未能合格之研磨輪，應依第二項規定處理。

④對三個以上使用同種結合劑在普通速度下供研磨用之研磨輪，於實施定期破壞旋轉試驗時，其破壞旋轉周速度之最低值，供粗磨以外之機械研磨時，為最高使用周速度乘以一點八所得之值；其他研磨

輪為最高使用周速度乘以二所得之值，就使用該結合劑於供普通速度下使用之研磨輪製品，均視為合格。

第 87 條（衝擊試驗）

①盤形研磨輪應就每種同一規格之製品，實施衝擊試驗。但彈性研磨輪，不在此限。

②前項衝擊試驗，應分別就二個以上研磨輪，以附圖二及附表十八所定之衝擊試驗機，向相對之二處施以九十八焦耳之衝擊。但直徑未滿七十毫米之研磨輪，得以直徑七十毫米之同一規格研磨輪樣品為之。

③在衝擊試驗測得之衝擊值中最低數值，依研磨輪厚度及直徑，每平方毫米零點零二九七焦耳以上者，與該衝擊試驗相關規格之製品均視為合格。

④前項衝擊值，依附表十九所列公式計算。

第 88 條（尺寸）

研磨輪之尺寸，應依研磨輪之最高使用周速度及研磨輪種類，具有附表二十所定之值。

第 89 條（緣盤）

①研磨輪，應使用符合第九十條至第九十四條所定規格之緣盤。但附表二十一所定之研磨輪種類，於使用同表規定之安裝器具者，不在此限。

②固定側或移動側之緣盤，應以避免相對於研磨輪軸而旋轉之固定方式，固定於研磨輪軸上；其研磨輪軸之固定扣件螺絲，應具有適度鎖緊狀態。

③以平直形研磨輪用之安全緣盤，將研磨輪安裝於研磨機時，應使用橡膠製墊片。

第 90 條（緣盤 - 強度）

①緣盤應使用具有相當於國家標準 CNS 2472「灰口鐵鑄件」所定 FC150 鐵鑄件之抗拉強度之材料，且不致變形者。

②緣盤之直徑及接觸寬度，在固定側與移動側均應等值。但第九十四條附圖三所定之緣盤，不在此限。

第 91 條（緣盤 - 直徑）

①直式緣盤之直徑，應在擬安裝之研磨輪直徑之三分之一以上；間隙值應在一點五毫米以上；接觸寬度，應依研磨輪直徑，具有附表二十二所定之值。

②安裝於最高使用周速度在每分鐘四千八百公尺以下，經補強之切割研磨輪，其使用抗拉強度在每平方毫米七十一公斤以上之玻璃纖維絲網或其他同等強度之材料補強者，該切割研磨輪之直式緣盤之直徑，得爲該研磨輪直徑之四分之一以上，不受前項規定之限制。

第 92 條（緣盤 - 直徑）

①套式緣盤或接頭式緣盤之直徑，應依下列計算式計算所得之值：

$$Df \geqq K(D - H) + H$$

式中，Df、D、H 及 K 值如下：

Df：固定緣盤之直徑（單位：毫米）

D：研磨輪直徑（單位：毫米）

H：研磨輪孔徑（單位：毫米）

K：常數，依附表二十三規定。

②前項緣盤之接觸寬度，應依研磨輪直徑，不得低於附表二十四所定之值。

③接頭式緣盤，不得安裝於使用速度逾普通速度之研磨輪。

第 93 條（緣盤 - 直徑）

①安全式緣盤之直徑，於供平直形研磨輪使用者，應在所裝研磨輪直徑之三分之二以上；供雙斜形研磨輪使用者，應在所裝研磨輪直徑之二分之一以上。

②前項緣盤之間隙值，應在一點五毫米以上；接觸寬度應在該緣盤直徑之六分之一以上。

③雙斜形研磨輪用緣盤與研磨輪之接觸面，應有十六分之一以上之斜

度。

第 94 條（緣盤 - 尺寸）

供盤形研磨輪使用之緣盤之形狀如附圖三及附圖四者，該緣盤之尺寸應依盤形研磨輪直徑，具有附表二十五及附表二十五之一所定之值。

第 95 條（護罩 - 性能）

研磨機之研磨輪，應設置護罩，並具有第九十六條至第一百零四條所定之性能。但依國家標準 CNS16089 附錄 A 設置安全防護裝置者，不在此限。

第 96 條（護罩 - 材料）

①研磨輪護罩之材料，應使用具有下列所定機械性質之壓延鋼板：

一、抗拉強度值在每平方毫米二十八公斤以上，且延伸值在百分之十四以上。

二、抗拉強度值（單位：公斤／平方毫米）與延伸值（單位：百分比）之兩倍之和，在七十六以上。

②攜帶用研磨機之護罩及帶狀護罩以外之護罩，應依研磨輪最高使用周速度，使用附表二十六所定之材料，不受前項規定之限制。

③切割研磨輪最高使用周速度在每分鐘四千八百公尺以下者，其使用之護罩材料，得使用抗拉強度在每平方毫米十八公斤以下，且延伸值在百分之二以上之鋁，不受前二項規定之限制。

第 97 條（護罩 - 覆蓋）

①研磨輪之護罩，應依下列規定覆蓋。但研磨輪供研磨之必要部分者，不在此限：

一、使用側面研磨之研磨輪之護罩：研磨輪周邊面及固定側之側面。

二、前款護罩以外之攜帶用研磨機之護罩，其周邊板及固定側之側板使用無接縫之單片壓延鋼板製成者：研磨輪之周邊面、固定側之側面及拆卸側之側面，如附圖五所示之處。但附圖五所示將周邊板頂部，有五毫米以上彎弧至拆卸側上且其厚度較

第九十九條第一項之附表二十九所列之值增加百分之二十以上者，為拆卸側之側面。

三、前二款所列護罩以外之護罩：研磨輪之周邊、兩側面及拆卸側研磨輪軸之側面。

②前項但書所定之研磨輪供研磨之必要部分，應依研磨機種類及附圖六之規定。

第 98 條（護罩 - 厚度）

①帶型護罩以外之使用壓延鋼板為材料之護罩，其厚度應依研磨輪最高使用周速度、研磨輪厚度及研磨輪直徑，不得低於附表二十七所定之值。

②護罩以鑄鐵、可鍛鑄鐵或鑄鋼為材料者，其厚度應依材料種類，在前項所定之厚度值乘以附表二十八所定之係數所得之值以上。

第 99 條（護罩 - 厚度）

①供盤形研磨輪及切割研磨輪以外之附表二十九所列研磨輪使用之護罩，其周邊板與固定側之側板係使用無接縫之單片壓延鋼板製成者，該護罩之厚度，應依研磨輪之最高使用周速度、研磨輪厚度、研磨輪直徑，以護罩板之區分，具有附表二十九規定之值，不受前條第一項規定之限制。

②前項護罩之固定側之周邊板與拆卸側之側板採結合方式製成者，其拆卸側之側板頂端，應具有附圖七所示之彎曲形狀。

第 100 條（護罩 - 厚度）

①使用於直徑在二百三十毫米以下之盤形研磨輪之護罩，其周邊板與固定側側板使用無接縫單片壓延鋼板製成者，該護罩之厚度，應依研磨輪厚度，不得低於附表三十所定之值，不受第九十八條第一項規定之限制。

②前項護罩之頂端部分，應具有附圖八所示之彎曲形狀。

第 101 條（護罩 - 厚度）

①於最高使用周速度在每分鐘四千八百公尺以下之切割研磨輪，使用

壓延鋼板製作之護罩，其厚度應依研磨輪厚度、研磨輪直徑及護罩板區分，具有附表三十一所定之值，不受第九十八條第一項規定之限制。

②使用鑄鐵、可鍛鑄鐵及鑄鋼等製成之護罩，供前項切割研磨輪使用者，其厚度準用第九十八條第二項之規定。

③使用鋁製成之護罩，供第一項切割研磨輪使用者，其厚度不得低於鋁之抗拉強度值乘以附表三十二所定之係數所得之值。

第 102 條（護罩 - 厚度）

①帶型護罩之厚度，應依研磨輪直徑，不得低於附表三十三所定之值。

②前項護罩之設置，應依附圖九之規定。

第 103 條（護罩 - 強度）

護罩不得有降低其強度之虞之孔穴、溝槽等。

第 104 條（護罩 - 間隙）

①桌上用研磨機及床式研磨機使用之護罩，應以設置舌板或其他方法，使研磨之必要部分之研磨輪周邊與護罩間之間隙可調整在十毫米以下。

②前項舌板，應符合下列規定：

一、為板狀。

二、材料為第九十六條第一項所定之壓延鋼板。

三、厚度具有與護罩之周邊板同等以上之厚度，且在三毫米以上，十六毫米以下。

四、有效橫斷面積在全橫斷面積之百分之七十以上，有效縱斷面積在全縱斷面積之百分之二十以上。

五、安裝用螺絲之直徑及個數，依研磨輪厚度，具有附表三十四所定之值。

第 105 條（動力遮斷）

①研磨機應設置不離開作業位置即可操作之動力遮斷裝置。

②前項動力遮斷裝置，應易於操作，且具有不致因接觸、振動等而使研磨機有意外起動之虞之構造。

第 106 條（螺絲、絕緣、接地）

使用電力驅動之攜帶用研磨機、桌上用研磨機或床式研磨機，應符合下列規定：

一、電氣回路部分之螺絲，具有防止鬆脫之性能。

二、充電部分與非充電金屬部分間之絕緣部分，其絕緣效力具有國家標準 CNS 3265「手提電磨機」規定之絕緣性能。

三、接地構造之設置，應符合國家標準 CNS 3265「手提電磨機」之接地規定。

第 107 條（工作物支架）

桌上用研磨機或床式研磨機，應具有可調整研磨輪與工作物支架之間隙在三毫米以下之工作物支架。

第 108 條（攜帶空氣式）

攜帶用空氣式研磨機，應設置調速機。但研磨機之公稱尺寸未滿六十五毫米者，不在此限。

第 109 條（排除適用）

直徑未滿五十毫米之研磨輪及其護罩，不適用本章之規定。

第七章｜防止爆炸及感電危害設備

第 110 條（氣體防爆電氣標準）

①用於氣體類之防爆電氣設備，其性能、構造、試驗、標示及危險區域劃分等，應符合國家標準 CNS 3376 系列、國際標準 IEC 60079 系列或與其同等之標準規定。

②前項國家標準 CNS 3376 系列與國際標準 IEC 60079 系列有不一致者，以國際標準 IEC 60079 系列規定為準。

第 111 條（粉塵防爆電氣標準）

①用於粉塵類之防爆電氣設備，其性能、構造、試驗、標示及塵爆場所區域劃分等，應符合國家標準 CNS 3376、CNS 15591 系列、國際標準 IEC 60079、IEC 61241 系列或與其同等之標準相關規定。

②前項國家標準 CNS 3376、CNS 15591 系列與國際標準 IEC 60079、IEC 61241 系列有不一致者，以國際標準 IEC60079、IEC 61241 系列規定為準。

第 111-1 條（自動電擊防止）

交流電焊機用自動電擊防止裝置之構造及性能，應符合國家標準 CNS 4782。

第八章｜標示

第 112 條（衝壓安全裝置）

衝壓機械之安全裝置，應標示下列事項：

一、製造號碼。

二、製造者名稱。

三、製造年月。

四、適用之衝壓機械種類、壓力能力、行程長度（雙手操作式安全裝置除外）、每分鐘行程數（雙手操作式安全裝置及光電式安全裝置除外）及金屬模之大小範圍。

五、雙手操作式安全裝置及光電式安全裝置，應依下列規定標示：

（一）安全一行程雙手操作式安全裝置：手離開操作部至快速停止機構開始動作之時間（TI），以毫秒表示。

（二）雙手起動式安全裝置：手離開操作部至適用之衝壓機械之滑塊等達到下死點之最大時間（Tm），以毫秒表示。

（三）光電式安全裝置：手將光線遮斷至快速停止機構開始動作之時

間（TI），以毫秒表示。

（四）適用之衝壓機械之停止時間：快速停止機構開始動作至滑塊等停止之時間（Ts），以毫秒表示。但標示最大停止時間（TI＋Ts）者，得免分別標示 TI 及 Ts。

（五）安全一行程雙手操作式安全裝置及光電式安全裝置依前目所定之停止時間；雙手起動式安全裝置依第二目規定之最大時間，分別對應之安全距離。雙手操作式安全裝置，為操作部與危險界限之距離；光電式安全裝置，為光軸與危險界限之距離，以毫米表示。

六、光電式安全裝置，除前款之標示外，應另標示下列事項：

（一）有效距離：指投光器與受光器之機能可有效作用之距離限度，以毫米表示。

（二）適用之衝壓機械之防護高度，以毫米表示。

七、摺床用雷射感應式安全裝置，除第一款至第三款之標示外，應另標示下列事項：

（一）自遮斷雷射光，快速停止機構開始動作至滑塊等停止時之時間，以毫秒表示。

（二）對應前目之時間，摺床雷射光軸與危險界限之距離，以毫米表示。

（三）有效距離：雷射光軸可有效作用之距離限度，以毫米表示。

八、掃除式安全裝置，除第一款至第四款之標示外，應另標示掃臂之最大振幅，以毫米表示。

第 113 條（剪斷安全裝置）

剪斷機械之安全裝置，應標示下列事項：

一、製造號碼。

二、製造者名稱。

三、製造年月。

四、適用之剪斷機械種類。

五、適用之剪斷機械之剪斷厚度，以毫米表示。

六、適用之剪斷機械之刀具長度，以毫米表示。

七、光電式安全裝置：有效距離，指投光器與受光器之機能可有效作用之距離限度，以毫米表示。

第 114 條（衝剪、剪斷機械）

衝壓機械及剪斷機械，應於明顯易見處標示下列事項：

一、製造號碼。

二、製造者名稱。

三、製造年月。

四、機械規格：

（一）衝壓機械：依附表三十五之規定。

（二）剪斷機械：適用之剪斷厚度及刀具長度，以毫米表示。

第 115 條（手推刨床）

手推刨床應於明顯易見處標示下列事項：

一、製造者名稱。

二、製造年月。

三、額定功率或額定電流。

四、額定電壓。

五、無負荷回轉速率。

六、有效刨削寬度。

七、刀部接觸預防裝置，標示適用之手推刨床之有效刨削寬度。

第 116 條（圓盤鋸）

圓盤鋸，應於明顯易見處標示下列事項：

一、製造者名稱。

二、製造年月。

三、額定功率或額定電流。

四、額定電壓。

五、無負荷回轉速率；具有變速機構之圓盤鋸者，為其變速階段之無

負荷回轉速率。

六、適用之圓鋸片之直徑範圍及圓鋸軸之旋轉方向；具有變速機構之圓盤鋸者，為其變速階段可使用之圓鋸片直徑範圍、種類及圓鋸軸旋轉方向。

七、撐縫片適用之圓鋸片之直徑、厚度範圍及標準鋸台位置。

八、鋸齒接觸預防裝置，其適用之圓鋸片之直徑範圍及用途。

第 117 條（推高機）

堆高機應於明顯易見處標示下列事項：

一、製造者名稱。

二、製造年份。

三、製造號碼。

四、最大荷重。

五、容許荷重：指依堆高機之構造、材質及貨叉等裝載貨物之重心位置，決定其足以承受之最大荷重。

第 118 條（研磨機）

研磨機應於明顯易見處標示下列事項：

一、製造者名稱。

二、製造年月。

三、額定電壓。

四、無負荷回轉速率。

五、適用之研磨輪之直徑、厚度及孔徑。

六、研磨輪之回轉方向。

七、護罩標示適用之研磨輪之最高使用周速度、厚度、直徑。

第 119 條（研磨輪）

①研磨輪，應標示下列事項：

一、製造者名稱。

二、結合劑之種類。

三、最高使用周速度，並得加註旋轉速率。

四、製造號碼或製造批號。

②前項標示，於直徑未滿七十五毫米之研磨輪，得在最小包裝單位上加以標示。

第九章 ｜ 附則

第 120 條（排除適用）

①特殊構造之機械、設備或器具，適用本標準規定有困難時，製造者或進口者應檢附產品安全評估報告及構造圖說等相關技術文件，報請中央主管機關認定具有同等以上之安全性能者，得不適用本標準之部分規定；其安全性能，應依風險控制及安全設計學理，具有符合國際標準、區域標準、國家標準、團體標準或技術規範等之同等以上安全性能。

②前項認定事項，中央主管機關得委託學術機構或相關專業團體辦理之。

第 120-1 條（依標準）

本法第七條及第八條所定之機械、設備或器具，其構造、性能或安全防護事項，於本標準未規定者，中央主管機關得公告依其他技術法規或指定適用國際標準、區域標準、國家標準、團體標準或技術規範之一部或全部內容辦理。

第 121 條（施行日）

①本標準除第一百十條、第一百十一條自中華民國一百年七月一日施行外，自發布日施行。

②本標準修正條文，除中華民國一百零三年六月二十六日修正發布之條文，自一百零三年七月三日施行；一百零三年十二月二十二日修正發布之條文，自一百零四年一月一日施行；一百十一年五月十一日修正發布之第二十二條及第三十八條自發布後一年施行外，自發布日施行。

（其它附表格式詳 QR Code）

515

起重升降機具安全規則（109.8.20）

第一章 ｜ 總則

第 1 條（法源）

本規則依職業安全衛生法第六條第三項規定訂定之。

第 2 條（適用）

本規則適用於下列起重升降機具：

一、固定式起重機：指在特定場所使用動力將貨物吊升並將其作水平
搬運為目的之機械裝置。

二、移動式起重機：指能自行移動於非特定場所並具有起重動力之起
重機。

三、人字臂起重桿：指以動力吊升貨物為目的，具有主柱、吊桿，另
行裝置原動機，並以鋼索操作升降之機械裝置。

四、升降機：指乘載人員及（或）貨物於搬器上，而該搬器順沿軌道
鉛直升降，並以動力從事搬運之機械裝置。但營建用提升機、簡
易提升機及吊籠，不包括之。

五、營建用提升機：指於土木、建築等工程作業中，僅以搬運貨物為
目的之升降機。但導軌與水平之角度未滿八十度之吊斗捲揚機，
不包括之。

六、吊籠：指由懸吊式施工架、升降裝置、支撐裝置、工作台及其附
屬裝置所構成，專供人員升降施工之設備。

七、簡易提升機：指僅以搬運貨物為目的之升降機，其搬器之底面
積在一平方公尺以下或頂高在一點二公尺以下者。但營建用提升
機，不包括之。

第3條（定義 - 中型）

①本規則所稱中型起重升降機具如下：

一、中型固定式起重機：指吊升荷重在零點五公噸以上未滿三公噸之固定式起重機或未滿一公噸之斯達卡式起重機。

二、中型移動式起重機：指吊升荷重在零點五公噸以上未滿三公噸之移動式起重機。

三、中型人字臂起重桿：指吊升荷重在零點五公噸以上未滿三公噸之人字臂起重桿。

四、中型升降機：指積載荷重在零點二五公噸以上未滿一公噸之升降機。

五、中型營建用提升機：指導軌或升降路之高度在十公尺以上未滿二十公尺之營建用提升機。

②前項第一款所稱斯達卡式起重機，指以鋼索或吊鏈懸吊起重機之駕駛室（台），且能與貨物同時升降之起重機。

第4條（不適用）

①下列起重升降機具不適用本規則：

一、吊升荷重未滿零點五公噸之固定式起重機、移動式起重機及人字臂起重桿。

二、積載荷重未滿零點二五公噸之升降機、營建用提升機及簡易提升機。

三、升降路或導軌之高度未滿十公尺之營建用提升機。

②前項所定起重升降機具依職業安全衛生設施規則辦理。

第5條（定義 - 吊升荷重）

①本規則所稱吊升荷重，指依固定式起重機、移動式起重機、人字臂起重桿等之構造及材質，所能吊升之最大荷重。

②具有伸臂之起重機之吊升荷重，應依其伸臂於最大傾斜角、最短長度及於伸臂之支點與吊運車位置為最接近時計算之。

③具有吊桿之人字臂起重桿之吊升荷重，應依吊桿於最大傾斜角時計

算之。

第 6 條（定義 - 額定荷重）

①本規則所稱額定荷重，在未具伸臂之固定式起重機或未具吊桿之人字臂起重桿，指自吊升荷重扣除吊鉤、抓斗等吊具之重量所得之荷重。

②具有伸臂之固定式起重機及移動式起重機之額定荷重，應依其構造及材質、伸臂之傾斜角及長度、吊運車之位置，決定其足以承受之最大荷重後，扣除吊鉤、抓斗等吊具之重量所得之荷重。

③具有吊桿之人字臂起重桿之額定荷重，應依其構造、材質及吊桿之傾斜角，決定其足以承受之最大荷重後，扣除吊鉤、抓斗等吊具之重量所得之荷重。

第 7 條（定義 - 積載荷重）

①本規則所稱積載荷重，在升降機、簡易提升機、營建用提升機或未具吊臂之吊籠，指依其構造及材質，於搬器上乘載人員或荷物上升之最大荷重。

②具有吊臂之吊籠之積載荷重，指於其最小傾斜角狀態下，依其構造、材質，於其工作台上乘載人員或荷物上升之最大荷重。

③僅供下降使用之吊籠之積載荷重，指依其構造、材質，於其工作台上乘載人員或荷物所能承受之最大荷重。

第 8 條（定義 - 額定速率）

①本規則所稱額定速率，在固定式起重機、移動式起重機或人字臂起重桿，指在額定荷重下使其上升、直行、迴轉或橫行時之各該最高速率。

②升降機、簡易提升機、營建用提升機或吊籠之額定速率，指搬器在積載荷重下，使其上升之最高速率。

第 9 條（定義 - 容許下降速率）

本規則所稱容許下降速率，指於吊籠工作台上加了相當於積載荷重之重量，使其下降之最高容許速率。

第二章｜固定式起重機之安全管理

第 10 條（超過荷重）

①雇主對於固定式起重機之使用，不得超過額定荷重。但必要時，經採取下列各項措施者，得報經檢查機構放寬至實施之荷重試驗之值：

一、事先實施荷重試驗，確認無異狀。

二、指定作業監督人員，從事監督指揮工作。

②前項荷重試驗之值，指將相當於該起重機額定荷重一點二五倍之荷重（額定荷重超過二百公噸者，為額定荷重加上五十公噸之荷重）置於吊具上實施吊升、直行、旋轉及吊運車之橫行等動作試驗之荷重值。

③第一項荷重試驗紀錄應保存三年。

第 11 條（中型 - 荷重、安定性試驗）

①雇主於中型固定式起重機設置完成時，應實施荷重試驗及安定性試驗，確認安全後，方得使用。但該起重機如屬架空式、橋型式等無翻覆之虞者，得免實施安定性試驗。

②前項荷重試驗，指將相當於該起重機額定荷重一點二五倍之荷重置於吊具上，實施吊升、直行、旋轉及吊運車之橫行等動作之試驗。

③第一項安定性試驗，指在逸走防止裝置、軌夾裝置等停止作用狀態中，且使該起重機於最不利於安定性之條件下，將相當於額定荷重一點二七倍之荷重置於吊具上所實施之試驗。

④第一項試驗紀錄應保存三年。

第 12 條（結構空間）

雇主對於固定式起重機之設置，其有關結構空間應依下列規定：

一、除不具有起重機桁架及未於起重機桁架上設置人行道者外，凡設置於建築物內之走行固定式起重機，其最高部（集電裝置除外）與建築物之水平支撐、樑、橫樑、配管、其他起重機或其他設備

之置於該走行起重機上方者，其間隔應在零點四公尺以上。其桁架之人行道與建築物之水平支撐、樑、橫樑、配管、其他起重機或其他設備之置於該人行道之上方者，其間隔應在一點八公尺以上。

二、走行固定式起重機或旋轉固定式起重機與建築物間設置之人行道寬度，應在零點六公尺以上。但該人行道與建築物支柱接觸部分之寬度，應在零點四公尺以上。

三、固定式起重機之駕駛室（台）之端邊與通往該駕駛室（台）之人行道端邊，或起重機桁架之人行道端邊與通往該人行道端邊之間隔，應在零點三公尺以下。但勞工無墜落之虞者，不在此限。

第 13 條（構造）

雇主對於固定式起重機之構造，應符合固定式起重機安全檢查構造標準。

第 14 條（超過負荷）

雇主應注意固定式起重機之使用，其負荷次數及吊升荷物之重量，不得超過該起重機設計時之負荷條件，並應防止起重機構造部分之鋼材、接合處或銲接處等，有發生變形、折損或破斷等情形。

第 15 條（過捲預防）

雇主對於固定式起重機之過捲預防裝置，其吊鉤、抓斗等吊具或該吊具之捲揚用槽輪上方與捲胴、槽輪及桁架等（傾斜伸臂除外）有碰撞之虞之物體下方間，應調整其間距，使其符合法定值。

第 16 條（超壓安全閥）

雇主對於使用液壓為動力之固定式起重機，應裝置防止該液壓過度升高之安全閥，此安全閥應調整在額定荷重（伸臂起重機為額定荷重之最大值）以下之壓力即能作用。但實施荷重試驗及安定性試驗時，不在此限。

第 17 條（伸臂傾斜角）

雇主對於伸臂固定式起重機之使用，伸臂之傾斜角不得超過該起重機

明細表內記載之範圍。但吊升荷重未滿三公噸者,以製造者指定之伸臂傾斜角為準。

第 18 條(標示荷重)

①雇主對於固定式起重機,應於其機身明顯易見處標示其額定荷重,並使操作人員及吊掛作業者周知。

②雇主對於前項額定荷重隨作業半徑而改變具伸臂功能之起重機,得標示最大作業半徑之額定荷重,並採取於操作室張貼荷重表及置備攜帶式荷重表等措施。

第 19 條(乘載勞工 - 無替代、臨時)

①雇主對於固定式起重機之使用,以吊物為限,不得乘載或吊升勞工從事作業。但從事貨櫃裝卸、船舶維修、高煙囪施工等尚無其他安全作業替代方法,或臨時性、小規模、短時間、作業性質特殊,經採取防止墜落等措施者,不在此限。

②雇主對於前項但書所定防止墜落措施,應辦理事項如下:

一、以搭乘設備乘載或吊升勞工,並防止其翻轉及脫落。

二、搭乘設備需設置安全母索或防墜設施,並使勞工佩戴安全帽及符合國家標準 CNS14253-1 同等以上規定之全身背負式安全帶。

三、搭乘設備之使用不得超過限載員額。

四、搭乘設備自重加上搭乘者、積載物等之最大荷重,不得超過該起重機作業半徑所對應之額定荷重之百分之五十。

五、搭乘設備下降時,採動力下降之方法。

③雇主應依前項第二款及第三款規定,要求起重機操作人員,監督搭乘人員確實辦理。

第 20 條(搭乘設備)

雇主對於前條第二項所定搭乘設備,應依下列規定辦理:

一、搭乘設備應有足夠強度,其使用之材料不得有影響構造強度之損傷、變形或腐蝕等瑕疵。

二、搭乘設備周圍設置高度九十公分以上之扶手，並設中欄杆及腳趾板。

三、搭乘設備之懸吊用鋼索或鋼線之安全係數應在十以上；吊鏈、吊帶及其支點之安全係數應在五以上。

四、依搭乘設備之構造及材質，計算積載之最大荷重，並於搭乘設備之明顯易見處，標示自重及最大荷重。

第 21 條（吊舉物下方）

①雇主於固定式起重機作業時，應採取防止人員進入吊舉物下方及吊舉物通過人員上方之設備或措施。但吊舉物之下方已有安全支撐設施、其他安全設施或使吊舉物不致掉落，而無危害勞工之虞者，不在此限。

②雇主於纜索固定式起重機作業時，為防止捲上用鋼索、橫行用鋼索通過槽輪或其他安裝部分而發生破損飛落或鋼索震脫彈出等危險，應禁止人員進入有發生危害之虞之鋼索內角側。

第 22 條（檢修）

雇主對於固定式起重機之檢修、調整、操作、組配或拆卸等，應依下列規定辦理：

一、設置於屋外之走行起重機，應設有固定基礎與軌夾等防止逸走裝置，其原動機馬力應能在風速每秒十六公尺時，仍能安全駛至防止逸走裝置之處；瞬間風速有超過每秒三十公尺之虞時，應採取使防止逸走裝置作用之措施。

二、從事檢修、調整作業時，應指定作業監督人員，從事監督指揮工作。但無虞危險或採其他安全措施，確無危險之虞者，不在此限。

三、操作人員於起重機吊有荷重時，不得擅離操作位置。

四、組配、拆卸或爬升高度時，應選派適當人員從事該作業，作業區內禁止無關人員進入，必要時並設置警告標示。

五、以塔式起重機進行高層建築工程等作業，於該起重機爬升樓層及

安裝基座等時，應事前擬妥安全作業方法及標準作業程序，使勞工遵循，並採穩固該起重機等必要措施，以防止倒塌。

六、因強風、大雨、大雪等惡劣氣候，致作業有危險之虞時，應禁止工作。

七、設置於室外之伸臂起重機，因強風來襲而有起重機伸臂受損之虞者，應採取必要防範措施。

八、起重機之操作，應依原設計之操作方法吊升荷物，不得以伸臂搖撼或拖拉物件等不當方式從事起重作業。

第三章｜移動式起重機之安全管理

第 23 條（超過荷重）

雇主對於移動式起重機之使用，不得超過額定荷重。

第 24 條（中型 - 荷重、安定性試驗）

①雇主於中型移動式起重機設置完成時，應實施荷重試驗及安定性試驗，確認安全後，方得使用。

②前項荷重試驗，指將相當於該起重機額定荷重一點二五倍之荷重置於吊具上，實施吊升、直行、旋轉或必要之走行等動作之試驗。

③第一項安定性試驗，指使該起重機於最不利於安定性之條件下，將相當於額定荷重一點二七倍之荷重置於吊具上所實施之試驗。

④第一項試驗紀錄應保存三年。

第 25 條（構造）

雇主對於移動式起重機之構造，應符合移動式起重機安全檢查構造標準。

第 26 條（超過負荷）

雇主應注意移動式起重機使用時，其負荷次數及吊升荷物之重量，不得超過該起重機設計時之負荷條件，並應防止起重機構造部分之鋼材、接合處或銲接處等，有發生變形、折損或破斷等情形。

第 27 條（過捲預防間距）

雇主對於移動式起重機之過捲預防裝置及過捲警報裝置，其吊鉤、抓斗等吊具或該吊具之捲揚用槽輪之上方與伸臂前端槽輪及其他有碰撞之虞之物體（傾斜之伸臂除外）之下方間，應調整其間距，使其符合法定值。

第 28 條（超壓安全閥）

雇主對於使用液壓為動力之移動式起重機，應裝置防止該液壓過度升高用之安全閥，此安全閥應調整在額定荷重之最大值以下之壓力即能作用。但實施荷重試驗及安定性試驗時，不在此限。

第 29 條（翻倒、被夾、感電）

①雇主對於移動式起重機，為防止其作業中發生翻倒、被夾、感電等危害，應事前調查該起重機作業範圍之地形、地質狀況、作業空間、運搬物重量與所用起重機種類、型式及性能等，並適當決定下列事項及採必要措施：

一、移動式起重機之作業方法、吊掛方法及運搬路徑等。

二、對軟弱地盤等承載力不足之場所採取地面舖設鐵板、墊料及使用外伸撐座等補強方法，以防止移動式起重機翻倒。

三、配置移動式起重機之操作者、吊掛作業者、指揮者及其他相關作業者之職務與作業指揮體系。

②雇主對於前項移動式起重機之作業，應採取下列各款措施：

一、決定前項各款事項後，於作業開始前告知相關勞工，使其遵行。

二、確認移動式起重機之種類、型式，符合作業之需求。

三、查核前項措施執行情形，認有未符安全條件者，於改善前不得從事起重吊掛作業。

③雇主對於第一項移動式起重機之作業，應辦理事項如下：

一、事前調查現場危害因素、使用條件限制及作業需求等情況，或要求委託施工者告知，並以檢點表逐項確認。

二、對於前款之現場危害因素等調查結果，採取必要之預防或改善措施。

三、相關檢點表、派車文件及其他相關紀錄表單，於施工結束前，留存備查。

第 30 條（翻倒）

雇主對於移動式起重機，在其作業範圍有地盤軟弱、埋設脆弱地下物或路肩崩塌等情形，致其有翻倒之虞者，不得使用移動式起重機從事作業。但在該起重機下方鋪設具有充分強度及足夠面積之鐵板或墊料等，可防止其翻倒者，不在此限。

第 31 條（外伸撐座 - 墊料）

雇主對於使用外伸撐座之移動式起重機，其下方鋪有鐵板或墊料時，應先確認該外伸撐座之支撐，已置放於鐵板或墊料之中央範圍或位於不致造成該起重機有翻倒之虞之位置。

第 32 條（外伸撐座 - 伸至最大）

雇主使用具有外伸撐座之移動式起重機，或擴寬式履帶起重機作業時，應將其外伸撐座或履帶伸至最大極限位置。但因作業場所狹窄或有障礙物等限制，致其外伸撐座或履帶無法伸至最大極限位置時，具有下列各款之一，且能確認其吊掛之荷重較作業半徑所對應之額定荷重為輕者，不在此限：

一、過負荷預防裝置有因應外伸撐座之外伸寬度，自動降低設定額定荷重之機能者。

二、過負荷預防裝置有可輸入外伸撐座之外伸寬度演算要素，以降低設定額定荷重狀態之機能者。

三、移動式起重機之明細表或使用說明書等已明確記載外伸撐座無法最大外伸時，具有額定荷重表或性能曲線表提供外伸撐座未全伸時之對應外伸寬度之較低額定荷重者。

第 33 條（伸臂傾斜角）

雇主對於具有伸臂之移動式起重機之使用，伸臂之傾斜角不得超過該

起重機明細表內記載之範圍。但吊升荷重未滿三公噸者，以製造者指定之伸臂傾斜角為準。

第 34 條（標示荷重）

①雇主對於移動式起重機，應於其機身明顯易見處標示其額定荷重，並使操作人員及吊掛作業者周知。

②雇主對於前項額定荷重隨作業半徑而改變之移動式起重機，得標示最大作業半徑之額定荷重，並採取於操作室張貼荷重表及置備攜帶式荷重表等措施。

第 35 條（乘載勞工 - 無替代、臨時）

①雇主對於移動式起重機之使用，以吊物為限，不得乘載或吊升勞工從事作業。但從事貨櫃裝卸、船舶維修、高煙囪施工等尚無其他安全作業替代方法，或臨時性、小規模、短時間、作業性質特殊，經採取防止墜落等措施者，不在此限。

②雇主對於前項但書所定防止墜落措施，應辦理事項如下：

一、以搭乘設備乘載或吊升勞工，並防止其翻轉及脫落。

二、搭乘設備需設置安全母索或防墜設施，並使勞工佩戴安全帽及符合國家標準 CNS14253-1 同等以上規定之全身背負式安全帶。

三、搭乘設備之使用不得超過限載員額。

四、搭乘設備自重加上搭乘者、積載物等之最大荷重，不得超過該起重機作業半徑所對應之額定荷重之百分五十。

五、搭乘設備下降時，採動力下降之方法。

六、垂直高度超過二十公尺之高處作業，禁止使用直結式搭乘設備。但設有無線電通訊聯絡及作業監視或預防碰撞警報裝置者，不在此限。

③雇主應依前項第二款及第三款規定，要求起重機操作人員，監督搭乘人員確實辦理。

第 36 條（搭乘設備）

雇主對於前條第二項所定搭乘設備，應依下列規定辦理：

一、搭乘設備應有足夠強度，其使用之材料不得有影響構造強度之損傷、變形或腐蝕等瑕疵。

二、搭乘設備周圍設置高度九十公分以上之扶手，並設中欄杆及腳趾板。

三、搭乘設備之懸吊用鋼索或鋼線之安全係數應在十以上；吊鏈、吊帶及其支點之安全係數應在五以上。

四、依搭乘設備之構造及材質，計算積載之最大荷重，並於搭乘設備之明顯易見處，標示自重及最大荷重。

第 37 條（乘載勞工 - 道路）

移動式起重機從事垂直高度二十公尺以下之高處作業，不適用第三十五條第一項但書規定。但使用道路或鄰接道路作業者，不在此限。

第 38 條（乘載勞工 - 作業）

①雇主使用移動式起重機吊掛搭乘設備搭載或吊升人員作業時，應依下列規定辦理：

一、搭乘設備及懸掛裝置（含熔接、鉚接、鉸鏈等部分之施工），應妥予安全設計，並事前將其構造設計圖、強度計算書及施工圖說等，委託中央主管機關認可之專業機構簽認，其簽認效期最長二年；效期屆滿或構造有變更者，應重新簽認之。

二、起重機載人作業前，應先以預期最大荷重之荷物，進行試吊測試，將測試荷物置於搭乘設備上，吊升至最大作業高度，保持五分鐘以上，確認其平衡性及安全性無異常。該起重機移動設置位置者，應重新辦理試吊測試。

三、確認起重機所有之操作裝置、防脫裝置、安全裝置及制動裝置等，均保持功能正常；搭乘設備之本體、連接處及配件等，均無構成有害結構安全之損傷；吊索等，無變形、損傷及扭結情

形。

四、起重機作業時，應置於水平堅硬之地盤面；具有外伸撐座者，應全部伸出。

五、起重機載人作業進行期間，不得走行。進行升降動作時，勞工位於搭乘設備內者，身體不得伸出箱外。

六、起重機載人作業時，應採低速及穩定方式運轉，不得有急速、突然等動作。當搭載人員到達工作位置時，該起重機之吊升、起伏、旋轉、走行等裝置，應使用制動裝置確實制動。

七、起重機載人作業時，應指派指揮人員負責指揮。無法派指揮人員者，得採無線電通訊聯絡等方式替代。

②雇主對於前項起重機之載人作業，應依據作業風險因素，事前擬訂作業方法、作業程序、安全作業標準及作業安全檢核表，使作業勞工遵行。

③雇主應指派適當人員實施作業前檢點、作業中查核及自動檢查等措施，隨時注意作業安全，相關表單紀錄於作業完成前，並應妥存備查。

第 39 條（吊舉物下方）

①雇主於移動式起重機作業時，應採取防止人員進入吊舉物下方及吊舉物通過人員上方之設備或措施。但吊舉物之下方已有安全支撐設施、其他安全設施或使吊舉物不致掉落，而無危害勞工之虞者，不在此限。

②雇主於移動式起重機作業時，為防止移動式起重機上部旋轉體之旋轉動作引起碰撞危害，應禁止人員進入有發生碰撞危害之虞之起重機作業範圍內。

第 40 條（檢修）

雇主對於移動式起重機之檢修、調整、操作、組配或拆卸等，應依下列規定：

一、從事檢修、調整作業時，應指定作業監督人員，從事監督指揮

工作。但無虞危險或採其他安全措施,確無危險之虞者,不在此限。

二、操作人員或駕駛人員於起重機吊有荷重時,不得擅離操作位置或駕駛室。

三、組配、拆卸時,應選用適當人員擔任,作業區內禁止無關人員進入,必要時並設置警告標示。

四、因強風、大雨、大雪等惡劣氣候,致作業有危險之虞時,應禁止工作。

五、移動式起重機之操作,應依原設計功能之操作方法吊升荷物,不得以搖撼伸臂或拖拉物件等不當方式從事起重作業。

六、移動式起重機行駛時,應將其吊桿長度縮至最短、傾斜角降為最小及固定其吊鉤。必要時,積載型卡車起重機得採用吊桿定位警示裝置,提醒注意。

第四章 | 人字臂起重桿之安全管理

第 41 條（超過荷重）

①雇主對於人字臂起重桿之使用,不得超過額定荷重。但必要時,經採取下列各款措施者,得報經檢查機構放寬至實施荷重試驗之值:

一、事先實施荷重試驗,確認無異狀。

二、指定作業監督人員,從事監督指揮工作。

②前項荷重試驗之值,指將相當於該人字臂起重桿額定荷重一點二五倍之荷重（額定荷重超過二百公噸者,為額定荷重加上五十公噸之荷重）置於吊具上實施吊升、旋轉及吊桿之起伏等動作試驗之荷重值。

③第一項荷重試驗紀錄應保存三年。

第 42 條（中型 - 荷重試驗）

①雇主於中型人字臂起重桿設置完成時,應實施荷重試驗,確認安全

後，方得使用。

②前項荷重試驗，指將相當於該人字臂起重桿額定荷重一點二五倍之荷重置於吊具上，實施吊升、旋轉及吊桿之起伏等動作之試驗。

③第一項試驗紀錄應保存三年。

第 43 條（過捲預防）

雇主對於人字臂起重桿之吊升裝置及起伏裝置，應設過捲預防裝置。但使用絞車為動力之吊升裝置及起伏裝置者，不在此限。

第 44 條（過捲預防間距）

雇主於調整人字臂起重桿之過捲預防裝置時，應使吊鉤、抓斗等吊具或該吊具之捲揚用槽輪之上方與吊桿前端槽輪（除吊桿外）下方間之間距在零點二五公尺以上。但直動式過捲預防裝置之間距為零點零五公尺以上。

第 45 條（吊桿傾斜角）

雇主對於具有吊桿之人字臂起重桿之使用，吊桿傾斜角不得超過該人字臂起重桿明細表內記載之範圍。但吊升荷重未滿三公噸者，以製造者指定之傾斜角為準。

第 46 條（標示荷重）

①雇主對於人字臂起重桿，應於其機身明顯易見處標示其額定荷重，並使操作人員及吊掛作業者周知。

②前項起重桿應以銘牌等標示下列事項：

一、製造者名稱。

二、製造年月。

三、吊升荷重。

第 47 條（不得乘載勞工）

雇主對於人字臂起重桿之使用，以吊物為限，不得乘載或吊升勞工從事作業。

第 48 條（吊舉物下方）

①雇主於人字臂起重桿作業時，應採取防止人員進入吊舉物下方及吊

　　舉物通過人員上方之設備或措施。

②雇主於人字臂起重桿作業時，為防止鋼索震脫，槽輪或其他安裝部
　分飛落等危險，應禁止人員進入有發生危害之虞之鋼索內角側。

第 49 條（檢修）

雇主對於人字臂起重桿之檢修、調整、操作、組配或拆卸等，應依下
列規定辦理：

一、設置於屋外之人字臂起重桿，瞬間風速有超過每秒三十公尺之虞
　　時，為預防吊桿動搖，致人字臂起重桿破損，應採取吊桿固定緊
　　縛於主桿或地面固定物等必要措施。

二、操作人員於起重桿吊有荷重時，不得擅離操作位置。

三、組配、拆卸時，應選用適當人員擔任，作業區內禁止無關人員進
　　入，必要時並設置警告標示。

四、因強風、大雨、大雪等惡劣氣候，致作業有危險之虞時，應禁止
　　工作。

第 50 條（拉條）

雇主對於人字臂起重桿之拉條，應依下列規定辦理：

一、牽索人字臂起重桿之拉條數，為六條以上；單索人字臂起重桿之
　　拉條數，為三條以上。

二、不得接近架空電路。

三、以鋼索為拉條時，以鋏、鬆緊螺旋扣、套管等金屬具緊結於支
　　柱、牽索用固定錨或具有同等以上效能之堅固物。

四、以鬆緊螺旋扣等金屬具拉緊，並有防止螺旋扣扭轉鬆脫之措施。

第 51 條（攀登梯）

①雇主對於主柱長度超過二十公尺之人字臂起重桿，應設攀登梯。

②前項攀登梯，應依下列規定辦理：

　一、踏板應等距離設置，其間隔應在二十五公分以上三十五公分以
　　　下。

　二、踏板與吊桿及其他最近固定物間之水平距離，應在十五公分以

上。

三、踏板未設置側木者，應有防止足部橫滑之構造。

第 52 條（制動裝置）

①雇主對於人字臂起重桿之吊升裝置及起伏裝置，應設控制荷重或吊桿下降所必要之制動裝置。

②前項制動裝置，應設起重桿動力被遮斷時，能自行制動之設備。但以人力操作者，不在此限。

第 53 條（連結緊結）

雇主對於人字臂起重桿之鋼索與吊升裝置之捲胴、吊桿、有鉤滑車等之連結，應以灌注合金或使用銷、壓夾、栓銷等方法緊結之。

第 54 條（留二捲鋼索）

雇主對於人字臂起重桿捲揚用鋼索，當吊具置於最低位置時，應有二捲以上鋼索留置於吊升裝置之捲胴上；對於吊桿起伏用鋼索，當吊桿置於最低位置時，應有二捲以上鋼索留置於起伏裝置之捲胴上。

第 55 條（傾斜角指示）

雇主對於具有起伏動作之人字臂起重桿，應於操作人員易見處，設置吊桿傾斜角之指示裝置，以防止過負荷操作。

第 56 條（鋼材結構）

①雇主對於人字臂起重桿結構部分之材料，除使用耐蝕鋁合金等材料經中央主管機關認可者外，應符合下列國家標準，或具有同等以上化學成分及機械性質之鋼材：

一、國家標準 CNS575 鉚釘用鋼棒規定之鋼材。

二、國家標準 CNS2473 一般結構用軋鋼料規定之 SS400 鋼材。

三、國家標準 CNS2947 銲接結構用軋鋼料規定之鋼材。

四、國家標準 CNS4269 銲接結構用耐候性熱軋鋼料規定之鋼材。

五、國家標準 CNS4435 一般結構用碳鋼鋼管規定之 STK400、STK490 或 STK540 鋼材。

六、國家標準 CNS4437 機械結構用碳鋼鋼管規定之十三種、十八

種、十九種或二十種之鋼材。

七、國家標準 CNS4171 一般結構用矩形碳鋼鋼管規定之鋼材。

八、國家標準CNS11109銲接結構用高降伏強度鋼板規定之鋼材。

九、國家標準 CNS13812 建築結構用軋鋼料規定之鋼材。

②前項結構部分不包括階梯、駕駛室、護圍、覆蓋、鋼索、機械部分及其他非供支撐吊升荷物之部分。

第 57 條（木材結構）

①雇主對於吊升荷重未滿五公噸或主柱、吊桿長度未滿十二公尺之人字臂起重桿，其結構部分之材料，得使用木材。

②前項木材不得有顯著之蛀蝕、裂隙、節或傾斜纖維等強度上之缺陷。

第 58 條（結構強度）

雇主對於人字臂起重桿結構部分，應使其具有充分強度，並保持防止板材挫曲、變形等有礙安全使用之剛性。

第 59 條（結構鑽孔）

雇主對於人字臂起重桿結構部分之鉚釘孔或螺釘孔，應使用鑽孔機鑽孔，且該孔不得有迴紋或裂紋等瑕疵。

第 60 條（螺栓鬆脫）

雇主對於人字臂起重桿結構部分之螺栓、螺帽、螺釘等，應有防止鬆脫之措施。但使用強力螺栓接合者，不在此限。

第 61 條（駕駛室）

①雇主對於人字臂起重桿，應設置駕駛室或駕駛台。

②前項駕駛室或駕駛台，應符合下列規定：

一、不妨礙操作人員視界。但操作人員與吊掛作業者能保持確實連絡者，不在此限。

二、開關器、控制器、制動器及警報裝置等操作部分，應設於操作人員易於操作之位置。

三、有物體飛落危害操作人員安全之虞之場所，其駕駛台，應設有

防護網或其他防止物體飛落危害之設施。

第五章｜起重吊掛作業安全管理

第 62 條（教育訓練、定義 - 吊掛作業）

①雇主對於使用固定式起重機、移動式起重機或人字臂起重桿（以下簡稱起重機具）從事吊掛作業之勞工，應僱用曾受吊掛作業訓練合格者擔任。但已受吊升荷重在三公噸以上之起重機具操作人員訓練合格或具有起重機具操作技能檢定技術士資格者，不在此限。

②雇主對於前項起重機具操作及吊掛作業，應分別指派具法定資格之勞工擔任之。但於地面以按鍵方式操作之固定式起重機，或積載型卡車起重機，其起重及吊掛作業，得由起重機操作者一人兼任之。

③前二項所稱吊掛作業，指用鋼索、吊鏈、鉤環等，使荷物懸掛於起重機具之吊鉤等吊具上，引導起重機具吊升荷物，並移動至預定位置後，再將荷物卸放、堆置等一連串相關作業。

第 63 條（吊掛作業）

雇主對於使用起重機具從事吊掛作業之勞工，應使其辦理下列事項：

一、確認起重機具之額定荷重，使所吊荷物之重量在額定荷重值以下。

二、檢視荷物之形狀、大小及材質等特性，以估算荷物重量，或查明其實際重量，並選用適當吊掛用具及採取正確吊掛方法。

三、估測荷物重心位置，以決定吊具懸掛荷物之適當位置。

四、起吊作業前，先行確認其使用之鋼索、吊鏈等吊掛用具之強度、規格、安全率等之符合性；並檢點吊掛用具，汰換不良品，將堪用品與廢棄品隔離放置，避免混用。

五、起吊作業時，以鋼索、吊鏈等穩妥固定荷物，懸掛於吊具後，再通知起重機具操作者開始進行起吊作業。

六、當荷物起吊離地後，不得以手碰觸荷物，並於荷物剛離地面時，

引導起重機具暫停動作，以確認荷物之懸掛有無傾斜、鬆脫等異狀。

七、確認吊運路線，並警示、清空擅入吊運路線範圍內之無關人員。

八、與起重機具操作者確認指揮手勢，引導起重機具吊升荷物及水平運行。

九、確認荷物之放置場所，決定其排列、放置及堆疊方法。

十、引導荷物下降至地面。確認荷物之排列、放置安定後，將吊掛用具卸離荷物。

十一、其他有關起重吊掛作業安全事項。

第 64 條（指揮信號）

雇主對於起重機具之作業，應規定一定之運轉指揮信號，並指派專人負責指揮。但起重機具操作者單獨作業時，不在此限。

第 65 條（安全係數 - 鋼索）

①雇主對於起重機具之吊掛用鋼索，其安全係數應在六以上。

②前項安全係數為鋼索之斷裂荷重值除以鋼索所受最大荷重值所得之值。

第 66 條（安全係數 - 吊鏈）

①雇主對於起重機具之吊鏈，其安全係數應依下列各款規定辦理：

一、符合下列各目之一者：四以上。

（一）以斷裂荷重之二分之一拉伸時，其伸長率為百分之零點五以下者。

（二）抗拉強度值為每平方毫米四百牛頓以上，且其伸長率為下表所列抗拉強度值分別對應之值以上者。

抗拉強度（單位：牛頓／平方毫米）	伸長率（單位：%）
四百以上六百三十未滿	二十
六百三十以上一千未滿	十七
一千以上	十五

二、前款以外者：五以上。

②前項安全係數為吊鏈之斷裂荷重值除以該吊鏈所受最大荷重值所得之值。

第 67 條（安全係數 - 吊鉤）

①雇主對於起重機具之吊鉤，其安全係數應在四以上。馬鞍環之安全係數應在五以上。

②前項安全係數為吊鉤或馬鞍環之斷裂荷重值除以吊鉤或馬鞍環個別所受最大荷重值所得之值。

第 68 條（鋼索）

雇主不得以有下列各款情形之一之鋼索，供起重吊掛作業使用：

一、鋼索一撚間有百分之十以上素線截斷者。

二、直徑減少達公稱直徑百分之七以上者。

三、有顯著變形或腐蝕者。

四、已扭結者。

第 69 條（吊鏈）

雇主不得以有下列各款情形之一之吊鏈，供起重吊掛作業使用：

一、延伸長度超過製造時長度百分之五以上者。

二、斷面直徑減少超過製造時之百分之十者。

三、有龜裂者。

第 70 條（吊掛用具）

雇主不得使用已變形或龜裂之吊鉤、馬鞍環、鉤環、鏈環等吊掛用具，供起重吊掛作業使用。

第 71 條（纖維索）

雇主不得以有下列各款情形之一之纖維索或纖維帶，供起重吊掛作業使用：

一、已斷一股子索者。

二、有顯著之損傷或腐蝕者。

第 72 條（吊鏈、鋼索兩端）

雇主對於吊鏈或未設環結之鋼索，其兩端非設有吊鉤、鉤環、鏈環、

編結環首、壓縮環首或可保持同等以上強度之物件者，不得供起重吊掛作業使用。

第 73 條（吊掛荷重）

①雇主對於使用鏈條吊升裝置、鏈條拉桿吊升裝置或以電磁、真空吸著方式之吊掛用具等，進行吊掛作業時，應確認在各該吊掛用具之荷重容許範圍內使用。

②前項使用以電磁或真空吸著方式之吊掛用具，應適於其吊掛荷物之形狀及表面狀態等。

③雇主對於使用吊鉗、吊夾從事吊掛作業時，應注意該吊鉗、吊夾，為橫吊用或直吊用等之用途限制，並應在該吊鉗、吊夾之荷重容許條件範圍內使用。

④使用吊鉗、吊夾從事吊掛作業時，如吊舉物有傾斜或滑落之虞時，應搭配使用副索及安全夾具。

第六章 | 升降機作業之安全管理

第 74 條（超過荷重）

雇主對於升降機之使用，不得超過積載荷重。

第 75 條

（刪除）

第 76 條（構造）

雇主對於營建用升降機之構造，應符合升降機安全檢查構造標準或國家標準 CNS 13627 規定。

第 77 條（安全裝置）

①雇主對於升降機之終點極限開關、緊急停止裝置及其他安全裝置，應維持其效能。

②雇主應使勞工不得擅自使用鎖匙或其他工具等，自外面開啟升降機之出入門扉。但升降機維修人員實施搶救、維護、保養或檢查

者，不在此限。

③雇主應於前項鎖匙上，懸掛標示牌，以文字載明警語，告知開啓者有墜落之危險。

第 78 條（貨用不得搭乘）

雇主對於設計上專供載貨用之升降機，不得搭載人員。

第 79 條（操作方法揭示）

雇主應將升降機之操作方法及故障時之處置方法等，揭示於使用該升降機有關人員易見處。

第 80 條（防風拉索）

雇主對於設置於室外之升降機，瞬間風速有超過每秒三十公尺之虞時，應增設拉索以防止升降機倒塌。

第 81 條（檢修）

雇主於從事室外升降機之升降路塔或導軌支持塔之檢修、調整、組配或拆卸等時，應依下列規定辦理：

一、選任作業監督人員，從事指揮作業方法、配置勞工、檢點材料、器具及監督勞工作業。

二、禁止無關人員進入作業區，並設置警告標示。

三、因強風、大雨、大雪等惡劣氣候，致作業有危險之虞時，應禁止工作。

第 82 條（確認異狀）

雇主對於設置室外之升降機，發生瞬間風速達每秒三十公尺以上或於四級以上地震後，應於再使用前，就該升降機之終點極限開關、緊急停止裝置、制動裝置、控制裝置及其他安全裝置、鋼索或吊鏈、導軌、導索結頭等部分，確認無異狀後，方得使用。

第七章｜營建用提升機之安全管理

第 83 條（超過荷重）

雇主對於營建用提升機之使用，不得超過積載荷重。

第 84 條（中型 - 荷重試驗）

①雇主於中型營建用提升機設置完成時，應實施荷重試驗，確認安全後，方得使用。

②前項荷重試驗，指將相當於該提升機積載荷重一點二倍之荷重置於搬器上，實施升降動作之試驗。

③第一項試驗紀錄應保存三年。

第 85 條（構造）

雇主對於營建用提升機之構造，應符合國家標準 CNS13628 營建用提升機規定。

第 86 條（過捲預防）

雇主對於營建用提升機，應於捲揚用鋼索上加註標識或設警報裝置等，以預防鋼索過捲。

第 87 條（不得乘載人員）

雇主對於營建用提升機之使用，不得乘載人員。但實施檢修或調整等作業時，經採取足以防範人員墜落或物體飛落等措施者，不在此限。

第 88 條（禁止進入）

雇主對於營建用提升機之使用，應禁止勞工進入下列工作場所：

一、因營建用提升機搬器之升降而可能危及勞工之場所。

二、捲揚用鋼索之內角側及鋼索通過之槽輪而可能危及勞工之場所。

三、因安裝部分破裂引起鋼索之震脫、槽輪或其他安裝部分之飛落，致可能危及勞工之場所。

第 89 條（豎坑打掃）

雇主對於實施營建用提升機之豎坑或基底部分打掃作業時，應於搬器下方橫置足以承受搬器重量之角材、原木等，並使用制動裝置確實防

止搬器之落下。

第 90 條（防風拉索）

雇主對於營建用提升機，瞬間風速有超過每秒三十公尺之虞時，應增設拉索以預防其倒塌。

第 91 條（檢修）

雇主對於營建用提升機之檢修、調整、操作、組配或拆卸等，應依下列規定辦理：

一、從事檢修、調整、組配、拆卸作業時，應選任作業監督人員，從事指揮作業方法、配置勞工、檢點材料、器具及監督勞工作業。

二、操作人員於運轉中，不得擅離操作位置。

三、禁止無關人員進入作業區，並設置警告標示。

四、因強風、大雨、大雪等惡劣氣候，致作業有危險之虞時，應禁止工作。

第 92 條（確認異狀）

雇主對於營建用提升機，遭受瞬間風速達每秒三十公尺以上或於四級以上地震後，應於再使用前就其制動裝置、離合器、鋼索通過部分狀況等，確認無異狀後，方得使用。

第八章｜簡易提升機之安全管理

第 93 條（超過荷重）

雇主對於簡易提升機之使用，不得超過積載荷重。

第 94 條（荷重試驗）

①雇主於簡易提升機設置完成時，應實施荷重試驗，確認安全後，方得使用。

②前項荷重試驗，係將相當於該提升機積載荷重一點二倍之荷重置於搬器上，實施升降動作之試驗。

③第一項試驗紀錄應保存三年。

第 95 條（安全裝置）

雇主對於簡易提升機之過捲預防裝置及其他安全裝置，應維持其效能。

第 96 條（不得搭乘人員）

雇主對於簡易提升機之使用，不得搭乘人員。但實施檢修或調整等作業時，經採取足以防範人員墜落或物體飛落等措施者，不在此限。

第九章｜吊籠之安全管理

第 97 條（超過荷重）

雇主對於吊籠之使用，不得超過積載荷重。

第 98 條（構造）

雇主對於吊籠之構造，應符合吊籠安全檢查構造標準。

第 99 條（支撐強度）

①雇主對於可搬式吊籠懸吊於建築物或構造物等時，應考量吊籠自重、積載荷重及風力等受力情形，妥為固定於具有足夠支撐強度之處。

②前項固定處之支撐強度，雇主應事前確認該建築物或構造物相關結構圖面資料。無圖面資料可查者，得以其他同等方式確認之。

第 100 條（放置腳墊）

雇主於吊籠之工作台上，不得設置或放置腳墊、梯子等供勞工使用。

第 101 條（操作位置）

雇主於吊籠運轉中，應禁止操作人員擅離操作位置。

第 102 條（安全帽、帶）

雇主對勞工於吊籠工作台上作業時，應使勞工佩戴安全帽及符合國家標準 CNS14253-1 同等以上規定之全身背負式安全帶。

第 103 條（禁止進入）

雇主於吊籠使用時，應禁止無關人員進入作業場所下方之危險區域，

並設置警告標示。

第 104 條（惡劣氣候）

雇主對吊籠於強風、大雨、大雪等惡劣氣候，勞工作業有發生危險之虞時，應禁止工作。

第 105 條（照度）

雇主使用吊籠作業時，於夜間或光線不良之場所，應提供安全作業所必要之照度。

第十章 | 附則

第 106 條（權責分工）

下列起重升降機具之管理權責分工，應由目的事業主管機關依其主管法規或權責辦理：

一、敷設於建築物之升降機，依建築法規定由建築主管機關檢查及管理。

二、設於客貨船舶，並固定於船上之貨物裝卸機具等之起重升降機具，依船舶法規定由航政主管機關檢查及管理。

三、前二款以外，涉及國防軍事作戰範圍之起重升降機具，由國防主管機關檢查及管理。

第 106-1 條（自營作業準者用、工作者比照）

①自營作業者，準用本規則有關雇主義務之規定。

②受工作場所負責人指揮或監督從事勞動之人員，於事業單位工作場所從事勞動，比照該事業單位之勞工，適用本規則之規定。

第 107 條（施行日）

①本規則自發布日施行。

②本規則中華民國一百零三年六月二十五日修正條文，自一百零三年七月三日施行。

鍋爐及壓力容器安全規則（103.7.1）

第一章｜總則

第1條（法源）

本規則依職業安全衛生法第六條第三項規定訂定之。

第2條（定義－蒸氣、熱水鍋爐）

本規則所稱鍋爐，分為下列二種：

一、蒸汽鍋爐：指以火焰、燃燒氣體、其他高溫氣體或以電熱加熱於水或熱媒，使發生超過大氣壓之壓力蒸汽，供給他用之裝置及其附屬過熱器與節煤器。

二、熱水鍋爐：指以火焰、燃燒氣體、其他高溫氣體或以電熱加熱於有壓力之水或熱媒，供給他用之裝置。

第3條（定義－小鍋）

本規則所稱小型鍋爐，指鍋爐合於下列規定之一者：

一、最高使用壓力（表壓力，以下同）在每平方公分一公斤以下或零點一百萬帕斯卡（MPa）以下，且傳熱面積在一平方公尺以下之蒸汽鍋爐。

二、最高使用壓力在每平方公分一公斤以下或零點一百萬帕斯卡（MPa）以下，且胴體內徑在三百毫米以下，長度在六百毫米以下之蒸汽鍋爐。

三、傳熱面積在三點五平方公尺以下，且裝有內徑二十五毫米以上開放於大氣中之蒸汽管之蒸汽鍋爐。

四、傳熱面積在三點五平方公尺以下，且在蒸汽部裝有內徑二十五毫米以上之U字形豎立管，其水頭壓力在五公尺以下之蒸汽鍋爐。

五、水頭壓力在十公尺以下，且傳熱面積在八平方公尺以下之熱水鍋

爐。

六、最高使用壓力在每平方公分十公斤以下或一百萬帕斯卡（MPa）
以下，（不包括具有內徑超過一百五十毫米之圓筒形集管器，或
剖面積超過一百七十七平方公分之方形集管器之多管式貫流鍋
爐），且傳熱面積在十平方公尺以下之貫流鍋爐（具有汽水分離
器者，限其汽水分離器之內徑在三百毫米以下，且其內容積在零
點零七立方公尺以下）。

第 4 條（定義 - 一、二壓）

①本規則所稱壓力容器，分為下列二種：

一、第一種壓力容器，指合於下列規定之一者：

（一）接受外來之蒸汽或其他熱媒或使在容器內產生蒸氣加熱固
體或液體之容器，且容器內之壓力超過大氣壓。

（二）因容器內之化學反應、核子反應或其他反應而產生蒸氣之
容器，且容器內之壓力超過大氣壓。

（三）為分離容器內之液體成分而加熱該液體，使產生蒸氣之容
器，且容器內之壓力超過大氣壓。

（四）除前三目外，保存溫度超過其在大氣壓下沸點之液體之容
器。

二、第二種壓力容器，指內存氣體之壓力在每平方公分二公斤以上
或零點二百萬帕斯卡（MPa）以上之容器而合於下列規定之一
者：

（一）內容積在零點零四立方公尺以上之容器。

（二）胴體內徑在二百毫米以上，長度在一千毫米以上之容器。

②前項壓力容器如屬高壓氣體特定設備、高壓氣體容器或高壓氣體設
備，應依高壓氣體安全相關法規辦理。

第 5 條（定義 - 小壓）

本規則所稱小型壓力容器，指第一種壓力容器合於下列規定之一者：

一、最高使用壓力在每平方公分一公斤以下或零點一百萬帕斯卡

（MPa）以下，且內容積在零點二立方公尺以下。

二、最高使用壓力在每平方公分一公斤以下或零點一百萬帕斯卡
（MPa）以下，且胴體內徑在五百毫米以下，長度在一千毫米以
下。

三、以「每平方公分之公斤數」單位所表示之最高使用壓力數值與以
「立方公尺」單位所表示之內容積數值之乘積在零點二以下，或
以「百萬帕斯卡（MPa）」單位所表示之最高使用壓力數值與以
「立方公尺」單位所表示之內容積數值之乘積在零點零二以下。

第 6 條（定義 - 最高使用壓力）

本規則所稱最高使用壓力，指蒸汽鍋爐、熱水鍋爐、第一種壓力容
器、第二種壓力容器在指定溫度下，其構造上最高容許使用之壓力或
水頭壓力。

第 7 條（定義 - 傳熱面積）

本規則所稱傳熱面積，指按照鍋爐型式，依國家標準二一三九陸用鋼
製鍋爐規定方法計算，且依下列規定分別測計之面積。但不包括過熱
器及節煤器之傳熱面積：

一、貫流鍋爐：以燃燒室入口至過熱器入口之水管，與火焰、燃燒氣
體或其他高溫氣體（以下簡稱燃燒氣體等）接觸面之面積。

二、電熱鍋爐：以電力設備容量二十瓩相當一平方公尺，按最大輸入
電力設備容量換算之面積。

三、貫流鍋爐以外之水管鍋爐，就水管及集管器部分按下列規定測計
面積之總和：

（一）胴體、水管或集管器，其一部或全部接觸燃燒氣體等，另一
接觸水、汽水混合物或熱媒之面，為其接觸燃燒氣體等面之面
積。

（二）以縱向裝設鰭片之水管，其鰭片兩面均接觸燃燒氣體等者，依
其熱傳遞種類，以鰭片之單面面積乘以下表相對應之係數所得
之面積與水管外周面積相加之面積。

熱傳遞種類	係數
兩面受輻射熱時	一‧○
一面受輻射熱，另一面接燃燒氣體等時	○‧七
兩面均接觸燃燒氣體等時	○‧四

（三）以縱向裝設鰭片之水管，其單面接觸燃燒氣體等者，依其熱傳遞種類，以鰭片之單面面積乘以下表相對應之係數所得之面積與水管外周接觸燃燒氣體等部分之面積相加之面積。

熱傳遞種類	係數
受輻射熱時	○‧五
接觸燃燒氣體等時	○‧二

（四）以圓周方向或螺旋狀裝設鰭片之水管，以鰭片之單面面積（螺旋狀鰭片者，以鰭片之捲數視同圓周方向之鰭片片數計算所得之面積）之百分之二十與水管外周面積相加之面積。

（五）以耐火材（含耐火磚）包覆之水管者，為管外側對壁面之投影面積。

（六）以耐火材包覆之植釘管而單面接觸燃燒氣體等，為管之半周面積；包覆物全周接觸燃燒氣體等者，為管之外周面積。

（七）接觸燃燒氣體等之植釘管者，為植釘管外側面面積總和之百分之十五與水管外周面積相加之面積。

（八）貝禮式水冷壁者，為接觸燃燒氣體等面之展開面積。

四、水管鍋爐及電熱鍋爐以外之鍋爐：鍋爐本體中一面接觸燃燒氣體等，另一面接觸水、汽水混合物或熱媒之部分之面，為其接觸燃燒氣體等之面所測得之面積。

第二章｜鍋爐之安全管理

第 8 條（鍋爐房）

雇主應將鍋爐安裝於專用建築物內或安裝於建築物內以障壁分隔之場所（以下稱為鍋爐房）。但移動式鍋爐、屋外式鍋爐或傳熱面積在三平方公尺以下之鍋爐，不在此限。

第 9 條（穩固）

雇主對鍋爐之基礎及構架，應使鍋爐安裝維持穩固與防止發生基礎沉陷及構架扭曲，並妥為安全設計及維護。

第 10 條（出入口）

雇主應於鍋爐房設置二個以上之出入口。但無礙鍋爐操作人員緊急避難者，不在此限。

第 11 條（鍋爐房淨距）

①雇主對於鍋爐最頂端至鍋爐房頂部之天花板、樑、配管或其他鍋爐上方構造物之間，應維持一點二公尺以上之淨距。但對於安全閥及其他附屬品之檢查、調整或操作等無礙者，不在此限。

②雇主對於豎型鍋爐或本體外側未加被覆物之鍋爐，由鍋爐外壁至牆壁、配管或其他鍋爐側方構造物等之間，應維持四十五公分以上之淨距。但胴體內徑在五百毫米以下，且長度在一千毫米以下之鍋爐，其淨距得維持三十公分以上。

第 12 條（可燃物距離）

雇主對於鍋爐及其附設之金屬製煙囪或煙道，如未裝設厚度十公分以上之非金屬不燃性材料被覆者，其外側十五公分內，不得堆置可燃性物料。但可燃性物料以非金屬不燃性材料被覆者，不在此限。

第 13 條（燃料距離）

雇主於鍋爐房或鍋爐設置場所儲存燃料時，固體燃料應距離鍋爐外側一點二公尺以上，液體燃料或氣體燃料應距離鍋爐外側二公尺以上。但鍋爐與燃料或燃料容器之間，設有適當防火障壁或其他同等防火效

能者,其距離得縮減之。

第 14 條(專任操作人員)

①雇主對於鍋爐之操作管理,應僱用專任操作人員,於鍋爐運轉中不得使其從事與鍋爐操作無關之工作。

②前項操作人員,應經相當等級以上之鍋爐操作人員訓練合格或鍋爐操作技能檢定合格。

第 15 條(作業主管)

①雇主對於同一鍋爐房內或同一鍋爐設置場所中,設有二座以上鍋爐者,應依下列規定指派鍋爐作業主管,負責指揮、監督鍋爐之操作、管理及異常處置等有關工作:

一、各鍋爐之傳熱面積合計在五百平方公尺以上者,應指派具有甲級鍋爐操作人員資格者擔任鍋爐作業主管。但各鍋爐均屬貫流式者,得由具有乙級以上鍋爐操作人員資格者為之。

二、各鍋爐之傳熱面積合計在五十平方公尺以上未滿五百平方公尺者,應指派具有乙級以上鍋爐操作人員資格者擔任鍋爐作業主管。但各鍋爐均屬貫流式者,得由具有丙級以上鍋爐操作人員資格為之。

三、各鍋爐之傳熱面積合計未滿五十平方公尺者,應指派具有丙級以上鍋爐操作人員資格者擔任鍋爐作業主管。

②前項鍋爐之傳熱面積合計方式,得依下列規定減列計算傳熱面積:

一、貫流鍋爐:為其傳熱面積乘十分之一所得之值。

二、對於以火焰以外之高溫氣體為熱源之廢熱鍋爐:為其傳熱面積乘二分之一所得之值。

三、具有自動控制裝置,其機能應具備於壓力、溫度、水位或燃燒狀態等發生異常時,確能使該鍋爐安全停止,或具有其他同等安全機能設計之鍋爐:為其傳熱面積乘五分之一所得之值。

第 16 條(操作事項)

①雇主應使鍋爐操作人員實施下列事項:

一、監視壓力、水位、燃燒狀態等運轉動態。

二、避免發生急劇負荷變動之現象。

三、防止壓力上升超過最高使用壓力。

四、保持壓力表、安全閥及其他安全裝置之機能正常。

五、每日檢點水位測定裝置之機能一次以上。

六、確保鍋爐水質，適時化驗鍋爐用水，並適當實施沖放鍋爐水，防止鍋爐水之濃縮。

七、保持給水裝置機能正常。

八、檢點及適當調整低水位燃燒遮斷裝置、火焰檢出裝置及其他自動控制裝置，以保持機能正常。

九、發現鍋爐有異狀時，應即採取必要措施。

②置有鍋爐作業主管者，雇主應使其指揮、監督操作人員實施前項規定。

③第一項業務執行紀錄及簽認表單，應保存三年備查。

第 17 條（安全閥、附屬品）

雇主對於鍋爐之安全閥及其他附屬品，應依下列規定管理：

一、安全閥應調整於最高使用壓力以下吹洩。但設有二具以上安全閥者，其中至少一具應調整於最高使用壓力以下吹洩，其他安全閥可調整於超過最高使用壓力至最高使用壓力之一點零三倍以下吹洩；具有釋壓裝置之貫流鍋爐，其安全閥得調整於最高使用壓力之一點一六倍以下吹洩。經檢查後，應予固定設定壓力，不得變動。

二、過熱器使用之安全閥，應調整在鍋爐本體上之安全閥吹洩前吹洩。

三、釋放管有凍結之虞者，應有保溫設施。

四、壓力表或水高計應避免在使用中發生有礙機能之振動，且應採取防止其內部凍結或溫度超過攝氏八十度之措施。

五、壓力表或水高計之刻度板上，應明顯標示最高使用壓力之位置。

六、在玻璃水位計上或與其接近之位置，應適當標示蒸汽鍋爐之常用
水位。

七、有接觸燃燒氣體之給水管、沖放管及水位測定裝置之連絡管等，
應用耐熱材料防護。

八、熱水鍋爐之回水管有凍結之虞者，應有保溫設施。

第 18 條（禁止進入、證件揭示）

雇主對於鍋爐房或鍋爐設置場所，應禁止無關人員擅自進入，並應依
下列規定爲安全管理：

一、在作業場所入口明顯處設置禁止進入之標示。

二、非有必要且無安全之虞時，禁止攜入與作業無關之危險物及易燃
物品。

三、置備水位計之玻璃管或玻璃板、各種填料、修繕用工具及其他必
備品，以備緊急修繕用。

四、應將鍋爐檢查合格證及鍋爐操作人員資格證件影本揭示於明顯處
所；如屬移動式鍋爐，應將檢查合格證影本交鍋爐操作人員隨身
攜帶。

五、鍋爐之燃燒室、煙道等之砌磚發生裂縫時，或鍋爐與鄰接爐磚之
間發生隙縫時，應盡速予以適當修補。

第 19 條（點火確認）

雇主於鍋爐點火前，應使鍋爐操作人員確認節氣閘門確實開放，非經
燃燒室及煙道內充分換氣後，不得點火。

第 20 條（排除廢氣）

雇主應改善鍋爐之燃燒方法，避免鍋爐燃燒產生廢氣滯留室內，並應
於鍋爐房設置必要之通風設備或採其他排除廢氣措施。但無廢氣滯留
之虞者，不在此限。

第 21 條（沖放水）

雇主於鍋爐操作人員沖放鍋爐水時，不得使其從事其他作業，並不得
使單獨一人同時從事二座以上鍋爐之沖放工作。

第 22 條（水質）

雇主對於鍋爐用水，應合於國家標準一〇二三一鍋爐給水與鍋爐水水質標準之規定，並應適時清洗胴體內部，以防止累積水垢。

第 23 條（進入內部）

雇主對於勞工進入鍋爐或其燃燒室、煙道之內部，從事清掃、修繕、保養等作業時，應依下列規定辦理：

一、將鍋爐、燃燒室或煙道適當冷卻。

二、實施鍋爐、燃燒室或煙道內部之通風換氣。

三、鍋爐、燃燒室或煙道內部使用之移動電線，應為可撓性雙重絕緣電纜或具同等以上絕緣效力及強度者；移動電燈應裝設適當護罩。

四、與其他使用中之鍋爐或壓力容器有管連通者，應確實隔斷或阻斷。

五、置監視人員隨時保持連絡，如有災害發生之虞時，立即採取危害防止、通報、緊急應變及搶救等必要措施。

第 24 條（小鍋 - 構造）

雇主對於小型鍋爐之構造，應合於國家標準一〇八九七小型鍋爐之規定。

第 25 條（小鍋 - 安全閥）

雇主對於小型鍋爐之安全閥，應調整於每平方公分一公斤以下或零點一百萬帕斯卡（MPa）以下之壓力吹洩。但小型貫流鍋爐應調整於最高使用壓力以下吹洩。

第三章 | 壓力容器之安全管理

第 26 條（一壓 - 專任操作人員）

①雇主對於第一種壓力容器之操作管理，應僱用專任操作人員，於該容器運轉中，不得使其從事與第一種壓力容器操作無關之工作。

②前項操作人員，應經第一種壓力容器操作人員訓練合格或壓力容器操作技能檢定合格。

第 27 條（一壓 - 作業主管）

①雇主對於同一作業場所中，設有二座以上第一種壓力容器者，應指派具有第一種壓力容器操作人員資格及相當專業知識經驗者，擔任第一種壓力容器作業主管，負責指揮、監督第一種壓力容器之操作、管理及異常處置等有關工作。

②前項業務執行紀錄及簽認表單，應保存三年備查。

第 28 條（一壓 - 操作事項）

雇主應使第一種壓力容器操作人員實施下列事項：

一、監視溫度、壓力等運轉動態。

二、避免發生急劇負荷變動之現象。

三、防止壓力上升超過最高使用壓力。

四、保持壓力表、安全閥及其他安全裝置之機能正常。

五、檢點及調整自動控制裝置，以保持機能正常。

六、保持冷卻裝置之機能正常。

七、發現第一種壓力容器及配管有異狀時，應即採取必要措施。

第 29 條（一壓 - 告知指揮）

雇主對於第一種壓力容器於初次使用、變更操作方法或變更內容物種類時，應事前將相關作業方法及操作必要注意事項告知操作勞工，使其遵循，並由第一種壓力容器作業主管或指派專人指揮、監督該作業。

第 30 條（安全閥、附屬品）

雇主對於壓力容器之安全閥及其他附屬品，應依下列規定管理：

一、安全閥應調整於最高使用壓力以下吹洩。但設有二具以上安全閥者，其中至少一具應調整於最高使用壓力以下吹洩，其他安全閥可調整於超過最高使用壓力至最高使用壓力之一點零三倍以下吹洩。經檢查後，應予固定設定壓力，不得變動。

二、壓力表應避免在使用中發生有礙機能之振動，且應採取防止其內部凍結或溫度超過攝氏八十度之措施。

三、壓力表之刻度板上，應明顯標示最高使用壓力之位置。

第 31 條（進入內部）

雇主對於勞工進入壓力容器內部，從事壓力容器之清掃、修繕、保養等作業時，應依下列規定辦理：

一、將壓力容器適當冷卻。

二、實施壓力容器內部之通風換氣。

三、壓力容器內部使用之移動電線，應為可撓性雙重絕緣電纜或具同等以上絕緣效力及強度者；移動電燈應裝設適當護罩。

四、與其他使用中之鍋爐或壓力容器有管連通者，應確實隔斷或阻斷。

五、置監視人員隨時保持連絡，如有災害發生之虞時，立即採取危害防止、通報、緊急應變及搶救等必要措施。

第 32 條（小壓 - 構造）

雇主對於小型壓力容器之構造，應合於國家標準一四九六七小型壓力容器之規定。

第 33 條（小壓 - 安全閥吹洩）

雇主對於第五條第一款、第二款之小型壓力容器之安全閥，應調整於每平方公分一公斤以下或零點一百萬帕斯卡（MPa）以下之壓力吹洩；第五條第三款之小型壓力容器之安全閥，應調整於最高使用壓力以下吹洩。

第四章｜附則

第 34 條（事故報告）

①雇主對於鍋爐或壓力容器發生破裂、爆炸等事故，致其構造損傷、爐筒壓潰、胴體膨出等時，應迅即向檢查機構報告。

②檢查機構接獲前項報告後，應即派員調查，並將調查結果報請中央主管機關備查。

第 35 條（依規定）

鍋爐或壓力容器裝設於航空器、船舶、鐵公路交通工具者，應由交通主管機關依其相關規定管理。使用於核能設施之核子反應器壓力槽、壓水式反應槽之蒸汽發生器及調壓器者，由中央核能主管機關管理。國防軍事用途之鍋爐或壓力容器，由國防主管機關管理。

第 35-1 條（依規定）

有關鍋爐通風設備之排煙裝置、排煙風管、逆風檔及鍋爐房之防火區劃等，應依建築管理法規及消防法規之相關規定辦理。

第 36 條（排除條款）

下列鍋爐或壓力容器不適用本規則：

一、最高使用壓力在每平方公分一公斤以下或零點一百萬帕斯卡（MPa）以下，且傳熱面積在零點五平方公尺以下之蒸汽鍋爐。

二、最高使用壓力在每平方公分一公斤以下或零點一百萬帕斯卡（MPa）以下，且胴體內徑在二百毫米以下，長度在四百毫米以下之蒸汽鍋爐。

三、最高使用壓力在每平方公分三公斤以下或零點三百萬帕斯卡（MPa）以下，且內容積在零點零零零三立方公尺以下之蒸汽鍋爐。

四、傳熱面積在二平方公尺以下，且裝有內徑二十五毫米以上開放於大氣中之蒸汽管之蒸汽鍋爐。

五、傳熱面積在二平方公尺以下，且在蒸汽部裝有內徑二十五毫米以上之 U 字形豎立管，其水頭壓力在五公尺以下之蒸汽鍋爐。

六、水頭壓力在十公尺以下，且傳熱面積在四平方公尺以下之熱水鍋爐。

七、最高使用壓力在每平方公分十公斤以下或一百萬帕斯卡（MPa）以下（不包括具有內徑超過一百五十毫米之圓筒形集管器，或剖面積超過一百七十七平方公分之方形集管器之多管式貫流鍋

爐），且傳熱面積在五平方公尺以下之貫流鍋爐（具有汽水分離器者，限其汽水分離器之內徑在二百毫米以下，且其內容積在零點零二立方公尺以下）。

八、內容積在零點零零四立方公尺以下，且未具集管器及汽水分離器之貫流鍋爐，其以「每平方公分之公斤數」單位所表示之最高使用壓力數值與以「立方公尺」單位所表示之內容積數值之乘積在零點二以下，或以「百萬帕斯卡（MPa）」單位所表示之最高使用壓力數值與以「立方公尺」單位所表示之內容積數值之乘積在零點零二以下者。

九、最高使用壓力在每平方公分一公斤以下或零點一百萬帕斯卡（MPa）以下，且內容積在零點零四立方公尺以下之第一種壓力容器。

十、最高使用壓力在每平方公分一公斤以下或零點一百萬帕斯卡（MPa）以下，且胴體內徑在二百毫米以下，長度在一千毫米以下之第一種壓力容器。

十一、以「每平方公分之公斤數」單位所表示之最高使用壓力數值與以「立方公尺」單位所表示之內容積數值之乘積在零點零四以下，或以「百萬帕斯卡（MPa）」單位所表示之最高使用壓力數值與以「立方公尺」單位所表示之內容積數值之乘積在零點零零四以下之第一種壓力容器。

第 36-1 條（自營作業者準用、工作者比照）

①自營作業者，準用本規則有關雇主義務之規定。

②受工作場所負責人指揮或監督從事勞動之人員，於事業單位工作場所從事勞動，比照該事業單位之勞工，適用本規則之規定。

第 37 條（施行日）

①本規則自發布日施行。

②本規則中華民國一百零三年七月一日修正條文，自一百零三年七月三日施行。

高壓氣體勞工安全規則（111.9.14）

第一章｜總則

第1條（法源）

本規則依職業安全衛生法第六條第三項及第二十三條第四項規定訂定之。

第2條（定義 - 高壓氣體）

本規則所稱高壓氣體如左：

一、在常用溫度下，表壓力（以下簡稱壓力。）達每平方公分十公斤以上之壓縮氣體或溫度在攝氏三十五度時之壓力可達每平方公分十公斤以上之壓縮氣體，但不含壓縮乙炔氣。

二、在常用溫度下，壓力達每平方公分二公斤以上之壓縮乙炔氣或溫度在攝氏十五度時之壓力可達每平方公分二公斤以上之壓縮乙炔氣。

三、在常用溫度下，壓力達每平方公分二公斤以上之液化氣體或壓力達每平方公分二公斤時之溫度在攝氏三十五度以下之液化氣體。

四、前款規定者外，溫度在攝氏三十五度時，壓力超過每平方公分零公斤以上之液化氣體中之液化氰化氫、液化溴甲烷、液化環氧乙烷或其他中央主管機關指定之液化氣體。

第3條（定義 - 特定高壓氣體）

本規則所稱特定高壓氣體，係指高壓氣體中之壓縮氫氣、壓縮天然氣、液氧、液氨及液氯、液化石油氣。

第4條（定義 - 可燃性氣體）

本規則所稱可燃性氣體，係指丙烯晴、丙烯醛、乙炔、乙醛、氨、一氧化碳、乙烷、乙胺、乙苯、乙烯、氯乙烷、氯甲烷、氯乙烯、環氧

乙烷、環氧丙烷、氰化氫、環丙烷、二甲胺、氫、三甲胺、二硫化碳、丁二烯、丁烷、丁烯、丙烷、丙烯、溴甲烷、苯、甲烷、甲胺、二甲醚、硫化氫及其他爆炸下限在百分之十以下或爆炸上限與下限之差在百分之二十以上之氣體。

第 5 條（定義 - 原料氣體）

本規則所稱原料氣體係指前條規定之氣體及氧氣。

第 6 條（定義 - 毒性氣體）

①本規則所稱毒性氣體，指丙烯　、丙烯醛、二氧化硫、氨、一氧化碳、氯、氯甲烷、氯丁二烯、環氧乙烷、氰化氫、二乙胺、三甲胺、二硫化碳、氟、溴甲烷、苯、光氣、甲胺、硫化氫及其他容許濃度在百萬分之二百以下之氣體。

②前項所稱容許濃度，指勞工作業場所容許暴露標準規定之容許濃度。

第 7 條（定義 - 容器）

本規則所稱容器，係指純供灌裝高壓氣體之移動式壓力容器。

第 8 條（定義 - 灌氣容器）

本規則所稱灌氣容器，係指灌裝有高壓氣體之容器，而該氣體之質量在灌裝時質量之二分之一以上者。

第 9 條（定義 - 殘氣容器）

本規則所稱殘氣容器，係指灌裝有高壓氣體之容器，而該氣體之質量未滿灌裝時質量之二分之一者。

第 10 條（定義 - 超低溫容器）

本規則所稱超低溫容器，係指可灌裝攝氏零下五十度以下之液化氣體，並使用絕熱材料被覆，使容器內氣體溫度不致上升至超過常用溫度之容器。

第 11 條（定義 - 低溫容器）

本規則所稱低溫容器，係指使用絕熱材料被覆或利用冷凍設備冷卻，使容器內氣體溫度不致上升至超過常用溫度，供作灌裝液化氣體之前

條以外之容器。

第 12 條（定義 - 儲槽）

本規則所稱儲槽，係指固定於地盤之高壓氣體儲存設備。

第 13 條（定義 - 可燃性氣體低溫儲槽）

本規則所稱可燃性氣體低溫儲槽，係將大氣壓時沸點為攝氏零度以下之可燃性氣體於攝氏零度以下或以該氣體氣相部分之常用壓力於每平方公分一公斤以下之液態下儲存，並使用絕熱材料被覆或利用冷凍設備冷卻，使槽內氣體溫度不致上升至常用溫度之儲槽。

第 14 條（定義 - 氣體設備）

本規則所稱氣體設備，係指製造設備（不含與製造有關所用之導管。）中擬製造之高壓氣體之氣體（包括原料氣體。）流通之部分。

第 15 條（定義 - 高壓氣體設備）

本規則所稱高壓氣體設備，係指氣體設備中有高壓氣體流通之部分。

第 16 條（定義 - 處理設備）

本規則所稱處理設備，係指以壓縮、液化及其他方法處理氣體之高壓氣體製造設備。

第 17 條（定義 - 減壓設備）

本規則所稱減壓設備，係指將高壓氣體變換為非高壓氣體之設備。

第 18 條（定義 - 儲存能力）

本規則所稱儲存能力，係指儲存設備可儲存之高壓氣體之數量，其計算式如左：

一、壓縮氣體儲存設備：$Q = (P+1) \times V_1$

二、液化氣體儲存設備：$W = 0 \cdot 9 \times w \times V_2$

三、液化氣體容器：$W = V_2/C$

　　算式中：

　　Q 儲存設備之儲存能力（單位：立方公尺）值。

　　P 儲存設備之溫度在攝氏三十五度（乙炔氣為攝氏十五度）時之最高灌裝壓力（單位：每平方公分之公斤數）值。

V_1 儲存設備之內容積（單位：立方公尺）值。

W 儲存設備之儲存能力（單位：公斤）值。

W 儲槽於常用溫度時液化氣體之比重（單位：每公升之公斤數）值。

V_2 儲存設備之內容積（單位：公升）值。

C 中央主管機關指定之值。

第 19 條（定義 - 處理能力）

本規則所稱處理能力，係指處理設備或減壓設備以壓縮、液化或其他方法一日可處理之氣體容積（換算於溫度在攝氏零度、壓力為每平方公分零公斤狀態時之容積。）值。

第 20 條（定義 - 冷凍能力）

本規則所稱冷凍能力，指下列規定之一者：

一、使用離心式壓縮機之製造設備，以該壓縮機之原動機額定輸出一‧二瓩為一日冷凍能力一公噸。

二、使用吸收式冷凍設備，以一小時加熱於發生器之入熱量六千六百四十仟卡為一日冷凍能力一公噸。

三、除前二款規定者外，依下式計算：

R = V/C　算式中：

R：一日之冷凍能力（單位：公噸）值。

V：以多段壓縮方式或多元冷凍方式之製造設備，依下列（一）計算所得之數值；回轉活塞型壓縮機，依下列（二）計算所得之數值；其他以壓縮機一小時標準回轉速度之活塞壓縮量（單位：立方公尺）值。

（一）$V_H + 0.08 \times V_L$

（二）$60 \times 0.785 \times t \times n(D^2 - d^2)$

算式中：

V_H：於壓縮機額定回轉速度時最終段或最終元氣筒一小時活塞壓縮量（單位：立方公尺）值。

V_L：於壓縮機額定回轉速度時最終段或最終元之前一氣筒一小時
　　 活塞壓縮量（單位：立方公尺）值。

t：回轉活塞之氣體壓縮部分之厚度（單位：公尺）值。

n：回轉活塞一分鐘之標準回轉數值。

D：氣筒內徑（單位：公尺）值。

d：回轉活塞之外徑（單位：公尺）值。

C：依冷媒氣體決定之中央主管機關之指定值。

第 21 條（定義 - 移動式製造設備）

本規則所稱移動式製造設備，係指可於地盤上移動之製造（含與該製造有關之儲存或導管之輸送。）設備。

第 22 條（定義 - 固定式製造設備）

本規則所稱固定式製造設備，係指前條規定之移動式製造設備以外之製造設備。

第 23 條（定義 - 液化石油氣製造設備）

本規則所稱液化石油氣製造設備，指下列設備之一者：

一、第一種製造設備：指加氣站以外設有儲槽或導管之固定式製造設備。

二、第二種製造設備：指加氣站以外未設有儲槽或導管之固定式製造設備。

第 24 條（定義 - 供應設備）

本規則所稱供應設備如左：

一、第一種供應設備：在供應事業場所以灌氣容器或殘氣容器（含儲存設備及導管之輸送）供應液化石油氣之各該設備。

二、第二種供應設備：前款以外之從事供應液化石油氣時之各該設備。

第 25 條（定義 - 加氣站）

本規則所稱加氣站，係指直接將液化石油氣灌裝於固定在使用該氣體為燃料之車輛之容器之固定式製造設備。

第 26 條（定義 - 冷凍機器）

本規則所稱冷凍機器，係指專供冷凍設備使用之機械，且一日之冷凍能力在三公噸以上者。

第 27 條（定義 - 製造事業單位）

本規則所稱製造事業單位如左：

一、甲類製造事業單位：使用壓縮、液化或其他方法處理之氣體容積（係指換算成溫度在攝氏零度、壓力在每平方公分零公斤時之容積。）一日在三十立方公尺以上或一日冷凍能力在二十公噸（適於中央主管機關規定者，從其規定。）以上之設備從事高壓氣體之製造（含灌裝於容器；以下均同。）者。

二、乙類製造事業單位：前款以外之高壓氣體製造者。但冷凍能力以三公噸以上者為限。

第 28 條（定義 - 特定高壓氣體消費事業單位）

本規則所稱特定高壓氣體消費事業單位係指設置之特定高壓氣體儲存設備之儲存能力適於左列之一或使用導管自其他事業單位導入特定高壓氣體者。

一、壓縮氫氣之容積在三百立方公尺以上者。

二、壓縮天然氣之容積在三百立方公尺以上者。

三、液氧之質量在三千公斤以上者。

四、液氨之質量在三千公斤以上者。

五、液氯之質量在一千公斤以上者。

第 29 條（定義 - 特定液化石油氣消費事業單位）

本規則所稱特定液化石油氣消費事業單位係指設置之液化石油氣儲存設備之儲存能力，其質量在三千公斤以上或使用導管自其他事業單位導入液化石油氣者。

第 30 條（定義 - 一般液化石油氣消費事業單位）

本規則所稱一般液化石油氣消費事業單位，係指前條以外之液化石油氣消費事業單位。

第二章｜製造安全設施

第一節　甲類製造事業單位之固定式製造設備

第 31 條（境界線）

事業場所應有明確之境界線，並於該場所外面設置容易辨識之警戒標示。

第 32 條（冷凍設備 - 堆積危險物）

冷凍設備之壓縮機、油分離器、冷凝器或承液器及此等間之配管，不得設置於堆積有中央主管機關指定之危險性物質（以下簡稱危險性物質。）或煙火場所之附近。

第 33 條（可燃性氣體 - 煙火距離）

自可燃性氣體製造設備（以可燃性氣體可流通之部分為限；經中央主管機關指定者除外。）之外面至處理煙火（不含該製造設備內使用之煙火。）之設備，應保持八公尺以上距離或設置防止可燃性氣體自製造設備漏洩時不致流竄至處理煙火之設備之措施。

第 34 條（可燃性氣體 - 高壓氣體設備 - 距離）

自可燃性氣體製造設備之高壓氣體設備（不含供作其他高壓氣體設備之冷卻用冷凍設備。）之外面至其他可燃性氣體製造設備之高壓氣體設備（以可燃性氣體可流通之部分為限。）應保持五公尺以上之距離，與氧氣製造設備之高壓氣體設備（以氧氣可流通之部分為限。）應保持十公尺以上距離。但依第八十條之導管設置規定設置之配管，不在此限。

第 35 條（可燃性氣體 - 儲槽距離）

自儲存能力在三百立方公尺或三千公斤以上之可燃性氣體儲槽外面至其他可燃性氣體或氧氣儲槽間應保持一公尺或以該儲槽、其他可燃性氣體儲槽或氧氣儲槽之最大直徑和之四分之一以上較大者之距離。但設有水噴霧裝置或具有同等以上有效防火及滅火能力之設施者，不在

此限。

第 36 條（可燃性氣體 - 儲槽標示）

可燃性氣體儲槽應塗以紅色或在該槽壁上明顯部分以紅字書明該氣體名稱。但標示於槽壁缺乏識別效果之地下儲槽、埋設於地盤內儲槽、覆土式儲槽及其他儲槽，得採設置標示牌或其他易於識別之方式為之。

第 37 條（防液堤）

下列設備應於其四周設置可防止液化氣體漏洩時流竄至他處之防液堤或其他同等設施：

一、儲存能力在一千公噸以上之液化可燃性氣體儲槽。

二、儲存能力在一千公噸以上之液化氧氣儲槽。

三、儲存能力在五公噸以上之液化毒性氣體儲槽。

四、以毒性氣體為冷媒氣體之冷媒設備，其承液器內容積在一萬公升以上者。

第 37-1 條（防液堤 - 距離）

依前條規定設置防液堤者，其防液堤內側及堤外十公尺範圍內，除下列設備及儲槽之附屬設備外，不得設置其他設備。但液化毒性氣體儲槽防液堤外之距離範圍，應依第三十七條之二規定辦理，不受十公尺規定限制：

一、設置於防液堤內側者：

（一）與該儲槽有關之低溫儲槽之輸液設備。

（二）惰性氣體儲槽。

（三）水噴霧裝置。

（四）撒水裝置及儲槽外面至防液堤間超過二十公尺者，可自防液堤外側操作之滅火設備。

（五）氣體漏洩檢知警報設備之感應部。

（六）除毒設備之吸收洩漏氣體之部分。

（七）照明設備。

（八）計測設備。

（九）排水設備。

（十）配管及配管架臺。

（十一）其他不妨礙安全之設備。

二、設置於防液堤外側者：

（一）與該儲槽有關之輸液設備。

（二）惰性氣體儲槽或空氣儲槽。

（三）冷凍設備。

（四）熱交換器。

（五）氣化器。

（六）氣體漏洩檢知警報設備。

（七）除毒設備。

（八）照明設備。

（九）防止氣體擴散漏洩之構築物。

（十）計測設備。

（十一）配管及配管架臺。但配管膨脹接頭以外之部分，以距地面四公尺以上高度者為限。

（十二）導管及導管架臺。

（十三）消防設備。

（十四）事業場所設置之通路。

（十五）具有可承受地盤荷重而埋設於地下之設施。

（十六）其他不妨礙安全之設備。

第 37-2 條（液化毒性氣體 - 防液堤 - 距離）

液化毒性氣體儲槽，應依下列公式計算前條所定防液堤外側應維持之距離：

一、毒性氣體中之可燃性氣體：

（一）當 5 ≦ X < 1000，

$$L = \frac{4}{995}(X - 5) + 6$$

（二）當 X ≧ 1000，L = 10

　　　X：儲存能力（公噸）

　　　L：距離（公尺）

二、前款以外之毒性氣體：

（一）當 5 ≦ X < 1000，

$$L = \frac{4}{995}(X - 5) + 4$$

（二）當 X ≧ 1000，L = 8

　　　X：儲存能力（公噸）

　　　L：距離（公尺）

第 38 條（可燃性氣體、冷媒設備 - 廠房）

設置可燃性氣體製造設備或冷媒設備之壓縮機、油分離器、冷凝器或承液器及此等間之配管（以製造可燃性氣體或毒性氣體之製造設備者為限。）之廠房，不得因可燃性氣體或冷媒氣體之漏洩致使其滯留於廠內之構造。

第 39 條（可燃性、毒性氣、氧氣氣體 - 氣密）

可燃性氣體、毒性氣體及氧氣之氣體設備（除高壓氣體設備及空氣取氣口外。）應具氣密之構造。

第 40 條（冷凍用高壓氣體 - 漏洩）

冷凍用高壓氣體之製造設備應具有不因振動、衝擊或腐蝕等致使冷媒氣體漏洩之構造。

第 41 條（高壓氣體設備 - 耐壓試驗）

高壓氣體設備應以常用壓力一點五倍以上之壓力實施耐壓試驗，並以常用壓力以上之壓力實施氣密試驗測試合格。但不包括下列設備：

一、第七條所列之容器。

二、經重新檢查或構造檢查實施耐壓試驗、氣密試驗測試合格之高壓

氣體特定設備。

三、經中央主管機關認定具有同等效力之試驗合格者。

第 42 條（冷媒設備 - 耐壓試驗）

冷媒設備（冷凍設備中，冷媒氣體可流通之部分；以下均同。）應經以最使用壓力以上之壓力實施氣密試驗及以最高使用壓力一‧五倍以上壓力實施之耐壓試驗或具有同等以上效力之試驗合格者。

第 43 條（高壓氣體設備 - 厚度）

高壓氣體設備（容器及中央主管機關規定者外。）應具有以常用壓力二倍以上壓力加壓時，不致引起降伏變形之厚度或經中央主管機關認定具有同等以上強度者。

第 44 條（氣體設備 - 材料）

氣體設備之材料，應使用足以適應該氣體之種類、性狀、溫度及壓力等諸性質之要求者。

第 45 條（高壓氣體設備 - 基礎沈陷）

高壓氣體設備，除配管、泵、壓縮機之部分外，其基礎不得有不均勻沈陷致使該設備發生有害之變形；儲存能力在一百立方公尺或一公噸以上之儲槽之支柱（未置支柱之儲槽者為其底座。）應置於同一基礎，並緊密結合。

第 46 條（耐震）

塔（供進行反應、分離、精煉、蒸餾等製程之高壓氣體設備，以其最高位正切線至最低位正切線間之長度在五公尺以上者。）、儲槽（以儲存能力在三百立方公尺或三公噸以上之儲槽。）、冷凝器（豎式圓胴型者，以胴部長度在五公尺以上者為限。）及承液器（以內容積在五千公升以上者為限。）及支撐各該設備之支持構築物與基礎之結構，應能承受地震影響之耐震構造。

第 47 條（高壓氣體設備 - 降溫措施）

高壓氣體設備之可進行溫度變化之反應、分離、精煉、蒸餾、冷卻、冷凝、熱交換及加熱設備，應設置適當之溫度計，且應採取該設備內

溫度超過常用溫度時，可迅使其溫度下降至常用溫度範圍內之措施。

第 48 條（高壓氣體、儲存、冷媒設備 - 洩壓裝置）

高壓氣體設備、儲存設備或冷媒設備，應設置適當之壓力表，且應置該設備內壓力超過最高使用壓力時，可迅使其壓力恢復至最高使用壓力以下之安全裝置。

第 49 條（釋放口位置）

前條安全裝置（除設置於惰性高壓氣體設備者外。）中之安全閥或破裂板應置釋放管；釋放管開口部之位置，應依左列規定：

一、設於可燃性氣體儲槽者：應置於距地面五公尺或距槽頂二公尺高度之任一較高之位置以上，且其四周應無著火源等之安全位置。

二、設於毒性氣體高壓氣體設備者：應置於該氣體之除毒設備內。

三、設於其他高壓氣體設備者：應置於高過鄰近建築物或工作物之高度，且其四周應無著火源等之安全位置。

第 50 條（可燃性氣體低溫儲槽 - 壓差破裂）

可燃性氣體低溫儲槽，應採取防止其內壓降低至較外壓為低時不致使該儲槽發生破裂之措施。

第 51 條（冷媒設備 - 液面計）

①以可燃性氣體或毒性氣體為冷媒氣體之冷媒設備之承液器及液化氣體儲槽應裝設液面計（氧氣或惰性氣體之超低溫儲槽以外之儲槽，以採用圓型玻璃管以外之液面計為限。）；該液面計如為玻璃管液面計者，應有防止該玻璃管不致遭受破損之措施。

②連接前項玻璃管液面計與承液器或儲槽（以儲存可燃性氣體及毒性氣體為限。）間之配管，應設置自動及手動式停止閥。

第 52 條（可燃性、毒性、氧氣之儲槽 - 緊急遮斷）

設置於儲存可燃性氣體、毒性氣體或氧氣之儲槽（不含中央主管機關規定者。）之配管（以輸出或接受該氣體之用者為限；包括儲槽與配管之連接部分。）除依次條規定設置緊急遮斷裝置之閥類外，應設二具以上之閥；其一應置於該儲槽之近接處，該閥在輸出或接受氣體以

外之期間，應經常關閉。

第 53 條（可燃性、毒性、氧氣之儲槽－緊急遮斷）

①設置於內容積在五千公升以上之可燃性氣體、毒性氣體或氧氣等之液化氣體儲槽之配管，應於距離該儲槽外側五公尺以上之安全處所設置可操作之緊急遮斷裝置。但僅用於接受該液態氣體之配管者，得以逆止閥代替。

②前項配管，包括儲槽與配管間之連接部分，以輸出或接受液化之可燃性氣體、毒性氣體或氧氣之用者為限。

③液氧儲槽僅供應醫療用途者，除應依第一項規定設置緊急遮斷裝置外，得另裝旁通閥。但旁通閥應經常保持關閉狀態，並加鉛封或上鎖，非遇有緊急情況或維修需要，不得開啟。

第 54 條（可燃性氣體－防爆電氣）

可燃性氣體（氨及溴甲烷以外。）之高壓氣體設備或冷媒設備使用之電氣設備，應具有適應其設置場所及該氣體種類之防爆性能構造。

第 55 條（緊急電源）

自動控制進行反應、分離、精煉、蒸餾等製造設備之控制裝置、依次條、第五十七條或第六十二條規定設置之撒水裝置、依第六十七條規定設置之消防設備、製造設備之冷卻水泵、緊急照明設備及其他為確保製造安全經中央主管機關規定之設施，應設置不因停電導致該設施失卻安全功能之緊急電源或採取其他輔助措施。

第 56 條（灌裝乙炔－撒水裝置）

灌裝壓縮乙炔氣於容器之場所及第七十九條之灌氣容器放置場應設不因火災致使容器發生破裂之撒水裝置。

第 57 條（液化石油氣儲槽－耐熱性）

設置於地盤上之液化石油氣儲槽及其支柱，應以不燃性絕熱材料被覆等構築之耐熱性構造；或於距離該儲槽及其支柱之外面五公尺以上之處所設置可操作之冷卻用撒水設備或其他冷卻裝置。

第 58 條（壓縮機 - 防護牆）

放置壓縮機或灌裝壓縮乙炔氣於容器之場所或與第七十九條之灌氣容器放置場間及灌裝該氣體於容器之場所與第七十九條之灌氣容器放置場間，應分設厚度在十二公分以上鋼筋混凝土造或具有與此同等以上強度結構之防護牆。

第 59 條（壓縮機 - 防護牆）

壓縮機與使用每平方公分一百公斤以上之壓力灌注壓縮氣體於容器之場所或與第七十九條規定之灌氣容器放置場間，應分設厚度在十二公分以上鋼筋混凝土造或具有與此同等以上強度結構之防護牆。

第 60 條（可燃性、毒性氣體 - 漏洩檢知）

可燃性氣體或毒性氣體之製造設備中，有氣體漏洩致積滯之虞之場所，應設可探測該漏洩氣體，且自動發出警報之氣體漏洩檢知警報設備。

第 61 條（毒性氣體 - 防毒措施）

毒性氣體之製造設備（中央主管機關規定者外。），應依左列規定設置氣體漏洩時之防毒措施：

一、可適當防止漏洩氣體擴散之裝置。

二、應依該氣體毒性、氣體種類、數量及製程，選擇吸收各該毒性氣體之設備及吸收劑。

三、防毒面罩及其他防護具，應保管於安全場所，並經常維護於適當狀態。

第 62 條（可燃性、毒性氣體之儲槽 - 支柱）

可燃性氣體或毒性氣體之儲槽或此等儲槽以外之儲槽而鄰近於可燃性氣體儲槽或處置可燃性物質之設備之四周及此等之支柱，應採取防止溫升之必要措施。

第 63 條（毒性氣體 - 標示）

為區別毒性氣體製造設施與其他製造設施，應於其外部設置容易辨識其為毒性氣體製造設施之必要措施，且在該設施之泵、閥、接頭及其

他有漏洩氣體之虞之處所，標示其具有毒性之危害。

第 64 條（毒性氣體 - 熔接接合）

毒性氣體之氣體設備之配管、管接頭及閥之接合；應採用熔接接合。但不適於熔接接合者，得以在安全上具有必要強度之凸緣接合代替。

第 65 條（毒性氣體 - 二重管）

毒性氣體之氣體設備之配管，應依各該氣體之種類、性狀、壓力及該配管鄰近狀況，在必要處所採用二重管構造。

第 66 條（可燃性氣體 - 靜電）

可燃性氣體製造設備，應採取可除卻該設備產生之靜電之措施。

第 67 條（可燃性、氧氣 - 消防設備）

可燃性氣體及氧氣之製造設備，應依消防法有關規定設必要之消防設備。

第 68 條（通報設備）

事業場所應依其規模及製造設施之形態，在事業場所內設發生緊急災害時，可迅速聯絡之通報設備。

第 69 條（人員操作按鈕）

設於製造設備之閥或旋塞及以按鈕方式等操作該閥或旋塞之開閉按鈕等（以下於本條文中簡稱閥之相關裝置。）除依左列規定外，並應採取可使作業人員適當操作之措施：

一、在閥之相關裝置應設可明確表示其開閉方向之標示外，如該閥之相關裝置之操作對製造設備在安全上有重大影響者，應設表示其開閉狀況之標示。

二、與該閥之相關裝置有關之配管，應於近接該裝置之部位，以容易識別之方法標示該配管內之氣體或其他流體之種類及流動方向。但使用按鈕操作者，不在此限。

三、閥之相關裝置之操作對製造設備在安全上有重大影響且不經常使用者，應予加鎖、鉛封或採取其他同等有效之措施。但供緊急使用者，不在此限。

四、在閥之相關裝置操作場所，應視該裝置之機能及使用頻率，設置可確實操作該裝置之作業台。

第 70 條（安全狀態）

對高壓氣體之製造，於其生成、分離、精煉、反應、混合、加壓或減壓過程，應依下列規定維持於安全狀態：

一、附設於安全閥或釋放閥之停止閥，應經常維持於全開放狀態。但從事安全閥或釋放閥之修理致有關斷必要者，不在此限。

二、當空氣液化分離裝置之液氧積存器內，每公升液氧中碳氫化合物濃度有下列情形之一時，應採取即刻停止該空氣液化分離裝置運轉，且迅即將液氧排放之措施：

（一）乙炔質量超過一毫克。

（二）甲烷中之碳質量超過二百毫克。

（三）前二款以外之其他碳氫化合物之碳質量超過一百毫克。

（四）碳氫化合物中之碳質量合計超過二百毫克。

三、下列氣體不得予以壓縮：

（一）乙炔、乙烯及氫氣以外之可燃性氣體中，含氧容量佔全容量之百分之四以上者。

（二）乙炔、乙烯或氫氣中之含氧容量佔全容量之百分之二以上者。

（三）氧氣中之乙炔、乙烯及氫氣之容量之合計佔全容量之百分之二以上者。

（四）氧氣中之乙炔、乙烯及氫氣以外之可燃性氣體，其容量佔全容量之百分之四以上者。

四、製造壓力超過每平方公分二十五公斤之壓縮乙炔時，應添加稀釋劑。

第 71 條（灌裝作業）

從事高壓氣體製造中之灌裝作業，應依下列規定辦理：

一、將液化氣體灌注於儲槽時，應控制該液化氣體之容量不得超過在常用溫度下該槽內容積之百分之九十；對液化毒性氣體儲槽，應

具有可自動探測液化氣體之容量及超過槽內容積百分之九十界限時可發出警報之設施。

二、將乙炔以外之壓縮氣體及液氨、液化二氧化碳及液氯灌注於無縫容器時，應於事前對該容器實施音響檢查；對有異音者應實施內部檢查；發現內部有腐蝕或異物時不得使用。

三、將高壓氣體灌注於固定在車輛之內容積在五千公升以上之容器或自該容器抽出高壓氣體時，應在該車輛設置適當之輪擋並予以固定。

四、將乙炔灌注於容器時，應維持其灌裝壓力在每平方公分二十五公斤以下，且應於灌注後靜置至其壓力在攝氏十五度時為每平方公分十五點五公斤以下。

五、將環氧乙烷灌注於儲槽或灌注於容器時，應於事前使用氮氣或二氧化碳置換該儲槽或容器內部原有之氣體，使其不含有酸或鹼等物質。

六、應在事前確認灌注液化石油氣於容器或受灌注自該容器之製造設備之配管與容器之配管連接部分無漏洩液化石油氣之虞，且於灌注或抽出並將此等配管內之流體緩緩排放至無虞危險後，始得拆卸該配管。

七、高壓氣體之灌裝，應使用符合現行法令規定之合格容器或儲槽。

第 72 條（灌裝漏洩）

為防止灌裝後氣體之漏洩或爆炸，高壓氣體之灌裝，應依左列規定：

一、乙炔應灌注於浸潤有多孔質物質性能試驗合格之丙酮或二甲基甲醯胺之多孔性物質之容器。

二、氰化氫之灌裝，應在純度百分之九十八以上氰化氫中添加穩定劑。

三、氰化氫之灌氣容器，應於灌裝後靜置二十四小時以上，確認無氣體之漏洩後，於其容器外面張貼載明有製造年月日之貼籤。

四、儲存環氧乙烷之儲槽，應經常以氮、二氧化碳置換其內部之氮、

二氧化碳及環氧乙烷以外之氣體，且維持其溫度於攝氏五度以下。

五、環氧乙烷之灌氣容器，應灌注氮或二氧化碳，使其溫度在攝氏四十五度時內部氣體之壓力可達每平方公分四公斤以上。

第 73 條

（刪除）

第 74 條（未添加臭劑）

供爲製造霧劑、打火機用氣體或其他工業用液化石油氣之灌氣容器，應張貼以紅字書寫「未添加臭劑」之貼籤，或灌注於有類似意旨表示之容器；其他液化石油氣應添加當該氣體漏洩於空氣中之含量達容量之千分之一時即可察覺臭味之臭劑。

第 75 條（氣體設備修理）

從事氣體設備之修理、清掃等作業（以下簡稱修理等相關作業。），應依左列規定：

一、從事修理等相關作業時，應於事前訂定作業計畫，並指定作業負責人，且應於該作業負責人監督下依作業計畫實施作業。

二、從事可燃性氣體、毒性氣體或氧氣之氣體設備之修理等相關作業時，應於事前以不易與其內部氣體反應之氣體或液體置換其內部原有之氣體。

三、從事修理等相關作業而認有必要使勞工進入氣體設備內部時，前款置換用氣體或液體應另以空氣再度置換。

四、開放氣體設備從事修理等相關作業時，爲防範來自其他部分之氣體流入該開放部分，應將該開放部分前後之閥及旋塞予以關閉，且設置盲板等加以阻隔。

五、依前款規定關閉之閥或旋塞（以操作按鈕等控制該閥或旋塞之開閉者，爲該操作按鈕等。）或盲板，應懸掛「禁止操作」之標示牌並予以加鎖。

六、於修理等相關作業終了後，非經確認該氣體設備已可安全正常動

作前，不得供製造作業使用。

第 76 條（儲槽沈陷）

儲存能力在一百立方公尺或一公噸以上之儲槽，應隨時注意有無沈陷現象，如有沉陷現象時，應視其沉陷程度採取適當因應措施。

第 77 條（過巨力加於閥）

操作製造設備之閥時，應考慮該閥之材質、構造及使用狀況、採取必要措施以防止過巨之力加諸於閥上，並訂入工作守則中。

第 78 條（霧劑）

霧劑之製造作業，應依左列規定：

一、製造霧劑所使用之容器應適於目的事業主管機關之規定者。

二、霧劑製造設備之四周二公尺以內，不得置放中央主管機關指定之危險性物質。

三、霧劑應在使用不燃性材料或該建築物內以不燃性材料被覆之室內製造，且應嚴禁煙火。

四、在霧劑製造室內不得放置作業所需以外之物品。

五、霧劑應控制於溫度攝氏三十五度時該容器內壓可維持在每平方公分八公斤以下，且霧劑容量應保持在該容器內容積百分之九十以下之條件下製造。

六、為製造霧劑而必需加熱灌氣容器、閥或灌裝管路時，應使用熱濕布或溫度在攝氏四十度以下之溫水。

七、必須將容器顛倒從事製造霧劑時，應使用可固定該容器之倒轉台。

八、灌裝有霧劑之容器，應全數置於溫水試驗槽內維持其溫度於攝氏四十八度或依中央主管機關規定方法試驗時，不致使該霧劑發生漏洩。

第 79 條（灌氣容器）

容器放置場、灌氣容器及殘氣容器（以下簡稱灌氣容器等。），應依左列規定：

一、容器放置場應明確標示，且於外面明顯處所設置警戒標示。

二、以絕熱材料被覆以外之可燃性氣體或氧氣灌氣容器等之容器放置場，應使用不燃性或難燃性材料構築輕質屋頂。

三、可燃性氣體之容器放置場，應使儲存之氣體漏洩時不致滯留之構造。

四、二氧化硫、氨、氯、氯甲烷、環氧乙烷、氰化氫、光氣或硫化氫之容器放置場，應設該氣體等漏洩時可除毒之設備。

五、可燃性氣體或氧氣之容器放置場，應依消防法有關規定設滅火設備。

六、灌氣容器等應按灌氣容器及殘氣容器區分，分別放置於容器放置場；可燃性氣體、毒性氣體或氧氣之灌氣容器或殘氣容器亦同。

七、容器放置場不得放置計量器等作業上必要以外之物品。

八、容器放置場四周二公尺以內不得有煙火或放置危險性物質。但在容器放置場以厚度九公分以上鋼筋混凝土造或具有與此同等以上強度構築防護牆時，不在此限。

九、灌氣容器等應經常保持其溫度於攝氏四十度（超低溫容器或低溫容器則以該容器內氣體之常用溫度中之最高溫度。）以下。

十、灌氣容器等（內容積在五公升以下者除外。）應採取防止因容器之翻倒、掉落引起衝擊及損傷附屬之閥等措施。

十一、可燃性氣體之容器放置場，不得攜帶有產生火源之機具或設備。

第 80 條（導管）

導管之設置應依左列規定：

一、導管不得設置在有發生地塌、山崩或地基不均勻沈陷之虞等之場所及其他中央主管機關規定之場所、建築物內部或其基礎之下面。

二、將導管設在地盤上時，應距地面安裝，且應在顯明易見處所設置詳細標明有高壓氣體種類、發現導管有異常之連絡處所及其他應

注意事項之標示。

三、將導管埋設於地盤下時，埋設深度應距離地面六十公分以上，且在顯明易見處所設置詳細標明有高壓氣體種類。發現導管有異常時之連絡處所及其他應注意事項之標示。

四、將導管設置於水中時，應置於不受船舶、波浪等影響之深度。

五、導管應經以常用壓力一‧五倍以上壓力實施之耐壓試驗及以常用壓力以上壓力實施之氣密試驗或經中央主管機關認定具有同等以上效力之試驗合格者。

六、導管應具有以常用壓力二倍以上壓力加壓時不致引起降伏變形之厚度或經中央主管機關認定具有同等以上強度者。

七、導管應施予防蝕及吸收應力之措施。

八、導管應採取不致使其超過常用溫度之措施。

九、導管應採取防止導管內壓超過常用壓力時能迅即恢復至常用壓力以下之措施。

十、在輸送氧氣或天然甲烷之導管及與此連接之壓縮機（壓縮氧氣之壓縮機以使用水為其內部潤滑劑者為限。）間，應設可除卻水分之設備。

第 81 條（液化石油氣儲槽 - 埋地）

經中央主管機關及目的事業主管機關認定對公共具有危險之液化石油氣儲槽應埋設於地盤內。

第 82 條（液化石油氣儲槽）

前條之儲槽，應依左列規定：

一、儲槽應設於厚度在三十公分以上混凝土造或具同等以上強度之頂蓋、牆壁及底板構築之儲槽室內，且採取左列之一之措施。但將施有防鏽措施之儲槽固定於地盤，且其頂部可耐地盤及地面荷重，得直接埋設於地盤內。

（一）儲槽四周填足乾砂。

（二）將儲槽埋設於水中。

（三）在儲槽室內強制換氣。

二、埋設於地盤內之儲槽，其頂部至少應距離地面六十公分。

三、併設二個以上儲槽時，儲槽面間距應在一公尺以上。

四、儲槽外應有易辨識之警戒標示。

第 83 條（液化石油氣儲槽 - 防鏽）

前條之儲槽之一部分埋於地盤內時，在該埋設部分應施以防鏽措施。

第二節　甲類製造事業單位之第二種製造設備

第 84 條（準用）

甲類製造事業單位之第二種製造設備，準用第三十一條、第三十三條、第三十八條、第三十九條、第四十一條、第四十三條、第四十四條、第四十五條前段、第四十八條至第四十九條、第五十四條及第六十條、第六十六條至第六十九條、第七十條第一款、第七十一條第七款、第七十四條至第七十七條及第七十九條之規定。

第三節　甲類製造事業單位之加氣站

第 85 條（車輛距離）

承受灌裝之車輛應距離設置在地面上之儲槽外面三公尺以上。但在儲槽與車輛間設置防護柵時，不在此限。

第 86 條（灌裝漏洩）

液化石油氣之灌裝，應採取防止氣體漏洩或爆炸之措施，並依左列規定：

一、應拆卸容器與裝卸設備之連接部分後，始得移動車輛。

二、應添加當液化石油氣漏洩於空氣中之含量達容量之千分之一即可察覺臭味之臭劑。

第 87 條（加氣站 - 準用）

加氣站除依前二條規定外，並準用第三十一條、第三十三條、第三十五條至第三十九條、第四十一條、第四十三條至第四十六條、第

四十八條至第五十四條、第五十七條、第六十條、第六十六條至第六十九條、第七十條第一款、第七十五條至第七十七條、第七十九條、第八十一條至第八十三條之規定。

第四節　甲類製造事業單位之移動式製造設備

第 88 條（靠近危險性物）
製造設備不得靠近危險性物質之堆積場所。

第 89 條（標示）
製造設備在從事製造作業中，應於外面明顯處所設置警戒標示。

第 90 條（高壓氣體設備 - 耐壓試驗）
①高壓氣體設備（除容器及中央主管機關規定者外。）應經耐壓試驗、氣密試驗合格，並具一定之厚度。

②前項試驗及厚度，準用第四十一條及第四十三條之規定。

第 91 條（可燃性、氧氣 - 滅火設備）
可燃性氣體及氧氣之製造設備，應依消防法有關規定設置必要之滅火設備。

第 92 條（高壓氣體 - 灌裝）
對高壓氣體之製造，於其生成、混合、加壓、減壓或灌裝之過程，應依下列規定：

一、高壓氣體之灌裝，應使用符合現行法令規定之合格容器或儲槽。

二、灌注液化氣體於儲槽時，應控制該液化氣體容量不超過該儲槽在常用溫度下槽內容積之百分之九十。

三、使用液化石油氣、環丙烷、甲胺、二甲醚及此等之混合物製造設備灌裝高壓氣體時，應採防止該設備之原動機產生之火花。

四、使用可燃性氣體、毒性氣體或氧氣之製造設備灌注高壓氣體於儲槽時，應於事前確認該製造設備之配管與該儲槽配管間之連接部位無虞高壓氣體漏洩，且於灌注後，將留存於配管內之剩餘氣體以不致發生危害之程度，微量逐予排放後，始可拆卸配管。

五、灌裝可燃性氣體時，應採取可除卻該設備可能產生靜電之措施。

六、將高壓氣體灌注於固定在車輛上內容積在五千公升以上之容器或自該容器抽出高壓氣體時，應在該車輛設置適當之輪擋並加以固定。

第 93 條（液化石油氣 - 灌裝）

從事液化石油氣之灌裝應依下列規定：

一、不得灌注於內容積在一千公升以下之容器。

二、液化石油氣之灌裝，應使用經檢查合格之容器或儲槽。

三、灌裝時，應於事前確認承注之容器或儲槽已設有液面計或過裝防止裝置。

四、灌注於儲槽時，應控制該液化石油氣容量不超過該儲槽在常用溫度下槽內容積之百分之九十。

五、灌裝時，應採取防止該設備之原動機產生之火花。

六、將液化石油氣灌注於儲槽或容器，或自儲槽或容器抽出時，應於事前確認該製造設備之配管與該儲槽或容器配管間連接部位無虞液化石油氣之漏洩，且於灌注後，將留存於配管內之剩餘氣體以不致發生危害之程度，微量逐予排放後，始可拆卸配管。

七、灌裝高壓氣體時，應採取可除卻該設備可能產生靜電之措施。

八、將液化石油氣灌注於固定在車輛上內容積在五千公升以上之容器或自該容器抽出液化石油氣時，應在該車輛設置適當之輪擋並加以固定。

九、準用第三十一條、第四十一條、第四十三條、第六十七條之規定。

第 94 條（冷凍用高壓氣體 - 準用）

冷凍用高壓氣體製造設備，準用第三十一條、第三十二條、第三十八條、第四十條、第四十二條、第四十八條、第五十條、第五十一條、第六十七條之規定。

第五節　乙類製造事業單位之製造設備

第 95 條（固定式 - 準用）

固定式製造設備之設置，準用第三十一條、第三十三條、第三十六條、第三十八條、第三十九條、第四十一條、第四十三條、第四十八條、第四十九條、第五十一條、第五十四條、第六十條、第六十三條至第六十七條之規定。

第 96 條（移動式 - 準用）

移動式製造設備之設置，準用第八十八條至第九十一條之規定。

第 97 條（製造作業）

製造作業，應依左列規定：

一、灌注高壓氣體於容器時，應距離處置煙火場所、多數人聚集場所或堆置有危險性物質場所五公尺以上。

二、灌注氧氣於容器時，應於事前將附著於閥及容器之石油類或油脂類除卻；容器與閥間不得使用可燃性墊圈。

三、從事加熱灌裝用高壓氣體之容器、閥或配管時，應使用熱濕布或溫度在攝氏四十度以下之溫水。

四、擬將灌裝於容器之氰化氫移注於其他容器時，應於灌裝之日起六十日內為之。但純度在百分之九十八以上，且未曾著色者，不在此限。

五、除前列各款規定者外，準用第七十條第一款、第三款及第四款、第七十一條第二款、第四款、第五款及第七款、第七十二條第一款至第三款及第五款、第七十三條、第七十五條至第七十八條及第七十九條第六款至第十一款之規定。

第 98 條（液化石油氣 - 準用）

乙類液化石油氣製造事業單位之製造設施如左：

一、固定式製造設備之設置，準用第三十一條、第三十三條、第三十六條、第三十八條、第三十九條、第四十一條、第四十三

　　條至第四十六條、第四十八條、第四十九條、第五十一條、第
　　五十四條、第六十六條、第六十七條之規定。

二、移動式製造設備之設置，準用第八十八條至第九十一條及第
　　九十三條之規定。

三、製造作業，應依左列規定：

（一）灌裝液化石油氣時，應距離處置煙火場所，多數人聚集場所或
　　　堆置有危險性物質場所五公尺以上。

（二）不得灌裝於固定在車輛之容器。

（三）前二款規定者外，準用第七十一條第七款、第七十四條及第
　　　七十九條之規定。

第 99 條（冷凍用高壓氣體 - 準用）

乙類冷凍用高壓氣體製造事業單位之製造設施如左：

一、固定式製造設備之設置，準用第三十一條、第三十二條、第
　　三十八條、第四十條、第四十二條、第四十八條至第五十一條、
　　及第五十四條、第六十條、第六十一條、第六十七條、第六十九
　　條之規定。

二、移動式製造設備之設置，準用第三十一條、第三十八條、第四十
　　條、第四十二條、第四十八條後段、第五十條至第五十一條、第
　　六十七條之規定。

三、製造作業，應依左列規定：

（一）設置或變更製造設備之工程終了時，非經以氧氣以外之氣體
　　　試運轉或以最高使用壓力以上之壓力實施氣密試驗（使用空氣
　　　時，應於事前排除冷媒設備中之可燃性氣體後實施者為限。）
　　　後，不得供製造作業使用。

（二）除前款規定外，並準用第七十三條、第七十五條、第七十七條
　　　之規定。

第 100 條（以外 - 準用）

甲類製造事業單位及乙類製造事業單位以外之製造事業單位（不含液

化石油氣及冷凍用高壓氣體之事業單位；次條亦同。）之製造設施如
左：

一、以緩衝裝置及中央主管機關規定之設施從事高壓氣體之製造者，
　　準用第四十一條、第四十三條及第七十條第一款之規定。

二、除前款以外之設施從事高壓氣體之製造者，準用第七十條第一
　　款、第三款及第四款、第七十一條第二款、第四款、第五款及第
　　七款、第七十二條第一款至第三款、第五款及第九十七條第一款
　　至第四款之規定。

第 101 條（不得製造氣體）

將原料氣體以導管供應甲類製造事業單位之製造事業單位，其製造設
施除依有關製造設施標準規定外，對左列氣體不得製造。

一、可燃性氣體（除乙炔、乙烯及氫氣外。）中，含氧容量佔全體容
　　量之百分之四以上者。

二、乙炔、乙烯或氫氣中之含氧容量佔全體容量之百分之二以上者。

三、氧氣中之乙炔、乙烯及氫氣之容量之合計佔全體容量之百分之二
　　以上者。

四、氧氣中可燃性氣體之容量佔全體容量之百分之四以上者。

第 102 條（以外之液化石油氣 - 準用）

甲類製造事業單位及乙類製造事業單位以外之液化石油氣製造事業單
位之製造設施準用第七十四條及第九十八條第三款（一）及（二）之
規定。

第 103 條（以外之冷凍高壓氣體 - 準用）

甲類製造事業單位及乙類製造事業單位以外之冷凍高壓氣體製造事業
單位之製造設施，其製造作業準用第九十九條第三款第一目之規定。

第三章｜供應安全設施

第 104 條（紀錄簿冊）

供應（含與供應有關之儲存及以導管之輸送，以下均同。）高壓氣體予高壓氣體消費事業單位（以下簡稱「消費事業單位」。）之高壓氣體供應事業單位（以下簡稱「供應事業單位」。），應置備記載有消費事業單位安全狀況之紀錄簿冊。

第 105 條（紀錄簿冊）

以第一種供應設備供應（含與供應有關之儲存及以導管之輸送，以下均同。）液化石油氣予液化石油氣消費事業單位（以下簡稱「消費事業單位」，以下均同。）之液化石油氣供應事業單位（以下簡稱「第一種供應事業單位」，以下均同。），應置備記載有消費事業單位安全狀況之紀錄簿冊。

第 106 條（不得漏氣）

高壓氣體灌氣容器等，不得有腐蝕、裂隙、裂痕、皺紋等，且無漏氣者。

第 107 條（標示效期）

壓縮天然氣之灌氣容器等，應明確標示使用期間不得超過有效期限六月。

第 108 條（不得漏洩）

供應冷媒氣體時，其設備不得有腐蝕、裂隙、裂痕、皺紋等致減弱其強度，且無漏洩冷媒氣體者。

第 109 條（燃料使用時）

將壓縮天然氣、液化石油氣供予消費事業單位為燃料使用時，應確認消費事業單位之消費設備適於左列規定：

一、內容積在二十公升以上之灌氣容器等應放置於室外，並在其四周二公尺以內設置可遮斷火源之措施。但將容器置於室外確有困難，且已採取自灌氣容器等及其配件漏洩氣體時不致滯留室內之

措施者，不在此限。

二、灌氣容器等及其鋼裙應採取避免濕氣、水滴導致生鏽之措施。

三、灌氣容器等之溫度應經常保持於攝氏四十度以下。

四、內容積超過五公升之灌氣容器等，應採取因翻落、翻倒等引起之衝擊及損傷其閥之預防措施。

五、灌氣容器（不含次款規定者。）等與停止閥間應設調整器；調器高壓側之耐壓性能及氣密性能，應具有容器上所刻調整耐壓試驗值以上之壓力實施耐壓試驗及以該耐壓試驗值之五分之三以上之壓力實施之氣密試驗合格者。

六、灌氣容器等與停止閥間應設調整器；調整器之高壓側應具有經以每平方公分二十六公斤實施耐壓試驗及以每平方公分十六公斤實施之氣密試驗合格之耐壓及氣密性能。

七、灌氣容器等與調整器間之配管，應使用容器上所刻耐壓試驗壓力以上之壓力、調整器與停止閥間之部分則以每平方公分八公斤（長度未滿○‧三公尺者，為每平方公分二公斤）以上之壓力實施之耐壓試驗或經中央主管機關認定具有同等以上之試驗合格者。

八、灌氣容器等與調整器間之配管，應使用每平方公分二十六公斤實施之耐壓試驗、調整器與停止閥間之部分則以每平方公分八公斤（長度未滿○‧三公尺者，為每平方公分二公斤）以上之壓力實施之耐壓試驗或經中央主管機關認定具有同等以上之試驗合格者。

九、以硬管以外之管與硬管或調整器連接時，該部分應以管帶鎖緊。

第 110 條（供應事業單位 - 準用）

供應事業單位（不含液化石油氣及冷凍用高壓氣體之供應事業單位）之供應設施，除依第一百零四條、第一百零六條、第一百零七條、第一百零九條（不含第六款、第八款）者外，依左列規定。

一、容器以配管連接者，其容器放置場及灌氣容器等，準用第

一百十六條及第一百二十一條第一款，其他者準用第七十九條之規定。

二、儲槽準用第一百十三條及第一百十九條之規定。

三、導管準用第八十條之規定。

第 111 條（液化石油氣容器放置場 - 準用）

液化石油氣容器放置場及灌氣容器等，準用第七十九條之規定。

第 112 條（第二種供應設備供應液化石油氣 - 準用）

以第二種供應設備供應液化石油氣時，其設置準用第六十七條、第一百零五條至第一百零七條、第一百零九條、第一百十三條、第一百十六條、第一百二十條、第一百二十二條之規定。

第四章｜儲存安全設施

第 113 條（儲槽）

以儲槽儲存高壓氣體時，應依左列規定：

一、儲存可燃性氣體或毒性氣體之儲槽，應設置於通風良好場所。

二、儲槽四周二公尺以內不得有煙火或放置危險物質。

三、液化氣體之儲存不得超過該液化氣體之容量於常用溫度下該槽內容積之百分之九十。

四、從事修理等相關作業，準用第七十五條之規定。

五、儲存能力在一百立方公尺或一公噸以上之儲槽，應隨時注意有無沈陷現象，如有沉陷現象時，應視其沈陷程度採取適當因應措施。

六、操作安裝於儲槽配管之閥時，應考慮閥之材料、構造及其狀況，採取必要措施以防止過巨之力加諸於閥上。

第 114 條（冷凍設備衝擊）

冷凍設備應採取因翻落、翻倒等引起之衝擊之預防措施。

第 115 條（冷凍高壓氣體衝擊）

冷凍高壓氣體之儲存，準用前條之規定。

第 116 條（容器）

以容器儲存高壓氣體時，應依下列規定辦理：

一、儲存可燃性氣體或毒性氣體之容器，應放置在通風良好之場所。

二、儲存氰化氫之容器，應每日檢點一次以上。

三、氰化氫之儲存，應自灌裝於容器之日起算，不得超過六十日。但純度在百分之九十八以上，且未著色者，不在此限。

四、不得固定或積載於船舶、車輛或鐵路車輛。但符合下列用途之一者，不在此限：

（一）滅火用之二氧化碳、氮氣及不活性氣體。

（二）搭載於消防車、救護車或救援車輛之救急用高壓氣體。

（三）其他經目的事業主管機關同意者。

五、前列各款規定外，準用第七十九條第六款至第十一款之規定。

第 117 條（不受限）

①儲槽或容器之容積在○‧一五立方公尺以下者，不受第一百十三條及前條規定之限制。

②高壓氣體為液化氣體時，前項之容積以質量十公斤換算為容積一立方公尺。

第 118 條（高壓氣體儲存場）

儲存高壓氣體之容積在三百立方公尺或三千公斤以上之事業單位應設專用儲存場（以下簡稱「高壓氣體儲存場」）。但甲類製造單位、供應事業單位經許可者，不在此限。

第 119 條（高壓氣體儲存場 - 儲槽準用）

以儲槽儲存高壓氣體之高壓氣體儲存場（不含次條規定者。），其設置準用第三十一條、第三十三條、第三十五條至第三十八條、第四十一條、第四十三條至第四十八條、第四十九條第一款及第二款、第五十條至第五十三條及第六十條、第六十二條至第六十九條之規

定。

第 120 條（液化石油氣儲存場 - 儲槽準用）

以儲槽儲存液化石油氣之液化石油氣儲存場，其設置準用第三十一條、第三十三條、第三十五條至第三十九條、第四十一條、第四十三條至第四十六條、第四十八條至第五十三條、第五十七條、第六十條、第六十六條至第六十九條及第八十一條至第八十三條之規定。

第 121 條（高壓氣體儲存場 - 容器準用）

以容器儲存高壓氣體之高壓氣體儲存場（不含次條規定者。），其設置應依左列規定：

一、容器以配管連接者，準用第七十九條第一款至第五款之規定；其可流通高壓氣體之配管者，且應準用第四十一條及第四十三條高壓氣體設備之規定。

二、容器未以配管連接者，準用第七十九條第一款至第五款之規定。

第 122 條（液化石油氣儲存場 - 容器準用）

以容器儲存液化石油氣之液化石油氣儲存場，其設置應依左列規定：

一、容器以配管連接者，準用第七十九條第一款至第五款（不含第四款）之規定。

二、容器未以配管連接者，準用第七十九條第一款至第六款（不含第四款）之規定。

第五章 | 運輸安全設施

第一節　固定於車輛之容器之運輸

第 123 條

（刪除）

第 124 條（集合容器）

於同一車輛上固定二個以上之容器連成一體（以下簡稱集合容器。）

時，應依左列規定：

一、應設可使容器相互間及集合容器與車輛間緊結之措施。

二、每一容器應設供氣體之輸出及輸入用閥（以下簡稱容器原閥）。

三、在灌裝管上應設安全閥、壓力表及緊急洩壓閥。

第 125 條（溫度控制）

①固定於車輛運輸之灌氣容器等，應經常保持其溫度於攝氏四十度以下。

②前項容器內存液化氣體者，應設溫度計或可適當檢知溫度之計測裝置。

③第一項所定溫度，對可計測氣體溫度之灌氣容器等，指該氣體之溫度。

第 126 條（防波板）

固定於車輛運輸之液化氣體之灌氣容器等，應設可防止容器內部液面搖動之防波板。但符合國際規格之運輸用罐式集裝箱（ISO Tank）及無縫容器，不在此限。

第 127 條（高度檢知桿）

固定於車輛運輸之容器，其容器頂部或該容器設置之突出物最高部，超過該車輛最高點者，應設高度檢知桿。

第 128 條（緊急遮斷距離）

容器原閥置於容器後方之容器（以下簡稱後方卸出式容器。）應使容器原閥及緊急遮斷裝置之閥與車輛後保險桿後面間之水平距離保持在四十公分以上。

第 129 條（容器距離）

後方卸出式容器以外之容器，其容器之固定，應使容器之後面與車輛後保險桿後面間之水平距離保持在三十公分以上。

第 130 條（堅固工作箱）

容器之原閥、緊急遮斷裝置之閥及其他主要零件突出者，應將此等零件收容於設置於車輛左側以外之堅固工作箱內，且使工作箱與車輛後

保險桿後面間之水平距離保持在二十公分以上。

第 131 條（防止漏洩）

零件突出之容器除依第一百二十八條至前條規定外，應採取防止因此等零件引起之損傷致漏洩氣體之措施。

第 132 條（液面計）

固定於車輛運輸之容器，其容器內存液化可燃性氣體、液化毒性氣體或液化氧氣者，不得使用玻璃或其他易破損之材料製造之液面計。

第 133 條（標示開閉）

固定於車輛運輸之容器，其容器之閥或旋塞，應採取自其外面易於識別開閉方向及開閉狀態之措施。但該閥或旋塞使用按鈕方式操作者，應在該操作按鈕採取辨識措施。

第 134 條（檢點）

於運輸之開始或終止時，應檢點有否漏氣等之異常；發現異常時，應即採取整修或防止危害之必要措施。

第 135 條 -141 條

（刪除）

第二節　非固定於車輛之容器之運輸

第 142 條

（刪除）

第 143 條（溫度控制）

灌氣容器等應經常保持其溫度（可計測氣體溫度之灌氣容器等，為氣體之溫度。）於攝氏四十度以下。

第 144 條 - 第 152 條

（刪除）

第三節　導管運輸

第 153 條（導管 - 準用）

以導管運輸高壓氣體時，準用第八十條之規定。

第六章｜高壓氣體消費設施

第一節　特定高壓氣體消費設施

第 154 條（境界線）

事業場所應有明確之境界線，並於該場所外設置易於辨識之警戒標示。

第 155 條（可燃性氣體 - 滯留）

設置可燃性氣體消費設備之廠房，應具氣體自該設備漏洩時不致滯留之構造。

第 156 條（材料）

特定高壓氣體消費設備（以下簡稱消費設備。）之材料，應使用足以適應該氣體之種類、性狀、溫度及壓力等諸性質之要求者。

第 157 條（沈陷變形）

消費設備（除配管之基礎外。）不得有不均勻沈陷致使該設備發生有害之變形；儲存能力在一百立方公尺或一公噸以上之儲槽之支柱（未置支柱之儲槽者為其底座。）應置於同一基礎，並緊密結合。

第 158 條（耐壓試驗）

消費設備之儲存設備、導管、減壓設備及此等設備之配管等（以下簡稱儲存相關設備，但容器除外；且液氯儲存設備以儲存能力在一千公斤以上未滿三千公斤者為限。以下於次條及第一百六十三條均同。）應經以常用壓力一‧五倍以上壓力實施之耐壓試驗及以常用壓力以上壓力實施之氣密試驗或具有同等以上效力之試驗合格者。

第 159 條（設備厚度）

儲存相關設備應具有以常用壓力二倍以上之壓力加壓時，不致引起降伏變形之厚度或經中央主管機關認定具有同等以上強度者。

第 160 條（超壓安全裝置）

儲存相關設備（不含壓縮氣體之減壓設備。）應設置適當之壓力表，且應置該設備內壓力超過最高使用壓力時可迅使其壓力恢復至最高使用壓力以下之安全裝置。

第 161 條（液氨、氯 - 逆流防止）

液氨或液氯之減壓設備與該氣體進行之反應、燃燒設備間之配管，應設逆流防止裝置。

第 162 條（可燃性氣體儲槽 - 破裂）

可燃性氣體低溫儲槽，應有防止其內壓降低至較外壓為低時不致使該儲槽發生破裂之設施。

第 163 條（液氨、液氯 - 除毒）

液氨或液氯之消費設備（中央主管機關規定者外。），應依左列規定設置氣體漏洩時之除毒措施。

一、可適當防止漏洩氣體擴散之裝置。

二、應依該氣體毒性、氣體種類、數量及消費狀況，選擇吸收各該氣體之設備及吸收劑。

三、除毒使用之防毒面罩及其他防護具，應保管於安全場所，並經常維護於良好狀態。

第 164 條（液氨、液氯 - 接合）

液氨或液氯之消費設備之配管、管接頭及閥之接合，應採用熔接接合。但不適於熔接接合者，得以安全上具有必要強度之凸緣接合代替。

第 165 條（液氨、液氯 - 二重管）

液氨或液氯之消費設備之配管，應依各該氣體之種類、性狀、壓力及該配管鄰近狀況，在必要處所採用二重管構造。

第 166 條（可燃性氣體 - 除卻靜電）

可燃性氣體之消費設備，應採取可除卻該設備產生之靜電之措施。

第 167 條（漏洩檢知、警報設備）

消費設備中有氣體漏洩致積滯之虞之場所，應設置可探測該漏洩氣體，且自動發出警報之氣體漏洩檢知警報設備，但液氧除外。

第 168 條（消防設備）

壓縮氫氣、壓縮天然氣、液氧及液氨之消費設備，應依消防法有關規定設置必要之消防設備。

第 169 條（嚴禁煙火）

儲存相關設備之四周五公尺以內應嚴禁煙火（該設備內者除外。），且不得置放危險性物質。

第 170 條（除卻石油類）

供消費液氧使用之閥及器具應於事前除卻石油類、油脂類及可燃性物質。

第 171 條

（刪除）

第 172 條（人員操作按鈕）

設置於消費設備之閥或旋塞及以按鈕方式等操作該閥或旋塞之開閉按鈕等準用第六十九條之規定採取可使作業人員適當操作該閥或旋塞之措施。

第 173 條（修理 - 準用）

從事消費設備之修理等相關作業，準用第七十五條之規定。

第 174 條（沈陷）

儲槽應隨時注意有無沈陷現象，如有沉陷現象時，應視其沉陷程度採取適當因應措施。

第 175 條（過巨力加於閥）

操作消費設備之閥時，應考慮該閥之材料、構造及使用狀況，採取必要之措施以防止過巨之力加諸於閥上，並訂入工作守則中。

第二節　特定液化石油氣消費設施

第 176 條（煙火距離）

自特定液化石油氣消費設備（以下簡稱特定消費設備）之儲存設備、導管、減壓設備及此等設備之配管（以下簡稱儲存相關設備。）外面至處理煙火（不含消費設備內使用之煙火。）之設備應保持八公尺以上距離，或在該儲存相關設備與處理煙火之設備間設置防止氣體自該設備漏洩時，不致使其流竄至煙火設備之措施。

第 177 條（消防設備）

特定消費設備，應依消防法有關規定設置必要之消防設備。

第 178 條（準用）

特定消費設備除依前二條規定外，準用第一百五十四條至第一百六十條、第一百六十二條、第一百六十七條、第一百六十九條及第一百七十二條至第一百七十五條之規定。

第三節　可燃性氣體等消費設施

第 179 條（可燃性氣體等 - 準用）

操作可燃性氣體、毒性氣體及氧氣（以下簡稱可燃性氣體等。）之灌氣容器等之閥，準用第一百七十五條之規定。

第 180 條（溫水加熱）

加熱灌氣容器等、閥或配管時，應使用熱濕布或溫度在攝氏四十度以下之溫水。但設有安全閥及可調節壓力或溫度之自動控制之加熱器內之配管，不在此限。

第 181 條（通風）

可燃性氣體或毒性氣體之消費，應在通風良好之場所為之，且應保持其容器在攝氏四十度以下。

第 182 條（灌裝日）

氰化氫之消費，應使用灌裝於容器後不超過六十日者。但純度在百分

之九十八以上，且未著色者，不在此限。

第 183 條（置換氣體）

環氧乙烷之消費，應於事前以氮氣或二氧化碳置換設備內部之氣體，且在環氧乙烷容器與消費所使用之設備間之配管，設逆流防止裝置。

第 184 條（嚴禁煙火）

距可燃性氣體或氧氣之消費設備五公尺以內，應嚴禁煙火（該設備內所使用者除外），且不得放置危險性物質。

第 185 條（除卻石油類）

氧氣之消費所使用之閥或器具，非除卻石油類、油脂類及其他可燃性物質後，不得使用。

第 186 條（閉閥、防損）

可燃性氣體等應於消費後嚴閉其閥，並採取防止容器翻倒及損傷其閥之措施。

第 187 條（修理）

從事高壓氣體消費設備之修理或清掃時，應於事前以不易與其內部氣體反應之氣體或液體置換其內部之氣體等防止危險措施後為之，且於其修理或清掃終了後，未確認該設施可正常安全運轉前，不得從事消費。

第 188 條

（刪除）

第 189 條（可燃性氣體等 - 準用）

可燃性氣體等之消費，除依第一百七十九條至前條規定外，準用第一百五十四條至第一百七十五條之規定。

第 190 條（液化石油氣 - 通風）

一般液化石油氣之消費應於通風良好之處所為之，且其灌氣容器等之溫度應保持於攝氏四十度以下。

第 191 條（防損閥）

一般液化石油氣之消費後應防止損傷閥等之措施。

第 191-1 條（液化石油氣容器串接）

①消費事業單位將液化石油氣容器串接供廠場使用，依下列規定辦理：

一、使用及備用容器串接總容量不得超過一千公斤，並應訂定容器串接供應使用管理計畫。

二、容器及氣化器應設置於室外。

三、容器及配管應採取防止液封措施。

四、連接容器與配管之軟管或可撓性管（以下簡稱撓管），連結容器處應加裝防止氣體噴洩裝置。

五、接用撓管之液化石油氣配管應設逆止閥。

六、撓管及配管之選用及安裝，應符合對應流體性質使用環境之CNS 國家標準或 ISO 國際標準。

七、應設置漏洩及地震偵測自動緊急遮斷裝置。

八、應於明顯易見處標示緊急聯絡人姓名及電話。

②前項消費事業單位將液化石油氣容器串接供廠場使用，依消防法有關規定設置必要之消防設備。

第 192 條（液石油氣 - 準用）

一般液化石油氣之消費除依第一百九十條至前條規定外，準用第一百六十九條、第一百七十二條、第一百七十三條及第一百八十條之規定。

第七章 ｜ 冷凍機器

第 193 條（材料）

冷凍機器之冷媒設備（除一日之冷凍能力未滿二十公噸者外）所使用之容器（除與泵或壓縮機相關者外；以下於本章中簡稱為容器。），其材料應因應該容器之設計壓力（謂該容器可使用之最高壓力而設計之壓力。）、設計溫度（謂該容器可使用之最高或最低之溫度而設計

之溫度。）等，採用適當之材料，且應經中央主管機關認可實施之超音波探傷檢查合格者。

第 194 條（厚度）

容器之胴板、端板、蓋板或管板之厚度，應適應該容器之設計壓力、形狀及尺寸、材料種類、熔接接頭之有無或熔接接頭之效率等。

第 195 條（熔接）

容器之熔接，應適應接頭之種類，以適當方法實施。

第 196 條（熔接強度）

容器之熔接部（謂熔著金屬部分及承受熔接之熱影響而致材質產生變化之母材部分。以下均同。），應具有與母材同等以上之強度。

第 197 條（板厚）

在容器之胴板、端板或蓋板開啟之孔，應適應其板厚、孔徑等，必要時應以補強材補強。

第 198 條（消除應力）

容器之熔接部應消除應力。但依母材之材質或厚度、熔接方法預熱溫度等，被認無須實施消除應力者，不在此限。

第 199 條（熔接試驗）

容器之實施對頭熔接之熔接部，應依中央主管機關規定實施接頭拉伸試驗、自由彎曲試驗、側面彎曲試驗、反面彎曲試驗及衝擊試驗合格者。

第 200 條（放射線檢查）

使用對頭熔之熔接部中，經中央主管機關指定者，應對其全長依中央主管機關規定之方法實施放射線檢查。

第 201 條（檢查長度）

前條規定熔接部以外之對頭熔接部，應以同一熔接方法及同一條件之每一熔接部，就其全長之百分之二十以上長度實施前條規定之放射線檢查。但設計上被認無須實施放射線檢查或僅自其外面承受壓力之熔接部，不在此限。

第 202 條（超音波探傷）

中央主管機關指定之容器之熔接部，應經中央主管機關規定超音波探傷檢查合格。

第 203 條（磁粉探傷）

中央主管機關指定之容器之熔接部，應就其全長依中央主管機關規定之方法就其全長實施磁粉探傷試驗合格。

第 204 條（浸透探傷試驗）

前條之熔接部及耐蝕、耐熱合金及其他可因熔接而易生缺陷之金屬爲母材之熔接部者中，被認實施磁粉探傷試驗爲困難者，應依中央主管機關之規定實施浸透探傷試驗。

第 205 條（耐壓試驗）

冷凍機器應就冷媒設備以設計壓力以上之壓力實施氣密試驗；其配管以外之部分，應以設計壓力一‧五倍以上之壓力實施耐壓試驗。

第 206 條（防止外洩）

冷凍機器之冷媒設備，應具有可防止振動、衝擊、腐蝕等致使冷媒氣體外洩者。

第 207 條（適合規定）

冷凍機器之冷媒設備（除第一百九十三條至第二百零四條規定之容器外。）之材料及構造，應適合第二百零五條及前條之規定者。

第八章｜設施之其他規定

第 208 條（特殊不受規定）

中央主管機關對高壓氣體之製造，依各該氣體之種類、製造設施之規模、事業場所四周環境之狀況、製造方法及其他相關事項，認定製造事業單位之設施情況特殊，得使其不受第二章規定之限制，另以適當標準爲製造設施標準。

第 209 條（特殊不受規定）

中央主管機關對高壓氣體之儲存，依各該氣體之種類、高壓氣體儲存場所之規模、儲存場所四周環境之狀況、儲存方法及其他相關事項，認定高壓氣體儲存場所之儲存設施情況特殊，得使其不受第四章規定之限制，另以適當標準爲儲存設施標準。

第九章｜可燃性氣體等之廢棄

第 210 條（併同廢棄）

可燃性氣體等不得併同容器廢棄。

第 211 條（緩排放）

可燃性氣體之廢棄，不得近接於煙火之處置場所或放置有危險性物質之場所及其附近場所爲之；排放於大氣中時，應於通風良好之場所緩緩排放。

第 212 條（依規定）

排放毒性氣體於大氣中時，應依環境保護有關規定。

第 213 條（檢測濃度）

連續廢棄可燃性氣體或毒性氣體時，應檢測各該氣體之滯留濃度，並採取適當之措施。

第 214 條（除卻石油類）

氧氣之廢棄所使用之閥或器具，非除卻石油類、油脂類及其他可燃性氣體後，不得使用。

第 215 條（閉閥、防損閥）

可燃性氣體等應於廢棄後嚴閉其閥，並採取防止容器翻倒及損傷其閥之措施。

第 216 條（灌氣容器等 - 準用）

灌氣容器等之閥類，準用第一百七十五條之規定。

第 217 條（溫水加熱）

加熱於灌氣容器等、閥或配管時，應使用熱濕布或溫度在攝氏四十度以下之溫水。

第十章 | 安全管理

第 218 條（災害防止規章）

甲類製造事業單位應就下列事項，訂定災害防止規章，使勞工遵行：

一、安全衛生管理體制及該事業內各層級人員應擔負之職責。

二、製造設備之安全運轉及操作之必要事項。

三、安全巡視、檢點、檢查之必要事項。

四、製造設施之新設、增設、變更之管理，與設備、管線之維護、保養、檢修、汰換及其他必要事項。

五、製造設施遭遇緊急狀態時之應變措施及演練事項。

六、對於承攬人、再承攬人之管理、協調事項。

七、其他防止災害及安全衛生應注意之必要事項。

第 219 條（製造安全負責人）

甲類製造事業單位應於製造開始之日就製造事業單位實際負責人指派為高壓氣體製造安全負責人（以下簡稱製造安全負責人。），綜理高壓氣體之製造安全業務，並向勞動檢查機構報備。但適於下列之一之冷凍高壓氣體製造事業單位，不在此限。

一、製造設備係使用可燃性氣體或毒性氣體以外之氣體為冷媒氣體，限於單元型，且置有自動控制裝置者。

二、製造氟氯冷一百十四之製造設備。

三、試驗研究用製造設備，經勞動檢查機構核准者。

第 220 條（製造安全主任）

①液化石油氣、冷凍用高壓氣體製造事業單位以外之甲類製造事業單位，應於製造開始之日，依各該事業製程狀況，按第二百二十一條

規定分別選任高壓氣體製造安全主任，輔助高壓氣體製造安全負責人從事製造安全技術管理事務。

②擔任前項高壓氣體製造安全主任者，應依職業安全衛生教育訓練規則規定，接受高壓氣體製造安全主任安全衛生教育訓練。

第 221 條（製造安全作業主管）

①前條之甲類製造事業單位，應於下表所定製造設備設置之日，依高壓氣體之製造種類，分別選任高壓氣體製造安全作業主管：

高壓氣體種類	製造設備之種類
一、製造石油精及石臘有關之高壓氣體。	一、蒸餾設備。 二、催化重給設備。 三、催化分解設備。 四、加氫脫硫設備。 五、脫臘設備。 六、裝卸設備。 七、氫氣製造設備。
二、分解石油精製造乙烯及丙烯之高壓氣體。	一、石油精之分解設備。 二、精製分解氣體設備。 三、低溫蒸餾設備。 四、高溫蒸餾設備。
三、製造苯、甲苯、二甲苯之高壓氣體。	一、蒸餾設備。 二、精製設備。
四、製造聚乙烯及聚丙烯之高壓氣體。	一、聚合及分離設備。 二、精製設備。
五、製造氯乙烯單體之高壓氣體。	一、反應設備。 二、二氯乙烷之蒸餾設備。 三、分解設備。 四、精製設備。 五、回收設備。
六、製造氯乙烯單體之高壓氣體。	一、聚合設備。 二、回收設備。

高壓氣體種類	製造設備之種類
七、製造氧化乙烯之高壓氣體。	反應設備。
八、製造氨或甲醇之高壓氣體。	一、重組設備。 二、精製設備。 三、合成設備。
九、製造尿素之高壓氣體。	一、二氧化碳之壓縮設備。 二、合成設備。 三、氨回收設備。
十、以電石從事乙炔。	一、氣體之生成設備。 二、灌裝設備。
十一、以電解從事液氫。	一、乾燥設備。 二、冷凝及液化設備。
十二、二氧化碳之製造（設置儲槽純供灌裝者除外。）	一、液化及精製設備。 二、儲槽及其附屬製造設備。
十三、製造氟氯冷之高壓氣體。	一、氟氯冷製造設備（次項規定者除外。） 二、供製造氟氯冷之冷凍設備。 三、儲槽及其附屬製造設備。
十四、製造氫以外之高壓氣體。	一、重組設備。 二、精製設備。 三、深冷液化分離設備。
十五、以空氣液化分離裝置製造氧、氬、氦等（設置儲槽純供灌裝者除外。）	一、空氣液化分離裝置及其附屬製造設備。 二、儲槽及其附屬灌裝用製造設備。
十六、供進口用設施之製造設備內之液化石油氣之製造。	一、儲槽及其附屬製造設備。 二、灌裝用製造設施（前項規定者外）
十七、製造純供製鋼或非鐵金屬用之高壓氣體。	燃燒、氧化及還原之高壓氣體製造設備。

高壓氣體種類	製造設備之種類
十八、其他高壓氣體之製造。	反應、合成、聚合、分離、精製、分解、重組、蒸餾、回收、混合、壓縮、冷凝、乾燥、燃燒、氧化、還原、灌裝或冷凍之高壓氣體製造設備。

②擔任前項高壓氣體製造安全作業主管者，應依職業安全衛生教育訓練規則規定，接受高壓氣體製造安全作業主管安全衛生教育訓練。

第 222 條（歸納同一種類）

依前條規定選任高壓氣體製造安全作業主管時，該條表列第一款至第十七款所列之一種或二種以上之製造設備與同表第十八款所列之一種或二種以上之製造設備相鄰接，且其配置設計為一體實施管理，並於同一計器室內控制其操作，或在安全管理具有同等功能者，該製造設備等可歸納於同一種類，並得依此選任高壓氣體製造安全作業主管；對同一高壓氣體製造種類內之二種以上之製造設備，亦同。

第 223 條（歸納於同一類）

①依第二百二十一條規定選任高壓氣體製造安全作業主管時，該條表列第一款至第十七款所列之一種或二種以上之製造設備與同表第十八款所列之一種或二種以上之製造設備相鄰接，且其配置設計為一體實施管理，而設備之任一設備以外之設備之全部適於下列規定之一者，該設備等可歸納於同一類：

一、處理設備之處理能力在一百立方公尺以下時。但設有可燃性氣體之液化氣體加壓泵者，不在此限。

二、使用氣化器或減壓閥製造氧氣、氮氣、氬氣或氦氣之製造設備時。

三、使用氣化器製造二氧化碳之製造設備，包含使用一日之冷凍能力未滿十公噸之冷凍設備冷卻氣化器相關裝置所屬儲存設備內之二氧化碳時。

②前條規定之設備，雖屬同一製造種類欄內之高壓氣體之製造，其製

造設備之操作由二以上系列所形成，且非於同一計器室內控制，或同一製造設備之操作人員採用輪班制時，應依操作控制系列或依班次分別選任高壓氣體製造安全作業主管。

第 224 條（製造安全作業主管）

依第二百二十一條規定選任之高壓氣體製造安全作業主管，應擔負維持製造設備之安全、監視製造方法與其高壓氣體之製造有關之下列技術事項，並監督、指揮勞工作業：

一、維持製造設備符合法令規定基準。

二、維持作業方法符合法令規定基準。

三、監督實施自動檢查。

四、實施巡視與檢點。

五、對與高壓氣體之製造有關之安全作業標準、設備管理基準、承攬管理基準及災害之發生或有虞發生災害之必要措施，提供建議。

六、於發生災害或有發生災害之虞時，採取必要措施。

第 225 條（製造安全規劃人員）

① 第二百二十條之甲類製造事業單位中，一日製造之高壓氣體容積在一百萬立方公尺以上者，應就大專校院理工科系畢業，並符合下列規定資格之一者，選任高壓氣體製造安全規劃人員，於事業開始之日報請勞動檢查機構備查。但製造安全負責人具有同等資格者，不在此限：

一、擔任高壓氣體製造安全主任五年以上者。

二、擔任高壓氣體製造安全作業主管及高壓氣體製造安全主任合計七年以上者。

② 設置儲槽純供灌裝高壓氣體之事業單位，前項高壓氣體之容積為二百萬立方公尺以上，不受前項規定限制。

③ 下列高壓氣體之容積，不列入前二項之計算：

一、空氣或供保安用不活性氣體以外之不活性氣體之四分之三容積。

二、供保安用不活性氣體之全部容積。

第 226 條（製造安全規劃人員）

前條之製造安全規劃人員，輔導製造安全負責人規劃左列高壓氣體製造安全有關事項。

一、規劃訂定有關高壓氣體製造安全工作守則。

二、規劃安全教育計畫並予推展。

三、前二款規定外，有關製造安全之基本對策。

四、提供有關製造安全之作業標準、設備管理基準或承攬管理及發生災害或防範發生災害之措施基準之建議並實施指導等。

五、規劃防災訓練及推展。

六、發生災害時之災害原因調查及檢討防災對策。

七、蒐集有關製造高壓氣體之資料。

第 227 條（製造安全主任）

①處理能力在一百萬立方公尺以上之液化石油氣甲類製造事業單位，應於製造開始之日，依各該事業製程狀況，分別選任高壓氣體製造安全主任，輔助製造安全負責人從事製造安全技術管理事務。

②設置儲槽純供灌裝液化石油氣之事業單位，前項處理能力為二百萬立方公尺以上，不受前項規定限制。

③擔任第一項高壓氣體製造安全主任者，應依職業安全衛生教育訓練規則規定，接受高壓氣體製造安全主任安全衛生教育訓練。

第 228 條（製造安全作業主管）

①前條之甲類製造事業單位，於溫度在攝氏三十五度時，其處理設備之每小時液化石油氣輸液量之合計量（以下簡稱輸液總量）在一百六十立方公尺以上者，應於該設備設置之日，選任高壓氣體製造安全作業主管。

②前項輸液總量之計算，對氣體狀態之液化石油氣，應以容積十立方公尺換算為輸液量一立方公尺。

③擔任第一項高壓氣體製造安全作業主管者，應依職業安全衛生教育

訓練規則規定，接受高壓氣體製造安全作業主管安全衛生教育訓練。

第 229 條（製造安全作業主管）

依前條規定選任之高壓氣體製造安全作業主管，應擔負維持製造設備之安全、監視製造方法與其液化石油氣之製造有關之下列技術事項，並監督、指揮勞工作業：

一、維持製造設備符合法令規定基準。

二、維持製造方法符合法令規定基準。

三、監督實施自動檢查。

四、實施巡視與檢點。

五、對與液化石油氣之製造有關之安全作業標準、設備管理基準、承攬管理基準及災害之發生或有虞發生災害之必要措施，提供建議。

六、於發生災害或有發生災害之虞時，立即採取必要措施。

第 230 條（製造安全規劃人員）

第二百二十七條規定之甲類製造事業單位應就大專院校理工科系畢業，並具有左列規定者中選任液化石油氣製造安全規劃人員（以下簡稱製造安全規劃人員。）。但製造安全負責人具有同等資格者，不在此限。

一、曾擔任製造安全主任之經驗年資在五年以上者。

二、曾擔任製造安全作業主管及製造安全主任之合計經驗年資在七年以上者。

第 231 條（製造安全規劃人員）

前條之製造安全規劃人員，輔助製造安全負責人規劃左列液化石油氣製造安全有關事項。

一、規劃訂定有關液化石油氣製造安全工作守則。

二、規劃安全教育計畫並予推展。

三、前二款規定外，有關製造安全之基本對策。

四、提供有關製造安全之作業標準、設備管理基準或承攬管理及發生
　　災害或防範發生災害之措施基準之建議並實施指導等。

五、規劃防災訓練及推展。

六、發生災害時之災害原因調查及檢討防災對策。

七、蒐集有關製造液化石油氣之資料。

第 232 條（製造安全作業主管）

①第二百十九條之冷凍用高壓氣體製造事業單位，應於製造開始之
　日，選任高壓氣體製造安全作業主管，輔助製造安全負責人從事製
　造安全技術管理業務。

②擔任前項高壓氣體製造安全作業主管者，應依職業安全衛生教育訓
　練規則規定，接受高壓氣體製造安全作業主管安全衛生教育訓練。

第 233 條（製造安全作業主管）

依前條規定選任之高壓氣體製造安全作業主管，應擔負維持製造設備
之安全、監視製造方法與其高壓氣體之製造有關之下列技術事項，並
監督、指揮勞工作業：

一、維持製造設備符合法令規定基準。

二、維持作業方法符合法令規定基準。

三、監督實施檢點。

四、實施巡視與自動檢查。

五、對與高壓氣體之製造有關之安全作業標準、設備管理、承攬管理
　　及防止災害之發生或有發生災害之虞時之必要措施，提供建議。

六、於發生災害或有發生災害之虞時，立即採取必要措施。

第 234 條（供應安全作業主管）

①供應下列高壓氣體之事業場所，應於供應開始之日，依其供應場所
　之分類，分別選任高壓氣體供應安全作業主管，擔任高壓氣體供應
　安全技術事項：

一、氨、氯甲烷或氰化氫。

二、乙炔、丁二烯、丁烯、丙烯或甲烷。

高壓氣體勞工安全規則（111.9.14）

　三、氯。

　四、氫。

　五、氧。

　六、丁烷。

②擔任前項高壓氣體供應安全作業主管者，應依職業安全衛生教育訓練規則規定，接受高壓氣體供應及消費作業主管安全衛生教育訓練。

第 235 條（供應安全作業主管）

①供應液化石油氣之供應事業單位，應於供應開始之日，選任高壓氣體供應安全作業主管，擔任液化石油氣供應安全技術事項。

②擔任前項高壓氣體供應安全作業主管者，應依職業安全衛生教育訓練規則規定，接受高壓氣體供應及消費作業主管安全衛生教育訓練。

第 236 條（消費作業主管）

①特定高壓氣體消費事業單位，應於消費開始之日，依消費事業單位或各分支消費事業單位，選任高壓氣體消費作業主管，擔任高壓氣體消費安全技術事項。

②擔任前項高壓氣體消費作業主管者，應依職業安全衛生教育訓練規則規定，接受高壓氣體供應及消費作業主管安全衛生教育訓練。

第 237 條（消費作業主管）

①特定液化石油氣消費事業單位，應於消費開始之日，依消費事業單位，選任高壓氣體消費作業主管，擔任液化石油氣消費安全技術事項。

②擔任前項高壓氣體消費作業主管者，應依職業安全衛生教育訓練規則規定，接受高壓氣體供應及消費作業主管安全衛生教育訓練。

第 238 條（製造安全管理人員）

製造事業單位，平時即應選任第二百十九條至第二百二十一條及第二百二十五條、第二百二十七條、第二百二十八條、第二百三十條、

第二百三十二條規定之人員（以下簡稱製造安全管理人員。）之代理人，於製造安全管理人員因故未能執行職務時，代理其職務。

第 239 條（教育訓練）

製造事業單位、供應事業單位及消費事業單位應對其僱用從事管理、監督、指揮及操作高壓氣體作業者，施予擔負工作所必要之安全知識教育訓練。

第 240 條（定期維護）

①製造、供應及消費高壓氣體之事業單位，應對所設置之高壓氣體設備及其管線，實施定期安全維護、保養及檢點，並對有發生腐蝕、劣化、缺損、破裂等有礙安全部分，採取必要補修、汰換或其他改善措施，以確保高壓氣體設施之安全運作。

②前項安全維護、保養、檢點、補修或汰換等措施，應於高壓氣體製造安全主任、高壓氣體製造安全作業主管、高壓氣體供應及消費作業主管或其他專業技術主管之督導下實施。

③前二項所定事項之執行，應置備紀錄，並留存三年備查。

第十一章｜附則

第 241 條（不適用高壓氣體）

本規則不適用於左列高壓氣體。

一、高壓鍋爐及其導管內之高壓蒸氣。

二、鐵路車輛設置之冷氣設備內之高壓氣體。

三、船舶設備內使用之高壓氣體。

四、礦場設施內以壓縮、液化及其他方法處理氣體之設備內之高壓氣體。

五、航空器內使用之高壓氣體。

六、供發電、變電、輸電設置之電力設備及其設置之變壓器、反應器、開閉器及自動遮斷器內以壓縮、液化及其他方法處理氣體之

設備內高壓氣體。

七、原子能設施內使用之高壓氣體。

八、內燃機之起動、輪胎之充氣、打鉚或鑽岩或土木工程用壓縮裝置內之壓縮氣體。

九、冷凍能力未滿三公噸之冷凍設備內之高壓氣體。

十、液化溴甲烷製造設備外之該液化溴甲烷。

十一、高壓蒸氣鍋內之高壓氣體（除氫氣、乙炔及氯乙烯。）。

十二、液化氣體與液化氣體以外之液體之混合液中，液化氣體之質量佔總質量之百分之十五以下，且溫度在攝氏三十五度時之壓力在每平方公分六公斤以下之清涼飲料水、水果酒、啤酒及發泡酒用高壓氣體。

十三、液化氣體製造設備外之質量在五百公克以下之該氣體，且於溫度攝氏三十五度時，壓力在每平方公分八公斤以下者中，經中央主管機關指定者。

第 242 條（不適用液石化油氣）

本規則第三十四條、第四十七條、第五十八條、第五十九條、第六十一條至第六十五條、第七十一條第二款至第五款、第七十二條、第七十八條、第九十二條、第九十五條至第九十七條、第一百零四條、第一百二十四條、第一百七十九條、第一百八十一條至第一百八十七條、第一百八十九條、第二百零八條、第二百十二條、第二百十四條、第二百十六條不適用於液石化油氣。

第 243 條（不適用於冷凍用高壓氣體）

本規則第三十三條至第三十六條、第三十九條、第四十一條、第四十三條至第四十五條、第四十七條、第五十二條、第五十三條、第五十五條、第五十六條、第五十八條、第五十九條、第六十二條至第六十六條、第六十八條、第七十條至第七十二條、第七十六條、第七十八條至八十條、第八十八條至第九十二條、第九十五條至第九十七條、第一百零六條、第一百零七條、第一百十三條、第

一百十六條至第一百十九條、第一百二十一條、第五章、第六章、第二百十條、第二百十三條至第二百十七條不適用於冷凍用高壓氣體。

第 244 條

（刪除）

第 245 條（施行日）

①本規則自發布後六個月施行。

②本規則修正條文，除中華民國一百零三年六月二十七日修正發布之條文，自一百零三年七月三日施行；一百十一年九月十四日修正發布之第一百九十一條之一及第一百九十二條，自一百十二年九月十四日施行外，自發布日施行。

危險性機械及設備安全檢查規則（105.11.21）

第一章│總則

第 1 條（法源）

本規則依職業安全衛生法（以下稱本法）第十六條第四項規定訂定之。

第 2 條（定義 - 適用相關）

有關危險性機械及設備之用詞，除本規則另有定義外，適用職業安全衛生相關法規之規定。

第 3 條（定義 - 機械容量）

本法適用於下列容量之危險性機械：

一、固定式起重機：吊升荷重在三公噸以上之固定式起重機或一公噸以上之斯達卡式起重機。

二、移動式起重機：吊升荷重在三公噸以上之移動式起重機。

三、人字臂起重桿：吊升荷重在三公噸以上之人字臂起重桿。

四、營建用升降機：設置於營建工地，供營造施工使用之升降機。

五、營建用提升機：導軌或升降路高度在二十公尺以上之營建用提升機。

六、吊籠：載人用吊籠。

第 4 條（定義 - 設備容量）

本規則適用於下列容量之危險性設備：

一、鍋爐：

（一）最高使用壓力（表壓力，以下同）超過每平方公分一公斤，或傳熱面積超過一平方公尺（裝有內徑二十五公厘以上開放於大

615

氣中之蒸汽管之蒸汽鍋爐、或在蒸汽部裝有內徑二十五公厘以上之U字形豎立管，其水頭壓力超過五公尺之蒸汽鍋爐，爲傳熱面積超過三點五平方公尺），或胴體內徑超過三百公厘，長度超過六百公厘之蒸汽鍋爐。

（二）水頭壓力超過十公尺，或傳熱面積超過八平方公尺，且液體使用溫度超過其在一大氣壓之沸點之熱媒鍋爐以外之熱水鍋爐。

（三）水頭壓力超過十公尺，或傳熱面積超過八平方公尺之熱媒鍋爐。

（四）鍋爐中屬貫流式者，其最高使用壓力超過每平方公分十公斤（包括具有內徑超過一百五十公厘之圓筒形集管器，或剖面積超過一百七十七平方公分之方形集管器之多管式貫流鍋爐），或其傳熱面積超過十平方公尺者（包括具有汽水分離器者，其汽水分離器之內徑超過三百公厘，或其內容積超過零點零七立方公尺者）。

二、壓力容器：

（一）最高使用壓力超過每平方公分一公斤，且內容積超過零點二立方公尺之第一種壓力容器。

（二）最高使用壓力超過每平方公分一公斤，且胴體內徑超過五百公厘，長度超過一千公厘之第一種壓力容器。

（三）以「每平方公分之公斤數」單位所表示之最高使用壓力數值與以「立方公尺」單位所表示之內容積數值之積，超過零點二之第一種壓力容器。

三、高壓氣體特定設備：指供高壓氣體之製造（含與製造相關之儲存）設備及其支持構造物（供進行反應、分離、精鍊、蒸餾等製程之塔槽類者，以其最高位正切線至最低位正切線間之長度在五公尺以上之塔，或儲存能力在三百立方公尺或三公噸以上之儲槽爲一體之部分爲限），其容器以「每平方公分之公斤數」單位所表示之設計壓力數值與以「立方公尺」單位所表示之內容積數值

之積，超過零點零四者。但下列各款容器，不在此限：

（一）泵、壓縮機、蓄壓機等相關之容器。

（二）緩衝器及其他緩衝裝置相關之容器。

（三）流量計、液面計及其他計測機器、濾器相關之容器。

（四）使用於空調設備之容器。

（五）溫度在攝氏三十五度時，表壓力在每平方公分五十公斤以下之空氣壓縮裝置之容器。

（六）高壓氣體容器。

（七）其他經中央主管機關指定者。

四、高壓氣體容器：指供灌裝高壓氣體之容器中，相對於地面可移動，其內容積在五百公升以上者。但下列各款容器，不在此限：

（一）於未密閉狀態下使用之容器。

（二）溫度在攝氏三十五度時，表壓力在每平方公分五十公斤以下之空氣壓縮裝置之容器。

（三）其他經中央主管機關指定者。

第 5 條（定義 - 製造、所有人）

本規則所稱製造人（含修改人）係指製造（含修改）危險性機械或設備之承製廠負責人。所稱所有人係指危險性機械或設備之所有權人。

第 6 條（檢查標準）

①國內製造之危險性機械或設備之檢查，應依本規則、職業安全衛生相關法規及中央主管機關指定之國家標準、國際標準或團體標準等之全部或部分內容規定辦理。

②外國進口或於國內依合約約定採用前項國外標準設計、製造之危險性機械或設備，得採用該國外標準實施檢查。但與該標準相關之材料選用、機械性質、施工方法、施工技術及檢查方式等相關規定，亦應一併採用。

③前二項國外標準之指定，應由擬採用該國外標準實施者，於事前檢具各該國外標準經中央主管機關認可後為之。檢查機構於實施檢查

時，得要求提供相關檢查證明文件佐證。

④對於構造或安裝方式特殊之地下式液化天然氣儲槽、混凝土製外槽與鋼製內槽之液化天然氣雙重槽、覆土式儲槽等，事業單位應於事前依下列規定辦理，並將風險評估報告送中央主管機關審查，非經審查通過及確認檢查規範，不得申請各項檢查：

一、風險評估報告審查時，應提供規劃設計考量要項、實施檢查擬採規範及承諾之風險承擔文件。

二、風險評估報告及風險控制對策，應經規劃設計者或製造者簽認。

三、風險評估報告之內容，應包括風險情境描述、量化風險評估、評估結果、風險控制對策及承諾之風險控制措施。

第 7 條（檢查機構）

①本法第十六條第一項規定之危險性機械或設備之檢查，由勞動檢查機構或中央主管機關指定之代行檢查機構（以下合稱檢查機構）實施。

②前項檢查所必要之檢查合格證，由檢查機構核發。

第 8 條（除去被覆物）

檢查機構於實施危險性機械或設備各項檢查，認有必要時，得要求雇主、製造人或所有人實施分解、除去被檢查物體上被覆物等必要措施。

第二章｜危險性機械

第一節　固定式起重機

第 9 條（型式檢查）

①固定式起重機之製造或修改，其製造人應於事前填具型式檢查申請書（附表一），並檢附載有下列事項之書件，向所在地檢查機構申

請檢查：

一、申請型式檢查之固定式起重機型式、強度計算基準及組配圖。

二、製造過程之必要檢驗設備概要。

三、主任設計者學經歷概要。

四、施工負責人學經歷概要。

②前項第二款之設備或第三款、第四款之人員變更時，應向所在地檢查機構報備。

③第一項型式檢查，經檢查合格者，檢查機構應核發製造設施型式檢查合格證明（附表二）。

④未經檢查合格，不得製造或修改。但與業經型式檢查合格之型式及條件相同者，不在此限。

第 10 條（強度計算）

前條所稱強度計算基準及組配圖應記載下列事項：

一、強度計算基準：將固定式起重機主要結構部分強度依相關法令規定，以數學計算式具體詳實記載。

二、組配圖係以圖示法足以表明該起重機具下列主要部分之組配情形：

（一）起重機具之外觀及主要尺寸。

（二）依起重機具種類型式不同，應能表明其主要部分構造概要，包括：全體之形狀、尺寸，結構材料之種類、材質及尺寸，接合方法及牽索之形狀、尺寸。

（三）吊升裝置、起伏裝置、走行裝置及迴旋裝置之概要，包括：捲胴形狀、尺寸，伸臂形狀、尺寸，動力傳動裝置主要尺寸等。

（四）安全裝置、制動裝置型式及配置等。

（五）原動機配置情形。

（六）吊具形狀及尺寸。

（七）駕駛室或駕駛台之操作位置。

第 11 條（品保措施）

①製造人應實施品管及品保措施，其設備及人員並應合於下列規定：

一、具備萬能試驗機、放射線試驗裝置等檢驗設備。

二、主任設計者應合於下列資格之一：

（一）具有機械相關技師資格者。

（二）大專機械相關科系畢業，並具五年以上型式檢查對象機具相關設計、製造或檢查實務經驗者。

（三）高工機械相關科組畢業，並具八年以上型式檢查對象機具相關設計、製造或檢查實務經驗者。

（四）具有十二年以上型式檢查對象機具相關設計、製造或檢查實務經驗者。

三、施工負責人應合於下列資格之一：

（一）大專機械相關科系畢業，並具三年以上型式檢查對象機具相關設計、製造或檢查實務經驗者。

（二）高工機械相關科組畢業，並具六年以上型式檢查對象機具相關設計、製造或檢查實務經驗者。

（三）具有十年以上型式檢查對象機具相關設計、製造或檢查實務經驗者。

②前項第一款之檢驗設備能隨時利用，或與其他事業單位共同設置者，檢查機構得認定已具有該項設備。

③第一項第二款之主任設計者，製造人已委託具有資格者擔任，檢查機構得認定已符合規定。

第 12 條（竣工檢查）

雇主於固定式起重機設置完成或變更設置位置時，應填具固定式起重機竣工檢查申請書（附表三），檢附下列文件，向所在地檢查機構申請竣工檢查：

一、製造設施型式檢查合格證明（外國進口者，檢附品管等相關文件）。

二、設置場所平面圖及基礎概要。

三、固定式起重機明細表（附表四）。

四、強度計算基準及組配圖。

第 13 條（竣工檢查）

①固定式起重機竣工檢查，包括下列項目：

一、構造與性能檢查：包括結構部分強度計算之審查、尺寸、材料之選用、吊升荷重之審查、安全裝置之設置及性能、電氣及機械部分之檢查、施工方法、額定荷重及吊升荷重等必要標示、在無負載及額定荷重下各種裝置之運行速率及其他必要項目。

二、荷重試驗：指將相當於該起重機額定荷重一點二五倍之荷重（額定荷重超過二百公噸者，為額定荷重加上五十公噸之荷重）置於吊具上實施必要之吊升、直行、旋轉及吊運車之橫行等動作試驗。

三、安定性試驗：指將相當於額定荷重一點二七倍之荷重置於吊具上，且使該起重機於前方操作之最不利安定之條件下實施，並停止其逸走防止裝置及軌夾裝置等之使用。

四、其他必要之檢查。

②固定式起重機屬架空式或橋型式等無虞翻覆者，得免實施前項第三款所定之試驗。

③外國進口具有相當檢查證明文件者，檢查機構得免除第一項所定全部或一部之檢查。

④經檢查合格，隨施工進度變更設置位置，且結構及吊運車未拆除及重新組裝者，檢查機構得免除第一項所定全部或一部之檢查。

第 14 條（假荷重試驗）

①雇主設置固定式起重機，如因設置地點偏僻等原因，無法實施荷重試驗或安定性試驗時，得委由製造人於製造後，填具固定式起重機假荷重試驗申請書（附表五），檢附固定式起重機明細表向檢查機構申請實施假荷重試驗，其試驗方法依前條第一項第二款、第三款

　　規定。

②檢查機構對經前項假荷重試驗合格者，應發給假荷重試驗結果報告
　表（附表六）。

③實施第一項假荷重試驗合格之固定式起重機，於竣工檢查時，得免
　除前條規定之荷重試驗或安定性試驗。

第 15 條（檢查通知）

檢查機構對製造人或雇主申請固定式起重機之假荷重試驗或竣工檢
查，應於受理檢查後，將檢查日期通知製造人或雇主，使其準備荷重
試驗、安定性試驗用荷物及必要之吊掛器具。

第 16 條（合格標章）

①檢查機構對竣工檢查合格或依第十三條第三項及第四項認定為合格
　之固定式起重機，應在固定式起重機明細表上加蓋檢查合格戳記
　（附表七），勞動檢查員或代行檢查員（以下合稱檢查員）簽章
　後，交付申請人一份，並在被檢查物體上明顯部位打印、漆印或張
　貼檢查合格標章，以資識別。

②竣工檢查合格之固定式起重機，檢查機構應發給竣工檢查結果報告
　表（附表八）及檢查合格證（附表九），其有效期限最長為二年。

③雇主應將前項檢查合格證或其影本置掛於該起重機之駕駛室或作業
　場所明顯處。

第 17 條（定期檢查）

①雇主於固定式起重機檢查合格證有效期限屆滿前一個月，應填具固
　定式起重機定期檢查申請書（附表十），向檢查機構申請定期檢
　查；逾期未申請檢查或檢查不合格者，不得繼續使用。

②前項定期檢查，應就該起重機各部分之構造、性能、荷重試驗及其
　他必要項目實施檢查。

③前項荷重試驗係將相當於額定荷重之荷物，於額定速率下實施吊
　升、直行、旋轉及吊運車之橫行等動作試驗。但檢查機構認無必要
　時，得免實施。

④第二項荷重試驗準用第十五條規定。

第 18 條（有效期限）

①檢查機構對定期檢查合格之固定式起重機，應於原檢查合格證上簽署，註明使用有效期限，最長爲二年。

②檢查員於實施前項定期檢查後，應填報固定式起重機定期檢查結果報告表（附表十一），並將定期檢查結果通知雇主。

第 19 條（變更備查）

①雇主對於固定式起重機變更下列各款之一時，應檢附變更部分之圖件，報請檢查機構備查：

一、原動機。

二、吊升結構。

三、鋼索或吊鏈。

四、吊鉤、抓斗等吊具。

五、制動裝置。

②前項變更，材質、規格及尺寸不變者，不在此限。

③雇主變更固定式起重機之吊升荷重爲未滿三公噸或斯達卡式起重機爲未滿一公噸者，應報請檢查機構認定後，註銷其檢查合格證。

第 20 條（變更檢查）

①雇主變更固定式起重機之桁架、伸臂、腳、塔等構造部分時，應填具固定式起重機變更檢查申請書（附表十二）及變更部分之圖件，向檢查機構申請變更檢查。

②檢查機構對於變更檢查合格之固定式起重機，應於原檢查合格證上記載檢查日期、變更部分及檢查結果。

③第一項變更檢查準用第十三條及第十五條之規定。

第 21 條（重新檢查）

①雇主對於停用超過檢查合格證有效期限一年以上之固定式起重機，如擬恢復使用時，應填具固定式起重機重新檢查申請書（附表十三），向檢查機構申請重新檢查。

②檢查機構對於重新檢查合格之固定式起重機，應於原檢查合格證上記載檢查日期、檢查結果及使用有效期限，最長為二年。

③第一項重新檢查準用第十三條及第十五條規定。

第二節　移動式起重機

第 22 條（型式檢查）

①移動式起重機之製造或修改，其製造人應於事前填具型式檢查申請書（附表一），並檢附載有下列事項之書件，向所在地檢查機構申請檢查：

一、申請型式檢查之移動式起重機型式、強度計算基準及組配圖。

二、製造過程之必要檢驗設備概要。

三、主任設計者學經歷概要。

四、施工負責人學經歷概要。

②前項第二款之設備或第三款、第四款之人員變更時，應向所在地檢查機構報備。

③第一項型式檢查之品管、品保措施、設備及人員準用第十一條規定，經檢查合格者，檢查機構應核發製造設施型式檢查合格證明（附表二）。

④未經檢查合格，不得製造或修改。但與業經型式檢查合格之型式及條件相同者，不在此限。

第 23 條（使用檢查）

雇主於移動式起重機製造完成使用前或從外國進口使用前，應填具移動式起重機使用檢查申請書（附表十四），檢附下列文件，向當地檢查機構申請使用檢查：

一、製造設施型式檢查合格證明（外國進口者，檢附品管等相關文件）。

二、移動式起重機明細表（附表十五）。

三、強度計算基準及組配圖。

第 24 條（使用檢查）

①移動式起重機使用檢查，包括下列項目：

一、構造與性能檢查：包括結構部分強度計算之審查、尺寸、材料之選用、吊升荷重之審查、安全裝置之設置及性能、電氣及機械部分之檢查、施工方法、額定荷重及吊升荷重等必要標示、在無負載及額定荷重下之各種裝置之運行速率及其他必要項目。

二、荷重試驗：指將相當於該起重機額定荷重一點二五倍之荷重（額定荷重超過二百公噸者，為額定荷重加上五十公噸之荷重）置於吊具上實施吊升、旋轉及必要之走行等動作試驗。

三、安定性試驗：分方向實施之，前方安定性試驗係將相當於額定荷重一點二七倍之荷重置於吊具上，且使該起重機於前方最不利安定之條件下實施；左右安定度及後方安定度以計算為之。

四、其他必要之檢查。

②對外國進口具有相當檢查證明文件者，檢查機構得免除本條所定全部或一部之檢查。

第 25 條（檢查通知）

檢查機構對雇主申請移動式起重機之使用檢查，應於受理檢查後，將檢查日期通知雇主，使其準備荷重試驗、安定性試驗用荷物及必要之吊掛器具。

第 26 條（合格標章）

①檢查機構對使用檢查合格或依第二十四條第二項認定為合格之移動式起重機，應在移動式起重機明細表上加蓋檢查合格戳記（附表七），檢查員簽章後，交付申請人一份，並在被檢查物體上明顯部位打印、漆印或張貼檢查合格標章，以資識別。

②使用檢查合格之移動式起重機，檢查機構應發給使用檢查結果報告表（附表十六）及檢查合格證（附表十七），其有效期限最長為二年。

③雇主應將前項檢查合格證或其影本置掛於該起重機之駕駛室或作業場所明顯處。

第 27 條（定期檢查）

①雇主於移動式起重機檢查合格證有效期限屆滿前一個月，應填具移動式起重機定期檢查申請書（附表十），向檢查機構申請定期檢查；逾期未申請檢查或檢查不合格者，不得繼續使用。

②前項定期檢查，應就該起重機各部分之構造、性能、荷重試驗及其他必要項目實施檢查。

③前項荷重試驗係將相當額定荷重之荷物，於額定速率下實施吊升、旋轉及必要之走行等動作試驗。但檢查機構認無必要時，得免實施。

④第二項荷重試驗準用第二十五條規定。

第 28 條（有效期限）

①檢查機構對定期檢查合格之移動式起重機，應於原檢查合格證上簽署，註明使用有效期限，最長為二年。

②檢查員於實施前項定期檢查後，應填報移動式起重機定期檢查結果報告表（附表十八），並將定期檢查結果通知雇主。

第 29 條（變更備查）

①雇主對於移動式起重機變更下列各款之一時，應檢附變更部分之圖件，報請檢查機構備查：

一、原動機。

二、吊升結構。

三、鋼索或吊鏈。

四、吊鉤、抓斗等吊具。

五、制動裝置。

②前項變更，材質、規格及尺寸不變者，不在此限。

③雇主變更移動式起重機之吊升荷重為未滿三公噸者，應報請檢查機構認定後，註銷其檢查合格證。

第 30 條（變更檢查）

①雇主變更移動式起重機之伸臂、架台或其他構造部分時，應填具移動式起重機變更檢查申請書（附表十二）及變更部分之圖件，向檢查機構申請變更檢查。

②檢查機構對於變更檢查合格之移動式起重機，應於原檢查合格證上記載檢查日期、變更部分及檢查結果。

③第一項變更檢查準用第二十四條及第二十五條規定。

第 31 條（重新檢查）

①雇主對於停用超過檢查合格證有效期限一年以上之移動式起重機，如擬恢復使用時，應填具移動式起重機重新檢查申請書（附表十三），向檢查機構申請重新檢查。

②檢查機構對於重新檢查合格之移動式起重機，應於原檢查合格證上記載檢查日期、檢查結果及使用有效期限，最長為二年。

③第一項重新檢查準用第二十四條及第二十五條規定。

第三節　人字臂起重桿

第 32 條（型式檢查）

①人字臂起重桿之製造或修改，其製造人應於事前填具型式檢查申請書（附表一），並檢附載有下列事項之書件，向所在地檢查機構申請檢查：

一、申請型式檢查之人字臂起重桿型式、強度計算基準及組配圖。

二、製造過程之必要檢驗設備概要。

三、主任設計者學經歷概要。

四、施工負責人學經歷概要。

②前項第二款之設備或第三款、第四款之人員變更時，應向所在地檢查機構報備。

③第一項型式檢查之品管、品保措施、設備及人員準用第十一條規定，經檢查合格者，檢查機構應核發製造設施型式檢查合格證明

（附表二）。

④未經檢查合格，不得製造或修改。但與業經型式檢查合格之型式及條件相同者，不在此限。

第 33 條（竣工檢查）

雇主於人字臂起重桿設置完成或變更設置位置時，應填具人字臂起重桿竣工檢查申請書（附表三），檢附下列文件，向所在地檢查機構申請竣工檢查：

一、製造設施型式檢查合格證明（外國進口者，檢附品管等相關文件）。

二、設置場所平面圖及基礎概要。

三、人字臂起重桿明細表（附表十九）。

四、設置固定方式。

五、強度計算基準及組配圖。

第 34 條（竣工檢查）

①人字臂起重桿竣工檢查項目為構造與性能之檢查、荷重試驗及其他必要之檢查。

②前項荷重試驗，指將相當於該人字臂起重桿額定荷重一點二五倍之荷重（額定荷重超過二百公噸者，為額定荷重加上五十公噸之荷重）置於吊具上實施吊升、旋轉及起伏等動作試驗。

③第一項之檢查，對外國進口具有相當檢查證明文件者，檢查機構得免除本條所定全部或一部之檢查。

第 35 條（檢查通知）

檢查機構對雇主申請人字臂起重桿之竣工檢查，應於受理檢查後，將檢查日期通知雇主，使其準備荷重試驗用荷物及必要之吊掛器具。

第 36 條（合格標章）

①檢查機構對竣工檢查合格或依第三十四條第三項認定為合格之人字臂起重桿，應在人字臂起重桿明細表上加蓋檢查合格戳記（附表七），檢查員簽章後，交付申請人一份，並在被檢查物體上明顯部

位打印、漆印或張貼檢查合格標章，以資識別。

②竣工檢查合格之人字臂起重桿，檢查機構應發給竣工檢查結果報告表（附表二十）及檢查合格證（附表九），其有效期限最長為二年。

③雇主應將前項檢查合格證或其影本置掛於該人字臂起重桿之作業場所明顯處。

第 37 條（定期檢查）

①雇主於人字臂起重桿檢查合格證有效期限屆滿前一個月，應填具人字臂起重桿定期檢查申請書（附表十），向檢查機構申請定期檢查；逾期未申請檢查或檢查不合格者，不得繼續使用。

②前項定期檢查，應就該人字臂起重桿各部分之構造、性能、荷重試驗及其他必要項目實施檢查。

③前項荷重試驗係將相當額定荷重之荷物，於額定速率下實施吊升、旋轉、起伏等動作試驗。但檢查機構認無必要時，得免實施。

④第二項荷重試驗準用第三十五條規定。

第 38 條（有效期限）

①檢查機構對定期檢查合格之人字臂起重桿，應於原檢查合格證上簽署，註明使用有效期限，最長為二年。

②檢查員於實施前項定期檢查後，應填報人字臂起重桿定期檢查結果報告表（附表二十一），並將定期檢查結果通知雇主。

第 39 條（變更備查）

①雇主對於人字臂起重桿變更下列各款之一時，應檢附變更部分之圖件，報請檢查機構備查：

一、原動機。

二、吊升結構。

三、鋼索或吊鏈。

四、吊鉤、抓斗等吊具。

五、制動裝置。

②前項變更，材質、規格及尺寸不變者，不在此限。

③雇主變更人字臂起重桿之吊升荷重為未滿三公噸者，應報請檢查機構認定後，註銷其檢查合格證。

第 40 條（變更檢查）

①雇主變更人字臂起重桿之主桿、吊桿、拉索、基礎或其他構造部分時，應填具人字臂起重桿變更檢查申請書（附表十二）及變更部分之圖件，向檢查機構申請變更檢查。

②檢查機構對於變更檢查合格之人字臂起重桿，應於原檢查合格證上記載檢查日期、變更部分及檢查結果。

③第一項變更檢查準用第三十四條及第三十五條規定。

第 41 條（重新檢查）

①雇主對於停用超過檢查合格證有效期限一年以上之人字臂起重桿，如擬恢復使用時，應填具人字臂起重桿重新檢查申請書（附表十三），向檢查機構申請重新檢查。

②檢查機構對於重新檢查合格之人字臂起重桿，應於原檢查合格證上記載檢查日期、檢查結果及使用有效期限，最長為二年。

③第一項重新檢查準用第三十四條及第三十五條規定。

第四節　營建用升降機

第 42 條（型式檢查）

①營建用升降機之製造或修改，其製造人應於事前填具型式檢查申請書（附表一），並檢附載有下列事項之書件，向所在地檢查機構申請檢查：

一、申請型式檢查之營建用升降機型式、強度計算基準及組配圖。

二、製造過程之必要檢驗設備概要。

三、主任設計者學經歷概要。

四、施工負責人學經歷概要。

②前項第二款之設備或第三款、第四款之人員變更時，應向所在地檢查機構報備。

③第一項型式檢查之品管、品保措施、設備及人員準用第十一條規定，經檢查合格者，檢查機構應核發製造設施型式檢查合格證明（附表二）。

④未經檢查合格，不得製造或修改。但與業經型式檢查合格之型式及條件相同者，不在此限。

第 43 條（竣工檢查）

雇主於營建用升降機設置完成時，應填具營建用升降機竣工檢查申請書（附表三），檢附下列文件，向所在地檢查機構申請竣工檢查：

一、製造設施型式檢查合格證明（外國進口者，檢附品管等相關文件）。

二、設置場所四周狀況圖。

三、營建用升降機明細表（附表二十二）。

四、強度計算基準及組配圖。

第 44 條（竣工檢查）

①營建用升降機竣工檢查項目為構造與性能之檢查、荷重試驗及其他必要之檢查。

②前項荷重試驗，指將相當於該營建用升降機積載荷重一點二倍之荷重置於搬器上實施升降動作試驗。

③第一項之檢查，對外國進口具有相當檢查證明文件者，檢查機構得免除本條所定全部或一部之檢查。

第 45 條（檢查通知）

檢查機構對雇主申請營建用升降機之竣工檢查，應於受理檢查後，將檢查日期通知雇主，使其準備荷重試驗用荷物及必要之運搬器具。

第 46 條（合格標章）

①檢查機構對竣工檢查合格或依第四十四條第三項認定為合格之營建用升降機，應在營建用升降機明細表上加蓋檢查合格戳記（附表七），檢查員簽章後，交付申請人一份，並在被檢查物體上明顯部位打印、漆印或張貼檢查合格標章，以資識別。

②竣工檢查合格之營建用升降機，檢查機構應發給竣工檢查結果報告表（附表二十三）及檢查合格證（附表二十四），其有效期限最長為一年。

③雇主應將前項檢查合格證或其影本置掛於該營建用升降機之明顯位置。

第 47 條（定期檢查）

①雇主於營建用升降機檢查合格證有效期限屆滿前一個月，應填具營建用升降機定期檢查申請書（附表十），向檢查機構申請定期檢查；屆期未申請檢查或檢查不合格者，不得繼續使用。

②前項定期檢查，應就該營建用升降機各部分之構造、性能、荷重試驗及其他必要項目實施檢查。

③前項荷重試驗指將相當積載荷重之荷物，於額定速率下實施升降動作試驗。但檢查機構認無必要時，得免實施。

④第二項荷重試驗準用第四十五條規定。

第 48 條（有效期限）

①檢查機構對定期檢查合格之營建用升降機，應於原檢查合格證上簽署，註明使用有效期限，最長為一年。

②檢查員於實施前項定期檢查後，應填報營建用升降機定期檢查結果報告表（附表二十五），並將定期檢查結果通知雇主。

第 49 條（變更備查）

①雇主對於營建用升降機變更下列各款之一時，應檢附變更部分之圖件，報請檢查機構備查：

一、捲揚機。

二、原動機。

三、鋼索或吊鏈。

四、制動裝置。

②前項變更，材質、規格及尺寸不變者，不在此限。

第 50 條（變更檢查）

①雇主變更營建用升降機之搬器、配重、升降路塔、導軌支持塔或拉索時，應填具營建用升降機變更檢查申請書（附表十二）及變更部分之圖件，向檢查機構申請變更檢查。

②檢查機構對於變更檢查合格之營建用升降機，應於原檢查合格證上記載檢查日期、變更部分及檢查結果。

③第一項變更檢查準用第四十四條及第四十五條規定。

第 51 條（重新檢查）

①雇主對於停用超過檢查合格證有效期限一年以上之營建用升降機，恢復使用前，應填具營建用升降機重新檢查申請書（附表十三），向檢查機構申請重新檢查。

②檢查機構對於重新檢查合格之營建用升降機，應於原檢查合格證上記載檢查日期、檢查結果及使用有效期限，最長為一年。

③第一項重新檢查準用第四十四條及第四十五條規定。

第五節　營建用提升機

第 52 條（型式檢查）

①營建用提升機之製造或修改，其製造人應於事前填具型式檢查申請書（附表一），並檢附載有下列事項之書件，向所在地檢查機構申請檢查：

一、申請型式檢查之營建用提升機型式、強度計算基準及組配圖。

二、製造過程之必要檢驗設備概要。

三、主任設計者學經歷概要。

四、施工負責人學經歷概要。

②前項第二款之設備或第三款、第四款之人員變更時，應向所在地檢查機構報備。

③第一項型式檢查之品管、品保措施、設備及人員準用第十一條規定，經檢查合格者，檢查機構應核發製造設施型式檢查合格證明

危險性機械及設備安全檢查規則（105.11.21）

（附表二）。

④未經檢查合格，不得製造或修改。但與業經型式檢查合格之型式及
　條件相同者，不在此限。

第 53 條（竣工檢查）

雇主於營建用提升機設置完成時，應填具營建用提升機竣工檢查申請
書（附表三），檢附下列文件，向所在地檢查機構申請竣工檢查：

一、製造設施型式檢查合格證明（外國進口者，檢附品管等相關文
　　件）。

二、設置場所平面圖及基礎概要。

三、營建用提升機明細表（附表二十六）。

四、強度計算基準及組配圖。

第 54 條（竣工檢查）

①營建用提升機竣工檢查項目為構造與性能之檢查、荷重試驗及其他
　必要之檢查。

②前項荷重試驗，指將相當於該提升機積載荷重一點二倍之荷重置於
　搬器上實施升降動作試驗。

③第一項之檢查，對外國進口具有相當檢查證明文件者，檢查機構得
　免除本條所定全部或一部之檢查。

第 55 條（檢查通知）

檢查機構對雇主申請營建用提升機之竣工檢查，應於受理檢查後，將
檢查日期通知雇主，使其準備荷重試驗用荷物及必要之運搬器具。

第 56 條（合格標章）

①檢查機構對竣工檢查合格或依第五十四條第三項認定為合格之營
　建用提升機，應在營建用提升機明細表上加蓋檢查合格戳記（附表
　七），檢查員簽章後，交付申請人一份，並在被檢查物體上明顯部
　位打印、漆印或張貼檢查合格標章，以資識別。

②竣工檢查合格之營建用提升機，檢查機構應發給檢查合格證（附表
　二十七）其有效期限最長為二年。

③雇主應將前項檢查合格證或其影本置掛於該營建用提升機明顯處。

第 57 條（定期檢查）

①雇主於營建用提升機檢查合格證有效期限屆滿前一個月，應填具營建用提升機定期檢查申請書（附表十），向檢查機構申請定期檢查；逾期未申請檢查或檢查不合格者，不得繼續使用。

②前項定期檢查，應就該營建用提升機各部分之構造、性能、荷重試驗及其他必要項目實施檢查。

③前項荷重試驗係將相當積載荷重之荷物置於搬器上實施升降動作試驗。但檢查機構認無必要時，得免實施。

④第二項荷重試驗準用第五十五條規定。

第 58 條（有效期限）

①檢查機構對定期檢查合格之營建用提升機，應於原檢查合格證上簽署，註明使用有效期限，最長為二年。

②檢查員於實施前項定期檢查後，應填報營建用提升機定期檢查結果報告表，並將定期檢查結果通知雇主。

第 59 條（變更備查）

①雇主對於營建用提升機變更下列各款之一時，應檢附變更部分之圖件，報請檢查機構備查：

一、原動機。

二、絞車。

三、鋼索或吊鏈。

四、制動裝置。

②前項變更，材質、規格及尺寸不變者，不在此限。

③雇主變更營建用提升機之導軌或升降路之高度為未滿二十公尺者，應報請檢查機構認定後，註銷其檢查合格證。

第 60 條（變更檢查）

①雇主變更營建用提升機之導軌、升降路或搬器時，應填具營建用提升機變更檢查申請書（附表十二）及變更部分之圖件，向檢查機構

　申請變更檢查。

②檢查機構對於變更檢查合格之營建用提升機，應於原檢查合格證上記載檢查日期、變更部分及檢查結果。

③第一項變更檢查準用第五十四條及第五十五條規定。

第 61 條（重新檢查）

①雇主對於停用超過檢查合格證有效期限一年以上之營建用提升機，如擬恢復使用時，應填具營建用提升機重新檢查申請書（附表十三），向檢查機構申請重新檢查。

②檢查機構對於重新檢查合格之營建用提升機，應於原檢查合格證上記載檢查日期、檢查結果及使用有效期限，最長為一年。

③第一項重新檢查準用第五十四條及第五十五條規定。

第六節　吊籠

第 62 條（型式檢查）

①吊籠之製造或修改，其製造人應於事前填具型式檢查申請書（附表一），並檢附載有下列事項之書件，向所在地檢查機構申請檢查：

一、申請型式檢查之吊籠型式、強度計算基準及組配圖。

二、製造過程之必要檢驗設備概要。

三、主任設計者學經歷概要。

四、施工負責人學經歷概要。

②前項第二款之設備或第三款、第四款之人員變更時，應向所在地檢查機構報備。

③第一項型式檢查之品管、品保措施、設備及人員準用第十一條規定，經檢查合格者，檢查機構應核發製造設施型式檢查合格證明（附表二）。

④未經檢查合格，不得製造或修改。但與業經型式檢查合格之型式及條件相同者，不在此限。

第 63 條（使用檢查）

雇主於吊籠製造完成使用前或從外國進口使用前，應填具吊籠使用檢查申請書（附表十四），並檢附下列文件，向當地檢查機構申請使用檢查：

一、製造設施型式檢查合格證明（外國進口者，檢附品管等相關文件）。

二、吊籠明細表（附表二十八）。

三、強度計算基準及組配圖。

四、設置固定方式。

第 64 條（使用檢查）

①吊籠使用檢查項目為構造與性能之檢查、荷重試驗及其他必要之檢查。

②前項荷重試驗，係將相當於該吊籠積載荷重之荷物置於工作台上，於額定速率下實施上升，或於容許下降速率下實施下降等動作試驗。但不能上升者，僅須實施下降試驗。

③第一項之檢查，對外國進口具有相當檢查證明文件者，檢查機構得免除所本條所定全部或一部之檢查。

第 65 條（檢查通知）

檢查機構對雇主申請吊籠之使用檢查，應於受理檢查後，將檢查日期通知雇主，使其將該吊籠移於易檢查之位置，並準備荷重試驗用荷物及必要之運搬器具。

第 66 條（合格標章）

①檢查機構對使用檢查合格或依第六十四條第三項認定為合格之吊籠，應在吊籠明細表上加蓋檢查合格戳記（附表七），檢查員簽章後，交付申請人一份，並在被檢查物體上明顯部位打印、漆印或張貼檢查合格標章，以資識別。

②使用檢查合格之吊籠，檢查機構應發給使用檢查結果報告表（附表二十九）及檢查合格證（附表十七），其有效期限最長為一年。

危險性機械及設備安全檢查規則（105.11.21）

③雇主應將前項檢查合格證或其影本置掛於該吊籠之工作台上明顯處。

第 67 條（定期檢查）

①雇主於吊籠檢查合格證有效期限屆滿前一個月，應填具吊籠定期檢查申請書（附表十），向檢查機構申請定期檢查；逾期未申請檢查或檢查不合格者，不得繼續使用。

②前項定期檢查，應就該吊籠各部分之構造、性能、荷重試驗及其他必要項目實施檢查。

③前項荷重試驗準用第六十四條第二項及第十五條規定。

第 68 條（有效期限）

①檢查機構對定期檢查合格之吊籠，應於原檢查合格證上簽署，註明使用有效期限，最長為一年。

②檢查員於實施前項定期檢查後，應填報吊籠定期檢查結果報告表（附表三十），並將定期檢查結果通知雇主。

第 69 條（變更檢查）

①雇主變更吊籠下列各款之一時，應填具吊籠變更檢查申請書（附表十二）及變更部分之圖件，向檢查機構申請變更檢查：

一、工作台。

二、吊臂及其他構造部分。

三、升降裝置。

四、制動裝置。

五、控制裝置。

六、鋼索或吊鏈。

七、固定方式。

②前項變更，材質、規格及尺寸不變者，不在此限。

③檢查機構對於變更檢查合格之吊籠，應於原檢查合格證上記載檢查日期、變更部分及檢查結果。

④第一項變更檢查準用第六十四條及第六十五條規定。

第 70 條（重新檢查）

①雇主對於停用超過檢查合格證有效期限一年以上之吊籠，如擬恢復使用時，應填具吊籠重新檢查申請書（附表十三），向檢查機構申請重新檢查。

②檢查機構對於重新檢查合格之吊籠，應於原檢查合格證上記載檢查日期、檢查結果及使用有效期限，最長為一年。

③第一項重新檢查準用第六十四條及第六十五條規定。

第三章｜危險性設備

第一節　鍋爐

第 71 條（型式檢查）

①鍋爐之製造或修改，其製造人應於事前填具型式檢查申請書（附表三十一），並檢附載有下列事項之書件，向所在地檢查機構申請檢查：

一、申請型式檢查之鍋爐型式、構造詳圖及強度計算書。

二、製造、檢查設備之種類、能力及數量。

三、主任設計者學經歷概要。

四、施工負責人學經歷概要。

五、施工者資格及人數。

六、以熔接製造或修改者，應檢附熔接人員資格證件、熔接程序規範及熔接程序資格檢定紀錄。

②前項第二款之設備或第三款、第四款之人員變更時，應向所在地檢查機構報備。

③第一項型式檢查，經檢查合格者，檢查機構應核發製造設施型式檢查合格證明（附表二）。

④未經檢查合格，不得製造或修改。但與業經型式檢查合格之型式及

條件相同者，不在此限。

第 72 條（品保措施）

①鍋爐之製造人應實施品管及品保措施，其設備及人員並應合於下列
規定：

一、製造及檢查設備：

（一）以鉚接製造或修改者應具備：彎板機、空氣壓縮機、衝床、
鉚釘錘、斂縫錘及水壓試驗設備。

（二）以熔接製造或修改者應具備：

1. 全部熔接製造或修改：彎板機、熔接機、衝床、退火爐、萬
能試驗機、水壓試驗設備及放射線檢查設備。

2. 部分熔接製造或修改：彎板機、熔接機、衝床、萬能試驗機、
水壓試驗設備及放射線檢查設備。

3. 置有胴體內徑超過三百公厘之汽水分離器之貫流鍋爐之製造：
彎板機、彎管機、熔接機、衝床、退火爐、萬能試驗機、水
壓試驗設備及放射線檢查設備。

4. 置有胴體內徑在三百公厘以下之汽水分離器之貫流鍋爐之製
造：彎管機、熔接機及水壓試驗設備。

5. 未具汽水分離器之貫流鍋爐之製造：彎管機、熔接機及水壓
試驗設備。

6. 供作鍋爐胴體用大直徑鋼管之製造：彎板機、熔接機、衝床、
火爐、萬能試驗機、水壓試驗設備及放射線檢查設備。

7. 胴體內徑在三百公厘以下之鍋爐之圓周接合或僅安裝管板、
凸緣之熔接，而其他部分不實施熔接；熔接機、水壓試驗設
備。

8. 製造波浪型爐筒或伸縮接頭：彎板機、衝床或成型裝置、熔
接機、水壓試驗設備及放射線檢查設備。但實施波浪型爐筒
縱向接合之熔接者，得免設放射線檢查設備。

（三）以鑄造者應具備：鑄造設備、水壓試驗設備。

二、主任設計者應合於下列資格之一：

（一）具有機械相關技師資格者。

（二）大專機械相關科系畢業，並具五年以上型式檢查對象設備相關設計、製造或檢查實務經驗者。

（三）高工機械相關科組畢業，並具八年以上型式檢查對象設備相關設計、製造或檢查實務經驗者。

（四）具有十二年以上型式檢查對象設備相關設計、製造或檢查實務經驗者。

三、施工負責人應合於下列資格之一：

（一）大專機械相關科系畢業或機械相關技師，並具二年以上型式檢查對象設備相關設計、製造或檢查實務經驗者。

（二）高工機械相關科組畢業，並具五年以上型式檢查對象設備相關設計、製造或檢查實務經驗者。

（三）具有八年以上型式檢查對象設備相關設計、製造或檢查實務經驗者。

四、施工者應合於下列資格：

（一）以鉚接製造或修改者應具有從事相關鉚接工作三年以上經驗者。

（二）以熔接製造或修改者應具有熔接技術士資格者。

（三）以鑄造者應具有從事相關鑄造工作三年以上經驗者。

②前項第一款，衝床之設置，以製造最高使用壓力超過每平方公分七公斤之鍋爐為限；退火爐之設置，以相關法規規定須實施退火者為限。

③第一項第一款第一目、第二目之1至之3、之6及之8之衝床、第一款第二目之1、之3及之6之退火爐、第一款第二目之1至之3及之6之萬能試驗機、第一款第二目之1至之3、之6及之8之放射線檢查設備等設備能隨時利用，或與其他事業單位共同設置者，檢查機構得認定已具有該項設備。

④第一項第一款第三目之鑄造者，應設實施檢查鑄造品之專責單位。

⑤第一項第二款之主任設計者，製造人已委託具有資格者擔任，檢查機構得認定已符合規定。

第 73 條（熔接檢查）

①以熔接製造之鍋爐，應於施工前由製造人向製造所在地檢查機構申請熔接檢查。但符合下列各款之一者，不在此限：

一、附屬設備或僅對不產生壓縮應力以外之應力部分，施以熔接者。

二、貫流鍋爐。但具有內徑超過三百公厘之汽水分離器者，不在此限。

三、僅有下列部分施以熔接者：

（一）內徑三百公厘以下之主蒸氣管、給水管或集管器之圓周接頭。

（二）加強材料、管、管台、凸緣及閥座等熔接在胴體或端板上。

（三）機車型鍋爐或豎型鍋爐等之加煤口周圍之熔接。

（四）支持架或將其他不承受壓力之物件熔接於胴體或端板上。

（五）防漏熔接。

（六）內徑三百公厘以下之鍋爐汽包，僅汽包胴體與冠板、或汽包胴體與鍋爐胴體接合處使用熔接者。

②前項熔接檢查項目為材料檢查、外表檢查、熔接部之機械性能試驗、放射線檢查、熱處理檢查及其他必要檢查。

第 74 條（熔接檢查）

製造人申請鍋爐之熔接檢查時，應填具鍋爐熔接檢查申請書（附表三十二），並檢附下列書件：

一、材質證明一份。

二、熔接明細表（附表三十三）二份及施工位置分類圖一份。

三、構造詳圖及強度計算書二份。

四、熔接施工人員之熔接技術士資格證件。

五、製造設施型式檢查合格證明、熔接程序規範及熔接程序資格檢定
　　紀錄等影本各一份。

第 75 條（熔接檢查）

①檢查機構實施鍋爐之熔接檢查時，應就製造人檢附之書件先行審查
　合格後，依熔接檢查項目實施現場實物檢查。

②實施現場實物檢查時，製造人或其指派人員應在，並應事前備妥下
　列事項：

一、機械性能試驗片。

二、放射線檢查。

第 76 條（合格證明）

鍋爐經熔接檢查合格者，檢查機構應在熔接明細表上加蓋熔接檢查合
格戳記（附表三十四），檢查員簽章後，交付申請人一份，做為熔接
檢查合格證明，並應在被檢查物體上明顯部位打印，以資識別。

第 77 條（構造檢查）

製造鍋爐本體完成時，應由製造人向製造所在地檢查機構申請構造檢
查。但水管鍋爐、組合式鑄鐵鍋爐等分割組合式鍋爐，得在安裝築爐
前，向設置所在地檢查機構申請構造檢查。

第 78 條（構造檢查）

①製造人申請鍋爐之構造檢查時，應填具鍋爐構造檢查申請書（附表
　三十五）一份，並檢附下列書件：

一、鍋爐明細表（附表三十六）二份。

二、構造詳圖及強度計算書各二份。

三、以熔接製造者，附加蓋熔接檢查合格戳記之熔接明細表。

四、以鉚接製造者，附製造設施型式檢查合格證明。

②由同一檢查機構實施同一座鍋爐之熔接檢查及構造檢查者，得免檢
　附前項第二款、第三款之書件。

③第一項構造檢查項目為施工方法、材料厚度、構造、尺寸、傳熱面
　積、最高使用壓力、強度計算審查、人孔、清掃孔、安全裝置之規

劃、耐壓試驗、胴體、端板、管板、煙管、火室、爐筒等使用之材料及其他必要之檢查。

第 79 條（構造檢查）

檢查機構實施鍋爐之構造檢查時，製造人或其指派人員應在場，並應事先備妥下列事項：

一、將被檢查物件放置於易檢查位置。

二、準備水壓等耐壓試驗。

第 80 條（合格證明）

鍋爐經構造檢查合格者，檢查機構應在鍋爐明細表上加蓋構造檢查合格戳記（附表三十四），檢查員簽章後，交付申請人一份，做爲構造檢查合格證明，並應在被檢查物體上明顯部位打印，以資識別。

第 81 條（竣工檢查）

①雇主於鍋爐設置完成時，應向檢查機構申請竣工檢查；未經竣工檢查合格，不得使用。

②檢查機構實施前項竣工檢查時，雇主或其指派人員應在場。

第 82 條（竣工檢查、合格證置掛）

①雇主申請鍋爐之竣工檢查時，應填具鍋爐竣工檢查申請書（附表三十七），並檢附下列書件：

一、加蓋構造檢查或重新檢查合格戳記之鍋爐明細表。

二、鍋爐設置場所及鍋爐周圍狀況圖。

②鍋爐竣工檢查項目爲安全閥數量、容量、吹洩試驗、水位計數量、位置、給水裝置之容量、數量、排水裝置之容量、數量、水處理裝置、鍋爐之安全配置、鍋爐房之設置、基礎、出入口、安全裝置、壓力表之數量、尺寸及其他必要之檢查。

③經竣工檢查合格者，檢查機構應核發鍋爐竣工檢查結果報告表（附表三十八）及檢查合格證（附表三十九），其有效期限最長爲一年。

④雇主應將前項檢查合格證或其影本置掛於鍋爐房或作業場所明顯

處。

第 83 條（定期檢查）

雇主於鍋爐檢查合格證有效期限屆滿前一個月，應填具定期檢查申請書（附表四十）向檢查機構申請定期檢查。

第 84 條（定期檢查）

①雇主於鍋爐竣工檢查合格後，第一次定期檢查時，應實施內、外部檢查。

②前項定期檢查後，每年應實施外部檢查一次以上；其內部檢查期限應依下列規定：

一、以管路連接從事連續生產程序之化工設備所附屬鍋爐、或發電用鍋爐及其輔助鍋爐，每二年檢查一次以上。

二、前款以外之鍋爐每年檢查一次以上。

③前項外部檢查，對於發電容量二萬瓩以上之發電用鍋爐，得延長其期限，並與內部檢查同時辦理。但其期限最長為二年。

第 85 條（內部檢查）

①檢查機構受理實施鍋爐內部檢查時，應將檢查日期通知雇主，使其預先將鍋爐之內部恢復至常溫、常壓、排放內容物、通風換氣、整理清掃內部及為其他定期檢查必要準備事項。

②前項內部檢查項目為鍋爐內部之表面檢查及厚度、腐蝕、裂痕、變形、污穢等之檢測，必要時實施之非破壞檢查、以檢查結果判定需要實施之耐壓試驗及其他必要之檢查。

第 86 條（外部檢查）

①鍋爐外部檢查之項目為外觀檢查、外部之腐蝕、裂痕、變形、污穢、洩漏之檢測、必要時實施之非破壞檢查、易腐蝕處之定點超音波測厚、附屬品及附屬裝置檢查。必要時，得以適當儀器檢測其內部，發現有異狀者，應併實施內部檢查。

②前項超音波測厚，因特別高溫等致測厚確有困難者，得免實施。

③檢查機構受理實施鍋爐外部檢查時，應將檢查日期通知雇主。實施

檢查時，雇主或其指派人員應在場。

第 87 條（有效期限）

①檢查機構對定期檢查合格之鍋爐，應於原檢查合格證上簽署，註明使用有效期限，最長為一年。但第八十四條第三項，最長得為二年。

②檢查員於實施前項定期檢查後，應填報鍋爐定期檢查結果報告表（附表四十一），並將定期檢查結果通知雇主。

第 88 條（通知改善）

鍋爐經定期檢查不合格者，檢查員應即於檢查合格證記事欄內記載不合格情形並通知改善；其情形嚴重有發生危害之虞者，並應報請所屬檢查機構限制其最高使用壓力或禁止使用。

第 89 條（重新檢查）

①鍋爐有下列各款情事之一者，應由所有人或雇主向檢查機構申請重新檢查：

一、從外國進口。

二、構造檢查、重新檢查、竣工檢查或定期檢查合格後，經閒置一年以上，擬裝設或恢復使用。

三、經禁止使用，擬恢復使用。

四、固定式鍋爐遷移裝置地點而重新裝設。

五、擬提升最高使用壓力。

六、擬變更傳熱面積。

②對外國進口具有相當檢查證明文件者，檢查機構得免除本條所定全部或一部之檢查。

第 90 條（重新檢查）

①所有人或雇主申請鍋爐之重新檢查時，應填具鍋爐重新檢查申請書（附表四十二）一份，並檢附下列書件：

一、鍋爐明細表二份。

二、構造詳圖及強度計算書各二份。但檢查機構認無必要者，得免

檢附。

三、前經檢查合格證明文件或其影本。

②第七十八條第三項及第七十九條規定，於重新檢查時準用之。

第 91 條（合格證明）

①鍋爐經重新檢查合格者，檢查機構應在鍋爐明細表上加蓋重新檢查合格戳記（附表三十四），檢查員簽章後，交付申請人一份，做為重新檢查合格證明，以辦理竣工檢查。但符合第八十九條第二款之竣工檢查或定期檢查後停用或第三款，其未遷移裝設或遷移至廠內其他位置重新裝設，經檢查合格者，得在原檢查合格證上記載檢查日期、檢查結果及註明使用有效期限，最長為一年。

②外國進口者，應在被檢查物體上明顯部位打印，以資識別。

第 92 條（變更檢查）

①鍋爐經修改致有下列各款之一變動者，所有人或雇主應向檢查機構申請變更檢查：

一、鍋爐之胴體、集管器、爐筒、火室、端板、管板、汽包、頂蓋板或補強支撐。

二、過熱器或節煤器。

三、燃燒裝置。

四、安裝基礎。

②鍋爐經變更檢查合格者，檢查員應在原檢查合格證記事欄內記載檢查日期、變更部分及檢查結果。

③鍋爐之胴體或集管器經修改達三分之一以上，或其爐筒、火室、端板或管板全部修改者，應依第七十一條規定辦理。

第 93 條（變更檢查）

①所有人或雇主申請鍋爐變更檢查時，應填具鍋爐變更檢查申請書（附表四十三）一份，並檢附下列書件：

一、製造設施型式檢查合格證明。

二、鍋爐明細表二份。

　　三、變更部分圖件。

　　四、構造詳圖及強度計算書各二份。但檢查機構認無必要者，得免
　　　　檢附。

　　五、前經檢查合格證明或其影本。

②第七十八條第三項及第七十九條規定，於變更檢查時準用之。

第 94 條（除去被覆物）

①檢查機構於實施鍋爐之構造檢查、竣工檢查、定期檢查、重新檢查
　或變更檢查認有必要時，得告知鍋爐所有人、雇主或其代理人為下
　列各項措施：

　　一、除去被檢查物體上被覆物之全部或一部。

　　二、拔出鉚釘或管。

　　三、在板上或管上鑽孔。

　　四、鑄鐵鍋爐之解體。

　　五、其他認為必要事項。

②前項第三款，申請人得申請改以非破壞檢查，並提出證明文件。

第二節　壓力容器

第 95 條（型式檢查）

①第一種壓力容器之製造或修改，其製造人應於事前填具型式檢查申
　請書（附表三十一），並檢附載有下列事項之書件，向所在地檢查
　機構申請檢查：

　　一、申請型式檢查之第一種壓力容器型式、構造詳圖及強度計算
　　　　書。

　　二、製造、檢查設備之種類、能力及數量。

　　三、主任設計者學經歷概要。

　　四、施工負責人學經歷概要。

　　五、施工者資格及人數。

　　六、以熔接製造或修改者，應檢附熔接人員資格證件、熔接程序規

範及熔接程序資格檢定記錄。

②前項第二款之設備或第三款、第四款之人員變更時，應向所在地檢查機構報備。

③第一項型式檢查，經檢查合格者，檢查機構應核發製造設施型式檢查合格證明（附表二）。

④未經檢查合格，不得製造或修改。但與業經型式檢查合格之型式及條件相同者，不在此限。

第 96 條（品保措施）

①第一種壓力容器之製造，除整塊材料挖製者外，應實施品管及品保措施，其設備及人員，準用第七十二條規定。

②前項以整塊材料挖製之第一種壓力容器，除主任設計者應適用第七十二條第一項第二款規定外，其設備及人員，應依下列規定：

一、製造及檢查設備應具備：挖製裝置及水壓試驗設備。

二、施工負責人應合於下列資格之一：

（一）大專機械相關科系畢業或取得機械相關技師資格，並具一年以上型式檢查對象設備相關設計、製造或檢查實務經驗者。

（二）高工機械相關科組畢業，並具二年以上型式檢查對象設備相關設計、製造或檢查實務經驗者。

（三）具有五年以上型式檢查對象設備相關設計、製造或檢查實務經驗者。

三、施工者資格應具有從事相關挖製工作二年以上經驗者。

第 97 條（熔接檢查）

①以熔接製造之第一種壓力容器，應於施工前由製造人向製造所在地檢查機構申請熔接檢查。但符合下列各款之一者，不在此限：

一、附屬設備或僅對不產生壓縮應力以外之應力部分，施以熔接者。

二、僅有下列部分施以熔接者：

（一）內徑三百公厘以下之管之圓周接頭。

（二）加強材料、管、管台、凸緣及閥座等熔接在胴體或端板上。

（三）支持架或將其他不承受壓力之物件熔接於胴體或端板上。

（四）防漏熔接。

②前項熔接檢查項目為材料檢查、外表檢查、熔接部之機械性能試驗、放射線檢查、熱處理檢查及其他必要之檢查。

第 98 條（熔接檢查）

製造人申請第一種壓力容器之熔接檢查時，應填具第一種壓力容器熔接檢查申請書（附表三十二）並檢附下列書件：

一、材質證明一份。

二、熔接明細表（附表三十三）二份及施工位置分類圖一份。

三、構造詳圖及強度計算書各二份。

四、熔接施工人員之熔接技術士資格證件。

五、製造設施型式檢查合格證明、熔接程序規範及熔接程序資格檢定紀錄等影本各一份。

第 99 條（熔接檢查）

①檢查機構實施第一種壓力容器之熔接檢查時，應就製造人檢附之書件先行審查合格後，依熔接檢查項目實施現場實物檢查。

②實施現場實物檢查時，製造人或其指派人員應在場，並應事前備妥下列事項：

一、機械性能試驗片。

二、放射線檢查。

第 100 條（合格證明）

第一種壓力容器經熔接檢查合格者，檢查機構應在熔接明細表上加蓋熔接檢查合格戳記（附表三十四），檢查員簽章後，交付申請人一份，做為熔接檢查合格證明，並應在被檢查物體上明顯部位打印，以資識別。

第 101 條（構造檢查）

製造第一種壓力容器本體完成時，應由製造人向製造所在地檢查機構

申請構造檢查。但在設置地組合之分割組合式第一種壓力容器,得在安裝前,向設置所在地檢查機構申請構造檢查。

第 102 條（構造檢查）

①製造人申請第一種壓力容器之構造檢查時,應填具第一種壓力容器構造檢查申請書（附表三十五）一份,並檢附下列書件:

一、第一種壓力容器明細表（附表四十四）二份。

二、構造詳圖及強度計算書各二份。

三、以熔接製造者,附加蓋熔接檢查合格戳記之熔接明細表。

四、以鉚接製造者,附製造設施型式檢查合格證明。

②由同一檢查機構實施同一座第一種壓力容器之熔接檢查及構造檢查者,得免檢附前項第二款、第三款之書件。

③第一項構造檢查項目為施工方法、材料厚度、構造、尺寸、最高使用壓力、強度計算審查、人孔、清掃孔、安全裝置之規劃、耐壓試驗、胴體、端板、管板等使用之材料及其他必要之檢查。

第 103 條（構造檢查）

檢查機構實施第一種壓力容器之構造檢查時,製造人或其指派人員應在場,並應事先備妥下列事項:

一、將被檢查物件放置於易檢查位置。

二、準備水壓等耐壓試驗。

第 104 條（合格證明）

第一種壓力容器經構造檢查合格者,檢查機構應在第一種壓力容器明細表上加蓋構造檢查合格戳記（附表三十四）,檢查員簽章後,交付申請人一份,做為構造檢查合格證明,並應在被檢查物體上明顯部位打印,以資識別。

第 105 條（竣工檢查）

①雇主於第一種壓力容器設置完成時,應向檢查機構申請竣工檢查;未經竣工檢查合格,不得使用。

②檢查機構實施前項竣工檢查時,雇主或其指派人員應在場。

第 106 條（竣工檢查）

①雇主申請第一種壓力容器之竣工檢查時，應填具第一種壓力容器竣工檢查申請書（附表三十七），並檢附下列書件：

一、加蓋構造檢查或重新檢查合格戳記之第一種壓力容器明細表。

二、第一種壓力容器設置場所及設備周圍狀況圖。

②前項竣工檢查項目為安全閥數量、容量、吹洩試驗、安全裝置、壓力表之數量、尺寸及其他必要之檢查。

③經竣工檢查合格者，檢查機構應核發第一種壓力容器竣工檢查結果報告表（附表四十五）及檢查合格證（附表三十九），其有效期限最長為一年。

第 107 條（定期檢查）

雇主於第一種壓力容器檢查合格證有效期限屆滿前一個月，應填具定期檢查申請書（附表四十）向檢查機構申請定期檢查。

第 108 條（定期檢查）

①第一種壓力容器之定期檢查，應每年實施外部檢查一次以上，其內部檢查期限應依下列規定：

一、兩座以上之第一種壓力容器以管路連接從事連續生產程序之化工設備，或發電用第一種壓力容器，每二年檢查一次以上。

二、前款以外之第一種壓力容器每年檢查一次以上。

②前項外部檢查，對發電容量二萬瓩以上之發電用第一種壓力容器，得延長其期限，並與內部檢查同時辦理。但其期限最長以二年為限。

第 109 條（延長期限、替代）

①雇主對於下列第一種壓力容器無法依規定期限實施內部檢查時，得於內部檢查有效期限屆滿前三個月，檢附其安全衛生管理狀況、自動檢查計畫暨執行紀錄、該容器之構造檢查合格明細表影本、構造詳圖、生產流程圖、緊急應變處置計畫、自動控制系統及檢查替代方式建議等資料，報經檢查機構核定後，延長其內部檢查期限或以

其他檢查方式替代：

一、依規定免設人孔或構造上無法設置人孔、掃除孔或檢查孔者。

二、內存觸媒、分子篩或其他特殊內容物者。

三、連續生產製程中無法分隔之系統設備者。

四、其他實施內部檢查困難者。

②前項第一種壓力容器有附屬鍋爐時，其檢查期限得隨同延長之。

第 110 條（內部檢查）

①檢查機構受理實施第一種壓力容器內部檢查時，應將檢查日期通知雇主，使其預先將第一種壓力容器之內部恢復至常溫、常壓、排放內容物、通風換氣、整理清掃內部及為其他定期檢查必要準備事項。

②前項內部檢查項目為第一種壓力容器內部之表面檢查及厚度、腐蝕、裂痕、變形、污穢等之檢測，必要時實施之非破壞檢查、以檢查結果判定需要實施之耐壓試驗及其他必要之檢查。

③內容物不具腐蝕性之第一種壓力容器之內部檢查有困難者，得以常用壓力一點五倍以上壓力實施耐壓試驗或常用壓力一點一倍以上壓力以內容物實施耐壓試驗，並以常用壓力以上壓力實施氣密試驗及外觀檢查等代替之。

第 111 條（外部檢查）

①第一種壓力容器外部檢查之項目為外觀檢查、外部之腐蝕、裂痕、變形、污穢、洩漏之檢測、必要時實施之非破壞檢查、易腐蝕處之定點超音波測厚及其他必要之檢查。必要時，得以適當儀器檢測其內部，發現有異狀者，應併實施內部檢查。

②前項超音波測厚，因特別高溫等致測厚確有困難者，得免實施。

③檢查機構受理實施第一種壓力容器外部檢查時，應將檢查日期通知雇主。實施檢查時，雇主或其指派人員應在場。

第 112 條（有效期限）

①檢查機構對定期檢查合格之第一種壓力容器，應於原檢查合格證

上簽署，註明使用有效期限，最長爲一年。但第一百零八條第二項，最長得爲二年。

②檢查員於實施前項定期檢查後，應塡報第一種壓力容器定期檢查結果報告表（附表四十六），並將定期檢查結果通知雇主。

第 113 條（通知改善）

第一種壓力容器經定期檢查不合格者，檢查員應即於檢查合格證記事欄內記載不合格情形並通知改善；其情形嚴重有發生危害之虞者，並應報請所屬檢查機構限制其最高使用壓力或禁止使用。

第 114 條（重新檢查）

①第一種壓力容器有下列各款情事之一者，應由所有人或雇主向檢查機構申請重新檢查：

一、從外國進口。

二、構造檢查、重新檢查、竣工檢查或定期檢查合格後，經閒置一年以上，擬裝設或恢復使用。但由檢查機構認可者，不在此限。

三、經禁止使用，擬恢復使用。

四、固定式第一種壓力容器遷移裝置地點而重新裝設。

五、擬提升最高使用壓力。

六、擬變更內容物種類。

②因前項第六款致第一種壓力容器變更設備種類爲高壓氣體特定設備者，應依高壓氣體特定設備相關規定辦理檢查。

③對外國進口具有相當檢查證明文件者，檢查機構得免除本條所定全部或一部之檢查。

第 115 條（重新檢查）

①所有人或雇主申請第一種壓力容器之重新檢查時，應塡具第一種壓力容器重新檢查申請書（附表四十二），並檢附下列書件：

一、第一種壓力容器明細表二份。

二、構造詳圖及強度計算書各二份。但檢查機構認無必要者，得免

　　　檢附。

三、前經檢查合格證明文件或其影本。

②第一百零二條第三項及第一百零三條規定，於重新檢查時準用之。

第 116 條（合格證明）

①第一種壓力容器經重新檢查合格者，檢查機構應在第一種壓力容器明細表上加蓋重新檢查合格戳記（附表三十四），檢查員簽章後，交付申請人一份，做為重新檢查合格證明，以辦理竣工檢查。但符合第一百十四條第二款之竣工檢查或定期檢查合格後停用或第三款，其未遷移裝設或遷移至廠內其他位置重新裝設，經檢查合格者，得在原檢查合格證上記載檢查日期、檢查結果及註明使用有效期限，最長為一年。

②外國進口者，應在被檢查物體上明顯部位打印，以資識別。

第 117 條（變更檢查）

①第一種壓力容器經修改致其胴體、集管器、端板、管板、頂蓋板、補強支撐等有變動者，所有人或雇主應向所在地檢查機構申請變更檢查。

②第一種壓力容器經變更檢查合格者，檢查員應在原檢查合格證記事欄內記載檢查日期、變更部分及檢查結果。

③第一種壓力容器之胴體或集管器經修改達三分之一以上，或其端板、管板全部修改者，應依第九十五條規定辦理。

第 118 條（變更檢查）

①所有人或雇主申請第一種壓力容器變更檢查時，應填具第一種壓力容器變更檢查申請書（附表四十三）一份，並檢附下列書件：

一、製造設施型式檢查合格證明。

二、第一種壓力容器明細表二份。

三、變更部分圖件。

四、構造詳圖及強度計算書各二份。但檢查機構認無必要者，得免檢附。

五、前經檢查合格證明或其影本。

②第一百零二條第三項及第一百零三條規定，於變更檢查時準用之。

第 119 條（除去被覆物）

①檢查機構於實施第一種壓力容器之構造檢查、竣工檢查、定期檢查、重新檢查或變更檢查認有必要時，得告知所有人、雇主或其代理人爲下列各項措施：

一、除去被檢查物體上被覆物之全部或一部。

二、拔出鉚釘或管。

三、在板上或管上鑽孔。

四、熱交換器之分解。

五、其他認爲必要事項。

②前項第三款，申請人得申請改以非破壞檢查，並提出證明文件。

第三節　高壓氣體特定設備

第 120 條（型式檢查）

①高壓氣體特定設備之製造或修改，其製造人應於事前填具型式檢查申請書（附表三十一），並檢附載有下列事項之書件，向所在地檢查機構申請檢查：

一、申請型式檢查之高壓氣體特定設備型式、構造詳圖及強度計算書。

二、製造、檢查設備之種類、能力及數量。

三、主任設計者學經歷概要。

四、施工負責人學經歷概要。

五、施工者資格及人數。

六、以熔接製造或修改者，應檢附熔接人員資格證件、熔接程序規範及熔接程序資格檢定紀錄。

②前項第二款之設備或第三款、第四款人員變更時，應向所在地檢查機構報備。

③第一項型式檢查之品管、品保措施、設備及人員,準用第九十六條規定,經檢查合格者,檢查機構應核發製造設施型式檢查合格證明(附表二)。

④未經檢查合格,不得製造或修改。但與業經型式檢查合格之型式及條件相同者,不在此限。

第 121 條（熔接檢查）

①以熔接製造之高壓氣體特定設備,應於施工前由製造人向製造所在地檢查機構申請熔接檢查。但符合下列各款之一者,不在此限:

一、附屬設備或僅對不產生壓縮應力以外之應力部分,施以熔接者。

二、僅有下列部分施以熔接者:

（一）內徑三百公厘以下之管之圓周接頭。

（二）加強材料、管、管台、凸緣及閥座等熔接在胴體或端板上。

（三）支持架或將其他不承受壓力之物件熔接於胴體或端板上。

（四）防漏熔接。

②前項熔接檢查項目為材料檢查、外表檢查、熔接部之機械性能試驗、放射線檢查、熱處理檢查及其他必要檢查。

第 122 條（熔接檢查）

製造人申請高壓氣體特定設備之熔接檢查時,應填具高壓氣體特定設備熔接檢查申請書（附表三十二）,並檢附下列書件:

一、材質證明一份。

二、熔接明細表（附表三十三）二份及施工位置分類圖一份。

三、構造詳圖及強度計算書各二份。

四、熔接施工人員之熔接技術士資格證件。

五、製造設施型式檢查合格證明、熔接程序規範及熔接程序資格檢定紀錄等影本各一份。

第 123 條（熔接檢查）

①檢查機構實施高壓氣體特定設備之熔接檢查時,應就製造人檢附之

書件先行審查合格後，依熔接檢查項目實施現場實物檢查。

②實施現場實物檢查時，製造人或其指派人員應在場，並應事前備妥下列事項：

一、機械性能試驗片。

二、放射線檢查。

第 124 條（合格證明）

高壓氣體特定設備經熔接檢查合格者，檢查機構應在熔接明細表上加蓋熔接檢查合格戳記（附表三十四），檢查員簽章後，交付申請人一份，做為熔接檢查合格證明，並應在被檢查物體上明顯部位打印，以資識別。

第 125 條（構造檢查）

製造高壓氣體特定設備之塔、槽等本體完成時，應由製造人向製造所在地檢查機構申請構造檢查。但在設置地組合之分割組合式高壓氣體特定設備，得在安裝前，向設置所在地檢查機構申請構造檢查。

第 126 條（構造檢查）

①製造人申請高壓氣體特定設備之構造檢查時，應填具高壓氣體特定設備構造檢查申請書（附表三十五）一份，並檢附下列書件：

一、高壓氣體特定設備明細表（附表四十四）二份。

二、構造詳圖及強度計算書各二份。

三、以熔接製造者，附加蓋熔接檢查合格戳記之熔接明細表。

四、以鉚接製造者，附製造設施型式檢查合格證明。

②由同一檢查機構實施同一座高壓氣體特定設備之熔接檢查及構造檢查者，得免檢附前項第二款、第三款之書件。

③第一項構造檢查項目為施工方法、材料厚度、構造、尺寸、最高使用壓力、強度計算審查、人孔、清掃孔、安全裝置之規劃、耐壓試驗、超低溫設備之絕熱性能試驗、胴體、端板、管板等使用之材料及其他必要之檢查。

④前項超低溫設備之絕熱性能試驗，得採絕熱性能相關佐證文件資料

認定之。

第 127 條（構造檢查）

檢查機構實施高壓氣體特定設備之構造檢查時，製造人或其指派人員應在場，並應事先備妥下列事項：

一、將被檢查物件放置於易檢查位置。

二、準備水壓等耐壓試驗。

第 128 條（合格證明）

高壓氣體特定設備經構造檢查合格者，檢查機構應在高壓氣體特定設備明細表上加蓋構造檢查合格戳記（附表三十四），檢查員簽章後，交付申請人一份，做為構造檢查合格證明，並應在被檢查物體上明顯部位打印，以資識別。

第 129 條（竣工檢查）

①雇主於高壓氣體特定設備設置完成時，應向檢查機構申請竣工檢查；未經竣工檢查合格，不得使用。

②檢查機構實施前項竣工檢查時，雇主或其指派人員應在場。

第 130 條（竣工檢查）

①雇主申請高壓氣體特定設備之竣工檢查時，應填具高壓氣體特定設備竣工檢查申請書（附表三十七），並檢附下列書件：

一、加蓋構造檢查或重新檢查合格戳記之高壓氣體特定設備明細表。

二、高壓氣體特定設備設置場所及設備周圍狀況圖。

②前項竣工檢查項目為安全閥數量、容量、吹洩試驗、安全裝置、壓力指示裝置及其他必要之檢查。

③經竣工檢查合格者，檢查機構應核發高壓氣體特定設備竣工檢查結果報告表（附表四十五）及檢查合格證（附表三十九），其有效期限最長為一年。

第 131 條（定期檢查）

雇主於高壓氣體特定設備檢查合格證有效期限屆滿前一個月，應填具

定期檢查申請書（附表四十）向檢查機構申請定期檢查。

第 132 條（定期檢查）

①高壓氣體特定設備之定期檢查，應每年實施外部檢查一次以上。

②實施前項外部檢查發現缺陷者，經檢查機構認有必要時，得併實施內部檢查。

③高壓氣體特定設備應依下表規定期限實施內部檢查：

設備種類	使用材料等	期限
儲槽	一、沃斯田鐵系不鏽鋼。 二、鋁。	十五年。
	鎳鋼（2.5%～9%）	十年。
	相當於低溫壓力容器用碳鋼鋼板之材料，其抗拉強度未滿 58 kg/mm^2 者。	八年（以低溫儲槽為限）。
		除第一次檢查為竣工檢查後二年外，其後五年。
	相當於鍋爐及熔接構造用壓延鋼材之材料，其抗拉強度未滿 58 kg/mm^2 者。	除第一次檢查為竣工檢查後二年外，其後五年。
	高強度鋼（指抗拉強度之規格最小值在 58 kg/mm^2 以上之碳鋼）熔接後於爐內實施退火時。	除第一次檢查為竣工檢查後二年外，其後五年。
	一、使用高強度鋼而在爐內實施退火者，以熔接改造、修理（含熔接補修，除輕微者外）後，未於爐內實施退火時。 二、其他材料。	除第一次檢查為竣工檢查後二年外，其後三年。
儲槽以外之高壓氣體設備	不致發生腐蝕及其他產生材質劣化之虞之材料。	三年。
	其他材料。	除第一次檢查為竣工檢查後二年外，其後三年。

備註：

一、高壓氣體特定設備應依其使用條件，使用適當之材料。

二、二重殼構造、隔膜式及低溫蒸發器等低溫或超低溫儲槽內部檢查有困難者，以非破壞檢測確認無裂隙、損傷及腐蝕，得以常用壓力一點五倍以上壓力實施耐壓試驗或常用壓力一點一倍以上壓力以內容物實施耐壓試驗，並以常用壓力以上壓力實施氣密試驗及實施外觀檢查等代替之。

三、儲槽以外之高壓氣體特定設備，因其大小，內部構造等，於自內部實施檢查為困難者，以自其外部實施非破壞檢查、開口部之檢查或自連結於該高壓氣體特定設備同等條件之設備之開放檢查等可確認時，得以此代替。

四、對使用材料有顯著之腐蝕或裂隙等缺陷時，應依其實況，縮短前述之期間。

五、高壓氣體特定設備不受開放檢查時期之限制，每年應以外觀檢查、氣密試驗等，確認有無異常。

六、稱「輕微」者，指適於「熔接補修中無須熱處理之界限及條件」者，其期間與熔接後於爐內實施消除應力之退火時相同。

第 133 條（延長期限、替代）

①雇主對於下列高壓氣體特定設備無法依規定期限實施內部檢查時，得於內部檢查有效期限屆滿前三個月，檢附其安全衛生管理狀況、自動檢查計畫暨執行紀錄、該設備之構造檢查合格明細表影本、構造詳圖、生產流程圖、緊急應變處置計畫、自動控制系統及檢查替代方式建議等資料，報經檢查機構核定後，延長其內部檢查期限或以其他檢查方式替代：

一、依規定免設人孔或構造上無法設置人孔、掃除孔或檢查孔者。

二、冷箱、平底低溫儲槽、液氧儲槽、液氮儲槽、液氬儲槽、低溫蒸發器及其他低溫或超低溫之高壓氣體特定設備。

三、內存觸媒、分子篩或其他特殊內容物者。

四、連續生產製程中無法分隔之系統設備者。

五、隔膜式儲槽或無腐蝕之虞者。

六、其他實施內部檢查困難者。

②前項高壓氣體特定設備有附屬鍋爐或第一種壓力容器時，其檢查期限得隨同延長之。

第 134 條（內部檢查）

①檢查機構受理實施高壓氣體特定設備內部檢查時，應將檢查日期通知雇主，使其預先將高壓氣體特定設備之內部恢復至常溫、常壓、排放內容物、通風換氣、整理清掃內部及爲其他定期檢查必要準備事項。

②前項內部檢查項目爲高壓氣體特定設備內部之表面檢查及厚度、腐蝕、裂痕、變形、污穢等之檢測、必要時實施之非破壞檢查，以檢查結果判定需要實施之耐壓試驗及其他必要之檢查。

第 135 條（外部檢查）

①高壓氣體特定設備外部檢查之項目爲外觀檢查、外部之腐蝕、裂痕、變形、污穢、洩漏之檢測、必要時實施之非破壞檢查、易腐蝕處之定點超音波測厚及其他必要之檢查。必要時，得以適當儀器檢測其內部，發現有異狀者，應併實施內部檢查。

②前項超音波測厚，對具一體成形之保溫材、夾套型或因特別高溫等致測厚確有困難者，得免實施。

③檢查機構受理實施高壓氣體特定設備外部檢查時，應將檢查日期通知雇主。實施檢查時，雇主或其指派人員應在場。

第 136 條（有效期限）

①檢查機構對經定期檢查合格之高壓氣體特定設備，應於原檢查合格證上簽署，註明使用有效期限，最長爲一年。

②檢查員於實施前項定期檢查後，應填報高壓氣體特定設備定期檢查結果報告表（附表四十六），並將定期檢查結果通知雇主。

第 137 條（通知改善）

高壓氣體特定設備經定期檢查不合格者，檢查員應即於檢查合格證記事欄內記載不合格情形並通知改善；其情形嚴重有發生危害之虞者，並應報請所屬檢查機構限制其最高使用壓力或禁止使用。

第 138 條（重新檢查）

①高壓氣體特定設備有下列各款情事之一者，應由所有人或雇主向檢查機構申請重新檢查：

一、從外國進口。

二、構造檢查、重新檢查、竣工檢查或定期檢查合格後，經閒置一年以上，擬裝設或恢復使用。但由檢查機構認可者，不在此限。

三、經禁止使用，擬恢復使用。

四、遷移裝置地點而重新裝設。

五、擬提升最高使用壓力。

六、擬變更內容物種類。

②對外國進口具有相當檢查證明文件者，檢查機構得免除本條所定全部或一部之檢查。

第 139 條（重新檢查）

①所有人或雇主申請高壓氣體特定設備之重新檢查時，應填具高壓氣體特定設備重新檢查申請書（附表四十二），並檢附下列書件：

一、高壓氣體特定設備明細表二份。

二、構造詳圖及強度計算書各二份。但檢查機構認無必要者，得免檢附。

三、前經檢查合格證明文件或其影本。

②第一百二十六條第三項及第一百二十七條規定，於重新檢查時準用之。

第 140 條（合格證明）

①高壓氣體特定設備經重新檢查合格者，檢查機構應在高壓氣體特定設備明細表上加蓋重新檢查合格戳記（附表三十四），檢查員簽章後，交付申請人一份，做為重新檢查合格證明，以辦理竣工檢查。但符合第一百三十八條第二款之竣工檢查或定期檢查合格後停用或第三款，其未遷移裝設或遷移至廠內其他位置重新裝設，經檢

查合格者，得在原檢查合格證上記載檢查日期、檢查結果及註明使用有效期限，最長爲一年。

②外國進口者，應在被檢查物體上明顯部位打印，以資識別。

第 141 條（變更檢查）

①高壓氣體特定設備經修改致其塔槽、胴體、端板、頂蓋板、管板、集管器或補強支撐等有變動者，所有人或雇主應向所在地檢查機構申請變更檢查。

②高壓氣體特定設備經變更檢查合格者，檢查員應在原檢查合格證記事欄內記載檢查日期、變更部分及檢查結果。

③高壓氣體特定設備之塔槽、胴體或集管器經修改達三分之一以上，或其端板、管板全部修改者，應依第一百二十條規定辦理。

第 142 條（變更檢查）

①所有人或雇主申請高壓氣體特定設備變更檢查時，應填具高壓氣體特定設備變更檢查申請書（附表四十三）一份，並檢附下列書件：

一、製造設施型式檢查合格證明。

二、高壓氣體特定設備明細表二份。

三、變更部分圖件。

四、構造詳圖及強度計算書各二份。但檢查機構認無必要者，得免檢附。

五、前經檢查合格證明或其影本。

②第一百二十六條第三項及第一百二十七條規定，於變更檢查時準用之。

第 143 條（除去被覆物）

①檢查機構於實施高壓氣體特定設備之構造檢查、竣工檢查、定期檢查、重新檢查或變更檢查認有必要時，得告知所有人、雇主或其代理人爲下列各項措施：

一、除去被檢查物體上被覆物之全部或一部。

二、拔出鉚釘或管。

三、在板上或管上鑽孔。

四、其他認為必要事項。

②前項第三款，申請人得申請改以非破壞檢查，並提出證明文件。

第四節　高壓氣體容器

第 144 條（型式檢查）

①高壓氣體容器之製造或修改，其製造人應於事前填具型式檢查申請書（附表三十一），並檢附載有下列事項之書件，向所在地檢查機構申請檢查：

一、申請型式檢查之高壓氣體容器型式、構造詳圖及強度計算書。

二、製造、檢查設備之種類、能力及數量。

三、主任設計者學經歷概要。

四、施工負責人學經歷概要。

五、施工者資格及人數。

六、以熔接製造或修改者，經檢附熔接人員資格證件、熔接程序規範及熔接程序資格檢定紀錄。

②前項第二款之設備或第三款、第四款之人員變更時，應向所在地檢查機構報備。

③第一項型式檢查，經檢查合格後，檢查機構應核發製造設施型式檢查合格證明（附表二）。

④未經檢查合格，不得製造或修改。但與業經型式檢查合格之型式及條件相同者，不在此限。

第 145 條（品保措施）

高壓氣體容器之製造人，應實施品管及品保措施，其設備及人員，除準用第九十六條規定外，應依下列規定設置適應各該容器製造所必要之設備：

一、無縫容器：

（一）鍛造設備或成型設備。

（二）以接合底部製造者：底部接合設備。

（三）以使用熱處理材料製造容器者：退火爐及可測定該爐內溫度
之溫度測定裝置。

（四）洗滌設備。

（五）確認厚度之器具。

二、無縫容器以外之容器，除設置前款第三目至第五目之設備外，並
應依下列規定設置適應各該容器製造所必要之設備：

（一）成型設備。

（二）熔接設備或硬焊設備。

（三）防鏽塗裝設備。但製造灌裝液化石油氣之容器，其使用不鏽
鋼、鋁合金或其他不易腐蝕之材料者，不在此限。

第 146 條（熔接檢查）

①以熔接製造之高壓氣體容器，應於施工前由製造人向製造所在地檢
查機構申請熔接檢查。但符合下列各款之一者，不在此限：

一、附屬設備或僅對不產生壓縮應力以外之應力部分，施以熔接
者。

二、僅有下列部分施以熔接者：

（一）內徑在三百公厘以下之管之圓周接頭。

（二）加強材料、管、管台、凸緣及閥座等熔接在胴體或端板上。

（三）支持架或將其他不承受壓力之物件熔接於胴體或端板上。

（四）防漏熔接。

②前項熔接檢查項目為材料檢查、外表檢查、熔接部之機械性能試
驗、放射線檢查、熱處理檢查及其他必要檢查。

第 147 條（熔接檢查）

製造人申請高壓氣體容器之熔接檢查時，應填具高壓氣體容器熔接檢
查申請書（附表三十二），並檢附下列書件：

一、材質證明一份。

二、熔接明細表（附表三十三）二份。

三、構造詳圖及強度計算書各二份。

四、熔接施工人員之熔接技術士資格證件。

五、製造設施型式檢查合格證明、熔接程序規範及熔接程序資格檢定紀錄等影本各一份。

第 148 條（熔接檢查）

①檢查機構實施高壓氣體容器之熔接檢查時，應就製造人檢附之書件先行審查合格後，依熔接檢查項目實施現場實物檢查。

②實施現場實物檢查時，製造人或其指派人員應在場，並應事前備妥下列事項：

一、機械性能試驗片。

二、放射線檢查。

第 149 條（合格證明）

高壓氣體容器經熔接檢查合格者，檢查機構應在熔接明細表上加蓋熔接檢查合格戳記（附表三十四），檢查員簽章後，交付申請人一份，做為熔接檢查合格證明，並應在被檢查物體上明顯部位打印，以資識別。

第 150 條（構造檢查）

製造高壓氣體容器完成時，應由製造人向製造所在地檢查機構申請構造檢查。

第 151 條（構造檢查）

①製造人申請高壓氣體容器之構造檢查時，應填具高壓氣體容器構造檢查申請書（附表三十五）一份，並檢附下列書件：

一、高壓氣體容器明細表（附表四十四）二份。

二、構造詳圖及強度計算書各二份。

三、以熔接製造者，附加蓋熔接檢查合格戳記之熔接明細表。

四、以鉚接製造者，附製造設施型式檢查合格證明。

②由同一檢查機構實施熔接檢查及構造檢查者，得免檢附前項第二款及第三款之書件。

③第一項構造檢查項目為施工方法、材料厚度、構造、尺寸、最高使用壓力、強度計算審查、氣密試驗、耐壓試驗、安全裝置、附屬品及附屬裝置、超低溫容器之絕熱性能試驗及其他必要之檢查。

第 152 條（構造檢查）

檢查機構實施高壓氣體容器之構造檢查時，製造人或其指派人員應在場，並應事先備妥下列事項：

一、將被檢查物件放置於易檢查位置。

二、準備水壓等耐壓試驗。

第 153 條（檢查合格）

①高壓氣體容器經構造檢查合格者，檢查機構應核發檢查合格證（附表三十九、附表三十九之一）及在高壓氣體容器明細表上加蓋構造檢查合格戳記（附表三十四），檢查員簽章後，交付申請人一份，並應在被檢查物體上明顯部位打印，以資識別。但固定於車輛之高壓氣體容器，應經組裝完成並固定於車架後，始得核發檢查合格證。

②前項檢查合格證有效期限依第一百五十五條規定。

第 154 條（定期檢查）

雇主於高壓氣體容器檢查合格證有效期限屆滿前一個月，應填具定期檢查申請書（附表四十）向檢查機構申請定期檢查。

第 155 條（定期檢查）

①高壓氣體容器之定期檢查，應依下列規定期限實施內部檢查及外部檢查：

一、內部檢查：

（一）自構造檢查合格日起算，未滿十五年者，每五年一次；十五年以上未滿二十年者，每二年一次；二十年以上者，每年一次。

（二）無縫高壓氣體容器，每五年一次。

二、外部檢查：

（一）固定於車輛之高壓氣體容器，每年一次。

（二）非固定於車輛之無縫高壓氣體容器，每五年一次。

（三）前二目以外之高壓氣體容器，依前款第一目規定之期限。

②高壓氣體容器從國外進口，致未實施構造檢查者，前項起算日，以製造日期為準。

第 156 條（延長期限、替代）

雇主對於下列高壓氣體容器無法依規定期限實施內部檢查時，得於檢查合格證有效期限屆滿前三個月，檢附其安全衛生管理狀況、自動檢查計畫及執行紀錄、該容器之構造詳圖、緊急應變處置計畫、安全保護裝置及檢查替代方式建議等資料，報經檢查機構核定後，延長其內部檢查期限或以其他檢查方式替代：

一、依規定免設人孔或構造上無法設置人孔、掃除孔或檢查孔者。

二、低溫或超低溫之高壓氣體容器。

三、夾套式或無腐蝕之虞者。

四、其他實施內部檢查困難者。

第 157 條（內部檢查）

檢查機構受理實施高壓氣體容器內部檢查時，應將檢查日期通知雇主，使其預先將高壓氣體容器之內部恢復至常溫、常壓、排放內容物、通風換氣、整理清掃內部及為其他定期檢查必要準備事項。

第 157-1 條（外部檢查）

①高壓氣體容器外部檢查項目為外觀檢查、外部之腐蝕、裂痕、變形、污穢、洩漏之檢測、必要時實施之非破壞檢查、易腐蝕處之定點超音波測厚及其他必要之檢查；發現有異狀者，應併實施內部檢查。

②高壓氣體容器內部檢查項目為容器內部之表面檢查、厚度、腐蝕、裂痕、變形、污穢等之檢測、必要時實施之非破壞檢查、以檢查結果判定需要實施之耐壓試驗及其他必要之檢查。

③低溫或超低溫等高壓氣體容器之內部檢查，得以常用壓力一點五倍

以上壓力實施耐壓試驗或常用壓力一點一倍以上壓力以內容物實施耐壓試驗，並以常用壓力以上壓力實施氣密試驗及實施外觀檢查等代替之。

④第二項高壓氣體容器實施必要檢查時，熔接容器應實施防鏽塗飾檢查，超低溫容器應實施氣密試驗。

⑤第一項超音波測厚，對具一體成形之保溫材、夾套型或因特別低溫等致測厚確有困難者，得免實施。

⑥檢查機構受理實施高壓氣體容器內外部檢查時，應將檢查日期通知雇主。實施檢查時，雇主或其指派人員應在場。

⑦高壓氣體容器於國際間運送時，對具有他國簽發之檢查合格證明文件者，檢查機構得視其檢驗項目之相當性，審酌免除前六項所定全部或一部之檢查。

第 158 條（有效期限）

①檢查機構對經定期檢查合格之高壓氣體容器，應依第一百五十五條規定之期限，於原檢查合格證上簽署，註明使用有效期限，最長為五年。但固定於車輛之罐槽體者，應重新換發新證。

②檢查員於實施前項定期檢查後，應填報高壓氣體容器定期檢查結果報告表（附表四十六），並將定期檢查結果通知雇主。

第 159 條（通知改善）

高壓氣體容器經定期檢查不合格者，檢查員應即於檢查合格證記事欄內記載不合格情形並通知改善；其情形嚴重有發生危害之虞者，並應報請所屬檢查機構限制其最高使用壓力或禁止使用。

第 160 條（重新檢查）

①高壓氣體容器有下列各款情事之一者，應由所有人或雇主向檢查機構申請重新檢查：

一、從外國進口。

二、構造檢查、重新檢查、定期檢查合格後，經閒置一年以上，擬恢復使用。但由檢查機構認可者，不在此限。

三、經禁止使用，擬恢復使用。

四、擬提升最高灌裝壓力。

五、擬變更灌裝氣體種類。

②對外國進口具有相當檢查證明文件者，檢查機構得免除本條所定全部或一部之檢查。

第 161 條（重新檢查）

①所有人或雇主申請高壓氣體容器之重新檢查時，應填具高壓氣體容器重新檢查申請書（附表四十二），並檢附下列書件：

一、高壓氣體容器明細表二份。

二、構造詳圖及強度計算書各二份。但檢查機構認無必要者，得免檢附。

三、前經檢查合格證明文件或其影本。

②第一百五十一條第三項及第一百五十二條規定，於重新檢查時準用之。

第 162 條（檢查合格）

①高壓氣體容器經重新檢查合格者，檢查機構應核發檢查合格證，並註明使用有效期限。但符合第一百六十條第二款或第三款，經檢查合格者，得在原檢查合格證上記載檢查日期、檢查結果及註明使用有效期限。

②前項檢查合格證有效期限準用第一百五十五條，最長為五年。

③外國進口者，應在被檢查物體上明顯部位打印，以資識別。

第 162-1 條（變更檢查）

①高壓氣體容器經修改致其構造部分有變動者，所有人或雇主應向檢查機構申請變更檢查。

②高壓氣體容器經變更檢查合格者，檢查員應在原檢查合格證記事欄內記載檢查日期、變更部分及檢查結果。

第 162-2 條（變更檢查）

①所有人或雇主申請高壓氣體容器變更檢查時，應填具高壓氣體容器

變更檢查申請書（附表四十三）一份，並檢附下列書件：

一、製造設施型式檢查合格證明。

二、高壓氣體容器明細表二份。

三、變更部分圖件。

四、構造詳圖及強度計算書各二份。但檢查機構認無必要者，得免
檢附。

五、前經檢查合格證明或其影本。

②第一百五十一條第三項及第一百五十二條規定，於變更檢查時準用
之。

第四章｜附則

第 163 條（廢用申請）

①雇主對於不堪使用或因故擬不再使用之危險性機械或設備，應填具
廢用申請書向檢查機構繳銷檢查合格證。

②前項危險性機械或設備經辦妥廢用申請者，雇主不得以任何理由申
請恢復使用。

③第一項廢用申請書之格式，由中央主管機關定之。

第 164 條（停用報備）

雇主停用危險性機械或設備時，停用期間超過檢查合格證有效期限
者，應向檢查機構報備。

第 165 條（換發合格證）

危險性機械或設備轉讓時，應由受讓人向當地檢查機構申請換發檢查
合格證。

第 166 條（補發合格證）

危險性機械或設備檢查合格證遺失或損毀時，應填具檢查合格證補發
申請書（附表四十七），向原發證檢查機構申請補發或換發。

第 167 條（有效期限起算）

定期檢查合格之危險性機械或設備，其檢查合格證有效期限，自檢查合格日起算。但該項檢查於檢查合格證有效期限屆滿前三個月內辦理完竣者，自檢查合格證有效期限屆滿日之次日起算。

第 167-1 條（依既有辦理）

納入本法適用範圍前，或本規則發布施行前已設置之危險性機械及設備之檢查，得依既有危險性機械及設備安全檢查規則辦理。

第 167-2 條（準用）

自營作業者，準用本規則有關雇主義務之規定。

第 168 條（施行日）

①本規則自發布日施行。但第九條、第二十二條、第三十二條、第四十二條、第五十二條、第六十二條規定，自本規則發布後一年施行。

②本規則中華民國一百零三年六月二十七日修正發布之條文，自一百零三年七月三日施行。

危險性機械及設備安全檢查規則（105.11.21）

（其它附表格式詳 QR Code）

肆

勞動檢查、營造業相關法令

勞動檢查法（109.6.10）

第一章｜總則

第 1 條（依據）

爲實施勞動檢查，貫徹勞動法令之執行、維護勞雇雙方權益、安定社會、發展經濟，特制定本法。

第 2 條（主管機關）

本法所稱主管機關：在中央爲勞動部；在直轄市爲直轄市政府；在縣（市）爲縣（市）政府。

第 3 條（定義）

本法用詞定義如下：

一、勞動檢查機構：指中央或直轄市主管機關或有關機關爲辦理勞動檢查業務所設置之專責檢查機構。

二、代行檢查機構：指由中央主管機關指定爲辦理危險性機械或設備檢查之行政機關、學術機構或非營利法人。

三、勞動檢查員：指領有勞動檢查證執行勞動檢查職務之人員。

四、代行檢查員：指領有代行檢查證執行代行檢查職務之人員。

第 4 條（檢查範圍）

勞動檢查事項範圍如下：

一、依本法規定應執行檢查之事項。

二、勞動基準法令規定之事項。

三、職業安全衛生法令規定之事項。

四、其他依勞動法令應辦理之事項。

第二章｜勞動檢查機構

第 5 條（檢查機構設置、授權）

①勞動檢查由中央主管機關設勞動檢查機構或授權直轄市主管機關或有關機關專設勞動檢查機構辦理之。勞動檢查機構認有必要時，得會同縣（市）主管機關檢查。

②前項授權之勞動檢查，應依本法有關規定辦理，並受中央主管機關之指揮監督。

③勞動檢查機構之組織、員額設置基準，依受檢查事業單位之數量、地區特性，由中央主管機關擬訂，報請行政院核定之。

第 6 條（檢查方針、監督檢查計畫）

①中央主管機關應參酌我國勞動條件現況、安全衛生條件、職業災害嚴重率及傷害頻率之情況，於年度開始前六個月公告並宣導勞動檢查方針，其內容為：

一、優先受檢查事業單位之選擇原則。

二、監督檢查重點。

三、檢查及處理原則。

四、其他必要事項。

②勞動檢查機構應於前項檢查方針公告後三個月內，擬定勞動監督檢查計畫，報請中央主管機關核備後實施。

第 7 條（檢查資料提供、年報）

①勞動檢查機構應建立事業單位有關勞動檢查之資料，必要時得請求有關機關或團體提供。

②對於前項之請求，除其他法律有特別規定者外，有關機關或團體不得拒絕。

③中央主管機關應每年定期公布勞動檢查年報。

第三章｜勞動檢查員

第8條（任用）

勞動檢查員之任用，除適用公務人員有關法令之規定外，其遴用標準由中央主管機關定之。

第9條（訓練）

①勞動檢查員應接受專業訓練。

②前項訓練辦法，由中央主管機關定之。

第10條（指派）

勞動檢查員由勞動檢查機構依其專長及任務之特性指派，執行第四條所定之職務。

第11條（行為限制）

①勞動檢查員不得有左列行為：

　一、為變更、隱匿或捏造事實之陳報。

　二、洩漏受檢查事業單位有關生產技術、設備及經營財務等秘密；離職後亦同。

　三、處理秘密申訴案件，洩漏其申訴來源。

　四、與受檢查事業單位發生不當財務關係。

②勞動檢查員有違法或失職情事者，任何人得根據事實予以舉發。

第12條（關係迴避）

勞動檢查員與受檢查事業單位有利害關係者，應自行迴避，不得執行職務；其辦法，由中央主管機關定之。

第13條（事先通知）

勞動檢查員執行職務，除左列事項外，不得事先通知事業單位：

一、第二十六條規定之審查或檢查。

二、危險性機械或設備檢查。

三、職業災害檢查。

四、其他經勞動檢查機構或主管機關核准者。

勞動檢查法（109.6.10）

第 14 條（隨時進入檢查不得拒絕、要求警察協助）

①勞動檢查員為執行檢查職務，得隨時進入事業單位，雇主、雇主代理人、勞工及其他有關人員均不得無故拒絕、規避或妨礙。

②前項事業單位有關人員之拒絕、規避或妨礙，非警察協助不足以排除時，勞動檢查員得要求警察人員協助。

第 15 條（詢問、說明、拍照、封存、不得拒絕）

①勞動檢查員執行職務時，得就勞動檢查範圍，對事業單位之雇主、有關部門主管人員、工會代表及其他有關人員為左列行為：

一、詢問有關人員，必要時並得製作談話紀錄或錄音。

二、通知有關人員提出必要報告、紀錄、工資清冊及有關文件或作必要之說明。

三、檢查事業單位依法應備置之文件資料、物品等，必要時並得影印資料、拍攝照片、錄影或測量等。

四、封存或於掣給收據後抽取物料、樣品、器材、工具，以憑檢驗。

②勞動檢查員依前項所為之行為，事業單位或有關人員不得拒絕、規避或妨礙。

③勞動檢查員依第一項第三款所為之錄影、拍攝之照片等，事業單位認有必要時，得向勞動檢查機構申請檢視或複製。

④對於前項事業單位之請求，勞動檢查機構不得拒絕。

第 16 條（簽發搜索票）

勞動檢查員對違反勞動法律規定之犯罪嫌疑者，必要時，得聲請檢察官簽發搜索票，就其相關物件、處所執行搜索、扣押。

第四章 | 代行檢查機構與代行檢查員

第 17 條（指定代檢）

中央主管機關對於危險性機械或設備之檢查，除由勞動檢查機構派勞

動檢查員實施外，必要時亦得指定代行檢查機構派代行檢查員實施。

第 18 條（代檢資格）

代行檢查機構之資格條件與所負責任、考評及獎勵辦法，暨代行檢查員之資格、訓練，由中央主管機關定之。

第 19 條（代檢收費）

代行檢查業務爲非營利性質，其收費標準之計算，以收支平衡爲原則，由代行檢查機構就其代行檢查所需經費列計標準，報請中央主管機關核定之。

第 20 條（代檢變更）

代行檢查機構擬變更代行檢查業務時，應檢附擬增減之機械或設備種類、檢查類別、區域等資料，向中央主管機關申請核准。

第 21 條（行為限制、關係迴避）

第十一條及第十二條之規定，於代行檢查員適用之。

第五章｜檢查程序

第 22 條（出示檢查證、作成紀錄、告知違反事項）

①勞動檢查員進入事業單位進行檢查時，應主動出示勞動檢查證，並告知雇主及工會。事業單位對未持勞動檢查證者，得拒絕檢查。

②勞動檢查員於實施檢查後應作成紀錄，告知事業單位違反法規事項及提供雇主、勞工遵守勞動法令之意見。

③第一項之勞動檢查證，由中央主管機關製發之。

第 23 條（陪同鑑定）

①勞動檢查員實施勞動檢查認有必要時，得報請所屬勞動檢查機構核准後，邀請相關主管機關、學術機構、相關團體或專家、醫師陪同前往鑑定，事業單位不得拒絕。

②第十一條第一項第二款及第十二條之規定，於前項陪同人員適用之。

第 24 條（必要協助）

勞動檢查機構辦理職業災害檢查、鑑定、分析等事項，得由中央主管機關所屬勞動部勞動及職業安全衛生研究所或其他學術、研究機構提供必要之技術協助。

第 25 條（通知改善、公告）

①勞動檢查員對於事業單位之檢查結果，應報由所屬勞動檢查機構依法處理；其有違反勞動法令規定事項者，勞動檢查機構並應於十日內以書面通知事業單位立即改正或限期改善，並副知直轄市、縣（市）主管機關督促改善。對公營事業單位檢查之結果，應另副知其目的事業主管機關督促其改善。

②事業單位對前項檢查結果，應於違規場所顯明易見處公告七日以上。

第 26 條（危險性工作場所）

①左列危險性工作場所，非經勞動檢查機構審查或檢查合格，事業單位不得使勞工在該場所作業：

一、從事石油裂解之石化工業之工作場所。

二、農藥製造工作場所。

三、爆竹煙火工廠及火藥類製造工作場所。

四、設置高壓氣體類壓力容器或蒸汽鍋爐，其壓力或容量達中央主管機關規定者之工作場所。

五、製造、處置、使用危險物、有害物之數量達中央主管機關規定數量之工作場所。

六、中央主管機關會商目的事業主管機關指定之營造工程之工作場所。

七、其他中央主管機關指定之工作場所。

②前項工作場所應審查或檢查之事項，由中央主管機關定之。

第 27 條（重大職災調查、停工 - 避免擴大）

勞動檢查機構對事業單位工作場所發生重大職業災害時，應立即指派

勞動檢查員前往實施檢查，調查職業災害原因及責任；其發現非立即停工不足以避免職業災害擴大者，應就發生災害場所以書面通知事業單位部分或全部停工。

第 28 條（停工 - 立即危險）

①勞動檢查機構指派勞動檢查員對各事業單位工作場所實施安全衛生檢查時，發現勞工有立即發生危險之虞，得就該場所以書面通知事業單位逕予先行停工。

②前項有立即發生危險之虞之情事，由中央主管機關定之。

第 29 條（停工 - 未改善且有職災之虞）

勞動檢查員對事業單位未依勞動檢查機構通知限期改善事項辦理，而有發生職業災害之虞時，應陳報所屬勞動檢查機構；勞動檢查機構於認有必要時，得以書面通知事業單位部分或全部停工。

第 30 條（申請復工）

經依第二十七條至第二十九條規定通知停工之事業單位，得於停工之原因消滅後，向勞動檢查機構申請復工。

第 31 條（出示檢查證）

①代行檢查員進入事業單位實施檢查時，應主動出示代行檢查證，並告知雇主指派人員在場。

②代行檢查員於實施危險性機械或設備之檢查後，合格者，應即於原合格證上簽署，註明有效期限；不合格者，應告知事業單位不合格事項，並陳報所屬代行檢查機構函請勞動檢查機構依法處理。

③前項不合格之危險性機械或設備，非經檢查合格，不得使用。

④第一項之代行檢查證，由中央主管機關製發之。

第 32 條（申訴公告）

①事業單位應於顯明而易見之場所公告左列事項：

一、受理勞工申訴之機構或人員。

二、勞工得申訴之範圍。

三、勞工申訴書格式。

四、申訴程序。

②前項公告書，由中央主管機關定之。

第 33 條（申訴檢查、保密）

①勞動檢查機構於受理勞工申訴後，應儘速就其申訴內容派勞動檢查員實施檢查，並應於十四日內將檢查結果通知申訴人。

②勞工向工會申訴之案件，由工會依申訴內容查證後，提出書面改善建議送事業單位，並副知申訴人及勞動檢查機構。

③事業單位拒絕前項之改善建議時，工會得向勞動檢查機構申請實施檢查。

④事業單位不得對勞工申訴人終止勞動契約或為其他不利勞工之處分。

⑤勞動檢查機構受理勞工申訴必須保持秘密，不得洩漏勞工申訴人身分。

第六章 ┃ 罰則

第 34 條（罰金 - 危險性工作場所、停工）

①有左列情形之一者，處三年以下有期徒刑、拘役或科或併科新臺幣十五萬元以下罰金：

　　一、違反第二十六條規定，使勞工在未經審查或檢查合格之工作場所作業者。

　　二、違反第二十七條至第二十九條停工通知者。

②法人之代表人、法人或自然人之代理人、受僱人或其他從業人員，因執行業務犯前項之罪者，除處罰其行為人外，對該法人或自然人亦科以前項之罰金。

第 35 條（罰鍰 - 拒絕檢查）

事業單位或行為人有下列情形之一者，處新臺幣三萬元以上十五萬元以下罰鍰，並得按次處罰：

一、違反第十四條第一項規定。

二、違反第十五條第二項規定。

第 36 條（罰鍰 - 檢查結果公告、申訴公告；檢查資料提供）

有左列情形之一者，處新臺幣三萬元以上六萬元以下罰鍰：

一、事業單位違反第二十五條第二項或第三十二條第一項規定者。

二、有關團體違反第七條第二項規定者。

第 37 條（強制執行）

依本法所處之罰鍰，經通知而逾期不繳納者，移送法院強制執行。

第七章｜附則

第 38 條（前危險性工作場所）

本法修正施行前已依法令設立之屬第二十六條所定危險性工作場所，應於中央主管機關指定期限內，申請該管勞動檢查機構審查或檢查；逾期不辦理或審查、檢查不合格，而仍使勞工在該場所作業者，依第三十四條規定處罰。

第 39 條（細則另定）

本法施行細則，由中央主管機關定之。

第 40 條（施行日）

本法自公布日施行。

勞動檢查法施行細則（112.12.7）

第一章｜總則

第 1 條（依據）
本細則依勞動檢查法（以下簡稱本法）第三十九條規定訂定之。

第 2 條（定義 - 危險性機械或設備）
本法所稱危險性機械或設備，指職業安全衛生法第十六條所定之具有危險性之機械或設備。

第 3 條（定義 - 勞動法令）
本法第四條第四款所稱勞動法令，指勞工保險、勞工福利、就業服務及其他相關法令。

第二章｜勞動檢查機構

第 4 條（授權機關）
本法第五條第一項所稱有關機關，指經濟部產業園區管理局、國家科學及技術委員會科學園區管理局及其他經中央主管機關授權辦理勞動檢查之機關。

第 5 條（授權機構）
依本法第五條第一項授權之勞動檢查機構應定期將其實施監督與檢查之結果，報請中央主管機關核備。中央主管機關應實施定期及不定期督導考評。

第 6 條（職業災害嚴重率）
本法第六條所稱職業災害嚴重率，指每百萬工時之失能傷害總損失日數；傷害頻率，係指每百萬工時之失能傷害次數。

第 7 條（檢查資料提供、年報）

①勞動檢查機構依本法第七條第一項規定，得向有關團體請求提供之勞動檢查資料，包括事業單位、雇主之名稱（姓名）、地址、電話、勞工人數及其他相關資料。

②中央主管機關依本法第七條第三項規定，應於每年第三季，公布前一年之勞動檢查年報。

第三章｜勞動檢查員

第 8 條（專業訓練）

本法第九條所稱專業訓練，指新進人員之職前訓練、現職人員之在職訓練及進修。

第 9 條（訓練合格前）

新進勞動檢查員未經前條規定之職前訓練合格前，勞動檢查機構不得指派其單獨執行檢查職務。但特殊情況，經勞動檢查機構敘明理由陳報中央主管機關核准者，不在此限。

第 10 條（事先通知 - 危險性工作場所檢查）

勞動檢查員依本法第十三條第一款規定通知事業單位檢查行程，應確認事業單位依本法第二十六條或第三十八條規定之申請審查或檢查之文件已完成查核，檢查日期業經勞動檢查機構排定後為之。

第 11 條（事先通知 - 危險性機械設備檢查）

勞動檢查員依本法第十三條第二款規定通知事業單位檢查行程，應確認事業單位申請危險性機械或設備檢查之文件已完成查核，檢查日期業經勞動檢查機構排定後為之。

第 12 條（事先通知 - 職災檢查）

勞動檢查員依本法第十三條第三款規定通知事業單位檢查行程，應事前完成事業單位發生職業災害之登錄後為之。

第 13 條（封存）

①勞動檢查員依本法第十五條第一項第四款規定實施封存時，以有下列情事之一者爲限：

一、有違反職業安全衛生法令所禁止使用者。

二、有違反勞動法令者。

三、有職業災害原因鑑定所必須者。

四、其他經勞動檢查機構核准者。

②前項封存於其原因消滅或事業單位之申請，經勞動檢查機構許可者，得啓封之。

第 14 條（封存程序）

①勞動檢查員依本法第十五條第一項第四款規定實施封存時，應開列封存物件清單及貼封條。

②前項之封條應加蓋勞動檢查機構印信，並載明左列事項：

一、勞動檢查機構名稱。

二、封存物件名稱。

三、封存日期。

四、法令依據。

第 15 條（申請檢視）

事業單位依本法第十五條第三項之規定向勞動檢查機構申請檢視或複製時，應於受檢之次日起三十日內以書面提出；勞動檢查機構應於接獲申請書之次日起三十日內提供。

第 16 條（簽發搜索票）

勞動檢查員依本法第十六條之規定執行搜索、扣押，應依刑事訴訟法相關規定。

第四章 | 代行檢查機構與代行檢查員

第 17 條（指定公告）
本法第十七條所定得由代行檢查機構指派代行檢查員實施之具有危險性之機械或設備檢查，指定期檢查及其他經中央主管機關指定公告之檢查。

第 18 條（代檢範圍）
依本法第十七條受指定之代行檢查機構為行政機關者，其代行檢查範圍以所屬事業所有之具有危險性之機械或設備為限。

第五章 | 檢查程序

第 19 條（告知目的）
勞動檢查員依本法第二十二條規定進入事業單位進行檢查前，應將檢查目的告知雇主及工會，並請其派員陪同。

第 20 條（勞動檢查證）
勞動檢查證每二年換發一次，勞動檢查員離職時應繳回。勞動檢查證應貼勞動檢查員之照片，並記載左列事項：

一、所屬單位名稱。

二、姓名、職稱及編號。

三、檢查法令依據及檢查範圍。

四、使用期限。

第 21 條（檢查結果 - 異議）
①事業單位對勞動檢查機構所發檢查結果通知書有異議時，應於通知書送達之次日起十日內，以書面敘明理由向勞動檢查機構提出。

②前項通知書所定改善期限在勞動檢查機構另為適當處分前，不因事業單位之異議而停止計算。

第 22 條（檢查結果 - 通知）

本法第二十五條第二項所稱檢查結果，指勞動檢查機構向事業單位所發立即改正或限期改善之檢查結果通知書。

第 23 條（檢查結果 - 公告）

事業單位依本法第二十五條第二項之規定公告檢查結果，以左列方式之一為之：

一、以勞動檢查機構所發檢查結果通知書之全部內容公告者，應公告於左列場所之一：

（一）事業單位管制勞工出勤之場所。

（二）餐廳、宿舍及各作業場所之公告場所。

（三）與工會或勞工代表協商同意之場所。

二、以違反規定單項內容公告者，應公告於違反規定之機具、設備或場所。

第 24 條（工作場所）

本法第二十六條至第二十八條所稱工作場所，指於勞動契約存續中，勞工履行契約提供勞務時，由雇主或代理雇主指示處理有關勞工事務之人所能支配、管理之場所。

第 25 條（石油裂解之石化工業場所）

本法第二十六條第一項第一款所稱石油裂解之石化工業之工作場所，係指從事石油產品之裂解反應，以製造石化基本原料之工作場所。

第 26 條（農藥製造工作場所）

本法第二十六條第一項第二款所稱農藥製造工作場所，係指使用異氰酸甲酯、氯化氫、氨、甲醛、過氧化氫或吡啶為原料，從事農藥原體合成之工作場所。

第 27 條（爆竹煙火工廠）

本法第二十六條第一項第三款所稱爆竹煙火工廠，係指利用氯酸鹽類、過氯酸鹽類、硝酸鹽類、硫、硫化物、磷化物、木炭粉、金屬粉末及其他原料製造爆竹煙火類物品之工廠；火藥類製造工作場所，係

指從事以化學物質製造爆炸性物品之工作場所。

第 27-1 條（高壓氣體類壓力容器、蒸氣鍋爐）

①本法第二十六條第一項第四款所稱高壓氣體類壓力容器，指供處理及儲存高壓氣體之盛裝容器。但左列各款設備或機器不包括之：

一、移動式製造設備。

二、非屬有毒性或可燃性高壓氣體之單座固定式製造設備。

三、減壓設備。

四、空調設備及以氟氯烷為冷媒之冷凍機器。

②本法第二十六條第一項第四款所稱蒸汽鍋爐，指以火焰、燃燒氣體或其他高溫氣體加熱於水或熱媒，使發生超過大氣壓之壓力蒸汽，供給他用之裝置與其附屬過熱器及節煤器。

第 28 條（高壓氣體類壓力容器、蒸氣鍋爐 - 容量）

本法第二十六條第一項第四款所稱容量，指蒸汽鍋爐之傳熱面積在五百平方公尺以上，或高壓氣體類壓力容器一日之冷凍能力在一百五十公噸以上或處理能力符合左列規定之一者：

一、一千立方公尺以上之氧氣、有毒性或可燃性高壓氣體。

二、五千立方公尺以上之前款以外之高壓氣體。

第 29 條（危害物數量）

本法第二十六條第一項第五款所稱危險物、有害物之數量，依附表一及附表二之規定。

第 30 條

（刪除）

第 31 條（重大職業災害）

本法第二十七條所稱重大職業災害，係指左列職業災害之一：

一、發生死亡災害者。

二、發生災害之罹災人數在三人以上者。

三、氨、氯、氟化氫、光氣、硫化氫、二氧化硫等化學物質之洩漏，發生一人以上罹災勞工需住院治療者。

四、其他經中央主管機關指定公告之災害。

第 32 條

（刪除）

第 33 條（停工日數）

①勞動檢查機構依本法第二十七條至第二十九條之規定通知事業單位部分或全部停工時，其停工日數由勞動檢查機構視其情節決定之。

②前項全部停工日數超過七日者，應陳報中央主管機關核定。

第 34 條（停工通知書 - 事項）

①本法第二十七條至第二十九條之停工通知書，應記載下列事項：

一、受停工處分事業單位、雇主名稱（姓名）及地址。

二、法令依據。

三、停工理由。

四、停工日期。

五、停工範圍。

六、申請復工之條件及程序。

七、執行停工處分之機構。

②項第五款停工範圍，必要時得以圖說或照片註明。

第 35 條（停工通知書 - 張貼）

勞動檢查機構依本法第二十七條至第二十九條規定以書面通知事業單位部分或全部停工，於必要時得於停工範圍張貼停工通知書，並得以顯明之警告或禁止之標誌標示停工區域。

第 36 條（復工通知書）

①事業單位依本法第三十條之規定申請復工，勞動檢查機構於查證停工原因消滅後，應以書面通知其復工。

②前項復工通知書應記載左列事項：

一、申請復工之事業單位、雇主名稱（姓名）及地址。

二、復工日期。

三、復工範圍。

第 37 條（代檢不合格）

代行檢查員於實施危險性機械或設備之檢查後，對不合格者應即於原檢查合格證記事欄或其他必要文件內記載不合格情形，作成紀錄，並經會同人員簽章。

第 38 條（代檢檢查證）

第二十條之規定，於本法第三十一條第四項代行檢查證適用之。

第 39 條（申訴事項公告場所）

①本法第三十二條所稱顯明而易見之場所，指第二十三條第一款規定之場所。

②事業單位於前項場所張貼本法第三十二條所定公告書時，應依下列規定辦理：

一、字體大小、張貼高度及位置應適於勞工能清晰閱讀為原則。

二、為永久張貼，污損時應即更換。

第六章 ｜（刪除）

第 40 條

（刪除）

第七章 ｜附則

第 41 條（施行日）

①本細則自發布日施行。

②本細則中華民國一百零三年六月二十六日修正條文，自一百零三年七月三日施行。

附表一　製造、處置、使用危險物之名稱、數量

危險物名稱			數量（公斤）
中文	英文	化學式	
過氧化丁酮	Methyl ethyl ketone peroxide	$C_8H_{16}O_4$	二、〇〇〇
過氧化二苯甲醯	Dibenzoyl peroxide	$C_{14}H_{10}O_4$	三、〇〇〇
環氧丙烷	Propylene oxide	C_3H_6O	一〇、〇〇〇
環氧乙烷	Ethylene oxide	C_2H_4O	五、〇〇〇
二硫化碳	Carbon disulphide	CS_2	五、〇〇〇
乙炔	Acetylene	C_2H_2	五、〇〇〇
氫氣	Hydrogen	H_2	五、〇〇〇
過氧化氫	Hydrogen peroxide	H_2O_2	五、〇〇〇
矽甲烷	Silane	SiH_4	五〇
硝化乙二醇	Nitroglycol	$C_2H_4(NO_3)_2$	一、〇〇〇
硝化甘油	Nitroglycerin	$C_3H_5(NO_3)_3$	一、〇〇〇
硝化纖維 （含氮量大於12.6%）	Nitrocellulose	$C_6H_7O_2(NO_3)_3$	一〇、〇〇〇
三硝基苯	Trinitrobenzene	$C_6H_3(NO_2)_3$	五、〇〇〇
三硝基甲苯	Trinitrotoluene	$C_6H_2CH_3(NO_2)_3$	五、〇〇〇
三硝基酚	Trinitrophenol	$C_6H_2OH(NO_2)_3$	五、〇〇〇
過醋酸	Peracetic acid	CH_3COOOH	五、〇〇〇
氯酸鈉	Sodium chlorate	$NaClO_3$	二五、〇〇〇
雷汞	Mercury fulminate	$Hg(CNO)_2$	一、〇〇〇
疊氮化鉛	Lead azide	$Pb(N_3)_2$	五、〇〇〇
史蒂芬酸鉛	Triphenyl lead		五、〇〇〇
丙烯	Acrylonitrile	C_3H_3N	二〇、〇〇〇
重氮硝基酚	Diazodinitrophenol		一、〇〇〇
其他中央主管機關指定公告者			

註：事業單位內有二以上從事製造、處置、使用危險物之工作場所時，其危險物
　　之數量，應以各該場所間距在五百公尺以內者合併計算。

　　前項間距，係指連接各該工作場所中心點之工作場所內緣之距離。

附表二　製造、處置、使用有害物之名稱、數量

有害物名稱			數量（公斤）
中文	英文	化學式	
黃磷火柴	Yellow phosphorus match		—
含苯膠糊	Glue that contains benzene		—
二氯聯苯胺及其鹽類	Dichlorobenzidine and its salts	$C_{12}H_1OCl_2N_2$	一〇
α–胺及其鹽類	α-Naphthylamine and its salts	$C_{10}H_9N$	一〇
鄰–二甲基聯苯胺及其鹽類	O-Tolidine and its salts	$C_{14}H_{16}N_2$	一〇
二甲氧基聯苯胺及其鹽類	Dianisidine and its salts	$C_{14}H_{16}N_2O_2$	一〇
鈹及其化合物	Beryllium and its compounds	Be	一〇
四羰化鎳	Nickel carbonyl	C_4O_4Ni	一〇〇
β-丙內酯	β-Propiolactone	$C_3H_4O_2$	一〇〇
氯	Chlorine	Cl_2	五、〇〇〇
氰化氫	Hydrogen cyanide	HCN	一、〇〇〇
次乙亞胺	Ethyleneimine	C_2H_5N	五〇〇
磷化氫	Phosphine	PH_3	五〇
異氰酸甲酯	Methyl isocyanate	C_2H_3NO	三〇〇
氟化氫	Hydrogen fluoride	HF	一、〇〇〇
四甲基鉛	Tetramethyl lead	$Pb(CH_3)_4$	一、〇〇〇
四乙基鉛	Tetraethyl lead	$Pb(C_2H_5)_4$	五、〇〇〇
氨	Ammonia	NH_3	五〇、〇〇〇
氯化氫	Hydrogen chloride	HCl	五、〇〇〇
二氧化硫	Sulfur dioxide	SO_2	一、〇〇〇
光氣	Phosgene	$COCl_2$	一〇〇
甲醛	Formaldehyde	CH_2O	五、〇〇〇

有害物名稱			數量（公斤）
中文	英文	化學式	
丙烯醛	Acrolein	C_3H_4O	一五〇
臭氧	Ozone	O_3	一〇〇
砷化氫	Arsine	AsH_3	五〇
溴	Bromine	Br_2	一、〇〇〇
溴甲烷	Methyl bromide	CH_3Br	二、〇〇〇
其他中央主管機關指定公告者			

註：事業單位內有二以上從事製造、處置、使用有害物之工作場所時，其有害物
之數量，應以各該場所間距在五百公尺以內者合併計算。

前項間距，係指連接各該工作場所中心點之工作場所內緣之距離。

勞動檢查法第二十八條所定勞工有立即發生危險之虞認定標準（94.6.10）

第 1 條（法源）

本標準依勞動檢查法第二十八條第二項規定訂定之。

第 2 條（類型）

有立即發生危險之虞之類型如下：

一、墜落。

二、感電。

三、倒塌、崩塌。

四、火災、爆炸。

五、中毒、缺氧。

第 3 條（墜落）

有立即發生墜落危險之虞之情事如下：

一、於高差二公尺以上之工作場所邊緣及開口部分，未設置符合規定之護欄、護蓋、安全網或配掛安全帶之防墜設施。

二、於高差二公尺以上之處所進行作業時，未使用高空工作車，或未以架設施工架等方法設置工作臺；設置工作臺有困難時，未採取張掛安全網或配掛安全帶之設施。

三、於石綿板、鐵皮板、瓦、木板、茅草、塑膠等易踏穿材料構築之屋頂從事作業時，未於屋架上設置防止踏穿及寬度三十公分以上之踏板、裝設安全網或配掛安全帶。

四、於高差超過一‧五公尺以上之場所作業，未設置符合規定之安全上下設備。

五、高差超過二層樓或七·五公尺以上之鋼構建築，未張設安全
　　網，且其下方未具有足夠淨空及工作面與安全網間具有障礙物。

六、使用移動式起重機吊掛平台從事貨物、機械等之吊升，鋼索於負
　　荷狀態且非不得已情形下，使人員進入高度二公尺以上平台運搬
　　貨物或駕駛車輛機械，平台未採取設置圍欄、人員未使用安全母
　　索、安全帶等足以防止墜落之設施。

第 4 條（感電）

有立即發生感電危險之虞之情事如下：

一、對電氣機具之帶電部分，於作業進行中或通行時，有因接觸（含
　　經由導電體而接觸者）或接近致發生感電之虞者，未設防止感電
　　之護圍或絕緣被覆。

二、使用對地電壓在一百五十伏特以上移動式或攜帶式電動機具，
　　或於含水或被其他導電度高之液體濕潤之潮濕場所、金屬板上或
　　鋼架上等導電性良好場所使用移動式或攜帶式電動機具，未於各
　　該電動機具之連接電路上設置適合其規格，具有高敏感度、高速
　　型，能確實動作之防止感電用漏電斷路器。

三、於良導體機器設備內之狹小空間，或於鋼架等有觸及高導電性接
　　地物之虞之場所，作業時所使用之交流電焊機（不含自動式焊接
　　者），未裝設自動電擊防止裝置。

四、於架空電線或電氣機具電路之接近場所從事工作物之裝設、解
　　體、檢查、修理、油漆等作業及其附屬性作業或使用車輛系營建
　　機械、移動式起重機、高空工作車及其他有關作業時，該作業使
　　用之機械、車輛或勞工於作業中或通行之際，有因接觸或接近該
　　電路引起感電之虞者，未使勞工與帶電體保持規定之接近界線距
　　離，未設置護圍或於該電路四周裝置絕緣用防護裝備或採取移開
　　該電路之措施。

五、從事電路之檢查、修理等活線作業時，未使該作業勞工戴用絕緣
　　用防護具，或未使用活線作業用器具或其他類似之器具，對高壓

電路未使用絕緣工作台及其他裝備，或使勞工之身體、其使用中之工具、材料等導電體接觸或接近有使勞工感電之虞之電路或帶電體。

第 5 條（倒塌、崩塌）

有立即發生倒塌、崩塌危險之虞之情事如下：

一、施工架之垂直方向五・五公尺、水平方向七・五公尺內，未與穩定構造物妥實連接。

二、露天開挖場所開挖深度在一・五公尺以上，或有地面崩塌、土石飛落之虞時，未設擋土支撐、反循環樁、連續壁、邊坡保護或張設防護網之設施。

三、隧道、坑道作業有落磐或土石崩塌之虞，未設置支撐、岩栓或噴凝土之支持構造及未清除浮石；隧道、坑道進出口附近表土有崩塌或土石飛落，未設置擋土支撐、張設防護網、清除浮石或邊坡保護之措施，進出口之地質惡劣時，未採鋼筋混凝土從事洞口之防護。

四、模板支撐支柱基礎之周邊易積水，導致地盤軟弱，或軟弱地盤未強化承載力。

第 6 條（火災、爆炸）

有立即發生火災、爆炸危險之虞之情事如下：

一、對於有危險物或有油類、可燃性粉塵等其他危險物存在之配管、儲槽、油桶等容器，從事熔接、熔斷或使用明火之作業或有發生火花之虞之作業，未事先清除該等物質，並確認安全無虞。

二、對於存有易燃液體之蒸氣或有可燃性氣體滯留，而有火災、爆炸之作業場所，未於作業前測定前述蒸氣、氣體之濃度；或其濃度爆炸下限值之百分之三十以上時，未即刻使勞工退避至安全場所，並停止使用煙火及其他點火源之機具。

三、對於存有易燃液體之蒸氣、可燃性氣體或可燃性粉塵，致有引起火災、爆炸之工作場所，未有通風、換氣、除塵、去除靜電等必

　要設施。

四、對於化學設備及其附屬設備之改善、修理、清掃、拆卸等作業，有危險物洩漏致危害作業勞工之虞，未指定專人依規定將閥或旋塞設置雙重關閉或設置盲板。

五、對於設置熔融高熱物處理設備之建築物及處理、廢棄高熱礦渣之場所，未設有良好排水設備及其他足以防止蒸氣爆炸之必要措施。

六、局限空間作業場所，使用純氧換氣。

第 7 條（中毒、缺氧）

有立即發生中毒、缺氧危險之虞之情事如下：

一、於曾裝儲有機溶劑或其混合物之儲槽內部、通風不充分之室內作業場所，或在未設有密閉設備、局部排氣裝置或整體換氣裝置之儲槽等之作業場所，未供給作業勞工輸氣管面罩，並使其確實佩戴使用。

二、製造、處置或使用特定化學物質危害預防標準所稱之丙類第一種或丁類物質之特定化學管理設備時，未設置適當之溫度、壓力及流量之計測裝置及發生異常之自動警報裝置。

三、製造、處置或使用特定化學物質危害預防標準所稱之丙類第一種及丁類物質之特定化學管理設備，未設遮斷原料、材料、物料之供輸、未設卸放製品之裝置、未設冷卻用水之裝置，或未供輸惰性氣體。

四、處置或使用特定化學物質危害預防標準所稱之丙類第一種或丁類物質時，未設洩漏時能立即警報之器具及除卻危害必要藥劑容器之設施。

五、在人孔、下水道、溝渠、污（蓄）水池、坑道、隧道、水井、集水（液）井、沈箱、儲槽、反應器、蒸餾塔、生（消）化槽、穀倉、船艙、逆打工法之地下層、筏基坑、溫泉業之硫磺儲水桶及其他自然換氣不充分之工作場所有下列情形之一時：

（一）空氣中氧氣濃度未滿百分之十八、硫化氫濃度超過十 PPM 或一氧化碳濃度超過三十五 PPM 時，未確實配戴空氣呼吸器等呼吸防護具、安全帶及安全索。

（二）未確實配戴空氣呼吸器等呼吸防護具時，未置備通風設備予以適當換氣，或未置備空氣中氧氣、硫化氫、一氧化碳濃度之測定儀器，並未隨時測定保持氧氣濃度在百分之十八以上、硫化氫濃度在十 PPM 以下及一氧化碳濃度在三十五 PPM 以下。

第 8 條（指定）

中央主管機關得指定其他有立即發生危險之虞之情事，並公告之。

第 9 條（發布日）

本標準自發布日施行。

危險性工作場所審查及檢查辦法（109.7.17）

第一章｜總則

第 1 條（法源）

本辦法依勞動檢查法（以下簡稱本法）第二十六條第二項規定訂定之。

第 2 條（場所分類）

本法第二十六條第一項規定之危險性工作場所分類如下：

一、甲類：指下列工作場所：

（一）從事石油產品之裂解反應，以製造石化基本原料之工作場所。

（二）製造、處置、使用危險物、有害物之數量達本法施行細則附表一及附表二規定數量之工作場所。

二、乙類：指下列工作場所或工廠：

（一）使用異氰酸甲酯、氯化氫、氨、甲醛、過氧化氫或吡啶，從事農藥原體合成之工作場所。

（二）利用氯酸鹽類、過氯酸鹽類、硝酸鹽類、硫、硫化物、磷化物、木炭粉、金屬粉末及其他原料製造爆竹煙火類物品之爆竹煙火工廠。

（三）從事以化學物質製造爆炸性物品之火藥類製造工作場所。

三、丙類：指蒸汽鍋爐之傳熱面積在五百平方公尺以上，或高壓氣體類壓力容器一日之冷凍能力在一百五十公噸以上或處理能力符合下列規定之一者：

（一）一千立方公尺以上之氧氣、有毒性及可燃性高壓氣體。

（二）五千立方公尺以上之前款以外之高壓氣體。

四、丁類：指下列之營造工程：

（一）建築物高度在八十公尺以上之建築工程。

（二）橋單跨橋梁之橋墩跨距在七十五公尺以上或多跨橋梁之橋墩跨距在五十公尺以上之橋梁工程。

（三）採用壓氣施工作業之工程。

（四）長度一千公尺以上或需開挖十五公尺以上豎坑之隧道工程。

（五）開挖深度達十八公尺以上，且開挖面積達五百平方公尺以上之工程。

（六）工程中模板支撐高度七公尺以上，且面積達三百三十平方公尺以上者。

五、其他經中央主管機關指定公告者。

第 3 條（定義）

本辦法用詞，定義如下：

一、製程修改：指危險性工作場所既有安全防護措施未能控制新潛在危害之製程化學品、技術、設備、操作程序或規模之變更。

二、液化石油氣：指混合三個碳及四個碳之碳氫化合物為主要成分之碳氫化合物。

三、冷凍用高壓氣體：指使用於冷凍、冷卻、冷藏、製冰及其他凍結使用之高壓氣體。

四、一般高壓氣體：指液化石油氣及冷凍用高壓氣體以外之高壓氣體。

五、加氣站：指直接將液化石油氣或壓縮天然氣灌裝於「固定在使用該氣體為燃料之車輛之容器」之固定式製造設備。

六、審查：指勞動檢查機構對工作場所有關資料之書面審查。

七、檢查：指勞動檢查機構對工作場所有關資料及設施之現場檢查。

第 4 條（甲、丁審查 - 乙、丙加檢查）

①事業單位應於甲類工作場所、丁類工作場所使勞工作業三十日前，向當地勞動檢查機構（以下簡稱檢查機構）申請審查。

②事業單位應於乙類工作場所、丙類工作場所使勞工作業四十五日前，向檢查機構申請審查及檢查。

第二章｜甲類工作場所之審查及檢查

第 5 條（審查資料）

①事業單位向檢查機構申請審查甲類工作場所，應填具申請書（如格式一），並檢附下列資料各三份：

一、安全衛生管理基本資料，如附件一。

二、製程安全評估定期實施辦法第四條所定附表一至附表十四。

②前項之申請，應登錄於中央主管機關指定之資訊網站。

第 6 條（評估小組）

①前條資料事業單位應依作業實際需要，於事前由下列人員組成評估小組實施評估：

一、工作場所負責人。

二、曾受國內外製程安全評估專業訓練或具有製程安全評估專業能力，並有證明文件，且經中央主管機關認可者（以下簡稱製程安全評估人員）。

三、依職業安全衛生管理辦法設置之職業安全衛生人員。

四、工作場所作業主管。

五、熟悉該場所作業之勞工。

②事業單位未置前項第二款所定製程安全評估人員者，得以在國內完成製程安全評估人員訓練之下列執業技師任之：

一、工業安全技師及下列技師之一：

（一）化學工程技師。

（二）職業衛生技師。

（三）機械工程技師。

（四）電機工程技師。

　　二、工程技術顧問公司僱用之工業安全技師及前款各目所定技師之
　　　一。

③前項人員兼具工業安全技師資格及前項第一款各目所定技師資格之
　一者，得為同一人。

④第一項實施評估之過程及結果，應予記錄。

第 7 條（審查、得檢查、結果通知）

①檢查機構對第五條之申請，應依其檢附之資料實施審查，並得就該
　工作場所之職業安全衛生設施及管理實施檢查。

②審查之結果，檢查機構應於受理申請後三十日內，以書面通知事業
　單位。但可歸責於事業單位者，不在此限。

第 8 條（重新評估）

①事業單位對經檢查機構審查合格之工作場所，應於製程修改時或至
　少每五年重新評估第五條檢附之資料，為必要之更新及記錄，並報
　請檢查機構備查。

②前項重新評估，準用第六條之規定。

第三章｜乙類工作場所之審查及檢查

第 9 條（審查資料）

事業單位向檢查機構申請審查及檢查乙類工作場所，應填具申請書
（如格式二），並檢附下列資料各三份：

一、安全衛生管理基本資料，如附件一。

二、製程安全評估報告書，如附件二。

三、製程修改安全計畫，如附件三。

四、緊急應變計畫，如附件四。

五、稽核管理計畫，如附件五。

第 10 條（評估小組）

①前條資料事業單位應依作業實際需要，於事前組成評估小組實施評

估。

②前項評估小組之組成及評估,準用第六條之規定。

第 11 條 (審查、應檢查、結果通知)

①檢查機構對第九條之申請,應依同條檢附之資料,實施審查。

②檢查機構於審查後,應對下列設施實施檢查:

　　一、火災爆炸危害預防設施,如附件七。

　　二、有害物洩漏及中毒危害預防設施,如附件八。

③審查及檢查之結果,檢查機構應於受理申請後四十五日內,以書面通知事業單位。但可歸責於事業單位者,不在此限。

第 12 條 (重新評估)

①事業單位對經檢查機構審查及檢查合格之工作場所,應於製程修改時或至少每五年依第九條檢附之資料重新評估一次,為必要之更新並記錄之。

②前項重新評估,準用第六條之規定。

第四章｜丙類工作場所之審查及檢查

第 13 條 (審查資料)

事業單位向檢查機構申請審查及檢查丙類工作場所,應填具申請書(如格式三),並檢附第九條各款規定之應審查資料各三份。

第 14 條 (評估小組)

①前條資料事業單位應依作業實際需要,於事前組成評估小組實施評估。

②前項評估小組之組成及評估,準用第六條之規定。

第 15 條 (審查、應檢查、結果通知)

①檢查機構對第十三條之申請,應依同條檢附之資料,實施審查。

②檢查機構於審查後,應對下列設施實施檢查:

　　一、一般高壓氣體製造設施,如附件九。

二、液化石油氣製造設施，如附件十。

三、冷凍用高壓氣體製造設施，如附件十一。

四、加氣站製造設施，如附件十二。

五、鍋爐設施，如附件十三。

③審查及檢查之結果，檢查機構應於受理申請後四十五日內，以書面通知事業單位。但可歸責於事業單位者，不在此限。

第 16 條（重新評估）

①事業單位對經檢查機構審查及檢查合格之工作場所，應於製程修改時或至少每五年依第十三條檢附之資料重新評估一次，爲必要之更新並記錄之。

②前項重新評估，準用第六條之規定。

第五章｜丁類工作場所之審查

第 17 條（審查資料）

①事業單位向檢查機構申請審查丁類工作場所，應填具申請書（如格式四），並檢附施工安全評估人員及其所僱之專任工程人員、相關執業技師或開業建築師之簽章文件，及下列資料各三份：

一、施工計畫書，內容如附件十四。

二、施工安全評估報告書，內容如附件十五。

②前項專任工程人員、相關執業技師或開業建築師簽章文件，以職業安全衛生設施涉及專業技術部分之事項爲限。

③事業單位提出審查申請時，應確認專任工程人員、相關執業技師或開業建築師之簽章無誤。

④對於工程內容較複雜、工期較長、施工條件變動性較大等特殊狀況之營造工程，得報經檢查機構同意後，分段申請審查。

第 18 條（評估小組）

①前條資料事業單位應於事前由下列人員組成評估小組實施評估：

一、工作場所負責人。

二、曾受國內外施工安全評估專業訓練或具有施工安全評估專業能
　　力，具有證明文件，且經中央主管機關認可者（以下簡稱施工
　　安全評估人員）。

三、專任工程人員。

四、依職業安全衛生管理辦法設置之職業安全衛生人員。

五、工作場所作業主管（含承攬人之人員）。

②事業單位未置前項第二款之施工安全評估人員者，得以在國內完成
施工安全評估人員訓練之下列開（執）業人員任之：

一、工業安全技師及下列人員之一：

（一）建築師。

（二）土木工程技師。

（三）結構工程技師。

（四）大地工程技師。

（五）水利工程技師。

二、工程技術顧問公司僱用之工業安全技師及前款第二目至第五目
　　所定人員之一。

③前項人員兼具工業安全技師資格及前項第一款各目所定人員資格之
一者，得為同一人。

④第一項實施評估之過程及結果，應予記錄。

第 19 條（審查、得檢查、結果通知）

①第十七條之審查，檢查機構認有必要時，得前往該工作場所實施檢
查。

②第十七條審查之結果，檢查機構應於受理申請後三十日內，以書面
通知事業單位。但可歸責於事業單位者，不在此限。

第 20 條（重新評估）

①事業單位對經審查合格之工作場所，於施工過程中變更主要分項工
程施工方法時，應就變更部分重新評估後，就評估之危害，採取必

要之預防措施，更新施工計畫書及施工安全評估報告書，並記錄之。

②前項重新評估，準用第十八條之規定。

③第一項所定變更主要分項工程施工方法，如附件十六例示施工方法變更之情形。

第六章 | 附則

第 21 條（邀請專家）

檢查機構為執行危險性工作場所審查、檢查，得就個案邀請專家學者協助之。

第 22 條（評估小組列席）

檢查機構實施危險性工作場所審查、檢查時，製程安全評估小組、施工安全評估小組成員應列席說明。

第 23 條（記錄）

檢查機構實施危險性工作場所審查、檢查時，應摘要記錄過程及決議等事項。

第 23-1 條（爆竹煙火）

爆竹煙火工廠向檢查機構申請審查或檢查時，應檢附由爆竹煙火管理條例主管機關核發之製造許可文件影本。

第 24 條（施行日）

本辦法自發布日施行。

格式一

甲類工作場所審查申請書

申請審查時，應檢附本辦法第五條規定之資料

（受理日期：　　　　　　　　　　　　）

事業單位 名稱及地址		危險性工作 場所所在地	
營利事業 統一編號 （八碼）		工廠登記證號碼 （十碼）	（無工廠登記者，填營利事業登記證號；均無者，填目的事業主管機關核準文號）
雇主 （名稱或姓名）		事業分類號碼 （九碼）	
事業經營負責人 職稱及姓名		預定作業日期	
主辦人職稱及姓名		電　話 傳　真	
危險性工作場所類別（依勞動檢查法第二十六條第一項分類，適用二種以上應分別填列）			

　　此致
（勞動檢機構全銜）

雇主：　　　　　　（簽章）

中　華　民　國　　　年　　　月　　　日

格式二

乙類工作場所審查申請書

申請審查時，應檢附本辦法第十一條規定之資料。

申請審查時，本辦法第十一條規定之設施應設置完成。

（受理日期：　　　　　　　　　）

事業單位 名稱及地址		危險性工作 場所所在地	
營利事業 統一編號 （八碼）		工廠登記證號碼 （十碼）	（無工廠登記者，填 營利事業登記證號； 均無者，填目的事業 主管機關核準文號）
雇主 （名稱或姓名）		事業分類號碼 （九碼）	
事業經營負責人 職稱及姓名		預定作業日期	
主辦人職稱及姓名		電　話 傳　真	
危險性工作場所類別（依勞動檢查法第二十六條第一項分類，適用二種以上應分別填列）			

　　　此致

（勞動檢機構全銜）

雇主：　　　　　　（簽章）

中　華　民　國　　　年　　　月　　　日

格式三

丙類（高壓氣體類壓力容器）工作場所審查及檢查申請書

蒸氣鍋爐

申請審查時，應檢附本辦法第十五條規定之資料。

申請審查時，本辦法第十五條規定之設施應設置完成。

（受理日期： ）

事業單位 名稱及地址		危險性工作 場所所在地	
營利事業 統一編號 （八碼）		工廠登記證號碼 （十碼）	（無工廠登記者，填營利事業登記證號；均無者，填目的事業主管機關核準文號）
雇主 （名稱或姓名）		事業分類號碼 （九碼）	
事業經營負責人 職稱及姓名		預定作業日期	
主辦人職稱及姓名		電　話 傳　真	
危險性工作場所類別（依勞動檢查法第二十六條第一項分類，適用二種以上應分別填列）			

　　此致
（勞動檢機構全銜）

雇主： （簽章）

中　華　民　國　　　年　　　月　　　日

格式四

丁類工作場所審查申請書

申請審查時，應檢附本辦法第十七條規定之資料。

（受理日期：　　　　　　）

工程名稱		工程地點		
預定作業日期		預定作業至完工日期（工期）		
危險性工作場所類別（二種以上應分別填列）		產業主		
事業單位名稱		地址		
營利事業統一編號（八碼）		營造業登記證號碼（十碼）		
事業分類號嗎（九碼）		預估使用勞工人數（含承攬人僱用勞工人數）		
雇主名稱或姓名		職稱		電話傳真
事業經營負責人姓名		職稱		電話傳真
專任工程人員		職稱		電話傳真
工作場所負責人		職稱		電話傳真
主辦人職稱及姓名		職稱		電話傳真

　　此致
（勞動檢機構全銜）

雇主：　　　　　　　（簽章）

中　華　民　國　　年　　月　　日

附件一　安全衛生管理基本資料

一、事業單位組織系統圖。

二、危害性化學品之管理。

三、勞工作業環境監測計畫。

四、危險性機械或設備之管理。

五、勞工健康服務與管理措施。

六、職業安全衛生組織、人員設置及運作。

七、職業安全衛生管理規章。

八、自動檢查計畫。

九、承攬管理計畫。

十、職業安全衛生教育訓練計畫。

十一、事故調查處理制度。

十二、工作場所之平面配置圖並標示下列規定事項，其比例尺以能辨識其標示內容為度：

（一）危險性之機械或設備所在位置及名稱、數量。

（二）危害性化學品所在位置及名稱、數量。

（三）控制室所在位置。

（四）消防系統所在位置。

（五）可能從事作業勞工、承攬人及所僱勞工、外來訪客之位置及人數。

附件二　製程安全評估報告書

一、製程說明：

（一）工作場所流程圖。

（二）製程設計規範。

（三）機械設備規格明細。

（四）製程操作手冊。

（五）維修保養制度。

二、實施初步危害分析（Preliminary Hazard Analysis）以分析發掘工作場所重大潛在危害，並針對重大潛在危害實施下列之一之安全評估方法，實施過程應予記錄並將改善建議彙整：

（一）檢核表（Checklist）。

（二）如果　結果分析（What If）。

（三）如果 - 結果分析 / 檢核表（What If / Checklist）。

（四）危害及可操作性分析（Hazard and Operability Studies）。

（五）故障樹分析（Fault Tree Analysis）。

（六）失誤模式與影響分析（Failure Modes and Effects Analysis）。

（七）其他經中央主管機關認可具有上列同等功能之安全評估方法。

三、製程危害控制。

四、參與製程安全評估人員應於報告書中具名簽認（註明單位、職稱、姓名，其為執業技師者應加蓋技師執業圖記），及本辦法第六條規定之相關證明、資格文件。

附件三　製程修改安全計畫

製程修改安全計畫至少應含下列事項：

一、製程修改程序。

二、安全衛生影響評估措施。

三、製程操作手冊修正措施。

四、製程資料更新措施。

五、職業安全衛生教育訓練措施。

六、其他配合措施。

附件四　緊急應變計畫

緊急應變計畫至少應含下列事項：

一、緊急應變運作流程與組織：

（一）應變組織架構與權責。

（二）緊急應變控制中心位置與設施。

（三）緊急應變運作流程與說明。

二、緊急應變設備之置備與外援單位之聯繫。

三、緊急應變演練計畫與演練記錄（演練模擬一般及最嚴重危害之狀況）。

四、緊急應變計畫之修正。

附件五　稽核管理計畫

稽核管理計畫至少應含下列事項：

一、稽核事項

（一）製程安全評估。

（二）正常操作程序。

（三）緊急操作程序。

（四）製程修改安全計畫。

（五）職業安全衛生教育訓練計畫。

（六）自動檢查計畫。

（七）承攬管理計畫。

（八）緊急應變計畫。

二、稽核程序

（一）稽核組織與職責。

（二）稽核紀錄及追蹤處理。

附件七　乙類工作場所應檢查之火災爆炸危害預防設施（略）

附件八　乙類工作場所應檢查之有害物洩漏及中毒危害預防設施（略）

附件九　一般高壓氣體製造設施之應檢查事項（略）

附件十　液化石油氣製造設施之應檢查事項（略）

附件十一　冷凍用高壓氣體製造設施之應檢查事項（略）

附件十二　加氣站製造設施之應檢查事項（略）

附件十三　鍋爐設施應檢查事項（略）

附件十四　施工計畫書

事業單位應依執行該工程製訂之施工計畫書於事前實施安全評估；其內容分列如下：

一、工程概要

（一）工程內容概要。

（二）施工方法及程序。

（三）現況調查。

二、職業安全衛生管理計畫

（一）職業安全衛生組織、人員。

（二）職業安全衛生協議計畫。

（三）職業安全衛生教育訓練計畫。

（四）自動檢查計畫。

（五）緊急應變計畫及急救體系。

（六）稽核管理計畫（稽核事項應包括對模板支撐、隧道支撐、擋土支撐、施工架及壓氣設施等臨時性假設工程，查驗是否具經專任工程人員、相關執業

　　　　技師或開業建築師簽章之整體結構系統計算書、結構圖、施工圖說等，以及施作時是否以拍照或檢核表等留存相關檢驗紀錄）。

三、分項工程作業計畫

（一）分項工程內容（範圍）。

（二）作業方法及程序（建築工程之升降機按裝工程宜採無架施工法施工；橋梁工程之上部結構工程如位於過河段及軟弱地質區，其支撐部分除採取適當防護設施外，宜避免採就地支撐工法）。

（三）作業組織。

（四）使用機具及設施設置計畫。

（五）作業日程計畫（依進度日程編列作業項目與需用之人員機具、材料等）。

（六）職業安全衛生設施設置計畫。

附件十五　施工安全評估報告書

一、初步危害分析表。

二、主要作業程序分析表。

三、施工災害初步分析表。

四、基本事項檢討評估表：就附件十四所列施工計畫書作業內容之施工順序逐項依職業安全衛生相關法規及工程經驗予以檢討評估。

五、特有災害評估表：對施工作業潛在之特有災害（如倒塌、崩塌、落磐、異常出水、可燃性及毒性氣體災害、異常氣壓災害及機械災害等），應就詳細拆解之作業程序及計畫內容實施小組安全評估，有關評估過程及安全設施予以說明。

六、施工計畫書之修改：應依前五項評估結果修改、補充施工計畫書。

七、報告簽章：參與施工安全評估人員應於報告書中具名簽章（註明單位、職稱、姓名，其為開業建築師或執業技師者應簽章），及本辦法第十七條規定之相關證明、資格文件。

附件十六　變更主要分項工程施工方法（略）

（其它附表格式詳 QR Code）

製程安全評估定期實施辦法 （109.7.17）

第 1 條（法源）

本辦法依職業安全衛生法（以下簡稱本法）第十五條第三項規定訂定之。

第 2 條（適用工作場所）

本辦法適用於下列工作場所：

一、勞動檢查法第二十六條第一項第一款所定從事石油產品之裂解反應，以製造石化基本原料之工作場所。

二、勞動檢查法第二十六條第一項第五款所定製造、處置或使用危險物及有害物，達勞動檢查法施行細則附表一及附表二規定數量之工作場所。

第 3 條（定義 - 製程安全評估、製程修改）

①本辦法所稱製程安全評估，指利用結構化、系統化方式，辨識、分析前條工作場所潛在危害，而採取必要預防措施之評估。

②本辦法所稱製程修改，指前條工作場所既有安全防護措施未能控制新潛在危害之製程化學品、技術、設備、操作程序或規模之變更。

第 4 條（製程安全評估）

①第二條之工作場所，事業單位應每五年就下列事項，實施製程安全評估：

一、製程安全資訊，如附表一。

二、製程危害控制措施，如附表二。

②實施前項評估之過程及結果，應予記錄，並製作製程安全評估報告及採取必要之預防措施，評估報告內容應包括下列各項：

一、實施前項評估過程之必要文件及結果。

二、勞工參與，如附表三。

三、標準作業程序，如附表四。

四、教育訓練，如附表五。

五、承攬管理，如附表六。

六、啓動前安全檢查，如附表七。

七、機械完整性，如附表八。

八、動火許可，如附表九。

九、變更管理，如附表十。

十、事故調查，如附表十一。

十一、緊急應變，如附表十二。

十二、符合性稽核，如附表十三。

十三、商業機密，如附表十四。

③前二項有關製程安全評估之規定，於製程修改時，亦適用之。

第 5 條（評估方法）

前條所定製程安全評估，應使用下列一種以上之安全評估方法，以評估及確認製程危害：

一、如果 - 結果分析。

二、檢核表。

三、如果 - 結果分析／檢核表。

四、危害及可操作性分析。

五、失誤模式及影響分析。

六、故障樹分析。

七、其他經中央主管機關認可具有同等功能之安全評估方法。

第 6 條（評估期間）

第四條所定每五年應實施製程安全評估，其期間分別依下列各款所定之日起算：

一、依本辦法規定完成製程安全評估，並報經勞動檢查機構備查之

日。

二、於本辦法施行前，依危險性工作場所審查及檢查辦法審查合格，
取得審查合格之日。

三、於本辦法施行前，依危險性工作場所審查及檢查辦法規定，完成
製程安全重新評估之日。

第 7 條（評估小組）

①第四條所定製程安全評估，應由下列人員組成評估小組實施之：

一、工作場所負責人。

二、曾受國內外製程安全評估專業訓練或具有製程安全評估專業能
力，持有證明文件，且經中央主管機關認可者（以下簡稱製程
安全評估人員）。

三、依職業安全衛生管理辦法設置之職業安全衛生人員。

四、工作場所作業主管。

五、熟悉該場所作業之勞工。

②事業單位未置前項第二款所定製程安全評估人員者，得以在國內完
成製程安全評估人員訓練之下列執業技師任之：

一、工業安全技師及下列技師之一：

（一）化學工程技師。

（二）職業衛生技師。

（三）機械工程技師。

（四）電機工程技師。

二、技術顧問機構僱用之工業安全技師及前款各目所定技師之一。

③前項人員兼具工業安全技師資格及前項第一款各目所定技師資格之
一者，得為同一人。

第 8 條（5 年報備查）

①事業單位應於第六條所定製程安全評估之五年期間屆滿日之三十日
前，或製程修改日之三十日前，填具製程安全評估報備書，如附表
十五，並檢附製程安全評估報告，報請勞動檢查機構備查；評估過

程相關資料得留存事業單位備查。

②前項報告,應登錄於中央主管機關指定之資訊網站。

第 9 條(不完備補正)

依前條規定所報製程安全評估報告,其內容不完備者,勞動檢查機構得限期令其補正。

第 10 條(情事修正)

①事業單位有工作場所發生下列情事之一者,應檢討並修正其製程安全評估報告後,留存備查:

一、本法第三十七條第二項規定之職業災害。

二、火災、爆炸、有害氣體洩漏。

三、其他認有製程風險之情形。

②勞動檢查機構得請事業單位就評估報告內容提出說明,必要時,並得邀請專家學者提出建議。

第 11 條(施行日)

①本辦法自中華民國一百零四年一月一日施行。

②本辦法修正條文,自發布日施行。

附表一　製程安全資訊

製程安全資訊內容包含下列事項：

一、高度危險化學品之危害資訊：

（一）毒性資訊。

（二）容許暴露濃度。

（三）物理數據。

（四）反應性數據。

（五）腐蝕性數據。

（六）熱及化學安定性數據。

（七）可能發生不慎與其他物質混合危害後果。

二、製程技術相關資訊

（一）方塊流程圖或簡化製程流程圖。

（二）製程化學反應資料。

（三）預期最大存量。

（四）溫度、壓力、流量或組成等之安全上、下限。

（五）製程偏移後果評估，包括可能影響勞工安全及健康事項。

三、製程設備相關資訊

（一）建造材料。

（二）管線與儀錶圖（P&ID's）。

（三）防爆區域劃分。

（四）釋壓系統設計及設計依據。

（五）通風系統設計。

（六）使用之設計規範及標準。

（七）質能平衡資料。

（八）安全系統如安全連鎖、偵測或抑制系統。

（九）製程設備之設計、製造及操作符合相關法令規定之證明文件。

附表二　製程危害控制措施

製程危害控制措施包含下列事項：

一、製程危害辨識。

二、確認工作場所曾發生具有潛在危害之事故。

三、製程危害管理及工程改善等控制措施。

四、危害控制失效之後果。

五、設備、設施之設置地點。

六、人為因素。

七、控制失效對勞工安全及健康可能影響之定性評估。

附表三　勞工參與

勞工參與內容包含下列事項：

一、雇主擬訂執行勞工參與計畫之情形。

二、雇主與勞工及其代表，就製程危害分析之實施，及製程安全管理之其他要
項，進行協商之情形。

三、雇主提供勞工及其代表，取得製程危害分析及其他必要資料之情形。

附表四　標準作業程序

標準作業程序包含下列事項：

一、每一操作階段之程序。

（一）初始開車操作程序。

（二）正常操作程序。

（三）臨時操作程序。

（四）緊急停車條件及程序。

（五）緊急操作程序。

（六）正常停車操作程序。

（七）歲修或緊急停車後之重新開車操作程序。

二、操作界限：

（一）製程偏移後果。

（二）製程偏移矯正程序。

三、安全及健康考量：

（一）製程使用化學物質之特性及可能危害。

（二）預防暴露危害之相關控制措施及勞工個人防護裝備。

（三）實際接觸或空氣中暴露發生後須採取之控制措施。

（四）原物料品質管制及有害化學物質存量控制。

（五）任何特別或獨特危害。

四、安全系統及其功能。

五、標準作業程序之更新。

六、工作安全及衛生標準。

附表五　教育訓練

勞工教育訓練包含下列事項：

一、從事或即將從事製程操作之勞工須接受製程概述及標準作業程序訓練，並有
　　包括受訓人員、訓練日期及測驗情況等內容之訓練紀錄。

二、從事製程操作之勞工須定期接受在職訓練，並有包括受訓人員、訓練日期及
　　測驗情況等內容之訓練紀錄。

附表六　承攬管理

對製程區或鄰近製程區從事維修、歲修、重大翻修或其他特殊作業之承攬人管
理，包含下列事項：

一、選擇承攬人時，應考慮其安全衛生管理績效。

二、應於事前告知承攬人有關其事業工作環境、危害因素與職業安全衛生法及有
　　關安全衛生規定應採取之措施。

三、應於事前告知承攬人緊急應變相關規定。

四、應訂定承攬人工作安全及衛生標準，以管制承攬人及其勞工於製程區之作業。

五、對承攬人進行定期評核，確認承攬人是否對其所屬勞工提供適當之教育訓練
　　等，以確保其工作安全。

六、保存承攬人及其勞工於承攬作業期間所發生之職業災害相關紀錄。

附表七　啓動前安全檢查

對新建設備及製程單元重大修改，於製程引入危害性化學品前，須執行啓動前安
全檢查，包含下列事項：

一、建造及設備均符合設計規範。

二、完成安全、操作、維修及緊急應變程序。

三、完成製程危害分析及變更管理，相關建議事項已改善。

四、已對相關勞工實施教育訓練。

附表八　機械完整性

對壓力容器與儲槽、管線（包括管線組件如閥）、釋放及排放系統、緊急停車系
統、控制系統（包括監測設備、感應器、警報及連鎖系統）、泵浦等製程設備執
行下列事項，以確保製程設備程序完整性：

一、建立並執行書面程序。

二、針對維持設備持續完整性之勞工，提供製程概要與危害認知及適用於勞工作

業相關程序之訓練。

三、檢查及測試：

（一）製程設備須實施檢查及測試。

（二）檢查與測試程序、頻率須符合相關法令及工程規範。

（三）依照製程設備操作與維修保養經驗，定期檢討檢查及測試頻率。

（四）應有詳實之書面紀錄資料，內容至少載明檢查或測試日期、執行檢查或測試人員姓名、檢查或測試製程設備編號或其他識別方式、檢查或測試方式說明、檢查或測試結果等。

四、未對超出製程操作或設備規範界限實施矯正前，不得繼續設備之操作。

五、對設備之建造、組裝，應訂定品質保證計畫，以確保下列事項：

（一）採用正確之材質及備品，並確認適用於製程。

（二）執行適當之檢點及檢查，以確保設備之正確安裝，並符合原設計規格。

（三）確認維修材料、零組件及設備符合未來製程應用之需要。

附表九　動火許可

於製程或製程附近實施動火作業前，須核發動火許可，其內容包含下列事項：

一、確認完成火災預防及保護相關措施。

二、核可動火作業日期。

三、動火作業對象。

四、動火作業期間。

附表十　變更管理

對製程化學品、技術、設備、操作程序及影響製程之設施之變更，須執行變更管理，其內容包含下列事項：

一、建立並執行書面程序。

二、須確認執行變更前，已考慮下列事項：

（一）執行變更之技術依據。

（二）安全衛生影響評估措施。

（三）操作程序之修改。

（四）執行變更之必要期限。

（五）執行變更之授權要求。

三、變更程序後或受影響之製程啟動前，應對製程操作、維修保養勞工及承攬人勞工等相關人員，辦理勞工教育訓練。

四、變更程序後，須更新受影響之製程安全資訊、操作程序或規範等。

附表十一　事故調查

事故調查處理制度包含下列事項：

一、訂定意外事故調查標準作業程序，實施意外事故及虛驚事故調查，並成立調查小組，至少有一位小組成員熟知發生事故之製程。該事件涉及承攬作業者，小組成員應包括一位承攬人勞工，調查小組其他成員應具備適當之知識及經驗。

二、意外事故調查報告應包含下列項目，記錄並保存五年以上：

（一）事故發生日期。

（二）調查開始日期。

（三）事故發生經過描述。

（四）事故發生原因。

（五）根據調查結果研擬之改善建議。

三、建立迅速處理事故調查報告結果與建議之系統，解決及矯正措施須予以記錄。

四、意外事故調查報告應與事故發生相關作業人員（包含承攬人勞工在內）進行檢討。

附表十二　緊急應變

應訂定緊急應變計畫，內容至少應包含下列項目：

一、緊急應變運作流程及組織：

（一）緊急應變組織架構及權責。

（二）緊急應變控制中心位置及設施。

（三）緊急應變運作流程及說明。

二、緊急應變程序應指派一人擔任應變協調指揮者，並明確規定其責任。

三、緊急疏散程序及疏散路徑設定。

四、執行重要操作之勞工在疏散前必須遵守之程序。

五、完全疏散後人員再集合清點之程序。

六、執行搶救與醫療之勞工，其搶救及醫療之責任。

七、火災及其他緊急事件之通報方式。

八、各項危害物質之控制程序。

九、急救處理及搜救計畫。

十、緊急應變設備之置備與外援單位之聯繫。

十一、災後復原（清空及再進入之程序）。

十二、緊急應變演練計畫（應涵蓋各種可能之緊急狀況）與演練紀錄。

十三、緊急應變計畫之修正。

附表十三　符合性稽核

符合性稽核包含下列事項：

一、至少每三年須確認依製程安全評估所發展之各項程序與規範之適當性及是否遵守。

二、至少有一位熟知製程之人員執行符合性稽核。

三、須製作符合性稽核結果報告。

四、迅速採取並記錄對符合性稽核結果之因應措施。

五、須保存最近二次符合性稽核報告。

附表十四　商業機密

對商業機密採取下列事項：

一、須提供必要之資訊，以利製程安全資訊彙整人員、製程危害辨識人員、操作程序制定人員、參與事故調查人員、緊急狀況規劃與應變人員、符合性稽核人員執行製程安全相關作業。

二、得要求前述人員遵守保密協議。

三、勞工及其指定代表可獲知製程安全評估相關文件中之商業機密。但得要求其保密。

附表十五　製程安全評估報備書

事業單位名稱、地址、電話及電子郵件信箱		適用本辦法工作場所所在地	
營利事業統一編號		工廠登記證明文件	（無工廠登記證明文件者，填營利事業登記證號；均無者，填目的事業主管機關核准文號）
代表人姓名		事業經營負責人職稱及姓名	
主辦人職稱、姓名、電話及電子郵件信箱			
適用本辦法工作場所（適用二種應分別填列）			

此致
（勞動檢查機構全銜）

事業單位：　　　　　　　（簽章）
代表人：

中華民國　　　　年　　　　月　　　　日

備註：報請備查時，應檢附本辦法第四條規定之資料

營造安全衛生設施標準（110.1.6）

第一章 ｜ 總則

第 1 條（法源）

①本標準依職業安全衛生法第六條第三項規定訂定之。

②本標準未規定者，適用其他有關職業安全衛生法令之規定。

第 1-1 條（定義 - 露天開挖）

本標準用詞，定義如下：

一、露天開挖：指於室外採人工或機械實施土、砂、岩石等之開挖，包括土木構造物、建築物之基礎開挖、地下埋設物之管溝開挖與整地，及其他相關之開挖。

二、露天開挖作業：指使勞工從事露天開挖之作業。

三、露天開挖場所：指露天開挖區及與其相鄰之場所，包括測量、鋼筋組立、模板組拆、灌漿、管道及管路設置、擋土支撐組拆與搬運，及其他與露天開挖相關之場所。

第 2 條（適用事業）

本標準適用於從事營造作業之有關事業。

第 3 條（規劃考量、列入計畫、切實辦理、異常補修）

①本標準規定之一切安全衛生設施，雇主應依下列規定辦理：

一、安全衛生設施於施工規劃階段須納入考量。

二、依營建法規等規定須有施工計畫者，應將安全衛生設施列入施工計畫內。

三、前二款規定，於工程施工期間須切實辦理。

四、經常注意與保養以保持其效能，發現有異常時，應即補修或採其他必要措施。

五、有臨時拆除或使其暫時失效之必要時，應顧及勞工安全及作業狀況，使其暫停工作或採其他必要措施，於其原因消失後，應即恢復原狀。

②前項第三款之工程施工期間包含開工前之準備及竣工後之驗收、保固維修等工作期間。

第 4 條（勞工遵守）

本標準規定僱主應設置之安全衛生設備及措施，僱主應規定勞工遵守下列事項：

一、不得任意拆卸或使其失效，以保持其應有效能。

二、發現被拆卸或失效時，應即停止作業並應報告僱主或直屬主管人員。

第二章｜工作場所

第 5 條（暴露鋼筋）

僱主對於工作場所暴露之鋼筋、鋼材、鐵件、鋁件及其他材料等易生職業災害者，應採取彎曲尖端、加蓋或加裝護套等防護設施。

第 6 條（事先評估）

①僱主使勞工於營造工程工作場所作業前，應指派所僱之職業安全衛生人員、工作場所負責人或專任工程人員等專業人員，實施危害調查、評估，並採適當防護設施，以防止職業災害之發生。

②依營建法規等規定應有施工計畫者，均應將前項防護設施列入施工計畫執行。

第 7 條（拔除鐵釘）

僱主對於營造工程用之模板、施工架等材料拆除後，應採取拔除或釘入凸出之鐵釘、鐵條等防護措施。

第 8 條（圍籬標示）

僱主對於工作場所，應依下列規定設置適當圍籬、警告標示：

一、工作場所之周圍應設置固定式圍籬，並於明顯位置裝設警告標示。

二、大規模施工之土木工程，或設置前款圍籬有困難之其他工程，得於其工作場所周圍以移動式圍籬、警示帶圍成之警示區替代之。

第 8-1 條（車輛翻落）

①雇主對於車輛機械，為避免於作業時發生該機械翻落或表土崩塌等情事，應就下列事項事先進行調查：

一、該作業場所之天候、地質及地形狀況等。

二、所使用車輛機械之種類及性能。

三、車輛機械之行經路線。

四、車輛機械之作業方法。

②依前項調查，有危害勞工之虞者，應整理工作場所。

③第一項第三款及第四款事項，應於作業前告知勞工。

第 9 條（管線處理）

雇主對工作場所中原有之電線、電力配管、電信管線、電線桿及拉線、給水管、石油及石油產品管線、煤氣事業管線、危險物或有害物管線等，如有妨礙工程施工安全者，應確實掌握狀況予以妥善處理；如有安全之虞者，非經管線權責單位同意，不得任意挖掘、剪接、移動或於其鄰近從事加熱工作。

第 10 條

（刪除）

第 10-1 條（軌道碰觸）

①雇主對於軌道上作業或鄰近軌道之場所從事作業時，為防止軌道機械等碰觸引起之危害，應依下列規定辦理：

一、設置於坑道、隧道、橋梁等供勞工通行之軌道，應於適當間隔處設置避難處所。但軌道側有相關空間，與軌道運行之機械無碰觸危險，或採人車分行管制措施者，不在此限。

二、通行於軌道上之車輛有碰觸勞工之虞時，應設置於車輛接近作

業人員前，能發出電鈴或蜂鳴器等監視警報裝置或配置監視人員。

三、對於從事軌道維護作業或通行於軌道機械之替換、連結、解除連結作業時，應保持作業安全所必要之照明。

第 11 條（出入口）

雇主對於工作場所人員及車輛機械出入口處，應依下列規定辦理：

一、事前調查地下埋設物之埋置深度、危害物質，並於評估後採取適當防護措施，以防止車輛機械輾壓而發生危險。

二、工作場所出入口應設置方便人員及車輛出入之拉開式大門，作業上無出入必要時應關閉，並標示禁止無關人員擅入工作場所。但車輛機械出入頻繁之場所，必須打開工地大門等時，應置交通引導人員，引導車輛機械出入。

三、人員出入口與車輛機械出入口應分隔設置。但設有警告標誌足以防止交通事故發生者不在此限。

四、應置管制人員辦理下列事項：

（一）管制出入人員，非有適當防護具不得讓其出入。

（二）管制、檢查出入之車輛機械，非具有許可文件上記載之要件，不得讓其出入。

五、規劃前款第二目車輛機械接受管制所需必要之停車處所，不得影響工作場所外道路之交通。

六、維持車輛機械進出有充分視線淨空。

第 11-1 條（安全帽）

雇主對於進入營繕工程工作場所作業人員，應提供適當安全帽，並使其正確戴用。

第 12 條（存易燃物）

雇主對於工作場所儲存有易燃性物料時，應有防止太陽直接照射之遮蔽物外，並應隔離儲存、設置禁止煙火之警告標誌及適當之滅火器材。

第 13 條（倒崩塌）

雇主使勞工於下列有發生倒塌、崩塌之虞之場所作業者，應有防止發生倒塌、崩塌之設施：

一、邊坡上方或其周邊。

二、構造物或其他物體之上方、內部或其周邊。

第 14 條（落水）

雇主使勞工鄰近溝渠、水道、埤池、水庫、河川、湖潭、港灣、堤堰、海岸或其他水域場所作業，致勞工有落水之虞者，應依下列規定辦理：

一、設置防止勞工落水之設施或使勞工著用救生衣。

二、於作業場所或其附近設置下列救生設備。但水深、水流及水域範圍等甚小，備置船筏有困難，且使勞工著用救生衣、提供易於攀握之救生索、救生圈或救生浮具等足以防止溺水者，不在此限：

（一）依水域危險性及勞工人數，備置足敷使用之動力救生船、救生艇、輕艇或救生筏；每艘船筏應配備長度十五公尺，直徑九點五毫米之聚丙烯纖維繩索，且其上掛繫與最大可救援人數相同數量之救生圈、船筏及救生衣。

（二）有湍流、潮流之情況，應預先架設延伸過水面且位於作業場所上方之繩索，其上掛繫可支持拉住落水者之救生圈。

（三）可通知相關人員參與救援行動之警報系統或電訊連絡設備。

第 15 條（水位暴漲）

雇主使勞工於有發生水位暴漲或土石流之地區作業者，除依前條之規定外，應依下列規定辦理：

一、建立作業連絡系統，包括無線連絡器材、連絡信號、連絡人員等。

二、選任專責警戒人員，辦理下列事項·

（一）隨時與河川管理當局或相關機關連絡，了解該地區及上游降雨量。

（二）監視作業地點上游河川水位或土石流狀況。

（三）獲知上游河川水位暴漲或土石流時，應即通知作業勞工迅即撤離。

（四）發覺作業勞工不及撤離時，應即啟動緊急應變體系，展開救援行動。

第 16 條（溺水）

雇主使勞工於有遭受溺水或土石流淹沒危險之地區中作業，應依下列規定辦理：

一、依作業環境、河川特性擬訂緊急應變計畫，內容應包括通報系統、撤離程序、救援程序，並訓練勞工使用各種逃生、救援器材。

二、對於第十四條及前條之救生衣、救生圈、救生繩索、救生船、警報系統、連絡器材等應維護保養。作業期間應每日實施檢點，以保持性能。

三、通報系統之通報單位、救援單位等之連絡人員姓名、電話等，應揭示於工務所顯明易見處。

四、第一款規定之緊急應變計畫、訓練紀錄，第二款規定之逃生、救援器材之維護保養、檢點紀錄，在完工前，應留存備查。

第 17 條（墜落防止計畫）

雇主對於高度二公尺以上之工作場所，勞工作業有墜落之虞者，應訂定墜落災害防止計畫，依下列風險控制之先後順序規劃，並採取適當墜落災害防止設施：

一、經由設計或工法之選擇，儘量使勞工於地面完成作業，減少高處作業項目。

二、經由施工程序之變更，優先施作永久構造物之上下設備或防墜設施。

三、設置護欄、護蓋。

四、張掛安全網。

五、使勞工佩掛安全帶。

六、設置警示線系統。

七、限制作業人員進入管制區。

八、對於因開放邊線、組模作業、收尾作業等及採取第一款至第五款
規定之設施致增加其作業危險者，應訂定保護計畫並實施。

第 18 條（屋頂作業－作業主管）

①雇主使勞工於屋頂從事作業時，應指派專人督導，並依下列規定辦
理：

一、因屋頂斜度、屋面性質或天候等因素，致勞工有墜落、滾落之
虞者，應採取適當安全措施。

二、於斜度大於三十四度，即高底比為二比三以上，或為滑溜之屋
頂，從事作業者，應設置適當之護欄，支承穩妥且寬度在四十
公分以上之適當工作臺及數量充分、安裝牢穩之適當梯子。但
設置護欄有困難者，應提供背負式安全帶使勞工佩掛，並掛置
於堅固錨錠、可供掛之堅固物件或安全母索等裝置上。

三、於易踏穿材料構築之屋頂作業時，應先規劃安全通道，於屋架
上設置適當強度，且寬度在三十公分以上之踏板，並於下方適
當範圍裝設堅固格柵或安全網等防墜設施。但雇主設置踏板面
積已覆蓋全部易踏穿屋頂或採取其他安全工法，致無踏穿墜落
之虞者，不在此限。

②於前項第三款之易踏穿材料構築屋頂作業時，雇主應指派屋頂作業
主管於現場辦理下列事項：

一、決定作業方法，指揮勞工作業。

二、實施檢點，檢查材料、工具、器具等，並汰換其不良品。

三、監督勞工確實使用個人防護具。

四、確認安全衛生設備及措施之有效狀況。

五、前二款未確認前，應管制勞工或其他人員不得進入作業。

六、其他為維持作業勞工安全衛生所必要之設備及措施。

③前項第二款之汰換不良品規定，對於進行拆除作業之待拆物件不適用之。

第 18-1 條（鋼構屋頂）

①雇主對於新建、增建、改建或修建工廠之鋼構屋頂，勞工有遭受墜落危險之虞者，應依下列規定辦理：

一、於邊緣及屋頂突出物頂板周圍，設置高度九十公分以上之女兒牆或適當強度欄杆。

二、於易踏穿材料構築之屋頂，應於屋頂頂面設置適當強度且寬度在三十公分以上通道，並於屋頂採光範圍下方裝設堅固格柵。

②前項所定工廠，為事業單位從事物品製造或加工之固定場所。

第 19 條（2 公尺 - 護欄等）

①雇主對於高度二公尺以上之屋頂、鋼梁、開口部分、階梯、樓梯、坡道、工作臺、擋土牆、擋土支撐、施工構臺、橋梁墩柱及橋梁上部結構、橋臺等場所作業，勞工有遭受墜落危險之虞者，應於該處設置護欄、護蓋或安全網等防護設備。

②雇主設置前項設備有困難，或因作業之需要臨時將護欄、護蓋或安全網等防護設備開啟或拆除者，應採取使勞工使用安全帶等防止墜落措施。但其設置困難之原因消失後，應依前項規定辦理。

第 20 條（護欄）

雇主依規定設置之護欄，應依下列規定辦理：

一、具有高度九十公分以上之上欄杆、中間欄杆或等效設備（以下簡稱中欄杆）、腳趾板及杆柱等構材；其上欄杆、中欄杆及地盤面與樓板面間之上下開口距離，應不大於五十五公分。

二、以木材構成者，其規格如下：

（一）上欄杆應平整，且其斷面應在三十平方公分以上。

（二）中欄杆斷面應在二十五平方公分以上。

（三）腳趾板高度應在十公分以上，厚度在一公分以上，並密接於地盤面或樓板面舖設。

（四）杆柱斷面應在三十平方公分以上，相鄰間距不得超過二公尺。

三、以鋼管構成者，其上欄杆、中欄杆及杆柱之直徑均不得小於三點八公分，杆柱相鄰間距不得超過二點五公尺。

四、採用前二款以外之其他材料或型式構築者，應具同等以上之強度。

五、任何型式之護欄，其杆柱、杆件之強度及錨錠，應使整個護欄具有抵抗於上欄杆之任何一點，於任何方向加以七十五公斤之荷重，而無顯著變形之強度。

六、除必須之進出口外，護欄應圍繞所有危險之開口部分。

七、護欄前方二公尺內之樓板、地板，不得堆放任何物料、設備，並不得使用梯子、合梯、踏凳作業及停放車輛機械供勞工使用。但護欄高度超過堆放之物料、設備、梯、凳及車輛機械之最高部達九十公分以上，或已採取適當安全設施足以防止墜落者，不在此限。

八、以金屬網、塑膠網遮覆上欄杆、中欄杆與樓板或地板間之空隙者，依下列規定辦理：

（一）得不設腳趾板。但網應密接於樓板或地板，且杆柱之間距不得超過一點五公尺。

（二）網應確實固定於上欄杆、中欄杆及杆柱。

（三）網目大小不得超過十五平方公分。

（四）固定網時，應有防止網之反彈設施。

第 21 條（護蓋）

雇主設置之護蓋，應依下列規定辦理：

一、應具有能使人員及車輛安全通過之強度。

二、應以有效方法防止滑溜、掉落、掀出或移動。

三、供車輛通行者，得以車輛後軸載重之二倍設計之，並不得妨礙車輛之正常通行。

四、為柵狀構造者，柵條間隔不得大於三公分。

五、上面不得放置機動設備或超過其設計強度之重物。

六、臨時性開口處使用之護蓋，表面漆以黃色並書以警告訊息。

第 22 條（安全網）

主設置之安全網，應依下列規定辦理：

一、安全網之材料、強度、檢驗及張掛方式，應符合下列國家標準規
　　定之一：

（一）CNS14252。

（二）CNS16079-1 及 CNS16079-2。

二、工作面至安全網架設平面之攔截高度，不得超過七公尺。但鋼構
　　組配作業得依第一百五十一條之規定辦理。

三、為足以涵蓋勞工墜落時之拋物線預測路徑範圍，使用於結構物四
　　周之安全網時，應依下列規定延伸適當之距離。但結構物外緣牆
　　面設置垂直式安全網者，不在此限：

（一）攔截高度在一點五公尺以下者，至少應延伸二點五公尺。

（二）攔截高度超過一點五公尺且在三公尺以下者，至少應延伸三公
　　　尺。

（三）攔截高度超過三公尺者，至少應延伸四公尺。

四、工作面與安全網間不得有障礙物；安全網之下方應有足夠之淨
　　空，以避免墜落人員撞擊下方平面或結構物。

五、材料、垃圾、碎片、設備或工具等掉落於安全網上，應即清除。

六、安全網於攔截勞工或重物後應即測試，其防墜性能不符第一款之
　　規定時，應即更換。

七、張掛安全網之作業勞工應在適當防墜設施保護之下，始可進行作
　　業。

八、安全網及其組件每週應檢查一次。有磨損、劣化或缺陷之安全
　　網，不得繼續使用。

第 23 條（安全帶）

雇主提供勞工使用之安全帶或安裝安全母索時，應依下列規定辦理：

一、安全帶之材料、強度及檢驗應符合國家標準 CNS7534 高處作業用安全帶、CNS6701 安全帶（繫身型）、CNS14253 背負式安全帶、CNS14253-1 全身背負式安全帶及 CNS7535 高處作業用安全帶檢驗法之規定。

二、安全母索得由鋼索、尼龍繩索或合成纖維之材質構成，其最小斷裂強度應在二千三百公斤以上。

三、安全帶或安全母索繫固之錨錠，至少應能承受每人二千三百公斤之拉力。

四、安全帶之繫索或安全母索應予保護，避免受切斷或磨損。

五、安全帶或安全母索不得鉤掛或繫結於護欄之杆件。但該等杆件之強度符合第三款規定者，不在此限。

六、安全帶、安全母索及其配件、錨錠，在使用前或承受衝擊後，應進行檢查，有磨損、劣化、缺陷或其強度不符第一款至第三款之規定者，不得再使用。

七、勞工作業中，需使用補助繩移動之安全帶，應具備補助掛，以供勞工作業移動中可交換鉤掛使用。但作業中水平移動無障礙，中途不需拆者，不在此限。

八、水平安全母索之設置，應依下列規定辦理：

（一）水平安全母索之設置高度應大於三點八公尺，相鄰二錨錠點間之最大間距得採下式計算之值，其計算值超過十公尺者，以十公尺計：

L=4（H-3），

其中 H ≧ 3.8，且 L ≦ 10

L：母索錨錠點之間距（單位：公尺）

H：垂直淨空高度（單位：公尺）

（二）錨錠點與另一繫掛點間、相鄰二錨錠點間或母索錨錠點間之安全母索僅能繫掛一條安全帶。

（三）每條安全母索能繫掛安全帶之條數，應標示於母索錨錠端。

九、垂直安全母索之設置，應依下列規定辦理：

（一）安全母索之下端應有防止安全帶鎖扣自尾端脫落之設施。

（二）每條安全母索應僅提供一名勞工使用。但勞工作業或爬昇位置之水平間距在一公尺以下者，得二人共用一條安全母索。

第 24 條（警示線替代）

①雇主對於坡度小於十五度之勞工作業區域，距離開口部分、開放邊線或其他有墜落之虞之地點超過二公尺時，得設置警示線、管制通行區，代替護欄、護蓋或安全網之設置。

②設置前項之警示線、管制通行區，應依下列規定辦理：

一、警示線應距離開口部分、開放邊線二公尺以上。

二、每隔二點五公尺以下設置高度九十公分以上之杆柱，杆柱之上端及其二分之一高度處，設置黃色或紅色之警示繩、帶，其最小張力強度至少二百二十五公斤以上。

三、作業進行中，應禁止作業勞工跨越警示線。

四、管制通行區之設置依前三款之規定辦理，僅供作業相關勞工通行。

第 25 條（開口加蓋）

雇主對廢止使用之開口應予封閉，對暫不使用之開口應採取加蓋等設備，以防止勞工墜落。

第 26 條（高處物件）

雇主對於置放於高處，位能超過十二公斤‧公尺之物件有飛落之虞者，應予以固定之。

第 27 條（高處物件）

雇主設置覆網攔截位能小於十二公斤‧公尺之高處物件時，應依下列規定辦理：

一、方形、菱形之網目任一邊長不得大於二公分，其餘形狀之網目，每一網目不得大於四平方公分，其強度應能承受直徑四十五公分、重七十五公斤之物體自高度一公尺處落下之衝擊力，其張掛

方式比照第二十二條第一款之安全網規定。

二、覆網下之最低點應離作業勞工工作平面三公尺以上，如其距離不足三公尺，應改以其他設施防護。

三、覆網攔截之飛落物件應隨時清理。

四、覆網有劣化、破損、腐蝕等情況應即更換。

第 28 條（投擲運送）

①雇主不得使勞工以投擲之方式運送任何物料。但採取下列安全設施者不在此限：

一、劃定充分適當之滑槽承受飛落物料區域，設置能阻擋飛落物落地彈跳之圍屏，並依第二十四條第二項第二款之規定設置警示線。

二、設置專責監視人員於地面全時監視，嚴禁人員進入警示線之區域內，非俟停止投擲作業，不得使勞工進入。

②前項作業遇強風大雨，致物料有飛落偏離警示線區域之虞時，應即停止作業。

第三章｜物料之儲存

第 29 條（井然有序）

雇主對於營造用各類物料之儲存、堆積及排列，應井然有序；且不得儲存於距庫門或升降機二公尺範圍以內或足以妨礙交通之地點。倉庫內應設必要之警告標示、護圍及防火設備。

第 30 條（平臺強度）

雇主對於放置各類物料之構造物或平臺，應具安全之負荷強度。

第 31 條（緊急設備）

雇主對於各類物料之儲存，應妥為規劃，不得妨礙火警警報器、滅火器、急救設備、通道、電氣開關及保險絲盒等緊急設備之使用狀態。

第 32 條（鋼材）

雇主對於鋼材之儲存，應依下列規定辦理：

一、預防傾斜、滾落，必要時應用纜索等加以適當捆紮。

二、儲存之場地應為堅固之地面。

三、各堆鋼材之間應有適當之距離。

四、置放地點應避免在電線下方或上方。

五、採用起重機吊運鋼材時，應將鋼材重量等顯明標示，以便易於處理及控制其起重負荷量，並避免在電力線下操作。

第 33 條（砂、石）

雇主對於砂、石等之堆積，應依下列規定辦理：

一、不得妨礙勞工出入，並避免於電線下方或接近電線之處。

二、堆積場於勞工進退路處，不得有任何懸垂物。

三、砂、石清倉時，應使勞工佩掛安全帶並設置監視人員。

四、堆積場所經常灑水或予以覆蓋，以避免塵土飛揚。

第 34 條（滾動物件）

雇主對於樁、柱、鋼套管、鋼筋籠等易滑動、滾動物件之堆放，應置於堅實、平坦之處，並加以適當之墊襯、擋樁或其他防止滑動之必要措施。

第 35 條（堆放高度）

雇主對於磚、瓦、木塊、管料、鋼筋、鋼材或相同及類似營建材料之堆放，應置放於穩固、平坦之處，整齊緊靠堆置，其高度不得超過一點八公尺，儲存位置鄰近開口部分時，應距離該開口部分二公尺以上。

第 36 條（袋料材料）

雇主對於袋裝材料之儲存，應依下列規定辦理，以保持穩定：

一、堆放高度不得超過十層。

二、至少每二層交錯一次方向。

三、五層以上部分應向內退縮，以維持穩定。

四、交錯方向易引起材料變質者，得以不影響穩定之方式堆放。

第 37 條（管料）

雇主對於管料之儲存，應依下列規定辦理：

一、儲存於堅固而平坦之臺架上，並預防尾端突出、伸展或滾落。

二、依規格大小及長度分別排列，以利取用。

三、分層疊放，每層中置一隔板，以均勻壓力及防止管料滑出。

四、管料之置放，避免在電線上方或下方。

第 38 條

（刪除）

第四章｜施工架、施工構臺、吊料平臺及工作臺

第 39 條（應設施工架）

雇主對於不能藉高空工作車或其他方法安全完成之二公尺以上高處營造作業，應設置適當之施工架。

第 40 條（工作臺構築）

①雇主對於施工構臺、懸吊式施工架、懸臂式施工架、高度七公尺以上且立面面積達三百三十平方公尺之施工架、高度七公尺以上之吊料平臺、升降機直井工作臺、鋼構橋橋面板下方工作臺或其他類似工作臺等之構築及拆除，應依下列規定辦理：

一、事先就預期施工時之最大荷重，應由所僱之專任工程人員或委由相關執業技師，依結構力學原理妥為設計，置備施工圖說及強度計算書，經簽章確認後，據以執行。

二、建立按施工圖說施作之查驗機制。

三、設計、施工圖說、簽章確認紀錄及查驗等相關資料，於未完成拆除前，應妥存備查。

②有變更設計時，其強度計算書及施工圖說，應重新製作，並依前項規定辦理。

營造安全衛生設施標準（110.1.6）

第 41 條（施工架組配 - 作業主管）

①雇主對於懸吊式施工架、懸臂式施工架及高度五公尺以上施工架之組配及拆除（以下簡稱施工架組配）作業，應指派施工架組配作業主管於作業現場辦理下列事項：

一、決定作業方法，指揮勞工作業。

二、實施檢點，檢查材料、工具、器具等，並汰換其不良品。

三、監督勞工確實使用個人防護具。

四、確認安全衛生設備及措施之有效狀況。

五、前二款未確認前，應管制勞工或其他人員不得進入作業。

六、其他為維持作業勞工安全衛生所必要之設備及措施。

②前項第二款之汰換不良品規定，對於進行拆除作業之待拆物件不適用之。

第 42 條（施工架組配）

①雇主使勞工從事施工架組配作業，應依下列規定辦理：

一、將作業時間、範圍及順序等告知作業勞工。

二、禁止作業無關人員擅自進入組配作業區域內。

三、強風、大雨、大雪等惡劣天候，實施作業預估有危險之虞時，應即停止作業。

四、於紮緊、拆卸及傳遞施工架構材等之作業時，設寬度在二十公分以上之施工架踏板，並採取使勞工使用安全帶等防止發生勞工墜落危險之設備與措施。

五、吊升或卸放材料、器具、工具等時，要求勞工使用吊索、吊物專用袋。

六、構築使用之材料有突出之釘類均應釘入或拔除。

七、對於使用之施工架，事前依本標準及其他安全規定檢查後，始得使用。

②勞工進行前項第四款之作業而被要求使用安全帶等時，應遵照使用之。

第 43 條（材料）

雇主對於構築施工架之材料，應依下列規定辦理：

一、不得有顯著之損壞、變形或腐蝕。

二、使用之竹材，應以竹尾末梢外徑四公分以上之圓竹為限，且不得有裂隙或腐蝕者，必要時應加防腐處理。

三、使用之木材，不得有顯著損及強度之裂隙、蛀孔、木結、斜紋等，並應完全剝除樹皮，方得使用。

四、使用之木材，不得施以油漆或其他處理以隱蔽其缺陷。

五、使用之鋼材等金屬材料，應符合國家標準 CNS4750 鋼管施工架同等以上抗拉強度。

第 44 條（牢穩）

雇主對於施工架及施工構臺，應經常予以適當之保養並維持各部分之牢穩。

第 45 條（穩定）

雇主為維持施工架及施工構臺之穩定，應依下列規定辦理：

一、施工架及施工構臺不得與混凝土模板支撐或其他臨時構造連接。

二、對於未能與結構體連接之施工架，應以斜撐材或其他相關設施作適當而充分之支撐。

三、施工架在適當之垂直、水平距離處與構造物妥實連接，其間隔在垂直方向以不超過五點五公尺，水平方向以不超過七點五公尺為限。但獨立而無傾倒之虞或已依第五十九條第五款規定辦理者，不在此限。

四、因作業需要而局部拆除繫牆桿、壁連座等連接設施時，應採取補強或其他適當安全設施，以維持穩定。

五、獨立之施工架在該架最後拆除前，至少應有三分之一之踏腳桁不得移動，並使之與橫檔或立杜紮牢。

六、鬆動之磚、排水管、煙囪或其他不當材料，不得用以建造或支撐施工架及施工構臺。

七、施工架及施工構臺之基礎地面應平整，且夯實緊密，並襯以適當材質之墊材，以防止滑動或不均勻沈陷。

第 46 條（荷重）

①雇主對於施工架上物料之運送、儲存及荷重之分配，應依下列規定辦理：

一、於施工架上放置或搬運物料時，避免施工架發生突然之振動。

二、施工架上不得放置或運轉動力機械及設備，或以施工架作為固定混凝土輸送管、垃圾管槽之用，以免因振動而影響作業安全。但無作業危險之虞者，不在此限。

三、施工架上之載重限制應於明顯易見之處明確標示，並規定不得超過其荷重限制及應避免發生不均衡現象。

②雇主對於施工構臺上物料之運送、儲存及荷重之分配，準用前項第一款及第三款規定。

第 47 條（梯子）

雇主不得使勞工在施工架上使用梯子、合梯或踏凳等從事作業。

第 48 條（作業）

①雇主使勞工於高度二公尺以上施工架上從事作業時，應依下列規定辦理：

一、應供給足夠強度之工作臺。

二、工作臺寬度應在四十公分以上並鋪滿密接之踏板，其支撐點應有二處以上，並應綁結固定，使其無脫落或位移之虞，踏板間縫隙不得大於三公分。

三、活動式踏板使用木板時，其寬度應在二十公分以上，厚度應在三點五公分以上，長度應在三點六公尺以上；寬度大於三十公分時，厚度應在六公分以上，長度應在四公尺以上，其支撐點應有三處以上，且板端突出支撐點之長度應在十公分以上，但不得大於板長十八分之一，踏板於板長方向重疊時，應於支撐點處重疊，重疊部分之長度不得小於二十公分。

四、工作臺應低於施工架立柱頂點一公尺以上。

②前項第三款之板長,於狹小空間場所得不受限制。

第 49 條

(刪除)

第 50 條

(刪除)

第 51 條 (上下設備)

雇主於施工架上設置人員上下設備時,應依下列規定辦理:

一、確實檢查施工架各部分之穩固性,必要時應適當補強,並將上下設備架設處之立柱與建築物之堅實部分牢固連接。

二、施工架任一處步行至最近上下設備之距離,應在三十公尺以下。

第 52 條 (飛落斜籬)

雇主構築施工架時,有鄰近結構物之周遭或跨越工作走道者,應於其下方設計斜籬及防護網等,以防止物體飛落引起災害。

第 53 條 (碰撞護籠)

雇主構築施工架時,有鄰近或跨越車輛通道者,應於該通道設置護籠等安全設施,以防車輛之碰撞危險。

第 54 條 (原木 - 施工架)

雇主對於原木施工架,應依下列規定辦理:

一、立柱應垂直或稍向構造物傾斜,應有適當之排列間距,且不大於二點五公尺。

二、立柱柱腳應依土壤性質,埋入適當深度或襯以墊板、座鈑等以防止滑動或下沈。

三、立柱延伸之接頭屬搭接式接頭者,其搭接部份應有一公尺以上之長度,且捆綁二處以上,屬對接式接頭者,應以一點八公尺以上長度之補強材捆綁於二對接之立柱,並捆綁四處以上。

四、二施工架於一構造物之轉角處相遇時,於該轉角處之施工架外面,至少應裝一立柱或採取其它補強措施。

五、施工架之橫檔應確實平放，並以螺栓、鐵鉤、繩索或其他方法使與立柱紮結牢固。橫檔垂直間距不得超過四公尺以上，其最低位置不得高於地面三公尺以上。

六、水平位置連接之橫檔接頭，至少應重疊一公尺以上，其連接端應緊紮於立柱上。但經採用特殊方法，足以保持其受力之均衡者，不在此限。

七、施工架上之踏腳桁，應依下列規定：

（一）應平直並與橫檔紮牢。

（二）不用橫檔時，踏腳桁應紮緊於立柱上，並用已紮穩之三角木支撐。

（三）踏腳桁之一端利用牆壁支撐時，則該端至少應有十公分深之接觸面。

（四）踏腳桁之尺寸，應依預期之荷重決定。

（五）支持工作臺之兩相鄰踏腳桁之間距，應視預期載重及工作臺舖板之材質及厚度定之。以不及四公分厚之踏板構築者，間距不得超過一公尺；以四至五公分厚之踏板構築者，不得超過一點五公尺；以五公分厚以上之踏板構築者，不得超過二公尺。

八、施工架之立柱、橫檔、踏腳桁之連接及交叉部分，應以鐵線、螺栓或其他適當方式紮結牢固，並以適當之斜撐材及對角撐材補強。

第 55 條（圓竹 - 施工架）

雇主對於使用圓竹構築之施工架，應依下列規定辦理：

一、以獨立直柱式施工架為限。

二、立柱間距不得大於一‧八公尺，其柱腳之固定應依前條第二款之規定。

三、主柱、橫檔之延伸應於節點處搭接，並以十號以下鍍鋅鐵線紮結牢固，其搭接長度、方式應依前條第三款之規定。

四、橫檔垂直間距不得大於二公尺，其最低位置不得高於地面二公尺

以上。

五、踏腳桁以使用木材爲原則，並依前條第七款之規定。

六、立柱、橫檔、踏腳桁之連接及交叉部分應以鐵線或其它適當方法紮結牢固，並以適當之斜撐材及對角撐材使整個施工架構築穩固。

七、二施工架於一構造物之轉角處相遇時，於該轉角處之施工架外面，至少應裝一立柱。

第 56 條（懸吊 - 施工架）

雇主對於懸吊式施工架，應依下列規定辦理：

一、懸吊架及其他受力構件應具有充分強度，並確實安裝及繫固。

二、工作臺寬度不得小於四十公分，且不得有隙縫。但於工作臺下方及側方已裝設安全網及防護網等，足以防止勞工墜落或物體飛落者，不在此限。

三、吊纜或懸吊鋼索之安全係數應在十以上，吊鈎之安全係數應在五以上，施工架下方及上方支座之安全係數，其爲鋼材者應在二點五以上；其爲木材者應在五以上。

四、懸吊之鋼索，不得有下列情形之一：

（一）鋼索一撚間有百分之十以上素線截斷者。

（二）直徑減少達公稱直徑百分之七以上者。

（三）有顯著變形或腐蝕者。

（四）已扭結者。

五、懸吊之鏈條，不得有下列情形之一：

（一）延伸長度超過該鏈條製造時長度百分之五以上者。

（二）鏈條斷面直徑減少超過該鏈條製造時斷面直徑百分之十以上者。

（三）有龜裂者。

六、懸吊之鋼線及鋼帶，不得有顯著損傷、變形或腐蝕者。

七、懸吊之纖維索，不得有下列情形之一：

（一）股線截斷者。

（二）有顯著損傷或變形者。

八、懸吊之鋼索、鏈條、鋼線、鋼帶或纖維索，應確實安裝繫固，一端繫於施工架桁架、橫梁等，另一端繫於梁、錨錠裝置或建築物之梁等。

九、工作臺之踏板，應固定於施工架之桁架或橫梁，不得有位移或脫落情形。

十、施工架之桁架、橫梁及工作臺，應採用控索等設施，以防止搖動或位移。

十一、設置吊棚式施工架時，橫梁之連接處及交叉處，應使用連接接頭或繫固接頭，確實連接及繫固，每一橫梁應有三處以上之懸吊點支持。

第 57 條（棧橋 - 施工架）

雇主對於棧橋式施工架，應依下列規定辦理：

一、其寬度應使工作臺留有足夠運送物料及人員通行無阻之空間。

二、棧橋應架設牢固以防止移動，並具適當之強度。

三、不能構築兩層以上。

四、構築高度不得高出地面或地板四公尺以上者。

五、不得建於輕型懸吊式施工架之上。

第 58 條（懸臂 - 施工架）

雇主對於懸臂式施工架，應依下列規定辦理：

一、依其長度及斷面，設計足夠之強度，必要時以斜撐補強，並與構造物妥為錨定。

二、施工架之各部分，應以構造物之堅固部分支持之。

三、工作臺置於嵌入牆內之托架上者，該托架應設斜撐並與牆壁紮牢。

第 59 條（鋼管 - 施工架）

①雇主對於鋼管施工架之設置，應依下列規定辦理：

一、使用國家標準 CNS4750 型式之施工架，應符合國家標準同等以上之規定；其他型式之施工架，其構材之材料抗拉強度、試驗強度及製造，應符合國家標準 CNS4750 同等以上之規定。

二、前款設置之施工架，於提供使用前應確認符合規定，並於明顯易見之處明確標示。

三、裝有腳輪之移動式施工架，勞工作業時，其腳部應以有效方法固定之；勞工於其上作業時，不得移動施工架。

四、構件之連接部分或交叉部分，應以適當之金屬附屬配件確實連接固定，並以適當之斜撐材補強。

五、屬於直柱式施工架或懸臂式施工架者，應依下列規定設置與建築物連接之壁連座連接：

（一）間距應小於下表所列之值為原則。

鋼管施工架之種類	間距（單位：公尺）	
	垂直方向	水平方向
單管施工架	五	五點五
框式施工架（高度未滿五公尺者除外）	九	八

（二）應以鋼管或原木等使該施工架構築堅固。

（三）以抗拉材料與抗壓材料合構者，抗壓材與抗拉材之間距應在一公尺以下。

六、接近高架線路設置施工架，應先移設高架線路或裝設絕緣用防護裝備或警告標示等措施，以防止高架線路與施工架接觸。

七、使用伸縮桿件及調整桿時，應將其埋入原桿件足夠深度，以維持穩固，並將插銷鎖固。

②前項第一款因工程施作需要，將內側交叉拉桿移除者，其內側應設置水平構件，並與立架連結穩固，提供施工架必要強度，以防止作業勞工墜落危害。

③前項內側以水平構件替換交叉拉桿之施工架，替換後之整體施工架

強度計算，除依第四十條規定辦理外，其水平構件強度應與國家標準 CNS4750 相當。

第 60 條（單管 - 施工架）

①雇主對於單管式鋼管施工架之構築，應依下列規定辦理：

一、立柱之間距：縱向為一點八五公尺以下；梁間方向為一點五公尺以下。

二、橫檔垂直間距不得大於二公尺。距地面上第一根橫檔應置於二公尺以下之位置。

三、立柱之上端量起自三十一公尺以下部分之立柱，應使用二根鋼管。

四、立柱之載重應以四百公斤為限。

②雇主因作業之必要而無法依前項第一款之規定，而以補強材有效補強時，不受該款規定之限制。

第 60-1 條（系統 - 施工架）

①雇主對於系統式施工架之構築，應依下列規定辦理：

一、所有立柱、橫桿及斜撐等，應以輪盤、八角盤或其他類似功能之構件及插銷扣件等組配件，連接成一緊密牢固之系統構架，其連接之交叉處不得以各式活扣緊結或鐵線代替。

二、施工架之金屬材料、管徑、厚度、表面處理、輪盤或八角盤等構件之雙面全周焊接、製造方法及標示等，應符合國家標準 CNS 4750 鋼管施工架之規定。

三、輪盤、插銷扣件及續連端之金屬材料，應採用 SS400 或具有同等以上抗拉強度之金屬材質。

四、立柱續連端應有足夠強度，避免立柱初始破壞發生於續連端。

②前項設置之施工架，雇主於提供使用前應確認符合規定，並於明顯易見之處明確標示。

第 61 條（框式 - 施工架）

雇主對於框式鋼管式施工架之構築，應依下列規定辦理：

一、最上層及每隔五層應設置水平梁。

二、框架與托架，應以水平牽條或鉤件等，防止水平滑動。

三、高度超過二十公尺及架上載有物料者，主框架應在二公尺以下，且其間距應保持在一點八五公尺以下。

第 62 條（鋼管顏色）

雇主對於同一作業場所使用之鋼管，其厚度、外徑及強度相異時，為防止鋼管之混淆，應分別對該鋼管以顏色或其他方式標示等，使勞工易於識別。

第 62-1 條（施工構臺）

雇主對於施工構臺，應依下列規定辦理：

一、支柱應依施工場所之土壤性質，埋入適當深度或於柱腳部襯以墊板、座鈑等以防止滑動或下沈。

二、支柱、支柱之水平繫材、斜撐材及構臺之梁等連結部分、接觸部分及安裝部分，應以螺栓或鉚釘等金屬之連結器材固定，以防止變位或脫落。

三、高度二公尺以上構臺之覆工板等板料間隙應在三公分以下。

四、構臺設置寬度應足供所需機具運轉通行之用，並依施工計畫預留起重機外伸撐座伸展及材料堆置之場地。

第 62-2 條（施工構臺確認）

①雇主於施工構臺遭遇強風、大雨等惡劣氣候或四級以上地震後或施工構臺局部解體、變更後，使勞工於施工構臺上作業前，應依下列規定確認主要構材狀況或變化：

一、支柱滑動或下沈狀況。

二、支柱、構臺之梁等之損傷情形。

三、構臺覆工板之損壞或鋪設狀況。

四、支柱、支柱之水平繫材、斜撐材及構臺之梁等連結部分、接觸部分及安裝部分之鬆動狀況。

五、螺栓或鉚釘等金屬之連結器材之損傷及腐蝕狀況。

六、支柱之水平繫材、斜撐材等補強材之安裝狀況及有無脫落。

七、護欄等有無被拆下或脫落。

②前項狀況或變化，有異常未經改善前，不得使勞工作業。

第五章 | 露天開挖

第 63 條（地質調查）

①雇主僱用勞工從事露天開挖作業，為防止地面之崩塌及損壞地下埋設物致有危害勞工之虞，應事前就作業地點及其附近，施以鑽探、試挖或其他適當方法從事調查，其調查內容，應依下列規定：

一、地面形狀、地層、地質、鄰近建築物及交通影響情形等。

二、地面有否龜裂、地下水位狀況及地層凍結狀況等。

三、有無地下埋設物及其狀況。

四、地下有無高溫、危險或有害之氣體、蒸氣及其狀況。

②依前項調查結果擬訂開挖計畫，其內容應包括開挖方法、順序、進度、使用機械種類、降低水位、穩定地層方法及土壓觀測系統等。

第 64 條（傾斜度）

①雇主僱用勞工以人工開挖方式從事露天開挖作業，其自由面之傾斜度，應依下列規定辦理：

一、由砂質土壤構成之地層，其開挖面之傾斜度不得大於水平一・五與垂直一之比（三十五度），其開挖面高度應不超過五公尺。

二、因爆破等易引起崩壞、崩塌或龜裂狀態之地層，其開挖面之傾斜度不得大於水平一與垂直一之比（四十五度），其開挖面高度應不超過二公尺。

三、岩磐（可能引致崩塌或岩石飛落之龜裂岩磐除外）或堅硬之黏土構成之地層，及穩定性較高之其他地層之開挖面之傾斜度，應依下表之規定。

地層之種類	開挖面高度	開挖面傾斜度
岩盤或堅硬之黏土構成之地層	未滿五公尺	九十度以下
	五公尺以上	七十五度以下
其他	未滿二公尺	九十度以下
	二公尺以上 未滿五公尺	七十五度以下
	五公尺以上	六十度以下

②若開挖面含有不同地層時，應採取較安全之開挖傾斜度，如依統一土壤分類法細分之各種地質計算出其所允許開挖深度及開挖角度施工者，得依其方式施工。

第 65 條（地面崩塌）

雇主僱用勞工從事露天開挖作業時，為防止地面之崩塌或土石之飛落，應採取下列措施：

一、作業前、大雨或四級以上地震後，應指定專人確認作業地點及其附近之地面有無龜裂、有無湧水、土壤含水狀況、地層凍結狀況及其地層變化等情形，並採取必要之安全措施。

二、爆破後，應指定專人檢查爆破地點及其附近有無浮石或龜裂等狀況，並採取必要之安全措施。

三、開挖出之土石應常清理，不得堆積於開挖面之上方或與開挖面高度等值之坡肩寬度範圍內。

四、應有勞工安全進出作業場所之措施。

五、應設置排水設備，隨時排除地面水及地下水。

第 66 條（露天開挖 - 作業主管）

雇主使勞工從事露天開挖作業，為防止土石崩塌，應指定專人，於作業現場辦理下列事項。但開挖垂直深度達一點五公尺以上者，應指定露天開挖作業主管：

一、決定作業方法，指揮勞工作業。

二、實施檢點，檢查材料、工具、器具等，並汰換其不良品。

三、監督勞工確實使用個人防護具。

四、確認安全衛生設備及措施之有效狀況。

五、前二款未確認前，應管制勞工或其他人員不得進入作業。

六、其他為維持作業勞工安全衛生所必要之設備及措施。

第 67 條（地盤改良）

雇主於接近磚壁或水泥隔牆等構造物之場所從事開挖作業前，為防止構造物損壞、變形或倒塌致危害勞工，應採取地盤改良及構造物保護等有效之預防設施。

第 68 條（地下管線）

雇主對於露天開挖作業，為防止損壞地下管線致危害勞工，應採取懸吊或支撐該管線，或予以移設等必要措施，並指派專人於現場指揮施工。

第 69 條（機械開挖）

雇主使勞工以機械從事露天開挖作業，應依下列規定辦理：

一、使用之機械有損壞地下電線、電纜、危險或有害物管線、水管等地下埋設物，而有危害勞工之虞者，應妥為規劃該機械之施工方法。

二、事前決定開挖機械、搬運機械等之運行路線及此等機械進出土石裝卸場所之方法，並告知勞工。

三、於搬運機械作業或開挖作業時，應指派專人指揮，以防止機械翻覆或勞工自機械後側接近作業場所。

四、嚴禁操作人員以外之勞工進入營建用機械之操作半徑範圍內。

五、車輛機械應裝設倒車或旋轉之警示燈及蜂鳴器，以警示周遭其他工作人員。

第 70 條（照明）

雇主僱用勞工於採光不良之場所從事露天開挖作業，應裝設作業安全所必需之照明設備。

第 71 條（擋土支撐 -1.5 公尺）

雇主僱用勞工從事露天開挖作業，其開挖垂直最大深度應妥為設計；其深度在一點五公尺以上，使勞工進入開挖面作業者，應設擋土支撐。但地質特殊或採取替代方法，經所僱之專任工程人員或委由相關執業技師簽認其安全性者，不在此限。

第 72 條（擋土支撐 - 材料）

雇主對於供作擋土支撐之材料，不得有顯著之損傷、變形或腐蝕。

第 73 條

①雇主對於擋土支撐之構築，應依下列規定辦理：

一、依擋土支撐構築處所之地質鑽探資料，研判土壤性質、地下水位、埋設物及地面荷載現況，妥為設計，且繪製詳細構築圖樣及擬訂施工計畫，並據以構築之。

二、構築圖樣及施工計畫應包括樁或擋土壁體及其他襯板、橫檔、支撐及支柱等構材之材質、尺寸配置、安裝時期、順序、降低水位之方法及土壓觀測系統等。

三、擋土支撐之設置，應於未開挖前，依照計畫之設計位置先行打樁，或於擋土壁體達預定之擋土深度後，再行開挖。

四、為防止支撐、橫檔及牽條等之脫落，應確實安裝固定於樁或擋土壁體上。

五、壓力構材之接頭應採對接，並應加設護材。

六、支撐之接頭部分或支撐與支撐之交叉部分應墊以承鈑，並以螺栓緊接或採用焊接等方式固定之。

七、備有中間柱之擋土支撐者，應將支撐確實妥置於中間直柱上。

八、支撐非以構造物之柱支持者，該支持物應能承受該支撐之荷重。

九、不得以支撐及橫檔作為施工架或承載重物。但設計時已預作考慮及另行設置支柱或加強時，不在此限。

十、開挖過程中，應隨時注意開挖區及鄰近地質及地下水位之變

化，並採必要之安全措施。

十一、擋土支撐之構築，其橫檔背土回填應緊密、螺栓應栓緊，並應施加預力。

②前項第一款擋土支撐設計，應由所僱之專任工程人員或委由相關執業技師，依土壤力學原理妥為設計，置備施工圖說及強度計算書，經簽章確認後，據以執行。

③雇主對於擋土支撐之拆除，除依第一項第七款至第九款規定辦理外，並應擬訂拆除計畫據以執行；拆除壓力構件時，應俟壓力完全解除，方得拆除護材。

第 74 條（擋土支撐 - 作業主管）

①雇主對於擋土支撐組配、拆除（以下簡稱擋土支撐）作業，應指派擋土支撐作業主管於作業現場辦理下列事項：

一、決定作業方法，指揮勞工作業。

二、實施檢點，檢查材料、工具、器具等，並汰換其不良品。

三、監督勞工確實使用個人防護具。

四、確認安全衛生設備及措施之有效狀況。

五、前二款未確認前，應管制勞工或其他人員不得進入作業。

六、其他為維持作業勞工安全衛生所必要之設備及措施。

②前項第二款之汰換不良品規定，對於進行拆除作業之待拆物件不適用之。

第 75 條（擋土支撐 - 專人確認）

①雇主於擋土支撐設置後開挖進行中，除指定專人確認地層之變化外，並於每週或於四級以上地震後，或因大雨等致使地層有急劇變化之虞，或觀測系統顯示土壓變化未按預期行徑時，依下列規定實施檢查：

一、構材之有否損傷、變形、腐蝕、移位及脫落。

二、支撐桿之鬆緊狀況。

三、構材之連接部分、固定部分及交叉部分之狀況。

②依前項認有異狀，應即補強、整修採取必要之設施。

第 76 條（擋土支撐 - 加強器材）

雇主對於設置擋土支撐之工作場所，必要時應置備加強、修補擋土支撐工程用材料與器材。

第 77 條（擋土支撐 - 邊坡保護）

雇主對於露天開挖場所有地面崩塌或土石飛落之虞時，應依地質及環境狀況，設置適當擋土支撐或邊坡保護等防護設施。

第 78 條（警告標示）

雇主對於露天開挖作業之工作場所，應設有警告標示、標誌杆或防禦物，禁止與工作無關人員進入。

第 79 條（傾斜開挖）

雇主對於傾斜地面上之開挖作業，應依下列規定辦理：

一、不得使勞工同時在不同高度之地點從事作業。但已採取保護低位置工作勞工之安全措施者，不在此限。

二、隨時清除開挖面之土石方；其有崩塌、落石之虞，應即清除、裝置防護網、防護架及作適當之擋土支撐等承受落物。

三、二人以上同時作業，應切實保持連繫，並指派其中一人擔任領班指揮作業。

四、勞工有墜落之虞時，應使勞工佩帶安全帶。

第 79-1 條（準用）

雇主使勞工於非露天開挖場所從事開挖作業，準用本章之規定。

第六章｜隧道、坑道開挖

第 80 條（地質調查）

雇主對於隧道、坑道開挖作業，為防止落磐、湧水等危害勞工，應依下列規定辦理：

一、事前實施地質調查；以鑽探、試坑、震測或其他適當方法，確定

開挖區之地表形狀、地層、地質、岩層變動情形及斷層與含水砂
土地帶之位置、地下水位之狀況等作成紀錄，並繪出詳圖。

二、依調查結果訂定合適之施工計畫，並依該計畫施工。該施工計畫
內容應包括開挖方法、開挖順序與時機，隧道、坑道之支撐、換
氣、照明、搬運、通訊、防火及湧水處理等事項。

三、雇主應於勞工進出隧道、坑道時，予以清點或登記。

第81條（適當措施）

①雇主對於隧道、坑道開挖作業，應就開挖現場及周圍之地表、地質
及地層之狀況，採取適當措施，以防止發生落磐、湧水、高溫氣
體、蒸氣、缺氧空氣、粉塵、可燃性氣體等危害。

②雇主依前條及前項實施確認之結果，發現依前條第二款訂定之施工
計畫已不合適時，應即變更該施工計畫，並依變更之新施工計畫施
工。

第82條（專人確認）

雇主對於隧道、坑道開挖作業，為防止落磐、湧水、開炸炸傷等危害
勞工，應指派專人確認下列事項：

一、於每日或四級以上地震後，隧道、坑道等內部無浮石、岩磐嚴重
龜裂、含水、湧水不正常之變化等。

二、施炸前鑽孔之裝藥適當。

三、施炸後之場所及其周圍無浮石及岩磐龜裂，鑽孔及爆落之石碴
堆、出碴堆無未引爆之炸藥，施工軌道無損壞狀況。

四、不得同時作鑽孔及裝炸藥作業，以免引起爆炸傷及人員。

第83條（土石崩塌）

雇主對於隧道、坑道作業為防止落磐或土石崩塌危害勞工，應設置支
撐、岩栓、噴凝土、環片等支持構造，並清除浮石等。

第84條（出口崩塌）

雇主對於隧道、坑道作業，為防止隧道、坑道進出口附近表土之崩塌
或土石之飛落致有危害勞工之虞者，應設置擋土支撐、張設防護網、

清除浮石或採取邊坡保護。如地質惡劣時應採用鋼筋混凝土洞口或邊坡保護等措施。

第 85 條（禁止進入）

雇主應禁止非工作必要人員進入下列場所：

一、正在清除浮石或其下方有土石飛落之虞之場所。

二、隧道、坑道支撐作業及支撐之補強或整修作業中，有落磐或土石崩塌之虞之場所。

第 86 條（停止作業）

雇主對於隧道、坑道作業，有因落磐、出水、崩塌或可燃性氣體、粉塵存在，引起爆炸火災或缺氧、氣體中毒等危險之虞，應即使作業勞工停止作業，離開作業場所，非經測定確認無危險及採取適當通風換氣後，不得恢復作業。

第 87 條（必要防護具、裝置）

雇主對於隧道、坑道作業，應使作業勞工佩戴安全帽、穿著反光背心或具反光標示之服裝及其他必要之防護具。並置備緊急安全搶救器材、吊升搶救設施、安全燈、呼吸防護器材、氣體檢知警報系統及通訊信號、備用電源等必要裝置。

第 88 條（搬運機械）

雇主使用搬運機械從事隧道、坑道作業時，應依下列規定辦理：

一、事前決定運行路線、進出交會地點及此等機械進出土石裝卸場所之方法，並告知勞工。

二、應指派指揮人員，從事指揮作業。

三、作業場所應有適當之安全照明。

四、搬運機械應加裝防撞擋板等安全防護設施。

第 89 條（材料強度）

雇主對於隧道、坑道支撐之構築，不得使用有顯著損傷、變形或腐蝕之材料，該材料並應具足夠強度。

第 90 條（妥為設計）

雇主對於隧道、坑道支撐之構築，應事前就支撐場所之表土、地質、含水、湧水、龜裂、浮石狀況及開挖方法等因素，妥為設計施工。

第 91 條（坑道支撐）

雇主對於隧道、坑道支撐之構築或重組，應依下列規定辦理：

一、構成支撐組之主構材應置於同一平面內。

二、木製之隧道、坑道支撐，應使支撐之各部構材受力平衡。

第 92 條（坑道支撐）

雇主對於隧道、坑道之支撐，如有腳部下沉、滑動之虞，應襯以墊板、座鈑等措施。

第 93 條（鋼拱支撐）

雇主對於隧道、坑道之鋼拱支撐，應依下列規定辦理：

一、支撐組之間隔應在一・五公尺以下。但以噴凝土或安裝岩栓來支撐岩體荷重者，不在此限。

二、使用連接螺栓、連接桿或斜撐等，將主構材相互堅固連接之。

三、為防止沿隧道之縱向力量致傾倒或歪斜，應採取必要之措施。

四、為防止土石崩塌，應設有襯板等。

第 94 條（木拱支撐）

雇主對於隧道、坑道之木拱支撐，應依下列規定辦理：

一、為防止接近地面之水平支撐移位，其兩端應以斜撐材固定於側壁上。

二、為防止沿隧道之縱向力量致傾倒或歪斜，應採取必要之措施。

三、構材連接部分，應以牽條等固定。

第 95 條（荷重移除）

雇主於拆除承受有荷重之隧道、坑道支撐之構材時，應先採取荷重移除措施。

第 96 條（地震確認）

雇主對於隧道、坑道設置之支撐，應於每日或四級以上地震後，就下

列事項予以確認，如有異狀時，應即採取補強或整補措施：

一、構材有無損傷、變形、腐蝕、移位及脫落。

二、構材緊接是否良好。

三、構材之連接及交叉部分之狀況是否良好。

四、腳部有無滑動或下沉。

五、頂磐及側壁有無鬆動。

第 97 條（模板支撐）

雇主應使隧道、坑道模板支撐，具有承受負荷之堅固構造。

第 98 條（吊升設備）

雇主對於隧道、坑道開挖作業，如其豎坑深度超過二十公尺者，應設專供人員緊急出坑之安全吊升設備。

第 99 條（管線系統）

雇主對於隧道、坑道之電力及其它管線系統，應依下列規定辦理：

一、電力系統應與水管、電訊、通風管系統隔離。

二、水、電、通訊或其他因施工需要而設置之管、線路，應沿隧道適當距離標示其用途，並應懸掛於隧道壁顯明易見之場所。

三、應沿工作人員通路上方裝置安全通路燈號及停電時能自動開啟之緊急照明裝置。

四、照明設施均應裝置在工作人員通路同側之隧道壁上方。

五、應於每五百公尺設置與外界隨時保持正常通訊之有線通訊設備。

六、隧道內行駛之動力車，應裝置閃光燈號或警報措施。

七、有大量湧水之虞時，應置備足夠抽水能力之設備，並置備設備失效時會發出警報之裝置。

八、電力系統均應予以接地（爆破開挖之隧道除外）或裝置感電防止用漏電斷路器，其佈設之主要電力線路，均應為雙層絕緣之電纜。

第 100 條（通路）

雇主對於隧道、坑道之通路，應依下列規定辦理：

一、規劃作業人員專用通路，並於車輛或軌道動力車行駛之路徑，以欄杆或其他足以防護通路安全之設施加以隔離。

二、除工作人員專用通路外，應避免舖設踏板，以防人員誤入危險區域。

三、因受限於隧道、坑道之斷面設計、施工等因素，無法規劃工作人員專用道路時，如以車輛或軌道動力車運輸人員者，得不設置專用通路。

第 101 條（潛盾工法）

雇主對於以潛盾工法施工之隧道、坑道開挖作業，應依下列規定：

一、未經許可禁止在隧道內進行氣體熔接、熔斷或電焊作業。

二、未經許可禁止攜帶火柴、打火機等火源進入隧道。

三、柴油引擎以外之內燃機不得在隧道內使用。

第 101-1 條（潛盾工法）

雇主對於以潛盾工法施工之隧道、坑道開挖作業，爲防止地下水、土砂自鏡面開口處與潛盾機殼間滲湧，應於出發及到達工作井處採取防止地下水、土砂滲湧等必要工程設施。

第 102 條（挖掘襯砌 - 作業主管）

雇主對於隧道、坑道挖掘（以下簡稱隧道等挖掘）作業或襯砌（以下簡稱隧道等襯砌）作業，應指定隧道等挖掘作業主管或隧道等襯砌作業主管於作業現場辦理下列事項：

一、決定作業方法，指揮勞工作業。

二、實施檢點，檢查材料、工具、器具等，並汰換其不良品。

三、監督勞工確實使用個人防護具。

四、確認安全衛生設備及措施之有效狀況。

五、前二款未確認前，應管制勞工或其他人員不得進入作業。

六、其他爲維持作業勞工安全衛生所必要之設備及措施。

第七章｜沈箱、沈筒、井筒、圍堰及壓氣施工

第 103 條（急速沈陷）

雇主對於沉箱、沉筒、井筒等內部從事開挖作業時，爲防止其急速沈陷危害勞工，應依下列規定辦理：

一、依下沉關係圖，決定開挖方法及載重量。

二、刃口至頂版或梁底之淨距應在一點八公尺以上。

三、刃口下端不得下挖五十公分以上。

第 104 條（開挖）

雇主對於沉箱、沉筒、井筒等之設備內部，從事開挖作業時，應依下列規定辦理：

一、應測定空氣中氧氣及有害氣體之濃度。

二、應有使勞工安全升降之設備。

三、開挖深度超過二十公尺或有異常氣壓之虞時，該作業場所應設置專供連絡用之電話或電鈴等通信系統。

四、開挖深度超越二十公尺或依第一款規定測定結果異常時，應設置換氣裝置並供應充分之空氣。

第 105 條（施放沉箱）

雇主以預鑄法施放沉箱時，應依下列規定辦理：

一、預鑄沉箱堆置應平穩、堅固。

二、於沉箱面上作業時應有防止人員、車輛、機具墜落之設備。

三、施放作業前對拖船、施放鋼索、固定裝置等，應確認無異常狀態。

四、對拖曳航道應事先規劃，如深度不足時，應即予疏濬。

五、水面、水下作業人員，於共同作業時，應建立統一信號系統，要求作業人員遵守。

第 106 條（高壓室內 - 作業主管）

雇主藉壓氣沉箱施工法、壓氣沉筒施工法、壓氣潛盾施工法等作業

時，應選任高壓室內作業主管，辦理下列事項：

一、應就可燃物品於高氣壓狀況下燃燒之危險性，告知勞工。

二、禁止攜帶火柴、打火機等火源，並將上項規定揭示於氣閘室外明顯易見之地點。

三、禁止從事氣體熔接、熔斷或電焊等具有煙火之作業。

四、禁止藉煙火、高溫或可燃物供作暖氣之用。

五、禁止使用可能造成火源之機械器具。

六、禁止使用可能發生火花或電弧之電源開關。

七、規定作業人員穿著不易引起靜電危害之服裝及鞋靴。

八、作業人員離開異常氣壓作業環境時，依異常氣壓危害預防標準辦理。

第 107 條（圍堰）

雇主使勞工從事圍堰作業，應依下列規定辦理：

一、圍堰強度應依設計施工之水位高度設計，保持適當強度。

二、如高水位之水有自堰頂溢進堰內之虞時，應有清除堰內水量之設備。

三、建立於緊急時能迅速警告勞工退避之緊急信號，並告知勞工。

四、備有梯子、救生圈、救生衣及小船等供勞工於情況危急時能及時退避。

五、圍堰之走道、橋梁，至少應設二個緊急出口之坡道，並依規定設置護欄。

六、靠近航道設置之圍堰，應有防範通行船隻撞及堰體之措施，夜間或光線不良時，應裝設閃光警示燈。

第八章｜基樁等施工設備

第 108 條（強度）

雇主對於以動力打擊、振動、預鑽等方式從事打樁、拔樁等樁或基樁

施工設備（以下簡稱基樁等施工設備）之機體及其附屬裝置、零件，應具有適當其使用目的之必要強度，並不得有顯著之損傷、磨損、變形或腐蝕。

第 109 條（倒塌）

雇主為了防止動力基樁等施工設備之倒塌，應依下列規定辦理：

一、設置於鬆軟地盤上者，應襯以墊板、座鈑、或敷設混凝土等。

二、裝置設備物時，應確認其耐用及強度；不足時應即補強。

三、腳部或架台有滑動之虞時，應以樁或鏈等固定之。

四、以軌道或滾木移動者，為防止其突然移動，應以軌夾等固定之。

五、以控材或控索固定該設備頂部時，其數目應在三以上，其末端應固定且等間隔配置。

六、以重力均衡方式固定者，為防止其平衡錘之移動，應確實固定於腳架。

第 110 條（捲揚鋼纜）

雇主對於基樁等施工設備之捲揚鋼纜，有下列情形之一者不得使用：

一、有接頭者。

二、鋼纜一撚間有百分之十以上素線截斷者。

三、直徑減少達公稱直徑百分之七以上者。

四、已扭結者。

五、有顯著變形或腐蝕者。

第 111 條（捲揚鋼纜）

雇主使用於基樁等施工設備之捲揚鋼纜，應依下列規定辦理：

一、打樁及拔樁作業時，其捲揚裝置之鋼纜在捲胴上至少應保留二卷以上。

二、應使用夾鉗、鋼索夾等確實固定於捲揚裝置之捲胴。

三、捲揚鋼纜與落錘或樁錘等之套結，應使用夾鉗或鋼索夾等確實固定。

營造安全衛生設施標準（110.1.6）

第 112 條（捲揚鋼纜）

雇主對於拔樁設備之捲揚鋼纜、滑車等，應使用具有充分強度之鉤環或金屬固定具與樁等確實連結等。

第 113 條（捲揚刹車）

雇主對於基樁設備等施工設備之捲揚機，應設固定夾或金屬擋齒等刹車裝置。

第 114 條（抗振）

雇主對於基樁等施工設備，應能充分抗振，且各部份結合處應安裝牢固。

第 115 條（捲揚胴軸距）

①雇主對於基樁等施工設備，應能將其捲揚裝置之捲胴軸與頭一個環槽滑輪軸間之距離，保持在捲揚裝置之捲胴寬度十五倍以上。

②前項規定之環槽滑輪應通過捲揚裝置捲胴中心，且置於軸之垂直面上。

③基樁等施工設備，其捲揚用鋼纜於捲揚時，如構造設計良好使其不致紊亂者，得不受前二項規定之限制。

第 116 條（環槽滑輪）

雇主對於基樁等施工設備之環槽滑輪之安裝，應使用不因荷重而破裂之金屬固定具、鉤環或鋼纜等確實固定之。

第 117 條（壓縮空氣）

雇主對於以蒸氣或壓縮空氣為動力之基樁等施工設備，應依下列規定：

一、為防止落錘動作致蒸氣或空氣軟管與落錘接觸部份之破損或脫落，應使該等軟管固定於落錘接觸部分以外之處所。

二、應將遮斷蒸氣或空氣之裝置，設置於落錘操作者易於操作之位置。

第 118 條（捲揚亂股）

雇主對於基樁等施工設備之捲揚裝置，當其捲胴上鋼纜發生亂股時，

不得在鋼纜上加以荷重。

第 119 條（捲揚剎車）

雇主對於基樁等施工設備之捲揚裝置於有荷重下停止運轉時，應以金屬擋齒阻擋或以固定夾確實剎車，使其完全靜止。

第 120 條（離操作位）

雇主不得使基樁等設備之操作者，於該機械有荷重時 離操作位置。

第 121 條（禁止進入）

雇主為防止因基樁設備之環槽滑輪、滑車裝置破損致鋼纜彈躍或環槽滑輪、滑車裝置等之破裂飛散所生之危險，應禁止勞工進入運轉中之捲揚用鋼纜彎曲部份之內側。

第 122 條（吊升樁）

雇主對於以基樁等施工設備吊升樁時，其懸掛部份應吊升於環槽滑輪或滑車裝置之正下方。

第 123 條（一定信號）

①雇主對於基樁等施工設備之作業，應訂定一定信號，並指派專人於作業時從事傳達信號工作。

②基樁等施工設備之操作者，應遵從前項規定之信號。

第 124 條（作業標準）

雇主對於基樁等施工設備之裝配、解體、變更或移動等作業，應指派專人依安全作業標準指揮勞工作業。

第 125 條（腳部移動）

雇主對於藉牽條支持之基樁等施工設備之支柱或雙桿架等整體藉動力驅動之捲揚機或其他機械移動其腳部時，為防止腳部之過度移動引起之倒塌，應於對側以拉力配重、捲揚機等確實控制。

第 126 條（組配確認）

雇主對於基樁等施工設備之組配，應就下列規定逐一確認：

一、構件無異狀方得組配。

二、機體繫結部份無鬆弛及損傷。

三、捲揚用鋼纜、環槽滑輪及滑車裝置之安裝狀況良好。

四、捲揚裝置之刹車系統之性能良好。

五、捲揚機安裝狀況良好。

六、牽條之配置及固定狀況良好。

七、基腳穩定避免倒塌。

第 127 條（控索鬆控）

雇主對於基樁等施工設備控索之放鬆時，應使用拉力配重或捲揚機等適當方法，並不得加載荷重超過從事放鬆控索之勞工負荷之程度。

第 128 條（埋設調查）

雇主對於基樁等施工設備之作業，為防止損及危險物或有害物管線、地下電纜、自來水管或其他埋設物等，致有危害勞工之虞時，應事前就工作地點實施調查並查詢該等埋設之管線權責單位，確認其狀況，並將所得資料通知作業勞工。

第九章｜鋼筋混凝土作業

第 129 條（作業時）

雇主對於從事鋼筋混凝土之作業時，應依下列規定辦理：

一、鋼筋應分類整齊儲放。

二、使從事搬運鋼筋作業之勞工戴用手套。

三、利用鋼筋結構作為通道時，表面應舖以木板，使能安全通行。

四、使用吊車或索道運送鋼筋時，應予紮牢以防滑落。

五、吊運長度超過五公尺之鋼筋時，應在適當距離之二端以吊鏈住或拉索捆紮拉緊，保持平穩以防擺動。

六、構結牆、柱、墩基及類似構造物之直立鋼筋時，應有適當支持；其有傾倒之虞者，應使用拉索或撐桿支持，以防傾倒。

七、禁止使用鋼筋作為拉索支持物、工作架或起重支持架等。

八、鋼筋不得散放於施工架上。

九、暴露之鋼筋應採取彎曲、加蓋或加裝護套等防護設施。但其正上方無勞工作業或勞工無虞跌倒者，不在此限。

十、基礎頂層之鋼筋上方，不得放置尚未組立之鋼筋或其他物料。但其重量未超過該基礎鋼筋支撐架之荷重限制並分散堆置者，不在此限。

第 130 條（模板支撐－材料）

雇主對於供作模板支撐之材料，不得有明顯之損壞、變形或腐蝕。

第 131 條（模板支撐）

雇主對於模板支撐，應依下列規定辦理：

一、為防止模板倒塌危害勞工，高度在七公尺以上，且面積達三百三十平方公尺以上之模板支撐，其構築及拆除，應依下列規定辦理：

（一）事先依模板形狀、預期之荷重及混凝土澆置方法等，應由所僱之專任工程人員或委由相關執業技師，依結構力學原理妥為設計，置備施工圖說及強度計算書，經簽章確認後，據以執行。

（二）訂定混凝土澆置計畫及建立按施工圖說施作之查驗機制。

（三）設計、施工圖說、簽章確認紀錄、混凝土澆置計畫及查驗等相關資料，於未完成拆除前，應妥存備查。

（四）有變更設計時，其強度計算書及施工圖說應重新製作，並依本款規定辦理。

二、前款以外之模板支撐，除前款第一目規定得指派專人妥為設計，簽章確認強度計算書及施工圖說外，應依前款各目規定辦理。

三、支柱應視土質狀況，襯以墊板、座板或敷設水泥等方式，以防止支柱之沉陷。

四、支柱之腳部應予以固定，以防止移動。

五、支柱之接頭，應以對接或搭接之方式妥為連結。

六、鋼材與鋼材之接觸部分及搭接重疊部分，應以螺栓或鉚釘等金屬零件固定之。

七、對曲面模板，應以繫桿控制模板之上移。

八、橋梁上構模板支撐，其模板支撐架應設置側向支撐及水平支撐，並於上、下端連結牢固穩定，支柱（架）腳部之地面應夯實整平，排水良好，不得積水。

九、橋梁上構模板支撐，其模板支撐架頂層構臺應舖設踏板，並於構臺下方設置強度足夠之安全網，以防止人員墜落、物料飛落。

第 131-1 條（橋梁工程）

雇主對於橋梁工程採支撐先進工法、懸臂工法及以起重機從事節塊吊裝工法或全跨吊裝工法等方式施工時，應依下列規定辦理：

一、對於工作車之構築及拆除、節塊之構築，應依下列程序辦理：

（一）事先就工作車及其支撐、懸吊及錨定系統，依預期之荷重、混凝土澆置方法及工作車推進時之移動荷重等因素，應由所僱之專任工程人員或委由相關執業技師，依結構力學原理妥為設計，置備施工圖說及強度計算書，經簽章確認後，據以執行。

（二）訂定混凝土澆置計畫及建立按施工圖說施作之查驗機制。

（三）設計、施工圖說、簽章確認紀錄及查驗等相關資料，於工作車未完成拆除前，應妥存備查。

（四）有變更設計時，其強度計算書及施工圖說應重新製作，並依本款規定辦理。

二、組立、拆除工作車時，應指派專人決定作業方法及於現場直接指揮作業，並確認下列事項：

（一）依前款組立及拆除之施工圖說施工。

（二）工作車推進前，軌道應確實錨錠。

（三）工作車推進或灌漿前，承載工作車之箱型梁節塊，應具備充分之預力強度。

三、工作車之支撐、懸吊及錨定系統之材料，不得有明顯之損傷、變形或腐蝕。使用錨錠之鋼棒型號不同時，鋼棒應標示區別之。

四、工作車推進或灌漿前，工作車連接構件之螺栓、插銷等應妥實設

置。

五、工作車、節塊推進時，應設置防止人員進入推進路線下方之設施。

六、工作車應設置制動停止裝置。

七、工作車千斤頂之墊片或墊塊，應採取繫固措施，以防止滑脫偏移。

第 131-2 條（預力施作）

①雇主對於預力混凝土構造物之預力施作，應俟混凝土達一定之強度，始得放鬆或施拉鋼鍵，且施拉預力之千斤頂及油壓機等機具，應妥為固定。

②施拉預力時及施拉預力後，雇主應設置防止鋼鍵等射出危害勞工之設備，並採取射出方向禁止人員出入之設施及設置警告標示。

第 132 條（模板支撐 - 基礎）

雇主對於模板支撐支柱之基礎，應依土質狀況，依下列規定辦理：

一、挖除表土及軟弱土層。

二、回填礫石、再生粒料或其他相關回填料。

三、整平並滾壓夯實。

四、鋪築混凝土層。

五、鋪設足夠強度之覆工板。

六、注意場撐基地週邊之排水，豪大雨後，排水應宣洩流暢，不得積水。

七、農田路段或軟弱地盤應加強改善，並強化支柱下之土壤承載力。

第 133 條（模板支撐 - 作業主管）

①雇主對於模板支撐組配、拆除（以下簡稱模板支撐）作業，應指派模板支撐作業主管於作業現場辦理下列事項：

一、決定作業方法，指揮勞工作業。

二、實施檢點，檢查材料、工具、器具等，並汰換其不良品。

三、監督勞工確實使用個人防護具。

四、確認安全衛生設備及措施之有效狀況。

五、前二款未確認前，應管制勞工或其他人員不得進入作業。

六、其他為維持作業勞工安全衛生所必要之設備及措施。

②前項第二款之汰換不良品規定，對於進行拆除作業之待拆物件不適用之。

第 134 條（模板支撐 - 鋼管）

雇主以一般鋼管為模板支撐之支柱時，應依下列規定辦理：

一、高度每隔二公尺內應設置足夠強度之縱向、橫向之水平繫條，並與牆、柱、橋墩等構造物或穩固之牆模、柱模等妥實連結，以防止支柱移位。

二、上端支以梁或軌枕等貫材時，應置鋼製頂板或托架，並將貫材固定其上。

第 135 條（模板支撐 - 可調鋼管）

雇主以可調鋼管支柱為模板支撐之支柱時，應依下列規定辦理：

一、可調鋼管支柱不得連接使用。

二、高度超過三點五公尺者，每隔二公尺內設置足夠強度之縱向、橫向之水平繫條，並與牆、柱、橋墩等構造物或穩固之牆模、柱模等妥實連結，以防止支柱移位。

三、可調鋼管支撐於調整高度時，應以制式之金屬附屬配件為之，不得以鋼筋等替代使用。

四、上端支以梁或軌枕等貫材時，應置鋼製頂板或托架，並將貫材固定其上。

第 136 條（模板支撐 - 鋼管施工架）

雇主以鋼管施工架為模板支撐之支柱時，應依下列規定辦理：

一、鋼管架間，應設置交叉斜撐材。

二、於最上層及每隔五層以內，模板支撐之側面、架面及每隔五架以內之交叉斜撐材面方向，應設置足夠強度之水平繫條，並與牆、柱、橋墩等構造物或穩固之牆模、柱模等妥實連結，以防止支柱

移位。

三、於最上層及每隔五層以內，模板支撐之架面方向之二端及每隔五架以內之交叉斜撐材面方向，應設置水平繫條或橫架。

四、上端支以梁或軌枕等貫材時，應置鋼製頂板或托架，並將貫材固定其上。

五、支撐底部應以可調型基腳座鈑調整在同一水平面。

第 137 條（模板支撐 - 組合鋼柱）

雇主以型鋼之組合鋼柱為模板支撐之支柱時，應依下列規定辦理：

一、支柱高度超過四公尺者，應每隔四公尺內設置足夠強度之縱向、橫向之水平繫條，並與牆、柱、橋墩等構造物或穩固之牆模、柱模等妥實連結，以防止支柱移位。

二、上端支以梁或軌枕等貫材時，應置鋼製頂板或托架，並將貫材固定其上。

第 138 條（模板支撐 - 木材）

雇主以木材為模板支撐之支柱時，應依下列規定辦理：

一、木材以連接方式使用時，每一支柱最多僅能有一處接頭，以對接方式連接使用時，應以二個以上之牽引板固定之。

二、上端支以梁或軌枕等貫材時，應使用牽引板將上端固定於貫材。

三、支柱底部須固定於有足夠強度之基礎上，且每根支柱之淨高不得超過四公尺。

四、木材支柱最小斷面積應大於三十一點五平方公分，高度每二公尺內設置足夠強度之縱向、橫向水平繫條，以防止支柱之移動。

第 139 條（模板支撐 - 梁支持）

雇主對模板支撐以梁支持時，應依下列規定辦理：

一、將梁之兩端固定於支撐物，以防止滑落及脫落。

二、於梁與梁之間設置繫條，以防止橫向移動。

第 140 條（混凝土 - 拌合機）

雇主對於置有容積一立方公尺以上之漏斗之混凝土拌合機，應有防止

人體自開口處捲入之防護裝置、清掃裝置與護欄。

第 141 條（混凝土 - 輸送管）

①雇主對於支撐混凝土輸送管之固定架之設計，應考慮荷重及振動之影響。

②輸送管之管端及彎曲處應妥善固定。

第 142 條（混凝土 - 澆置）

雇主對於混凝土澆置作業，應依下列規定辦理：

一、裝有液壓或氣壓操作之混凝土吊桶，其控制出口應有防止骨材聚集於桶頂及桶邊緣之裝置。

二、使用起重機具吊運混凝土桶以澆置混凝土時，如操作者無法看清楚澆置地點，應指派信號指揮人員指揮。

三、禁止勞工乘坐於混凝土澆置桶上，及位於混凝土輸送管下方作業。

四、以起重機具或索道吊運之混凝土桶下方，禁止人員進入。

五、混凝土桶之載重量不得超過容許限度，其擺動夾角不得超過四十度。

六、混凝土拌合機具或車輛停放於斜坡上作業時，除應完全剎車外，並應將機具或車輛墊穩，以免滑動。

七、實施混凝土澆置作業，應指定安全出入路口。

八、澆置混凝土前，須詳細檢查模板支撐各部份之連接及斜撐是否安全，澆置期間有異常狀況必須停止作業者，非經修妥後不得作業。

九、澆置梁、樓板或曲面屋頂，應注意偏心載重可能產生之危害。

十、澆置期間應注意避免過大之振動。

十一、以泵輸送混凝土時，其輸送管與接頭應有適當之強度，以防止混凝土噴濺及物體飛落。

第 143 條（混凝土 - 泵輸送）

雇主對於以泵輸送混凝土作業前，應確認攪拌器及輸送管接頭狀況良

好，作業時攪拌器攪刀之護蓋不得開啟。

第 144 條（模板 - 吊運）

雇主對於模板之吊運，應依下列規定辦理：

一、使用起重機或索道吊運時，應以足夠強度之鋼索、纖維索或尼龍繩索捆紮牢固，吊運前應檢查各該吊掛索具，不得有影響強度之缺陷，且所吊物件已確實掛妥於起重機之吊具。

二、吊運垂直模板或將模板吊於高處時，在未設妥支撐受力處或安放妥當前，不得放鬆吊索。

三、吊升模板時，其下方不得有人員進入。

四、放置模板材料之地點，其下方支撐強度須事先確認結構安全。

第 145 條（模板 - 拆除）

雇主於拆除模板時，應將該模板物料於拆除後妥為整理堆放。

第 146 條（結構荷重）

雇主對於拆除模板後之部分結構物施工時，非經由專人之周詳設計、考慮，不得荷載超過設計規定之容許荷重；新澆置之樓板上繼續澆置其上層樓板之混凝土時，應充分考慮該新置樓板之受力荷重。

第 147 條（拆模時間）

雇主應依構造物之物質、形狀、混凝土之強度及其試驗結果、構造物上方之工作情形及當地氣候之情況，確認構造物已達到安全強度之拆模時間，方得拆除模板。

第十章｜鋼構組配作業

第 148 條（吊運、組配）

雇主對於鋼構吊運、組配作業，應依下列規定辦理：

一、吊運長度超過六公尺之構架時，應在適當距離之二端以拉索捆紮拉緊，保持平穩防止擺動，作業人員在其旋轉區內時，應以穩定索繫於構架尾端，使之穩定。

二、吊運之鋼材,應於卸放前,檢視其確實捆妥或繫固於安定之位置,再卸離吊掛用具。

三、安放鋼構時,應由側方及交叉方向安全支撐。

四、設置鋼構時,其各部尺寸、位置均須測定,且妥為校正,並用臨時支撐或螺栓等使其充分固定,再行熔接或鉚接。

五、鋼梁於最後安裝吊索鬆放前,鋼梁二端腹鈑之接頭處,應有二個以上之螺栓裝妥或採其他設施固定之。

六、中空格柵構件於鋼構未熔接或鉚接牢固前,不得置於該鋼構上。

七、鋼構組配進行中,柱子尚未於二個以上之方向與其他構架組配牢固前,應使用格柵當場栓接,或採其他設施,以抵抗橫向力,維持構架之穩定。

八、使用十二公尺以上長跨度格柵梁或桁架時,於鬆放吊索前,應安裝臨時構件,以維持橫向之穩定。

九、使用起重機吊掛構件從事組配作業,其未使用自動脫　裝置者,應設置施工架等設施,供作業人員安全上下及協助鬆脫吊具。

第 149 條(鋼構組配 - 作業主管)

①雇主對於鋼構之組立、架設、爬升、拆除、解體或變更等(以下簡稱鋼構組配)作業,應指派鋼構組配作業主管於作業現場辦理下列事項:

一、決定作業方法,指揮勞工作業。

二、實施檢點,檢查材料、工具及器具等,並汰換其不良品。

三、監督勞工確實使用個人防護具。

四、確認安全衛生設備及措施之有效狀況。

五、前二款未確認前,應管制勞工或其他人員不得進入作業。

六、其他為維持作業勞工安全衛生所必要之設備及措施。

②前項第二款之汰換不良品規定,對於進行拆除作業之待拆物件不適用之。

③第一項所定鋼構,其範圍如下:

一、高度在五公尺以上之鋼構建築物。

二、高度在五公尺以上之鐵塔、金屬製煙囪或類似柱狀金屬構造物。

三、高度在五公尺以上或橋梁跨距在三十公尺以上，以金屬構材組成之橋梁上部結構。

四、塔式起重機或升高伸臂起重機。

五、人字臂起重桿。

六、以金屬構材組成之室外升降機升降路塔或導軌支持塔。

七、以金屬構材組成之施工構臺。

第 149-1 條（作業計畫）

①雇主進行前條鋼構組配作業前，應擬訂包括下列事項之作業計畫，並使勞工遵循：

一、安全作業方法及標準作業程序。

二、防止構材及其組配件飛落或倒塌之方法。

三、設置能防止作業勞工發生墜落之設備及其設置方法。

四、人員進出作業區之管制。

②雇主應於勞工作業前，將前項作業計畫內容使勞工確實知悉。

第 150 條（樓板組合）

雇主於鋼構組配作業進行組合時，應逐次構築永久性之樓板，於最高永久性樓板上組合之骨架，不得超過八層。但設計上已考慮構造物之整體安全性者，不在此限。

第 151 條（臨時構臺）

雇主對於鋼構建築之臨時性構臺之舖設，應依下列規定辦理：

一、用於放置起重機或其他機具之臨時性構臺，應依預期荷重妥為設計具充分強度之木板或座鈑，緊密舖設及防止移動，並於下方設置支撐物，且確認其結構安全。

二、不適於舖設臨時性構臺之鋼構建築，且未使用施工架而落距差超過二層樓或七點五公尺以上者，應張設安全網，其下方應具有足

夠淨空,以防彈動下沉,撞及下面之結構物。安全網於使用前須確認已實施耐衝擊試驗,並維持其效能。

三、以地面之起重機從事鋼構組配之高處作業,使勞工於其上方從事熔接、上螺絲等接合,或上漆作業者,其鋼梁正下方二層樓或七點五公尺高度內,應安裝密實之舖板或採取相關安全防護措施。

第 152 條(螺栓未緊)

雇主對於鋼構之組配,地面或最高永久性樓板層上,不得有超過四層樓以上之鋼構尚未鉚接、熔接或螺栓緊者。

第 153 條(焊接等作業)

雇主對於鋼構組配作業之焊接、栓接、鉚接及鋼構之豎立等作業,應依下列規定辦理:

一、於敲出栓桿、衝梢或鉚釘頭時,應採取適當之方法及工具,以防止其任意飛落。

二、撞擊栓緊板手應有防止套座滑出之鎖緊裝置。

三、不得於人員、通路上方或可燃物堆集場所之附近從事焊接、栓接、鉚接工作。但已採取防風防火架、火花承接盒、防火毯或其他適當措施者,不在此限。

四、使用氣動鉚釘鎚之把手及鉚釘頭模,應適當安裝安全鐵線;裝置於把手及鉚釘頭模之鐵線,分別不得小於九號及十四號鐵線。

五、豎立鋼構時所使用之接頭,應有防止其脫開之裝置。

六、豎立鋼構所使用拉索之安裝,應能使勞工控制其接頭點,拉索之移動時應由專人指揮。

七、鬆開受力之螺栓時,應能防止其脫開。

第 154 條(防護具)

雇主對於鋼構組配作業之勞工從事栓接、鉚接、熔接或檢測作業,應使其佩帶適當之個人防護具。

第十一章｜構造物之拆除

第 155 條（拆除前）

①雇主於拆除構造物前，應依下列規定辦理：

一、檢查預定拆除之各構件。

二、對不穩定部分，應予支撐穩固。

三、切斷電源，並拆除配電設備及線路。

四、切斷可燃性氣體管、蒸汽管或水管等管線。管中殘存可燃性氣體時，應打開全部門窗，將氣體安全釋放。

五、拆除作業中須保留之電線管、可燃性氣體管、蒸氣管、水管等管線，其使用應採取特別安全措施。

六、具有危險性之拆除作業區，應設置圍柵或標示，禁止非作業人員進入拆除範圍內。

七、在鄰近通道之人員保護設施完成前，不得進行拆除工程。

②雇主對於修繕作業，施工時須鑿開或鑽入構造物者，應比照前項拆除規定辦理。

第 156 條（專人指揮）

雇主對於前條構造物之拆除，應選任專人於現場指揮監督。

第 157 條（拆除時）

雇主於拆除構造物時，應依下列規定辦理：

一、不得使勞工同時在不同高度之位置從事拆除作業。但具有適當設施足以維護下方勞工之安全者，不在此限。

二、拆除應按序由上而下逐步拆除。

三、拆除之材料，不得過度堆積致有損樓板或構材之穩固，並不得靠牆堆放。

四、拆除進行中，隨時注意控制拆除構造物之穩定性。

五、遇強風、大雨等惡劣氣候，致構造物有崩塌之虞者，應立即停止拆除作業。

六、構造物有飛落、震落之虞者,應優先拆除。

七、拆除進行中,有塵土飛揚者,應適時予以灑水。

八、以拉倒方式拆除構造物時,應使用適當之鋼纜、纜繩或其他方式,並使勞工退避,保持安全距離。

九、以爆破方法拆除構造物時,應具有防止爆破引起危害之設施。

十、地下擋土壁體用於擋土及支持構造物者,在構造物未適當支撐或以板樁支撐土壓前,不得拆除。

十一、拆除區內禁止無關人員進入,並明顯揭示。

第 158 條(扶手、照明)

①雇主對構造物拆除區,應設置勞工安全出入通路,如使用樓梯者,應設置扶手。

②勞工出入之通路、階梯等,應有適當之採光照明。

第 159 條(機具拆除)

雇主對於使用機具拆除構造物時,應依下列規定辦理:

一、使用動力系鏟斗機、推土機等拆除機具時,應配合構造物之結構、空間大小等特性妥慎選用機具。

二、使用重力錘時,應以撞擊點為中心,構造物高度一點五倍以上之距離為半徑設置作業區,除操作人員外,禁止無關人員進入。

三、使用夾斗或具曲臂之機具時,應設置作業區,其周圍應大於夾斗或曲臂之運行線八公尺以上,作業區內除操作人員外,禁止無關人員進入。

四、機具拆除,應在作業區內操作。

五、使用起重機具拆除鋼構造物時,其裝置及使用,應依起重機具有關規定辦理。

六、使用施工架時,應注意其穩定,並不得緊靠被拆除之構造物。

第 160 條(承受臺)

雇主受環境限制,未能依前條第二款、第三款設置作業區時,應於預定拆除構造物之外牆邊緣,設置符合下列規定之承受臺:

一、承受臺寬應在一點五公尺以上。

二、承受臺面應由外向內傾斜，且密舖板料。

三、承受臺應能承受每平方公尺六百公斤以上之活載重。

四、承受臺應維持臺面距拆除層位之高度，不超過二層以上。但拆除層位距地面三層高度以下者，不在此限。

第 161 條（牆柱）

雇主於拆除結構物之牆、柱或其他類似構造物時，應依下列規定辦理：

一、自上至下，逐次拆除。

二、拆除無支撐之牆、柱或其他類似構造物時，應以適當支撐或控制，避免其任意倒塌。

三、以拉倒方式進行拆除時，應使勞工站立於作業區外，並防範破片之飛擊。

四、無法設置作業區時，應設置承受臺、施工架或採取適當防範措施。

五、以人工方式切割牆、柱或其他類似構造物時，應採取防止粉塵之適當措施。

第 162 條（樓板）

雇主對於樓板或橋面板等構造物之拆除，應依下列規定辦理：

一、拆除作業中或勞工須於作業場所行走時，應採取防止人體墜落及物體飛落之措施。

二、卸落拆除物之開口邊緣，應設護欄。

三、拆除樓板、橋面板等後，其底下四周應加圍柵。

第 163 條（鋼鐵）

雇主對鋼鐵等構造物之拆除，應依下列規定辦理：

一、拆除鋼構、鐵構件或鋼筋混凝土構件時，應有防止各該構件突然扭轉、反彈或倒塌等之適當設備或措施。

二、應由上而下逐層拆除。

三、應以纜索卸落構件，不得自高處拋擲。但經採取特別措施者，不在此限。

第 164 條（煙囪）

雇主對於高煙囪、高塔等之拆除，應依下列規定辦理：

一、指派專人負責監督施工。

二、不得以爆破或整體翻倒方式拆除高煙囪。但四週有足夠地面，煙囪能安全倒置者，不在此限。

三、以人工拆除高煙囪時，應設置適當之施工架。該施工架並應隨拆除工作之進行隨時改變其高度，不得使工作臺高出煙囪頂二十五公分及低於一‧五公尺。

四、不得使勞工站立於煙囪壁頂。

五、拆除物料自煙囪內卸落時，煙囪底部應有適當開孔，以防物料過度積集。

六、不得於上方拆除作業中，搬運拆下之物料。

第 165 條（防護具）

雇主對於從事構造物拆除作業之勞工，應使其佩帶適當之個人防護具。

第十二章｜油漆、瀝青工程作業

第 166 條（通風）

雇主對於油漆作業場所，應有適當之通風、換氣，以防易燃或有害氣體之危害。

第 167 條（火源）

雇主對於噴漆作業場所，不得有明火、加熱器或其他火源發生之虞之裝置或作業，並在該範圍內揭示嚴禁煙火之標示。

第 168 條（瀝青鍋）

雇主對於正在加熱中之瀝青鍋，應採取防止勞工燙傷之設施。

第 169 條（噴撒瀝青）

雇主不得使熱瀝青之噴撒作業人員在柏油機噴撒軟管下操作，如人工操作噴撒時，應有隔離之把手及可彎曲之金屬軟管。

第 170 條（防護具）

雇主應提供給從事瀝青作業所必須之防護具，並使勞工確實使用。

第十三章 ｜ 衛生

第 171 條（專人負責）

雇主對於營造工程工作場所應保持環境衛生。寢室、廚房、浴室或廁所應指定專人負責環境衛生之維護，以保持清潔。

第 172 條（臨時房舍）

雇主對於臨時房舍，應依下列規定辦理：

一、應選擇乾燥及排水良好之地點搭建。必要時應自行挖掘排水溝。

二、應有適當之通風及照明。

三、應使用合於飲用水衛生標準規定之飲用水及一般洗濯用水。

四、用餐地點、寢室及盥洗設備等應予分設並保持清潔。

五、應依實際需要設置冰箱、食品貯存及餐具櫥櫃、處理廢物、廢料等衛生設備。

第 173 條（急救設施）

雇主對於工作場所之急救設施，除依一般工作場所之急救設施規定外，並應依下列規定辦理：

一、於有毒樹木、危險蟲類等出現場所作業之勞工，應教以有關預防急救方法及疾病症候等。

二、於毒蛇經常出入之地區，應備置防治急救品。

三、應防止昆蟲、老鼠等孳生並予以撲滅。

四、其他必要之急救設備或措施。

第十四章｜附則

第 173-1 條（自營準用、工作者比照）

①自營作業者，準用本標準有關雇主義務之規定。

②受工作場所負責人指揮或監督從事勞動之人員，比照該事業單位之勞工，適用本標準之規定。

第 174 條（施行日）

①本標準自發布日施行。

②本標準中華民國一百零三年六月二十六日修正發布之條文，除第十八條第二項自一百零四年七月三日施行外，自一百零三年七月三日施行。

③本標準中華民國一百十年一月六日修正發布之第十八條之一，自一百十一年一月一日施行。